HUMANITIES AND SOCIETY

元史学

19世纪欧洲的历史想象

Hayden White

[美国] 海登·怀特 著　陈 新 译

译林出版社

图书在版编目（CIP）数据

元史学：19世纪欧洲的历史想象/（美）怀特（White, H.）著；陈新译.
—南京：译林出版社，2013.9（2022.11 重印）
（人文与社会译丛/刘东主编）
书名原文：Metahistory: The Historical Imagination in Nineteenth-Century Europe
ISBN 978-7-5447-2700-6

Ⅰ.①元… Ⅱ.①怀… ②陈… Ⅲ.①历史哲学－研究－欧洲－19世纪
Ⅳ.①I507.2

中国版本图书馆 CIP 数据核字（2012）第 052963 号

著作权合同登记号　图字：10-2018-424 号

元史学：19世纪欧洲的历史想象 ［美国］海登·怀特 / 著 陈 新 / 译 彭 刚 / 译校

责任编辑　马爱新
策划编辑　陈秋实
装帧设计　胡 苨
责任印制　单 莉

原文出版　The Johns Hopkins University Press, 1973
出版发行　译林出版社
地　　址　南京市湖南路 1 号 A 楼
邮　　箱　yilin@yilin.com
网　　址　www.yilin.com
市场热线　025-86633278
排　　版　南京展望文化发展有限公司
印　　刷　江苏凤凰通达印刷有限公司
开　　本　880 毫米 × 1230 毫米 1/32
印　　张　18.75
插　　页　2
版　　次　2013 年 9 月第 1 版
印　　次　2022 年 11 月第 4 次印刷
书　　号　ISBN 978-7-5447-2700-6
定　　价　89.00 元

主编的话

刘　东

总算不负几年来的苦心——该为这套书写篇短序了。

此项翻译工程的缘起，先要追溯到自己内心的某些变化。虽说越来越惯于乡间的生活，每天只打一两通电话，但这种离群索居并不意味着我已修炼到了出家遁世的地步。毋宁说，坚守沉默少语的状态，倒是为了咬定问题不放，而且在当下的世道中，若还有哪路学说能引我出神，就不能只是玄妙得叫人着魔，还要有助于思入所属的社群。如此嘈嘈切切鼓荡难平的心气，或不免受了世事的恶刺激，不过也恰是这道底线，帮我部分摆脱了中西"精神分裂症"——至少我可以倚仗着中国文化的本根，去参验外缘的社会学说了，既然儒学作为一种本真的心向，正是要从对现世生活的终极肯定出发，把人间问题当成全部灵感的源头。

不宁惟是，这种从人文思入社会的诉求，还同国际学界的发展不期相合。擅长把捉非确定性问题的哲学，看来有点走出自我囿闭的低潮，而这又跟它把焦点对准了社会不无关系。现行通则的加速崩解和相互证伪，使得就算今后仍有普适的基准可言，也要有待于更加透辟的思力，正是在文明的此一根基处，批判的事业又有了用武之地。由此就决定了，尽管同在关注世俗的事务与规则，但跟既定框架内的策论不同，真正体现出人文关怀的社会学说，决不会是医头医脚式的小修小补，而必须以激进亢奋的姿态，去怀疑、颠覆和重估全部的价值预设。有意思的是，也许再没有哪个时代，会有这么多书生想要焕发制度智慧，这既凸显了文明的深层危机，又表达了超越的不竭潜力。

于是自然就想到翻译——把这些制度智慧引进汉语世界来。需要说明的是，尽管此类翻译向称严肃的学业，无论编者、译者还是读者，都会因其理论色彩和语言风格而备尝艰涩，但该工程却绝非寻常意义上的“纯学术”。此中辩谈的话题和学理，将会贴近我们的伦常日用，渗入我们的表象世界，改铸我们的公民文化，根本不容任何学院人垄断。同样，尽管这些选题大多分量厚重，且多为国外学府指定的必读书，也不必将其标榜为“新经典”。此类方生方成的思想实验，仍要应付尖刻的批判围攻，保持着知识创化时的紧张度，尚没有资格被当成享受保护的“老残遗产”。所以说白了：除非来此对话者早已功力尽失，这里就只有激活思想的马刺。

主持此类工程之烦难，足以让任何聪明人望而却步，大约也惟有愚钝如我者，才会在十年苦熬之余再作冯妇。然则晨钟暮鼓黄卷青灯中，毕竟尚有历代的高僧暗中相伴，他们和我声应气求，不甘心被宿命贬低为人类的亚种，遂把迻译工作当成了日常功课，要以艰难的咀嚼咬穿文化的篱笆。师法着这些先烈，当初酝酿这套丛书时，我曾在哈佛费正清中心放胆讲道：“在作者、编者和读者间初步形成的这种‘良性循环’景象，作为整个社会多元分化进程的缩影，偏巧正跟我们的国运连在一起，如果我们至少眼下尚无理由否认，今后中国历史的主要变因之一，仍然在于大陆知识阶层的一念之中，那么我们就总还有权想象，在孔老夫子的故乡，中华民族其实就靠这么写着读着，而默默修持着自己的心念，而默默挑战着自身的极限！”惟愿认同此道者日众，则华夏一族虽历经劫难，终不致因我辈而沦为文化小国。

一九九九年六月于京郊溪翁庄

目 录

中译本前言

海登·怀特

《元史学》是西方人文科学中那个"结构主义"时代的著作，要是在今天，我就不会这么写了。尽管如此，我还是认为本书对于更具综合性的历史著述理论有所贡献，因为它认认真真地考虑了历史编纂作为一种书面话语的地位，以及作为一门学科的状况。随着19世纪历史学的科学化，历史编纂中大多数常用的方法假定，史学研究已经消解了它们与修辞性和文学性作品之间千余年来的联系。但是，就历史写作继续以基于日常经验的言说和写作为首选媒介来传达人们发现的过去而论，它仍然保留了修辞和文学的色彩。只要史学家继续使用基于日常经验的言说和写作，他们对于过去现象的表现以及对这些现象所做的思考就仍然会是"文学性的"，即"诗性的"和"修辞性的"，其方式完全不同于任何公认的明显是"科学的"话语。

我相信，对于历史作品的研究，最有利的切入方式必须更加认真地看待其文学方面，这种认真程度超过了那含糊不清且理论化不足的"风格"观念。那种被称为比喻学的语言学、文学和符号学的理论分支被人们看成是修辞理论和话语的情节化，在其中，我们有一种手段能将过去事件的外延和内涵的含义这两种维度联系起来，藉此，历史学家不仅赋予过去的事件以实在性，也赋予它们意义。话语的比喻理论源自维柯，后继者有现代话语分析家,如肯尼斯·伯克、诺斯罗普·弗莱、巴尔特、佩雷尔曼、福柯、格雷马斯以及其他人,它仍旧是我的史学思想的核心,是我对于史学与文学和科学话语的联系,以及史学与神话、意识形态和科学的联系这种思想的核心。我致力于把比喻当作一种工具来分析历史话语的不同层面,诸如本体论和认识论层面、伦理和意识形态层面、美学和形式层面,正是这一点,使得我在如何区分事实和虚构、描述和叙事化、文本和情境、意识形态和科学等等方面与其他史学理论家不同。

比喻对想象性话语的理论性理解,涉及各种修辞(如隐喻、转喻、提喻和反讽)生成想象以及生成种种想象之间相互联系的所有方式。修辞生成的想象充当了实在的象征,它们只能被臆想,而不能直接感知。话语中(有关人物、事件和过程的)修辞之间的话语性联系并非逻辑关系或与他者的演绎性继承关系,而通常意义上是隐喻性的关系,即以凝练、换位、象征和修正这样的诗学技巧为基础。正因为如此,任何忽视了比喻性维度而对特定历史话语所做的评价都必定无法理解:尽管该话语可能包含了错误信息并存在可能有损其论证的逻辑矛盾,它还能令过去“产生意义”。

特定历史过程的特定历史表现必须采用某种叙事化形式,这一传统观念表明,历史编纂包含了一种不可回避的诗学——修辞学的成分。既然没有哪个被理解为一组或一系列离散事件的集合实际上能够描述成具有故事的结构,我便采纳了这样一种方式,由此,一组事件的叙事化将更具比喻性而非逻辑性。一组事件转换成一个系列,系列又转换成序列,序列转换成编年史,编年史转换成叙事作品,我认为,这些行为理解成比喻性的而非逻辑—演绎性的会更有益。此外,我把事件构成的故事和可能用来解释这些事件的任何形式论证之间的关系,当作是由逻辑—演绎和比喻—修辞的要素构成的组合。这样,一方面是历史话语和科学话语之间的差异,另一方面是历史作品与文学作品之间的类同,对于历史话语研究而言,如果它们不再强求,比喻的方法看上去尤其是正当的。

我一直感兴趣的问题是,修辞性语言如何能够用来为不再能感知到的对象创造出意象,赋予它们某种“实在”的氛围,并以这种方式使它们易于受特定史学家为分析它们而选择的解释和阐释技巧的影响。这样,马克思在1848年巴黎起义期间对法国资产阶级和工人阶级的描述为工人们运用辩证唯物主义进行分析做了准备,他正是用这种分析解释他们在随后事件中的行为。这种在最初的描述和马克思的话语中紧随而来的解释之间获得的一致性是形式上的,而不是逻辑上的。它并不是给“真实的不一致性”戴上了“虚假的一致性”的面具,而是诸种事件的叙事化,这种叙事化展示了时间进程中事件群的变化和它们彼此之间关系的转变。人们不可能将一种实在的事件序列描述得表现出“喜剧”意义,除非把相关的行为者和事件过程描绘成那些能够看作是“喜剧”类型的现象。不同表现层次彼此类比相连而获得的话语的一致性完全不同于逻辑上的一致性,在后者中,一个层次被认为是能够从另一个层次演绎而来的。近来人们想要提出一种有关历史因果的融贯学说的努力失败了,这说明科学化的“法则式演绎”范式作为一种历史解释工具是不完备的。

我认为,史学家尤其想通过将一系列历史事件表现得具有叙事过程的形式和实质,以此对它们进行解释。他们或许会用一种形式论证来弥补这种表现,该论证认为逻辑一致性可以充当其合理性的表征和标示。但是,正如存在诸多不同的表现模式一样,合理性也有诸多不同的种类。福楼拜在《情感教育》中对1848年事件的描述很少有“非理性的”,即便其中有许多“假想的”和大量“虚构的”东西。福楼拜以尝试形成一种无法区分对(真实的或想象的)事件的“解释”与“描述”的表现风格而闻名。我认为,从希罗多德和修昔底德,历经李维和塔西佗,下至兰克、米什莱、托克维尔和布克哈特,伟大的叙事史学家往往的确是如此。在此,我们必须像米歇尔·福柯所说的那样来理解“风格”:它是某种稳定的语言使用方式,人们用它表现世界,也用它赋予世界意义。

意义的真实与真实的意义并不是同一回事。用尼采的话说,人们可以想象对一系列过往事件完全真实的记述,而其中依然不包含一丝一毫对于这些事件的特定的历史性理解。历史编纂为有关过去的纯粹的事实性记述增添了一些东西。所增添的或许是一种有关事件为何如此发生的伪科学化解释，但西方史学公认的经典作品往往还增添了别的东西，我认为那就是“文学性”，对此，近代小说大师比有关社会的伪科学家提供了更好的典范。

我在《元史学》中想说明的是，鉴于语言提供了多种多样建构对象并将对象定型成某种想象或概念的方式，史学家便可以在诸种比喻形态中进行选择，用它们将一系列事件情节化以显示其不同的意义。这里面并没有任何决定论的因素。修辞模式和解释模式或许是有限的，但它们在特定话语中的组合却是无限的。这是因为语言自身没有提供任何标准，以区别“恰当的”（或者字面的）和“不恰当的”（或修辞的）语言用法。任何语言的词汇、语法和句法都并未遵循清晰的规则来区分某种特定言说的外延和内涵层面。诗人们了解这一点，他们通过运用这种模糊性使作品获得了特殊的启示性效果。历史实在的叙事大师们也是如此。传统的史学大师们同样知道这一点，但到19世纪时，历史学越来越被一种追求明晰性、字面意义和纯粹逻辑上的一致性的不可实现的理想所束缚，情况就不一样了。在我们自身的时代中，专业史学家没能使历史研究成为一门科学，这表明那种理想是不可能实现的。近来的“回归叙事”表明，史学家们承认需要一种更多是“文学性”而非“科学性”的写作来对历史现象进行具体的历史学处理。

这意味着回归到隐喻、修辞和情节化，以之取代字面上的、概念化的和论证的规则，而充当一种恰当的史学话语的成分。

我在《元史学》中试图分析的正是这种意义产生的过程是如何运作的。确实，正如人们现在认识到的那样，我当时也认识到，通过进行论证以便“科学地”说明过去或者“解释学地”阐释过去，史学家能够赋予过去以意义。但是，我那时更感兴趣的是史学家把过去构成为一个主词的方式，这个主词可以充当科学研究或解释学分析的对象，更重要的是，充当叙事化的对象。我认识到，“罗马帝国”、“罗马天主教”、“文艺复兴”、“封建主义”、“第三等级”、“清教徒”、“奥利弗·克伦威尔”、“拿破仑”、“本·富兰克林”、“法国大革命”等等（或者至少是这些术语所指的实体),早在任何特定史学家对它们感兴趣之前就存在了。但是,相信某个实体曾经存在过是一回事,而将它构成为一种特定类型的知识的对象完全是另一回事。我相信,这种构成行为既与理性认知有关,也同样和想象相关。这就是为什么我把自己的研究描述为一种构思历史写作的“诗学”而非历史“哲学”的努力。

诗学表明了历史作品的艺术层面,这种艺术层面并没有被看成是文饰、修饰或美感增补意义上的“风格”,而是被看作某种语言运用的习惯性模式,通过该模式将研究的对象转换成话语的主词。在史学家探询过去的研究阶段中,其兴趣是,就其感兴趣的对象以及该对象在时间中经历的变化建构一种精确的描述。他/她这样做是以文献档案为基础,从其内容中提取出一组事实。我说的是“提取”一组事实,因为我对事件(作为在尘世的时间和空间中发生的事件)和事实(以判断形式出现的对事件的陈述)做了区分。事件发生并且多多少少通过文献档案和器物遗迹得到充分的验证,而事实都是在思想中观念地构成的,并且/或者在想象中比喻地构成的,它只存在于思想、语言或话语中。

说某个人“发现”事实,这毫无意义,除非我们用这种断言指的是在文献中发现的陈述,它们证明了在特定的时空中发生了特定的事件。但在这种情况下,我们也在说语言学事件,如类型2的X事件在A时间和Ⅲ空间中发生这样的陈述。这正是我选用巴尔特的话“事实只是一种语言学上的存在”作为《话语的比喻》一书的题词所想要表达的意思。我并不是说,“事件”只有一种语言学上的存在。我想要强调的是,在我看来,历史事实是构造出来的,固然,它是以对文献和其他类型的历史遗存的研究为基础的,但尽管如此,它还是构造出来的:它们在文献档案中并非作为已经包装成“事实”的“资料”而出现(可参照柯林武德)。

因此,事实的构成必须像这样以对过去档案的研究为基础,以便充当描述某种复杂的历史现象(如“法国大革命”、“封建主义”、“英诺森三世”等等)的基石,而那些历史现象可能转而又成为说明和解释的对象。换句话说,如果历史说明或解释是一种构造物,是依具体情形观念地并且/或者想象地构成的,那么,运用了这些解释性技巧的对象也是构成的。当谈到历史现象时，它也从来都是构成物。

它怎么可能是其他情形呢?只要历史实体在定义上隶属于过去，对它们的描述就不会被直接的(受控的)观察所证实或证伪。当然，通过直接观察所能研究的是证明了史学家感兴趣的过去对象之本质的那些文献。但是，如果这些记载想要不顾事实，而原本在这些事实的基础上，对于可能成为研究主题的对象所作的最初看似真实的描述才得以呈现，那么这些记载就需要解释。这就促使我得出这样的结论，即历史知识永远是次级知识，也就是说，它以对可能的研究对象进行假想性建构为基础，这就需要由想象过程来处理，这些想象过程与“文学”的共同之处要远甚于与任何科学的共同之处。

我所说的想象过程是以对意象的思考和比喻性的联想模式为特点，后者乃是诗学言语、文学写作，并且还有神话思想所具有的特征。历史话语中“文学”成分的出现是不是有损于史学所主张的讲述真实以及证实和证伪的程序呢? 只有当人们将文学写作等同于撒谎或者歪曲事实，并且否认文学有任何真实表现现实的兴趣时，才会造成损害。这就使得我们可以把史学归入现代科学，只要人们认为现代科学对确定有关世界的真理不像对确定世界的“现实”那么感兴趣。

的确，我说过，作为创造过程的产物，历史的文学性和诗性要强于科学性和概念性;并且，我将历史说成是事实的虚构化和过去实在的虚构化。但十分坦率地说，我倾向在现代边沁主义和费英格尔的意义上来理解虚构的观念，即将它看成假设性构造和对于实在的“好像”(as if)式描述，因为这种实在不再呈现在感知前，它只能被想象而非简单地提起或断定其存在。欧文·巴菲尔德[①]的著名文章《诗歌用语和法律拟制》对我有所启示，该文指出，在法律上归之于“法人”的“个体人格”就其是某种“虚构”而言仍然是“真实的”。正如前文所述，我始终把“事实”视为建构之物，就是阿瑟·丹托所称的“描述中的事件”，因而在拉丁语“fictio”的词源学意义上，它是一种语言学上的或话语的虚构，即把它视为某种

① 欧文·巴菲尔德(1898—1997)，英国语言学家、批评家、诗人、思想家，主要著作有《诗歌用语》(1928)、《拯救外观:偶像崇拜研究》(1957)等。——译注

人工制成的或制作的东西。当然,这正是我看待现代小说中实在表现的方式,它们明显就所描述的一点一滴社会实在都提出了真实性要求,这丝毫不比任何一位进行叙事的史学家所做的弱。关键在于,叙事为实在强加了那种只会在故事中遭遇的意义形式与内容,就此而言,将实在叙事化就是一种虚构化。

史学理论中有一种老生常谈，说的是由事实而得出的故事是一种浓缩,即将行为经历的时间缩减为讲述的时间,将人们有关某个特定历史时期所知的一切事实缩减成只剩那些重要的事实，这种浓缩不仅对特定时空范围内发生的事件是如此，对于人们就这些事件可能会知道的事实也是如此。将柯林武德所说的史学家“关于事件的思想”转变成(他实际上讲述的或写作的)著述话语,这一行为使用了一切比喻性话语运用中颇具特征性的浓缩和移情。史学家也许想准确地言说,并且只想讲述与他们的研究对象有关的真实，可是人们无法在叙事化中不求助于比喻性语言和比写实性更具诗性(或修辞性)的话语。在特定的过去中,对“发生的事情”所做的纯粹字面的记述只能用来写作一部年代纪或编年史,而不是“历史”。历史编纂作为一种话语,它特别旨在建构一系列事件的真实叙事,而不是就情势做一番静态描述。

因而,如果某人有兴趣构思一部史学史(或历史写作史、史学思想史、历史意识史等等此类的东西),也就是说,如果他有兴趣阐明那些在时间中经历的变迁,以及诸种变迁在不同处境下表现出来的差异,而在那些处境中,“过去”已经被解释成了系统性和自反性认知的可能对象,那么,他必然采用一种元史学观点。换句话说,人们不能简单地假定他自身那个时代的史学家(或其他时代和地区的史学家)所使用的概念是恰当的,也不能简单地以这种概念的循环作为目标,而把令任何事情都或多或少成功地趋向这个目标“从开始起”就变成学科的实践。例如,设想兰克或布罗代尔使用“历史事件”、“历史事实”、“历史叙事”、“历史解释”(或就此用“文学”、“虚构”、“诗歌”、“模仿”、“过去”、“现在”等等术语)所理解的意思与希罗多德或修昔底德用与这些词对应的希腊术语所理解的一样,这没有多少意义,也完全是非历史性的。也正是因此,人们根据公认的西方史学经典看上去接近或不同于当代史学话语规则的程度,从而对它们做出高下之分,是毫无意义的,并也是非历史性的。

这正是在研究古希腊、罗马、中世纪和早期现代“科学”中的情形,更不用提研究各种非西方形式的“科学”。科学哲学家有充分理由假设,现代物理学家们就有关自然实在的概念提供了有效标准,用来判定在亚里士多德、伽林、普林尼、帕拉塞尔苏斯、阿格里科拉、布鲁诺或培根那里相应使用的观念;近现代科学史涉及的完全是相继的自然因果关系概念之间(并因此而在不同的“自然”或“物理”观念之间)的差异和非连续性,而这些概念曾标志着自公元前6世纪以来“科学”的整体进展。换句话说,一部适当的科学史需要远离和质疑被误认为是我们自己时代的“真正的”科学,以及远离和质疑那种观念的支撑,也即:现代西方科学构成了真正的科学,可以说自泰勒斯或希波克拉底以来,所有其他的科学性观念都为着这一真正科学而努力或是未能成功。如果人们想要形成一种真正历史性的(我的意思是一种真正历史主义的)科学概念,他就必须采纳一种在当前科学正统之外的元科学立场。

人所能知者，必先已入梦。

巴什拉：《火的精神分析》

序 言

ix

本书在对历史想象的深层结构进行分析之前，先有一篇方法论性质的导论。在其中，我试图以明白而系统的方式，阐明这项工作赖以确立的解释原则。在阅读代表19世纪欧洲史学思想的经典著作时，我发现很显然，要想将它们看成是历史反思的表现形态，就需要一种有关历史作品的形式理论。我在导论中便尝试提出这样一种理论。

在该理论中，我将历史作品视为叙事性散文话语形式中的一种言辞结构，正如它自身非常明白地表现的那样。各种历史著述（还有各种历史哲学）将一定数量的“材料”、用来“解释”这些材料的理论概念，以及用其来具象表现假定在过去时代发生的各组事件的一种叙述结构组合在一起。另外，我认为，它们包含了一种深层的结构性内容，它一般而言是诗学的，具体而言在本质上是语言学的，并且充当了一种未经批判便被接受的范式。每一种特殊的“历史”解释都存在这样一种范式。在所有比专著或档案报告范围更广的历史著作中，这种范式都发挥着“元史学的”要素的功能。

在描绘一种历史记述展现的不同层面，以及构造一种历史编纂风格类型学时，我用的术语可能令人眼花缭乱，但我首先确定了

x 历史作品的显性——认识论的、美学的、道德的——维度，随后才进入这种理论工作所发现的历史作品隐性的、未经批判而认可的更深层。我与其他分析历史著述的人不同，我不认为历史作品“元史学式”的基础结构明显地由理论概念构成，史学家用这些概念赋予他们的叙述一种“解释”的模样。我相信，这些概念涵盖了作品的显性层次，因为它们表现在文本的“表面”上，并且通常比较容易辨认。不过，我区分了三种策略，史学家可以用它们获得不同类型的“解释效果”。这三种不同的策略我分别称之为形式论证式解释、情节化解释和意识形态蕴涵式解释。在这每一种不同的策略中，我又识别出四种言说模式，史学家可能用它们来获得某种特殊性质的解释效果。就形式论证而言，它们是形式论、有机论、机械论和情境论四种模式；就情节化而言，它们是浪漫剧、喜剧、悲剧和讽刺剧四种原型；而就意识形态蕴涵而言，它们是无政府主义、保守主义、激进主义和自由主义四种策略。种种模式的一种确定组合包含了某一特定史学家或历史哲学那种我称为历史编纂“风格”的东西。我在对19世纪史学家和历史哲学家的研究中，将设法说明这种观点。我研究的历史学家有米什莱、兰克、托克维尔、布克哈特，历史哲学家有黑格尔、马克思、尼采和克罗齐。

为了将这种种不同的风格彼此联系起来，使之成为史学思想的单一传统的诸要素，我不得不假设一种深层意识，在此层面上，史学思想家选择了概念性策略来解释或表现他的史料。我确信，在这个层面上，史学家表现出一种本质上是诗性的行为。他预构了历史领域，并将它设置成施展其特定理论的场所，他正是用这种理论来说明在该领域中“实际发生了什么”。接下来，这种预构行为可能采用许多形式，这是一些用它们得以形成的语言模式来描述的类型。循着上迄亚里士多德，下至晚近的维科、近代众多语言学家和文学批评家的解释传统，我用四种诗性语言的比喻名称来称呼这些预构类型，即：隐喻、转喻、提喻和反讽。既然这种术语很可能使多数读者感觉陌生，在导论中，我会说明为什么要这样用，以及我将如何运用。

除了鉴别和说明19世纪欧洲历史意识的主要形式之外，我的一个主要目的在于，要在历史学和历史哲学中确定那种任何时代都在使用的独一无二的诗学要素。人们常说，历史学是科学和艺术 xi 的一种混合物。但是近来，当分析哲学家成功地澄清了在何种程度上历史学可能被视为一种科学时，对历史学艺术成分的关注却不多见。通过揭示出一种特定的历史学观念赖以构成的语言学基础，我试图确定历史作品不可回避的诗学本质，并且具体说明历史记述中令其理论概念被悄然认可的那种预构因素。

这样，在具有赋义作用的预构（比喻性）策略基础之上，我假设了四种主要的历史意识模式，即隐喻、提喻、转喻和反讽。这些意识模式中的每一种都为一种与众不同的语言学规则提供了基础，以此来预构历史领域，并且，在此基础之上，能够用特定的历史解释策略来“说明”它。我认为，对于19世纪公认的史学思想家们而言，通过阐明充当其作品基础和指导的不同比喻方式，他们就能被人理解，并且，作为一种共同研究传统的实践者，他们相互之间的关系也能建立起来。简而言之，我的看法是：占主导地位的比喻方式以及与之相伴随的语言规则，构成了任何一部史学作品那种不可还原的“元史学”基础。并且，我认为，在19世纪史学大师著作中的这种元史学因素构成了种种“历史哲学”。这些“历史哲学”暗中支撑起这些著作，若没有它们，大师们绝不可能写出这样的作品。

最后，我想要说明的是，19世纪主要历史哲学家（黑格尔、马克思、尼采和克罗齐）的著作，与他们那些被称为“正统史学家”的同伴（米什莱、兰克、托克维尔和布克哈特）的著作相比，只是侧重点不同，而没有实质上的区别。只不过在史学家那里始终是暗含着的东西，在历史哲学大师的著作中则呈现在外，并得到了系统的论证。最重要的历史哲学家也是（或近来被发现是）一流的语言哲学家，这并非偶然。因而他们能够多少自觉地领会19世纪史学公认的“科学”理论源头处那种诗学的，或至少是语言学的基础。当然，这些哲学家设法使自己免于遭受语言决定论的批评，他们也以此声讨其反对者。然而，在我看来，无可辩驳的是，他们都理解我试图论证的精要之处，即，在任何尚未还原（或提升）到一种真正科学地位的研究领域中，思想依旧是语言模式的囚徒，在这种模式中，它设法把握住栖息在其感知领域的对象的轮廓。

根据我对19世纪历史意识的研究，可以得出的一般结论大体
xii 如下：（1）既是“正统历史学”，则同时必定也是“历史哲学”；（2）史学的可能模式与思辨历史哲学的可能模式相同；（3）这些模式实际上分析起来又是先于它的诗性领悟的形式化，并且是对特殊理论通常赋予历史记述某种“解释”模样的认可；（4）没有哪种确定无疑的理论基础能使某人正当地宣称一种权威性，从而认定某种模式比其他模式更具有“实在性”；（5）以上的逻辑结果便是，我们反思一般性历史的任何努力都被约束在彼此竞争的解释策略中选出的某一种中；（6）由此推论，选择某种有关历史的看法而非选择另一种，最终的根据是美学的或道德的，而非认识论的；（7）最后，对史学科学化的要求仅仅表达了对一种特殊的历史概念化形态的某种偏好，其基础要么是美学的，要么是道德的，而它在认识论上的论证仍然有待确立。

在按19世纪史学思想大师的著作出现的顺序进行分析时，我努力指出，他们的思想展现了在一般诗学语言中对历史领域进行比喻性预构的各种可能性。在我看来，对这些可能性实际上的阐发将欧洲史学思想带入精神上的反讽情形中。19世纪末，这种情形感染了史学思想，人们有时也称其为“历史主义的危机”。以这种“危机”作为其现象形式的反讽依然长盛不衰，从此成为职业历史学的主流模式，也深植于学术界。我认为，这可以解释以下两个现象：其一，现代学院历史编纂学的优秀代表在理论上的迟钝；其二，20世纪的文学、社会科学和哲学对一般历史意识的不可胜数的反抗。我期望本书的研究既能澄清这种理论迟钝的原因，也能说明这些反抗的理由。

读者不可能注意不到,本书正是采用了一种反讽模式。但是,点明反讽的反讽却是有意识的,由此它代表了一种针对反讽自身的反讽意识的转向。如果它成功地证明了当代史学思想中如此之多的怀疑论和悲观论都根源于一种反讽式的精神结构,并且,这种精神结构仅仅只是人们在见到历史文献之前就能够采取的诸多可能姿态中的一种,那么,人们就能为拒斥反讽自身提供一些理由。于是,重构历史学的道路也将得到部分的清理,重构后的历史学作为一种学术行为,它所关注的东西将同时是诗学的、科学的和哲学的,这就如在19世纪历史学的黄金时代中那样。

导　论

1 历史的诗学

本书是一部19世纪欧洲的历史意识史，它也是为当前有关*历史知识问题*的讨论而作。这样，本书既提供了史学思想演进过程中一个特定时期的发展报告，也提出了一种被称为“历史的”思想模式的一般性结构理论。

*历史地思考*指什么？另外，研究所采用的特定*历史方法*，其独特性又是什么？整个19世纪，史学家、哲学家和社会理论家一直都在争论这些问题，但争论假定的情形通常是他们能够获得明确的解答。“历史”被视为一种经验的特定模式，“历史意识”是一种思想的独特模式，而“历史知识”则是人文科学与自然科学范围内的一块自治区域。

然而，到20世纪，思考这些问题是在一种多少有点缺乏自信的心情下进行的，人们担心这些问题不可能得到最终的回答。欧洲大陆的思想家，从瓦莱里、海德格尔到萨特、列维—斯特劳斯和米歇尔·福柯，都严厉地质疑这种特定“历史”意识的价值，强调历史重

构的虚构特征，并且挑战历史学在科学中争取一席之地的做法。[①] 2
与此同时，英美哲学家就史学思想的认识论处境与文化功能进行了大量论述，这些论述总体而言，是要证明历史要么是严格的科学、要么是纯粹的艺术这一说法很值得怀疑。[②]这两条研究路线的结果给人造成了这样的印象：自19世纪伊始，西方人引以为荣的历史意识可能不过是意识形态立场的一种理论基础。据此，西方文明不仅能评论自身与先前的文化和文明的关系，也能评论自身与时间上同时代、空间上相毗邻的事物之间的关系。[③]简而言之，我们有可能将历史意识视为一种确切的西方人的偏见，现代工业社会的假定的优越性依此而可能得到回溯式的证明。

我自己对19世纪欧洲历史想象的深层结构所做的分析，意在为当前有关历史知识的性质与功能的争论提供一种新视角。它在研究的两个层面上进行。一方面，力求分析19世纪欧洲公认的史学大师的著作；另一方面，则分析同一时期主要的历史哲学家的著作。其大致目的是，确定经典作家的著作中实际出现过的不同历史过程概念的家族特征。另一个目的是，确定那个时期历史哲学家可能用来证明史学思想的各不相同的理论。为了实现这些目的，我将把历史作品看成是它最为明显地要表现的东西，即以叙事性散文话语为形式的一种言辞结构。它声称是过去的结构和过程的一种

---

① 参见我的论文《历史的重负》，刊于《历史与理论》（1966），第5卷第2期，第111—134页。该文就这种针对历史意识的反叛的理由进行了讨论。更近一些的材料，参见克劳德·列维—斯特劳斯：《野性的思维》，伦敦1966年版，第257—266页；列维—斯特劳斯：《"生食与熟食"序》，见于雅克·埃尔曼编：《结构主义》（纽约1966年版），第47—48页。亦可参考米歇尔·福柯的两部著作：《事物的秩序：一种人文科学的考古学》（纽约1971年版）和《知识考古学》（巴黎1969年版）。

② 路易斯·明克将这种争论的要点精要地概括在《哲学分析与历史理解》中，刊于《形而上学评论》，第21卷第4期（1968年6月），第667—698页。在威廉·德雷所编《哲学分析与历史》（纽约1966年版）中，参与争论的主要学者，其大多数观点都反映在内。

③ 参见福柯：《事物的秩序》，第367—373页。

模型或具象，意图通过描绘来说明它们。[①]

---

① 当然，在此，我将一并思考当代西方文论中争论最激烈的问题，即“现实主义的”文学表现问题。就这个问题的讨论，参见勒内·韦勒：《批评的观念》（纽黑文与伦敦1963年版），第221—255页。总的说来，这个问题在历史编纂的语境中有所体现，我自己对它的研究是以埃里克·奥尔巴赫的《模拟：西方文学中的现实表现》（普林斯顿1968年版）为榜样。“实在”的“虚构性”表现这整个问题已经获得了深入的研究，在视觉艺术方面尤其如此，见贡布里希的《艺术与幻象：图像表现的心理学研究》（伦敦与纽约1960年版）。贡布里希自己发现，希腊艺术家努力将图画转译成史诗、悲剧，以及历史学家通过叙述技艺运用的形象词汇，西方艺术中的图像实在论就起源于此。《艺术与幻象》第4章论及具有神秘倾向的近东艺术在概念上的多因素决定论，及它与希腊的叙事性、反神秘主义的艺术之间的区别，将这一章与奥尔巴赫《模拟》一书著名的开篇章节比较定会收益不小。后者将从摩西五书和荷马那里发现的叙事风格并列讨论。不用说，奥尔巴赫与贡布里希提供的这两种对西方艺术中“现实主义”事业的分析有着相当大的差别。奥尔巴赫的研究整个是黑格尔式的，就像启示录一样，而贡布里希的著作处于主要由卡尔·波普尔为代表的新实证主义（或反黑格尔的）传统中。但是，两部著作都谈到了一个同样的问题，即“现实主义”表现的本质，这也是现代史学中的问题。然而，即便二者都认为可以称为“历史意义”的东西在艺术中是“实在论”的核心层面，他们也没有涉及对历史表现关键概念的分析。在某种意义上，我颠倒了他们的论述。他们会问，一件“现实主义”艺术品的“历史性”成分是什么？我要问，“现实主义”历史编纂的“艺术性”成分是什么？为了回答后一个问题，我深深地依赖于两位文学理论家，其作品代表着事实上的哲学系统，他们是：诺斯罗普·弗莱：《批评的剖析》（普林斯顿1957年版）；肯尼斯·伯克：《动机的语法》（伯克利和洛杉矶1969年版）。我还得益于法国结构主义批评家，如吕西安·戈尔德曼、罗兰·巴尔特、米歇尔·福柯和雅克·德里达。然而，我想着重指出，我认为后面这些人大体上和他们在19世纪的同行一样，都是比喻性解释策略的俘虏。例如福柯，看来他没有意识到，他用来分析人文科学史的范畴只不过是一些比喻的形式化而已。我在论文《解码福柯：来自地下的笔记》（刊于《历史与理论》，1973年，第12卷第1期，第23—54页）中已经指出过这一点。

依我看，在文学中，整个有关“现实主义/实在论”本质的讨论，都因无法批判地评价真正有关“实在”的“历史的”概念包含些什么而在失败中挣扎。通常的做法是，令“历史的”与“虚构的”对峙，好像前者天生就是经验的，而后者只能是观念的。随后在两极之间设置一个“想象的”王国。这样，文学多少被认为是现实主义的，它依赖于其中经验和概念的比率。这是弗莱的方式，也是奥尔巴赫和贡布里希简单说来，我的方法是形式主义的。我不会努力去确定某一个史学家的著作是不是更好，它记述历史过程中一组特殊事件或片断是不是比其他史学家做的更正确。相反，我会设法确认这些记述的结构构成。 3

在我看来，这个过程将证明，集中研究具有杰出成就的史学家和哲学家非常有益。他们在构思历史的可能方式这一方面始终是公认的榜样。这样的史学家有米什莱、兰克、托克维尔与布克哈特；哲学家有黑格尔、马克思、尼采和克罗齐。在研究这些思想家时，我对哪一位的做法表现出历史研究最贴切的方式不下定论。作为历史表现或概念化可能的楷模，这些思想家获得的地位并不依赖于他们用来支撑其概括的"材料"的性质，或者用来说明这些"材料"的各种理论，它依赖的不如说是思想家们对历史领域相应的洞见中那种保持历史一致、连贯和富有启迪的能力。这就是为什么人们驳不倒他们，或者也无法"撼动"他们的普适性，即便求助于随后的研究中可能发现的新材料，抑或确立一种解释构成他们表述和分析之对象的各组事件的新理论，也都无助于此。作为历史叙述和概念化的楷模，这些思想家的地位最终有赖于他们思考历史及其过程时，那种预构的而且是特别的诗意本性。所有这些，正是我设想对19世纪的史学思想研究做一种形式主义考察的缘由。 4

然而，上述情况立即显示出，这些思想家撰写的著作，就历史过程的同一个片断和史学思想的任务这两方面而言，表现出了一些可以选择的，甚至表面上互相排斥的概念。若将他们的著作纯粹视作言辞结构，这些著作似乎就具有迥然不同的形式特征，并且是

的方式，虽然我们必须注意到，弗莱至少在一篇颇具启发性的论文《来自传统的新方向》（见于《同一性的神话》，纽约1963年版）中把握住了这个问题。这篇文章讨论了历史、神话和历史哲学之间的关系。讨论过历史叙述中的"虚构"因素的哲学家中，我发现以下著作很有帮助：加利：《哲学和历史理解》（纽约1968年版）；阿瑟·丹托：《分析的历史哲学》（剑桥1965年版）；路易斯·明克：《历史理解剖析》，见于《哲学分析和历史》，德雷编，第179—186页。

以根本不同的方式来使用解释着同一组材料的概念术语。例如，在最表层，一位史学家的作品本质上可以是历时的或依次进行的（强调历史过程中的变化和转换），而另一位史学家的著作则可能是共时的或形式上是静态的（强调结构上的连贯性）。再者，某位史学家可能认为他的使命是以一种抒情的或诗意的方式，重新激发起往日的时代“精神”；另一位史学家则可能认为其任务在于透过事件本身，发现某个特定时代的“精神”只不过是一种表面的或现象的形式，从而揭露出它的“规律”或“原则”。此外，我们还注意到另外一个根本的差别。一些史学家首先将其作品设想成对当代社会问题和冲突具有启发性的作品；而其他人则倾向于压制这种现实主义的关注，而是努力确定过去已知的某个时期与他们自身所处的时代在多大程度上有所不同，这看起来像是一种常见的“好古的”心境。

总而言之，若将19世纪史学大师所著的历史纯粹看成是形式上的言辞结构，就“历史作品”*应该*包括什么这一问题，它们会展示
5 出极为不同的观念。这样，为了鉴别19世纪产生的史学思想不同类别的家族特征，首先必须弄清楚“历史作品”的理想类型结构*可能*包括些什么。一旦明白了这种理想类型结构，我就有了一个标准来决定，在任何一部特定的历史著作或历史哲学著作中，我若致力于辨别其独特的结构要素，哪些方面必须加以考虑。史学思想家描绘这些要素，并且将它们置于一种确定的叙述中，以便获得一种“解释的效应”。通过追踪这个过程中的变化，我将能够依次说明研究的这个时期中历史想象深层结构的根本变化，进而，这又会允许人们根据该时期不同史学思想家的共同身份，将他们描绘成一个与众不同的话语世界中的参与者。在这个话语世界中，不同“风格”的史学思想都可能存在。

历史著述理论

我通过区分以下历史著述中的概念化诸种层面来开始我的论

述。它们是：(1)编年史；(2)故事；(3)情节化模式；(4)论证模式；(5)意识形态蕴涵模式。我把“编年史”和“故事”当作历史记述中的“原始要素”，但二者都表现了材料从未被加工的历史文献中被选择出来并进行排列的过程，以便对某一特殊类型的读者来说，这些材料更容易理解。这样想，历史著作就代表了一种尝试，即在我所谓的历史领域、未被加工的历史文献、其他历史记述，以及读者之间进行调和的尝试。

首先，历史领域中的要素通过按事件发生的时间顺序排列，被 6
组织成了编年史；随后编年史被组织成了故事，其方式是把诸事件进一步编排到事情的“场景”或过程的各个组成部分中。通常认为，这种事件有一个可以辨别的开头、中间和结局。这种从编年史到故事的转变，受到了编年史中描述的一些事件的影响。它们分别依据了初始动机、终结动机，还有些依据了过渡动机。一个只是简单地报道了所发生的确定时间和地点的事件，通过这样一种描述被转变成了一个初始事件：“1321年6月3日，国王前往威斯敏斯特。在国王和那个最终将挑战其王权的人之间，开始了这次决定性的会晤。尽管此时，两个人看起来注定会成为好朋友……”另一方面，过渡动机提示读者就内含在事件中被搁置的意义保持期待，直到提供出一些终止动机。如“当国王朝威斯敏斯特进发时，谋臣告诉他，他的敌人正在那儿等着，要想达成有利于王权的解决方案前景渺茫”。一种终止动机表明了那种明显的终点或过程的结局或紧张的处境：“1333年4月6日，巴利伯恩之战，国王的军队击溃叛军。随后，1333年6月7日签订的《豪斯堡条约》给王国带来了和平。可是，这是一种不安定的和平，七年后，它在宗教冲突的火焰下燃烧殆尽。”当一组特定的事件按赋予动机的方式被编码了，提供给读者的就是故事；事件的编年史由此被转变成完完全全的历时过程，然后，人们能够据此发问，就如同正在分析各种关系之间的一种共时性结构。[①]

① 在这一部分，我将加以详述的编年史、故事和情节之间的区别，对于历史著作的分析而言，其价值远甚于对文学虚构研究。和小说那样的文学虚构不一样，

历史故事紧随事件的次序，从社会或文化过程的序幕逐渐发展到暂时结局，这一点编年史无需照做。严格地说，编年史没有结局；原则上，它们没有序幕，只是在编年史家开始记录事件时“开始”。它们也没有高潮和结局，而能够无止境地继续下去。故事则不然，它有一种可辨认的形式（即使那形式是一种混沌状态的情景），使得包含在其中的事件能与其他同时期内所有编年史中涵盖的事件区分开来。

有时，人们认为史学家的目的在于，通过“发现”、“鉴别”或“揭示”埋藏在编年史中的“故事”来说明过去；并且“历史”与“小说”之间的差别在于，史学家“发现”故事，而小说家“创造”故事。在史
7 学家的工作中，“创造”也起部分作用，然而，这种关于史学家的任务的想法模糊了其“创造”的程度。同一件事能充当许多不同历史故事中的一种不同的要素，这取决于它在其所属的那组事件的特定主题描述中被指定为什么角色。国王的死在三个不同的故事中，或许是开头、结局，抑或只是过渡性事件。在编年史中，这个事件只是作为事件系列中的一个要素存在，不起一种故事要素的作用。史学家通过将事件确定为充当故事要素的不同功能，将编年史中的

历史由存在于作者意识之外的事件构成。在某种程度上，写在小说中的事件能够以在历史中就不能效仿（或者也没有想过要效仿）的方式杜撰而成。这就使在文学虚构中区分事件的编年史与讲述的故事比较困难。某种意义上，像托马斯·曼的《布登勃洛克一家》那样的小说中，纵使我们能够在“编年史故事”与“情节”（它是一种反讽式悲剧的情节）之间进行区分，它讲述的故事也难以从作品中述说的事件的“编年史”中区别开来。史学家与小说家不一样，他面对着已构成事件的一种的的确确的混乱，必须从中选取一些能用来讲述的故事要素。他通过包容此事件而排除彼事件、强调此事件而令彼事件从属其他事件来创作他的故事。这种排除、强调、从属的过程根据构成一种特定种类的故事的目的而加以贯彻。这即是说，他使其故事“情节化”。有关故事与情节的区别，请参见俄国形式主义学派代表什克洛夫斯基、艾亨鲍姆和托马舍夫斯基的论文，见于李·莱蒙和马里恩·赖斯编《俄国形式主义批评四论》（内布拉斯加州林肯1965年版），以及弗莱《批评的剖析》，第52—53、78—84页。

事件编排到一种意义等级之中。为此，他先要揭露一整组事件形式上的一贯性，而这组事件通常有着可辨别的开头、中间和结局，被人们视为一个可理解的过程。

将编年史中挑选出的事件编成故事产生了各种问题，史学家在建构其叙事的过程中必须预料到并加以回答。这些问题的种类有："下一步发生了什么？""这是怎样造成的？""为什么事情会是这样而不是那样？""最终会是怎样？"这些问题决定了他在建构其故事的过程中必须使用的叙述手法。但是，这类涉及事件之间的联系，并将其变成一个可继续故事中的要素的问题，必须区别于另一类问题："它们合为一体会如何？""其意义又怎样？"这些问题与被视为一个完整故事的整组事件的结构有关，并且需要对某个特定故事与编年史中可能"发现"、"鉴别"或"揭示"出的其他故事之间的关系做出大致判断。这些问题能够用许多方式来回答，我将这些方式称为（1）情节化解释；（2）论证式解释；（3）意识形态蕴涵式解释。

情节化解释

通过鉴别所讲述故事的类别来确定该故事的"意义"，这就叫做情节化解释。在叙述故事的过程中，如果史学家赋予它一种悲剧的情节结构，他就在按悲剧方式"解释"故事；如果将故事建构成喜剧，他也就按另一种方式"解释"故事了。情节化是一种方式，通过它，形成故事的事件序列逐渐展现为某一特定类型的故事。

顺着诺斯罗普·弗莱在其《批评的剖析》（下文简称《剖析》）中指出的线索，我至少鉴别出四种不同的情节化模式：浪漫剧、悲剧、喜剧和讽刺。或许还有其他模式，如史诗；并且，某个特定的历史记述可能包含了以某种情节化模式形成的一些故事，用以充当以另一种模式情节化的整组故事中的某些方面或某些阶段。但是，特定史学家被迫将整组故事情节化，从而在一个全面的或原型的故事 8

形式中构成了他的叙事。例如，米什莱将他写作的所有历史构成浪漫剧模式，兰克构成的是喜剧模式，托克维尔的是悲剧模式，布克哈特的是讽刺剧模式。史诗的情节结构看来像是编年史本身的一种隐含形式。关键在于，每一种历史，即便是最具“共时性的”或“结构的”历史，都以某种方式情节化了。讽刺剧模式提供了形式上的原则，据此，布克哈特假定的“无叙事”史学也能被确定成一个特殊类型的“故事”。如弗莱所示，以反讽模式形成的故事（讽刺剧是其虚构的形式）恰恰是通过挫败正常的期望来获得其效果，即一反正常期望中其他模式（浪漫剧、喜剧或悲剧，这要看情况而定）故事会提供的结局。①

① 我知道，用了弗莱的术语和情节结构分类法，我自己就处在了其他文学批评家的矛头之下，他们要么是反对弗莱分类的成果，要么是用自己的分类法取而代之。我确实不认为弗莱的范畴在文学中是惟一可能区分类型、模式、主题等等的东西；但我发现它们对于分析历史著作特别有用。看上去，对弗莱文学理论的主要批评是：他的分析方法对二流文学类别非常有用，如神话寓言或侦探小说等等，对于评判那些结构复杂、层次丰富的著作，如《李尔王》、《追忆似水年华》甚至《失乐园》等小说而言，它太僵化、太抽象了。但是，弗莱关于虚构文学和传统文学的主要形式的分析，对于说明简单的情节化形式非常适用，碰上像历史编纂那样“有限的”艺术形式就是如此。历史“故事”易于注入弗莱明确而精心阐述的范畴之中，因为史学家倾向于反对那种复杂的戏剧性突变的结构，只有小说家和戏剧家喜欢那样。准确地说，由于史学家并非（或声称不是）“为故事”而讲故事，他倾向于以最普通的形式将故事情节化，一如神话寓言或侦探小说，或如浪漫剧、喜剧、悲剧和讽刺剧。

我们或许还记得，19世纪受过正规教育的史学家是在阅读大量的古典文学或基督教文学中长大的。这种文学中的主题可能为他提供了一种故事形式的储备，使他能够拿来进行叙述。然而，假定像托克维尔这样精明的史学家可能会将这些故事形式进行改造，以适合某种犹如大诗人拉辛（17世纪法国诗人，剧作家——译注）或莎士比亚所设想的那种意图，这就犯了一个大错误。当像布克哈特、马克思、米什莱和兰克这样的史学家提到“悲剧”或“喜剧”时，他们通常使用的是这些术语表示的最简单的观念。对黑格尔、尼采，以及（更浅一点的程度上）克罗齐来说有所不同。作为美学家，这三位哲人对于类型有着远为复杂的构思，结果也写出了浪漫剧根本上是一种自我认同的戏剧，它以英雄相对于经验世界的超凡能力、征服经验世界的胜利以及最终摆脱经验世界而解放为象征，是那类带有基督教神话中圣杯传奇或基督复活传说 9
之类的故事。它也是一种关于成功的戏剧，这种成功即善良战胜邪恶、美德战胜罪孽、光明战胜黑暗，以及人类最终超脱出自己因为原罪堕落而被囚禁的世界。讽刺剧的原型主题恰好与这种救赎式的浪漫剧针锋相对；事实上，它是一种反救赎的戏剧，一种由理解和承认来支配的戏剧。此处，理解的是人类最终乃是世界的俘虏而非它的征服者；承认的则是，由最后分析得知，就根本上战胜死亡的黑暗力量这一任务而言，人类意识与意愿永远是不够的，这种力量是人类永不消逝的敌人。

不管怎么说，喜剧和悲剧显示出一种可能性，即人类至少从其堕落的情形下得到部分解脱，以及从他在这个世界中发现自身处于分裂状态的情况中获得暂时的解放。可是，喜剧和悲剧的情节结构都是升华过的形式，在这两种虚构的原型中，构思这些暂时的胜利是不一样的。在喜剧中，由于通过那种活跃在人类社会和自然界中的力量达到暂时妥协的前景，人类获得征服其世界的短暂胜利，从而使人们保持着希望。这样的妥协在欢乐的场景中被象征化了。喜剧作家习惯用这种场景来结束他关于变化和转换的戏剧性叙述。在悲剧中，除了虚伪和虚幻的欢乐场合之外，再没有欢乐时刻，相反，其中有许多关于人与人之间分裂状态的暗示，比起从戏剧一开始就激起惨烈的争斗，这更可怕。尽管如此，悲剧结束时，故事主角的陨落及其生活世界的动荡，并没有被认为彻底威胁到那些激烈争斗中的幸存者。对这场争斗的观众而言，他们在意识中有所收

更复杂的历史。总体而言，无论史学家如何苛求其材料，他们仍倾向于成为朴素的故事讲述者。就弗莱对基本情节结构的描述，参见《批评的剖析》，第158—238页。有关对弗莱评论，参见杰弗里·哈特曼：《骇人的分界：诺斯罗普·弗莱的甜美科学》，见于《超越形式论：文学论集，1958—1970年》，纽黑文和伦敦1971年版，第24—41页。

获。并且,人们认为,这种收获存在于规律的显现之中,主角反抗世界的努力恰好引出了这种支配人类生命的规律。

喜剧末尾出现的妥协正是人与人之间、人与其世界和社会之间的妥协。作为世界中看似不可改变的对立要素之间冲突的结果,社会环境表现得更纯洁、更明智,也更健康。而且从长远来看,对立要素都显示出能够相互和谐共处,并使自身和他者合为一体。悲剧末尾的各种妥协则要郁闷得多。它们更多地带有人类在世界中要顺从其环境的特征。在这些环境之下,人们必须努力工作。而这些环境被认为是不可改变的和永恒的,其暗含之义是人们不能改变它,却必须在其中劳作。对于人们在世界中为了寻求安全和理智可能会渴望或正当要求的东西,它们设定了限度。

看上去,浪漫剧与讽刺剧在将现实过程情节化时是相互排斥的方式。真正的浪漫式讽刺观念表现出一种术语上的冲突。我能合
10 理地想象一种讽刺式的浪漫剧,但我用这个术语所指的是一种表现形式,它意在从一种反讽的立场揭示对世界进行浪漫式构思的愚蠢行为。然而,另一方面,我可以讲喜剧式讽刺和讽刺式喜剧,或者是讽刺式悲剧和悲剧式讽刺。但在此,我们应该注意到,悲剧或喜剧类型与按讽刺方式形成的模式之间的关系,不同于浪漫剧类型与按喜剧方式或悲剧方式可能形成的模式之间获得的关系。喜剧与悲剧代表着对世界进行浪漫式理解的限制条件,视之为一个过程,为的是认真对待反对人类在救赎方面努力的各种力量。而在浪漫剧中,人类的救赎努力作为一种可能性得以天真般地保持着。即使喜剧的结果是对立力量的最终妥协,悲剧最后显示出这些力量与人对抗的本质,二者处理冲突都非常认真。并且,写作浪漫剧的作者根据人类征服经验世界的最后胜利这种想象而描绘出救赎剧,在这种剧作的结构内,作者有可能分别吸收了喜剧和悲剧中所揭示的人类存在的事实。

然而,讽刺剧代表了对于分别在浪漫剧、喜剧与悲剧中揭示的关于希望、可能性和人类存在之真实性的另一种限制。人们认识

到，意识终究不足以愉快地在世上生活或者充分了解这个世界，在由此产生的气氛中，讽刺剧以反讽的态度评说这些希望、可能性和人类存在的事实。它假定，同样引人注目地表现在浪漫剧、喜剧和悲剧类型中关于世界的想象，*终究是不充分的*。作为一种艺术风格或文学传统发展过程中的一个阶段，文学表现中讽刺模式的出现，标志着一种世界已老的信念。像哲学本身那样，讽刺剧意识到作为现实的一种想象，自己有所不足，因而“在其灰色之上涂抹灰色”。这样，它做好了思想准备来批判一切与世界有关的复杂精密的概念化，并期待着回归一种对世界及其过程的神秘理解。

这四种故事形式的原型，为我们刻画史学家在叙事的情节化层面能够争取到的不同种类解释效果提供了一种手段。它使我们能够在米什莱和兰克创作的那种*历时*的或渐进式的叙事，与托克维尔和布克哈特所作的那种*共时*的或静态的叙事之间加以区分。在前者，结构转换的意识作为叙事表现的根本指导最为重要；在后者，结构连贯（尤其在托克维尔那里）或静态平衡（在布克哈特那里）占据主导。但是，在历史实在的共时性表现与历时性表现之间进行的区分，不会被用来标示历史领域情节化时互相排斥的方式。这种区分仅仅指出，在某个特定的作为整体的历史过程表现中，处理其连贯性与变化之间的关系在侧重点上有所不同。 11

有的史学家们在编年史包含的事件洪流之内或之后，觉察到某种行进中的关系结构，抑或差异中某种同一的永恒回归。悲剧与讽刺作为情节化模式与这些史学家的兴趣一致。浪漫剧与喜剧则强调过程中出现的新力量或新情况，该过程乍一看，好像要么其本质不会有变化，要么只是在外表形式上有所变更。但是，对认识行为来说，这些原型的情节结构各有其含义。而此处的认识行为指的正是，在原型结构提供一种历史真实形态的想象这一过程中，史学家正设法“说明”“真实发生的”到底是些什么。

形式论证式解释

在史学家将他关于“所发生的事情”的叙事记述进行情节化的概念化层面之外，还有另一种层面，史学家可能最终试图说明“中心思想”或“主旨”。在该层面中我能分辨出一种行为，我称其为形式的、外在的或推理的论证式解释。通过运用充当历史解释推定律的合成原则，这样一种论证就故事中所发生的事情提供了一种解释。在这种概念化层面之上，史学家通过建构一种理论的推理论证，来解释故事中的事件（或他在一种特殊的模式中通过情节化而赋予它们的形式）。这种论证可以分解成一个三段论：包含一些推定的因果关系普遍规律的大前提、规律适用于其中的涉及边界条件的小前提，以及结论，即实际发生的事件都是根据逻辑必然性由上述前提推导而来。这种推定律中最著名的莫过于马克思那种所谓的上层建筑与经济基础之间关系的规律。该规律认为，一旦经济基础（包括了生产方式与生产关系）有所变化，上层建筑（社会和文化制度）中的组成部分也将随之变化，但是反向关联却不存在（如意识的变化不会影响经济基础的变化）。这种推定律的其他一些例子（例如“劣币驱逐良币”，乃至像“有起必有落”之类的套话）在史学家尽力解释大萧条或罗马帝国衰亡那种现象的过程中，至少是被悄悄地利用了。后面这些一般化陈述具有的常识性或习惯性特
12 征，并不影响它们充当理论性推理论证中被假定的大前提。而在故事中，事件的解释都是由这种推理论证提供的。这种一般化的本质仅仅指出了一般历史解释的原始科学特征，抑或社会科学的不足，因为人们可能从社会科学中借用这种一般化的规律，它们以一种适当修改或更严格地陈述的形式出现。

一位史学家的叙事中，事件的构造都是在某种类似于规律—演绎式的论证中获得解释。就史学家提供这种解释而言，重要之处在于，这种解释必须与史学家通过情节化将其故事转变成一种特殊类型的故事而获得的解释效果区别开来。这并非因为人们不能

将情节化看成一种运用规律—演绎方式的解释。事实上，悲剧式情节化就可能被视为某种规律的应用，这种规律在各类情形之下支配着人的本性和社会。并且，只要这些情形在某个时空被确定为存在，它们就可能被认为正是通过援用所提及的那类规律而获得了解释，正如自然事件通过确认假定支配着它们之间关系的普遍因果律而得到解释。

我可能想说，当史学家预制“情节”而给他在故事中讲述的事件赋予了某种类型的形式一贯性，他所做的事就和科学家在确定规律—演绎式解释论证中的要素时所做的一样了。但是在此，我要对两种情况进行区分。一种情况是，将某种历史中被视为故事诸要素的各种事件情节化；另一种情况是，对假定存于时空确定范围内的因果关系模型中被视为要素的这些事件进行描述。简言之，我此时是表面上接受史学家有关历史*既*是艺术*也*是科学的主张，以及通常认为在史学家的*研究活动和叙述活动*之间存在的不同。我们承认，描述“发生的事”和“事情发生的原因”是一回事，而在某种叙事形式中提供一种说明性言辞模型则完全是另一回事。这种言辞模型通过诉诸一般因果律来说明引导着一种情形向另一种情形转化的历史发展过程。

不过，历史学与科学恰恰不同，因为史学家不仅对于可能用来解释某种特定事件顺序的社会因果律到底是什么没有一致看法，而且对一种“科学”解释应该采用的形式问题也缺少一致意见。自然科学的解释与历史解释是否必须有相同的形式特征，有关此问题的争论由来已久。争论引发了这样一个问题：有一些规律可以运用在自然科学的解释中，那么，在所谓的人文或精神科学领域中，例如社会学和历史学的领域中，是否也有这样的规律？自然科学进步看来是有赖于各种确定的科学家团体之间时常达成的约定，涉及什么可以当作一个科学问题，一种科学解释必须采取何种形式， 13
以及在一种关于实在的恰当科学记述中，允许作为证据的材料性质如何。在史学家当中，不存在这样的约定，过去也未曾有过。这可能仅仅反映出历史编纂活动的原始科学性质。但是，在什么可以看成是一组历史现象的确定历史解释这方面，史学家存在着先天的争执（或者说缺乏一致）。记住这一点很重要，因为这意味着，历史解释必定以不同的元史学预设为基础，这些预设与历史领域的本质相关，也产生了史学分析能够运用的解释类型的不同概念。

事实上，在“解释”层面上的史学争论，都是关于史学工作的“真正”本质方面的争论。历史学仍然处于一种概念的混乱状态，一如自然科学在16世纪存在的情况一样，那时，对于“科学工作”的各种不同观念就像各种形而上学立场一样多。16世纪，关于“科学”理应是什么的各不相同的概念，从根本上反映出有关“实在”概念的差异，以及由此而产生的认识论的差异。因此，在“历史学”应该是什么这方面的争论，也同样地反映了各色各样的概念，它们关系到一种适当的历史解释应该包括些什么，以及由此关涉到史学家的任务是什么。

不用说，我在此提及的争论并非专业刊物的评论栏中的那种争论，那儿可能会质疑某位史学家的博学抑或准确性。我所谈的这类问题产生的情形是：有着大致匹敌的博学和理论水准的两位或更多学者对同一组历史事件进行解释，或者对“文艺复兴的真正实质是什么”这种问题做出不同回答，当他们进行交流时，尽管这种交流并非必然地相互排斥，争论还是产生了。至少在概念化的某个层面上，此处牵涉到的是关于历史实在的本质，以及被视为一种形式论证的历史记述应该采用的适当形式这些方面的不同主张。按照斯蒂芬·佩珀在《世界的构想》中的分析，我区分了形式的四种范式，即某种被看成是推理性论证的历史解释可能想到而采用的形式，它们分别是：形式论的、有机论的、机械论的和情境论的形式。[①]

---

① 我在前面的注释中关于弗莱所作的评论适用于佩珀的哲学反思基本形式的观念，不过要加以修正。无疑，哲学大师，例如柏拉图、亚里士多德、笛卡尔、康德、黑格尔、穆勒，他们会反对佩珀提供的简化为原型的还原。如果说有什么不同的话，他们的思想代表了在佩珀概述的两种或更多的教条主义立场之间的调和。

形式论的真理论旨在识别存在于历史领域内的客体的独特性。据此，当一组特定的客体得到彻底鉴别，其类别、族属及特定品 14
质也被指定，证明其特性的标签也加上之后，形式主义者便认为这种解释是完整的。所提到的客体要么是个体的，要么是总体的；要么是特殊的，要么是普遍的；要么是有形实体，要么是抽象物。由此可以想到，历史解释的任务在于消除对那些看起来是该领域中一切客体所共有的类似性的忧虑。当史学家在历史领域内确定了特殊客体的惟一性，抑或表明了该领域显示出的现象类型的多样性，他同样也就为该领域提供了一种形式论解释。

解释的形式论模式可以在赫尔德、卡莱尔、米什莱那儿找到；也能在浪漫主义史家和历史叙事大师，如尼布尔、蒙森和屈维廉那儿找到；还能从任何这样的历史编纂中找到，它们把描述历史领域中的多样性、特质和生动性当作史学家工作的核心目标。诚然，形式论史学家可能倾向于概括作为一个整体的历史过程的本质，就如卡莱尔将此形容为"无数传记之精华"。但是，在历史解释的形式主义观念中，用来构成被解释"事件"的不同行为主体、行为方式和行为，其惟一性才是人们探询的中心，而非这些实体赖以出现的

然而，佩珀的理想类型的确提供了一种更为简单化的哲学体系或世界观的简便分类法，也包括当史学家像哲学家那样说话时，我们能在其表述中发现的那类普通的实在概念。史学家像哲学家那样说话，指的是史学家有时会引述某种存在的一般观念，诉诸某种一般真理理论和证明，从依据推定确立的真实性中得出道德含意等等。大部分史学家很少能提升到像埃德蒙·柏克表现的那种在哲学上的高超水平。确实，辉格派史家有一种世界观，可是很难看作一种"哲学"。多数史学家也是如此，连托克维尔也不例外。相反，历史哲学大师意图研究出一种哲学，并精心阐述一种世界观。在这种意义上，他们比史学家更具有认知上的负责性。多数史学家只是假定一种世界观，并以它是一种有着认知负责性的哲学立场来对待它。有关基本的"世界构想"，参见斯蒂芬·佩珀：《世界的构想：证据中的分析》，伯克利和洛杉矶1966年版，第2部分，第141页以下。

"场所"或"情景"。[①]

15 用佩珀的术语来说，形式论对材料进行的分析本质上是"分散的"，而不像有机论和机械论解释倾向那样是"整合的"。这样，虽然一种形式论的解释策略意在开拓"视野"，即令它所确定占据着历史领域的特殊部分有更丰富的种类，但是，就从历史领域中辨认出的过程而言，对它的普遍概括将越来越缺少概念上的"精确性"。浪漫主义史学家，事实上，还有一般说的"叙事史家"，都倾向于针对整个历史领域及其过程的意义建构种种普遍陈述。然而它们是如

---

① 我发现，在我试图描述我所认为的"历史领域"先于史学家对它的分析和表述时，肯尼斯·伯克的批评术语非常有用。伯克主张，所有有关现实的文学表现都能依据五个一组被假定的"语法"成分：情景、行为主体、行为、行为方式和目的。对这些要素进行描述的方式，以及因为其充任角色的"剧作"中的因果应力而赋予他们的相对重要性，揭示了每一种实在表现之中隐含着的世界观。例如，唯物主义作家会倾向于强调"情景"（无论以什么方式构思，都是环境）这一要素胜于"行为主体"、"行为"、"行为方式"和"目的"等要素，这样做的方式是，将后一组要素描述为只不过是前者势力的附带现象而已。相反，唯心主义作家倾向于四处留心"目的"，并且会将"情景"本身转变成与幻觉无异。参见伯克：《动机的语法》，第3—20页有粗略讨论。

虽然伯克的理论能用来描述某位史学家那种没有加工过的"历史领域"概念，但是，该领域一旦"合乎语法地"符码化之后，史学家从它那里能知道些什么呢？在这里，伯克的理论就无济于事了。他的《动机的修辞学》（伯克利与洛杉矶1965年版），意在探索文学表现的道德维度；《作为象征行为的语言》（伯克利与洛杉矶1968年版），意在提供一种中世纪的意义与价值之"隐喻性"层次的世俗化版本，这两部作品可惜都太老套了。伯克坚持，所有关于现实的文学表现，无论多么"现实"，在最后的分析中都富有喻意，这无疑是正确的。但是，当他继续划分可能表现在诸文学的比喻种类时，他提供的不过是一种马克思主义的、弗洛伊德学的和人类学的符号表现的大杂烩，就连后三者自己都不过是他们仅只想分析的"现实"的比喻性表现。若将历史视为一种比喻，它看来适合用弗莱提出的方法进行分析；若将它视为一种具有认知负责性的话语形式，其特质在佩珀的术语中似乎得到了表现；另外，若将它视为道德领地，它似乎就在曼海姆那种知识社会学提供的术语中获得了准确描述。有关曼海姆的知识社会学，参见下文第41页注释。

此的宽泛，以至于若要作为诉诸经验材料便能被证实或证伪的命题而言，这些普遍陈述无足轻重。但是，这些史学家往往通过在叙事中再现特殊行为主体、行为方式和行为时的生动性，来弥补他们在概括上的空洞。

有机论者的世界构想及其相应的真理和论证理论都相对地更具“整合性”，因此，其措施也更简约。他们努力将历史领域中辨别出的细节描述成综合过程中的某些成分。在有机论策略的核心，存在一种对微观—宏观关系范式的形而上学承诺，而有机论史学家将倾向于受这样一种愿望指使，即他们愿意看到，单个实体成了所合成的整体的部分，而整体不仅大于部分之和，在性质上也与之相异。效法这种解释策略的史学家有兰克，以及19世纪中叶绝大多数“民族主义的”史学家（冯·济伯尔、蒙森、特赖契克、斯塔布斯、梅特兰等等）。他们都努力以这样的方式组织叙述，即从一组明显分
散的事件中，描绘某些综合实体的统一和整合，这些综合实体要比 16
叙述过程中分析或记述的任何单个实在都重要得多。

通常所说的唯心论者，尤其像黑格尔这样的辩证思想家，都代表了这种处理问题的路子，以此方式来阐明历史领域中发现的过程。

自然，如同佩珀注意到的，效法这种模式的史学家对描绘整体过程的兴趣，要远胜于叙述其中个体要素的兴趣。这就正好为在该模式中形成的历史论证赋予其“抽象”本质。此外，按此模式写作的历史都将朝着终结或目的的意志来定位，因为在历史领域中发现的所有过程都被假定朝着它运动。当然，像兰克这样的史学家会有意识地反对指明了整个历史过程的终极目的可能如何的倾向。而对某些临时性目的，或者像“民族”、“国家”或“文化”，这些据他说是从正在进行的历史过程中发现的中介性整合结构，兰克则在努力确定它们的本质时自得其乐。兰克认为，整个历史过程最终目的的决断只能在一种宗教的感悟中领会到。这样，兰克的著作有可能被当作以一种特别的形式论模式构成的史学范本。但是，尽管兰克擅长于根据事件的特性来描述它们，他的叙述却都被赋予了自身

的结构和形式上的一致性，以此作为对其描绘的历史过程的解释。兰克为叙述赋予结构和一致性的主要做法是，使其叙述都暗中求助于一种有机论模型，它规定恰当的历史解释理应如何。这也是一种深植于兰克意识之中的模型，规定着世界中的任何过程的任何有效解释应当如何，这种模型是一种范式。

效仿着牛顿物理学、拉瓦锡化学或达尔文生物学，当“规律”一词被认为具有普遍的和固定的因果关系这层意思时，避免探求历史过程的规律，就成了有机论解释策略的一个特征。有机论者倾向于谈论“原则”或“观念”，它们描述了历史领域中发现的个体过程和作为整体的所有过程。这些原则或观念都被看成是想象的或预构的目标，整体过程正在接近它。它们在具有明确的神秘主义或神学倾向的史学家中，通常被解释成显示了上帝创造世界的目的。除此之外，这些原则和观念并不起构成因果关系的行为主体或行为方式的作用。事实上，对有机论者来说，这种原则和观念所起的作用，既非对人在历史中实现某个特殊目的之能力存在的限制作用，亦非机械论者脑袋中那种历史“规律”应该发挥的作用，而是充当基本的人类自由的保障。这样，虽然有机论者通过展示历史过程作为一个整体的综合性质，从其中撷取了意义，但他并没有得出悲观的结论；而严格的机械论者从他对历史存在之规律性本质的反思中，却容易得出这种结论。

机械论者的世界构想同样与其目的结合在一起，但他们倾向
17 于还原，而非综合。用肯尼斯·伯克的术语来说，机械论者更愿意将“行为主体”在历史领域中存在的“行为”，看作与历史无关的“行为方式”的表白。这些表白是从叙事所描述的“行动”展开的“情景”中产生的。机械论者的解释理论促进了对因果规律的研究，这些规律决定了历史领域内发现的过程会得出什么结果。人们认为存在于历史领域内的那些客体，都被说成是存在于部分与部分的关系形态中，而它们特殊的外部构造，则由假定支配其相互作用的规律来决定。这样，像巴克尔、泰纳、马克思那样的机械论者，甚至还有我

会提到的托克维尔，他们研究历史是为了预言实际上支配着历史行为的规律，而写作历史是为了在一种叙事形式中展示这些规律的作用。

在表现历史过程在特定时空内“发生了什么”时，对支配历史的规律的理解，以及对其特殊本质的判定，就多少有些显得重要了。但是，考虑到机械论者的研究都是在寻求这样的规律中进行的，其记述同样受到了有机论者那种日益抽象的倾向的威胁。机械论者认为，个体实在作为证据，不如确证其所隶属的现象类别重要；但对他来说，这些现象类别又不如假定得到证明了的规律重要。最后，只有像机械论者发现支配着自然界的物理学规律那样，发现了支配着历史的规律，这种解释才能看成是全面的。随后，他以这种方式在材料中运用这些规律，使它们的构造便于理解，并将此当作这些规律的功能。这样，在托克维尔这样的史学家那里，某种特定制度、习俗、法律、艺术形式或诸如此类的东西，其特定属性作为证据，就不如那些在分析时被证明具有示范作用的种属、类别和共有象征那么重要了。而在托克维尔看来——事实上，巴克尔、马克思和泰纳也这样认为，这些象征同样不如社会结构和过程的规律重要。后者左右着西方历史过程，也证明了西方历史的作用。

很明显，尽管概念上的准确性是他们的特征，机械论者关于真理和解释的概念都面临责难，被说成目光短浅、过于抽象，这就像对待他们的有机论同行一样。以一个形式论者的观点来看，机械论和有机论明显是多样性的“还原”，它们歪曲了单个实体在历史领域中的作用。可是，为了恢复人们想要的视野和具体性，人们没有必要逃避到形式论代表的那种如此“印象主义”的历史解释概念中去。相反，可以接受一种情境论的立场。它作为一种真理和解释理论，代表着一种在历史领域中发现的事件之意义或价值的“功能性”概念。

情境论明确的前提是，将事件置于其发生的“情境”中，它就能 18
得到解释。这些事件为什么如此发生，通过揭示它们与其他同在一种历史情境下发生的事件之间的特殊关系就能解释。在此，如同在形式论中一样，历史领域被人们当作一种“景观”或质感丰富的地毯式网络来了解。初看之下，它缺少一致性和能够分辨的基础结构，可它不像形式主义那样，后者只想依据实体的独特性和惟一性来研究它。也就是说，该历史领域中的实体与其他实体类似，但有所不同。情境论者坚持，历史领域中“所发生的事”能够通过确定功能性相互关系来说明。这些相互关系存在于行为主体和行为方式之间，他们在某个确定时间中占据着历史领域。

这种功能性相互关系的确定，是通过沃尔什和以赛亚·伯林这些现代哲学家称之为“综合”的活动完成的。[①]在这种活动中，解释的目的在于，确定将研究中的个体或制度与它徒有其表的社会文化“现场”相连的“线索”。从希罗多德到赫伊津哈，其间任何一位史学家的著作中都能找到使用这种解释策略的例证，但是，我们发现在19世纪雅各布·布克哈特的著作中，它却是一种主导性的解释原则。作为一种解释策略，情境论尽量避免形式论那种极端分散的倾向，以及有机论和机械论那种抽象倾向。它努力以一种现象的相对整合取而代之。这种现象是根据某些时期和时代的“趋势”或一般外部特征，在历史事件的有限范围内辨别出来的。情境论认为，历史实体占据了历史事件的有限范围。它悄然运用合并规则来确定这些实体的家族特征。然而，这些规则并没有被认为等同于机械论者假设的那种普遍因果律，抑或是有机论者假设的那种一般目的论原则。相反，它们被说成是各种实际关系，被假定在特定时空中存在，其开始的动机、终结的理由以及决定性因素都永远是个谜。

佩珀告诉我们，情境论者孤立历史领域的一些（事实上，是任何）要素，以此作为研究主题来进行其工作，而不管这种要素有的大至“法国大革命”，有的小至一个特定人物一生中的某一天。随

① 参见沃尔什：《历史哲学导论》，伦敦1961年版，第60—65页；以赛亚·伯林：《科学史观念》，见于德雷编：《哲学分析与历史》，第40—51页。关于“总括”的一般论述，参见明克的评论，见《历史理解剖析》，第171—172页。

后，他就挑选出“线索”，它们把要解释的事件和该情境的不同范围连接起来。线索都是能辨别和追踪的，在空间中，它们向外进入事件发生的自然场所和社会场所；在时间中，则向后确定事件的“起源”，向前确定该事件对后续事件的“冲击”和“影响”。当“线索”消 19
失在其他一些“事件”的“情境”中，抑或“聚合起来”促成某些新“事件”的发生，此时，追踪行为就结束了。追踪的动力与其说是要将历史领域中可能确定的所有事件和趋势整合在一起，不如说是用一根链条将它们连在了一起，这一链条在明显“重要的”事件的限定范围方面具有临时性和限制性特征。

显而易见，情境论者探索历史解释问题，可以看成是两种冲动的结合，一种是形式论背后的分散性冲动，另一种是有机论背后的整合性冲动。但事实上，一个有关真理、解释和确证的情境论概念，在它对史学家的要求和读者的需要中，似乎都过于中庸了。再者，由于在时期和时代能够相互区别的基础上，情境论将历史领域组织到重要事件的不同范围内，那么，对于建构一种涉及历史领域中所发现的过程的叙述模型这一问题，它就代表了一种模棱两可的解决方案。历史的时间之流在情境论者的想象中，是一种波浪形运动（布克哈特明确指出了这一点），在其中，人们认为某个波段或顶峰都内在地比其他形态更有意义。用这种方式追踪事件线索的行为，以至于承认在历史过程中发现了某种趋势，这就暗示了一种叙述的可能性，它以发展与演进的情形为主。其实，情境论解释策略更倾向于从时间脉络中截取历史过程的片断或部分，对它进行共时性表现。在情境论者的世界构想中，它内在地具有向结构主义模式或共时性模式靠近的趋势。另外，如果热衷于情境论的史学家想将他研究的各不相同的时期，聚合成一个能够理解的整体历史过程图景，他就必须脱离情境论的框架，要么根据假定用来支配材料的“永恒”规律，对材料进行机械式的还原；要么根据某些“原则”对它们进行有机的综合，人们认为这些“原则”能够揭示那种长时期内引导整个过程走向的终极目的。

目前，四种解释模型的任何一种，在历史作品中都能够用来提供某种类似于形式论证的东西，阐释叙述中所描述事件的真实意义。但是，自19世纪早期学术职业化以来，在公认的职业史学家中，它们并没有享有相同的权威性。事实上，在学院派史学家中，形式论和情境论模型越来越普及，进而成为史学正统。只要公认的历史学技艺大师表现出有机论和机械论倾向，例如像兰克和托克维尔各自表现的那样，这些倾向就被看作是一种遗憾，背离了历史中应
20 该采用的正确解释形式。更有甚者，倘若某位思想家心血来潮，公然以有机论和机械论语言为主来解释历史领域，就像黑格尔与马克思分别做的那样，这种冲动就被说成是他们堕入了“历史哲学”的证据。

简言之，对职业史学家而言，在某种特殊“历史”类别可能采用的解释形式中，形式论和情境论表现了选择的局限性。相反，机械论和有机论则表现为史学思想中的异端邪说，主流职业史学家和支持他们的哲学家都是这么认为的。这些哲学家恰恰视“历史哲学”为神话、谬误或意识形态。例如，卡尔·波普尔那本颇有影响的《历史主义的贫困》不过是对史学思想中这两种解释模式的经久不衰的斥责。[①]

可是，职业史学家敌视有机论和机械论解释模式的理由仍然模糊不清，或者，不如说其理由像是源自某种明确不同于认识论的因素。因为，假定史学研究的本质是原始科学性的，就不会存在绝对的认识论基础来支持人们偏爱某种而不是另一种解释模式。

当然，有人说，只有在研究中清除有机论和机械论解释模式，历史学才能从神话、宗教和形而上学中解放出来。诚然，历史学不可能因此而提升为一门严格的“科学”，但关键在于，清除了它们之后，历史学至少能够避免“科学主义”的危险，即对科学方法的简单模仿以及对科学权威的徇私盗用。因此，将自身局限在形式论和情境论模式中解释历史，历史至少还是“经验的”，不至于堕入黑格尔

① 卡尔·波普尔：《历史主义的贫困》，伦敦1961年版，第5—55页。

和马克思实践的那种“历史哲学”中。

但是，恰恰因为历史*不是*一门严格的科学，这种针对有机论和机械论解释模式的敌意，看来只是表达了一种偏见，一种职业化过程中的偏见。如果承认，有机论和机械论的确有助于深入了解自然和社会的所有过程，而形式论者和情境论者做不到，那么，将有机论和机械论从正统历史解释的规则中删除，就必定是基于认识论之外的因素。对形式论和情境论的分散技巧的承诺，仅仅反映了部分史学家的一种*决心*，即不去尝试整合那种材料，而有机论和机械论认为这是理所应当要做的。接着，这种决心看来又依赖于事先已有的关于形式的各种观点，即什么是关于人的和社会的科学*不得不采用的形式*。然而，这些观点从其本质来说，一般通常是道德的， 21
尤其是意识形态的。

经常有人就此争辩，尤其是激进主义者，他们认为，职业史学家对情境论和形式论解释策略的偏爱是意识形态推动下的产物。例如，马克思主义者声称，拒斥机械论的历史解释模式符合既定社会集团的利益。因为，真正的社会结构与社会发展规律的显露，将揭示出统治阶级享有权力的真实本质，并且提供将这些阶级从其特权与权力位置上赶下来的必要知识。激进主义者认为，为了服从统治集团的利益，他们培育了这样一种历史概念，即人们只需要了解个体事件以及它们与当下情境之间的关系，或者，最多将事实整理到散漫的框框中。因为这种有关历史知识本质的概念既合乎“自由主义者”的“个人主义”偏见，也符合保守主义者的“划分等级”偏见。

与之相反，激进主义者自称发现的社会结构与发展“规律”，都被自由主义史学家当成了同样是意识形态下促成的东西。他们认为，这种规律通常是为了推进一些社会改造计划而提出来，其方向要么是激进的，要么是反动的。这样，就使对社会结构和发展规律的真正探索有了一个坏名声，也令任何主张寻求这种规律的史学家的学识遭人怀疑。上述情况也同样发生在唯心论历史哲学家声称的、要在历史总体中说明历史“意义”的种种“原则”之上。情境论、形式论及机械论解释概念的拥护者们坚持认为,所提供的这些“原则”往往用来支持意识形态立场,它们的目的要么是倒退的,要么是蒙昧主义的。

事实上,每一种有关实在的历史记述中,确实都显示出一种不可消解的意识形态成分。这就是说,只是因为历史学不是一门科学,或者至多是一门原始的科学,其构造中还有一些可以明确认定的非科学因素。这样,正是这种在历史文献中发现了某些形式一致性的主张,给历史文献带来了有关历史世界和历史知识自身本质的各种理论。它们有着意识形态蕴涵,努力去理解“现在”,也不管这种“现在”如何被定义。换言之,人们声称从社会思潮和实践的现在世界中区分出了过去,并且确定了这个过去世界的形式一致性,正是这种说法,暗含了一种现在世界的知识同样必须具备的形式概念,因为它是过去世界的延续。若有人被一种特殊的知识形式所束缚,就注定了他能够对现在世界进行概括的类型,注定了他能够拥有的知识的种类,也由此注定了他能合理构思的计划的类型,因为构思这些计划的目的是在不确定的现存形式内改变或维持这种现在。

22

意识形态蕴涵式解释

对于历史知识的本质问题,以及可能从为了理解现在而研究往事之中得出的种种蕴涵,史学家假设了某种特殊的立场。一种历史记述的意识形态维度就反映了这种假设中的伦理因素。我用“意识形态”一词指的是一系列规定,它使我们在当前的社会实践范围内采取一种立场并遵照执行(要么改变,要么保持其当前状态);伴随着这些规定的是,它们都声称具有“科学”或“现实”的权威性。根据卡尔·曼海姆在《意识形态与乌托邦》中的分析,我假设了四种基本立场:无政府主义、保守主义、激进主义和自由主义。[①]

① 曼海姆对意识形态的主要类型以及支持它们的历史哲学进行了分类,我将这种分类简单化了。在他的论文《科学政治学的前景》中,曼海姆列举了政治意识的五种具有"代表性的理想类型"。它们产生于19至20世纪,其中有两种是保守主义的(一种是官僚主义的,另一种是历史主义的)。在此,我毋需加以区分,因为"官僚主义"可以说是社会秩序变革中一种反对一切意识形态式努力的形式。我关注的是这样一类知识分子的作品,他们改变或维持现状,为此提出有关历史过程的特定观念。据我所知,没有哪位史学家或历史哲学家曾在著作中提出过"官僚式的保守"态度。不管怎么说,我说的保守主义并非维护一种理想化的过去,而是维护现实中的社会分配。像我定义的一样,曼海姆所说的"保守的历史主义"构成了"官僚保守主义"的天然避难所。参见曼海姆:《意识形态与乌托邦:知识社会学导论》,纽约1946年版,第104页以下,以及他的论文《保守主义思想》,见于保罗·凯克斯克马蒂编:《社会学与社会心理学论文集》,纽约1953年版,第74—164页。

在现代政治意识的理想类型中,曼海姆还列出了"法西斯主义",我没有使用这个概念,因为若是用在19世纪思想家那里,就要犯时代错误了。我用了"无政府主义"这个范畴来取代它。在曼海姆看来,"无政府主义"是19世纪启示论政治思想采用的特殊形式。记得在曼海姆的《乌托邦心态》一文中,他列举了四种乌托邦思想的理想类型,每一种都代表了现代政治意识的一个特定阶段。它们是狂欢千禧年论(16世纪再浸礼派教徒代表的千禧年论传统)、自由的人道主义观念、保守观念,以及社会主义—共产主义者的乌托邦。参见《意识形态与乌托邦》,第190—222页。无政府主义是19世纪狂欢千禧年论的世俗化形式,而法西斯主义是其在20世纪的形式。参见上引书,第233页。与千禧年论和法西斯主义不同,令无政府主义在启示论政治学的历史中具有独特性的事实是,它企图获得认知上的负责性,这就是说,它试图为自身的非理性姿态提供一种理性的论证。

依我看,无政府主义是浪漫主义的意识形态蕴涵。在19世纪,哪里有浪漫主义,哪里就有无政府主义。它在20世纪注入法西斯主义的方式与19世纪注入浪漫主义的方式一样。曼海姆试图以一种系统的方式将浪漫主义与保守主义联系在一起,实际上,19世纪早期浪漫主义与保守主义在同时显现仅仅是一种偶然的巧合。由浪漫主义的主题中生成的历史哲学并未设想一种将在历史时间中实现大一统社会的观念,而正是这种观念激励保守主义者来赞美社会现状。浪漫主义的独特性在于它的个人主义状态,即自我主义,它促成了一种绝对无政府状态的信念。在一些自诩为保守主义的思想家那儿可能表现过这种状态。可是,如果他们是真正的保守主义者,这种状态就不过是一种意识形态的伎俩,用来维护当时社会分配

23 当然，还有其他的理论政治学立场。曼海姆引述了近代早期教派的启示论者、反动派，以及法西斯分子的立场。但是，这些立场本质上都以专制主义的方式表现出来，上面列举的19世纪的意识形态形式并非如此。启示论者将他对行为的规定建立在神启的权威之上；反动派则建立在某个阶级或集团实践的权威之上，它被视为社会组织的永远正确的系统；法西斯分子却建立在不容质疑的元首的权威之上。并且，虽然这些立场的表述者可能会与其他立场的代表发生争论，但他们确实不认为有必要将他们的认知立场的权威性建立在理性主义的或科学主义的基础之上。这样，虽然他们可能提供了关于社会和历史的特定理论，可是，对于来自其他立场的批评、一般的“材料”，或者具有一致性与连贯性的逻辑准则的控制而言，这些理论并不认为要对它们负责。

无论如何，曼海姆分辨出的四种基本的意识形态立场代表了种种断言具有“理性”、“科学”或“实在论”的权威性的价值体系。这种断言悄然致力于与其他自称具有类似权威的体系进行公开讨论。它在某种程度上造成了各方在认识论上的自觉，这是“专制”体系的表现所做不到的。这种断言还使得他们努力理解以另一种观点分析社会过程的研究者揭示的“材料”。简言之，19世纪的无政府主义、保守主义、激进主义和自由主义形式在“认知上是负责的”，而“专制主义的”形式却不是这样。①

中特殊集团的特权地位，以反对来自激进主义者、自由主义者或反动派要求的有步骤的变革。保守主义者不可能支持一种真正的无政府主义世界观念，也无法持有一种真正激进的世界观念。保守主义者维护现状的方式是，证明它正是无政府主义者和激进主义者所向往的那种完整的、有机的统一体。

① “在认知上负责”这个观念，我取自佩珀。他以此来区分致力于对他们的世界构想进行理性辩护的哲学体系和从不进行辩护的哲学体系。后者举例而言，有神秘主义、泛灵论，以及彻底的怀疑论。所有这些学说在论证中，都不得不求助于启示、权威和习俗。尽管某些特定的神秘主义者、泛灵论者和怀疑论者或许会为他们在实在前采取的非理性姿态提供理性的论证，但这种论证通常是作为对其对立者的高度理性主义进行的批判。由于它们最终否定了理性本身的权威，其学说

我应该强调一下,“无政府主义者”、“保守主义者”、“激进主义者”和“自由主义者”这些词旨在充当一般意识形态偏好的代名词,而非充当特定政治派别的象征。就社会研究还原为一门科学的可能性,以及想这样做的愿望而言,它们代表了不同的态度、人文科学能够提供的教导的不同想法、维持或改变社会现状之愿望的不同观念、社会现状中的改革应该选择的方向,以及影响这种改革方式的不同概念;最后,代表了不同的时间定位,即代表了一种作为社会的“理想”形式的范式贮备库而面向过去、现在和未来的定位。我也应该强调,某一特定史学家对历史过程进行的情节化,或者以形式论证说明历史过程的方式,并不需要被看成是他自觉持有的意识形态立场的某种作用。相反,我们可以说,他赋予历史记述的形式所具有的意识形态蕴涵,一定与上述四种不同立场之中的一种相吻合。正如伴随着每一种意识形态的是一种特定的历史及其过程的观念,因而,我认为,每一种历史观也伴随着特殊而确定的意识形态蕴涵。 24

我提及的四种意识形态立场可以用以下语言粗略描述。就社会变革的问题而论,所有四种立场都承认变革不可避免,但是它们代表了关于变革的可取性及其最佳幅度的不同观点。当然,保守主义者对有步骤地改革社会现状最为怀疑,而自由主义者、激进主义者和无政府主义者则相对要好些,并且,相应地或多或少对社会秩序迅速变迁的前景有点信心。就像曼海姆所写的,保守主义者用植物般缓慢生长的类比来看待社会变迁,而自由主义者(至少19世纪的自由主义者)倾向用一种机械论的调节或“精密调谐”来看待它。在这两种意识形态中,社会和基本结构被设想为合理的,而一些变化也被视为必然,不过,当整体的个别部分而非结构关系变化时,

的正面内涵在理性的基础上根本不堪一击。参见佩珀:《世界的构想》,第115—137页。在政治思想中,表述相应体系的人是:传统范围内的封建贵族,否认现在或者未来具有任何价值的反动派,以及与对手的论辩中,既拒斥理性也拒斥一致性观念的法西斯分子或虚无主义者。

变化本身才被视为是最有效的。激进主义者和无政府主义者则不同，他们确信结构变革的必要性。前者为的是在新的基础上重组社会；后者则要废弃“社会”，而代之以一种“共同体”，它是通过个体共有的对共同“人性”的意识而彼此团结在一起形成的。

至于想象中的变革步伐，保守主义者坚持一种“自然的”节奏。自由主义者赞成所谓的“社会”节奏，这是一种议会辩论的节奏，或教育过程和遵守既有法律的党派之间竞选的节奏。与之相比，激进主义者和无政府主义者想象一种大变革的可能，不过，前者倾向于
25 更多地了解影响这种变革所必需的力量，对所继承制度的惯性更为敏感，并因而更多地参与确定影响这种变革的途径。

接下来我们要考虑的是各种意识形态不同的时间定位。按曼海姆所论，保守主义者倾向于将历史演进想象成一种*当前*通行的制度结构逐步建立的过程。他们将这种制度结构视为一种“乌托邦”，即人们目前能够“现实地”期望或合法追求的最好的社会形式。相比之下，自由主义者想象了一种*未来时*，到那时这种结构将有所改进。但他们将这种乌托邦状态置于*遥远的*未来，并阻止当前以激进主义者那种猛烈方式实现它的任何努力。激进主义者则相反，他们认为乌托邦状态*即将来临*，因而促使他们用心准备革命方式，以便使乌托邦社会*现在*就到来。最后，无政府主义者倾向于理想化*远古*自然人的那种纯洁，从而区别于所发现的自己身陷其中的堕落“社会”状态。这样，他们把这种乌托邦设定在一个事实上在时间之外的平台上，将它视为一种人类在任何时刻都能实现的可能性，只要人们愿意通过意志行为抑或意识行为，控制住自己基本的人性就能做到。这些行为将在当前社会机制的合法性之内摧毁社会业已确立的信念。

不同意识形态追求的乌托邦理想在时间上的定位，使曼海姆有可能就它们趋向“社会和谐性”或“社会超越性”这两端的程度进行分类。保守主义是最具“社会和谐性”的；自由主义相对弱些。无政府主义是最具“社会超越性”的，而激进主义又要弱些。事实上，

每一种意识形态都表现为一种社会和谐性与社会超越性诸要素的混合。就此而论，它们彼此区别更多在于侧重点不同，而非内涵相异。所有意识形态都非常看重变革的前景。这就说明了为什么它们对历史有着共同的兴趣，并且致力于为其计划提供一种历史论证。同样，这也说明了为什么它们自愿运用认知上负责的术语，彼此辩论可取的社会变革步伐和用来实现它的措施等次要问题。

然而，正是赋予当前社会体制的价值，解释了他们对于历史演进形式和历史知识必须采用的形式的不同概念。曼海姆认为，历史“进步”问题，不同的意识形态有不同的解释。对于某种意识形态是“进步”的东西，在另一种意识形态那里却是“堕落”的，这是因为“现时代”在人们心目中处于不同的状态，它可以是发展的顶峰，也可以是低谷，这依赖于它在一种特定意识形态中的异化程度。与此同时，各种意识形态也尊重形式上的不同范式，这些形式是试图解释“历史所发生的事情”的论证必须采用的。这些各不相同的解释 26
范式或多或少反映了不同意识形态的“科学主义”倾向。

举例来说，激进主义者与自由主义者都相信“理性地”和“科学地”研究历史具有可能性，但他们对于一种理性的和科学的历史学应该包含些什么存在着不一致的观念。前者寻求历史结构与历史过程的规律，后者则寻求发展的一般趋势或主流。与他们一样，保守主义者和无政府主义者与19世纪某种普遍的信念一致，相信历史的“意义”能够在一种概念框架中被揭示或表现出来，这种框架在认知上是负责的，也不是简单的专制主义。但是，他们的特殊历史知识概念要求对“直觉”抱有信心，在此“直觉”的基础之上，一种假定的历史“科学”才能建立起来。无政府主义者在其历史记述中，倾向于运用本质上是浪漫主义的移情技巧，而保守主义者则倾向于将他在历史领域内对客体的诸种直觉，整合成一种关于总体历史过程并能得到充分理解的有机论记述。

在我看来，不同意识形态在相互冲突的历史过程和历史知识概念之间做出决断时，所依赖的基础不会在意识形态以外。因此，既然这些概念源于伦理方面的考虑，那么，用来判断认知是否充分的那种特定认识论立场的假设，本身代表的只是另一种伦理选择。我不会宣称为一种既有意识形态所支持的历史知识概念比其他的历史知识概念更“现实”，因为恰恰是在什么构成“现实”之适当标准的问题上他们存在分歧。在没有判断出确定的历史科学或社会科学理应如何之前，我同样不会认为一种历史知识概念要比另一种更“科学”。

无疑，机械论代表了19世纪普遍认同的科学概念。但社会理论家在机械主义社会科学和历史科学的合理性问题上意见不一。形式论、有机论和情境论的解释模式在整个19世纪的人文科学中依然兴盛，其原因在于，它们在机械论是不是适合充当一种策略的问题上意见存在根本分歧。

于是，我无需理会19世纪产生的不同历史概念是以“现实性”为依据，还是以“科学性”为依据。出于相同的原因，我的目的不是去分析它们是否充当了哪种既定意识形态立场的表征，我感兴趣的是阐明意识形态方面的思考是怎样进入史学家的努力之中，它为的是在叙述中解释历史领域，并构建其过程的言辞模型。但是，我会尽力说明，即便有的著作是一些兴趣明显与政治无关的史学
27 家和历史哲学家所写，如布克哈特和尼采的作品，它们也仍有着明确的意识形态蕴涵。我相信，这些著作至少与写作它们的时代中这种或那种意识形态立场一致。

我认为，历史作品的伦理环节反映在意识形态蕴涵的模式中。这种模式能将一种审美感知（情节化）与一种认知行为（论证）结合起来，以至于从可能看似纯粹描述性或分析性的陈述中，衍生出说明性陈述。史学家通过确认支配着一组事件的规律“说明”历史领域内发生了什么，这些事件作为一种基本上是悲剧含义的戏剧被情节化了。或者，反之亦然，在他找到支配着情节关联次序的“规律”时，他也可以发现自己加以情节化的故事的悲剧含义。不论哪一种情形，都必定会得到一种特定历史论证的道德蕴涵，它出自史

学家假定的关系。这种关系存在于思索的那组事件内，一方面连接了叙事概念化的情节结构，另一方面连接了为使那组事件成为确定的“科学性”（或“实在性”）解释而提供的论证形式。

按悲剧来编排情节的一组事件或许得到了“科学的”（或“实在的”）解释，这是诉诸严格的因果决定律还是人类自由的推定律要视情况而定。前一种情况的意思是，人们一投身到历史中，就被一种不可逃避的命运束缚住了；而后一种情况则是，人们可以行动起来，以便控制（至少是影响）自己的命运。在这种可选择的方式中形成的历史的意识形态推力，一般分别是“保守主义的”和“激进主义的”。这些意思无需正式地用历史记述本身来表白，但是，它们可以从分析戏剧性事件，以及显示它要证明的规律所运用的语气或语调中识别出来。由此区分的两种历史学类型之间的差异，我认为恰恰分别是斯宾格勒和马克思作品的特色。斯宾格勒所使用的机械论解释模式，对于按悲剧情节化的历史来说，其语调或语气是合适的；但是，就得出意识形态蕴涵而言，这种语调或语气则具有社会妥协性。然而，在马克思那里也有一种类似的机械论解释策略，它用来支持历史的悲剧式记述，语气颇有些英雄气概而且好斗。这种区别正好类似于欧里庇得斯和索福克勒斯悲剧之间的差异，或在同一个剧作家那里，则类似于悲剧《李尔王》和《哈姆雷特》之间的差异。

为了证明上述言论，或许需要简要引述几个史学实例。兰克写的历史一贯被塑造成一种喜剧模式，这种情节构成的中心主题是一种妥协观念。同样，他主要使用的解释模式是有机论的，由揭示整体结构和过程组成。兰克相信，这些整体结构与过程代表了历史
中发现的基本关系模式。兰克热衷的不是揭示“规律”，而是揭示行 28
为主体与行为方式的“观念”，他视其为历史领域中的存在。我将证明，兰克确信历史知识会提供的解释类型是历史领域中的审美知觉在认识论上的翻版。在兰克所有的叙事中，它都采用了一种喜剧的情节化形式。这种喜剧模式的情节化与有机论模式的论证相结

合，那么，其意识形态蕴涵毫无疑问是保守的。兰克在历史领域中辨别的种种“形式”被认为处在一种和谐状态，喜剧的结局通常就表现出这样一种和谐状态。读者从而会思索历史领域中的一致性，它被认为是一种完成了的“观念”（即制度和价值观念）的结构；他也会得到一种情感，就像是某部戏剧中所有明显的悲剧性冲突最终获得了一种喜剧效果时，在观众心中会产生的那种情感。如果历史过程的本质正像兰克在记述中揭示的那样，那么人们就是生活在历史世界的最理想状态中，或者至少也是生活在人们能够“现实地”期待的最理想状态中。由于人们能够从这样解释的历史中合理地得出结论，其叙述中语气自然是妥协性的，情绪是乐观的，而意识形态蕴涵则是保守的。

就这些结合的种种可能性而言，布克哈特表现出另一种变化。布克哈特是一位情境论者，他指出，史学家“解释”某个特定事件的方式是：将该事件嵌入同样能够识别的众多个体的丰满构造之中，而这些个体占据着该事件周围的历史空间。他否认历史研究能够找到“规律”，也拒绝那种用类型学来分析历史的企图。对他而言，一个特定历史事件的范围代表了一个偶然事件的场所，该事件的构造多少有些华丽，并且，多少有些易受印象主义式的表现的影响。例如，布克哈特的《意大利文艺复兴时期的文化》通常被人们认为根本没有“故事”，也没有“叙事线索”。事实上，形成它的叙事模式是讽刺式的、大杂烩式的（或“混杂的”），这是一种反讽的虚构模式；并且，由于讽刺剧拒绝提供一种形式上的一致性，而人们在阅读浪漫剧、喜剧和悲剧时，却习惯于期待这种一致性，这样，讽刺剧也就获得了它的一些主要效果。这种叙事形式是一种关于知识及其可能性的特殊怀疑论观念的美学翻版，它使自身呈现为所有假定的反意识形态历史观念的典型，也充当马克思、黑格尔及兰克等人实践的“历史哲学”的一种替代品。布克哈特本人对此类“历史哲学”是不屑一顾的。

但是，构成讽刺式叙事的语调或语气具有特定的意识形态蕴涵。如果语气表现出乐观,其意识形态蕴涵就是“自由主义的”;若语气显得安于现状,则是“保守主义的”。例如,布克哈特以为历史领域是诸多单个实体的“构造”,这些实体仅仅是通过作为同一领域之成分,以及它们各自表现的光辉而联系在一起。这种概念与布克哈特的形式怀疑论结合在一起。它意味着,布克哈特的读者若按 29
保守主义之外的根据把历史当作一种理解现实世界的手段,那么,他们无论怎样努力,结果都只会失败。布克哈特自己认为未来是悲观的, 这种悲观主义对于在读者中宣传 “人人为己”(*sauve qui peut*)或“落后者遭殃”(*the devil take the hindmost*)的看法很管用。人们出于自由主义的原因抑或保守主义的原因而宣传这种看法,这取决于促成自由主义与保守主义的实际社会形势。但是,激进主义的论证绝对不可能以这样的观点为基础,并且,像布克哈特所使用的那样,它们最终的意识形态蕴涵严格说来是保守主义的,也不单纯是“反动的”。

历史编纂风格问题

我已经区分了史学家在叙述中努力获得解释性效果的三个层面,现在,我要考察历史编纂的风格问题。在我看来,一种历史编纂的风格代表了情节化、论证与意识形态蕴涵三种模式的某种特定组合。不过,在某个特定作品中,我们不能不分青红皂白地就将情节化、论证和意识形态蕴涵模式组合在一起。例如,喜剧式情节化与机械式论证组合就不合适, 正如激进的意识形态与讽刺式情节化亦不匹配。这就好像,各种可能在不同写作层面使用而获得解释效果的模式中,有着可选择的亲和关系。并且,这些可选择的亲和关系是基于结构上的同质性。这可以在情节化、论证和意识形态蕴涵的可能模式中得到证明。这些亲和关系可列表如下:

情节化模式	论证模式	意识形态蕴涵模式
浪漫式的	形式论的	无政府主义的
悲剧式的	机械论的	激进主义的
喜剧式的	有机论的	保守主义的
讽刺式的	情境论的	自由主义的

在某个特定史学家那儿，这些亲和关系并没有被当作各种模式的必然组合。相反，表述每一位史学大师作品特征的辩证张力，往往来源于这样一种努力，即将情节化模式与和它不相协调的论证模式或意识形态蕴涵模式结合在一起。举例而言，就如我要说明的，米什莱试图将一种浪漫式的情节化，与一种带着确定自由主义意识形态的形式主义论证结合在一起。而布克哈特则用一种讽刺
30 式的情节化和一种情境论的论证，服务于一种明显是保守主义的而且最终是反动的意识形态立场。黑格尔在两个层面上将历史情节化，即微观上是悲剧式的，宏观上是喜剧式的。二者的合理性证明都依赖于有机论的论证模式，结果，人们在读他的著作时，得出的意识形态蕴涵要么是激进主义的，要么是保守主义的。

但是，上述每一种情况，都在有关整个历史领域形式的一致性图景和主导性想象的情境内，释放出一种辩证的张力。这就使单个思想家关于该领域的概念获得了一种自我融贯的总体外貌。并且，这种一致性和融贯性赋予其著作独特的风格。在此，问题在于确定这种一致性和融贯性的基础。依我看，这种基础是诗性的，本质上尤其是语言学的。

在史学家能够把表现和解释历史领域的概念工具用于历史领域中的材料之前，他必须先预构历史领域，即将它构想成一个精神感知客体。这种诗意行为与语言行为不可区分。后者准备将历史领域解释成一个特殊类型的领域。这就是说，在一个特定领域能够获得说明之前，它必须首先被解释成一个有可分辨的各种事物存在

的场所。这些事物作为现象的独特状态、层次、族属和类别，又必定被设想成是可以分类的。此外，它们必定被认为彼此之间具有某种关系，而关系的变化构成了一些“问题”，它们要由叙述中的情节化和论证层面上提供的“解释”加以解决。

换言之，史学家面对历史领域的方式，与语法学家可能面对一种新语言时的方式大体相同。他的首要问题是在该领域的词汇、语法和句法中进行辨别。只有这样，他才有能力解释任何要素的特定形态或其关系的变化是什么意思。简而言之，史学家的问题是建构一种语言规则，它具有词汇的、语法的、句法的和语义学的维度，借助它们可以用史学家自己的术语（而不是用文献本身用来标示它们的术语）来表现历史领域及其要素的特征，并由此准备解释并表现这些要素，这是史学家在其以后的叙述中要做的。由于本质上的预设性，这种预构的语言学规则，其特征也可以根据塑造它的主导性修辞方式来进行表述。

历史记述据称是历史过程的确定片断的言辞模式或标记。但是，之所以需要这些模式，是因为文献记录并没有就它们所涉及事件的结构，描绘出一种清晰的影像。所以，为了说明过去“实际发生的事情”，史学家首先必须将文献中记载的整组事件，预构成一个
可能的知识客体。这种预构行为是诗性的，因为，在史学家自己的 31
意识系统中，它是前认知的和未经批判的。就其结构的构成性程度而言，它也是诗性的。这种结构以后会在史学家提供的言辞模型中，被想象成过去“实际发生的事情”的一种表现和解释。但是，不仅史学家可能当作一种（精神）感知客体来研究的某个领域是构成性的，一些概念也是构成性的。史学家将用它们来鉴别存在于该领域中的客体，并且描述它们相互能够保持的关系类型的特征。在先于对历史领域进行正式分析的诗意行为中，史学家既创造了他的分析对象，也预先确定了他将对此进行解释的概念策略的形式。

但是,可能的解释策略的数量并非无限的。事实上,有四种主要的类型,对应着诗性语言的四种主要比喻。因而,在诗性语言自身的形式内,我们找到了那种用来分析不同思想、表现和解释模式的范畴,这些模式在历史编纂这种非科学的领域中往往能遇到。简言之,比喻理论为我们在历史想象演进的特定时期内,提供了一个对其深层结构的形式进行分类的基础。

比喻理论

传统诗学和近代语言理论关于诗性语言或比喻性语言的分析确定了四种基本的比喻类型,即隐喻、转喻、提喻和反讽。[①]这

① 两位阐述比喻性非科学(虚构的、艺术的和梦呓的)话语概念的最主要代表是结构主义者雅各布森和列维—斯特劳斯。后者运用隐喻—转喻二元组合,作为分析原始文化中命名系统的基础和理解神话的钥匙。参见列维—斯特劳斯:《野性的思维》,第205—244页;另外,有关这种方法的说明,参见埃德蒙·利奇:《克劳德·列维—斯特劳斯》,纽约1970年版,第47页及以下。雅各布森用同样的二元组合作为一种语言学的诗学理论基础。参见其有见地的论文《语言学和诗学》,见于托马斯·西贝奥克编:《语言中的风格》,纽约与伦敦1960年版,第350—377页;雅各布森与莫里斯·哈利:《语言的基础》,格雷文哈格1956年版,其中著名的第5章题为《隐喻和转喻的两极》,现重印于哈泽德·亚当斯编:《柏拉图以来的批判理论》,纽约1971年版,第1113—1116页。就针对精神分析学内描述梦的语言结构这个问题,这种二元组合的类似用法可参见雅克·拉康的《无意识之中文字的韧性》,见于雅克·埃尔曼编《结构主义》,纽约1966年版,第101—136页。

列维—斯特劳斯、雅各布森和拉康都认为隐喻和转喻是语言行为的"两极",分别代表了言语行为的连续(动词)轴和间断(名词)轴。例如,雅各布森因此而写道:"诗性比喻的研究大体被引向了隐喻,而所谓的现实主义文学,它与转喻原则紧密相连,尽管在分析浪漫主义诗歌的隐喻风格时,诗学运用的同样的语言学方
32 法完全适用于现实主义散文的转喻结构,但现实主义文学仍然藐视解释。"参见雅各布森:《语言学和诗学》,第375页。事实上,斯蒂芬·厄尔曼根据本质上的转喻性内容,对小说中的实在论历史进行了分析。见于《法国小说中的风格》,剑桥1967年版。厄尔曼证明了,从司汤达到萨特的浪漫主义小说中,本质上的"动词性"风格正

逐渐转向“名词化”。

就语言现象的分析而言，隐喻—转喻二元组合的成效业已证明，然而，在我看来，用它作为一种框架结构来表现文学风格的特征尚欠火候。我倾向于使用比喻的四重概念，以便在单一话语传统内不同风格的习惯之间做出区分。文艺复兴以来大家就习惯用这种四重概念。就像埃米尔·本维尼斯特在那篇深刻探讨弗洛伊德语言理论的论文中主张的：“我们用来比较的项目与其说是语言，不如说是风格，这样才能和弗洛伊德当成梦的语言陈述式而揭示的语言属性进行比较。……无意识运用了一种真正的‘修辞学’，它和风格一样，有自己的‘形象’，而传统的比喻种类将为两种类型的辞句（象征的和暗示的）补充原有的恰当类型。”参见埃米尔·本维尼斯特：《关于弗洛伊德理论中语言之功能的评论》，见于《一般语言学问题》，佛罗里达1971年版，第75页。在该论文中，本维尼斯特消解了诗性语言和散文性语言之间的区别，也消解了梦的语言与清醒意识下言说的语言之间，以及隐喻极与转喻极之间的区别。这与我的观点一致，我认为，现实的诗性表现与散文式表现之间的相似性与其差异同样重要。对于“现实主义”小说和“梦境”而言都是如此：“内容的本质使各种各样的隐喻出现了，因为无意识的符号从其隐喻转换中既获取了意义，也陷入了困境。它们也运用传统修辞学所称谓的转喻（以外形替代内涵）与提喻（以部分替代整体）[原文如此]，并且，倘若符号序列的‘句法’导致了一种超乎一切的样式，这就是省略法。”同上。

从一种语言学的方式转向一种文体上的方式来表现现实主义文学的特征，其困难部分在于一方面无法利用比喻与修辞法之间的传统修辞特性，另一方面也无法运用比喻和修辞规划的这种特性。按彼得·拉穆斯所说，16世纪的修辞学家根据隐喻、转喻、提喻和反讽这四种比喻（或模式）来划分修辞格，但是，虽然他们没有强调四者相互之间的排他性，却也因此提供了一种更丰富的诗性话语概念，以及文学风格中一种更为精细的区分，远胜于现代语言学家偏爱的两极系统提供的东西。为了保持隐喻与转喻之间基本的二元区别，一些修辞学家仍然将提喻视为隐喻的一种用法，将反讽视为转喻的一种用法。这就认可了综合性语言与发散性语言之间的区别，同时还承认了不同的文体习惯中，有关针对综合或还原程度的进一步区别。在《新科学》（1725年，1740年）中，詹巴蒂斯塔·维柯在比喻修辞中运用了四重区分法，以此作为人类从原始走向文明的不同意识阶段的基础。他没有看到诗性（虚构的）意识和散文式（科学的）意识之间的对立，而是看到了他们之间的连贯性。参见《詹巴蒂斯塔·维柯的新科学》，托马斯·伯金与马克斯·菲什译，纽约1968年版，第2卷，第129页以下，关于“诗性的智慧”。有关文艺复兴时期的修辞学理论，以及标准修辞格和比喻修辞法类别，参见李·索尼诺：《16世纪修辞学便览》，伦敦1968年版，第10—14页，第243—246页。

33 在传统修辞学中，修辞规划与修辞法之间的区别依据如下：一种修辞规划（无论是言辞的还是思想的）是一种不涉及“不合理的”跳跃或置换的表现顺序；与之相反，修辞法恰好与这种不合理的（或至少是意外的）置换法相关。例如，就像在“冷酷的激情”这个短语中，人们可能会预期“热情的”这个形容词。但是，语言学用法中，什么是合理的，什么又是不合理的呢？只要达到了使用者旨在产生的交流效果，任何修辞格都是合理的。或许对修辞规划也可以这么说，而无论它是词语的还是思想的。语言的创造性运用承认，事实上是要求，与意识在传统基础上的阅读、思考或倾听行为中期待的东西相分离。这将既适用于“实在的”散文话语，也适用于无论多么“浪漫的”诗性之作。刻板的术语系统，像那些设计出来表示物理数据的系统，它憧憬的是消除一切修辞性用法，建构言辞的完美“修辞规划”，即在表述研究对象时不会出现任何的“意外”。例如，同意把微积分用作讨论牛顿假设的物理实在的术语系统，代表了该话语领域内的修辞规划，尽管它不是与客观对象有关的思想的规划。有关物理世界的思想本质上保留了修辞性的内涵，其进展是通过种种“不合理的”跳跃和由一种理论切换到另一种理论，但它始终限定在转喻模式之内。具有创造性的物理学家，他面临的问题在于，要将通过修辞手法产生的洞见，置于一种词语的修辞规划之中。这种规划被指定用于与其他物理学家进行交流，而他们使用的是牛顿提供的数学术语系统。

那些不像物理学那样有专门名词规范的经验领域，其“现实主义”表现的基本问题是提供一种恰当的词语规划来表现思想的规划，后者将被视为实在之真理。但是，当这种规划成了一种描绘经验领域特征的东西，而这种经验领域又不存在必要的契约来规定它包括些什么，其真正本质又如何；或者，当它成了一种对诸如革命之类现象的传统描述进行挑战的事物，那时，什么是合理而可能发生的，什么是不可能发生的，这之间的区别就不存在了。要描述的与客体相关的思想，以及描述客体或者与客体相关的思想所运用的词语，都被当作了修辞性话语。因此，在分析实在的假设性“现实主义”表现，以确定其话语使用的主导诗学模式时，它是必不可少的。通过确定话语的某种（或几种）模式，人们深入到了意识的层面，在此，经验世界先于在得到分析之前已经被建构起来。并且，保留了肯尼斯·伯克所称的“主要比喻类型”中的四重区别之后，人们就能详细说明不同的“思想风格”，它们多少有些隐蔽地出现在任何实在的表现之中，而无论这种表现明显是诗性的还是散文式的。参见肯尼斯·伯克：《动机的语法》，附录D，第503—517页。参考保罗·亨利编：《语言、思想和文化》，密歇根1966年版，第173—195页。有关比喻的著作多种多样，并且从来被争论困扰着。试图分析话语的比喻性维度时遇到的一些

些比喻允许以不同类别的间接性或比喻性话语来表述客体的特 34
征。它们对了解某些方式过程特别有用,通过这类过程,那些在明晰散文手法中无法描述的经验内涵可以被预示性地领会,为了能够有意识地理解做准备。例如,在隐喻(字面上是"转移")中,诸现象能够根据其相互间的相似性与差异,以类比或者明喻的方式进行描述,就像短语"我的爱人,一朵玫瑰"(my love, a rose)。运用转喻(字面上,是"名称变化"),事物某部分的名称可能取代了整体之名,如短语"50张帆"(fifty sail)指代"50艘船"(fifty ships)时就是如此。至于提喻,一些理论家将它视为转喻的一种形式,是指人们用部分来象征假定内在于整体的某种性质,从而使某种现象得到描述,如"他惟有一颗心"(He is all heart)。最后,通过反讽,各种实体能够通过比喻层面上的否定,即字面意义上的积极肯定得到描述。明显荒唐可笑的表述(用词不当),如"瞎嘴"(blind mouths);或明显的谬论(矛盾修饰法),如"冷酷的激情"(cold passion);这类修辞皆可视为反讽的标志。

反讽、转喻和提喻都是隐喻的不同类型,但是它们彼此区别,表现在它们对其意义的文字层面产生影响的种种还原或综合中,也通过它们在比喻层面上旨在说明的种种类型表现出来。隐喻根本上是表现式的,转喻是还原式的,提喻是综合式的,而反讽是否定式的。

问题,能在《普林斯顿诗歌与诗学百科全书》(亚历克斯·普雷明格等人编,普林斯顿1965年版)关于比喻的不同描述中见到。

保留修辞性语言四重分析有着许多益处,可以防止落入一种由风格连同语言的两极观念促成的、本质上是二元的风格概念中。事实上,比喻的四重分类法将允许一种双重的二元风格分类法按可能的组合运用。据此,我们并非像雅各布森那样,不得不将19世纪文学史一分为二,一方是一种浪漫式—诗性—隐喻式传统,另一方是实在式—散文性—转喻式传统。这两种传统都被看成是同一种话语习惯中的要素,在这种话语中,所有与语言用法相关的比喻性策略都纷纷呈现,但不同作家和思想家呈现的程度不一。

例如，隐喻表达式“我的爱人，一朵玫瑰”，确认了玫瑰适合作为被爱者的表现。面对两个对象之间显然的不同，它仍断定二者之间存在相似之处。不过，将被爱者与玫瑰视为一体只是字面上的指称。作为美丽、心爱、娇美等等被爱者所拥有的品质的表征，该短语还得要象征性地领会。“爱人”是某个特殊个体的记号，但“玫瑰”却被理解为某种属于被爱者的“形象”或“象征”。被爱者被视同玫瑰，但这是通过暗示了她（或他）与玫瑰共有的某种品质，从而维持被爱者的特性这一方式做到的。被爱者不能还原为一朵玫瑰，倘若该短语被当作转喻就可以这样做；被爱者的本质与玫瑰的本质也不尽相同，若将短语理解成一个提喻就意味着使二者同一；很明显，该短语也不能像反讽那样，被当成某种显性肯定的隐性否定。

当“50张帆”用来意指“50艘船”时，类似的表现也存在于这种转喻式表述中。不过，此处，“帆”取代了“船”，其方式是将整体还原为它的某一部分。像短语“我的爱人，一朵玫瑰”那样，两种不同的对象被暗中比较，可是，这两种对象相互间明显被想象为存在一种部分与整体的关系。然而，这种关系的形式不像
35 微观与宏观之间的关系那样，倘若将“帆”设定为某种由“船”和“帆”共同拥有的品质的象征，那就是后一种关系，不过，这就是一种提喻了。当然，这也意味着，“船”在某种程度上可以与它自身的某部分如“帆”视为一体，没有“帆”，“船”也不能动弹。

在转喻中，现象之间的关系是在部分与部分的关系形态中而被含蓄地理解了，据此，人们能够使某一个部分还原为另一个部分的某个方面的状态或功用。理解任何一组像这样存在于部分与部分关系（不像隐喻中那种对象与对象的关系）形态中的特定现象，正是赋予思想一项任务，即在这些作为整体之表征的部分，与简单地作为整体某个方面的特征之间加以区分。这样，像“雷之咆哮”这样的表达就是转喻式的。在该表达中，产

生雷声的整个过程首先被分成两种现象：一种与原因（雷）相关，另一种与结果（咆哮）相关。于是，区分有了，雷在因果还原的形态中与咆哮联系在一起。“雷”一词指称的雷声被赋予了某种“咆哮”（一种特殊类型的声音）的特征，它使人们可以（转喻式地）说“带来咆哮之雷”。

因而，运用转喻，我们能够同时在两种现象间进行区分，并将其中一种现象还原为另一种现象的表征状态。这种还原可以采取一种行为主体—行为的关系形式（雷在咆哮）或因果关系的形式（雷之咆哮）。并且，如同维柯、黑格尔和尼采等人所指出的，通过这种还原，现象世界必定为假定存在于现象世界背后的一大群行为主体和行为方式所占据。一旦现象世界被分成两类存在（一方面是行为主体与原因，另一方面是行为与结果），原始意识仅仅通过纯粹的语言学方式，就具有了概念范畴（行为主体、原因、精神、本质），这些对于反思文明的神学、科学和哲学来说是必要的。

但是，在所有的转喻性还原中都假定那两类现象之间本质上是外在的关系，而在提喻中则将其解释为共有特征这种内在的关系。转喻表明，在按部分与部分关系解释的现象之间存在区别。被看成是“结果”的经验“部分”以还原的方式与被看成是“原因”的经验“部分”相关联。然而，运用提喻，就有可能按照整体之内的综合方式说明这两个部分，而这个整体本质上不同于部分之和，各部分只是作为整体之微观复制品。

为了阐明提喻式用法中涉及的内容，我将分析“他惟有一颗心”这个表达。在其中存在看上去像转喻的东西，即身体中某部
分的名称被用于表述个体的全身。但“心”一词经过象征性地理 36
解，不再指身体的一部分，而是指西方文化中用“心”一词通常表现的特征的本质。“心”不是要被理解为指称一种解剖学上的部分，这个部分的功能可用于描述全身的功能特征，就如“50张

帆”对于“50艘船”那样。相反，它被解释成整个个体特有的一种品质象征，被视为一种肉体和精神因素的结合，所有这些因素都在一种微观—宏观的关系形态中分有这种品质。

这样，在“他惟有一颗心”这种表达中，提喻被叠加在转喻之上。倘若该表达从字面理解，它将毫无意义。以转喻方式理解，它将是还原性的，因为，为了恰好表现一种比喻性的意图，它将只是暗指这样一种共识，即对有机体的功能来说心具有中心地位。但是，若以提喻方式理解，即将它当成一种意指总体诸要素之间的定性关系的陈述，它就是综合性的，而非还原性的。与转喻表达式“50张帆”是“50艘船”的象征不同，它意在表示的不单单是一种“名称变化”，而是一种标明总体（“他”）的名称变化。该总体具有某些品质（大方、同情等等），它们满足并构成了建构起“他”的所有部分的基本本性。作为一种转喻，该表达暗示着躯体不同部分之间的某种关系，它根据心在这些部分中的中心功能而被理解。然而，作为一种提喻，它暗示了个体的部分之间的某种关系，其中个体被视为肉体和精神属性的结合，其本质上是定性的，并且所有的部分都共有这种性质。

我们将迄今所探讨的三种比喻，视为由语言自身规定的操作范式。运用这些范式，意识为了随后使经验得到分析和解释，能够预构这些在认识上悬而未决的经验领域。这就是说，在语言用法本身之中，思想具有多种可选择的解释范式。隐喻是表现式的，如同形式论所采取的方式；转喻是还原式的，有如机械论；而提喻是综合式的，一如有机论。隐喻支持用对象与对象的关系来预构经验世界；转喻用部分与部分的关系；而提喻用对象与总体的关系。每一种比喻也促成一种独一无二的语言规则的形成。这些语言规则可称为同一性语言（隐喻）、外在性语言（转喻）和内存性语言（提喻）。

与这三种我认为是“朴素”（因为它们只有在语言有能力用

修辞性术语把握事物本质这种信念中，才能得到运用）的比喻 37
相反，反讽这种比喻充当了一种“感伤的”（在席勒所谓“自觉”的意义上）对应物。人们指出，反讽本质上是辩证的，因为它代表着为了使言辞自我否定而自觉地运用隐喻。反讽基本的修辞方式是用词不当（从字面上说是“误用”）。明明是荒唐的隐喻，用来激发反讽式反思，它针对的是被描述事物的本质或该描述本身的不充分性。修辞上的疑虑（aporia，字面上是“疑难”）姿态，即作者对自己所陈述之事的真实性表现出一种真真假假的不信任，可以看成是反讽式语言偏爱的风格上的构思。这在更为“现实主义”类型的小说中，以及在以一种自觉的质疑语气撰述或以“相对化”的意向写作的历史中，都是如此。

反讽式陈述的目的在于暗中肯定字面上断然肯定或断然否定的东西的反面。它假定读者或听众已经了然于胸，或有能力识辨就某种事物所做的描述的荒谬性，而该事物通常由隐喻、转喻或提喻赋予其形式，并在其中被指定。这样，就“他惟有一颗心”这个表达，当它以一种特殊的语音语调说出来，或在所指某人的确不具备该提喻用法赋予他的品质的情况下，它就成了反讽。

由此马上可以看到，反讽在一定意义上是元比喻式的，因为它是在修辞性语言可能误用这一自觉意识中被使用的。反讽为一种有关实在的“现实主义”看法预留了空间，这是可能提供一种有关经验世界的非修辞性表现的前提。这样，反讽就代表着意识的一个阶段，在其中语言本身那种成问题的性质已经被认识到了。它指向的是所有关于实在的语言描述之潜在的愚蠢性，就如其讽刺模仿的信念一样荒谬。因而，像肯尼斯·伯克注意到的，反讽是“辩证的”。然而在其对世界进程的把握中，不如在其对语言功能的把握中来得更加辩证——它显示出语言在任何言语描述活动中都是模糊了而不是澄清了问题。在反讽中，修辞性语言折返回自身，并带回了自身的潜能，以便在问题中歪曲感知。这就是为什么人们往往认为反讽模式构成的世界描述本质上是世故的和现实主义的。只有在自我意识的水平之上,一种关于世界及其过程的真正“启蒙性的”(即自我批评)概念化才有可能实现。因而，在一个探寻自我意识水平的特定领域内,反讽的出现看上去标志着思想的升华。

于是,反讽规定了一种思想模式的语言学范式,不仅就某个特定经验世界的概念化而言，而且就以语言尽可能记录事情真相的热切努力而言,它根本上是自我批判的。简而言之,它是一种语言规则模型，思想上的怀疑论和道德上的相对论在其中照
38 样表达出来了。作为一种表现世界过程可能采纳的形式典范,它本能地与形式论、机械论和有机论解释策略的“朴素”表述相对立。而且,其故事形式,即讽刺剧,则本质上与浪漫剧、喜剧和悲剧原型产生了冲突，而后者都是些表现了重要人类发展之形式的模式。

存在性地将反讽投射到一种成熟的世界观之中，它就仿佛超越于意识形态之外。反讽能够*策略性地*为自由主义的或保守主义的意识形态立场辩护，这要看反讽者所言是反对既定社会形式,还是反对寻求改变现状的“乌托邦式”改革者;它也能被无政府主义者或激进主义者唐突地用来嘲笑其自由主义或保守主义对手们的理想。但是,作为一种世界观的基础,反讽倾向于消解一切承认积极政治行为可能性的信念。在反讽的理解中,人类的状况根本上是愚蠢的或荒谬的，它往往造成一种文明自身处在“疯狂”之中的信念,并且针对那些寻求以科学抑或艺术的方式把握社会实在之本质的人,产生了一种保守而清高的蔑视。

19世纪历史意识诸阶段

比喻理论为描述19世纪欧洲形成的主流史学思想模式提供

了一种方式。并且，作为一种普遍性诗性语言的理论基础，它使我有可能描述这个被认为是闭合循环的发展时期中历史想象的深层结构。因为，每一种模式都可视为一个话语传统之内的某个阶段或环节，该话语传统的发展是从人们对历史世界的隐喻式理解，经由转喻式或提喻式理解，最后转入一种对一切知识不可还原的相对主义的反讽式理解。

19世纪历史意识的第一个阶段形成于启蒙运动晚期史学思想的一种危机情形中。像伏尔泰、吉本、休谟、康德和罗伯逊这样的思想家，最终以一种本质上是反讽的态度看待历史。前浪漫主义运动的思想家，如卢梭、尤施图斯·穆泽尔、埃德蒙·柏克、瑞士自然派诗人、狂飙突进派，另外尤其是赫尔德，都以自觉的"朴素"观点对应物来反对这种反讽式历史概念。此种历史观的原则并未被首尾一贯地阐发出来，启蒙运动的不同批评者也没有统一遵从某些原则。但是，他们都有一种对启蒙运动的理性主义的反感。他们相信，"移情"是历史研究的一种方法，于是就历史和人性二者的某些特性培养一种同情心，而这些特性正是启蒙运动者不屑一顾或傲慢对待的东西。这种对立的结果，便发展成了史学思想中真正的危机，以及关于研究历史的 39
正确态度该当如何的深层分裂。这种分裂不可避免地激发起对史学理论的兴趣，随后，在19世纪的头十年，"历史知识问题"成了这一时期相关哲学家关注的中心问题。

在哲学家中，黑格尔对此问题做出了最为深刻的表述。在写作《精神现象学》（1806）和《历史哲学》（1830—1831）之间的这段时期，他准确地判定了引发这种分裂的主要原因，即理解历史领域的反讽模式与隐喻模式之间不可消解的差异。此外，黑格尔在他自己的历史哲学中以一种提喻模式考虑这种分裂，从而提供了一种合乎逻辑的解释。

当然，与此同时，启蒙运动的理性主义受到了法国实证主义者朝有机论方向进行的改造。在奥古斯特·孔德的著作(《实证哲学教程》,1830)中,启蒙运动的机械论解释理论与历史过程的有机论概念结合在一起。这使孔德能够将历史按照喜剧的方式进行情节化,从而消除那种反映了启蒙运动晚期历史编纂中悲观主义思想的讽刺性主题。

这样,在19世纪的前三十多年,形成了历史思想的三个截然不同的“学派”:“浪漫主义”学派、“唯心主义”学派和“实证主义”学派。虽然他们在研究和解释历史的正确方法问题上互不相让,但在批判启蒙运动晚期理性主义者对待过去的那种反讽态度上,却是同心协力。这种所有形式中共有的对反讽的厌恶很大程度上说明了人们研究历史的热情。这种热情正是这个时代的特征,也是19世纪早期历史学充满自信的表现。它弥漫四周,根本不管“方法论”问题上存在着极其重大的差异。

到第二个阶段,即从1830年至1870年左右的“成熟”或“典范”阶段,对反讽的厌恶也说明了这一阶段中史学思想的特殊腔调。这一阶段的特征出自有关史学理论的持续争论,以及大量记述过去的文化与社会的成果不断涌现。正是在此阶段,四位19世纪的史学“大师”——米什莱、兰克、托克维尔和布克哈特,撰写了他们的重要著作。

这个阶段的历史编纂中最显著的地方在于理论上的自我意识水平。其代表者在此水平之上研究过去,并据此撰写他们的叙事性记述。他们中几乎所有人都被一种希望激励着,他们希望创造一种有关历史过程的观点,它既能像科学家看待自然过程那样“客观”,也能像这一时期的政治家主宰着国家命运那样
40 “实用”。因此,在这个阶段,向能够用来判断一种真正“实在的”历史概念的标准问题。就像其同时代作家在小说中所做的那样,这个时代的史学家都在构思一种历史图景,它不存在启蒙运动前辈们的那种抽象性,也全无浪漫主义先驱的那种幻觉。

但是，他们也像同时代小说家（司各特、巴尔扎克、司汤达、福楼拜、龚古尔兄弟）那样，仅仅在构造种种“实在论”类型方面有所成就，这就好比存在着以修辞性话语解释世界的诸多形态一样。与启蒙运动的反讽式“实在论”不同，他们设计了一系列彼此竞争的“实在论”，每一种都是一种或另一种隐喻、转喻或提喻模式的反映。事实上，正如我在正文中说明的，米什莱、托克维尔和兰克的“历史实在论”，只不过是对各种视角的批判式的详细阐述，这些视角源自于意图以明确的“诗性”方式对待经验的那些修辞策略。而在布克哈特的“实在论”中，人们目睹历史编纂再一次陷入反讽式情形中，而“实在论”自身原本被指望将这个时代的历史意识从反讽中解放出来。

与各种各样历史概念化模式的剥离相伴随的是对历史哲学的深入反思，它很大程度上也是由这种剥离造成的。在第二个阶段，历史哲学倾向于采用抨击黑格尔历史哲学体系的形式。但是，总的来说，它在黑格尔开始论证的基点之外对历史意识进行的思考都不成功。当然，这种普遍化的一个例外就是马克思。为了创造一种同时既是“辩证的”又是“唯物主义的”历史观，也就是说，这种历史观既是“历史的”也是“机械论的”，马克思试图将黑格尔的提喻策略与他自己所处时代的政治经济学的转喻策略结合在一起。

马克思自己就代表着19世纪将历史研究转变成一种科学的最具一贯性的努力。此外，这也是分析历史意识与历史存在的实际形态之间关系的最富成效的努力。在其著作中，历史反思的理论与实践同它们诞生的社会的理论与实践紧密相连。就任何声称具有“真实”世界图景之地位的历史概念而言，马克思对其中包含的意识形态蕴涵的敏感度比任何其他思想家都要强。马克思自己的历史概念绝不是反讽式的，但是他的确成功地揭示了每一种历史概念的意识形态蕴涵。并且，他也由此为陷入反讽提供了足够的依据，而反讽是该时代历史反思最后阶段的历史意识的特征，也是19世纪最后30多年形成的所谓历史主义危机阶段的特征。

但是史学思想并不需要一个马克思将它领入自己的第三阶
41 段，或者说危机阶段。第二阶段史学家的真正兴旺就足以使历史意识陷入到这种反讽的情境之中，这种情境才是“历史主义危机”的真正实质。针对同一组事件，有许多同样可以理解并且自圆其说，然而却明显相互排斥的看法，对这些看法前后一贯的精心陈述足以摧毁历史学自诩具有“客观性”、“科学性”和“实在性”的那种自信。在布克哈特的著作中，我们已经能够察觉到这种信心的失落，其著作在精神上明显是唯美的，观点上持怀疑论，语气玩世不恭，而对于想获知事情“真相”的任何努力，则是悲观主义的。

布克哈特在史学中表现的那种心境，在哲学中的同道自然是尼采。但是，唯美主义、怀疑论、犬儒主义和悲观论，只是布克哈特想当然用来充当他这种特别的“实在论”的基石，而尼采却自觉地将它们当成了问题。此外，它们还被认为是精神颓废情形的表征。这种精神颓废将局部被克服，其方式是使历史意识从先验“实在地”观察世界这种不可能的理想中解脱出来。

在尼采早期的哲学著作中，他视其时代的反讽意识为他要解决的问题，并且一个必然的推论是，问题还出在维持这种意识的特定的历史概念化形式。与在他之前的黑格尔一样（尽管看上去兴致不一、目的不同），尼采试图消解这种反讽，而又不落入一种朴素浪漫主义的幻象之中。然而，由于尼采尝试将历史思想比作一种艺术观念，而后者采用隐喻模式作为其典型的修辞策略，因此他确实代表了一种浪漫主义历史过程观念的复归。尼采这样谈论历史学，说它的理论自觉地是元史学式的，其目的则是“超历史的”。这样，他的历史学就意在为一种自觉地隐喻式地领悟历史领域的努力进行辩护，这就是说，在其意向中,历史学仅仅是隐喻式的反讽。尼采关于历史学的思想中,历史意识的心理学被揭开接受分析；况且，它在一种关于实在的明确诗性领悟中的起源已经被揭示出来。结果，尼采和马克思差不多，也为陷入他那个时代历史思想所屈从的“历史主义危机”提供了依据。

正是为了回应历史主义危机，克罗齐开始了深入历史意识深层结构的不朽探索。与尼采一样,他承认,危机反映出一种本质上是反讽的精神状态的胜利；他还是和尼采一样，也希望通过将历史比作艺术来涤荡这种反讽的史学思想。但在这个过程中，克罗齐被驱使着去构想一种有关艺术自身的特殊的反讽概念。在将历史思想同化为艺术的努力中，他最终只是成功地促使历史意识对自身的反讽情形有更深入的了解。随后，他试图通过把历史学比作哲学，将历史意识从高涨的自我意识造成的怀疑论中解救出来。然而,在这种努力中,他的成就只在于将哲 42
学历史化，结果使得哲学像历史编纂学自身已经是的那样,对自己的局限性有了一种反讽式的自觉。

这样构想的话,历史哲学从黑格尔开始,经由马克思和尼采到克罗齐的演化，表现出同样能够在历史学演化中看到的进展,后者上迄米什莱,经由兰克和托克维尔,下至布克哈特。同样基本的概念化形态表现在历史哲学与历史学二者之中，尽管这些形态以绝对是环环相扣的形式出现在不同的序列之中。作为一个整体，重要之处在于历史哲学的演化终止于历史学在19世纪最后三十多年所达到的同一种反讽情形。只是在复杂性以及知识的广度方面，这种反讽情形不同于启蒙运动晚期相应的情形。其复杂性体现在历史哲学中对它所作阐述，而知识的广度则体现在这一时代的历史学中对它的阐发。

第一部分

接受的传统：
启蒙运动与历史意识问题

第一章 45

隐喻与反讽之间的历史想象

导　言

19世纪的欧洲文化无处不展现出一种以实在论方式理解世界的狂热。当然，尽管像实证主义者和社会达尔文主义者这些人自诩为“实在论者”，认为自己所持的“实在论”与自然科学家提供的那种对自然过程的理解一致，但“实在论的”一词修饰的事物仍旧不同于对世界的“科学”理解所包含的内容。不管怎么说，即使在此处，“实在论”一词的含义所涉及的东西，也远远不止于在历史、社会或人性的材料之上简单运用“科学方法”。这是因为，尽管有一般意义上的“科学主义”倾向，19世纪的思想家和艺术家的“实在论”意愿还渗透着这样一种意识：在那些理解历史世界的努力中，会遇到人们理解仅仅是自然过程的世界时未曾出现的特殊问题和困难。

其中，最重要的问题是源自于以下事实：历史过程的研究者本身被牵涉在该过程之中，自然过程的研究者却不会如此。人们能够合理地为人既处于自然之中也外在于自然这种认识辩护，这是因

为他参与了自然过程,他也能在意识中超越它,假定一种自然过程
46 之外的立场，从而把该过程看成显然是人类存在之前的或非人类的那些自然整合层次的表征。但是,一旦提到历史的反思,看来自然界的所有存在中只有人类具有历史；就一切实际意义而言,“历史过程”只是以一种普遍人类过程的形式存在。并且,既然“人性”构成了被称之为“历史”的过程中惟一可以想象的表征,看来就不可能对该过程整体作某种类型的概括,而对于纯粹处于物理、化学和生物维度内的“自然”来说,人们却能够合理作出这种概括。在自然科学中,“实在论”会被认为最迟是自牛顿以来不断得到发展的、用于分析自然过程的“科学方法”。但是,一种“实在的”历史观念可能包括什么却是问题,就像“人类”、“文化”和“社会”这些同样令人迷惑的词如何定义的问题。19世纪每一种重要的文化运动或意识形态,如实证主义、唯心主义、自然主义、(文学上的)现实主义、象征主义、生命主义、无政府主义、自由主义等等,都声称比其他对手提供了一种对社会现实更为“实在”的理解。如象征主义者争辩说“世界是一片符号之林”,而虚无主义者拒绝相信任何可能的思想体系,与之相伴的却是为了其世界观的“实在论”本质而进行论证。

成为一名“实在论者”意味着按实际状况那样清晰地理解事物;也可以从这种对现实的清晰理解中得出适当的结论,使得一种基于这种理解的可能的生活方式得以实现。由此设想,主张一种本质上的“实在论”,应当既合乎认识论的要求,同时也合乎伦理要求。某人可能强调其“实在论”纯粹分析的或感知的本质,就如印象派画家那样;或者强调其构想清晰的道德上的或习俗上的含义,如政治理论中特赖契克这类所谓的新马基雅维里主义者那样。可是,在任何情况下,声称代表了一种“实在论”立场的人,至少都需要从两个方面来为其立场辩护,即认识论方面和伦理方面。

以我们在20世纪70年代的有利地位来看,可以看到,从法国大革命到第一次世界大战期间，在欧洲展开的绝大多数重要理论和

意识形态论战，实质上都是在争论哪个集团有权利决定社会现实的“实在性”表现可能包括些什么。某人的“实在”正是另一个人的“乌托邦”，而在某个问题上看上去是一种“实在论”立场的精髓，可能从这个问题的另一个角度来看就代表着一种本质上的“幼稚”。倘若整个地将这一时期看成是一部已经结束的问与答的戏剧，那么，其中最有意思的就是“实在论”这一概念本身博取的普遍权威。因为每一个时代，甚至像中世纪那样最为虔信的时代，都从确信自身具有通晓实在，以及根据适当“实在性”反应回应挑战的能力中，获得自身在整体上的一致性。于是，希望成为“实在的”那些表述， 47
必须反映出某种特定的概念，它与其说关涉到“实在论”的本质何在，不如说更关涉到“非实在的”意味着什么。对实在进行“实在论”的研究之内在困难，就如同在“心智健全”和“健康”的观念中包含的困难一样，这类观念更容易根据某个特定时空中的人对其反面如“疯狂”和“患病”的认识来进行说明。同理，一个既定时代之“实在论”观念的特定内涵，更容易由该时代总体上倾向“非实在论”或“乌托邦主义”的情形来进行说明。并且，当人们试图说明各种“历史实在论”观念竞相争夺支配地位的时代中史学思想的特征，他就有必要问问，这些各不相同的“实在论”观念在通常意义上的史学思想中，所认同的“非实在论”或“乌托邦主义”是些什么内容。

19世纪的史学理论家普遍认为，在他们之前的这个时期中史学思想的重要形式，即启蒙运动时期的种种形式，相对任何一种声称“实在论”世界观具有权威性的史学理论而言，都提供了有危害的模型。这并非说他们马上就抛弃了启蒙思想家整个的史学成就。事实上，某些哲人（*philosophes*），尤其是伏尔泰，在浪漫主义时期依旧有着极其深远的影响，而伏尔泰自身也被视为一种完美化身，甚至值得被米什莱这样的浪漫主义史家所效仿。不过大体上，就一种“实在论的”历史学而言，19世纪史学思想渴求的东西，可以从它对自己18世纪的先辈中最反对的东西得到说明。它对启蒙运动史学反对最甚的乃是其*彻头彻尾的反讽*，正如它对启蒙运动的文化反思中反对最甚的乃是其怀疑主义。

需要注意的是，19世纪史学思想并不反对通常被视为启蒙运动历史哲学的主要特征，即它设想的一种“乐观主义”，以及往往与之伴随的进步原则。这是因为，19世纪多数时间内的史学思想家正像他们18世纪的同行已经做的那样，热衷于为“进步”的可能性，以及为历史“乐观主义”的某些理由提供信仰基础。对他们中多数人来说，“进步”观念和“乐观主义”情绪与“实在论的”世界观正相一致，他们希望通过历史著述为此做出自己的贡献。对其而言，重要之处在于，进步观念以及与之相伴的乐观主义还没有获得足够的、认知上的合理性。其中一些史学家，特别是托克维尔和布克哈特，担心这种合理性永远都得不到，因此，我们发现在他们的作品中弥漫了一种冷静的情绪，而在满怀希望的米什莱（早期作品）和马克
48 思（全部作品）那里，这种情绪就少得多了。

这样，总体来说，19世纪史学思想的“实在论”就在于：在深知18世纪史学思想家已经失败的情况下，继续为信仰进步和乐观主义寻求恰当的理由。若是实在论被视为一种共同信念的容器，它由该时期栖息于单一话语世界中的不同史学思想流派制造出来，那么，如果某人想理解19世纪历史实在论的特定本质，他就必须明了18世纪史学思想失败的性质。我将说明，这种失败既非缺少学术成就，即一种知识上的失败，也不在于历史反思不足，而恰恰因为那种反讽模式。那个时期的学术研究与理论综合两方面都被启蒙运动的史学大师塑造成了这种模式。

启蒙史学的辩证法

18世纪的历史反思源自于一种运用转喻策略的努力，它以确认按提喻模式想象的人类共同体能够存在这一信念的方式，将历史材料进行还原。换句话说，启蒙运动试图证明，在对本质基本上是机械论的社会过程进行分析的基础上，有关理想的人类共同体

之有机论观念具有其合理性。这样,它根据一种道德或价值上的理想来批判社会,但它假装这种批判是基于对历史过程的一种纯粹的因果分析。结果是,历史表现意图实现的目的与构成历史叙述时实际运用的手段并不协调。这种手段与目的之间的冲突,最后将有关历史的思想推入一种公然好斗的反讽式情形之中。在历史情节的喜剧和悲剧观念之间,在历史过程的机械论与有机论观念之间,以及在可能由此得出的保守主义和激进主义意识形态蕴涵之间,启蒙运动早期史学思想中最初表现为创造性张力的那种东西逐渐变得模棱两可,并且根本上自相矛盾了,这波及到史学表现以及一般社会目标两方面的所有重要问题。到18世纪最后25年,这种自相矛盾转变成了反讽,它以一种极端怀疑论的历史认识论,以及源于怀疑论而显然是相对主义的伦理姿态来展示自己。启蒙运动晚期,像吉本、休谟和康德这样的思想家有效地消除了历史与小说之间的差异——而像培尔和伏尔泰这类早期思想家的史学事业恰恰是以这种差异作为基础。正是为了反对这种历史的"小说化",反对在18世纪早期史学家为自身提出的"科学"任务面前呈现的这种反讽 49
姿态,赫尔德、柏克和狂飙突进派群起而攻之。不过,在理解这种反抗之前,它群起而攻击的那种史学传统的比喻性动力学,必须首先揭示出来。

历史编纂的传统观念

在18世纪,思想家通常区分三类史学,即传说的历史、真实的历史和讽刺的历史。传说的历史被认为是一种纯粹臆想的产物;其事实是以历史的观点进行虚构并呈现的,但方法是,为了娱乐而赋予人们在想象中希望相信的东西一种真实面貌。不必说,对培尔和伏尔泰这样的思想家而言,这种浪漫剧式的历史是不足挂齿的,学者不应写,而正经读者也不应读。史学家写作的是真实的东西,而不是其他别的什么,这样其理论才有效。培尔在其《历史词典》中写道:

> 一般而言，历史是一位作家能够写作的最难的作品，要不就是最难写作的作品之一。它需要大量的判断、出众而又条理简练的风格、虔诚的公道之心、绝对正直、精益求精的材料，以及将这些材料妥善排列的技艺；更重要的是，还需要一种抵制宗教热情的本能力量，这种本能促使我们贬低那些料想是真实的东西。[I，第170页]
>
> 依我看，真实是历史的灵魂，是一种历史作品远离谎言的根本；所以，倘若缺少真实，它即使在其他方面完美无缺，也不可能是历史，而只是一种神话或传奇。[第173页]

于是，史学家不得不在人力可能的范围内忠于事实，不惜任何代价避免“虚构性”，不能创造任何无法用事实证明的东西，另外还要压制他自身的偏见和党派利益，以免令自己遭受诽谤罪的控诉。这正如培尔所说：

> 生活在世外之人和世内之人一样，风气如此堕落，以致一个人越是尽力揭示事物之间真实可靠的联系，他越是冒着不过在写作诽谤性文字的危险。[“历史与讽刺文学”]

培尔的冷嘲热讽应引起我们的注意。他暗示着，任何与人类相关的纯粹真实性描述都易于具有一种诽谤的外观，这完全是因为人类惯常的叙说更有可能是不光彩的，这样，真实性本身也因此更有可能具有诽谤中伤的特征。

过了一代人之后，伏尔泰采用了同样的策略写道：“历史是表
50 现为真实之事实的叙述。相反，传说则是表现为虚构之事实的叙述。”（《作品集》，X，第61页）这完全是对称的。然而，伏尔泰在人类过失和愚昧的真实表现，与通过弄虚作假来写作以便用于诽谤的历史之间划出了界限。在提起某些近时出现的“欺骗性回忆录”

（以曼特农夫人的名义出版）时，伏尔泰评论道：

> 几乎每一页都被虚伪的陈述，以及对王国中的王室和其他显贵家族的谩骂所糟蹋了，作者对他的诽谤没有做哪怕是最小的一点掩饰。这不是撰写历史，而是进行诬蔑，人人应唾弃之。[《哲学词典》，见《作品集》，X，第86—87页。]

当然，在他自己的《历史哲学》[1]这样的著作中，伏尔泰没有为了他所致力的事业——那就是以真实对抗虚伪、以理性对抗愚昧、以教化对抗迷信与无知——而歪曲事实和他对这些事实的评论。不过，其中辩论的旨趣很明显，而且，他对世界历史的反思有着一种批评性短文的样式，而非就事实之真相如何进行某种学术探索。事实仅仅偶尔用来确认更普遍的真理，伏尔泰希望以适当的风格形式将这些真理呈现在读者面前。

像伏尔泰的《查理十二史》这样的著作则完全不同。此处的事实也是用来证明一种观点，即一位统治者的力量和才干无论怎样强大，靠征服与战争来寻求“荣耀”总归是“愚蠢的”。正如莱昂内尔·戈斯曼指出的，这部历史写成了一部“嘲弄般的史诗”，他的意思是指，书中构成查理生平的事迹经过构思描绘出一部近乎悲剧的作品，这部悲剧由于激励着主人公的目的本质上是“愚蠢的”，因而有点不对劲。并且，伏尔泰从不放过任何机会评论或可称之为查理的事业或追求的东西本质上甚为愚蠢，或是将它描绘成一幅能在读者的脑海中浮现却又无须明言的类似图画。尽管如此，事实均被当成了史学家不可侵犯的客观关系结构。伏尔泰承认，人们思考一堆特定事实便可能得出诸多不同的结论；但是，他坚持认为，事实的确定、事实的真相必须与道德的、审美的和知识上的真理完全区别开，后者是人们通过对事实进行反思而试图谋求的，所以我们不能责备他撰写了一部“虚构性的”或“讽刺性的”历史，而应称赞

① 该书即中译本《风俗论》导言。——译注

他撰写了一部“真实”的历史。

与“真实性”历史毗邻的一边是“虚构性”历史，另一边是“讽刺性”历史。毫无疑问，其中存在着一种不确定性。它表面上让人觉得“历史写作”的种类分三类，其中两类错误，一类正确，其差异不言自明。然而，事实上，如果人们承认其间的差异是正确的，那么显然
51 就必须假定第四类史学意识，即一种立于三类史学（虚构性、讽刺性和真实性史学）向读者可能提出的主张之上，又在其中进行评判的元史学意识。简言之，人们对于这三类历史写作的区分，并非依据完全真实和彻底虚构之间的对立，而是将它们设想成真实与想象在不同程度上的混合，这本身就体现了在史学意识中一种积极的成果，即一种在史学意识上超越前一时代的进步。这一成果应是属于启蒙运动的。

就历史著述而言，启蒙时代自身的态度通常是反讽的。它不仅像此前诸时代那样，用历史知识服务于党派的或论辩的目的；而且充分意识到在这样做和为历史自身缘故或常说的单纯运用历史、实践历史之间，原本有可能进行选择。这种致力于事实性本身的历史写作，其实践者是18世纪的博学派大师、穆拉托利与帕莱[①]、文献史料编纂学的杰出代表。他们率先做的便是按科学原则对文献进行编辑和批判性地评价。道德与思想上的真实可能源于对编年史或年代纪的研究，编年史或年代纪依据“科学”原则被确定为过去“所发生事情”的可靠记录，但是，以此为基础的批判原则却并不是由博学派大师在理论上奠定的。

启蒙运动的理性主义者如培尔、伏尔泰、孟德斯鸠、休谟、吉本、康德，以及那位古怪的并非理性主义者的詹巴蒂斯塔·维柯，都承认需要批判的，即元史学的原则。有了它，依照往事的个体性和具体性来思考它们而得出的普遍真理，才可能在理性的基础上得到证实。然而，他们无法提供这样的原则，这并不是因为其思考方法不当，而是由于其思考的内容不妥导致的。18世纪缺乏一种合适

① 帕莱（1697—1781），法国词典编纂者。——译注

的心理学理论。哲人们需要一种人类意识理论，使理性不再像用真理的基础对抗谬误的基础那样，被设置为想象的对立面，而是理性与幻想之间的连续性能够得到承认。它们的关系模式，作为人类探索并不完全了解的世界这一更普遍过程的一部分，也应进行研究；并且，幻想或想象对于揭示真理所具有的作用，也应当像理性自身所做的那样可以认识到。

启蒙思想家相信，一切真理的基础是理性及其能力。理性有能力对感觉经验的产物做出判断，并从感觉经验中提取出纯粹真理性内容，以便区别于想象希望这些经验应当是的那种东西。这样，就如伏尔泰在其《历史哲学》中主张的，理性好像成了历史中在真实与谬误之间做出区分的一种简便的东西。在历史文献中，人们只需要运用常识与理性，在真实的和虚构的内容之间，以及在理性支配的感觉经验的产物和那种看起来由想象支配的产物之间，进行 52
区分。人们因此能将真实的东西从虚构的东西中分离出来，从而写作一部只有“真实的”事物被视为“事实”的历史。从这些“事实”中，将有可能得出更为普遍的（精神的、道德的和美学的）真理。

这意味着，过去的大量材料（包括在传说、神话、寓言中的一切）不再作为确证过去之真实性的潜在证据。对于试图完整地重构生活，而不仅仅是在其最富理性主义的明证之上来重构的历史学家而言，此类材料本来能直接呈现过去历史的一个方面。由于启蒙思想家自身致力于理性，并且热衷于确立起理性在反抗其所处时代的迷信、无知与专制方面的权威，对于以神话、传说、寓言及诸如此类形式存在的文献，虽然它们所属的时代在其中表现出了自身的真实性，但启蒙思想家认为这些文献除了证明过去时代在本质上是非理性的之外，别无其他用处。维柯在他那个时代独自认识到，历史的困难准确地说在于确定这个问题：若要作为理解特定历史生活和行为之基础，依据理性的任何一种标准，在何种限度上对世界进行一种纯粹“杜撰的”或“虚构的”理解是恰当的。

如同维柯看到的，历史的困难在于要在人类想象的最无理性之处揭示其中暗含着的理性。在一定程度内,这些想象事实上充当了社会与文化制度结构的基础,人们又正是能够凭借着这种社会与文化制度的结构与自然本身同一或对立地过着自己的生活。问题在于,(维柯所处时代认识的)理性又是如何从更基本的非理性中起源、生长出来的——我们应当假定古人受这非理性所支配,并且在非理性的基础上建构起文明生活的原初形态。由于启蒙思想家按照一种对立而非一种部分与整体的关系,来看待理性与幻想之间的关系,他们也就无法以一种历史编纂式的有益方式来阐明这个问题。

对于人类意识中想象所要求的部分,启蒙思想家并不否认,但是,他们考虑的问题是,如何规定那些允许想象合理、充分表现出来的人类感情领域,以及那些想象不得进入的领域。他们倾向于认为,只是在"艺术"的领域内,想象可以要求主宰的全权。"艺术"这个领域相对的是"生活"本身,其关系大致与启蒙思想家认为的"非理性"与"理性"之间具有的对立关系相同。"生活"与"艺术"不同,它必须受理性支配,而"艺术"恰好必须在对"真实"与"想象"之间差别的充分自觉中进行实践。这样,既然历史首先"与生活相关",
53 其次才"与艺术相关",那么写作历史就不仅要接受理性的指导,而且要在"与理性相关"的最广阔视野之下,运用历史可能提供的与"非理性"相关的任何知识,在生活与艺术二者中促进理性的事业。

历史、语言与情节

在《哲学词典》一篇讨论比喻性语言的文章中,伏尔泰写道:

> 往往受到迷惑的炽烈的想象、激情与渴望产生了比喻风格。我们不允许它出现在历史中,由于太多的比喻所表述的内涵比事物本身要么更多,要么更少,因而它们不仅对事物的明晰是有害的,对其真实性也无益。[《哲学词典》,见《作品集》,

IX，第64页。]

他接着攻击教父们，因为他们过多地用比喻性语言作为一种表现和解释世界过程的方式。他将这种比喻性语言的滥用与诸如古典时代异教诗人奥维德所用的正确用法相比较。奥维德知道如何区分字面的真实性与自己想象中的虚幻世界，并且，就如伏尔泰说的，他以一种不欺骗任何人的方式使用修辞（同上，第73页）。伏尔泰建议，史学家的语言必须像指导他探索过去之真实的理性那样严格，因此，它在表现其面前的世界时应是精确的，而不是修辞性的。

但是，同样的标准被用于确定那些由比喻性语言修饰的出自过去的文献作为证据具有的价值。诗歌、神话、传说、寓言，其中没有任何一种被认为具有作为历史证据的真正价值。一旦被视为想象的产物，它们就只是证明了创造它们的想象的迷信本质，抑或证明那些认为它们具有真实性的人的愚蠢。正是因为这种原因，启蒙运动时期出现的有关远古时代的历史记述，不过是倾向于将那些时代产生的历史作品的记述进行缩写（或评注）。

当然，这一时期的历史文献研究被博学派大师带入了一个很高的水平，不过——正如戈斯曼对帕莱及他活动的学术圈所做的研究显示的那样，这些人没有批评原则可以将古代编年史中的事实综合，得出关于那些编年史自身所反映过程的一般历史记述。至多，这一时期的历史编纂者中，即使是在史学大师爱德华·吉本的作品中，基本上也只对古典时代史学大师传下来的文字做出评述。吉本对于史学家的作品进行了解释和评论，依照他自己对这些史学家的理性具有的了解，这些评述多少带着反讽性质。 54

事实上，启蒙思想家有关历史表现问题的观念，即在言辞模型中就过去的世界所做的建构，很难超出他们就是否应该将给定的任何一组事件描述成史诗、喜剧或悲剧而反映出来的意识水平。选择恰当表现模式的问题呈现为一种互斥的形式，它与在认识论层面上对虚构的、讽刺的和真实的历史记述之间得出的区别正相应。一般认为，史诗形式并不适合于表现历史事件，而伏尔泰的《亨利亚德》，这部描述亨利四世生平的史诗，尽管通常被认为是一部绝世之作，一部诗歌的丰碑，却没有真的被当作其他普通诗人抑或史学家效仿的典范。启蒙思想家凭直觉（非常正确地）认识到，史诗的形式是以莱布尼茨哲学中表现的那种宇宙观为前提，即以连续性原则作为史诗的本体论原则，以类推作为其认识论原则，并认为任何事物的变化不过是在程度上由其“性质”的某种状态或情形，转变成另一种状态或情形，其根本并未改变。所有这些观念与矛盾逻辑和同一性原则有着明显的对立，后者确立了在这个时代主流思潮中认为理性必须采纳的各种原则。

然而，喜剧与悲剧作为撰写过去的叙述中仅有的两个选择，其间的选择本身是以反讽的形式出现的，在马布利这样的思想家那里就是如此，他的《历史写作的方法》在该世纪末出版。绝大多数启蒙思想家不可能真的认为，历史在悲剧模式中提供了众多情节化的机会，就如培尔先前所说：“风气如此堕落，以致一个人越是尽力揭示事物之间真实可靠的联系，他越是冒着不过在写作诽谤性文字的危险。”伏尔泰可能认为，一部悲剧性历史的主题最合适的人选就是查理十二世，但是，他思考这位君主的生平事迹能够写出的最佳作品也只是一种散文式的“嘲讽性史诗”。这是因为，就像龚古尔说他自己的时代那样，这个时代四处找寻事物的“真理”，而找到的只是失望。

怀疑论和反讽

当人们把理性主义采取的反思自身时代的怀疑论形式用作历史反思的原则，就必然激发出一种有关过去的纯粹反讽态度。该时
55 期所有历史巨著构成的模式都是反讽式的，因此它们往往是讽刺形式的，这是那个时期文学意识的最高成就。当休谟因为被迫得出

怀疑论的结论而感到哲学已经索然无味，并由哲学转向历史学时，他给自己的历史研究带来了同样的怀疑论意识。然而，他发现，要维持对展现在面前的某一历史过程的兴趣越来越艰难，这个过程不过是同一种愚昧以各种不同的形式不断地重复。他认为，历史文献不过是人类愚昧的记载，这促使他最终像厌恶哲学一样地厌恶历史学。

当然，与休谟同时代的大师吉本，其认真是不容置疑的。但他将其《罗马帝国衰亡史》描述为一种努力使自己高兴和娱乐的产物，对此我们也不应轻易忽视。吉本告诉我们，促使他着手从事这项著述的原因是一个具有讽刺意味的事件，即无知的修道士们在教堂中举行迷信仪式的盛大庆典，而这所教堂恰恰坐落在一所异教教堂的原址之上。这件可笑的事不仅揭示了吉本进行这项工作的态度，而且预示了他记述罗马帝国最后衰亡的叙述形式。吉本将罗马时期看作是在自己的时代以前人们最为幸福的时刻，他对其变迁的记述不是一种悲剧式的，而是历史著作史中持续进行反讽的一项伟大成就。这一记述以1453年狂热的土耳其人征服拜占庭而告终，若以一种反讽式来理解的话，简言之，就是一种狂热征服另一种狂热的胜利。然而，这种理解是在吉本自己关于西欧思想与学问复兴的知识背景下的，而这种复兴则导致了文艺复兴，并为吉本自己代表的理性时代的到来准备了条件。无论如何，文艺复兴本身被认为是一种反讽事件的产物，即它有赖于一种狂热在拜占庭战胜另一种狂热，由此而将君士坦丁堡的学者驱逐到意大利，传播了古典时代的知识。这些知识最终具有讽刺意味地用来颠覆基督教迷信，而中世纪僧侣具有讽刺意味地曾经用这些知识服务于基督教迷信。

吉本产生的历史想象就是用这种由讽刺积淀成的反讽来充当其解释与表现的原则，这种反讽定然产生一种与吉本在自己的工作中使用的价值与理念有关的反讽态度。最终，它在实践生活中，以及过去所有时代的思想生活中，不得不导致关于理性自身的同一种倦怠的怀疑论，即使得休谟想躲到历史研究中但在那儿却仍旧必须面对的怀疑论。

在康德的思想历程中更为明显的反讽之一便是，他晚年转而
56 思索历史知识的道德蕴涵，而在其哲学生涯的顶峰阶段，他曾否认这一主题具有真正的哲学价值。人们会想到，作为一位哲学家，他关心的是要信任休谟和卢梭一方面对理性的局限性，另一方面对情感对抗理性的合理性所持的看法。与休谟相反，通过引证科学在掌握世界方面的显著成就能够得到合理理解的依据，康德设法为反对极端怀疑论的思想辩护；与卢梭相反，他试图在人性中为情感划出一块区域，赋予其权力，以作为道德与审美判断的基础，在此过程中又不颠覆建立在科学与理性基础上的真理的权力。有意思的是，我们看到这些老对手们在康德晚年又是如何重现，并以一种稍加改变的方式围绕着他。那时，在赫尔德的历史思想和法国大革命的历史事件这些思想的激励下，康德被迫反思历史知识的认识论基础、道德价值和文化意义。

怀疑论给康德带来的威胁事实上在于，人们不停地研究历史，然而现实明显地表示出，从历史研究中学到的东西，没有哪一样不能从研究各种各样现世肉身的人性中获得。这些肉身作为研究客体，具有直接呈示以供观察的优越性，这是历史事件所不具备的。卢梭的阴影延伸到康德晚年的信念中。这种信念随着大革命转向恐怖，以及世界正走向毁灭的情绪扩散而不断增长，它认为在进步的外表之下，整个历史过程表现出一种不可避免的衰落。或者说（由晚近哲学的反讽式感悟促成的）认为尽管事物可能变化了，但普天之下确实没有呈现任何新事物，也就是说在事物越是变化，它就越没有变化。

就像他以前的培尔和伏尔泰那样，康德区分了三种历史过程概念，这使人们有可能看出历史过程的总体情形。康德将它们分别称为幸福式、恐怖式和愚昧式概念。第一种认为历史描述了人类存在在物质和精神环境方面持续进步的过程。第二种认为，历史表现

了一种从自然或精神最初的完美和谐状态开始不断衰落，或完完全全堕落的过程。而第三种所持的观点源于古代犬儒学派哲学家的阿布德拉教派，它认为，尽管事物可能看起来在发展，事实上所有的运动都只不过表现出一种原始要素的重新排列，而绝对不是人类存在的条件的根本改变。

我注意到，这种区分在其有关历史的解释与撰述的含义上，与早先分别在喜剧、悲剧和史诗中所做的区分相同。康德表述虚构性的、讽刺性的和真实的历史学之间在认识论上的差异时，不同之处在于，他将所有这三种构想历史过程的模式都同样看作是“虚构” 57
的或“想象”的。对他而言，它们证明思想能在历史过程方面施加各不相同的形式一致性，代表着历史过程的各式各样的情节化可能，以及有关历史领域的不同审美感悟的成果。

不过，康德着重强调了这些审美取向的道德意味，强调了当决定以一种特别的方式对历史过程进行情节化或想象，可能会对人们如何经历历史产生什么效果，也强调了这些选择在人们思考其目前状况，并为自身或其他人设计一种未来的过程中可能具有的含义。总的说来，历史知识对理解人性这一问题没有任何实质性的贡献，因为它展示给我们的任何东西，都能通过研究被看成是个人或群体的活人获得。但是，它的确提供了一个契机，有助于理解生命理应为何种终极目的而生活这样一个道德上的问题。

康德的立场大致如此：我构想历史过程（被理解为一种由过去向现在的转变过程）的方式，我在自己对历史过程的感知之上施加的形式，这些都为带着更多的希望或失望走进未来提供了一个方向，我面对的是朝着合意的（或远离令人不快的）目的运动而预期的前景。如果我把历史过程设想为一种堕落的景象（而且我首先认为历史知识是一种在史学家的眼前接受检阅的“景象”的知识），我将用为这一过程带来一个堕落的结局这种方式来经历历史。同样，如果我认为这种景象只是“祸事连连”，我采取的方式可能是将自己生活的时代转变成一个静止的时代，这个时代没有任何进步的可能。但是,另一方面,如果我将历史的场景,连同它所有的愚昧、罪恶、迷信、无知、暴力、苦难,想象成一个*过程*,即人性自身由一种制造上述邪恶的能力,转化成了拾起道德理想反对这些邪恶的能力的*过程*,也即想象成一个*独一无二的人类计划*,那么,我将奋力而为使这种转化得以实现。而且,在历史之外还有恰当的理由来采纳这种经历的和设想的历史观点。这些理由出自于哲学,即理性的概念被用作依据,来设想自然在人类身上获得它最初所暗含的潜在力量。

这样,康德阐述的历史观念是反讽式的,不过,它构成的反讽被哲学体系的原则缓和了。在这些原则中,怀疑论未发展到对自身理性的驳斥。然而,康德有关历史的思想仍然保留在启蒙时代理性主义的界限内,并具有重要意义。那种历史中的事物通过思想相互联系时的*对立*形式,并未让位给*连续性和相互转换的*形式。只有后
58 一种形式能就具体性、个性,以及历史事件的生动性自身生成一种恰当的评价。康德将历史材料看成现象,它们就如同自然现象一样,被视为"规律之下的自然"(更明确地说,是普遍的和固定的*因果*规律下的自然)。这意味着他以一种转喻的方式,将历史领域解释成一种由外在的因果关系调解的对立面。就康德的术语而言,不像莱布尼茨所做的那样,存在一种科学理性,尝试着对历史领域中充当整体之成分这一功能的部分进行一种提喻式的鉴别。最后,与其说康德将历史过程理解成一种人性历程中由一个阶段到另一个阶段的发展过程,不如说是仅仅理解成一种冲突,它是人性永恒的对立原则之间,即理性与非理性之间一种不可化解的冲突。这就是为什么他再次与启蒙时代培尔、伏尔泰、休谟和吉本代表的理性主义保持了一致性,不得不得出结论:归根结底,历史必须以一种审美的方式,而不是以一种科学的方式获得*理解*。只有这样,历史才能转变成戏剧,而这一戏剧的展开能够构想出一个喜剧式的圆满结局,而不是一种悲剧式的败局,也不是一种记载毫无*确定结果的*冲突的无止境的史诗。康德选择这种有关整体过程之意义的喜剧

观念的理由最终与伦理相关。历史的场景必须被构想成一部喜剧，否则人们将无法进行那些悲剧计划，而只有它们能够将混乱转化成一种人类努力的有意义的领域。

启蒙时代理性主义史学的主流引发了这样一种认识，即历史不应只是为了娱乐，或仅仅为了发展一种忏悔式的或政治式的偏见而进行写作。理性主义者认识到，若想写作一些超出编年史与年代纪之外的东西，就有必要用一种批判原则来指导考察历史材料。他们开始有意识地反对上一个世纪史学家的浪漫或潇洒风格，反对圣雷亚尔[1]或圣埃夫里蒙[2]写的那种“趣味”历史，反对以后由沃尔特·佩特和弗里德[3]代表的“自由式”史学理论的重要典范和“审美型”史学编纂的原型。哲人们认识到，历史必须是“真实的”，否则它不能在使读者获得“愉悦和乐趣”的过程中声称给予他“指导或启发”。于是，所争论的问题在于真实性能够得以确认的标准。简而言之，真实性必须具有什么样的形式？一般来说，什么是真实性的范式？通过对照这范式比较才能够确认事件的真实记录。

为了理解理性主义者对这些问题做出的回答，仅仅指出他们在“虚构的”和“讽刺的”历史与“真实的”历史二者之间分辨出的区别还不够，而仅仅指出真实性的一般观念也不够。这种一般观念能
够凸显出来，得益于理性主义者在某个精心讲述的故事中，对材料 59
的经验确证、证据的推理批判，以及证据之“意义”的叙事表现诸原则所做出的形式上的贡献。我们只有通过思考理性主义者拒斥的，或没有被他们认真当作其反讽式成见与怀疑论倾向的可替代选择的那种历史思维，才能够理解他们想的是什么。

① 圣雷亚尔（1639—1692），法国历史学家。——译注

② 圣埃夫里蒙（1633—1703），法国文学家，批评家。——译注

③ 弗里德（1878—1938），奥地利作家，文学史家。——译注

启蒙时代之前史学的主要形式

埃杜阿·费特在论述历史著作史的经典著作《新史学史》中，从17世纪欧洲史学传统中确定出四种主流，而启蒙思想家那种他所谓的“反思的”或“批判的”史学，便是以它们为基础，并与之相对发展起来的。它们是教会史（很大程度上是忏悔式的）；探险与地理大发现时代开启了对新大陆的科学和历史研究之后，由传教士和研究者撰写的种族史；以文献学研究为主，在致力于编辑远古和近世准确的编年史和年代纪这个时期，由博学大师撰述的博古史；最后，是基于“密谋与隐私的传奇”，并公然以一种纯文学笔调写作的潇洒或浪漫风格的历史（费特，第413页）。作为一位具有实证主义信念的德国学者，费特倾向于迅速抛弃最后那种史学主流，它与文艺复兴时期的人文主义史学的关系，则被描述为类似于“洛可可诗人的沙龙神话学”与“文艺复兴时期大诗人强壮的异教信仰”之间具有的关系。费特说，这正是该时期音乐中“潇洒风格”的史学对应物（同上）。

在费特确定的17世纪历史思维的四种流派中，最令人吃惊的是：前两种，即教会史和种族史，它们的灵感都源自对人类团体中一种严重分裂的压抑性感受，如忏悔式历史中的教派分歧、种族史（如拉斯·卡萨斯、奥维耶多、埃雷拉等人写的那类历史）中的人种和地域分立。此处，历史是在对种种分化加以理解之后写作的，许多证据表明它们对文明自身前进的步伐造成了严重的阻滞。

同一世纪博学派大师马比昂、蒂耶蒙，以及稍后的穆拉托利，他们写作历史倾向采用的年代纪形式表现出明确以历史学方式努力把握那种连续性，由它可以设想将割断的现实连成一个整体，即一种可理解的总体。在历史作品的编年史形式中，我看到的不只是
60 追求某种秩序的狂热，还有暗含之义，即事件按时间发生的顺序，也许是可能理解其中一些细微意思的惟一排序原则。那种对“真实性和惟有真实性”的渴望，以及仅仅在其外在方面，即仅仅在起某

种连续次序作用的方面处理事件的那种强制性要求，构成了博学家们批判原则的基础；并且，这种基础也在他们的历史理解概念上设定了限制。年代纪作为一种历史表现形式，它在批判意识上代表着一种进步，超越了忏悔式史学大师（如福克斯）与种族史学大师（如拉斯·卡萨斯）的作品。年代纪史家设法超越内心中带着宗教争论与种族冲突而撰写的历史作品中的成见与党派偏见。相对于后者的摩尼教本质，年代纪史家提出把时间序列的秩序当作一种表现模式，这至少可以令史学家摆脱主观性和特殊论争的感染。忏悔式史家和种族志学者在撰写历史时积极介入，而他们则试图保持一种冷漠和距离感，但最后，他们能够提供的只是那些可能由之撰写出一部真实历史的材料，而非真实的历史本身。同样的评论也适用于他们的继承者，即使是下一个世纪的帕莱也不例外。

当我们将忏悔式史家的道德热情和编年史家的冷漠加以比较时，潇洒风格的史家提供的那种纯粹唯美性历史的优雅并不像费特想让我们相信的那样是一种倒退。如果圣雷亚尔所做的不过是通过描写“逗乐或令人感动的小说”来使他的读者“高兴”，那么，他所写的历史，如《唐·卡洛斯》（1672）和《1618年西班牙人反对威尼斯共和国的阴谋史》（1674），至少标志着获得一种批判眼光的愿望，即令他可以既远离将要表现的现象，又可将它们连成一个可以理解的整体，纵使这个整体不过是一个扣人心弦的故事。然而，由于圣雷亚尔所写的历史中存在的惟一统一体即是故事，而故事被认为不过是一种获得修辞效果的设计，这样，他实际上所写的历史存在着缺陷，因为用他自己的话说，这种历史表现的不是关于过去的“真实”，而只是一种事实*本应如何*的“虚构”。历史有理由是其他状况，它本来可以表现为某种完全不同类型的故事（或一系列故事）的一部分。

莱布尼茨与启蒙运动

事实上，历史表现的年代纪形式在莱布尼茨哲学中隐性地获得了一种完备的理论基础。费特坚持认为，莱布尼茨仅仅运用了年代纪史家的方法来写作历史，不过，与他们不同的是，他未能构思
61 出一部《日耳曼帝国年代纪》，而将自己局限在像布伦瑞克那样的次要家族或管辖区的谱系与年表这类著述中。费特说：“总而言之，他收集了材料，但没有加工。”（同上，第393页）然而，费特没有能公正对待指导着莱布尼茨作品的那种想象。面对各种要素或部分在时空上的分散，历史学的年代纪形式与莱布尼茨的连续性观念、无穷小程度的转换观念和整体的和谐观念相一致。或许，莱布尼茨在那个时代所有主要史学家中特立独行，他有足够的理由相信，年代纪史学是历史表现的一种哲学式合理模式。他的《单子论》（1714），连同它的连续性学说，渐次的演进理论，以及作为宏观世界之缩影的单个事件的概念，表现出一种为我们称之为提喻的理解模式所做的形式辩护。这种理解模式要求以微观—宏观之间的关系作为实在的所有解释与表现的范式。在莱布尼茨的史学思想中，它表现为这样一种信念，即一个事件在其总体情境中的表现，是描述该事件的意义及它与整体关系的一种恰当方式。这种情境自身则被解释成了一大堆单个事件的总和，它们靠彼此间的差异结合在一起。

如同莱布尼茨设想的那样，宇宙是个体单子组成的总体，每个单子都是自足的，其统一存在于被视为一个无限创造过程的整体的自主性中。整体之完美和谐克服并消除了冲突的印象，也消除了使不同部分之间的任何内在关系*看起来*不再可能的外在因果关系印象，它得到了至善的上帝肯定，而上帝的恩惠在于，上帝即是全有，但不能与其创造物区分开来。这种构想世界及世界中各部分与总体之间关系的方式，证明了按年代纪形式表现历史过程有其道理，这就如自然过程那样。这些过程被看成是各个单一的具体实在，是整体过程中的某些环节，而该整体过程只是*看上去*在时间和

空间上有些分散而已。莱布尼茨能够用一种年代纪方式来写作历史,因为他相信现象的分散只是表面上的;依他看来,世界是惟一的,它在其部分中延展。因此,他的历史过程概念,即极小程度的转换能够在事件之有限范围的编年史记述中显示出来,这并不需要他在更大的或更小的领域之间进行区分。统一中的转换和转换中的统一,同样的过程在任何部分都发挥作用,无论个体部分被解释成某个人、某个确定家族、某个封邑、某个国家、某个帝国,还是被解释成整个人类都一样。

但是,启蒙思想家恰恰是把这种人类本质上统一的当作理想,尚有待于在某个历史时刻实现。他们不能将此当作自己进行历史写作的前提,这不仅仅是因为材料无法对此加以证实,还在于它与启蒙思想家关于自己所处社会的经验不相符。对他们而言,人类的 62
统一是他们能够设想未来实现的一种理想,但不能用这种理想充当一种历史解释抑或历史表现的范式。因为正是为了这种理想,他们首先要研究、撰述历史,以作为他们促成这种统一实现的努力的一部分。他们所了解的作为一个经验事实的世界,要求他们援用一种表现和解释的范式,能将分裂与隔绝、冲突与苦难的事实构成特定的实在。而分裂与冲突皆为其表象的那种力量的对立,决定了启蒙思想家的历史经验的特征,这种特征被设想为一个从过去到现在的转换过程。对他们来说,过去是非理性的,现在处在理性与非理性的冲突中,只有未来是他们能想象理性战胜非理性、完美的统一和救赎的时刻。

历史领域

当莱布尼茨纵览远古之事,他所看到的发挥作用的力量恰恰与在他自己身边的相同,并且各自占据的比例都相同。它们既非确定的理性力量,也非排他性的非理性力量,而是对立面的和谐一致。它使理性与非理性不过成了最终属于上帝的那同一种统一力量或权力的不同显现。当启蒙思想家放眼远古,他们被远古与自己的生活世界之间的差别迷惑了，以至于几乎要将自己的时代理想化,并且将它当作一种正相反的对立面来比照远古。通过那种指导他们批判自己所处时代的邪恶时如何运用理性的怀疑论，他们才避免了将自己的时代理想化的倾向——尽管其中一些人（特别是杜尔阁和孔多塞)没抵御住这样做的诱惑。不过,对立的意识之强,足以禁止启蒙思想家在古代人身上浪费任何一点宽容和同情之心。只有极少数例子除外,如吉本,这少数人认为从过去中认识到了他们想象自己本是或希望自己将成为的那种人的原型。既然他们与远古的关系被认为处于一种转喻范式的支持之下，即处于一种隔断的或外在的对立模式之中;并且,既然转喻提供的用来说明整体中对立面各方之间关系的解释模式是因果关系模式,这样,启蒙思想家将过去时代中几乎全部的无知、迷信和暴力景象,理解为几乎完全是由因果关系决定的东西。

他们无须对远古事件的表述太过仔细（就如古代希伯来人在
63 《旧约全书》中记载的那样),因为所有这些事件都描述了那个时代绝对确定的人性的单一真实性。每一件事都被想象成某种基本和纯粹的情感、无知或非理性的表征(经常被伏尔泰当作精神错乱而简单排斥)。或许会特别关注那些在自己的时代被视为完美典范的理性人士的所作所为;然而,他们无法说明这些理性人士如何出现在完完全全的非理性之中，也无法说明理性是如何自非理性本身中成长而来。二者同样是“不可思议的”。不过后者被看成是一种“天意的”赏赐,因为现时代和未来可能被想象成理性时代兴起后确实的受益者。

但要注意：由于人们最初的非理性在自然本身根本上具有合理性这种理论之中无法获得解释，理性自一种非理性状态中成长起来终究是“非理性的”。因为,如果自然受理性控制,并且其自身行为具有内在的秩序与和谐,那么,为什么我们记载的最初生活在自然状态下的人,却没有被认为是理性的呢？作为一个不变的因果过程中理性系统的直接产物，最初的人在他们的存在模式中应当被假设为像自然本身一样是理性的。可是，他们不仅明显成了非理性的，而且还像在远古记载中表现的那样格外地没有理性。人们如何能解释这一点呢？

启蒙思想家的做法是假设存在这样一种情况，它先于我们记载的古代，在其中，人们像自然本身那样具有理性。但是后来堕落了，是人们的无知和因为人数的增长而导致的匮乏状况造成了这样的结果，而人口增长本身是由于自然的仁慈与慷慨。匮乏状态致使人们相互之间争夺自然的恩赐，这种恩赐只有靠恰当的技术才能有效增加。而这导致了社会的“诞生”，它运用武力并在宗教帮助下维护凌驾于人们之上的权威，来调节人们的冲突。当然，宗教本身也是一种匮乏与无知联合的产物。这样，社会状况本身立刻被认定为世上无理性的原因与明证。于是，进步就被想象成了社会状态的非理性本质由一小撮能够识别其内在残暴本质的理性的人逐步揭示的过程。这样，人们并不是在理性成长于非理性的过程中发现历史过程的意义，而是在纯粹数量性的条件中找到这种意义，即一种最初有限的理性扩展到形式上由愤怒、激情、无知和迷信占据的经验领域。它根本不是一种转换的过程。

但是，依照我们曾提到的机械论原则，这意味着，理性的成长不得不认为是以其他一些事物为代价。这种事物就是留存于现在的过去本身，如传统、习俗，以及其他仅仅因为是过去的而声称具有权威或必须尊重的事物，如制度、法律、文化现象。因此，启蒙思 64
想家撰述历史来反对历史本身，抑或至少是反对他们感受为“过去”的历史片断。就像伏尔泰意识到的，他们对过去的同情最终只能向晚近的过去拓展，这是因为晚近的过去与他们自己非常接近因而非常相似，他们从中能找到值得崇敬与尊重的事情。这样，为了同情性的历史表现而到晚近的过去中寻找对象，使得哲人们有可能几乎不会偏向提喻式的（有机论的和情感象征式的）表现。

但是，即便在此，由于他们不断认识到非理性因素仍然体现在每一位被认为是理性之人的身上，这种认识使得他们的同情和宽容能力也有所损害。在他们反思有作为的人，如查理十二世时，这种情况尤其明显。在伏尔泰对查理的描绘中，查理表现为有史以来具有最佳资质的、天才的统治者，但是，对“征服的荣耀”所具有的非理性情绪造成了他的致命缺陷。在伏尔泰看来，这是一种野蛮过去的残余，即愚蠢地认为可以在战争中看到内在的价值。这种缺陷根本不是一种悲剧性的缺陷，不是查理的杰出才能的某种功能。它只是一个污点，一个雄壮机体核心中的病灶。因而，查理十二世的陨落并非一个悲剧，而是可怜。所以，查理十二世的历史仅仅是一个哀恸非理性的力量渗入并且覆灭最强者的地方。

伏尔泰思索查理的生涯本可能得出的结论是，非理性就像理性本身那样必然出现、不可削弱，它是世界与人类的一部分，是一种不能在时间中消除的力量，更不用说将它驯服、净化、规范而纳入创造性的和对人类有益的轨道。伏尔泰不可能考虑到这种可能性，因为他和自己那个时代都具有一种纯粹机械的人类心智观念，这种观念要求将人类历史看成一个战场，对立的和可以互相替代的意识形式，即理性和非理性的意识形式在其中处于一种永无休止的战斗中，直到一方完全击垮另一方。伏尔泰或该时代其他史学天才们，如休谟和吉本，他们最接近于认识到非理性的创造性潜能是在他们对自己的反讽式批判中，以及在他们自己从历史中获取意义的努力中。至少，这使他们把自己看成像残疾人那样具有潜在缺陷，却又想在历史场景中有所作为。

启蒙运动的史学成就

我已经指出了启蒙时代理性主义史学超越在此之前史学反思的主要传统而代表的那种进步性质，并且意识到了这种史学眼光
65 的缺陷或局限性，下面我将阐述启蒙运动史学成就的具体内容。17世纪历史学首先将历史领域理解成一种相互竞争的力量造成的混

乱局面，史学家在其中不得不进行选择，并且为他所服务的某人或某些人撰述历史。17世纪的忏悔式史学与传教士和征服者的种族史学这两种情况正是如此。这种本质上分裂的史学以后被两种史学替代了，其中之一便是博学家的传统，它从一种追求完全客观性的欲望中发展而来，结果创造了解释和表现的年代纪模式，这种模式的特征就在于次序的概念，而统一仅仅是时间中的连续或继承。莱布尼茨在《单子论》以及其中阐述的连续性学说中，隐含了为这种历史写作模式所做的辩护，它本质上和哲人们关于社会实在的概念对立，后者认为社会实在内在分裂，像原子一样彼此对立，与之相比莱布尼茨自己那种对立面本质上和谐的学说因其“唯心”而显得有些幼稚。本质上分裂的史学的另一种反动是纯粹美学方面的，潇洒风格的史学家是其代表。纵使他们确实表现出一种超越党派历史的愿望，他们却感觉到，只有否认历史学工作是更为普遍地探索着激励该时代科学和哲学思想的“真理”过程中的一部分，才能实现这一愿望。

所有这些史学规范的替代方式是认识历史的反讽模式，它由哲人们发展而来，一开始就致力于客观性与超然物外，并且，至少是默默地承认不可能达到这样的目标。哲人们受到源于（牛顿）物理学的理性主义观念支配，于是将历史领域当作一种因果关系的场合来研究，研究中的原因一般被看成是理性和非理性的力量，结果则一般认为一方面是得到启蒙的人，另一方面是迷信的或无知的人。

这一系统的“词汇”要素是作为个体或集体的人，他在“语法”上可划归迷信或非理性价值的携带者和启蒙或理性价值的携带者这一主要范畴。将这两类历史现象连结在一起的关系的“句法”是对立面之间不间断的冲突；这种冲突（在语义学上）的意义不过是后者超越前者或前者克服后者的胜利。但是，无论是反思这个时代而提供的证据，抑或思考历史得来的证据，都不可能真正地最终确定或否定这种关于历史意义的观念。假定用研究首先设想的术语

来表示，结果就是，启蒙运动主要传统的史学思想，日益从其最初
66 对世界的转喻式理解返回到其证据要求的反讽式理解中。因为，如果我*一开始*就将人类历史的领域理解成由因果关系主导的事件领域，那么，我最终必定要将该领域内的某物、某人、某种制度、某种价值或观念看成不过是某些偶然联系中的一个“结果”，即看成一种偶然的(因而是被决定的)实在，并因而视为本质上是*非理性的*。

面对这种必然性，启蒙思想就像上一个世纪的史学思想那样，不得不倾向于思考作为一种艺术的历史写作。但是，既然启蒙思想家的艺术概念是新古典式的，即艺术以科学那样的方式，在其对世界的理解之中心确立了因果关系和规律，那么，这个时代的历史学就像同时期的文学普遍所做的那样，被迫趋向一种纯粹讽刺式的表现模式。这个时代不会产生伟大的悲剧史学，就如同它没有产生伟大的悲剧文学。这是因为其中缺少那种信仰英雄式悲剧性缺陷的基础，这种缺陷被认为是一种过度的美德。既然所有的结果都不得不假定有着产生它们的必要且充分的条件，那么，存在悖论的观念作为一种实际存在而非仅仅思考中的辩证矛盾，是这个时代的思想家或艺术家很难想象的。这就是为什么这个时代产生了喜剧，甚至于莫里哀的作品，都倾向于新式的而非旧式的典雅喜剧；它与米南德的滑稽剧同类，不像阿里斯托芬式的高度拟态而严肃的喜剧。阿里斯托芬的喜剧是以接受*悲剧的真实性*为基础，它并不像米南德和莫里哀的喜剧那样意图抛弃或贬损这些真实性。

魏尔伦曾经评论说，雷诺兹和根兹伯罗所画的美女像仿佛是不相信自己幸福的女神。这句话或许也可用来形容启蒙时代的作家、史学家和哲学家，但这不是因为他们不相信幸福，而是因为他们无法相信自己能成为神，抑或是英雄。对他们来说，有关历史的喜剧式或悲剧式想象都不可能，于是他们退回到对自己居住的世界以及世界的构成过程进行讽刺的和反讽的表现中来。然而，不应把这当作是他们的一种不光彩的选择。他们将世界预构成一个分割的领域，即原因在一边，结果在另一边，不可能再有统一。有了这

种未加批判的决定之后，他们逐渐因为现实而放弃了理想。这种现实面向他们展现为一种理性和非理性的不可还原的混合物，一种被玷染的美，并且最终展现为一种既不可理解亦无法避免的黯淡命运。

现在，我可以大体描述一下启蒙运动史学思想的普遍特征。大
致说来，我觉得是以转喻模式或因果关系模式确立起一种历史意 67
识范式，在其中运用隐喻式识别法（在历史领域中为对象命名）和根据种属来表现个体特征的提喻式描述法，结果产生的意义的确切内涵最终是反讽性的。既然如此，我可以说，反讽式理解正是对某个未经批判而领会并因此在转喻模式中得到解释的领域，进行隐喻式或提喻式研究的成果。以此为标准，就可能产生一种概念化：把历史当作因果关系领域进行研究的人在语言行为自身的逻辑下，不得不以反讽性语言来理解该领域。

这意味着启蒙运动的史学思想在其解释模式方面，已经从规则性理解转向了类型学式的理解，即它为历史理解提供的最好方式是一种人性“类型”的演替，其内容趋向于分解成积极的或消极的类别，在这里，即分别是理性和非理性的类别。表现模式肇始于对历史领域进行史诗般预构，即将历史领域领悟成理性与非理性力量之间的伟大斗争。这是一种由希望激励着的斗争，即：历史将展示英雄的力量如何战胜阻碍，这些阻碍是总体上引导着这一过程的张力所需要的。但是，史学家很快开始认识到，一旦历史成为一种超人的竞争，冲突之中有些东西必然会*完全*失去或得到。这并非只要简单地在该领域的竞争中重新部署力量，简而言之，生命和历史都不是*游戏*。这反过来导致探究整个历史过程可能向研究者呈现什么喜剧或悲剧意义。然而，人们最终认识到，历史事件的喜剧式表现只有像杜尔哥和孔多塞尝试做的那样，在教条的依据上持续；而不能像培尔和伏尔泰希望的那样，在经验的基础上持续。

这种理解的结果便是促使人们去思索对历史过程进行悲剧式情节化的可行性。然而，它一开始就受到了人性不过是因果决定领

域这一概念的损害。这种概念使历史主角的每一种潜在的悲剧性缺陷都成了一种真正的堕落，而不是一种由于过度而转变成了罪恶的美德。结果就如该时代的哲学和文学感受那样，史学思想被带入了讽刺的模式，即反讽采用的“虚构”形式。

讽刺能够用于保守主义抑或自由主义的目的（在此，我转入意识形态蕴涵的领域），这要看讽刺的对象是一种现存的力量还是新兴的社会力量。启蒙运动的杰出代表提出的史学思想本来能够用于自由主义的或是保守主义的目的，但这两种效果并不理想。这是
68 因为在其反讽之中，它承认自己确立的特定真理都不明确，根本没有宣示普遍的真理，惟有物极必反这一条，即事物越是变化，它就越没有变化。最终，对哲人们而言，在这个时代出现的民主势力看上去就像他们最初反对的贵族势力和特权一样，是应受谴责的，也是具有威胁性的。因为，在他们阐释现实的途径中，他们无法相信任何事物——如社会、文化或他们自身，具有真正转换的可能性。

康德决定将历史理解当作一种具有明显道德意味的虚构，这代表着那个时代的反讽倾向成为一种主观意识。并且，正如在康德哲学中那样，他对科学的反讽式辩护为唯心论铺平了道路，而他对史学思想的反讽式分析也为莱布尼茨教导的那种关于现实的有机论概念的复活铺平了道路。康德讨厌费希特那种唯心论——那是他自己的体系的一种怪异的发展，因为它把科学视作不过是主观意志的投射。至于赫尔德的有机论，它复活了莱布尼茨的连续性学说，并将之转变成一种新历史哲学的基石。令康德不快之处在于，它将变化和转换说成是生活的真正基础，而其性质现如今要求人们甚至不用再提历史是否正在进步的问题。

我稍后将要考察的尼采的作品《历史对于人生的利弊》是以反讽方式研究历史知识的另一个实例。这本著作在可称为“现世向往”的主导形式的基础之上区分了三种历史感受——好古的、纪念的和批判的，并据此描述了它们各自的特征。尼采说，好古性历史赋予任何古代事物一种绝对价值，只因为它是古老的，并且满足了

人们认为自己与过去有关联，以及要表现其虔敬之心等等舍此无法生活的感情之需。相比之下，纪念史探索的并非古老的事物，而是显然伟大的、英雄般的事物，并以它当作人们转变或改造其世界的创造性力量的典范；因而，它是面向未来的，并且摧毁了好古者的虔诚与对现实实践的关怀。另一方面，批判性历史则评判继承而来的虔敬之心和有关未来的乌托邦梦想，使之满足于现时的情感与愿望，并且为那种创造性的遗忘准备道路，以培养“遗忘”的才能，而缺少这种才能，在现时中根本就不可能进行任何行动。

在18世纪，所有这三种类型的历史作品都有其代表，但是，发扬纪念性的历史，即为英雄写作历史的那种形式最为薄弱。历史作为英雄的故事这种观念，以及历史过程作为“无数传记之精华”的观念就像后来卡莱尔认识到的，它们都是19世纪早期浪漫主义时代的特殊成就。启蒙运动所产生的东西绝非如此，因为启蒙运动对个人的确没有多大信心。对于人类它有信心，而对个人则没有。其 69
中的原因在于启蒙思想家看待其自身写作历史这些努力的视角，而无论是以好古的、纪念的还是批判的形式写作历史。

启蒙思想家根据尼采自己试图提倡的第四层意识开始研究历史，这是一种元史学的意识，即一种反讽意识，它关涉的是自然在每一项人类行为中设定的局限性，以及人类有限性在思想抑或想象中理解世界的每一次努力上设定的限制。然而，他们没有充分提升到这种意识层面。他们不相信自己具有梦想的巨大力量，即他们反讽性自我意识本应释放出来的力量。在他们看来，想象对理性来说是一种威胁，它只能在最严格的理性限制之下才能在现实中得到发展。

启蒙思想家与尼采之间的不同在于，尼采知道其反讽性认识具有“虚构的”性质，并用他自己的梦幻式力量来抵消它。其方式是运用“非历史的”立场，这样，他能够考察史学家以好古的、纪念的和批判的术语来“弄明白”历史过程的意义而做出的努力，并且以此立场作为上升到“超历史”立场的基础。在此“超历史”立场之上将诞生新的、为着生命而非死亡的历史“神话”。

与之相比，启蒙思想家从未完全意识到，他们自己对历史反思的“虚构”性质具有的反讽式理解中包含着创造性的可能。这是他们无法理解很早以前的神话、传说和寓言中存在着事实的“虚构”表现的原因之一。他们没有看到，虚构故事可能是那些无法完全了解的事实具有的形式，就如同它们也经常可能是没有完全识别的谎言的内容。这样，他们也就从未在那种神话性沉思或诗性沉思中使自己获得过解放。前者在历史过程中被视为神的秘密，赫尔德在其历史哲学中曾为之欢呼；后者在历史中被视为人的秘密，维柯在其“新科学”中曾为之喝彩。

赫尔德反叛启蒙史学

赫尔德的思想是一种“神话式的”，因为它试图通过求助于最基本的解释和表现类型，也就是神话式理解自身的基础，即朴素的隐喻，从而逃避转喻及其反讽式后果。然而，赫尔德的思想并非“朴素的”，它自觉地旨在从分散的隐喻认同形式中，恢复合乎其特殊性、惟一性和具体性的事件的个体性。这样，可以说，赫尔德的思想
70 源自于将历史领域理解为一个有效而无限的个别事件组，并假定理性对其起源或原因完全不可知，因而是不可思议的，整个历史领域在他看来，就像一个由表面上的偶发性事件汇集而成的激荡起伏的海洋。不过，赫尔德不能停留于纯粹以这种随意性来充当终极实在。出于宗教或形而上学的原因，他坚持事件组成的这一领域具有某种本体论上优先，以及精神上优越的依据或目的，这种目的向他保证各部分将最终统一、整合和融化在一个整体中。

赫尔德的思想努力寻求某种原则，以便使这种和谐与整合的暗示能够得到证明，不过又要避免用自然法则的或因果关系的（即转喻的）术语来具体说明的方式，以此避免落入反讽之中，而在通过充分地思考得出最终结论时，这种具体的说明就必定需要反讽。

赫尔德满足于揭示了个体之间有限且表面的一致性，他认为，个体作为直接的给定物存在于历史领域中。也就是说，他满足于理解可能被称为假定的具体共相的东西，这些东西不是别的，只是在历史领域内发现的事件之种属，不过它们自身却被当作具体个体，如国家、民族、文化。这正是为什么赫尔德的历史概念既能看成是个体主义的，也能看成是类型学的；也正是他整个的思想系统既能够合理地与浪漫主义相接，也能与唯心论相连的原因。

赫尔德的哲学体系是在启蒙运动之后并反抗其机械论的过程中形成的。这种有机论哲学曾同时宣称个体的人，以及个体彼此间的关系模式的典型具有首要地位和不可还原性。赫尔德感觉没有必要确定是具体的个体还是其所代表的类型在本体论上更为根本，因为他认为个体与类型都同样地“真实”。两者都同样地是上帝的精神力量或权力的表现形式。上帝最终为个体或类型的完整负责，并且为它们在一个跨越时间历程的更大的、宇宙的总体中的和谐一致负责。同样的道理，对他而言，个体及其代表之种属的产生与消亡都不成为问题，因为他认为不能将这种产生与消亡的过程界定为不是自然过程就是精神过程，而应界定为一开始就同时是自然的和精神的过程。在他看来，产生与消亡的过程作为统一的有机力量完成最终整合存在及其自身的任务的手段，它们同样弥足珍贵。

这样，赫尔德认为即使是死亡也不是一种终结，它不是实在，毋宁说是从一种整合状态转变到另一种整合状态的转折点。例如，在《人类历史哲学观念》（1784—1791）中，他写道： 71

> 自然中的任何事物都是相互关联的：一种状态朝着下一种状态努力并为之做好准备。倘若人是最后和最高的环节，终结了那条地上的生命组织之链，那么，他必定也作为一个最低的环节开启一个更高秩序的创造物之链。因此，他是上帝造物的两个毗邻系统的中间环节……只有这样看待事物，才赋予

我们打开人类之奇妙现象的钥匙，并因此而使我们能够了解一种有潜力的有关人类历史的哲学。

如果我们的心灵中怀有这种看法，它就有助于我们阐明内在于人类处境中的特有矛盾。人若被视为一种动物，它便是地球的孩子，并隶属于自己生活的环境；可是，人若被视为人类，被视为一种具有人性的生物，他的身上就有了不朽的种子，并需要种植到另一种土壤中。作为一种动物，他能满足自己的需要，人的要求若有止境，他在尘世间就能获得完美的幸福。但是，那些寻求一种更为高贵目标的人发现，他们周围的一切事物都是不完美、不完整的，这是因为世上最高贵之物还远未达到，而最纯洁之物更难持久。我们人类的历史、人们采取的许多尝试与努力，以及降临在人们头上的事故与革命都说明了这一点。偶尔，有智者或善者出现，在时间的洪流中留下一些观念、认识和行为。他们在这潮流之上泛起的不过是波纹。……蠢才埋没了智者的忠告，挥霍者继承了祖先们积攒的智慧宝藏……动物活过自己的一生，即使它的生命太短暂，不能达到更高的目标，其内心的意图却实现了；它们的生存技能与生俱来，亦是它所必需之物。人类在所有生物中特立独行，与自己及世界处在一种冲突之中。就潜能来说，若将潜能拓展到最为充分的范围，即使是最完美的人，在其漫长而积极生命的最后，他也只能获得很小的成功。他一开始就是两个世界的代表，并且据此得出了其本质明显的两极性。以下是可以确定的：在每个人的能力中，都存在一种无限性，它不可能在其现实状态中得到发展。其现实状态受其他能力，或动物的本能与欲望压抑，并且似乎因我们日常杂事的阻力和压力而变形。……莱布尼茨说过，心灵乃宇宙万物之镜，它包含了比我们通常认识的更为深刻的真理。因为看起来隐藏在心灵中的宇宙的力量只需要一个组织，或一连串的组织便能激活它们。对心灵而言，甚至在它现在的束缚之中，空间与时间都是空洞的概念。它们仅仅测度和表示了物体间的关系,而并没有对心灵超越时空的不竭能力施加压力。[赫尔德:《观念》,第146—149页(巴纳尔英译本,第281—281页)。]

在这一段中,我们能看到,赫尔德在一种对整体之高贵与和谐的理解之内,是如何设法附加上反讽式结论,并对它加以中和。若是对世界仅仅进行一种转喻式的理解,而且这种理解得到一贯的发展和思考并得出最终含义,那么它必定是得出反讽式结论。人所 72
处境况的"矛盾";人是最高级别的生物的同时又处在与自己的持续冲突之中,以及他具有至高才能同时又是惟一一种与自己的环境处在持续斗争中的动物有机体这种悖论;人类最高贵的榜样皆对他们的命运极为不满,而在努力使其追随者变得高贵时又最无能这种事件上的讽刺等等,所有这些都被用来说明人性"明显的两极性",随后,这种两极性被转变成一种基础,它使人们相信人类具有两种范畴的栖息之处,即自然的和精神的。他在其中架构起连接与桥梁,并且,由此,他作为一个人的期望促使他迈向一个更高的超越时空的整体秩序中。所有这些,都是对赫尔德思考历史过程时追随的两重路线做出的证明:他对历史领域的结构的领会,是依靠与(作为其直接性构成的)单个实体——人类和群体——相关的隐喻认同模式;他对历史领域作为一个过程的理解,则是视之为一个结构趋向于将所有的部分整合成一个精神上的整体的表述过程。

赫尔德去除了历史领域中转喻特征之必然性,消解了它作为一个因果事件的领域之性质,并且用机械论历史哲学必定会当作关键问题,即变化的问题考虑的东西作为材料。与此同时,他并不否认能够合理地促使转喻式分析得出反讽式结论,即人类历史明显地"矛盾"的本质。他只不过将这种"矛盾"看成"表面上的"实在,这种事物与其说得到了解释,不如说只是用整体中的各部分终究具有假定的和谐而将它巧辩过去了。因此,赫尔德的思想在两重性之间摆动:一方面,他因个体的具体性和完整性而将它领会成一种特殊性，其特征是朝向某个目的的意图和运动，这使得他在紧随其后的浪漫主义者那里很受重视。另一方面，他把整体理解成所有类型的总和，显示出要将总体逐步理想化，这又令唯心论者对他倍感亲切。他让同时代的实证主义哲学家（如康德，他在其科学哲学中构成了在哲学上扎实稳固的实证主义的开端）以及紧随其后的哲学家（如孔德及其追随者）厌恶的东西是，因果关系范畴在分析人类现象时的效力全被抽空，或者说局限在分析自然本质和动物本能，以及人类受到（此处在认识论上无关紧要的）物质因果规律影响的方面。

但是，如果这种对不同类型的科学（一方面是自然科学，另一方面是人文科学）统辖的不同范围具有的见识，使赫尔德受到了19世纪末乃至现在的唯心论者和新康德主义者欢迎，那么黑格尔对
73 他就绝不是那么全身心地接受了。批判性唯心主义大师黑格尔认识到，赫尔德及其同道正确地看到，*变化*是历史分析的根本范畴，但他也认识到，无论是赫尔德、绝对唯心主义者（费希特和谢林），还是实证主义者，都没有提供一种合理的理论，以便适合于确定这种变化大体上为人类生活带来了什么，这种变化的意义以及它的方向和最终目的可能是什么。

赫尔德不仅将整个历史戏剧的安排看成是一种喜剧式的安排，他还将该戏剧中的每一幕都视为一部微型喜剧，一个小小的、自我封闭的世界，在其中，事物往往正好是它们*应该是*的那样，以及它们表明的那样。然而，历史存在作为一种“矛盾”和悖论的特征暗中否认了他一贯重申为确定真理的主张。这就显露出赫尔德的历史概念具有的道德局限性，它追求以一种形式主义概念成为人们在历史理解本身中能够期待的最高类别的知识。赫尔德这种对后期（怀疑的）理性主义史学的反讽性质做出回应的形式主义，以及他一厢情愿地止步于对于历史过程中形式一致性的把握，显示出他决心*神话式*重建可能实现历史解释和表现的基础，渴望一种历史理解的新范式。

赫尔德这种对认识历史领域的新范式的渴望，他那个时代（即“前浪漫主义”的和狂飙突进的时代）整个欧洲出现的一代作家与思想家也都有。这代人试图破除启蒙运动在哲学和科学中的所有先决条件，终止它在艺术中的新古典主义。他们破除理性主义（至少是它的机械形式）和唯物主义（至少是其非进化概念）的愿望，预示着一种新的范式即将获得具体化，基于这种范式，解释、表现和意识形态蕴涵将在历史中呈现的如此“混乱的”事件领域之上得以进行。由于赫尔德在其体系中直接使变化成了范畴上的，并且只是约略地或最终从一个更高的无变化的力量中衍生出来，因而，他更迎合了其同辈在总体上重新审视历史变化的现象的要求。并且，因为他拒绝明确更高的控制力量可能是什么，那些与他一样把历史领域领会为一堆各不相同地致力于自我表述过程的具体个体者，就能够运用这种领会历史领域的模式，以便领会在该领域遇到的个体，或是领会某个更高的统一体，这种统一体的存在可以由个体的自我表述能力得到证明。

这就是赫尔德作为一位史学方法论者的真正意义所在。如果史学家的兴趣根本上转向认为个体占据着历史领域，那么，他就将
倾向于以浪漫主义的方式撰写历史，这种方式的神话式性质将立 74
即表现在像威廉·冯·洪堡、兰克和黑格尔那样的下一代顽固的“实在主义者”那里。如果史学家想研究历史领域中的个体，以便确定神秘“精神”的本质，这种本质的存在应该由个体的存在得到证明，就如费希特、谢林和威廉·冯·施莱格尔所做的那样，那么，他就会撰写唯心主义的历史，“神话”性质则在下一代那同一些的“实在主义者”那里同样明显。然而，如果史学家将赫尔德的研究技巧从更普遍的唯心论兴趣中分离出来（在赫尔德的意识中，他的技艺是服务于这种兴趣的），并且把按事物的个体性和形式一致性获得的对事物的理解，当成他的历史领域研究的对象，以至于将特定的“历史”解释界定为由个体给出的关于形式一致性的描述（无论这个体是一个细节，还是细节的集合体）；这样，史学家就会以将被称为

“历史主义(historism)”的模式撰写历史。这种“历史主义”后来被看作是一种特别的世界观,它虽然一开始被当作“神话”体系的解药而提出,但却与那些“神话”体系一样具有不可避免的意识形态蕴涵。

赫尔德的历史观念

在接下去讨论历史主义的起源、范式特征和不同的表述形态之前,为了正本清源,我将说明赫尔德的世界观如何充当了一种历史研究的潜在方法论的基础。开始,我要谈谈赫尔德作为一位史学思想家的成就的一般特征。恩斯特·卡西尔,这位已故的赫尔德派学者在他自己的时代阐述了赫尔德表现的那同一种提喻式智慧(并且,他还以一种类似的精神,即超越他自身时代的反讽的方式,提出了自己的哲学),他曾说道:赫尔德“破除了分析式思维和同一性原则的魔咒,这些魔咒在历史思维中将启蒙思想束缚在因果分析里”。卡西尔写道,像赫尔德认为的那样,历史“驱散了同一性幻象,它知道没有什么东西真正是相同的,没有什么事情会以同样的形式重现。历史令新的创造物展现在从未间断的演化之中,并且,作为与生俱来的权利,她赋予每一种创造物独特的形式和独立的存在方式。因而,对于历史来说,每一种抽象的概括都毫无用处,一般的或任何普遍的规则都无法理解历史的丰富性。每一种人类的状况都有其特殊的价值;历史的每一个个别阶段都有其内在的合法性和必然性”(卡西尔:《启蒙哲学》,第231页)。然而在同时,卡
75 西尔继续写道:对赫尔德而言“这些阶段并非相互独立的,它们只存在于整体之中,并依靠整体而存在。但是,每个阶段都同样不可或缺。真正的统一正是自这种完全的异质性诞生,它只能想象成一种过程的统一,而不能想象成现有事物之间的同一”(同上)。

赫尔德对生命形式多样性的认识,他对多样性的统一的理解,以及他在历史总体中以过程替代结构充当理解历史的模式,这些

都构成了他对19世纪历史认识的独特贡献。不过，就像他在《人类历史哲学观念》中呈现的那个体系一样，他的努力太过了，他试图将自然的和历史的领域结合在同一个因果联合体内。举例而言，不妨考虑下面的评论，这是赫尔德在反思了罗马衰亡的原因之后写的。

> 支撑着世俗体系，以及形成每一块晶体、每一条蠕虫、每一片雪花的规则，也形成和支撑着人类：只要人类还会存在，它就以其自身的本质作为其延续和进一步行动的基础。上帝的所有造物在其自身及其完美的一致性中，都有其稳定性：它们都在自己的确定限度之内，建立于竞争力量的平衡之上，并运用其内在力量使这些竞争力量服从秩序。在这条线索的指引下，我在历史迷宫中，以及可以感觉到神的和谐秩序的地方漫游：因为在任何地方，该发生的都发生了，能做的都做了。但理性与正义独自永恒：疯狂与愚昧毁灭地球和它们自己。[赫尔德：《观念》，第419页（曼纽尔编，第116—117页）。]

上述文字的直接吸引力主要在于展开了一幅图卷，描绘出一个系统，它逐步成长却秩序井然、富有活力却稳定泰然、行动积极却运作安宁、发展持续却系统条理、所在无限却张弛有度等等，所有这些聚集在平衡的观念之下。这段文字的隐含之义在于，曾经存在的任何事物都与它存在的条件相匹配。赫尔德因“该发生的都发生了，能做的都做了”这一事实而深感欣慰。并且，在这种认识的基础之上，赫尔德警告其读者防范任何冲动，以免使自己陷入任何“远见的或回溯性的”“担忧”引起的困惑中（第39页）。事物总是它们必须是的那样，但是，它们成其为当前所是的必然性只不过是它们自身与其环境之间的关系。“能成之事，已成；待成之事，将成；若非今日，有待明天。”赫尔德对历史文献在意识中展现的产生与消亡的景象并不感到失望。时间也没有对他构成威胁，因为他并没有认真对待时间。当事物本身大限将至，就自会消亡，而不是时间要求它们消亡。在个体中，时间已经内在化了，它并没有使用霸权来统治有机的自然界："万事万物皆令大地繁盛，大地能使每一物有自己的时间、自己的环境；它会凋谢，但当它的时间到来，它会再次繁荣。"

76 赫尔德没有假定让自己超然于他在历史文献中遇到的任何事物。即使是他从一位传教士那里得到的有关加利福尼亚边远之地懒散的土著人的报告，也令他产生的惊讶要远甚于它们可能令伏尔泰感觉到的厌恶。这些土著人"一年中或许上百次"迁徙，在任何地方想睡就睡，"对地上的污秽毫不在乎，也从不为了自己的安全而费心去避免有害的寄生虫"，并且以种子为食，"若是匮乏，他们便会从自己的粪便中拣出"这些种子。尽管如此，赫尔德仍然能从他们中找到可以弥补的品质。因为他们"总是兴高采烈，永远嬉笑打闹、结实、直率、活跃"；他们"用最前面的两个脚趾"从地上举起石头或其他东西；当他们从睡梦中醒来，便"说笑、交谈、打闹"，一直如此，"直到年老消瘦，最后怀着平静之心面对死亡"（第181页［第9页］）。

赫尔德没有做出任何裁判。那些看上去邪恶、痛苦、道德败坏的事情，在他看来，都由它们自己做出了裁决；死亡便是裁判——它们自然不会持久。并且，依赫尔德看来，这个道理同样适用于代表着历史的大人物们与小人物们，或罗马人与加利福尼亚人。赫尔德写道："罗马人正好是他们能够成为的那样：属于他们的任何容易腐烂的东西烂掉了，而可能永恒的东西留传下来了。"（第394页［第267—268页］）没有什么事物的存在是为了其他事物而存在，但万事万物都是整体中一个不可或缺的部分；整体的法则是部分的尺度："自然史从终极因哲学那里没有获得任何好处，主张这一学说的人倾向于用可能的臆测而非耐心的研究来令自己满足：对人类的历史就更不用说了，它是一种由诸多原因构成的无休止的复杂机械，而且这些原因之间相互作用"（第393页［第266—267页］；

着重号为引者所加)。历史就如自然,赫尔德总结道,"要么一切事物,要么没有任何事物是偶然的,或是任意的……这是思考历史的惟一的哲学方法,甚至一切思考的心灵都不自觉地实践着这种方法"(第392页[第264—265页])。

当然,对赫尔德来说,没有什么是偶然的或是任意的。他相信,赋予万物应有形式的控制力量对历史过程而言并非外在的;在事物自身的过程之内,通过该过程诸要素之间的互相作用,事物皆被塑造成它们应该的那样。历史中的一切力量自身内部都具有自我表述的规则,这规则的作用在个体事物确实成功获得的形式一致性中都得到了证明。在这些形式的多样性呈示面前,谦逊是史学家的工作规则,就如同它是哲学家的规则,而且事实上,在赫尔德的概念中,它也是科学家的规则。在过程之内观察过程本身,而不是在它之外根据惯有的成见来观察它,那么,历史世界便是太多的惟一形式,是具体的一般性,其中各物互不相像,但每一物都证明了 77
整体之中存在着某种指导性原则。

这种历史概念的缺陷很容易辨别。洛夫乔伊曾指出,赫尔德没有任何原则能让他解释:假使万事万物总是充分满足自然对它的要求,事物为什么不得不完全改变(洛夫乔伊:《观念史论文集》,第181页)。洛夫乔伊说,由于赫尔德无法用任何理论上能令人信服的方法,将变化的事实与持久的事件联系在一起,他被迫将变化与持久都提升为神圣之象征,并且视两者的表征为某种神秘力量的显现,这是一种他在其前面要么虔诚地沉默,要么激动地赞美的"统一的有机力量"。康德,这位形而上学的不懈求索者,他在评论《观念》时,简洁地揭示了赫尔德思考自然与历史时的非科学特征。康德认为,"作为与一切有机生物的多重性相关的自我构成力量,以及作为根据生物的差异而随后施加在机体之上以确定其诸多种属的行动力量",统一的有机力量的观念整个地处在"经验主义自然科学的领域之外"。康德坚信,这样一种"观念"只属于"思辨哲学",随后他继续谈道,"如果它确实进入了思辨哲学,也会在已经接受的观念中造成一场浩劫”（康德:《论历史》,第38页）。康德说，将每件事物与其他任何事物联系在一起的愿望已经被科学所摒弃;并且,在评论赫尔德试图从人体的一般相貌中推断出人体各部分功能时，康德以一段机智话语揭开了赫尔德整个体系的形而上学本质：

> 单是想要确定头颅的机体化就外部形状及内部头脑而言,都是和直立行走这一倾向必然地联系在一起的,而且还要确定：一个纯然以这一目的为方向的机体又怎么会包括理性能力在内(从而就连动物也有份);这个问题就显然是越出了全部人类的理性之外的。理性现在可能是在生理学的最高一级梯子上摇摇晃晃,或者还想要展开形而上学的翅膀飞翔呢。[第38—39页][①]

然而,康德从赫尔德的体系中看出错误的地方,恰恰是对追随其后的史学家或历史哲学家有吸引力的地方。首先,赫尔德的体系是形而上学的而非科学的这一事实，并不比由该体系提出的思考历史的模式更重要。这一体系的形而上学方面是对根基性隐喻进行抽象的结果，这种隐喻一方面承认存在的事实之前有一种特殊的心境,另一方面承认有一种特殊的表现自然与历史过程的模式。它所鼓励的那种事实前的心境对一些人尤其具有吸引力。他们都经历过大革命的洗礼,并且热切地渴望以某种原则为基础,来确认
78 他们自己的生活现实是合理的，从而反击反动分子或激进主义者这两种人对它进行的过度非难。赫尔德相信每一种实在都内在地具有它自己的表述规则，以一种保守主义和自由主义的政治意识形态范围内都能接受的精神，他这种看法可以扩展到当代社会以

---

① 康德此段文字见于《评赫尔德〈人类历史哲学观念〉》,此处译文采用何兆武所译,见于《历史理性批判文集》,商务印书馆1990年版,第44页。——译注

及过去的社会秩序。在人们面向过去时这种作为历史主义基础的态度,和人们面向现在时充当着现实主义基础的态度一样。赫尔德慷慨用于自然与过去的历史各个方面的那同一种“普遍的赞赏和理解”,在黑格尔、巴尔扎克、托克维尔和兰克这些各不相同的人的精神中,成了一种鲜明的实在论的历史自我意识之基础。一旦消除它作为一种科学解释形式的过多要求,而作为一种态度加以接受,有机论便能就过去与现在产生一整套观点，尤其令那些社会秩序中既定阶级的代言人满意，无论他们认为自己是自由主义者还是保守主义者。

若想描述赫尔德的历史观念的特征，我先要就下列事项做出区分:他看待历史行为主体与行为方式的*态度*,他对读者说话的*口气*,他为一种历史事件的解释而提供的有机论的形式*理论*,他讲述的关于历史的*故事*，作为这种故事的基础并使之成为一个特殊种类故事的*情节结构*。如果进行了这种区分,我就能看到,即使康德将赫尔德的有机论贬为一种形而上学理论是定然正确的，但他实际只破坏了赫尔德整个体系的五个不同层面中的一个。作为一位讲故事的人,赫尔德提供了一个模型来描述历史,它能够脱离它的形式理论基础,并且以其自身条件被认定为一种方法论规则,因此能被浪漫主义者、实在论者和历史主义者所共享,而这种共享又使追随他的史学思想家们,无论是浪漫主义的、实在主义的,还是历史主义的,都成了一种观点谱系的代表。

首先，赫尔德提出历史概念的*口气*是那种僧侣赞美超凡神秘事物采用的口气,而不是圣徒因其子民堕落而进行训诫、召唤他们依戒律分享圣恩的口气。赫尔德为贬低人性的人辩护,而非对他们表示不满,此外也不仅仅谈及通常的人性;他还为着或代表着他的同时代读者说话,直接针对他们,并且与他们有着共同的看法和价值。其次,对于其材料,赫尔德采取的是那种既不卑恭也不倨傲的*态度*。他不相信这样的观念,即认为他和他的时代是一个更高贵时代精神错乱后产生的期待，或者是一个时代将要到来之前尚未完

成的期待。虽然他对过去的态度是那种对过去的固有美德加以赞美的态度，但他还将这种态度拓展到他自己的时代，这样，假定在
79 先前的时代存在的美德，以及未来可能存在的美德，也就假定出现在他的时代。再次，赫尔德讲述的是那些事物在它们自己的时代产生与消亡的故事；它是围绕着变化与延续的宗旨，以及发生、成长和圆满的主题组织起来的，而这些宗旨与主题的合理性有赖于接受在人类的生命与植物的生命之间进行的类比，即著作核心中根本的隐喻式证明。正是从这种隐喻中得到的抽象赋予赫尔德一种特别的有机论哲学，与之伴随的是其解释策略和真理标准，而康德在评论中批评它们是非科学的和形而上学的。最后，情节结构或潜在虚构令赫尔德有可能将故事的主题与宗旨粘合在一起，使之成为一种易于理解的特殊类型的故事。这种情节结构或潜在虚构在喜剧之中有其原型，即天意的神话，它使赫尔德可以断言，如果进行恰当的理解，历史文献中呈现出来的间断与冲突的所有证据，便能合成一个天神、人类和自然和谐相处的故事，就如《圣经》中描绘的救赎故事。

因而，在赫尔德整个的体系中，可以对他的两种方法加以区别，一种是他研究历史材料并将它整理成证据的方法，另一种是他解释与表现历史的方法。他对材料的研究就如同一个对材料的多样性与生动性顶礼膜拜者对其进行的研究，他以这种方式整理材料，以至于在形成的故事中，多样性与生动性得到了强调，而不是被消除掉了。对他而言，多样性与生动性决不是次要的，毋宁说是首要的范畴。并且，他在世界历史故事中描绘的那种事件，便是意在将这些特征展示为有待解释的材料。通过将材料安置在一种双重秩序的解释策略中，即一方面是理论的和形而上学的，另一方面是诗意的和隐喻式的解释策略中，它们获得了解释。这样，在赫尔德的《观念》中，读者体会到一种双重的解释效果：一则是形而上学理论，它和他那个时代形式上的哲学化，尤其是康德式的批判相冲突；二则是以植物生命对天意学说进行的隐喻性证明，它使得有可

能将故事的材料安排成某种类型的喜剧。

从赫尔德到浪漫主义和唯心主义

我在描述18世纪史学的特征时，区分了历史概念化的四种形
态。我认为，理性主义的主要传统在领悟和理解历史过程方面，其
特征是转喻式的和反讽式的。我也说明了这种历史研究是如何证
实一种本质上是讽刺的表现模式具有合理性。该模式的荒诞含义
在思想上与怀疑论，在道德上与相对主义完全符合，这都是一贯机 80
械主义地理解世界最终必定导致的结果。与这种传统正相对，我确
认了一种历史概念化的隐喻—提喻模式，将它看作是从莱布尼茨
到赫尔德这个世纪中一种持久存在的次要历史思想传统。它鼓吹
那种解释的有机论观念和表现的喜剧模式，这种模式具有特殊的
愉悦性蕴涵，但它也在其道德与政治意味上，也即它的意识形态蕴
涵上根本就是模棱两可的。这两种传统与前一个世纪的“忏悔式史
学”相对立，后者被看成缺乏客观性；它们也与历史表现的年代纪
模式相对立，后者（恰当地）被认为缺乏润色、概念化和解释的权
力；并且，它们还与洛可可时代史学家的浪漫或潇洒风格所鼓吹的
纯文学式概念相对立。我已然提出，一方面，机械论的充分发展演
变成反讽；另一方面，有机论的充分发展演变成精神上的自我确
证，这在那个时代的历史意识中导致了分裂，使其暴露在神话化的
威胁之下，康德一开始就警告要避免这种威胁，并在其建议中举例
说明，历史过程的*形式*必须是在适合于道德理性的审美基础之上
才能提出。

在浪漫主义中为了保全个体以抵制全体，以及在唯心主义中为保护全体以拒斥个体，这两种活动促进了朝着历史意识的神话化演变的倾向。它们皆表现为对道德上的反讽以及意识形态上的模棱两可做出的反应。道德上的反讽是自培尔到吉本的理性主义史学被迫采用的，意识形态上的模棱两可则是18世纪90年代初赫

尔德有机论思想的提喻式前提将他导向的那种。

浪漫主义史学思想可以看作是一种尝试，它以隐喻模式重新思考历史知识问题；并且根据将个体的意愿视为历史过程中惟一的因果效用主体，而重新思考历史过程问题。唯心主义或许同样能作如是观，它代表的也是以隐喻模式来思考历史知识和历史过程的一种尝试；然而，它认为历史过程的惟一主体是精神，即一般本质中的精神，而非个体性中的精神，这是一种世界精神，由此，一切历史事件皆被看作遥远的、首要的和最终的“精神”原因的结果。

第二章 81

黑格尔:历史的诗学与超越反讽之道

导　言

黑格尔关于历史的思想始于反讽。他预先假定历史是(作为悖论的)意识与(作为矛盾的)人类存在的首要事实,然后思考转喻和提喻的理解模式是如何把世界解释成了现在理解的这样。在此过程中,他把转喻式理解归为以自然科学的方式解释世界的基础,进而将它限定于对那些能够用因果(机械)关系恰当描述的事件进行解释。他认为提喻意识具有更普遍的适用性,也就是说它适用于阐释自然和历史两者的材料,这是因为,自然界与人文世界能够根据种、属、纲的不同等级得到合理的理解。对黑格尔来说,这些等级之间的关系暗示了对实在做一种大体上的提喻式表现的可能性——它本身在实质上存在着等级之别,不过黑格尔不承认可以想象这种等级在物理世界中会随时间而展开。黑格尔的这种立场与他所处时代的科学相符,它不允许认为物理性质抑或有机性质有演化能力,一般而言,它宣扬的是种属的不变性。

因而,黑格尔不得不推断,人们在自然客体中认识到的形式上的连贯性不过如此,即它是形式上的,并且,人们以为自己认识到 82

的这些客体之间表现的演进关系，不过是一种心灵的功能，它奋力在时间特性之下理解处于纯粹空间关系中的世界。这意味着，就黑格尔被迫倾向自然演进学说而言，他只是出于逻辑考虑。精神彻底地构造着自然界。自然界被想象成始终以越来越完备形式存在的等级系统，即下迄个体、种，上至属、纲的等级系统，并且，它在思考的驱使之下假想一个所有等级组成的类别，这将构成全部存在的形式面貌。但是，人们没有理由在形式的等级系统中，灌输那种依时间顺序从低级到高级或从高级往低级的演进形态。每一种理解得到的形式一致性只是上一等级的一种逻辑预设，就如同它亦是下一等级的逻辑后承。没有哪一个等级是其他等级实际上的前项，这是因为在自然中，物种自身没有变化或演进，只有个体是如此，它们在直线（如自由落体）或循环（如繁殖、出生、成长、衰微和死亡的有机过程）运动中变化或演进，也就是说，它们在某个物种形态的限度之内发展，而非越出物种之外。

对黑格尔来说，每一个跨物种交配的实例都表现出退化，即物种的腐朽，而不是改善或提高生命形态。这样，对人类而言，自然是以转喻或提喻的模式存在的，而且一旦人们使用因果概念来解释自然中的变化，使用类型系统来描述自然为理性和美感支配的感知提供的形式一致性和整合或消散层次，那么人的意识完全适合于全面理解自然的存在模式。然而对历史就不同了，对历史材料进行的因果解释与类型学描述，代表了可能用于设想历史材料较为原始层次事件的模式。但是，如果人的意识仅只是用这两种模式来理解历史材料，它就表露出了一方面有机械论的危险，另一方面有形式论的危险。

黑格尔阐明了以一种纯粹机械论的方式研究历史的局限性。真正首要之处在于，这种屈从于因果解释概念的研究将不可避免地导致如下的结论，即不仅整个的历史完全被决定了，而且历史中从未出现过任何实质意义上的变化。人们在历史中感受到的人类文化之明显发展，不过被解释成了对其初始因素按不同组合方式加以重新排列。这种观念对于宗教、艺术、科学和哲学意识中显而易见的演进,以及对社会本身的演进而言都显得不太公平。其研究必定导致这样的结论,即事实上,从野蛮时代到黑格尔的时代,人类并没有质的进步,文化与社会也没有本质上的提高。从表面上判断,这是一个荒唐的结论。

形式论则是另一回事。它在区分自然或历史存在的更高级与 83
更低级的生命形态的基础之上寻求历史过程的意义。不过,既然形式论具有的形式一致性依据的是规定这种区分本质上乃是永恒的,它也就不存在哪种原则可以阐明不同的生命会由低级向高级的整合形态演进,也就不存在哪种标准来评估演进的道德意义,而人们确实能够注意到,这种演进已经在历史范围内出现了。与机械地研究历史一样,形式主义地研究不得不在两种结论中做出选择,其一是,在历史中识别出来的形式一致性,其出现与消失是任意的;其二是,它表现为同一种形式一致性自始至终不断地循环。真正的演进式发展不可能从思考形式一致性中得出来。

这样,形式论与机械论一样,促使人们在认为一切历史过程最终在总体上要么是一致的(即纯粹注定的),要么便是不一致的(即纯粹偶然的)二者之间做出选择。

然而,在黑格尔看来,形式论较机械论更为危险。这是因为,当时的精神气氛鼓励人们忠实于形式论不同的展示模式,以此权当是对当时两种主流文化运动(浪漫主义和主观唯心论)中的彻底散漫或完全一致做出的领会,而这两种运动都是黑格尔所鄙视的。

在《历史哲学》导论中,黑格尔用下面的话描述了一种只运用形式主义方法的推论类型。

> 天分、才干、美德、情感、虔敬之心等等,可能在任何一个地区、任何一种政治体制和环境下都能找到。与这种正确的主张相关,采用了一种……推论的方法;要证明这一点,例子多

得很。[第65页][1]

这正是赫尔德得出历史过程本质的有机论结论的那种理解。但是,黑格尔继续写道:

如果在这种主张中,伴随而来的差别都被批评为不重要的或非本质的东西,那么,反思显然是将自己局限在了抽象范畴之中;并且忽视了正被讨论的对象的[特定属性],它们自然不在上述范畴认识到的原则之中。[第65—66页]

随后,他指出,

这种思想立场采纳的观点仅仅是形式的,它为具有创意的问题、博学的见解,以及引人注目的比较呈现出一片辽阔的土地。[第66页]

84 但是,他主张,这种"反思"的"智慧光芒"只不过

与反思者所提及主题的不确定性程度成正比;而其容许有新的和不同的形式的程度,又与能够从其中获得的结果的重要性,以及其论点的确定性和合理性成反比。[同上]

在此基础之上,黑格尔强调,在时间过程中,以及由一种形态的文明向另一种形态的文明运动的过程中,人性是否获得了进步,对于这样的问题,没有确定的答案。况且,这种形式论仍然深受认识论范畴中的对应物,即道德相对论之害。

同样,对另一种形式论也是如此。它由浪漫主义培育而成,以

① 本章中所引黑格尔《历史哲学》文字的部分译文参考了王造时中译本(上海书店出版社1999年版)。——译注

个体的具体性与独特性当作一种形式一致性，来对比个体隶属的种、属、纲。黑格尔也指出了这种观点本质上暗含的非道德或不道德的意思。“由于它针对的只是把主题（无论它可能是什么）分析为各组成部分，并且以这些部分的逻辑定义与形式来理解它们，它仍然只是一种形式的东西。”（第68页）于是，黑格尔说，在那些宣称能够在任何地方找到同样丰富（或同样稀少）的“天才、诗甚至哲学”的（浪漫主义）哲学家那里，他们未能在形式与内容之间做出区分，也未能将内容确定为一种独一无二的特征，并连同形式的确定一起，充当着证明精神在全世界平均分布的宝贵证据（第67页）。黑格尔继续说，的确，我们“在世界任何地方的先辈中，都能找到诗、雕塑、科学乃至哲学”。但他坚持认为：

> 不仅仅在风格与意义上具有普遍的差异，而且这种差异在主题上更为显著；并且，这是那种最为重要的差异，牵涉到其主题合理性。［第69页］

因而，那种“自命不凡的审美批判”“毫无用处”，它“要求我们的有益愉悦不应成为主题——即内容的实质性部分的规则；并且认为，优美的形式本身、壮丽的幻想之类才是美术孜孜以求的东西，才应当受到那种有着开明品位和教养的心灵的尊重和喜爱”（同上）。黑格尔认为，健康的心智不会“容忍这种抽象物”，因为“不仅有一种古典形式，而且有一种古典的主题类型。在艺术作品中，形式与主题结合得如此紧密，以至于只要主题是古典的，形式也只能是古典的”（第70页）。

所有这些加在一起，便成了对现在称之为历史分析的“比较方
法”所做的一种谴责。这种比较方法就是当隐喻意识在理论上被设
想成一种方法时所采用的形式。就表现历史而言，黑格尔对隐喻方 85
法的批评比他对转喻方法的批评更刻薄，因为它提供的形式论解
释的后果，以及它用来描述所讲述故事的史诗性情节结构，这些在

道德上都更有危险性。机械论的各种解释理论,以及它们促成的荒诞的历史情节化,至少不会想着要用胡扯之个中“美”来为它们所解释历史过程的毫无意义加以掩饰。它们甚至可能当作一种对世界进行特殊的悲剧式理解的基础,这种悲剧产生于古希腊,其中命运被理解为“盲目的宿命”,而这种悲剧式理解又可能用作某种斯多噶派哲学家的解决方式的基础。然而,最终机械论与那种在其基础之上构想来充当一种艺术表现原则的荒诞派悲剧,就像它们在古希腊所做的那样,也可能促成一种伊壁鸠鲁式的,而不仅是斯多噶式的道德反应。除非有这样一种原则,它能使人类的偶然性与确定性、自由与约束的全部场景转化成一部*戏剧*,而又具有确定理性的,同时也是道德上的意义,否则,黑格尔那个时代的思想开始反思的反讽意识必然会以绝望而告终,抑或以那种将导致文明没落的自我中心的放纵而告终。

语言、艺术和历史意识

人们时常忽略了,黑格尔在他的《哲学全书》和《美学》中讨论历史作品以及整个的历史学(与历史哲学相对的历史学)问题,比他在《历史哲学》讨论的更为充分。他在《历史哲学》中意图建立的历史“科学”,用他的概念化方式来说,是一种*后*历史意识的产物,是对实则由“反思的”史学家所写的著作进行*哲学*反思后的产物。然而,在《美学》中,黑格尔详细阐述了他的历史写作自身的理论。他把历史写作看成言语艺术中的一种,因而认为它受到审美意识规则的影响。这样,思考一下黑格尔在其文本中就历史写作和历史意识说了些什么,藉此作为阐明其“历史撰述理论”中特定内容的一种方式,这不无裨益。

在黑格尔《美学》第三部分中,他探讨了言语艺术。一开始,他描述了一般诗歌表达的特征,随后在诗与散文之间划出界线。他认为,诗

> 比采用精致散文艺术形式的言语更为古老。它是对真理 86
> 最初地富有想象的领悟，是一种至今还不能在特殊客体中将普遍从其活生生的存在中分离出来的知识形式。这种知识形式迄今为止没有对比规律与现象、目的与手段，抑或在服从人类理性的过程中将此者与他者相互联系起来；而是完全在他者之中并依靠他者理解了此者。[IV，第22页（德文版，第240页）；着重号为引者所加。]

诗歌作为知识形态的这种特征恰好与维柯说的一样，也就是说，它把诗视为一种对世界的隐喻式理解，其自身之中包含了一种潜能，能分别产生其他比喻性的还原和扩充模式，如转喻、提喻，以及反讽。稍后，黑格尔说："这种理解、修饰、表述模式的特征自始至终都是纯粹理论的（*rein theoretisch*）。诗歌的对象不是事实本身及其冥想之中的存在，而是建构（*Bilden*）与言说（*Reden*）"（同上，[第241页]）。他继续说道，在诗歌中，被表达的事物只是简单地被使用，从而实现言辞"自我表达"的理想。随后，他以希罗多德写的押韵文字作为对事件进行诗意描写的例证，该文中，希腊人为了纪念铁尔摩披莱战役这一历史事件中的死难者，在碑铭中这样写道：

> 曾有四千人来自伯罗奔尼撒
> (Four thousand here from Pelops' land)
> 在此与三百万敌人搏杀。
> (Against three million once did stand.)
> [希罗多德：《历史》，第七卷，第228节，第494页]

黑格尔指出，这对押韵句的内容是个简单的事实，即四千伯罗奔尼撒人和三百万敌人在某个确定时间和空间进行战斗。然而，这对押韵句的关键之处在于碑铭的"写作"，它"向世人及子孙后裔传达历史事实，再无其他目的”（《美学》，第23页[第241页]）。该表达模式是“诗化的”，黑格尔说，这是因为铭文“向自己证实了一种创造[*a poiein*]”，它以其朴素性传达了内容，并且同时“带着一种明确的目的”表达这一内容。黑格尔继续说，体现这种观念的语言“有了这种增加了的价值”，以至于“尝试着与日常言说区分开来”，于是“我们就有了一对押韵句，而不是一个普通句子”（同上）。这个句子较之以简单散文体对发生在某一既定时间与空间的事件而进行的表述，其内容的呈现要更生动，更富于即时性地自我表现。对同一事件进行一种“散文式”的表述将使内容如旧，但不会形象地为那种内容与形式的紧密联合，而人们承认那种联合正是一种确定的诗意表达。

黑格尔论证，散文式的言说预先假定了一种“平淡无奇”的生活模式，应该假定这种模式是在经过了言说是“诗意的而又没有
87 [自觉的]目的”的人类意识阶段之后发展而来（同上）。散文式语言先假定一种后隐喻意识的演进，它“通常思考的是有限的环境和客观的世界，即科学或认知的有限范畴”（第24页[第242页]）。散文式表达形成时的世界应该假定为这样：其经验都成了原子式的并与其理想性剥离，失去了能够即刻被领会的意义，毫无丰富性和生动性。为了抵制这种原子事实与因果决定的威胁，意识建立起理解世界的第三条道路，即“思辨思想”，它“不再满足于理解的概念与推论特有的区别和外在联系”，而是“将它们连贯成一个松散的整体”（第25页[第243页]）。这样，提喻设计了一个“新的世界”，这就和依靠转喻词汇理解的世界正相对，并且也成了它的对立面。但是这个新世界只存在于意识中，而不是现实里（或者至少不能触摸到它的存在），因而意识的问题就在于，如何将这个新世界和具体事物的世界联系起来。黑格尔总结道，通过用特殊来描述普遍，以及用具体来描述抽象，以使存在于思想中的世界与具体事物的世界和谐一致，这是诗人的工作。

因此，诗性表达试图在散文式世界中恢复关于其内在理想性

的意识。以前,即当诗与散文的区别还未随着科学与哲学的进步显现出来时,诗人还有一项更容易的任务,即简单地将所有“以日常意识的形式存在的重要的、一目了然的内容”加以深化。然而,在更高级的文明出现之后,也就是“生活的平淡在其想象的模式内已经占据了全部意识生活的内涵,并在意识生活所有及每一部分都打上了它的封印,这时,诗歌艺术被迫承担起再次将它们熔化并重铸一个全新世界的任务”(第26页[第244页])。这意味着,它不仅必须

> 将自己从吸附在日常意识上的一切平淡的和偶然的东西中脱身出来,并且……将对事实宇宙的科学理解提升到理性的更深层次,或者……将思辨思想转换成富有想象的词汇,在智力自身范围内赋予它形体;它进而还必须以多种方式将日常意识共有的表达模式转变成适合于诗的模式;并且,尽管这样一种对比和过程要求所有这些缜密的意向,但还要做得好像一切此类目的都不存在,并确保一切艺术所必需的最初的自由。[同上(第244—245页)]

在构想出诗性意识的内容与形式之后,黑格尔接下来开始把诗性意识本身“历史化”。在《精神现象学》、《法哲学原理》和《历史哲学》详细阐述的历史意识的普遍框架内,黑格尔为诗学意识设定了兴衰的不同阶段。

于是,诗歌诞生于意识从其对象中分离,以及再次实现与之统 88
一的需要(和尝试)。这种根本上的区分产生了两种主要的诗歌类型,即古典的和浪漫主义的类型。它们分别强调普遍与特殊,客观表达与主观表达。再者,这两种诗歌类型之间的张力又产生了三种基本的诗学写作风格:史诗的、抒情的和戏剧性的。前两种将外在性和内在性说成是两种关于世界的有效而稳固的看法,后一种则表现为努力以一种诗意想象来正视那种消解张力、实现主客体之间统一的运动。

黑格尔曾经说，史诗“为我们展现了一幅外部世界的更为广阔的图景；它甚至游离在某些逸闻趣事中，藉此，整体的统一由于部分之间的分离增加了而显得更趋渺茫”。抒情诗“顺着其类型的波折而改变，使自身适合于极为多样化的表现模式：它一时是毫无遮掩的叙事，一时是情感与沉思天马行空般的表白，一时又对自己的想象加以限制”，等等。与史诗和抒情诗相比，戏剧性诗要求外在现实与内在现实之间“有一种更为紧张的关联”，尽管在一种特定的体现之中，它可能采用古典的或浪漫主义的观点作为它的创作原则。（第37页［第256—257页］）

这样，黑格尔关于诗的讨论，就以讨论言语作为人们在其意识及其生活的世界之间进行调和的工具开始；接下去区分在理解世界时可以有的不同模式，随后讨论诗与散文之间的区别、二者的古典形式与浪漫主义形式之间的区别，以及这些形式的史诗风格与抒情风格之间的区别；最后讨论作为艺术形式的戏剧，它被想象为这种割裂情形得到了愈合的运动形态。意味深长的是，黑格尔接下去立即就在讨论中把历史当作一种与一般所说的诗歌最为接近，尤其是与戏剧性诗接近的散文形式。事实上，黑格尔不仅将诗与戏剧历史化了，他也将历史本身诗化和戏剧化了。

历史、诗和修辞

黑格尔将关于历史写作作为一种艺术形式的正式讨论置于他对诗与演说的讨论之中。这两种形式，一种涉及现实中理想如何表达，另一种与语言工具的实际运用有关。在这二者之间的位置暗示着历史与戏剧相似。戏剧如前所述，是艺术中包含的一种在史诗的
89 和抒情的感受力之间调和张力的形式。历史是一种外在与内在之间（实际的）辩证转换的散文性表述，恰如戏剧是（想象的）这种转换的诗性表述。并且实际上毋庸置疑，在黑格尔思想中历史表述与戏剧性表述的形式方面是同样的。

他谈到，“关于历史，毫无疑问，我们在此为某种真正的艺术行为找到了大量的机会”，因为

> 人类的生活在宗教与市民社会中的演进；那些通过自己的行为在每一个领域内（即在宗教和市民生活的领域内）浓墨书写生命的、名声最为显赫的个人与民族的活动和命运；所有这些都预先假定了编纂这样一部作品中定然含有崇高的目标，或者它蕴涵的东西将彻底失败。对这类主题和内容的历史表现容许真正的差异、全面性和偏爱；无论我们的史学家必须花费多大力气来重现实际的历史事实，对他来说，凭借他自己的天赋，将这种混杂的事件内容与人物展现在我们想象的图景之中，使得同样一件事在我们的理解中得以再创和激活，这都是他义不容辞的责任。［第38页（第257页）］

首先，这意味着史学家不能“对特殊事实的空洞文字心满意足”，而是必须争取“将这种材料编入一个和谐的整体之中；他必须在统一的概念之下，构想并接受单独的特性、事件和行为”（同上）。这些内容与表现形式适当地结合在一起后，它们之间的联姻将允许史学家建构一种叙述，其情节正是由特定人类生活的两种具体表现之间的张力促成的，这些表现既特殊又一般。

伟大的历史叙事，就像希罗多德、修昔底德、色诺芬、塔西佗，“以及其他一些人”撰写的那类作品，描绘了“一幅清晰的画卷，它涉及到民族、时代、外部条件，以及个人在真实的生活与性格中精神上的伟大与软弱”；与此同时，它从这些具体的实体中断言了一种“共生的联合”，在其中，“［该］画卷的不同部分”都被转化成了一个易于理解的“理想历史意义”统一体（同上，［第258页］）。这就意味着，历史分析既是转喻式的，也是提喻式的。它将主题分解为因果作用力的诸种具体显现，即它们必须被假定为结果；同时，它又探寻那种一致性，以便将这些实体粘合在一起，使之成为一种不

断进步的精神化统一体的等级结构。然而，史学家若具有纯粹的诗人可能要求的那种“自由”，或是演说家的那种目的性，他就不可能继续工作下去。诗人们只要觉得合适，便自由地创造“事实”，演说家则为了他当前演说的特定目的而有选择性地运用事实。历史处在诗歌与演说之间，这是因为，虽然它的形式是诗学的，它的内容
90 却是实实在在的。黑格尔这样说道：“使历史成为散文的因素并非撰写历史的方式是专门的，而是其内容的性质所致。”（第39页[第258页]）

无论是从共同的宗教信仰来看，还是从由强迫国民遵守共同价值观的法律、制度和暴力工具构成的政治制度来看，历史面对的都是“平淡生活”，即那种确定的“共同生活”（*Gemeinwesen*）的材料（同上）。黑格尔说道，在这种共同生活之外，产生了那种导致共同生活“要么维持现状、要么变革”的力量，为此，我们必须假定个体的存在适合于该两项任务。简言之，历史过程是在共同生活方式的情境之内，或者跨越一整套此类共同生活方式时，由冲突制造的杰作。这些冲突出现在既有形式与试图改变它的力量之间，或者既有权力与某些为了自己所理解的自主和自由而反对它的个人之间。也就是说，在此，它是一种古典悲剧和古典喜剧具有的经典情形。

人们的社会生活不仅仅是一种史诗般的生活，即虽然不乏运动、风采与行为暴力，但生活自始至终在实质上都保持一致。伟人们在普通人分享的共同生活的背景之下走上前台，并且将这种史诗般状态转变成一种悲剧式冲突。这不只是美德或力量的胜利，而是两种相互斗争的正义、两种同样合理的道德原则在一起进行较量，要确定在一种特定的社会化身中，人类的生活形式可能如何。为此，黑格尔在历史戏剧中设想了三种基本的参与者：伟人、普通人和堕落分子（英雄、普通人和罪人）。

> 伟人和杰出人士是那些通过积极的个性、为了共同目标[准备]协作一致而表现自己的人，其目标正是他们面对身处

> 之环境而生发的理想观念的基础;普通人是那些无法达到对他们能力要求的人;那些并非作为那个时代实际需要的斗士出现,而仅仅满足于放纵个人精力,任性随意,以至与所有那些共同目标背道而驰的人便是堕落分子。[同上]

这个“历史”人物类型的分类,是对诗歌分析类别自身的一种扼要重述,不过,这是以一种转喻模式,即因果效验实现的。但是,正如黑格尔在《法哲学原理》中指出的,历史领域不能被仅仅设想成一个强力横行的场所。因为,若在哪里这种强力占据优势,在哪里它不与更普遍的原则——即集体的“共同生活”相冲突,那么也就没有真正的历史冲突,因此缺少特殊的“历史事件”。在前引段落接下来的那一段里,黑格尔非常清楚地说明了这一点。在上述开列的三种情况中任何一种成了普遍情形的地方,出现了一个人的专制、习俗的专制(即普通人的专制),或混乱的专制的地方,“我们也就不存在一种真正的[历史]内容,不存在一种像我们在研究的第 91
一部分中作为诗歌艺术的本质而确定的世界的条件”,它正是所有特定的人类创造力的条件(同上),因为:

> 即使在个人的伟业中,它所致力于的真实目标多多少少都是被赋予、预定或强加于其上的东西;并且,就此而言,排斥了个性的统一,那其中普遍性——即全部的个性都要自我认同,且仅只为了它自身的目的,简而言之,就是一个独立的整体。这些个体无论凭自己的智慧发现多少自己的目的,构成历史[研究]对象的都不会是个体的心灵与智慧之中有的自由或缺少的自由,而是已然达到的目标,以及它在已经存在的真实世界中发挥作用的结果,对象基本上独立于这些个体。[同上]

此外,黑格尔又补充说,在历史中,我们发现了大量的多样性、偶然性和主观性出现在对情感、命运和主张的表达之中,“这种生活的散文模式中表现出来的离奇和变化，远远超过了诗歌那种令人惊叹的程度，因为诗歌在其千变万化之外，必须经常保留那些在任何时代任何地点都有效的内容”（同上［第259—260页］）。

最后，历史与特定个人或集体实践其计划和目的相关，它要求为寻找适合这一任务的方式进行枯燥乏味的工作，由于其功利性，工作本身是一种平淡无奇的行为；而该行为的证据必须在史学家的解释中加以说明。实际行为中的细节必然出自于对历史文献的研究，而不只是史学家以要么是诗学的风格，要么是思辨的风格预先假定的，对这种细节的关注，将令史学家的作品远比诗人或哲学家的作品更平凡如实。

依黑格尔看，史学家因而无权“抹杀其内容平淡无奇的特征，或是将它们转变成其他更有诗意的形式；他的叙述必须符合呈现在他面前的实际情况，符合他发现的样子，而没有过分解释［*ohne umzudeuten*］或至少是诗意转化”（第41页［第260页］）。无论史学家的思想如何尽可能地去把握他认识到的无数事件之形式的理想意义，他也不能令“呈现在他面前的环境、特征或是事件完全服从这样一种结果”，即便他可以“在研究中除去那些完全是偶然的和没有重要意义的东西”，也是如此（同上）。简言之，史学家“必须允许它们以其客观的偶然性、依赖性和神秘的任意性出现”（同上）。这意味着，史学家的想象必须从两个方向同时展开：其一是批判的，这种方式允许他确定哪些东西不必考虑（虽然他不能创造或在已知事物上增加点什么）；其二是诗性的，这种方式以其生动性和个性特征来描述混在一起的事件，好像它们就摆在读者的眼前。在批判的功能中，历史意识只是作为一种排除的行为方式发挥作用。而
92 在其综合功能中，它只是起一种包容能力的作用。即使史学家像哲学家那样，在其解释中添加上他自己的反思，“从而试图把握住这些事件发生的根本原因……可是，就事件的实际构造而言，他也不得拥有诗歌的这种特权，即将这种独立存在的分析当作最重要的事实来接受的权利”（第42页）。这样，即使史学家可以思辨式地理

解使那种元史学式的综合性想象成为可能的基础，他也不会落入元史学之中,因为:

> 惟有诗是自由的,它不受材料的限制。这些材料呈现的方式是,它变得与理想的真理一致,甚至在外在条件方面被看成是一致的。[同上]

在这点上,演说比历史具有更多的自由。因为,既然演说的技艺是作为一种达到实际目的的手段而发展形成的，它就允许演说者以自己愿意的方式，即选择性地以与这种想象的目的相呼应的方式来使用历史事实(第43页)。

这样,黑格尔重新提到他在《历史哲学》导论中,就“原始性”历史与“反思性”历史之间所做的区别,这种区别的基础在于前者本质上是诗学性质的,后者则是不断增强的散文性质的。另外,在反思性历史之中,有着普遍性的、实用性的和批判性的诸种类型。他写道,普遍性历史是最具诗意的,它将整个已知历史世界作为其主题,并通过隐喻,在与已知的理想形式相适应的情况下,将它塑造成一个具有一致性的诗性整体。实用性历史是出于为某种理想或实际目的服务的冲动而写作的。既然它是从一种诗性的模式转向一种雄辩的模式来构想其工作，是从有关整体的理想想象转向知晓一种整体的想象所能发挥的作用,它也就超越了普遍的多样性。勾画出这样一类相互冲突的历史过程景象导致了对历史写作自身进行一种“批判性”反思,它反过来借助于提喻模式进行的反思,允许关于整体的可能理想性的意识增加。这就为黑格尔自己的哲学性历史铺平了道路,它意在详细说明思想的某些先决条件和形式,依据它们,史学家本质上的诗性理解能够被纳入意识之中,并转化成一种有关整体过程的喜剧式想象。然而,这是一种历史哲学家的工作,而不是史学家的工作;就如同修昔底德,史学家必须始终更为贴近理解的诗学模式，更接近于用隐喻方式将他的研究对象联系起来,但同时又更具有自我批判意识,更能意识到另一些理解形态,它们的作用是将诗性的洞见转变成一种更为理性的知识内容。

93

可能的情节结构

由此,我进入了黑格尔的历史情节化理论。当我研究这个主题时,我不再考虑历史作为一个对象、一种内容,其形式将被史学家认识到并转变成一种叙事,而是考虑在历史之中,给定的形式、实际产生的叙事都成了内容,成了一种反思的对象,由此,有关普遍历史的真理能够在合理的根据上得到确认。这就产生了真理的可能内容是什么,以及确定这种真理应该采用何种形式的问题。黑格尔解释该问题的方法如下:在最高类型的历史叙述中描述的真理都是悲剧的真理,但这些真理在此只是被诗性地描述为历史表现的形式,其内容是在特定时间与空间中,由个人或集体的真实生活上演的戏剧。因此,它需要进行哲学反思,从而提取出包含在历史记述呈现的形式中的真理。就像艺术哲学家以世界历史中出现的种种艺术作品作为其研究对象那样,历史哲学家也以历史自身发展的过程中由史学家实际写作的种种历史当作自己的研究对象。他把这些历史理解成各种形式体系,它们可能以下述四种形式中的任意一种发展成一种生活的记述,即史诗、喜剧、悲剧、讽刺剧,或者它们任意组合的形式。

不过,黑格尔认为,史诗并不是一种适合于历史学的形式,因为它没有预设实质上的变化。同样,讽刺剧也是如此,因为尽管它承认有变化,但没有认识到能够对已知的变化进行衡量的真实基础。对史诗而言,万物皆有变化的认识依赖的是对事物本质上并无变化的基本理解;对讽刺剧而言,万物皆无变化的认识则是依据对事物实质上易变的理解(参考黑格尔关于伏尔泰所作《亨利亚德》的评论,第131—132页)。因此,(近代)浪漫主义悲喜剧的混合类型对历史学也不适合。它设法在喜剧的和悲剧的世界图景之间进行调和，但这种调和仅仅是形式上的，也就是说，它在同一个情节中表现出两种观点的典型形式，又不使其结合或统一起来，而是让世界就像人们最初看到的那样分离，它也没有赋予世界更高的统一原则，可让意识将其变成一种思考的对象，以提升人们关于世界在其自身之内如此分裂的认识。所以，只剩下喜剧和悲剧是历史过程情节化的适当模式，而问题是研究它们之间的相互关系，以此作为自觉对意识与世界的关系进行反思的不同阶段。

黑格尔坚持认为，哲学的智慧施之于历史，与历史的智慧施之于历史事实之间的关系，就如同喜剧图景与悲剧图景之间的关系。也就是说，哲学在特定历史之中表现的人类历史存在之间进行协 94
调，把这种人类的历史存在当作一种内容，努力寻求一种适合的表现形式和情节化模式。最后，它在喜剧图景之中找到了。在反思吸收了悲剧的真相之后，喜剧就成了它采用的形式。

作为一般性情节结构的悲剧和喜剧

黑格尔写道："戏剧性情节并非限于简单并且稳定地执行某种明确意图，而是始终有赖于人类情感与性格冲突的情形，由此造成了情节及其反应，接着又要求进一步消解冲突和分裂。"（第240页）于是，戏剧性情节与历史行为正好有着同样的形式特征：

> 眼前我们看到的……是在生活着的个人中体现的有限目的和孕育着冲突的情境；我们看到这些得到肯定与支持，在协作或对立之中起作用——都在一种瞬息万变的表达交流之中；最终的结果也已经与此一同预先假定了，它产生于人类生活、活动与成就的这种互相交织、互相冲突的事件整体，而这种整体仍然不得不谋求平静的结局。[第249—250页（第475—476页）]

这样，戏剧性情节超越并包含了史诗的或客观的观点，以及抒情的或主观的观点；戏剧采取的立场并不是非此即彼，而是以保持两者同时出现在意识之中的方式，在两者之间运动。因此，可以说戏剧是在反讽的模式之中运动，观点之间的辩证交换不过是这种反讽式的做法而已（第251—252页；参考伯克：《动机的语法》，第511—517页）。

依黑格尔而言，戏剧起源于对有关现实的所有看法之片面性有所理解，它努力为“解决这些力量的片面性，它们在戏剧化人物中找到其自我稳定性”（《美学》，第4卷，第255页）。“并且”，黑格尔补充说，

> 不管其形式是像在悲剧中那样，它们以敌对方式相互对立；还是像在喜剧中那样，它们表现在这些角色本身之中，在结局状态里，不再有进一步的调和了。［第256页］

此处最后一段引文很重要，因为它意味着黑格尔不是将悲剧和喜剧视为思考现实的对立方式，而是看作从情节的不同方面理解冲突情境的途径。从行为者的立场来看，悲剧近似于情节的高
95 潮，它有着明确的意图。在该行为者那里，展现在他眼前的这个世界一时是实现其目的的手段，一时又是其障碍。喜剧从悲剧情节带给观众的结局情形之外回顾这种冲突的影响——即使这种悲剧情节没有带给主角这样一种结局，而是在其发展的过程中使他精力耗尽。这样，戏剧的情境就好像历史情境，它的出现有赖于对某种冲突的理解。产生这种冲突的一方是其物质和社会两方面都已经构成和成形的世界（即在史诗中直接展现的世界），另一方则是一种不同于这个世界，意在实现自己的目的、迎合自己的需要，并满足自己的愿望的个性化意识（即抒情诗中表达的内在世界）。但是，戏剧家并没有止于对这种割裂情形的思考，相反，他们进而思考产

生于个体意识及其对象之间的渐近关系的冲突形态。结局的模式和其中反映出的深刻智慧，将产生三种后史诗或非抒情形式的戏剧情节,即悲剧、喜剧和(与讽刺剧对应的)社会剧。后者是在悲剧与喜剧的洞见之间进行调和的混合式戏剧类型。

黑格尔写道,悲剧性情节的内容与历史内容相同:我们在悲剧性人物的目的中很快就了解到了这种内容,不过,我们对其的完全理解只是在于"由那些在自身之内有着自己的合理性,并且在人类的意志行为中得到了真正实现的力量构成的世界"(第295页)。这个真实存在的世界正是由文明社会的家庭、社会、政治和宗教生活构成的世界，它至少内在地承认个体对自我的渴望与集体的法律和道德这两方面都具有合理性。家庭、社会、宗教和政治为我们称之为"英雄式"的行为提供了实施的场所:"真正的悲剧性人物具有与这些条件相一致的坚实性和彻底性。这些悲剧性人物自始至终都是其基本的性格观念所赋予或迫使他们成为的那样，而不只是一个变化着的整体,被展示在史诗风格特有的一系列视角中。"他们并非头脑简单的个体，而是些有个性的人。他们有着统一的性格,这使其能够成为"共同生活"在不同方面的代表,或者成为寻求自立能力的自由行为者(第295—296页)。于是在悲剧性冲突中,就像在具有历史意义的冲突中,不是共同生活引发了冲突,就是寻求自立能力的个人导致了冲突。

可是,悲剧并没有把冲突本身当作自己的对象(如同史诗倾向的那样),它的是对象处在冲突另一方的结局的情形,英雄和共同生活都在这种情形中被转变了。

> 在悲剧中，个体由于其纯粹意志与性格的抽象本质而被投入到混乱之中，要不便是被迫顺从地接受本质上是他们反对的东西。[第301页] 96

然而,喜剧得到了一幅和解的图景。这种和解正是"整个的个人心灵生活的胜利。经由这种生活的形式并且深入其中,任何事情都在胜利的欢声笑语中解决了"(同上)。简言之,喜剧的普遍基础正是这样一个世界,"在其中,人们以其意识行为,使自己成为所有事物完全的控制者,这些事物在另一方面则变成了他的知识与成就的本质内容;这个世界的目的由于缺少实质性内容,因而被抛弃了。"(同上)

人们很难在对单个历史生命的悲剧进行哲学反思的立场之上,要求对《历史哲学》中看到的世界进行更为出色的描绘。在对本然和应然之间的比较进行的讽刺式反思中是发现不了这种喜剧想象的精髓的——那种比较是英雄主题中道德冲突的基础。它只能在一种"无限的热情与自信"中找到,因为"它们能够超越自身的矛盾,并且在那里体验不到任何一点辛酸或不幸的感觉"(第302页)。

精神的喜剧式结构是指"一种心灵的健康状态,它充分意识到它自己,能够忍受其目的与现实的分裂"(同上)。这就是为什么黑格尔主张,喜剧情节比悲剧更紧迫地要求一种"结局"(第304页)。黑格尔说道:"换句话说,在喜剧情节中,实际更需要强调本质为真的东西与其特定现实之间的矛盾"(同上)。他继续说,这样做的原因在于,事实上,"作为一种真正的艺术","摆在喜剧面前的任务不是要通过其演出来把什么根本上是合理的东西表现为内在地是荒谬的,不会有什么结果;而是正相反,它要显示的是某某既不会取得胜利,最终也不会把任何立足之地留给愚昧和荒谬,这里也就是说那些构成现实之一部分的虚构矛盾与对立"(同上)。这就是那种通过阿里斯托芬喜剧中的性格冲突获得的意识,这种喜剧从不中伤"雅典的社会生活中"具有真正道德意义的任何事物,而只是嘲笑"民主的谬误百出,而传统的信仰和以前的道德都随之消失了"(同上)。这也是赋予历史哲学形式原则的意识。在历史哲学中,"适用于所谓的真实存在之物的实际外部模式从中消失;并且,如果根本上缺少实质性存在的东西,仅仅是伪装成它所不是的存在而逐渐消亡,那么个人就会声称自己是这种解体的操纵者,他自己到最后仍然未受挫伤、精神饱满"(第305页)。

在此,说这是一种对历史进行明确哲学理解的模式,正是在理性的指导下可靠的意识必然会得出的结论;而说它是反讽的对立面,这一点的根据在于,黑格尔事实上对戏剧表现的讽刺形式所做 97
的否定,不承认它作为一种真正的戏剧类型的身份。在黑格尔看来,讽刺剧是因为无法对人类存在的主观的或客观的对立面进行任何形式的消解而导致的结果。黑格尔的观点是,古代的讽刺作品与近代(浪漫主义的)悲喜剧能够提供的最好的东西并不是"这些矛盾观点的并列或交替",而是"相互适应,使得这些对立力量变得缓和"(第306页)。在这种戏剧中,就像在属于同一类型的"奴婢史学"中那样,存在着一种趋势,它寻求纯粹个人的、"心理上的"性格分析,或者将"物质条件"当成行为中的决定性因素,这样,高贵的人类最后没有什么崇高的东西值得承认抑或否认了(第307页)。于是就有了近代史学,即浪漫主义时代的史学。浪漫主义史学家一方面带着感情思考历史人物的心理动机,另一方面思考历史人物之环境的物质性,以此来逃避人格的现实性以及所谓"宿命",后者不过是这种人格由之而生的"共同生活"。

自在的历史与自为的历史

黑格尔的《历史哲学》导论一开始便区分了三个层面的历史意识(原始的、反思的和哲学的),在第二层面中,他对机械论与形式论的局限性表示的不满都同样适用。三个层面的历史意识代表了历史的自我意识所处的不同阶段。与第一个层面相符合的或许可以称为纯粹的历史意识(自在的历史意识),与第二个层面相符合的是认识它自己如何的历史意识(自为的历史意识),而第三个层面对应的是一种不仅了解自身怎样,而且还能反思其认识的条件,即它与其认识对象(过去)的关系,以及反思有关整个历史过程本质的普遍结论,而这种结论是通过对历史的多样性成果与特定历史作品进行理性地反思而得出的(自在自为的历史意识)。

纯粹的历史意识,即那种“原始性”(*ursprünglich*)历史的产物,从对历史过程本身的简单了解中,发展了一种时光流逝的意识,以及一种对人性发展的可能性的认识。在诸如希罗多德和修昔底德这样的思想家那里能看到这一点,“他们的描述在极大程度上局限于他们眼前的行为、事件和社会状态,以及他们共有的精神。他们
98 简单地将周围世界中匆匆而过的东西转移到可以再现的智力王国”。黑格尔认为,这些史学家就像诗人一样,他们处理的是“由感觉提供的”材料,“并将它投射成想象图画以供观念能力[*für die vorstellung*]之用”(《历史哲学》,第1页[德文版,第11页])。无疑,这些史学家可能也使用其他人撰写的行为记述,但他们使用的方式就如同使用“已经形成的语言”的方式一样,也就是说,只是当作一种成分使用。对他们而言,自己生活于其中的历史与自己撰写的历史没有任何区别(同上[第12页])。

黑格尔在此提到的是,“原始的史学家”主要是在具有隐喻特征的模式中工作:他们“将飞逝的故事成分联系在一起,然后将它们当作宝藏搁在谟涅摩辛涅[①]的神庙里”(同上,第2页[第12页])。他们的解释模式是诗性的表现,不同之处在于:原始的史学家将他的内容当作“实在的领域,即实际看到的或[原则上]能够看到的”,而不是梦境、想象和幻想的领域(同上)。这些“诗性的”史学家实际上把“事件、行为和社会状态”“创造”(*schaffen*)成具有观念能力(*Vorstellung*)的作品(*ein Werk*)。这样,他们的叙述在范围与时间上都是有限的。其主要目的在于就他们直接看到的或具有足够真实性的事件构成一幅栩栩如生的“图画”。由于他们生活在“[所写]主题的精神中间”,因此没有进行“反思”的必要(同上),并且,既然他们与自己描述的事件有着相同的精神,他们也就可以泰然而不受批判地按其需要篡改叙述的细节,就像修昔底德借其作品中的主人公之口发表的那些演说,而只要这些细节与整体的精神相吻

① Mnemosyne,记忆女神。——译注

合即可。

黑格尔认为，就像在古代人中间那样，这种诗性历史在近代史学家中也并不多见。只有对实际事务具有高瞻远瞩的能力、亲身参与事件本身，以及具有诗性才华的人，例如红衣主教雷斯（Cardinal de Retz）或腓特烈大帝（Frederick the Great）才能创作出诗性的历史。黑格尔总结说，要想深入“原始的”史学家作品的本质上的真实性，就需要长期研究、耐心琢磨，因为这些作品代表的历史学形式是，它们既是历史，也是撰述它们的那个时代的原始材料。在此，史学家的精神以及他写作的事件（或他亲身参与的事件）之间的同一性已经近乎完全了，如果我们想认识其中的任何一种，即诗歌、事件与史学家的著作中的任何一种，就必须认识它们的全部。我们可能出于诗意的灵感或智识的需要而阅读它们；但是，如果我们用评价近代“反思性”历史的标准，即专业学者的史学标准去评价它们，那不过就暴露了对于科学批评的误解，也暴露了拙劣品位。

确实，人们可以批评一些“原始的历史”，如中世纪僧侣写的历 99
史过于抽象或形式主义；然而出现这些缺陷的原因在于，这些历史的作者的生活远离他撰述的事件。我们没有理由尝试着移情式地领会或批判这些作品，而只需尽取其中包含的事实材料，用来构成我们自己的历史记述。

第二类历史著作是“反思性”历史，即自为的历史。撰述这种历史不仅需要对时光流逝有一定理解，还要对史学家及其研究对象之间的距离有充分的认识，并且要尽量有意识地缩短该距离。史学家缩短现在与过去之间距离的这种努力被认为是作为一个特殊问题而存在。黑格尔写道，反思性历史的精神因此而“超越了［史学家自己的］现在”；并且，不同的史学家用不同的理论策略来弥合使他们与过去隔离的鸿沟，深入过去，并且领会其中的本质和内容，这不同策略形成了这类史学家创制的各种反思性历史。

黑格尔区分了四种反思性历史：普遍性的、实用性的、批判性的和概念性的。在黑格尔对这四种历史的描述中，它们显示出来的理解模式不是转喻式的，就是提喻式的。普遍性历史按照还原其材料这个特别的要求，使用的是抽象观念和经过删节的材料；它是任意而片面的，这不仅是因为其主题如此，还因为它需要归纳的原因缺少足够的理由，而需要建构的类型也缺少恰当的证据做基础。实用性历史勾勒了同样一幅过去的图画，但是，它们不像普遍性历史中占主导的那样想了解整个的过去，而是努力服务于现在，说明现在，其方式是从过去中援引类似于现在的例子，以及为启迪和教育活着的人们从过去中得出道德教训。这种历史就如同普遍史家撰述的那样，或许是一部艺术杰作，或者像孟德斯鸠《论法的精神》那样具有真正的启发性；但是，它们的权威性是有限的。这不全然因为那些教训所依据的事实基础都像普遍性历史中的一样是片面的和抽象的，部分原因还在于"经验与历史教给我们的是，各个民族及其政府从历史中没有学到任何东西，也没有按历史中推导出来的原则行事"（第6页）。黑格尔这样认为的原因是：

> 每个时代都有其特定的环境，其事物的情形都表现出一种绝对的异质性，以至于其行为必须由只与它自己相关的因素来控制。在重大事变的强制之下，普遍的原则毫无助益。回想过去类似的情形也无用处。[同上]

100 这样，他道出了此处最著名的一句格言：

> 苍白的记忆是无法抗衡现在的活力和自由的。[同上]

将近一个世纪之后，保罗·瓦莱里更为悲痛地宣称，历史"确实而言是没有教导任何东西"（teaches precisely nothing）。然而，黑格尔会强调的是"确实而言"（precisely），而不像瓦莱里强调的是"没有"（nothing）。因而，普遍性历史或实用性历史的读者可能对它们产生"厌恶"，不是出于对其"任意性"的反感，就是因为它们毫无用处,这些读者继而在没有采用“特殊观点”的简单“叙事”提供的愉悦中寻求逃避。

迄今为止,我在黑格尔的著述中注意到的东西合起来是:我们既不能从史学家那里学到整个的历史,也不能从他们那儿学到多少东西来帮助我们解决自己的问题。这么说,除了“原始性”历史写作中出现的诗性创造带来的审美愉悦,或者实用性历史撰述者可能引以为乐的那种为某一事业服务的道德意义之外,撰写历史的用处究竟是什么呢?

从黑格尔对另外两种类型的“反思性”历史的描述中,我们将看到,对他而言,撰写历史的理由要到意识的转换之中去寻求,而意识转换就是为此所做尝试在史学家自己的心灵之中造成的影响。

“批判性历史”达到的历史意识层面比其他两种类型的反思性史学所表现的都要高。因为在“批判性历史”中,弥合过去与现在的鸿沟这个问题被认为出在其本身之中,也就是说,要解决该问题并不是靠进行普遍的或实际的考虑(如在普遍的或实用的史学中那样),而只要具有理论上的才能就够了。在批判性历史中,史学家对史料以及与研究主题相关的历史记述进行批判,努力从中提取真实内容,从而避免任意、片面和主观兴趣造成的缺陷,原来各种类型的史学正是因此而受损。按黑格尔的说法,批判性历史撰述或许更适合称为“历史的历史”。但他注意到,这种历史反思形式在它的形成过程中,并没有人们一致认可的任何标准,可以用来在实际撰写的历史与它们表现的对象之间建立起某种关联。它使史学家的所有精力都耗费在批判行为之上,这样,人们得到的不再是某个主题的历史,而是一部不同的史学家有关某个主题之历史的历史。这种工作固有的形式主义本质在这样一个事实中表现了出来,即在黑格尔时代的德国人中,所谓“更高的批判”显然用各式各样的主观性幻想,取代了真正批判性历史不仅会表现而且会在理性论证中为之辩护的概念工具:“幻想的价值是由它们的胆量来衡量的,

101 也就是说，幻想的基础越薄弱，越是蛮横地与牢固确立的历史事实相抵触，幻想的价值就越大。”（第7页）

因而，我们即将讨论最后一种类型的反思性历史，即概念性历史（艺术史、宗教史、法律史等等）时，对于它“开宗明义就表示出各自为阵的特征”（同上），我们也就没有理由再感到惊奇了。概念性历史立足于一种“抽象立场”，但它也“采用了一种普遍的观点”。由此，它提供了向哲学性历史过渡的基础。哲学性历史是历史反思的第三个层面，即黑格尔自己的著作希望提出的原则（7—8页），这是因为艺术、法律、宗教这样的概念或人们生活的分支，与“历史记载的整个综合体”，即通常所说的社会和文化实践领域之间存在着最为密切的关系。于是，概念性历史必然提出“整体的联系”（*der Zusammenhang des Ganzen*）这样一个问题，它在一个国家的历史中表现为一种实在，而不仅仅是将要实现的概念，抑或只是被当作一个实际存在的抽象物来把握（第9页［第19页］）。表明一个民族的历史内容以及它就自己的生活方式存在的理想都能从其“记载”中提取出来的原则，并且指出所有这种种关系都将得到详细解释的途径，这些就构成了历史反思的第三个层面即哲学层面的目的，也就是“［黑格尔］目前所进行的研究的目的”（第8页）。

自在自为的历史

这样，很明显，四种类型的反思性历史提供了一种有关历史意识诸阶段的典型的黑格尔式描述，它们都可能处在自为的历史意识层面之内。原始性历史是自在的历史意识的产物，而哲学性历史则是自在自为的历史意识的产物。反思性历史可以分解为不同的种类，即自在的（普遍性历史）、自为的（实用性历史）和自在自为的（批判性历史）；第四种类型（概念性历史）则充当一个新层面，即哲学性历史的过渡和基础。这是因为，第四种类型始于（反讽地）理解了与具体历史有关的一切真正的历史性知识中必定存在任意和片面的特征。

就如黑格尔稍后所说，史学家必须就事件和主题的具体性和特殊性来研究它们,要是做不到,他们就有悖于自己的称号。这意味着,史学家的眼光总是受到限制和约束。这种局限性正是史学家在试图用有关过去的理想性和具体性来再现过去的生活时付出的代价;而只要史学家安于单纯地重构过去,并且不再指望用他们有 102
关具体事件的知识证明那种将特定的过去生活和它的整体情境联系起来的普遍原则,他们就能很好地达到自己的目的。

然而,哲学性历史将询问,在表现不同的反思性历史提供的局部的历史世界时,若想令其有意义,必须要有怎样的原则。黑格尔说,哲学性历史可以简单地定义为对历史的“深思熟虑”(*die denkende Betrachtung*,同上[第20页])。换句话说,它并非将理性运用到历史中的个体事实之上,用那些已经知道的事实来证明新的事实,或者去纠正“反思性”史学家在进行其有限却也合理的工作时撰述的历史;它是对史学家撰写的作品进行“深思反省”。黑格尔假定,如果史学家撰写的著作不能像物理学家或化学家的工作那样，根据理性的普遍原则加以综合,那么,历史就根本不能声称自己是一门科学。因为,如果史学家说他撰写的历史增加了我们关于人性、文化或社会的知识,但另一方面却否认思想能够合理地综合真实地(尽管不是全面地)表现在这些历史中的结构和过程的意义,那么这就会在历史与思想之上设置科学和哲学都不允许的限制。

应该注意到，在强调实际由史学家撰写的每一部历史都存在片面和任意的特征时,黑格尔站在了反讽的立场之内。启蒙思想就曾经因为了解了它自己的历史反思具有任意性之后被迫采取了这种立场。不过,黑格尔不像浪漫主义者那样断定人们由此便能随心所欲地解释历史，他坚持认为，只有理性可以声称具有这样的权威,即从这些过去的不完整的记录中提取真实的内容(无论它多么不完善)，并将它们融合成一门真实的历史科学的基础——注意，不是融合成一门历史科学,而是一门历史科学的理论基础。黑格尔写道："哲学为历史沉思带来的惟一思想便是理性这个简单的概念。理性是世界的主宰，因而，世界历史理应为我们展现出一种理性过程[的模样]"（同上）。他也告诫我们，这种信念"在这样的历史领域之内是一种假设"（同上）。它在哲学中却非如此，因为若不把理性当作绝对的必要条件，哲学本身就不复存在。如果概念性历史充当了反思性历史与哲学性历史之间的过渡阶段，就必须用简单的自我意识模式来解释它，即它是自在的哲学性历史。黑格尔的问题在于阐明各种揭示这种自为的历史自我意识的原则，即在概念性历史的模式中反思它自己的行为，以及它与其主题之间的关系。

设想这样一个问题，就是要从一种历史反思模式的朴素反讽，
103 即简单地假定其发现物具有任意性和片面性，转向为争取了解赋予事件明确的历史性的那种内在连贯性。这一努力必然会通过思考对占据着历史领域的对象，以及它们之间的（因果的和类型学上的）关系所进行的隐喻的、转喻的和提喻的描述，而把思想贯彻到一个反讽式自我反思的更高阶段，在该阶段，历史意识和历史存在的根本意义都将暴露在就其根本性质所作的哲学反思之中。若按这样设想，历史哲学的目的就在于确定历史意识对于其客体的适当性，从而认为"历史的意义"既是一种意识的事实，也是一个存在的实体。只有这样，才能将历史意识提升到超越反讽的层面之上，提升到一种反思的层面之上，在这个层面上，历史意识不仅是自在的和自为的，而且是自在、自为、自主的，也就是说，它与其对象完全一致。

当然，对历史意识可能上升到超越反讽的层面的所有这些预期，在黑格尔对此的表述中也充分意识到，历史上不可能达到这样一种主客体融合的状态。历史意识与历史存在的更高的真理——归根结底必然应当看成是相同的真理，即有关理性支配历史之规则的真理，以及历史向能够进行充分反思从而把握历史本质之意识所显示的有关理性方面的真理——它最终是一种哲学的真理。尽管艺术可能以其具体性和形式一致性而把握住这种真理，而宗

教可能称其为上帝统治世界时运用的真理，哲学本身不能为之命名，因为就像黑格尔说的，哲学明白“真理即为整体”，而“绝对乃是生活”。

但是，人们能够奠定某种基础，在此之上，能够将个体史学家提供的不完全的和片面的真理合理地视作一种历史科学的中心主题。对于这个更为适度的目的而言，上述所有那些考虑都是无关紧要，并且，其重要性都不如这一事实，即历史过程单独为我们提供了一部分必要的材料，以此为基础，我们便能憧憬人性的科学。黑格尔写道，哲学无它，不过是尝试满足“认识理性的愿望”而已(第10页)。它不是“那种积累纯粹一堆知识的抱负”，也就是说，不在于积累特定科目的研究者都“预设”应得到的材料(同上)。“如果理性的清晰观念在我们的头脑里还没有发育成熟，在研究世界历史时，我们至少应当具有坚定不移的信念，认为理性确实存在其中;并且那个智力与自觉意志的世界并没有放任自流，而是必须依据自我认知(*sich wissenden*)的观念来表现它自己”(第10页[第22页])。

不过，黑格尔强调，他并非“必须将这种最初的要求加之于[读者的]信念上”，因为“我就此暂时说的话……将被认为是……整体 104
的一种概况、是我们将要进行的研究之结果……”，是将要“历史地、经验地进行”的研究的“最终结果”(同上)。这意味着人们必须“忠实地采用一切历史的东西”作为反思的具体内容(第11页)，即使“忠实地”和“采用”这些词汇含义非常模糊。那些关于世界过程最终之合理性的假设，也将运用在史学家以不同的“模式”进行反思而提供的材料上(同上)，黑格尔认为没有理由为此而惊恐，因为在历史学中和在科学中一样，即使最“不偏不倚的”史学家也“相信并且表示他保持了一种单纯的接受性态度，全心致力于所提供的材料，但他的思维能力的运用决不是被动的。他用自己的范畴来观察通过这些媒介专门呈现在其精神视野中的现象”(同上)。哲学家反思历史只需要确实保持其理性的活跃，并且令它在其整个的考察过程中发挥作用。若具有理性自身的本质，考察的结果必定是对历史的理性陈述，它把历史说成是一种合理地可以理解的过程，这是因为，“谁用理性的眼光看待世界，世界也就呈现出理性的面貌。两者的关系是相互的”（同上）。重要之处在于，这种理性的面貌不应作为一种*纯粹*的形式一致性来接受。支配历史的规律必须理解成历史过程本身的内在之物，它在时间中展开，就像在科学中，自然的实际活动都按照用来概括自然的种种规律的形式得到了合理地理解。

超越反讽走上了这样一条道路，它回避了认为历史是由神意支配的这样一种单纯朴素的或宗教的*信念*，这导致它以科学的方式，即理性或经验的方式来*证明*历史的神意本质，它不只是涉及个人或集体的生活，而是与整个人类的生活相关。按照黑格尔的观点，绝不可以诉诸对于神意的*信仰*，“因为我们不得不涉及的科学要求它自己提供同事实相对比时正确的证据（而非事实上某种学说的抽象真理）”。并且，这种“同事实相对比的正确性”要求我们首先认识到，从经验上来看，作为一个简单地视作种种所发生的事件的领地，人类首要地乃是被情感所主宰着的。这意味着任何历史解释都必须“描绘在这个巨大的舞台上展现的人类的情感、天赋和活力”，并且，它还通过既是理性的也是经验的明证，显示出这些混乱的事实不仅可以被认为具有某种*形式*，而且事实上还表明了某个*计划*（第13页）。揭示这项计划的普遍特征，即意在揭示“世界的终极方案”，这些说法暗含了该计划“内容”（*Inhalt*）的“抽象定义”，以及提供它实现的证据（第16页［第29页］）。

现在，在下面诸节中，我将指出黑格尔是如何扩充这种“精神”
105 的本质的。他将这种“精神”设想成一种媒介，通过它，人们在认识到意识和存在之间可能的融合时，人们经验的思想、情感和存在的反讽最终将被超越。既然这种有关精神的学说在其他地方，如《精神现象学》、《逻辑学》和《法哲学原理》中已经有详细论述，在此，我只是概略式地描述一下。这一学说的关键之处在于，黑格尔的讨论始于对精神与物质之间根本对立的认识。黑格尔说道，“世界”这个词“既包含了物质的本质，也包含了精神的本质”。他承认物质的本质在世界历史中扮演着一个角色，也承认在与他的主题相关的地方，必须提供世界历史机械运动的记录。但是他的主题是精神，而其“本质”能够按照其“抽象特质”进行描述：在时间中认识其观念或实现其自身的“手段”，以及精神的完美体现将呈现出的“形态”。

黑格尔说道，精神能够理解为物质的对立面，物质的本质是由外在于它的东西决定的。精神是“自持的存在”（*bei-sich-selbst-sein*），也就是“自由”，因为自由就是独立和自主，不依赖外在于自身的东西，也不由它决定。他继续说，自持的存在也是自我意识，即意识到它自己的存在，也就是说有关它自己潜在是什么的意识。黑格尔用这种有关自我意识的抽象定义来类比历史的真实观念：“在精神得出关于它本身潜在是什么这种知识的过程中，世界历史可以说是精神的显现。”（第17—18页）并且，就历史是在时间中实现的过程而论，得知精神潜在地就是某物的这种知识，也是精神潜在可能性的实现。既然自我意识不过是自由，它必定意味着精神在时间中的实现表现了自由原则的成长。因此，黑格尔写道：“世界历史无非是自由意识的进展。”他还说，这种见识赋予他“普遍史的自然区划，并且暗示了关于它的讨论模式”（第19页）。

作为结构的历史领域

在《历史哲学》导论中，黑格尔在两个关键段落中描述了历史领域作为一个问题，作为批判能力要期望从中获取某种意义的一组现象的特征。这两种描述本质上完全不同，对此要进一步研究，以确定它们的个体特征。

在黑格尔对历史领域的特征所做的第一种描述中，他将之看成一种共时性结构，它被理解为情感的混乱状态，其中充斥着自私自利、暴行、希望的破灭，以及遭受挫折的计划和事业。在第二种描 106

述中，他认为历史领域是一种历时性过程，就像一个特征仅仅表现为变化的领域。第一种描述意在充当一种概念生成的基础，使得被视为情感混乱状态的历史领域由此而能够被理解成一种目的的景象。第二种描述则为充当另一种概念生成的基础，使得被视为变化混沌状态的历史领域由此而能够被理解成一个发展的过程。

作为一个现象的领域，对历史领域的第一种描述得自于隐喻模式，也就是说，它不只是现象，而且是被命名的现象。黑格尔认为，历史领域的特点在于，它就其美学形式、该形式提供的道德蕴涵，以及有关这些东西的结合必然产生的哲学问题，将自身呈现给“外部的和现象的”直观。因此，他说道：

> 最初瞥一眼历史，它便使我们确信，人们的行动都始于他们的需要、情感、个性和天赋；我们还被这样的信念深深打动，即这种需要、情感和兴趣是行动的惟一源泉——在这种行为场合中的有效动因。[第20页]

黑格尔注意到，的确，即使在这种理解层面上，我们依然有理由发现一些行为和计划，它们为的是献身于“自由的或普遍的目的”，例如“仁爱之心”或“高尚的爱国主义”，但是这种“德行和普遍的眼光与世界及其作为比起来就不算什么了”。理性自身可能显示出它对理解的影响，但是，在材料自身的基础之上，我们没有理由否认，“情感、个人目的，以及自私欲望的满足”才是“人类行动的最有效力的源泉”(同上)。

当我们思考这种“情感大观”(*Schauspiel der Leidenschaften*)，并且认识到，邪念和“良好计划或正当目的”根本上都是不合理性的；当我们“看到邪念、恶行、堕落降临到人类心灵曾经创造的最繁荣的国度”，我们几乎不可避免地被抛入一种本质上是荒诞主义的戏剧观念之中。若这样观察，全部的历史看来就背上了腐朽的标记。另外，既然这种“衰败不是纯粹自然造成的，而是人类意志本身造成的”,“一种道德的苦难”(*einer moralische Betrübnis*)和“一种良知的义愤——如果我们心中有它的位置的话”,就可能在我们心底油然而生了(第20—21页)。一种纯粹审美地,或者(结果都一样)“只是老老实实地将许多最高贵的民族和国家以及人类美德的最杰出榜样所受的苦难合起来”,便形成了“这样一幅最为骇人的图画”(*furchtbarsten Gemälde*),并且激起了这样深刻的忧伤,使得我们趋向于往宿命论中寻求庇护,趋向于憎恨地退缩到“我们的个人生活更加惬意的环境之中,即由我们的个人目的和利益形成的现在之 107
中”(第21页)。

但是,这种对审美认知的道德反应本身激发了对一个问题的反思,它在理性活动的任何意识之内“不知不觉地冒出来”,这个问题就是“这些巨大的牺牲,究竟是为了什么原则,为了怎样的最终目的而付出呢?”(同上)

当我们论及此处,黑格尔答道,通常的办法是进行他描述为“反思性历史”的那种研究,即因果的和类型学的还原,由此历史领域才能得以“任意地”和“片断地”排列。但另一方面,黑格尔声称反对这种还原的策略,而认为“那些构成一幅暗含着阴郁情绪和深刻反思的图画的现象就是整个领域”[着重号为黑格尔所加],而这整个领域展示出“实现……根本命运……或……世界历史的真正结果的途径[着重号为引者所加]”(同上)。黑格尔坚持,道德反省不能当成历史理解的方法。而由这种道德反省激发的对历史领域所做的因果还原或类型学还原,即使努力想用理解驱散惆怅,最多也只能把想要解释的现象搪塞过去,而最糟糕时则会强化我们对这幅本质上荒谬的整体图画的担忧。历史是一幅“罪孽与苦难的全景图”,任何与历史相关的看法若想否认这种理解上的事实,都不符合艺术、科学和道义的原则。黑格尔由此完全相信将历史领域直截了当地理解为“一幅罪孽与苦难的全景图”。但是,他把他对这幅全景图的理解置于有关手段与目的的讨论之中,他坚持说这种讨论产生于对“这些巨大的牺牲,究竟是为了什么原则,为了怎样的最终目的而付出”这个问题进行道德反思的意识。

简而言之，必须将“罪孽与苦难”看作实现某些高于它们的原则的手段。这些高一级的原则并非感觉到的，而是被视为通过对范畴进行先验的演绎（即康德针对自然现象和科学所做的那种演绎）基本上可以了解的原则。黑格尔将整个历史过程的目的描述为“原则—存在计划—规律”，他承认这是一种“隐藏的、未展开的本质，无论它如何真实，它也不完全是现实的[*wirklich*]”（第22页[第36页]）。那种能够想象的终极原因，或者在具体存在中有待实现的原则，必定是科学最终不可认识的东西，因为它在历史里仍然处于现实化的过程之中。所以，思考必须从眼前的材料开始，并将这些材料理解为达到更高目标的手段。

对历史的一种洞见曾使启蒙时代的哲人们产生绝望，而令浪漫主义者更加飘飘然。而黑格尔将这种洞见当作真实的，也就是说，只有“情感”是一切历史事件的直接原因。他说道：“我们几乎可
108 以完全断定，缺少了情感，世界上任何伟大的事业都不会成功[*nichts Grosses in der Welt ohne Leidenschaft vollbracht worde ist*]”（第23页[第38页]）。这样，明确地摆在史学家面前的研究对象便是一幅罪孽与苦难的全景。但是，他有自己的“概念”（*Begriff*），即手段和目的的关系；也有其“理念”（*Idee*），即作为能够认识的（相对于只是有自然实体的）历史实体在历史中显现，并且从这种全景之中汲取意义的一切存在，通过具体的现实化而全面实现。若将材料（罪孽与苦难的全景）搁置在适于当作通向某种目的的手段来把握的概念之中，便能同时避免转喻式地还原与反讽。

> 因此，有两个因素成了我们考察的对象：其一是那种理念，其二是人类情感的综合体，它们是历史这幅巨大织锦的经纬线。[同上]

由此，情感，这种“[通常]被视为旁门左道的东西”和“多少有

些不道德”的东西，不仅仅被看成是人类存在的事实，而且被抬高到为了实现最终目的而必须的和值得追寻的条件，它比由一己私利或性格特征支配的个人或集体能够想到的东西大得多。于是，这样就超越了个体或集体在历史中真正实现的更高人类目标与情感之间存在的割裂。启蒙思想家(借助于转喻式分析)无法超越的理性与情感的二元论，以及(浪漫主义的)情感压倒理性而占垄断地位的一元论和(主观唯心主义的)理性压倒情感而占垄断地位的一元论都被超越了。黑格尔认为，在情感与理性之间进行调和的工具是国家，而不是*国家机器*，后者只是在具体生活中进行调和的一种手段。他所说的国家是就其理想本质而言，是道德的*对象化*。观念与情感的“具体的中和”或“联合”是“自由，即一个国家在道德条件之下的自由”(同上)。

国家、个人和历史的悲剧性观点

黑格尔写道，在理想的国家中，公民的个人利益与共同利益理应全然协调一致，即“每一种都能在另一种中得到满足和实现”(第24页)。但是，每一个实际存在的国家，恰恰因为它是一种具体的体制、一种现实化，而不单纯是理想国家的潜在可能性或实现，因而它不可能达到这种个人利益、愿望和需要与公共利益间的和谐状态。任何特定国家在将这种理想具体化时都失败了，然而，这种失败将被体验为一种喜悦而非绝望的理由，因为，恰恰是*个人与公众(或公众与个人)利益的不平衡*，才为施展某种特定的人类自由提供了空间。如果哪个国家是完美的，人们对其得到的社会与政治待 109
遇感受到的不满就没有了正当的根据，其道德义愤也缺少了理由。这种道德义愤的源头是不平等，即下述两方面之间的不平等，一是人们为了自身而渴望的东西，并且由于感觉是他们惟一能*直接*体验到的正确标准，因此感觉在*道义上具有合理性*而渴望的东西；二是他们在其中出生并要度过一生的社会认为他们*应当渴望*的东西。人的自由是一种特定的道德自由,它产生的环境是,“现在”从未曾完全“适合于实现[人们]所认为正义的和公正的目的”。人们比较“现实之物与理想之物”(第35页),其中总是存在不满之处。不过,这种自由的前提也是它施展的限度,每一次纠正或改良国家的努力,不管是通过改革还是革命,都只有在确立某种新的体制之后才能成功。然而,无论这种新的体制怎样优于原先的那种,它同样受制于在个人利益和愿望与公共利益和需要之间进行协调的能力。

黑格尔建议，关键是要始终认识到这种由个人与公众利益之间的差别造成了独特的人类环境具有的反讽(即荒谬的和矛盾的)性质。因为只有这种认识才允许意识确信它自己具有行使自由的可能性以及不满的感觉存在的合理性，而不满将推动意识趋向于人类社会的更为完美的形式，其中所有的个人利益与公共利益有可能合为一体。

黑格尔评论说,在他自己生活的时代,最普遍的情况便是“抱怨由想象建立起来的理想无法实现，这些光荣的梦想面对冷酷的现实便烟消云散了”(同上)。然而,他认为,如果这些抱怨者仅仅因为他们的理想没能在他们自己的时代实现就这样谴责社会境况,那么这些抱怨就不过是一种情绪化性情造成的。黑格尔指出,要在个体、国家以及整个历史过程中找出其缺陷,这要比“发现它们真正的意义和价值更容易”(第36页)。“因为在这种纯粹消极的找错之中,人们采取了一种傲慢的态度”,而每一个历史情境的积极方面,它为实现那种有限的自由而提供的条件则被忽略了(同上)。黑格尔自己的看法意在揭示,那个充满着矛盾与冲突、有限自由与苦难的“真实世界”“正是它应该是的那样”,借助于适合其任务的手段来实现人类的目的。这一论断的精神所依据的是维柯结束其《新科学》第五卷时误引的塞涅卡的一句话:“世界会是微不足道的,除非它能对全世界人提供探讨的材料。”(第1096节,第415页)[①]

① 此句译文出自朱光潜译《新科学》(下册),商务印书馆1989年版,第597页。——译注

这并不是说个人在追求他的目的时免除了悲剧命运,相反,它意味着,那些带着某种情感、意愿和才智,指望立即实现其自己追求的目的的人,也就是认为社会将根据他们个人对美好生活理应如何的观念而实际发生转变的人,恰恰会是些悲剧性人物。黑格尔 110
说,普通人牢牢持守社会强调的限度,在此范围内才可以实现自己的愿望和个人利益。罪犯凭借阴谋诡计,躲避法律和公共道德设定的限制,以此满足他对物质欲望的渴望,不过在此过程中,他没有对公共道德准则和法律带来任何实质性的变化(《历史哲学》,第28—29页)。相反,历史中的英雄恰恰是这样一些人,他们对自己的个人目的与利益具有的合理性深信不疑,以致在自己的愿望与公共道德和法律体系对一般人的要求之间存在任何差距时,他们都无法容忍。例如,恺撒在设法实现他自己理想的自我概念时,也成功地全面重建了罗马社会。黑格尔写道,伟人"决意满足他们自己,而不是别人",并且,他们是那些无须向别人学习,而别人却要向他学习的人(第30页)。一方面是因其使命而充分赋予的个人意志,一方面是由恭顺守护者努力维护的既有社会秩序,二者之间有着激烈的冲突,它们构成了世界历史的轴心事件;并且,正是这种遭遇中所描述的"可以理解的关系",才使世界历史得以展开。

为此,当人们在历史景象自身的展现过程之内观察它时,或者从那些真正成功地改变了一个民族或众多民族的生活形式——或者还应该补充一点,从成功地阻止了影响这种改变的巨大努力——的个人所处的有利位置来观察它时,历史的景象便被看成是一种确切的悲剧。单就历史意识的理由,而无须附加哲学反思赋予历史的假设,也就是说,只要在审美和道德感受相结合的基础之上,人们就能将世界的历史从一种由毫无意义的冲突与争斗构成的荒诞主义史诗,转变成一部有着明确道德意义的悲剧。因而,黑格尔写道:

> 倘若我们继续考察一下世界历史上的名人的命运……我

> 们将发现没有哪一个是幸福的。他们没有得到过安逸的享乐；他们整个的生命只有劳作和烦恼；他们整个的本质除了征服的热情再无其他。当他们达到目的时，他们便倒下了，就像脱落了果实的空壳。他们或者像亚历山大那样英年早逝；或者像恺撒那样遭人暗杀；或者遭到流放，就像拿破仑被遣送到圣赫伦娜岛。[第31页]

简而言之，他们自己过的生活就如同莎士比亚悲剧中的英雄过的那样。并且，就其生活进行的简单的道德反思，其危险性在于，它有可能导致一种类似于历史领域的“任何简单地真实记录”导致的结论，即他们的生活就像始终满足于命运所指定角色的那些普通人过的那样毫无意义，也无足轻重。

然而，上述观点只是在转喻的理解模式提供的基础之上才有
111 可能，而这种理解模式又是基于自然与历史之间进行的一种错误类比，即认为每一个行为都只是某些先前的机械因素的结果。因而，在行为背后的主观动力，如那些努力实现其伟业的个人的意愿、理智和情感，则被还原成了普通人同样具有的那种根本特性，他们没有丰功伟绩，除了是集体中的一员，便没有在历史上留下任何印迹。黑格尔稍后谈到，那些事先假定历史不过是不同姿态的自然的人，在只适于理解自然的解释模式的逻辑引导下得出了历史毫无意义这样的结论，这没什么可惊讶的，因为

> 自然的状态[事实上]主要是那种无法无天、暴虐恣行的状态，是那种野性冲动尚未驯服的状态，亦是那种充斥着残忍事件与情感的状态。[第41页]

如果人类是“纯粹的自然”，我们将无法说明人类通常表现出的教化，就如无法解释作为这种教化手段的“社会状态”的起源。此外，我们不得不得出的结论是，在艺术、科学、宗教和哲学领域内，

个人天才取得的最高成就全都是一种与野蛮状况下人类特征没有本质区别的意识的产物；这些天才所表现的不过是对在野蛮状态应该都已经出现的有限要素加以重新排列,而并非渐进式地完善。

然而真实的情况是，原始人除了宗教和未充分发育的（习惯的)社会形式之外,的确没有创造出什么具有特别重要的文化意义的东西。于是我们可以得出结论,“宗教形式”决定了国家的形式,后者是在贯穿于宗教形式之中的意识原则上产生的（第51页),并且将宗教形式中颇具特色的方面赋予这个民族的文化（第50页)。但是，假设作为野蛮精神之特征的那种意识*形式*也能充当文明精神的特征,那么,当所要求的正是对两种意识状态及其产物之间的不同进行评价或解释时，这种假设就使天平倾向只利于发现其相似性的分析。这样以消除差异来寻求相似性的情况植根于那些世外桃源般的神话,即幸福的自然状态的神话,这些神话曾令启蒙思想家怒火中烧，却促使浪漫主义者设法从现实存在的痛苦中逃逸到一个并不存在却只有幸福的地方去。

于是，问题在于解释清楚能够理解人类在历史之中*发展*的原理。从历时的方面考虑,这种发展表现出一种由低级状态向高级状态的*变迁*,而从其共时结构方面考虑,则表现为在野性和文明的原则之间存在的一种交互式连贯体系。

作为过程的历史领域 112

把历史领域视为过程将我们带到了另一个理解层次。在该层次之上,提喻意识以类型学的解释替代了因果解释,并且也用一种文化成果的*形式或类型的连续性*图景来替代了那种混乱的图景,对其的直接理解在悲剧形态下给出。黑格尔正是在此作出了一个评论,它往往被误解而用来证明他的历史哲学的形式主义本质。黑格尔写道:

> 研究者必须**先验地**(如果我们愿意这样称呼)熟悉正在讨论的诸原则所隶属的整个**概念场**,就像开普勒(用这种哲学思辨模式中的最著名的例子)在他能够从经验的材料发现那些不朽的“定律”之前,必须先验地熟悉椭圆、立方体、正方形,以及它们之间的关系。那些“定律”只是与这些**概念类别**相关的**思想形式**。任何人,如果不熟悉包含了这些抽象的基础概念的科学,那么,尽管他终生凝视着天空和天体的运动,也没有能力理解这些定律,更谈不上**发现**它们[第64页,着重号为引者所加]。

在此,黑格尔区分了“概念场”与描述“原则”,也区分了“思想形式”与它在解释不同种类的材料时运用的“概念类型”。在描述历史过程中能够使用的原则与概念类型源自于不同的思想形式既相互区别亦相互联系的概念场。一种纯粹的先验方法将由偏见导致的先入为主概念作为一种解释而简单地加在历史文献之上,倘若要避免它,就必定需要某种能够用一种特定思想形式来表述必要概念类型的原则,以便在世界过程的某个特定方面中区分什么是“本质的”,什么是“非本质的”东西。在概念场之中,确定性和自由被认为产生了种种原则、思想形式和概念类型,它们分别适用于描述和理解自然与历史的过程。正是在此,由于混淆了历史过程与单一的自然过程,有关历史的思想受到了机械论的威胁;而由于对历史过程中形式一致性的连续性存在着简单的认识,这种思想又受到了形式论的威胁。

若将历史看作一个发展过程,必要的概念就是开头、中间和结局,而不能按在物理性质中理解这些过程的模式,仅仅理解为创
113 立、扩大、膨胀、终止。历史过程必须被视为类似于我们在思索艺术与宗教的最高成就时欣赏的那种完全的道德行动,即这样一个过程,它作为一种“开头”而源起,通过最初倾向的内容与形式的一种

“辩证”转化而继续,在不只是一种纯粹终止的“完成或解决”中达到顶峰。

物理性质则没有开头、中间或结局;它总是也永远是它不得不是的东西。我们能够想象它在某个特定时刻产生和结束,但是,在它从一个瞬间到另一个瞬间的过程中,它并没有发展,因此我们说它只是空间上的存在(第72页)。不错,有机体的本质确实表现出一种发展,可被认为是包含在种子中的成长的潜能得到了实现;但是个体要么可能要么不可能实现这种潜能。如果它实现了,它就将像自然规律注定的那样结束——最终结束的每一成长过程都正好与所有其他个体的一样,从一个个体到另一个个体之间不存在发展,并且在整个的有机生命之中,从一个物种到另一个物种之间也没有发展。此处,就有机体存在运动而言,它不存在发展,而只有循环往复。

然而,历史中的重大转变显示出了一种收获,即使我们不能确定它的内容,但我们在悲剧的结尾或通过辩证模式进行的哲学对话中经常凭直觉感觉到它的存在。在重大转变中,一物死亡之时,另一物却诞生;新生之物不像在植物与动物的生命中那样,它在其本质上不纯粹与原物相同。它是新事物,在其中,早先形式的生命,如戏剧中的情节、对话中的争论,作为其原料与内容被包含在后起形式的生命之内,也就是说,它从自在的目的转变成一种手段,以实现那个只是在焚化的余辉之中朦胧地意识到的更高目的。

这种对历史过程本质的洞见建立在对历史事实领域进行提喻式夸张的基础之上,该领域最初曾被当成“一种罪孽与苦难的全景”而加以隐喻式地领会和转喻式地理解。黑格尔就整个历史领域的特征所做的第二种主要描述中显示出存在着这种提喻式夸张的动力,在此,历史领域不仅仅被认为是混乱,而且也被认为是变化。

黑格尔对历史领域的第二种特征所做的描述是以一句格言开始的:

一般说来,历史因而是精神在时间中的发展,就像自然是理念在空间中的发展。[同上]

在此处的语境中,通常在英语中翻译成“发展”(development)的这个词在德文中是*Auslegung*,字面意思是“展示、展开,显现”,与根据拉丁文词根*ex*和*plicare*而来的“解释”(explanation)或“说明”
114 (explication)之意间接相关,这两种词根相结合,表达了一种“消除”褶皱的观念,平纸上或衣物上的褶皱。其引申之意即展开或澄清潜在的内容。

然而,对这一过程真正性质的领悟不可能单单由提喻式夸张来提供。下面的段落会指出这点。意识从一种审美经由道德而转变成理智上的理解,我们在黑格尔以隐喻和转喻模式对历史领域所作的最初描述中遇见了同样的转变,摘要如下:

如果我们随便瞥一眼通常说的世界历史,就会看到一幅巨大的图画,其中变化与行动,以及民族、国家、个人的无限多样的形式动荡不宁,演替不止。[同上]

这种形式演替的景象唤起的情感状态,完全不同于最初描述的混乱景象所唤起的:

任何能够深入人类心灵并使它感兴趣的东西,如我们对善、美和伟大的一切感觉,都已经发挥作用了。[同上]

我们仍然看到“到处是人类的行动和苦难”,但也看到一些与我们自己类似并“激起我们的兴趣或反感”的东西,而不论“这些东西”是以它的“美丽、自由和丰富多彩”来吸引我们,还是仅仅用它的“能量”来打动我们(同上)。

> 有时候我们看到,人们普遍关心并且包罗万象的事情进展相当缓慢,随后由于微不足道的环境中极为错综复杂的情况而放弃了,终究化作了尘埃。还有的情况是,为了一个细微结果花费九牛二虎之力;与此同时,那些显得无足轻重的事情却产生了惊人的后果。在各方面,都有一堆最庞杂的事件将我们卷入它的利害关系之中,这一群刚消失,另外一群立即取而代之。[同上]

为了适应如此理解的历史景象,首先产生的普遍思想便是“一般而言的变化”(*die Veränderung überhaupt*)的思想。“那种首先在个人与民族动荡不安的转变之中呈现它自身的范畴,存在一时旋即消失”。随后,这种理解很快地变化成一种“忧伤”情调,就好像我们在参观了一些强国的废墟,如罗马、波斯波利斯或迦太基而可能产生的情绪。但是,与这种对纯粹变化的思考“共同产生的另一种考虑”,也即由该景象中观察到的形式一致性而产生的考虑,便是“变化意味着解体,它同时也意味着一种新生命的诞生,即当死亡成为生命的归宿时,生命也成了死亡的结果”(第72—73页)。 115

由此,立即浮现于黑格尔脑海里的问题是,要使这种形式一致性的相继状态得到理解,应采取什么样的形式。也就是说,如何才能将这种形式序列情节化。在后面的段落中,我们能够看到黑格尔在三种不同的情节结构之间所做的区分。这些结构可以用来描述那种被认为形式相继状态的过程,它们不同于史诗的情节结构,后者在最初认为历史领域一片混乱的情况下,可能用来将纯粹变化的景象加以情节化。

回到与自然的类比(即回到那样描述变化的转喻模式),对上述形式的相继可以用两种都可以说成是悲剧性的方法来看,这两种看法都相信所理解的事实是,至少在人性中,“当死亡成为生命的归宿时,生命也成了死亡的结果”(着重号为引者所加)。例如,形式的相继可能当成由一种内容到一种新的形式的转化而被情节化，就像东方的轮回学说中那样；或者，它可能并不被看成一种转化，而是像凤凰涅槃的神话中那样，一个新生命从旧生命的灰烬中不断地创生。（第73页）黑格尔称，这种包含在东方的世界过程观念中的洞见非常“伟大”，但他否认它们已经获得哲学真理，其原因有二。首先，这种洞见（即“当死亡成为生命的归宿时，生命也成了死亡的结果”）只是对自然界有着普遍的真实性，而对自然界的个体不具有特殊的真实性。其次，单纯的转化或相继重现的观念的确没有正确看待历史过程向理解力显示出来的生命形式的多样性，这与自然过程所显示的是不一样的。黑格尔这样写道：

> 精神毁灭了它存在的皮囊之后，不仅仅是转移到另一个皮囊中，也不是从它以前的形式之灰烬中脱胎新生；它以一种更纯的精神（*ein reinerer*）神采飞扬（*erhoben*）、光彩夺目地（*verklärt*）出现。它确实与自己战斗——毁灭自己的存在；但是，在这种真正的毁灭之中，它将自己的存在发展成一种新的形式，而每一个相继的阶段都依次成为它将自己提升（*erhebt*）为一种新构造［*Bildung*］的材料。［同上］

这种表述也暗含了另外一个理由，可以用来解释为什么仍然不能认为整个的历史过程预构了一种喜剧的结局。因为，那些使得形式相继的情节得到理解承认的原则仍未获得解释。要解释这些原则，就需要一种根据该过程之内的视角得出的观点，这样，这种过程就不会被理解为仅仅是一种形式上相同的一致性的连续，而是被理解成自我操作的自主过程，理解成“按不同的模式和方向”进行努力的过程，在此过程之中，先前的形式充当了创造后继事物的材料，也刺激了后继事物的诞生。根据这种看法：
116

> 纯粹变化的抽象概念被扬弃了，取而代之的是精神在每一个它的多样性本质能够遵循的方向上，显现、发展、完善其

自身力量这种思想。[同上,着重号为引者所加]

这种必须假定它在本质上支配着这一过程的精神,只有“在它引起的各式各样的产物和陈述”那儿,才能对它的力量有所认识。(同上)这意味着历史过程必须不仅仅被看成是运动、变化与连续,它还必须被看成“行动”:“精神依其本质而行动,为的是实现自己、满足自己、明白自己,成为自己的作品;因而精神就是它自己的目的,自己表现为自己的存在。”(第72页[第99页])因而,对历史上的个人来说是如此,这些成功地摆脱了自己的社会的悲剧式英雄,至少有效地将自己改造成了自己努力的结果;而对整个的民族和国家来说也是这样,它们一开始就是精神形式的受益者或俘虏,它们反对世界或迎合世界的努力在这些精神的形式中来显示自身。这就暗示了,每一个民族或国家的生活和历史中每一位英雄人物的生活一样,都是一个悲剧。并且,将民族与国家加以情节化,即把它当作一种历史实在来理解,其适当的模式就是悲剧的模式。事实上,黑格尔已经将他在世界历史中发现的所有文明形式的历史都用悲剧性词汇情节化了。在他的《哲学全书》和《美学》中,他已经为充当最高类型的反思性史学的这种情节化模式提供了证明。

然而,在《历史哲学》中,黑格尔只是简单地应用了这种描述单个文明的起源、兴起、解体和灭亡过程的模式。他并不想证明情节化的悲剧模式是合理的,而只是简单地假定它是一种合适的模式,可以用来描述特定文明,如希腊或罗马文明的生命周期中发现的发展过程。能够预先假定这种模式是因为,任何一个命数已尽的文明的综合史,都由职业史学家按此惯例加以情节化。由于兴衰模式有着宿命和必然性的特征,因此,在哲学方面缺乏自觉性的史学家对这种模式进行反思,从中有可能得出错误的结论。他可以断定,这种模式不可能会是别样的,并且,因为它事实如此,它只能作为一个总体的悲剧来理解。

仔细思考历史过程的确会得出它是一连串悲剧的看法。最初作为一种史诗的“情感大观”的东西在此变成了一系列悲剧式挫折。然而,这些悲剧式挫折中的每一项都是支配着整个系列的规律的显现。但是,这种历史发展规律并没有被看成是类似于那种决定着进化、相互作用或自然物体的规律,它不是自然规律,而应说是
117 历史规律,即自由的规律,被包含在每一项以悲剧结局达到顶峰的人类计划之中。进而,这种规律象征着一种喜剧的结果,它产生于悲剧样式之下直接获得理解的整个的形式相继状态。

黑格尔的目的在于证明，那种对每一种特定文明的悲剧特质具有的理解，转变成了对整体历史呈现出的戏剧具有的喜剧式理解。在《精神现象学》中,他以同样的方式提出,阿里斯托芬的喜剧要优于欧里庇得斯的悲剧中包含的道德判断力。在他对世界历史进行的思考中,他力求赋予整体的历史一种喜剧含义,它以历史上一般生命过程的纯粹悲剧性概念的含义为基础,以此为转移,进而超越其上。

从悲剧到喜剧

在道德态度的循环中,喜剧逻辑上出现在悲剧之后,原因是它肯定了对生命的需要,以及反对悲剧认识的权利,那种悲剧认识总是认为历史上存在的一切事物都注定要毁灭。严格地说,文明的死亡并非类似于个体的死亡,即使该个体是英雄人物也并非如此。因为,正像英雄人物按自己的意志塑造了一个民族的生活形式,他在自己的影响导致的变化中得到了永生,这样,一个伟大的民族也能在它对人类生活形式构成影响而导致的变化中得到永生。黑格尔写道,一个伟大的民族不会像一种“单纯自然式的死亡”那样消逝,因为一个民族“不是一个纯粹的单一个体,而是一种精神的、种类的生命”。他继续说道,整个文明的死亡较之自然的死亡更像一种自杀,作为一个种类,他们在自身之内,“在作为其特征的真正的普遍性之内”,存在着否定自己的东西。

一个民族为自己安排了一项任务，大体说来，该任务就是要令该民族有所作为，而非一无是处。它的整个生命与它对该任务的贡献（有意识的和无意识的）密切相关，并且，它独具特色的形式一致性也通过这种贡献得到了表达。然而，作为一项任务，这种要有所作为的努力需要某种手段，其特性暗含在它们处理特殊问题而非普遍问题的具体性之中。一般的任务，例如，纯粹地保持身心合一，繁殖后代，照顾孩子，躲避恶劣环境，以及史前民族的种种行为，它们的实施都是为了适应由习俗表现出来的普遍人类趋势和本能，即“一种纯粹外部的官能的存在，它已经不再热衷于投身它的目标了”（第74—75页）。不过，为了实现有某种特别的作为这一任务，并
且区别于人类的一般命运，一个民族必须为自己同时确定一项理 118
想的任务和某些实际的任务，这是因为“一个民族发展的顶峰便是，它对［自己的］生活与环境已经有了一种观念，它已将它的法律、它的正义和道德观念都归纳成了科学”（第76页）。此时，在人类精神自身的本质所应允的范围之内，它已经完全实现了理想与现实的统一。但是，在这种普遍目的与影响该目的实现的特殊手段和行为之间的不对称状态下，每一种文明存在形式的核心中都有一种悲剧性的缺陷，使得理想与现实的统一不可能彻底实现。要想认识这种缺陷究竟是什么，必须等到文明周期的后期阶段；或者更恰当地说，当人们已经感觉到这种缺陷到底为何物时，该文明也就显示出生命形式日趋腐朽并即将濒临死亡的迹象。当人们已经认识到这种缺陷究竟为何物，即它是文明体现的特定理想与该理想在习俗、制度、社会、政治和文化生活中的特殊实现之间的一种矛盾时，使社会团结起来为着理想而献身的那种粘合剂，如孝敬、责任、道德等等，便都开始消散了。并且

与此同时，个人相互间的隔绝，以及个人与整体之间的隔绝便出现了。

人们开始谈论美德，而不是实践它。他们要求解释为什么自己要履行义务，并且寻找逃避责任的理由；他们开始反讽式地生活，就是公开谈论美德，而私下劣迹斑斑，甚至越来越肆无忌惮。

然而，通过由习惯到堕落的这种转变，理想与现实之间的隔绝本身倒是使理想得到了净化，也使理想从实际生活的束缚之中获得了解放，并赋予某个具体的心灵从根本上把握这种理想、将它概念化并对它联想翩翩的机会。这样，他们为理想从它已经身处的时间和空间中解放出来做好了准备，也为它跨越时空传递给其他民族做好了准备。这些民族接着能够以它当作材料，以其基本的纯洁性来进一步明确人类理想的本质。

这样，黑格尔说道，如果我们希望对于希腊人是什么样具有一种特定的观念，我们就不得不深入那些质朴地揭示了他们在社会中的实际关系模式的记录之中。然而，如果我们想根据这种观念的普遍性和纯粹理想来了解它，那就应该“到索福克勒斯、阿里斯托芬、修昔底德和柏拉图那儿去寻觅”（第76页）。这些理想见证人的选择不是随意的，他们分别在悲剧、喜剧、历史学和哲学各方面表现了希腊意识的晚期形式，并且非常清晰地区别于他们“朴素的”前辈们（埃斯库罗斯、希罗多德、苏格拉底之前的哲学家）。通过意识来把握一个民族或一种文明的理想同时也是一种“保存”和“尊重”它的行为。当这种民族陷入混乱或遭遇偶然的灾难，作为民族或许得以保存，但作为权力（从政治的和文化的意义上来说）却已
119 衰落，这时，该民族的精神就这样通过思想与艺术中的意识，作为一种理想形式而被保存了下来。

> 这样，精神一方面取消了它的现实性，即永久性的现在存在；另一方面，它又获得了本质、思想和普遍因素这些只在过去存在的东西。［第77页］

这种通过意识在一个伟大的民族之中对精神现实化的有限模

式所包含的内在本质进行的理解，不应只是被看作对它表现的理想进行了保存和防腐处理,而应看成对该民族自身精神的改造,即将这种精神的原则提升为“另外一种并且事实上是更高的原则”。正是在意识之中并且运用意识将理想提升到另外的和更高的原则之上,这种提升也就为相信“罪孽与苦难的全景”最终具有的喜剧性质和天意性质的信念提供了理由。而上述“全景”是知觉当作事实的一种“简单而真实的综合”从历史材料中直接发现的。黑格尔进而写道,“最为重要的是”我们要理解“这种转化[*dieses übergangs*]中包含的思想”。此处暗指的“思想”是那些包含在人类成长与发展的矛盾之中的思想,也就是说,尽管个人在经历了发展的各个阶段之后仍然是一个个体，他的确获得了关乎自己的一种更高的意识，并且事实上也确实由一种意识的低级的和有限的阶段过渡到一个高级的、更全面的阶段。黑格尔说,一个民族也是这样发展的。一方面它作为一个特定的民族在其本质存在中保留了自己的特性,同时也不断发展,直到“达到一个普遍性的阶段”。黑格尔总结道,“变化[*Veränderung*]在本质上和观念上的必然性”就处在这一点上,它是“对历史进行哲学理解的灵魂,也是根本的思考。”(第78页)

于是,这种“理解”的基础在于将历史过程当作一个朝着普遍性阶段发展的过程来理解,因此,大体说来,精神“提高和完善它自己,使自己成为一个自我理解的总体”(同上)。每一种文明最终被自己毁灭的必然性升华成了这样一种理解，即文明的制度与生活模式只是被当作手段和抽象的组织模式，用来实现文明的理想目标。它们不是永久的实在,也不应该把它们当作永久的实在。因而,我们对其消逝的追忆与关照应当不如对一位朋友的逝世乃至那些悲剧性英雄的逝世所付出的那样多。悲剧性英雄的优点在某种程度上得到我们的认同，是因为有可能把他们的死亡体验为我们自己潜在的命运。

黑格尔下面的隐喻之中，表达了他对制度与生活模式的解体具有的理解：

120 一个民族的生命长成一种肯定的果实；它的行动目的在于彻底表明它要体现的原则。但是，这种果实并没有落回到产生它并哺育它成长的那个民族的怀抱；相反，却成了这个民族的鸩毒。它不可能不理会这鸩毒，因为它对之有着不可遏止的渴望：饮鸩之时便是它消亡之时，尽管同时产生了一种新的原则。[同上]

黑格尔就苏格拉底的生与死对于作为整体的雅典文化的意义有过详细描述与反思，若将它们与这一段话比较，“鸩毒”这个隐喻的作用就明白了，即鸩毒一经喝下，一种旧的生活便终结了，同时建立起了一种更高的生活原则。苏格拉底之死是个悲剧，无论是从一位圣人的去世这个现象来说，还是从它揭示了苏格拉底与他一直授之以新的道德原则的雅典人之间存在的矛盾关系来说，都是如此。黑格尔写道，苏格拉底是“道德的发明者”，并且，他的死是必要的，它是将这种道德原则确立为生活的实际准则而不仅仅是断定其为一种理想的行为之一(第269页)。他的死是道德教师苏格拉底的死，同时也是他循之生活的原则升华成一种道德行为的具体模型。他的死不仅显示出人们能够遵循一种道德原则为生，而且当他们为此而死，便将它转变成一种其他人也能够循此生活的理想。认识到这种“死亡”也是将人类的生命和道德本身进行转化的工具，能使之转化到比走向死亡的“生命”更伟大的自我意识层面，这对黑格尔来说，是关于喜剧想象的令人振奋的理解，也是有限的精神能够期望的关于历史过程的最高理解。

黑格尔在《精神现象学》中写道，喜剧想象超越了对“命运”的恐惧。它是

一切普遍的东西返回到自身确信，有了这种自身确信，一

> 切异己的东西就完全不显得可怕并失掉其独立存在。而且这种确信也是意识的一种健康状态，和自安于这种健康状态，这是在这种[阿里斯托芬式的]喜剧之外没有别的地方可以找到的。[第748—749页][1]

这里的最后一句评论，即这种“意识的健康状态和自安于这种健康状态……”在一种确定的喜剧想象之外“没有别的地方可以找到”，这暗示着历史过程自身的喜剧性质只有在历史证据得到合理处理的基础之上，作为一种具有高度或然性权威的可能性才能够认识到(除非用抽象术语，否则不可理解)，因为，就像黑格尔在《历史哲学》导论中说的那样，历史只与过去和现在相关，至于未来，它无言以对。然而，在我们将历史过程理解为一种始于远古、延续到我们自己时代的渐进发展，历史作为一种循环和作为一种进步的两重性便清晰地呈现在意识之中。现在，我们能看到

> 永远存在的“精神”，其生命是一个渐进具体化的循环，它 121
> 从一个方面看起来仍然是相互依存的，而只是以另外的观点看，它才像是过去。[《历史哲学》，第79页。]

这意味着，“看上去精神已经抛在背后的那些层次”并没有失去或遗弃，而是“在现在的深处”仍然活跃着，还可以挽回(同上)。黑格尔用这样的言辞和这样的希望来结束《历史哲学》的导论，它们附和了《精神现象学》的结束语，这标志着他步入了哲学生涯的成熟阶段：

> 目标，即绝对知识，或知道自己为精神的精神，必须通过对各个精神形态(*Geister*)加以回忆的道路；即回忆它们自身

① 本章有关黑格尔《精神现象学》文字的引文，基本出自贺麟、王玖兴中译本(商务印书馆1979年版)。——译注

> 是怎样的和怎样完成它们的王国的组织的。对那些成系列的精神形态加以保存，从它们的自由的、在偶然性的形式中表现出的特定存在方面来看，加以保存就是历史；从它们被概念式地理解了的组织方面来看，就是精神现象的知识的科学。两者汇合在一起，或者说（知性上）获得理解（*begriffen*）的历史，就构成了绝对知识的回忆和墓地（*Golgotha*），也构成它的王座的现实性、真理性和确定性，没有这个王座，绝对精神就会是没有生命的、孤寂的东西；惟有
>
> 从这个精神王国的圣餐杯里，
> 神的无限性给他翻涌起泡沫。

现在，我能将黑格尔历史知识概念的维度和权限绘制成一种解释、表现和意识形态蕴涵模式。我首先注意到，它整个是在意识中保持人类本质上的反讽情形而作的一种持续努力，以避免一方面屈服于启蒙时代理性主义被迫导向的怀疑论和道德相对主义，另一方面屈服于浪漫主义直觉论被迫引至的唯我论。通过将反讽自身转变成一种分析方法、一种历史过程得以再现的基础，以及一种宣称所有真实的知识本质上都是模棱两可的方式，黑格尔的这个目的达到了。他所做的便是将转喻式的（因果式的）和隐喻式的（形式主义的）策略搁置起来，以便一方面在提喻式的描述形态之内，另一方面在反讽自我消解的自信之内，将现象还原为某种秩序。然而，消解了的主要的确定性是知性上的，这种确定性因为据有了某种有关整体的推论性绝对真理而引发骄傲。有限的知性允许存在的惟一的“绝对”真理，是“真理即为整体”、“绝对乃是生活”这样的“普遍”真理，它们都是解放性的真理，而不是压制性的真理，因为它们无声地表明，绝对真理不会任由单一的个体来支配。不过，消解这种确定性的方式是激励另外一种确定性，即道德的自我确定性。这是一种实际的“自由”生活和有关存在的真理所

122

必需的确定性。这种有关存在的真理相信一切都恰好是它应当的那样，包括人们对“应当是”的东西所具有的期望也是如此。这意味着人们完全有理由肯定这些愿望，只要他有决心、有能力、有办法，这就是他与社会总体相对照而具有的权利。与此同时，它也意味着，集体的意志，即有关“理应是什么”（通常也等同于“实际是什么”）的集体观念同样是正当的。因此，以历史为依据的有限的个性之间的冲突不能预先进行裁断，认为它具有的理智或道德价值，要比那种最后要对它们自认为拥有的权威和群众效忠度进行裁断的冲突更重要。于是，我们最后能看到，黑格尔整个的历史哲学，从对世界历史过程的特点进行的一种独创性的隐喻描述，经由使该过程的各种可能的关系模式都得到详细解释而采取的转喻式还原和提喻式夸大，通向了对该过程之“意义”的不确定性进行一种反讽式理解，直到最后以更为普遍的提喻方式将该过程认定为一部本质上具有喜剧意义的戏剧。

这样，所有历史事件的解释模式立即成了转喻式的和提喻式的，它证明了就任何确定戏剧的整个演出所做的描述，正表现出一个由因果规律（尽管所援引的因果规律必定隶属于精神或自由，而不属于本质或必然性）支配的形式一致性序列。据此，对整体过程中任何特定片断情节化必定要用一种悲剧模式，就是那种消解了存在与意识之间的冲突的模式，它将意识本身提升到对它自己的本质，并且同时也对存在的本质更为了解的意识层次，成为一种规律的显现。但是，这样解释和情节化的历史，其意识形态蕴涵仍然是暧昧不明的。这是因为在因果关系的体系之中，既没有对也没有错，只有纯粹的原因和结果；而在形式体系中，则既没有好也没有坏，只有单纯的形式一致性目的与实现它的手段。

然而，在这种原因与结果和手段与目的的相互影响之中，反讽意识认识到以这些要素的一切相互作用为原因的那些结果，也认识到以这相互作用为手段的那个目的——也就是：人性自身通过达到自我意识的更高一级形式而逐级提升；对人性不同于自然的认识；以及对理性启蒙、解放和人类大一统这个过程的目的逐渐清晰，因为从过去到现在，这个过程表现出了无可辩驳的趋势。于是，历史文献中包括的整套情感的、史诗的和悲剧式的戏剧都化解成了一种本质上具有喜剧意义的戏剧，一部人类的喜剧，一种神正论，与其说它证明了由上帝走向人类的道路，不如说它证明了人类走向他自己的道路。

由此，根本上的喜剧性结果显示出来了，这就是整个历史过程所趋向的最终的大一统与和谐一致状态。审美判断将此判定为历
123 史过程在意识中呈现的形式；道德判断将它确定为人类自信理应具有的情形；而由理性代表的理智判断则对这种原则进行了说明，从而它呈现的感觉和期望都看似合理。归根结底，这种意识能够从反思历史中获取的最多的东西，不过是一种具有良好道德和理性基础的美学理解。支配着整体的规律，以及整体最终采用的形式，只有用它们最普遍的表述才能由思想说明。

> 从这个精神王国的圣餐杯里，
> 神的无限性给他翻涌起泡沫。

但是，只是在宇宙终结的那天，“密涅瓦之枭”[①]才会进行她那最后的飞翔。直到那时，思想也只能在意义的有限范围内陈述出有关历史之真理的内容，同时预期到什么时候全部的真理将在现实中存在，而不只是在思想中存在。

世界历史的情节

现在再来说明黑格尔在他的《历史哲学》中真正运用的特定解释和情节化原则就相对简单了。这些原则作为一种深奥而渊博的

① 罗马神名，即智慧与技艺女神，一般也译为“猫头鹰”。——译注

历史智慧的产物本身就很有价值，其智慧和知识就让人有理由去研究它们。但是，它们的真正价值在于叙述的结构。黑格尔时不时在这儿阐明一个论点，在那儿勾画一下情境，或者将其置于思辨之中，令后生们不得不花费多年来了解它。黑格尔总的来说是以一种傲慢的态度来俯瞰历史文献，只是因为其叙述结构的深刻性，这种傲慢才算能让人接受。不过，我们能够颇有收获地在该文本的这一处或那一处逗留，这样做不仅是为了澄清黑格尔总体上对于历史解释和历史表现的本质所持的观点，而且是为了证明他在历史分析中使用自己的确定原则时具有的连贯性。

众所周知，黑格尔将任何特定文明历史和作为一个整体的文明的历史分解成四个阶段：诞生和最初成长阶段、成熟阶段、“老年”阶段，以及解体和死亡阶段。这样，就像罗马，其历史第一个阶段的拓展被认为是从它的建立到第二次布匿战争；第二阶段是从第二次布匿战争到恺撒巩固元首制；第三阶段是从元首制的巩固到基督教的胜利；最后阶段是公元三世纪到拜占庭帝国灭亡。这种历经四个阶段的活动代表着文明自我意识的四个阶段，即自我意识的自在阶段，自为阶段，自在和自为阶段，以及自在、自为和自主阶段。这些阶段也可以被用来标记古典戏剧的诸要素，即它的苦难 124
(*pathos*)阶段，冲突/比赛阶段(*agon*)、撕裂(*sparagmos*)阶段、发现(*anagnorisis*)阶段[1]，它们在罗马精神因素的成形与解体之中都有其对应的空间，即抵抗外敌入侵、为创立帝国而向外扩张、背弃自身、解体而为一个新的力量即日耳曼文化的出现铺平道路，罗马自身则成为一种诱因和牺牲品。

值得注意的是，这些阶段可以视为表明了某些存在的关系，视为解释、表现这些关系的方式，或是在罗马历史发展的整个过程内表征这些关系之“意义”的途径。对黑格尔而言，关键之处在于，在罗马发展的任何一个特定阶段，罗马是什么并不被认为可以还原为罗马

① 关于这四个术语，具体的解释可参见亚里士多德《诗学》(陈中梅译，商务印书馆1996年版)第6章、第11章相关内容。——译注

做了什么，还原为一组详尽原因的结果，或仅仅是一种形式一致性（即普遍的情况），抑或是一种自我封闭的关系总体。换句话说，确定诸事件的某种历史状态构成了一个阶段，说明它为什么是如此，描述它的形式特征以及它与整体过程中其他阶段之间保持的关系，所有这些就全面描述诸阶段及其构成的整体过程而言，都被视为有着同等价值的要素。当然，一些人认为黑格尔不过是一种历史表现的先验方法的实践者，对他们来说，所有这些描述某一文明的某个历史阶段的方式，只是表现为辩证范畴的映像：即自在（正题）、自为（反题）、自在并且自为（合题），随后是对合题的否定，其中暗含了一种新的正题（不过是一种新的自在），等等，永无止境。

确实，人们能够以不冒犯黑格尔本人的方式，就其分析方法进行这样的概念性还原，因为他认为这些范畴在逻辑和本体论的领域内都是根本性的，并且也是理解任何过程的关键，而不论这些过程关乎存在还是关乎意识。

但是，根据我描述黑格尔思想的方式，根据他在不仅涉及存在与逻辑的各个阶段，而且涉及历史各阶段的描述中运用的语言模式，总的来说，我更愿意将这些阶段看成是不同关系模式的概念化，就好像黑格尔对语言以及意识本身必定起作用的层次进行考察而产生的概念化。

我们应该还记得，黑格尔认为罗马的特征是“散文式的平淡生活”，以此相对于东方世界“原始而野性的诗性”生活，以及希腊“和谐诗意的”生活（《历史哲学》，第288页[第350页]）。这样的描述令人联想起维柯在神的时代、英雄时代和人的时代之间所做的区分。罗马人过的生活不是“自然而然的”而是“形式上的”生活，也就是说，是一种外在的、由武力和仪式来协调的关系间的生活，一种割
125 裂的生活。这种生活要想团结为一体，必须在政治、制定法律和战争的实践范围内付出异常艰巨的努力，但这就使得罗马人没有什么精力和意愿用来创造那种希腊人所创造的高尚的艺术抑或高级宗教或哲学。简而言之，罗马人以转喻模式来领悟世界（即，用相近

的话来说),并且争取以一种纯粹的提喻关系体系来概括它。罗马的“现实”不过是一个武力场,其理想是在时间(祖先崇拜;家长制下子女、妻子都成为其私有财产;继承法等等)与空间(道路、军队、地方总督、城墙等等)中追求大量形式上规范的关系。具有讽刺意味的是,它成了一种恰恰是以对立的词语来领会其现实与理想的世界观和精神的牺牲品。基督教代表着对武力征服空间与时间的功效,以及任何纯粹的形式关系价值的否定。基督徒把世界理解成隐喻的一项,另外一个能够赋予该世界以意义和特性的主导项,则被认为存在于另一世界中。另外,基督徒不但不承认以转喻或反讽来理解世界的主张,反而努力超越那些转喻和反讽的理解模式中暗含的理想与现实之间的一切张力。

一旦把握住了黑格尔描述世界历史过程的某个特定阶段时所用系统的动力所在,我们便能用今天的术语更清晰地理解他是如何得出有关世界历史的起源与进展的观念的,以及他为什么将世界历史划分成四个主要时期。这种划分对应了四种由比喻规则本身的诸形态表现的意识模式。例如,野蛮状况可能对照这样一个阶段,在其中,人类意识仍然认为在自己与自然界之间没有本质区别;习俗规定着生活,丝毫没有认识到由于个人具有在习俗规定之外渴望其他事物的权利,而可能在社会中造成内在张力;无知、迷信和恐惧盛行,对于民族作为一个整体的目标没有任何一点明确的理解;对可能产生宗教(与神话相比)、艺术(与技艺相比)和哲学(与有形事物相比)反思的任何抽象观念没有任何认识;处于一种压抑状态而非意味着选择能力的道德状态;除了强权规则之外没有任何法律。

从野蛮状况过渡到伟大的东方或近东诸文明,即他们所称的古代文化,可以比作意识的觉醒,即意识到隐喻理解的可能性,它本身又是由人们对自己熟悉和不熟悉的东西之间存在着差异的感
觉激发起来的。隐喻是一种弥合这两种认识现实的秩序之间隔阂 126
的方式,并且,在古代文明中,东方诸国都是本质为隐喻的生活与

意识模式的范例。黑格尔写道，东方诸国“是缺少反思的意识——实体的、客观的和精神的存在……主观的意志以信仰、信心和服从的形式和它维持着一种关系”（第105页）。这样，当黑格尔将东方诸国比作历史的童年时代时，他便像维柯原先做的那样，认为在这个地区某个时期出现的理解世界的模式，正是以单一的隐喻方式将主客体混同的模式。

历史的童年向青少年时代过渡开始是经过中亚来实现的。在此，主体的个性表现为兴起于此地的部落的“狂野”和“躁动”。他们在一个已经能感觉到整体存在却又没有共同自我意识的基础之上，挑战统治者在主体身上强加的专制秩序（同上，第106页）。青少年时代继续过渡到了希腊世界，它由*在有关整体的隐喻式认同之内理解个体的孤立*，*过渡到肯定作为个性的理想*——即独立的动因，也就是说，转喻式的还原。正如黑格尔表述的，“那些在东方被分成两个极端的东西，即实体的东西和被化解于其中的个体性，在此相遇了。但是，这些截然不同的原则只是*瞬间地*统一，因而陷入了高度的冲突之中”（第107页）。在黑格尔看来，这正是为什么希腊文明仅仅*仿佛*是一个具体的统一体，为什么它如此迅速地繁荣起来，结果却像它的兴起那样凋谢、死亡得那么快。希腊文明缺少一种原则，借助那种原则才会使得将部分联合成整体的模式成为可能。罗马就表现出了这种关系模式，即提喻模式，不过只是形式上的或抽象的，如义务、力量或权力。其“严肃性”代表着历史向成年时代的过渡，“因为真正的成年时代，其行事既不遵循专制君主的任意性，也不依从自己的完美幻想；而是为着普遍的目标工作。在其中，个体已经无足轻重，他只能在普遍目标之内才能实现他自己的个人目标”。（同上）

至此，我已经描述了古典悲剧情节前面三个阶段的特征。第一阶段代表着*苦难*，或是感情的一般状态，它是情节的开始；第二阶段代表着*比赛*或冲突，情节继续发展；第三阶段代表着主体的割裂，即*撕裂*，它为*收尾*创造了条件，并将情节转入结局（*发现*）。然而,即使这部戏剧的前三个阶段中每一个阶段都描述了一种悲剧式兴衰的模式,但它们却不是以悲剧模式解决的。在罗马文明的根本矛盾及其精神的推动下,情节进入了和解(发现)的阶段。它的标志并不是出现了命运或是正义的铁血规律(古典希腊悲剧曾要求用它们来充当结局),而是将似乎是这种规律的东西包围在一种基督教式(喜剧式)图景之内,那就是:人类从其世界以及与上帝的根 127
本和解中最终获得解放。悲剧式图景消解在整体的图景之中,后者超越了古典悲剧的结局之中暗含的反讽之义,即当某些新的事物在意识中显示出来,它往往被置于那种依旧非常神秘的事物即命运本身的背景之下。

尽管西欧那种新型文明的结晶所代表的历史阶段也许看起来是人性步入其“晚年”的开始,这种论断的合理性只在于将历史完全类同于自然过程。但是,黑格尔辩解说,历史首先是“精神”,这意味着,在历史中与自然不同,“成熟”是在基督教关于世界万物与其造物主“和解”的图景中看到的那种“力量”和“统一”(第109页)。这样,悲剧式图景在对整个世界过程的领悟之中被超越了,所依据的并非是与自然、古典悲剧,甚至古典喜剧(它只是坚持生命的权利以对抗悲剧中既定命运的图景)的类比,而是与基督教的“神的喜剧”所做的类比,在这种类比中,最后就像但丁就其指导性观念所做的史诗性描述,一切事物最终安于存在谱系中的恰当位置。不过,基督教的图景本身只是对整体之真理的隐喻式领悟。其表述必须经历与世界关系的冲突和撕裂阶段的清晰意义,这样西方文明渡过了中世纪教会与国家冲突的困难时期,也渡过了近代早期民族之间冲突的困难时期,而抵达整个历史过程原则上最终被理解成了一部人类和他自身的本质统一的戏剧的时刻,也就是说自由和理性的时刻,在这个时刻,完美的自由即完美的理性,理性亦即自由;整体之真理,也即是绝对,正如黑格尔所说,在充分理解生活是什么之后,绝对乃是生活本身。

这就意味着黑格尔可能将他自己的时代“置于”这样一种看法

之下，它明显是天命论的，但在黑格尔看来，它并没有诉诸质朴的信仰或传统信念，而是在经验证据和这些证据表征的合理理解中获得其依据。对黑格尔来说，大革命时期代表了冲突阶段达到顶点，此时，各民族国家土崩瓦解，沦为他们的异类，不过，它们在自身之中，还包含着它们自己的内在一致性和相互之间本质关系的原则。在提喻式理解形式中，黑格尔将这些原则设置为整体中的部分，它们代表着一种信仰的基础，即相信世界最终将统一成一种全新形态的国家，不过这种全新的形态只能通过推测来说明。美国和俄罗斯据设想未来有可能发展为这种新型国家，但是，历史认识和对它的哲学理解只是考虑到已经发生的和正在进行的情形，便不
128 得不中止了。它们最多可以通过对整体过程中已经辨别出的趋势进行逻辑延伸，说出未来发展的可能性，并且，它们最多能够暗示未来发展过程要经历的形态，在这一过程中，民族国家中人类精神的具体体现，会向它们已经实现的综合所预示的世界国家转变。

从一种更高的层次上的意识与存在的综合这种情境来看，这些形态将具有的模式关系，就如同整体历史过程的单个阶段所经历的，以及整体历史过程贯穿这些阶段所经历的。由于这些形态都是意识自身的形式，黑格尔认为这必定如此。世界历史只有在这样的条件下才能够理解，因为这些都是意识在其理智、情感和意志范围之内的各种形态。在世界历史过程中，单个阶段的内在动力便表现出了整体的动力。

例如，东方历史的“情节”本身就可以分解成四个阶段。黑格尔认为，原始人存在的纯粹生物过程结束，即语言的传播与种族的形成已经出现，这便是东方历史的序幕。历史意识此时没有、也还不能认识到这种原始的存在。人们只是把历史当作神话来认识，并且只能(黑格尔暗示)以神话模式来理解历史，即直观地、隐喻式地理解历史。然而，一旦人类与自然的混合那种只是由于习俗从中调和的状态打破，并且意识不再以神话的方式(或朴素的诗性方式)来理解世界，而是开始理解意识与其对象之间存在距离(这是朴素的

实在性存在的先决条件),这时候才适合说历史已经开始。这是因为与原始的变化和演进相比,历史发展只有在已经认识到意识及其对象之间的矛盾这种情形之内,才是可能的。人类意识将这种矛盾造成的张力体验为一种匮乏,它试图通过强行设置一种顺序来克服这种匮乏,这种顺序便是东方历史发展亚阶段的四种形态,即依次相继的中国、印度、波斯和埃及。

东方文明这四个阶段的连续性本身可能理解成一部四幕悲剧,也可能理解为一个过程,在该过程中,意识对文明的规划先是进行了纯粹隐喻式地理解,以后经过转喻式和提喻式理解,最后反讽地理解文明分裂和解体。在黑格尔看来,就整体过程这方面而言,它将被认为是通过在人类的质料之上强加一种独断意志而获得的秩序方面的成就(第111页)。这样,中国便被说成是按照将(政治上的)臣民与君主(隐喻式地)视为一体的模式来运作的"神权专制统治"。在中华文明中,个人与公众的领域之间,道德与法律之间,过去与现在之间,或者内在世界与外在世界之间,都没有刻意的*差别*。原则上,中国皇帝声称拥有统治世界的权力,尽管他们没有办法实践这种权力。这是一个纯粹主观的世界,可是这种主观性并非集中在构成中华帝国的个人那里,而是集中在"国家的最高元首"那里,在这个世界中,只有他一个人是自由的。(第112—113页) 129

不过,黑格尔说道,在"第二个区域——印度地区——我们看到统一的政治组织……分崩离析。社会的各种权力好像分裂了,相互间没有任何关系"。种姓等级是固定的,但是"从确立它们的宗教教义来看,它们好像是*自然而然地*区分的"。它们存在于那种由因果关系决定的分裂模式中,即转喻的模式中。在具有隐喻倾向的中国地区内,统治者与被统治者、主体与客体在形式上被联合在一起。比较由此造成的*苦难*,印度地区则存在于连续不断的*冲突*(*agonic*)张力之中。于是在印度,神权*专制统治*被神权*贵族统治*取代了,而与之相应的是,它失去了秩序和方向。既然假定*分裂*内在于宇宙真正的本质之中,那么总体之中便不可能有秩序和共同的方向。这种文明的原则"设定了最苛刻的对立面——一方面是纯粹抽象的上帝的统一的观念，另一方面是纯粹感官的自然力量的观念。联系两种观念的只是一种不断的变化，即从一个极端到另一个极端不间断的奔走，这是一种乱糟糟的混沌状态，它毫无结果、变化多端；对一种适度而有节制、有理智的意识来说，它肯定像是发疯了"。（第113页）

在波斯，那里出现了一种原则，可能克服上述的分裂，并且能够在更适合于转化成社会的和政治的原则基础之上维护人类的统一——即对一切存在的精神本质进行（提喻式的）理解。然而，波斯的这种"精神"仍然是用它在物质上的相似物来设想的，那就是纯洁的光明。这样，黑格尔写道：

> 中国是非常特殊的东方式的；我们可能拿印度和希腊相比，另一方面拿波斯和罗马比较。[同上]

因为，神权不仅仅在波斯表现为君主政权，而且君主政权用来进行统治的那种原则，即精神上的原则，也从物质上获得其解释，并因而没有办法以一定方式来构思其意识中的理想，即法治，以使之在事实上允许承认臣民的尊严。波斯的统一可以用"阳光普照"来看待，它普照四方，以一种纯粹外在的关系将各个部分联合成一个整体，而这种关系在臣民的认识和经验中正是一种仁慈的关系（第114页）。纯粹的形式一致性将部分与整体的关系原则理解为基本原则，在这样一种形式一致性中，波斯帝国允许单个民族凝聚、发展，例如犹太人。它误以为，这些部分得到允许自由发展，不会损害或破坏它设想的整体在精神上的统一（同上）。

然而，部分以这种方式发展，而又对整体的统一根本没有任何
130 威胁，这是不太可能的。有两个事实可证明这一点：其一是爱奥尼亚的希腊人起义，他们主张个性的绝对价值，反对徒有其表的普遍性；其二是埃及人的起义，他们重申物质性要求，反对华而不实的

精神性。

黑格尔说,在埃及,“对立在其抽象形式之中被突破了;这种突破使对立没有了用处”(第115页)。埃及人以反讽的方式把世界理解成一种分裂的状态,在其中,精神和物质的分立被体验成了深刻的痛苦和焦虑。因此,埃及文化呈现了“最矛盾的原则”的面貌,它还没有能力使埃及人自己和谐一致,而是在将这种和谐的产生当作一个有待解决的问题之后,将自己变成了一个对于自身和他人的“谜”。这个谜最后在希腊被解开了,与此同时,它也提供了转变为一个新世界的原则。当然,这个“谜”的谜底便是俄狄浦斯在去底比斯的三岔口上遇到斯芬克司时,为它的谜给出的谜底(第220—221页)[①]。这个埃及人无法解答的谜,谜底便是“人”,但是,这个谜底不是在东方世界,而是在西方发现的(在俄狄浦斯的神话中,斯芬克司曾到希腊旅行)。这个事实暗示了,由于这个或那个特定文化的悲剧性起伏而在人类意识中生成的人性之精华,其成果并没有被赋予该文化自身,而是给予了继之而起的那种文化,给予了成功地解决了那个由规律的反讽性意识在它自身的构造中创造的“谜”的文化。将人类存在之神秘说成是一个谜,这也是以另外一种方式来阐明整体的历史追求根本上具有的喜剧本质。

在此,我们无须涉及黑格尔在《历史哲学》中就人类历史戏剧所做的全部解释。关键之处在于,黑格尔要求我们将自己看成是一部戏剧中的演员。尽管这部戏剧真正的结局还不可知,但是它显示出一部精心制作的剧本或一种辩证的论证具有的整齐性和连续性,因而让我们有更好的理由相信这部戏剧的结局不仅不会是毫无意义的,而且也不会是悲剧性的。作为一种手段,悲剧阐明了我们存在的某个方面,以及某个特定文化或一般文明的演进中的某个阶段,它有其价值。但是,它被限制在了整体具有的喜剧本质这

① 俄狄浦斯遇到斯芬克司时,后者问:“朝晨四脚走,白天两脚走,夜里三脚走,这是什么东西?”俄狄浦斯答道:“人。”见《历史哲学》,中译本,第228页。——译注

个更高的情景之内。这样,我们在意识中领悟并理解世界的不同模式,如隐喻模式、转喻模式和提喻模式也都有其自身的价值,那就是充当获得那种更高的反讽意识的手段。反讽意识认为,人们关于世界的任何确定理解在本质上都是不完善的、片面的。

除这种反讽姿态之外,我们在科学中寸步难行,因为,既然我们生存在历史之中,我们便不可能知道关于历史的最后真理。然而,我们能隐约感觉到这种真理将采取的形式,它是和谐的、理性的、自由的,是意识与存在的统一,这是在宗教中以直觉感悟到的,
131 在艺术中以隐喻想象到的,在科学中以转喻描绘出的,在哲学中以提喻综合到的,最后,是在历史意识本身中,以反讽拉开距离并且将它当成了需要花费大量精力理解的目标。面对就其不可避免的局限性具有的反讽认识,这些在理解上持续付出大量精力所需要的理由,是由艺术本身在对各种形式混乱状态的喜剧想象中提供的。此时,这种喜剧想象已经变成了一种狂欢,一种关于整体的快乐主张。

从有关世界的感知,经过对世界的宗教、艺术、科学、哲学和历史的理解(每一种理解都把前面一种理解当作简单的领悟),这种趋向在历史中反映了存在在其现实化中、意识在其认识中的本质运动。自在的历史意识诞生之时,也是人性的历史中关于存在的确定历史模式诞生之时。从希腊到黑格尔自己的时代,这种历史意识已经成了“自为的”了,它已经从其他意识形式中分离出来,并且被个体史学家用在了他们实际写作的各种“反思性”历史之中。这种实际的历史写作为第三类历史反思——即对历史意识本身性质的反思,以及对历史意识与历史存在的关系的反思——创造了条件,并且在诸如宗教、艺术、科学和哲学的意识之内,提升了那种为更高类型的意识通常充当有效前提的东西。

宗教、艺术、科学和哲学,它们自身都反映了特定文明的(也是一般意识的)闭合状态中的不同阶段及其对象(在一般意识的情况下,即纯粹的存在)。这些阶段又能够用于描述一种文化对它自身

及其世界进行的领悟与理解具有的水平，因为它们在时间中是以自在、自为、自在并且自为、自在自为并且自主的形态发展的，进而，这些形态又为描述一切文明由诞生到死亡经历的四个阶段提供了各种模式。不过，运用哲学性的历史（即黑格尔在其著作中提出的这类）对这四个阶段的本质具有的认识，反映出一种更高种类的意识的兴起，它为超越意识与存在之间一般关系的“反讽”性质提供了基础，也为超越世界历史之中文明及其各种体现之间关系的“反讽”性质提供了基础。这种新的意识模式代表着以喜剧方式想象世界过程的意识在兴起。现在，它面对任何特定的悲剧情境时，不仅声明生命胜于死亡而具有首要价值，而且也知道了这样说的道理。

第二部分

19世纪历史写作中的四种“实在论”

第三章 135

米什莱:作为浪漫剧的历史实在论

导　言

黑格尔是他以前每一位史学家的批判者,在以后的时代中,他也是历史的良知。在研究历史意识问题时,没有人能接近于获得黑格尔那种眼光和深度,即使是气质与兴趣范围与他最相近的哲学家克罗齐也做不到。然而,很少有史学思想家愿意深入他们自己关于历史的成见之中,也不愿深入从其研究中得出的那种知识之中。这些以历史为职业的史学家整日里忙于写作历史,也没有时间去仔细考察一下其行为的理论基础。黑格尔试图提供的有关历史知识的证明理由,看来既没有这个必要,更不必如此罗嗦。正当黑格尔在深思着历史学作为一种特殊意识形式所需要的理论证明这个问题,并尝试着界定它与艺术、科学、哲学、宗教意识的关系时,历史研究已经职业化了。历史学曾是一个普通的研究领域,它是由业余爱好者、外行以及好古者培育起来的。现在,由一个普通领域转变成一个专业学科,看来它有足够的理由可以把历史编纂与"历史哲学"没完没了的思辨分隔开来。

1810年,柏林大学设立历史教席,巴黎大学(Sorbonne)设立历 136

史教席是在1812年。不久,编辑出版历史档案的团体也建立起来。《德意志史料集成》小组于1819年建立,巴黎文献学院于1821年建立。1830年以后,在各国民族主义者的推动之下,这些团体及时获得了政府提供的补助。到19世纪中叶以后,重要的全国性历史研究杂志创刊了,它们是1859年创办的《历史杂志》,1876年创办的《历史评论》,1884年创办的《意大利杂志》,1886年创办的《英国历史评论》。历史学这个职业逐渐学术化了。教授职位形成了一个知识阶层,它致力于推动和培育一种具有社会责任的历史学;训练、确认行业新人,保持优秀的研究水准,运作专业范围内的联系机构,并且总体上满意于处于大学的人文和社会科学部门之间的特权位置。在这种历史领域的学科化过程中,英国落后于欧陆国家。牛津大学只是到了1866年,才设立钦定历史教授席位,首先由斯塔布斯主讲;剑桥随后于1869年设立该教席。但是,英国大学生直到1875年才能够将历史研究当作一个独立领域作为其专业。

然而,即使历史研究在这个时期专业化了,但其学科化的理论基础仍未明了。历史研究由业余行为向职业行为的转变并不像其他领域,如心理学、化学和生物学的转变那样,伴随着那种观念的变革。有关"史学方法"的指导基本上包括一项规定使用最精细的文献学技术来批判历史文献的准则,还有就是一整套言论,用来阐明在其批判的文献基础之上, 什么事情是史学家不应该做的。例如,很快便形成一种陈词滥调,认为历史学不是形而上学或宗教的分支,把历史知识与它们混在一起正是导致历史意识堕入"历史哲学"这一异类的原因。取而代之的是这样的主张,即认为历史可以看成是一种"科学"与"艺术"的混合体。可是,"科学"与"艺术"这两个术语的含义并不明确。无疑,很明显,史学家理应努力"科学地"研究文献,并且确定过去"实际发生了什么",并且也应该"艺术地"将过去呈现给他的读者。不过,大家通常同意,历史学不是一门像物理和化学那样的"严格的"科学(即运用规律或发现规律的学科)。这就是说,历史学不是一门实证科学,而史学家应该仍然满足于一种培根派的,即经验主义的和归纳优先的科学家的工作观念,这意味着历史编纂应当继续作为一种前牛顿时期的科学。同样,关于历史表现中的“艺术”成分也有说法。尽管历史写作是一门艺术,它并没有被视为19世纪初期所称的那种“自由艺术”,即浪漫主义 137
诗人和小说家致力于的那种创造性艺术。作为一种艺术形式,只要艺术化的史学家除了运用传统上讲故事的那些技巧和策略以外,不妄想运用任何其他的方法,史学作品便可能是“栩栩如生的”、刺激的,甚至是“有趣的”。正像《英国历史评论》发刊辞中所写的:“我们非但不认为真实的历史是乏味的,而是相信,乏味的历史往往是拙劣的历史。那些能以清晰且引人入胜的形式呈现其研究成果的作者,将受到我们高度的重视。”

普遍的观点是,鉴于19世纪前半叶在“严格的”(实证主义的)科学与“自由的”(浪漫主义的)艺术之间打开了一个突破口,历史学便有可能合情合理地自称能据有一种不偏不倚的中间立场,在此基础之上,“两种文化”可能被整合并重新统一在一起,共同服务于文明社会的目的。就像《英国历史评论》发刊辞表达的:

> 我们相信,在比目前投身于此的人通常所认识到的更大的程度上,历史正是人文研究中的核心,它能够阐明并丰富一切其他人文学科。[斯特恩:《历史的多样性》,第177页。]

但是,为了实现这种“阐明并丰富”的目的,就必须以一种超越党派利益和忏悔式忠诚的精神来研究历史。这意味着,历史研究与综合必须保持在一种本质上适度之中,在一边是狭隘另一边是暧昧的危险边沿行走。如同《英国历史评论》指出的,19世纪中叶,关于历史的功用有两种流行的观点:一种认为,历史学不过是另外一种形式的政治评论;另一种认为,它是对人类历史上任何曾经发生的事件所做的评论。《英国历史评论》建议避免这两种极端,其做法是鼓励历史研究的“每一位学有专长的研究者”投稿(第175页),并且首先“谢绝讨论……与目前争议问题相关的稿件”(第176页)。

在这种建议中,《英国历史评论》遵循了法国《历史评论》指示的路线,即“避免当代的论战,以科学所要求的在方法上的严格性和消除党派偏见的方式来对待研究主题,并且,不试图通过论证来支持或反对只是间接涉及到的学说”(第173页)。但是,这种对方法论上的严格性和无党派偏见的要求,关于其具体可以由什么构成,却只是一个最笼统的观念。实际上,上述说法的目的,就像德国《历史杂志》发刊辞非常明确地提出来的,是要避免历史研究被激进派和反动分子在政治场合中加以利用,并且通过历史研究的专业化,
138 服务于大革命时代之后上台的新兴社会秩序与社会阶层的利益与价值。

《历史杂志》坚持认为,它将是一份“科学的”杂志,目的是“代表历史研究的真正方法,并指出离经叛道者的错误所在”。进而它还强调,其兴趣并非是要被人看作领域狭隘的博古研究,也不和政治有着密切关系。发刊词说道:“讨论当前政治中尚未解决的问题不是我们的目标,为某个特殊的政党服务也不是我们的目的。”然而,作为开始历史研究的合理步骤,清除某些观点看来与之并不“矛盾”。这些观点分别代表了“将那些没有生气的要素强加在进步生活之上的封建主义;以主观任意性替代了有机发展的激进主义;令民族精神的演进屈从于外在的教会权威的教皇权力至上主义”(第171—172页)。上述一切都意味着历史研究的职业化的确有着明确的政治含义,另外,其科学化最终依据的“理论”不是别的,正是社会范围内中间阶层的意识形态,这种意识形态的表现者一方面是保守派,另一方面是自由派。

事实上,无论在法国还是德国,左翼史学家和历史哲学家的学术势道也随着激进主义的势道而潮涨潮落。这意味着他们大多处在衰落之中。1818年,克托·库赞[①]与基佐两人因为教授“观念”而不是“事实”被巴黎大学开除(利亚尔,II,第157—159页)。在德国学

① 法国哲学家,著有《哲学通史》、《18世纪哲学史》等书。——译注

术界，费尔巴哈和D.F.施特劳斯[1]因为他们的"激进"观点而被逐出讲坛。1850年，为了保卫"社会"免于"无神论和社会主义"的威胁，法国大学内的教学自由被废除了（第234页）。米什莱、基内[2]和波兰诗人密兹凯维奇也被开除了，"危险的著作"被禁，史学家也被明确禁止违背他们的材料中显示出的编年顺序。库赞和梯也尔两人原先自己是政治甄别的受害者，此时，他们也支持这种压制行动（第234页）。革命诗人海涅为针对职业史学家和学院式人文主义的耕耘者保留了他最锐利的锋芒，这就不足为奇了。

在流放巴黎期间的作品中，海涅猛烈抨击了那些教授们，说这些人在客观性的面具下，隐藏着支持高压体制的丑陋嘴脸，并且对研究历史毫无兴趣，由此展开了对学院式学术的进攻。继续这种进攻的马克思和尼采分别代表左派和右派，到19世纪最后十年艺术家和社会科学家反对总体上历史意识承担的重负而掀起了全面的反叛，从而使这种进攻达到高潮。

> 生活和世界已支离破碎！
> 我将听从德国教授的话。
> 他知道怎样把它们重新聚集， 139
> 还能组成一个可以理解的体系；
> 戴上睡帽穿上褴褛睡衣，
> 他已将世界框架的漏洞补起。[3]

① 德国哲学家，青年黑格尔派主要代表。——译注

② 法国史学家，著有《基督教与法国大革命》、《论革命》。——译注

③ 该处根据海登·怀特提供的英译文译出，书中所用为以下德文原文：

GKZu fragmentarisch ist Welt und Leben!
Ich Will mich zum deutschen Professor begeben
Der weiss das Leben zusammenzusetzen,
Und er macht ein verständlich System daraus;
Mit seinen Nachtmützen und Schlafrockfetzen
Stopft er die Lücken des Weltenbaus.——译注

[施特辛格编，第116页]

海涅认为，在挫伤“德意志人民追求自由的三分钟狂热”的阴谋中，历史哲学家、自然哲学家、歌德派唯美主义者，以及那些历史学派[①]“自作聪明的人”都不遗余力。史学家尤其是些“趋炎附势和蛊惑人心”(*Ranken and Ränken*)之人，他们谋划了一种“方便舒心的宿命论”来为政治利害关系充当解毒剂。甚至连浪漫主义诗人都没有免受指责。当史学家使其思想偏向于思考过去时，诗人们则投入到冥想不确定性未来之中，而现在只不过变成了对事情本应该如何或者还应该怎样的一种茫然的空想。但是，不论出现哪一种情况都暗示着，现实中的人都不是他们自在的目的，还不如说只是达到一种隐约觉察到的“人道”(*Humanität*)的手段。海涅说道，无论是“科学的”历史学还是“美学的”诗歌，都不可能

> 完全与我们自身鲜明的生活意义和谐一致。一方面，我们并不想要那些徒劳无益的激励，也不愿因我们在已无用处的过去中拥有的好东西来画地为牢，另一方面，我们也要求活生生的现在有其应有的价值，而不只是充当某种遥遥无期的目的的手段。事实上，我们认为自己比仅仅作为某个目的的手段要重要得多。我们相信，手段与目的只是一种惯常用的概念，是冥想之人曲解自然与历史的概念，而造物主对此一无所知。因为每一种生物都有自己的目的，每一个事件都有自己的情境，并且，存在于此的每一种事物，即整个的世界，都有它自己的权利。[尤恩编，第810页]

海涅最后以一种挑战性的言语来收尾，一方面抨击专业史学家培养的那种消过毒的历史学观念，另一方面抨击浪漫主义诗人

① 19世纪早期德国法律史研究的一个学派，主要代表是萨维尼、艾希霍恩，基本上持保守主义思想。——译注

的温柔乡式的哲学：

> 生活既非手段，亦非目的，而是权利。生活希望这种权利发挥其效用，反对僵死的要求，反对过去。为生活辩护就是革命。当我们投身于这项事业之中，史学家和诗人挽歌般的冷漠绝不会麻痹我们的热情。那些允诺我们在未来得到幸福的人，他们的浪漫主义图景也不能引诱我们牺牲现在的利益、时下为人的权利而进行的斗争，以及生活本身的权利。[第809—810页]

在将生活的权利与僵死的过去和尚未诞生的未来的要求相对立时，海涅先于尼采发动了进攻。19世纪70年代，尼采对一切形式的学院式历史学进行了抨击，这种抨击到80年代（易卜生）、90年代（纪德、曼）及20世纪早期（瓦莱里、普鲁斯特、乔伊斯、劳伦斯）的文学中，都快有变成陈词滥调的危险了。

19世纪史学经典 140

在1821年（洪堡的《论史学家的任务》发表）到1868年（德罗伊森的《历史学纲要》发表）这一时期内，产生了一些至今无论对专业史学家还是业余史学爱好者来说，都不失为近代史学成就的典范的作品。一份有关19世纪无可争议的四位史学大师著作的简明编年目录，足以说明这种以阐明当代问题的方式努力理解过去所具有的广度和深度。此处所说的大师是浪漫主义史学派的天才领袖朱尔·米什莱（1789—1877）；历史学派的创立者、最杰出的历史学家和学院史学的典范利奥波德·冯·兰克（1795—1886）；社会史的真正奠基者、近代历史社会学家埃米尔·涂尔干[①]和马克斯·韦伯的

① 法国社会学家，国内另有两种译法：一为迪尔凯姆，二为杜尔凯姆。——译注

榜样亚历克西斯·托克维尔(1806—1859);最后是雅各布·布克哈特(1818—1897),他是文化史学家的榜样、美术史的拓荒者和历史表现的印象主义风格的阐释者。这里提及的著作是:

1824年,兰克的《拉丁和条顿民族史》
1827年,米什莱所译维柯的《新科学》
1828年,米什莱的《近代史纲》
1829年,兰克的《塞尔维亚革命史》
1831年,米什莱的《世界史导论》
1833—1834年,米什莱的《法国史》有关中世纪6卷
1834—1836年,兰克的《教皇史》
1835—1840年,托克维尔的《美国的民主》
1839—1847年,兰克的《宗教改革时期的德意志史》
1846年,米什莱的《论人民》
1847年,兰克的《九卷本普鲁士史》
1847—1853年,米什莱的《法国大革命史》
1852—1861年,兰克的《16和17世纪的法国史》
1853年,布克哈特的《君士坦丁大帝时代》
1856年,托克维尔的《旧制度与大革命》
1859—1868年,兰克的《17世纪的英国史》
1860年,布克哈特的《意大利文艺复兴时期的文化》
1872—1873年,米什莱的《19世纪史》

其他一大堆几乎都是杰出史学家的著作,或许可以加到这份清单中来。他们是伟大的古典史家格罗特、德罗伊森、蒙森和菲斯泰尔·德·库朗热;中世纪史家斯塔布斯和梅特兰;民族主义者济伯尔和特赖契克;所谓的教条主义者梯叶里和基佐;还有历史哲学家
141 孔德、斯宾塞、巴克尔、戈比诺、黑格尔、费尔巴哈、马克思和恩格斯、尼采,以及泰纳。但是,除了列为历史哲学家的某些人,其他没

有哪位能够具有前面四位史学大师的权威与声望。因为虽然其他史学大师构成了整个的研究领域，并且也能看作是代表着19世纪历史思想的不同风格,但是,只有米什莱、兰克、托克维尔和布克哈特这四位依旧充当了一种特别的历史意识的典范。他们表现的不仅是历史写作的原创性成就,还表现出一种“实在性”史学可供选择的各种模式。

历史学与历史哲学的对立

黑格尔在《历史哲学》中,努力为他视为近代独有的历史反思类型提供理论上的证明。他所称的“原始性”历史在古希腊时就存在。自古希腊以来,历史思想发展过程中呈现的四种类型的反思性历史,其中每一种都代表了历史学自我意识的一种更高形式。就如黑格尔认识的一样,历史哲学本身不过是对作为“反思性历史”基础的原则所做的解释,以及把它们系统地运用到以一种更高、更自觉的“反思性”方式撰写世界历史的问题之上。他并没有建议史学家自己去尝试着写作这样一部世界历史，而是主张将它留给哲学家去写。这是因为只有哲学家有能力理解反思性历史学的成果中到底暗含了一些什么内容,并将它的认识论的、美学上的和伦理上的原则提到意识中，进而将这些原则运用到普遍的人类史这个难题上。

对于19世纪的历史学家而言，这种在历史学与历史哲学之间进行区分的方式一般不易理解,即使理解也不易被接纳。对他们多数人而言,“历史哲学” 代表着一种在哲学预想的基础上撰述历史的努力,它需要曲解证据来适应通过先验推理获得的图式。而像19世纪一流史学家所理解的“历史学方法”,其做法是:不抱任何假想积极地投入到档案之中;研究在那里找到的文献;最后,撰写由文献证明了的有关某个事件的故事,让故事自己成为过去“发生了什么” 的解释。其观念在于让解释自然而然地从文献本身中显现出来，随后以故事的形式描绘出它的意义。

142 史学家自己为文献中发生的事件进行情节化的观念，只是被一些每次努力进行叙事描述时都对诗意因素敏感的思想家隐约感觉到了。在史学家中，像德罗伊森便是范例，哲学家则有黑格尔和尼采，但其他人便少有如此者。要是认为史学家对他的故事进行了情节化，肯定会得罪大多数19世纪史学家。不同"观点"或许可以使用于过去的历史，这一点没有被否定，但这些"观点"更多地是被当作需要禁止的偏见，而不是看成可能是启发性不亚于朦胧性的诗意看法。那时的观点是根据"实际发生的事件"来"讲述它的故事"，和材料相关不能存在明显的观念渣滓或意识形态预构。如果正确地讲述了这个故事，有关实际发生的事件的解释便会从叙事中自己勾画出来，就好像一幅恰当描绘出来的地图可以勾勒出地形的构造。

一部历史理应有某种解释性成分，就像地图有"图例"。然而，这种成分必须移到叙事自身的外围，也和地图的图例一样。历史的"图例"或者可以说是放在了一个特别的盒子中，即某人为他编纂的历史撰写的前言或结语包含的"概括性评论"中。真正的解释存在于讲述故事的过程中，该故事必须细节准确、意义无误。但是，细节准确往往与故事意义的真实性混淆在了一起。人们没有注意到，故事的意义是由被挑选来构成故事的情节化模式所赋予的，运用这种情节化模式可以讲述一种特殊类型的故事。人们也不理解，选择一种情节化模式本身就反映出承诺了某种历史哲学，黑格尔在《美学》中探讨作为一种文学形式的历史时，就曾指出这一点。

这么说，"历史学"与"历史哲学"之间的区别是什么呢？19世纪的四位史学大师对这个问题做出了不同的回答。但是，他们一致认为，撰写一部真正的历史应该是客观的、不存在先入之见的，它只对过去的事实本身感兴趣，不存在先验的倾向而将事实塑造成一种形式体系。然而，这些大师们撰写的历史最显著的特征便是他们的形式一致性，以及他们对历史领域的观念性控制。在这四人中，布克哈特最出色地做到了表达一位只是简单地让事实“为它们自己说话”的史学家所具有的感想，并且使其叙事的观念性原则最彻底地掩埋在其著作的结构之内。然而，即使是他这样的一种印象主义式的史学家，也具有其自身的形式一致性，即“反讽”的一致性，这是一种以高度敏锐的精神来描绘荒唐世界的形式。

除了托克维尔，其他三位史学大师没有哪位将形式上的解释性论证置于叙述的最显著位置。人们需要从史学家所撰历史的故事情节中得出某些含义，提取出所援用的各种原则。然而，这意味 143
着，解释性效果的价值有赖于情节化模式。事实上，如今米什莱、兰克和托克维尔都同样被视为其代表的那种“历史主义”，其特点可以这样说，它以情节化来代替论证作为一种解释策略。若按兰克的方式，当史学家主张只是简单地“如实直书”，并且通过讲述过去的“故事”来解释过去时，他们便明确地接受了以描述来进行解释的观念，而且在使用着以情节化来进行解释的技艺。四位大师每人都讲述着不同种类的故事——浪漫剧、喜剧、悲剧或讽刺剧，或者至少假定了这些故事形式中的这一种或那一种，作为他正在详细描述的历史片断的一般框架。于是，要确定他们所表现的“历史哲学”的特征，必定不仅要根据他们所接受的形式解释策略，而且要根据他们挑选用来构成或表达所要讲述的故事的情节化模式。

然而，甚至要比他们挑选的情节化模式更为重要的是一种把历史领域预构成一个范围的意识模式，一种在这种结构之前假定的姿态，一种他们用来描述它的语言规则。四位19世纪的史学大师就如何撰写历史这个问题，表现出了不同的解决方案，他们各自挑选了浪漫剧的、喜剧的、悲剧的和讽刺剧的模式来编织历史情节。但是，他们在历史领域前摆出了不同的意识形态的姿态，分别是无政府主义的、保守主义的、自由主义的和极端保守主义的。他们中没有哪位是激进主义者。而他们预构这个领域的语言规则也同样有所不同，即分别是隐喻式的、提喻式的、转喻式的和反讽式的。

隐喻模式中作为"实在论"的浪漫式历史学

在我谈论18世纪史学思想那一章的导言中,我提出,19世纪与18世纪相对应的那种"实在论"主要由为进步与乐观主义信念做出证明的努力构成,与此同时也要避免那些哲人们已经落入其中的反讽。现在,我想指出,浪漫主义历史学代表着回归到描述历史领域及其过程的隐喻模式,但没有采用赫尔德背负的那种有机论解释策略。浪漫主义者拒斥一切形式化解释体系,并且试图通过采用隐喻模式来描述历史领域,以及描述浪漫主题来表现历史领域的过程,从而获得一种解释的效果。

144

作为存在之混沌状态的历史领域

然而,这种对一切形式化解释体系的拒斥不足为信,因为,绝大多数浪漫主义者预设了一种知识理论,正适合他们把历史领域描述为卡莱尔所说的一种"存在之混沌"(chaos of being),就此而言,史学家能够采取这样一种姿态,他既是历史领域的过程中的观察者,亦是其中的行为主体。浪漫主义者如贡斯当、诺瓦利斯和卡莱尔,以此三人为例,这种有关历史的"存在之混沌"观念激发了三种截然不同的态度,每一种都暗含一种与史学家的任务相关的不同观念。贡斯当的立场代表了一种与承自18世纪晚期的反讽观点相关的浪漫主义另类观点,但是,由于他对大革命及复辟时代的事件具有的反应,这种浪漫主义更趋向于虚无主义。他对历史世界的一种描述,或许可以代表他所处时代的历史思想必须要超越的忧虑之情。在一篇《论宗教》的短文中有这样一段,贡斯当写道:

> 这无往而不胜的人类,眼看着世界因防护性权力而人口锐减,而对他的胜利深感惊诧……他的想象力再无用处,独处

> 一隅,只能想象自己。他发觉自己在大地中孤单无助,大地可能将他吞噬。在这大地之上,人类世代相继,短暂、偶然、孤单;他们出现、受难、死亡……已然消失的种族,其声音不再延续到尚存的种族生活之中,而尚存的种族,其声音必定很快被同样永恒的沉默吞没。没有了记忆,没有了希望,过去将他遗弃,未来向他关闭,身处其间,人类能做什么?他的祷告再听不到,他的祈求再无回应。他藐视前辈在身边留下的一切支持;结果只剩下他自己的力量。[转引自波利特:《人类的时间研究》,第212页]

这段话明显是反讽性的。开头那句标示出它本质上的反讽,在其中,看上去是“得胜的”人类,被描述成了因为自己长期努力并且最终成功获得的奋斗成果而感到惊诧的人。然而,这种胜利便是不理会人类自身,因为现在人类“发觉自己孤单无助”,成了一个“可能将他吞噬”的世界的栖居者。人类此刻立身之处暴露于威胁之中,贡斯当确定这种威胁源于他发现历史毫无目的、认识到代代相继亦无意义,即“人类世代相继,短暂、偶然、孤单;他们出现、受难、死亡”。从反思代与代之间的关系中,人们不可能得到任何的慰藉:已逝前辈的“声音”对活着的人没有提供任何帮助或忠告;并且在活着的人必须面对的世界中,他们很快便会消逝,并归于“同样永恒的沉默”。活着的人就这样被安置在将他们“遗弃”的“过去”与向他们“关闭”的“未来”之间;他们被迫“没有记忆、没有希望”地 145
生活着。一切通常存在的对公共生活的“支持”土崩瓦解了,而人类只剩下“他自己的力量”;但是,这段文字明显地暗示出,这些力量不足以完成所有以前的社会和文明为自己设定的任务。人类的意识因而被描述成既不足以理解现实,也不足以对现实实行任何有效的控制。人类漂浮在历史的海洋里,其危险远甚于在人类文明的黎明时刻原始野蛮人以他们的无知和虚弱面对自然界所具有的危险。

这种在历史前表现的反讽姿态，正是19世纪早期主流哲学体系决心要克服的，它准备以一种理论上更具合理性的概念，来认识人类控制自己命运的能力，以及为历史赋予意义、指明方向的能力。这个时代在唯心主义、实证主义和浪漫主义的庞大体系中反映出的形而上学倾向，试图消解那种反讽姿态，它是像贡斯当这样的思想家出于绝望而采取的姿态，他们将它当作了后革命时代"实在论"能够采用的惟一形式。

对于这种极度焦虑的情绪，浪漫主义者有两种反应形式，最主要的一种是宗教的，另一种是美学的。宗教形式的典型是诺瓦利斯。面对晚期启蒙时代与紧随而来的后革命时代中的怀疑主义和虚无主义，诺瓦利斯只是以大体类似于赫尔德的那种方式断定了历史过程本身具有的救赎性质。他以惟信仰论的教条替代了绝对怀疑论的教条。在《基督教世界与欧洲》一文中，他认为，自己所处时代的那种焦虑，源自于该时代没有认识到，任何纯粹的世俗的或纯粹人性的方法是不足以解决社会问题的：

> 让真正的旁观者平和、冷静地思考一下这个新的国家颠覆时代……倘若你的心境仍然趋向尘世，那么，你所有的依据都过于薄弱。但是，若用一种对天堂之高的深深向往来联结它，并使它和宇宙相连，你就能在其中得到一个永不枯竭的源泉，你的努力也必将获得丰厚的回报。[第56页]

诺瓦利斯憧憬一种新形式的基督教精神，它既不是天主教的，也不是新教的，而是世界性的和统一的。另外，他坚信研究历史便能为他的期望找到合理的依据。他说："我向你们提到历史，你们要到它那具有启发的连贯性中寻找相似的时间点，并学会使用类比的魔杖"（同上）。这样，人类最终便能发现基督教言语的精神，并且超然于"文字"之间永无止境的更迭。他询问道："一种文字要为另一种文字让道吗？你们还想在旧秩序、旧精神中寻找堕落的根源吗?你们是不是想象自己正在理解更新精神的正确道路之上?”(同上)诺瓦利斯强调,拯救既非伤感式地回归旧秩序,亦非教条式地 146
坚持一种新的“文字”,而是坚信要把历史本身的“精神”当作一种模式。

> 这些精神之精髓将令你明智,不再做出那种塑造历史和人类,并且为它指明方向的愚蠢努力。历史难道不是独立的?不是自我支配的?不是极富魅力而颇具预言性的?研究历史、遵循历史、学习历史、与历史步调一致,真心地理解其中的应允与启示——可没有人想到要这样做。[同上]

诺瓦利斯的观念与贡斯当的一样是“神秘的”,也就是说,它们代表了一种情绪、一种心灵状态,被提升到了一种真理的位置。一位所持的历史“神秘主义”与另一位对历史的极端怀疑论形成鲜明对比,可它们同样是教条式的。后者通过确认历史毫无意义地来解决生活中的问题;前者则主张,我们能够获得的惟一有意义的生活,必然得自于毫无保留地相信历史力量将赋予自身意义,相信人们必须像他们自己在过去理解宗教那样“理解”历史。贡斯当体验为梦魇的那种情境,诺瓦利斯把它理解成了救赎之梦的素材。

然而,应该注意到,这样概略描述的两种立场实际上将产生同一种历史学。在上述两种情况下,单个历史事件具有一种价值,这是在由某种批判标准支配的历史学中所没有的,那批判标准要求历史学家区分历史档案中的事件是否有意义。对贡斯当而言,作为人类寻求意义的一个组成部分,每一事件都同样地没有意义;而对诺瓦利斯来说,作为人类自我认识和发现人类生活之意义的组成部分,每一事件都同样地有意义。

在卡莱尔论《博斯韦尔的约翰逊传》的论文中,表现出另一种同样是美学的,但道德上更具责任心的浪漫主义形式。在此,卡莱尔把历史学的目的界定为努力废除“天命敕令,这样,时间老人就不会彻底地，不会在短短几个世纪内如此之迅速地控制住我们”。依卡莱尔看，史学家的目的在于将过去伟人们的呼声转变成现实生活中人们的忠告与启示。卡莱尔说，在历史学巨著中，“逝者依然存在，隐者尚得彰显，死者仍能尽言”。在此，史学家的工作被视为一种转生，即虔诚地按原样重建过去，其精神直到现在还继续主导着怀乡性史学。尼布尔在其言谈中表达的那种心情也激励着它。尼布尔曾说过：“有一种东西能带来快乐，它将被遗忘、被忽略的伟大事迹放回到能够得到认识的位置之上。幸运地承认这一点的史学家就处在了其心灵与早已逝去的诸多精神之间的联系中，他感到
147 自己得到了上帝的眷顾。此时，相似的行为与情感与对它们的感受合为一体，这正是那种他出于对伟人的友爱而具有的感受。”（转引自内夫：《历史的诗学》，第104—105页）

但是卡莱尔的历史学观念就像他的哲学观念一样，是行动多于沉思，它在伦理学上更有活力、更果断，而且，令人惊讶的是，它比早期浪漫主义者的历史性哲学更反对怀乡式的自我沉迷。在《论历史》一文中，他主张

> 在行为的历史中和书写的历史中不一样：实际的事件彼此间决不会像父母与子女之间那样简单地关联；每一个单一事件都不只是某个事件的产物，而是所有其他之前的或同时代的事件的产物；并且，它也会与其他事件结合起来产生新的事件：这是一种永远鲜活的、永远运转的存在之混沌状态，在其中，一桩桩事态本身是从无数的因素中冒出来的。[第59—60页]

卡莱尔在《论传记》一文中说，史学家必定以一种既是科学的又有诗性的精神来面对这种“存在之混沌”：

> 科学的方面在于：因为每个凡人面前都摆着存在的问题，

> 即，假如它只是（在很大程度上它就是）保持身心合一的问题，那么在一定程度上肯定是独创的问题，与每一个都不相同；然而，与此同时，它们彼此之间如此**相像**，因而也像我们自己的存在一样；此外，它也是有启迪意义的，因为我们也深陷于**生活**之中。诗性所关心之处在于：前面所说那种人类自由意志对抗物质必须性的努力，仅仅通过人们持续生存这一情形来看，在每个人的生活中都将或多或少地以胜利的姿态显示出来，它恰恰是高于一切的，甚至是包含一切的，它唤起凡人心灵的共鸣而投入行动；并且它不管是作为行动的东西，还是作为呈现的或撰写出来的东西，都不仅是诗歌，而且也是惟一可能的诗歌。［第52—53页］

卡莱尔与诺瓦利斯及信奉宗教的浪漫主义者不同，他对怀疑论的反抗包括了拒斥在人类自身之外寻求人类生活之意义的任何努力。人类的生命就其个体体现而言就是他的最高价值；因而，史学家的职责并非像诺瓦利斯那样单纯地赞美历史过程本身，而是要让人类生命了解其潜在的英雄本质。

但是，卡莱尔认为每一个生命既是“与他者相似的”同时也是“绝对独特的”，他排除了任何进一步超越这种（隐喻式）见识的可能性；他也排除了任何我们可能视为对世界的一种特殊历史性“解释”的东西。如果“每一个单一事件都是……所有在它之前的或同时代的事件的产物”，并且历史领域是一种“存在之混沌状态，在其中，一桩桩事态本身是从无数的因素中冒出来的”，那么，要设想存在任何将这种“混沌状态”还原为秩序的途径，看来都是不可能的。然而，在卡莱尔看来，对历史领域的理解是由思想和想象，或者“科学”和“诗学”的两重运动促成的。藉此，事物首先是因为与他者相似被理解，然后才领悟到了它们的独特性，或与任何其他事物的差异。卡莱尔所做的是，通过把对世界的科学和诗性领悟之间的关系看作概念的自然“过渡”这样一种方式，把它们归入到了隐喻模式 148

之内。历史领域事先被设想成了一种“存在之混沌”,阐释这种历史领域的隐喻模式要求史学家只要以一种等待或期望历史领域将向他展示其丰富性的姿态,将自己置于历史领域之前,并坚信既然每个个体生命都像每一个他者,它“因而也像我们自己”,进而直接在意识中展现出它的统一性以及与其他任何事物之间的关系。

由于历史领域表面上几乎被看成了一种混沌状态，这种历史学观念与赫尔德的有诸多相似之处,但又有所不同。卡莱尔的历史学观念并不只是将它看成一种表面上的混乱，即假定它最终还是要努力将其不可胜数的组成部分构成一个总的综合体。事实上,卡莱尔与大多数后期浪漫主义者一样，认为这种混乱最终可分成两种存在状态，其本质均得自于上述引文中他为了区别科学的和诗性的理解而使用的相似性和差异性范畴。作为一个过程,历史表现为一群乌合之众对抗杰出人物即英雄的漫无止境的斗争。因而,对卡莱尔来说,历史知识只是单纯地探究“存在之混沌”而获得的,为的是要确定某些杰出人士出现的时刻，以及将其意志加之于一群好逸恶劳、顽固不驯的乌合之众的时刻。英雄的出现代表了“人类自由意志战胜必然性”的“胜利”。在这一点上,史学家的职责是构思一支颂歌来向英雄致敬,而不是像诺瓦利斯那样,唱着一首“总体历史”的赞美歌。

简而言之，卡莱尔有一个批判的原则，靠它挑选出个体的英雄,即成就了一些与历史相背之事的人,并将它当作一部对人负责的历史学的恰当的研究对象。贡斯当把“存在之混沌”理解为一种令人可怕的空无,诺瓦利斯将它视为一种没有区别的丰富生命力,而卡莱尔则认为它是英雄的个体面对而要进行控制的形势——即使只是暂时性地控制并且充分了解这种“混乱”将最终胜过那试图主宰它的人。在卡莱尔的思考中,“历史”具有更多的内在意义,这要远甚于贡斯当所理解的历史中的含义。人类的生命在某种程度上说也有着更大的价值，这恰恰是因为个体毅然将形式加在了这种“混乱”之上,并为历史留下了人类期待自己不单纯是混乱而能有所成就的标记。

然而,就历史的"存在之混沌"观念而言,它至少有利于将历史意识从决定论中解放出来,那种决定论曾将启蒙时代理性主义史学思想逼入了反讽和讽刺之中。"存在之混沌"观念使历史领域和历史过程变成了一幅事件的全景图,在其中重要的东西是新奇的和新生的事物,而不是文化生命取得的成就或继承的遗产那些方面。这观念也使历史成为一个能看到新生事物不断出现的场合,而不是一个旧的因素在有限可能的联合中不停地简单重组自身的场合。但是,它并没有提供某种规则,使得历史领域中出现的个体因素,能够按照鼓励大家相信整个历史过程有一种可以理解的意义这样的方式聚集起来。它只是将历史领域构成一种"形式的狂欢",诗人可以到其中去寻找灵感来测试他的同情心、理解和欣赏能力。

米什莱:按隐喻解释并按浪漫剧进行情节化的历史

贡斯当、诺瓦利斯和卡莱尔都明显地是"浪漫主义"思想家。他们对历史的思考也有赖于把历史领域当作"存在之混沌",接着又分别理解为仅仅是一种混沌状态,一个充满着创造性力量的场合,以及一个英雄人物与历史本身之间斗争的场所。然而,这些理解与其说是获得的,不如说只是被断言为真理的,是在对它们的不同主张具有的诗性感受中凭着信仰来接受的。在浪漫主义运动之内,就历史过程的浪漫主义观念而言,法国史学家和历史哲学家朱尔·米什莱代表了一种不同的观点。首先,米什莱声称找到了一种方式,它能将浪漫主义对世界的理解提高到科学分析的地位。对他而言,一种批判地自觉的诗性感受力提供了对世界的一种特殊"实在论的"理解的途径。

米什莱明确否认自己是一位浪漫主义者。他曾在信中说,"浪漫主义运动”与他擦肩而过了。正当浪漫主义运动兴旺之时，他在忙于查阅档案、将自己的知识与思想融合成一种新的史学方法，对此，维柯的《新科学》可以说是一个榜样。米什莱把这种新“方法”描述成“聚集与反射”的方法。用他的话说，它为他提供了“一种火焰，它足以炽热地熔化一切明显的差异，在历史中将它们复原为曾在生活中存在的整体”。然而，正像我们将要看到的，这种新方法不过只是将隐喻模式中的蕴涵解释出来，它被看成了一种准许史学家事实上在总体上认同、复活并重新体验过去生活的途径。

150 米什莱避免反讽的努力始于抛弃转喻和提喻策略。他相信隐喻足够用来描述历史领域及其过程，因而直接采取了这种立场。米什莱否认有关历史领域的机械论（因果关系的）还原和形式论（类型学上的）整合具有任何价值。在其著作之中，对事物在本质上的同一性所做的隐喻式领悟要远胜于其他方面的考虑，这使他完全有别于卡莱尔或其他推崇个人主义的浪漫主义者。正是这种对同一性的认识，米什莱得以宣称自己满怀热情描述的历史具有科学真理的地位，这就像维柯在为自己本质上是“诗性”的历史学观念要求一种科学的地位一样。他为之努力的是一种历史领域中不同实体的象征性融合，而不是一种用来将它们描述为个体象征的手段。无论历史中具有怎样的惟一性，在米什莱看来都是整体的惟一性，而不是构成整体的部分的惟一性。部分的个体性只是表面上的。它们的价值在于充当了万事万物（在历史中和在自然中一样）都努力成就的统一体的象征。

但是，在世界中存在着努力这一纯粹的事实显示出，统一体是要达到的目标，而不是一种加以描述的情形。这对米什莱而言有两种含义。其一，史学家必须以推动万事万物努力成就的统一体实现的方式来写作其历史；其二，历史中显现的任何事物最终必须根据它对于实现该目标具有的贡献，抑或它阻止其实现的程度来进行评价。因此，米什莱依靠浪漫剧的情节化模式作为从历史过程中获取意义的叙述形式。这种历史过程往往被视为一种本质上的美德对抗极端的（但终究是暂时的）邪恶而进行的斗争。

作为一位叙述者，米什莱运用了二元论的策略。对他而言，在历史领域中存在的单个实在确实只能置于两种范畴之中。就像在所有二元论的思想体系中那样，在米什莱的史学理论中，绝对没有将历史过程想象成朝着所期望的目标发展的一个辩证乃至渐进的过程。在此，只有罪恶与美德势力之间的互换——专制与正义、恨与爱之间的互换，伴随偶尔相交的特殊时刻，法国大革命的第一年就是如此——这维持着米什莱的信念，相信人与人、人与自然、人与上帝的最终统一完全是可能的。在人类期望的极限之处，米什莱憧憬着发现终极象征，即诸种隐喻的隐喻，它可能在评述之前被理解成了自然、上帝、历史、个体，或是总体的人类。

在米什莱的史学中，隐喻模式与浪漫式神话的作用如何，能够从他的《法国大革命史》中看到。米什莱对大革命头一年法兰西精神的描述表现为一系列隐喻式标识。其中，法兰西精神的特征由作 151
为黑暗中呈现出的曙光，转变成“本能的”欲望超越了长期与之对立的“人为”力量，而趋向于博爱的胜利图景，最后又被想象为一种纯粹象征化的符号。他写道，法兰西“勇敢地跨越［1789—1790年］黑暗寒冬，迈向一个充满着希望的春天，它为世界带来了一种新的见解”。然而，米什莱问道，这种“见解”是什么？他回答道，它不再是“对自由的茫然爱慕之情”，而是“祖国的统一”（第440页）。人民就像“迷途的孩子……最终回到了母亲的怀抱”（第441页）。米什莱断言，1789年11月，随着地方阶层的瓦解，男人与男人、男人与女人、父母与孩子、富人与穷人、贵族与平民之间的一切区别都将瓦解。那么剩下的会是什么呢？“博爱将消除每一个障碍，所有的同盟都会联合在一起，联邦将趋于统一。——不再要什么联邦了！这些都毫无用处，现在只有一个是必需的，那就是法兰西；看来，它在光荣七月中已经被理想化了。”（第441—442页）

米什莱随后问道：“所有这些是一个奇迹吗？”自然，他回答道：“不错，这是一个最伟大而且最简单的奇迹，是［人类］向自然的回归。”因为，既然“人类本性的根基是社会性”，以前就“需要整个世界的反自然的创新来阻止人们在一起生活”（第442页）。对于人们相互联合的本能欲望来说，整个的旧制度被当成了一种人为的障碍。整个习俗、义务、税费、律法、规范、度量衡和货币的复杂结构，整个在“城市、乡村和团体”之间“谨慎鼓励和维系对立状态”的腐朽体系——所有这些障碍、这些传统壁垒“在一天之内崩溃、粉碎了”（同上）。而当它们粉碎之时，“人们相互注视着，感觉到他们都类似，都惊讶相互之间会漠视如此之久，都为令他们相互隔绝这许多个世纪的愚蠢的仇恨而懊悔，最后，他们相聚在一起相会，以相互间发自内心的拥抱来弥补那些过失”（同上）。米什莱说道，此处别无其他，

> 惟有全心地热爱着统一的东西存在……地理本身消失了。人们之间的任何山脉、河流或者屏障都不复存在……这便是爱的力量……时间与空间，这些令生命受其支配的物质条件不复存在。现在，一个前所未有的新生命在法兰西出现了，这是一个杰出的灵魂，它使法兰西的整个大革命成了一个梦境，时而令人愉悦，时而令人恐惧。它既不分辨时间，也不分辨空间……一切旧的象征变得苍白，而努力使用的新象征又没有多少意义。无论人们在领圣餐前的旧神坛之上怎样信誓旦旦，抑或在抽象自由的冷傲形象之前如何宣誓，真正的象征都是在别处。
>
> 152 这些喜庆场合的华丽、庄严及永恒的魅力就在于其象征是活生生的。
>
> 这种人类的象征正是人类。[第444—445页]

随后，米什莱转换成一种既是他自己的，同时也是那时相信大革命的人的语气，写道：

> 我们是些崇拜未来的人,将自己的信仰寄托于希望之中,期待着东方黎明;我们是被日益变得不能忍受、丑陋和扭曲的过去逐出每一座殿堂的人;我们因为它的专制,被夺去了圣殿与神坛,并经常在我们彼此单独的思想交流中深感悲伤。在那一天,我们拥有一座圣殿,那是前所未有的圣殿!它不是人工打造的教堂,而是覆盖全法兰西的普遍的教堂;从孚日山到塞文山;从阿尔卑斯山到比利牛斯山。
>
> 不再有传统的象征!只是整个的自然、整个的心灵、整个的真理![第450—451页]

他说道:它便是一切,即"最完美的统一体中最庞大的多样性"(第452页)。

米什莱将他的历史情节化,撰写成精神的力量奋力使自身从黑暗力量中挣脱出来而进行的揭示与解放的戏剧,即一部救赎的戏剧。并且,他设想自己作为一位史学家的职责在于充当被救赎之物的保存者。在1846年的《论人民》一书中,米什莱阐述了有关历史表现的观念:"那是我将来的份内之事,我达不到、却可以标识出来历史的目标,我给它一个别人没给过的名称。梯叶里说它是*叙述*,基佐说是*分析*。我称之为*复活*,而这个名称将会留传。"(转引自斯特恩:《历史的多样性》,第117页)这种作为"复活"的历史观念适用于米什莱所写的各式各样的历史意在勾画的情节结构,同时也适用于其中运用的各种解释策略。它决定了米什莱所著历史的形式,也决定了其中的内容。其"意义"就在于它们既是解释又是表现。但是,由于米什莱将宏观的历史性转折点设定在大革命期间的这样一个时刻,即"人民"通过消解一切与之对立的抑制性力量而实现彻底亦即自由和统一,因此,当大革命英雄时期的理想在于最初培育它的社会各阶级与政治精英中变得不再重要时,其历史著作的语气必然变得更加忧郁、更加悲伤。

在七月王朝时期,米什莱主导着历史学界;他的《近代史纲》

(1827)直到1850年,都还是法国学校中关于欧洲史的权威论述,这时,一轮新的反动浪潮将自由主义推入自身的保守阶段,并且断送了米什莱正激情迸发的大学教学生涯。他的《法国大革命史》(七卷
153 本,于1847—1853年间法国各派人士激发的情感高潮时期出版)前言中有一段话语气哀婉,这与他纪念父亲去逝的情感有关联,与此同时,他也正百般痛苦地目睹大革命的理想慢慢消逝。他写道,自己的历史反思是在"人生可能遇到的最糟糕的环境中,死亡与坟墓之间"进行的,"幸存者(他自己在某些方面也已死亡)在两个世界之间做出判断"(米什莱:《法国大革命史》,第14页)。米什莱对法国历史直到大革命之前所进行的浪漫主义情节化,就这样被置于一种感到它随后烟消云散的更大的悲剧意识之中。这种对自己时代的悲剧本质的认识赋予米什莱被称之为实在论者的另一种理由。他认为,这恰好与18世纪80年代法国存在的情形相似。

《近代史纲》写到了大革命的前夕,他将那个时候整个的法国社会描写成陷入了一种支离破碎的情形中。米什莱这样写道:

> 整个世界都在关注人民,热爱人民,提笔为人民立传;善举虽好,但人们行小善,纵大乐。[第395页]

但是,当"上流社会"尽心演完一部"感情喜剧",这个"世界上的伟大运动"继续朝着迅速改变一切的方向行进。

> 公众真正的红粉知己,博马舍[①]的费加罗日渐悲伤;它从喜剧转变成了讽刺剧,又由讽刺剧变成了悲剧。皇室、最高法院、贵族阶级,全都弱不禁风,整个世界就像喝醉了酒一样。[第395—396页]

在卢梭和吉尔伯特的刺激下,哲学本身已呈病态。"对于宗教

① 博马舍(1732—1799),法国喜剧作家,著有《费加罗的婚礼》。——译注

或反宗教，再无人虔信；然而，每个人都愿意相信点什么；于是，勇敢的精神隐姓埋名到卡里欧斯特罗[1]幻术和梅斯梅尔[2]的催眠术中寻求信念。”可是，法兰西和欧洲其他部分一样，吸引她的是“理性怀疑论无止境的对话，即与休谟的极端怀疑论相反，产生了康德那种明显的教条主义；并且，在任何地方，人们都能听到歌德伟大的诗性之音，它悦耳、无视道德，还冷漠异常。法兰西心烦意乱、忧心忡忡，对此毫不理解。德意志上演了科学的史诗，法兰西演出的则是社会戏剧”（第396页）。旧制度最后时日里喜剧式的悲哀是对比了伟大的承诺与承诺者的彻底无能之后造成的，“当时的政府官员都软弱无能，他们只会说，不会做。”（同上）

在这种割裂情形之下，大革命本身正是喜剧的解决方式。使得
大革命突如其来的挑战被展现为“（旧的和新的）两种原则、两类精 154
神之间”的斗争（米什莱：《法国大革命史》，第22页）。“新的”精神，即正义精神，它“意在实现，而非废弃”（同上）。旧的精神，即非正义精神仅只是作为正义精神实现的对立面而存在。并且，这种激进对立的原则为米什莱用一个短句描述大革命提供了基础：“大革命不过是正义反对特权政府和神恩宗教而姗姗来迟的反应”（第27页）。大革命是一种逆转，是以理想中的正义替换绝对专制。但这种逆转更多是被简单描述成那样，而没有加以说明。大革命是人民的“救赎行动”，米什莱始终以深感同情的方式参与其中。

米什莱用以描述大革命的另一种想象是一种诞生过程。但其诞生被想象成更像剖腹产而不是顺产。他写道，在旅行中，他漫步山间，想到山峰“从大地深处”耸然而出，于是陷入了沉思：

> 然而，表层之下潜在的地壳运动是什么呢？其内部争斗不可胜数的力量是什么？那样它们才能聚集起来搅乱山峦、穿透

① 18世纪意大利魔术师，炼金术士。——译注

② 18世纪奥地利内科医生，擅用催眠术治疗疾病。——译注

> 岩石、粉碎岩床冲出地表。是多么强大的震撼、多么剧烈的挣扎，使得从地球内部迸发出如此巨大的呻吟啊！［第28页］

他说道，这样的沉思在他内心中产生了令人绝望的痛苦，“因为大自然太容易让我想起历史。”而对“历史”又让他联想到“正义”及其多年来被掩埋在暗无天日的牢狱中的状态：

> 正义理应千年前就得彰显，但［基督教］教条的山峦横亘在它的心上将其压垮，算算时日，那么多岁月已经流逝，对了解它的人来说，正义成了永恒之泪的源泉。以历史为中介经受这场旷日持久的折磨的人，不可能完全从中复原；无论可能发生什么，他只有悲伤；世界的欢乐有如阳光，却无法给他带来更多的慰藉，他在悲痛中、在黑暗中呆得太久了。想到这长期的屈从、驯服、忍耐，以及人性竭力爱护这个充满憎恨、诅咒、令人心碎的世界，我心感悲伤。［同上］

在此，有必要澄清一下赫尔德与米什莱研究历史的根本区别。一方面，米什莱当然没有拒绝对他在历史情境中看到的各式人物做出评判。此外，他也没有将历史过程看作某种本质上的和谐，也就是说它的一切运作表现出了对人类的善良与仁慈。就像兰克那
155 样，米什莱很严肃地看待斗争与冲突，认为这是历史存在中不可回避的。这是其“实在论”的另一种预示。但是，既然他将这种戏剧性事件的化解置于逐渐失去人类共同体之理想化身地位的某个时期和某组事件中，也就是说，置于群众（对他而言就是无政府主义者）阶段的大革命中，米什莱对历史过程根本上的那种浪漫主义理解也就逐渐沾染上一层悲哀，这源自于认识到那种能够构成普通历史的原则越来越失去意义。他继续声称自己相信大革命的理想，以及为这种理想和信念提供合法性的社会图景，然而他的语气随着1789年事件在时间中的隐退而越来越绝望。

在他回顾大革命时期的那种历史情境下，专制力量再次控制了国家和国际活动，这迫使米什莱促成了对历史过程做出一种反讽式理解,即人类生活永远是重返那种邪恶和分裂之中。但是,从人类长远来看,他毅然将这种重返解释成一种暂时的状态。对自身所处状态的认识在他内心中激发的疑虑，通过意志行为转变成了应抱有希望的前提,事实上就被当作了希望。他可能对自己说,就如同谈到大革命前夕的“人民”,那时,生活在他们看来肯定是最黑暗的:

> 不要被你的疑虑吓住了。那种疑虑已成信仰。相信,希望!正义尽管拖延了,终究会到来;它将审判教条、审判世界,而这审判之日就叫做革命。[第30页]

这样，整个历史过程的浪漫主义情节结构完整无缺地保留下来了。悲剧和讽刺剧的那些情形作为整体过程的若干阶段安置在其中,它们将在大革命的烈火中化为灰烬,而大革命自身的历史将得以继续。

赫尔德把历史想象成人性由某种独特性向另一种独特性逐渐转变的过程。米什莱不一样,他将历史设想为一系列剧烈的逆转,由长期以来迫使人类分裂成对立阵营的张力造成。在这些逆转中,错误的正义由真正的正义取代;不忠的爱由真正的爱取代;错误的爱的宗教,即基督教,这个让“世界血流成河的”暴君,由它真正的反题,即大革命的精神所取代(第31页)。米什莱说,他的意图在于传播真实的证据来反对国王、牧师的奉承者,“要淹没错误的历史,淹没凶手雇用的阿谀奉承之徒,堵住他们那张说谎的嘴。”(第33页)

在米什莱的述说中,旧制度的象征就是巴士底狱;它是反讽情形的符号,在那种情形中,一个“仁慈的政府”往往一时兴起而承认秘密逮捕令，并且为了金钱而认可正义的敌人，以此表现其“和 156

善”。旧制度最恐怖的罪行是令人处于这样一种生存状态,它既非生、亦非死,而是“一种介于生死之间的中性状态,即毫无生气、被埋葬的生活”,一个“特意为遗忘”构成的世界,即巴士底狱。大革命挖掘出并要求它参加审判的正是这种“被埋葬的”生活。大革命是一切善和被旧制度“埋葬的”人的一种政治和道义的复活。

按这样想象之后,大革命表现为记忆——也就是“历史”的复仇,报复对生者进行选择性的杀戮以及对死者权利的废弃。米什莱说,在巴士底狱,人们并没有简单地被处决,相反,只是被遗忘了。在米什莱的意识中,这更加恐怖。

> 遗忘,噢!可怕的遗忘!一个灵魂在众多灵魂中消失!难道上帝为生命创造的灵魂连保留在心灵中的权利都没有了吗?什么事情这么要命,即便是罪大恶极,也不应造成这死亡中最糟糕的一种——被永远地遗忘?[第73页]

但是,在揭示米什莱自己对于史学家的职责之圣洁性所持的概念时,他强调:

> 不,别相信它。没有什么被遗忘,人和事都不会被遗忘。事物一旦存在,就不可能这样被毁灭。高墙不会遗忘,大道亦会记忆,传达记号和喧闹;连空气都不会遗忘。[同上]

米什莱并非陷入对生活本身作为一座牢狱的反讽性深思,而是毅然承担起“记住”那些虽死犹生的人以及大革命理想的任务,旨在恢复那些值得记忆的死者在生者中的正当地位。

大革命前夜,如同拿破仑三世重新牺牲大革命理想后米什莱不得不生活的那个世界,“世界四处都是监狱,从斯匹尔堡到西伯利亚,从史潘道到圣米歇尔山,世界就是一座监狱!”(同上)在撰述大革命来临的历史时,米什莱身临其境般地进入并再次体验着这

场民众运动,它很快就将猛烈爆发,以对抗这种对记忆和生活的冒犯:

> 从牧师到国王,从宗教审判所到巴士底狱,道路笔直却悠长。神圣!神圣的革命,你的到来为何如此缓慢!我已历千年,在中世纪的沧桑中等待你。什么!我还要再等下去吗?唉!时光太慢!唉!我该怎样计时!你会永不到来吗?[第79页]

当妇女和孩子们突然冲入巴士底狱,将关押在其中的丈夫、儿 157
子、爱人和兄弟解救出来,米什莱爆发出欢快的叫声:“哦!法兰西,你得救了!哦!世界,你得救了!”

这场拯救导致男女、老少、贫富及所有人之间的一切差异全都化解,最后国家转变成了人民。这种完美融合的情形以圣女贞德的形象来象征:“我再次凝视天空中长期以来关注着我的希望的那颗新星——贞德。”不过,在另一个冒犯理性和科学,却没有冒犯隐喻的激情流露之处,米什莱评论说:“即使该少女改变性别,成了少男,是奥什、马尔索、儒尔贝或克莱贝尔又有何妨。”(同上)

在米什莱对正在描述的事件充满的热情中,他化解了不同的人、制度和价值之间所有的差别感。他对看上去存在差别的事物进行的隐喻式认同完全置事物之间任何差别感于不顾,这些事物间的差别正是隐喻性用法首先运用的场合。在他对整体统一性的理解中,一切差别都消解了。这样,米什莱写道:“最好战者”成了“和平的先驱”;并且“恩赐,即专制用来镇压我们的名称,现在看来是一种和谐,与正义相同”。他说道,若将大革命设想为一个过程,它不过是“公平的反应,姗姗来迟的永恒正义”;本质上,它是“真正的上帝之爱,与上帝的恩赐完全一样”(第80页)。

这样将一个抽象概念与另一个融合的做法并不是辩证地获得的;它们仅仅是一种断言。但是,它们既非作为抽象概念,亦非作为合成物而被米什莱经验到,而是作为某种本质的同一物,它既是历史的本质，又是原因，米什莱正是因此而以史学家的身份工作。“上帝之爱”和“上帝的恩赐”对他而言就是“正义”和“权利”，他分别称其为“母亲”和“父亲”。然而，就连正义和权利对他来说都太分明，因此，他最后将二者与上帝视为一体（“你们与上帝同为一体”）。（同上）

于是后来，上帝在米什莱的历史学研究中支撑着他，并确保其客观性。客观性不过是另一种形式的“正义”和“恩赐”。在《法国大革命史》导论的最后，就如同他早先谈到“大革命”，米什莱直接说起了上帝：

> 你就是正义，在此书中支持我。我的思路是我的内心情感的表露，而非凭一己之私利，也非凭这俗世的任何思绪。你对我公正，我便以公正对待一切。我写作是为了谁，不正是为你吗，永恒的正义！[同上]

现在，不可否认，米什莱著作中的语气和观点都与他更为“实
158 在论的”德国同行——贤明的兰克形成一种最彻底的对照，后者坚定不移地认为自己不愿意“裁定”过去或为将来立法。但就“客观性”而论，米什莱和兰克之间的主要差异仅限于表面，而非实质。其事实在于，促使米什莱投身历史研究的爱、恩赐和正义的原则表露在外，并且在“民族、人民和大革命”的原则中得到了明确体现，而不像在兰克那里那样，只是暗中尊崇或认同为“国家、教会和既定社会”。无论在细节上还是整体上，米什莱对于真实表现过去的兴趣一点都不比兰克少。但他相信人们著史可以不是出于任何“私利”，也不是“受这个俗世的任何思想的”支配，而是简单得很，只要遵循“内心情感表露的思路”就行了。兰克表示要受超越这种“情感”的愿望支配，这并不会遮掩下述事实，即他自己的历史较之米什莱的而言，表现出个人偏好和党派偏见方面的证据一点不少。重要的是，两位史学家都充当了种族记忆的管理员，以此来对抗任何

专制，它有可能通过对真实进行系统的压制来侵犯这种记忆。

米什莱认为，史学家的职责准确地说，类似于那些突袭巴士底狱的妇女的做法，即要复原“被遗忘的囚徒”的权利。在米什莱最具自我批判的某个时刻，他说道，史学家“既非恺撒，亦非克劳狄乌斯；但是，在梦中，他经常看到大众在为其生存状况哭泣、悲伤，他们尚未逝去，就想要转投来世”（米什莱于1842年写的片断，巴尔特引用，第92页）。这些死者没有仅仅要求“坟墓和泪水”，仅仅重复他们的“叹息”亦不够。米什莱说，他们要求的是：

> 一位俄狄浦斯，他将为他们解开自己的谜，这个谜他们读不懂，解谜者将向他们解释其并不理解的言语、行为的意义。[同上]

这看上去像是建议代表着死者的史学家也为死者写作，而不是为那些在现在和未来活着的读者。

不过，米什莱再一次改变了想象，以普罗米修斯的形象替代俄狄浦斯的形象。就像普罗米修斯那样，史学家将为死者带来天火，它足以把“凝固”他们“声音”的冰块融化，那样，死者便可以“再次”为他们自己“诉说”。

但是，即便这样还不够。史学家必须能够听到和理解“不曾言说的话，它们仍存留在[死者的]内心深处”。最后，史学家的职责在于“令历史的沉默说话，它们是些再不会出声的可怕的管风琴音 159
符，并且正是其最悲凉的音调”。只有当死者的声音和他们的沉默在生活中得以复原，

> 死者才能在坟墓中安然瞑目。[于是]他们开始明了自己的命运，将其嘈杂之声调节成一种更轻柔的和声，以俄狄浦斯最后的言语轻声对他们自身说：“祝永远幸福。”这样，幽灵得到礼遇和安抚，他们允许盖上自己的骨灰盒……被遗忘的时

代中那些珍贵的骨灰盒，历史的牧师带着它，那么虔诚、那么细致地传递它！……就好像他们可能带的是自己父亲或儿子的骨灰。是他们的儿子的吗？难道不是他们自己的吗？［同上］

1872年，米什莱晚年在《19世纪史》前言中，再次说起史学家的职责在于根本上充当死者"记忆"的管理员。

是的，每一位死者都留下点东西，即他的记忆，并要求某人来照管。对于没有朋友的死者而言，文官就必须照管一下。在法律上，正义比我们一切健忘的柔情都更确定，因为我们的泪水干得太快。

这位文官便是历史……在我整个的生涯中都不曾对此忘怀，这是史学家的职责。我曾为许多很快容易被遗忘的死者提供了这种帮助，这也是我自己将来需要的帮助。

我将他们发掘出来，赋予他们第二次生命。［巴尔特引用，第91页］

对于米什莱有关史学家"对正义和真理的坦诚与强烈的偏爱"之必要性的观念而言，这种史学家的职责的概念决不会和它冲突。只有当史学家在恐惧中，或者在希望奉承既定权威的写作中，错误的偏爱才会进入历史。1856年，在其《法国史》结论部分，米什莱坚持认为，最可敬的史学家为了充当世界的法官和救赎者，必须抛弃对某些人或事的一切的"尊敬"。抛弃这种尊敬，史学家才可能"在人类生活数世纪以来的相似性和整体的和谐之中"，看到"事实和正义最后吻合并且不相矛盾"的程度。然而，他也警告说：

若于细节、于冲突中置入历史哲学这种致命的鸦片，那些对虚假和平的安排，是要将死亡注入生命、要扼杀历史和道德、要以一种不偏不倚的心灵的语气来询问"什么是恶？什么

是善?"[第90页]

米什莱坦率地承认其著作中的"道德"倾向,但他强调,其研究已经令他看到了他研究的这些世纪的真实"相貌";至少,他也给出 160
它的"一种真实印象"(同上)。

米什莱以维柯为例,认为这位思想家提供了一种意识与社会互动理论,藉此,社会形式仅仅是连续的这个事实,能够当作一种具有纯粹世俗性质的神意过程被接受。维柯的理论允许米什莱将一切明显的形式上的总体分解成个体性,此后,用纯粹隐喻性术语来描述个体性和它们位于其中的更大过程这两者的本质特征。兰克对自己所处时代具体化的那些已完成的社会和文化形式进行理解,并且把那些形式当作判断更大范围的历史是否有意义的标准,这时,对任何类型的大型理论的怀疑,使得他中止了在历史中寻求意义和秩序的努力。这样,在预构历史领域及其过程的方式上有着如此之多共同之处的两位史学家,趋向于两种相异的表述模式,使得他们各自避免了反讽的威胁。

米什莱采用的是隐喻模式,把历史当作浪漫剧进行情节化,这是因为他相信部分具有整体性的本质,以此来支撑他对整体过程的连贯性认识。米什莱把握住了维柯就人类实在的任何特定历史观念认识到的本质要点,即,在社会或意识进步中被克服的那种力量,其本身会为将要流行的新的社会或意识充当一种质料。正如米什莱在他翻译的《新科学》导论中评论的,不单单是信念,而是社会本身维护了"历史哲学的原理",即对历史过程的神意本质的信仰:

> [社会]制度的奇迹就在于,在其每一次革命中,它都在前面所说的那种极为堕落的情形中发现了新形式的要素,这足以作为补偿。正是这种不同寻常的必然性,可以说它存在一种比人类更高的智慧……[第xiv页]

他继而说道，这种“智慧”并没有借助于“实证律”支配我们，而是通过调节那些“我们自由遵循的惯例”发挥作用。这样，米什莱的结论是，历史理解的核心原则就是维柯在《新科学》中阐明的观念：

> 人类自身创造了本然的民政世界；但这种世界不亚于一种才智的创造，它往往与人类为自身设置的特殊目的相逆，并且永远高于后者。[第xliv页]

于是，他复述了那些（由个人反映的利益中显示的）公共事物的清单，它们是人类从野蛮到文明的进步过程的标志，并且以这样
161 的评论来结束：“即使国家要毁灭它们自己，它们也会被分解成孤单的状态……而社会这只凤凰将浴火重生。”（第xlvi页）

这种凤凰的比喻很重要，因为它的那种永恒回归的暗示表明任何比喻性描述体系，若不是通过某种固定的辩证认识得知的，就有一种内在的反进步论倾向。在历史的隐喻完整性假设开始削弱时，隐喻模式促使历史过程的概念退化成一种“形式的混乱”。如同反革命力量占据优势时，一旦米什莱对于正义和公正必将胜利的信念开始消解，剩下的便只有对理想遭受的挫折陷入忧郁反思之中，而这种理想最初的胜利却是写在了他早期的历史著作中。

现在，米什莱和赫尔德的历史观念之间主要的差别可以细致说明一下。赫尔德以隐喻的模式来描绘占据着历史领域的对象，然后通过有机论的解释策略和喜剧式的情节化策略进入一个提喻式整合领域。米什莱开始的方式是一样的，但他在这个领域中了解到的整合模式是从他的一种眼光中表现出来，这种眼光是从他对历史易消失和短暂性本质的反讽意识中获得的。法国人民为反对专制和分裂的战斗，以及他们在大革命头一年获得的那种完美的统一，这样的“浪漫传奇”因为米什莱心中感到阻碍势力复苏与（至少是暂时的）胜利的意识日益增长而渐渐消失。米什莱继续作为正直与正义的辩护者撰写历史，然而，当他意识到渴望的结果仍有待达

到,他对此的热爱越来越坚硬,也表现得更加"现实"。他与赫尔德不一样。赫尔德可能相信每一次历史冲突的消解都是值得的,这仅仅是因为它是一种消解;米什莱则承认,在历史戏剧的不同场合中,史学家必须在表演的各种力量中占据一种或正或反的立场。在历史过程中,他自己对于行为主体和行为方式的看法是反讽式的。米什莱希望,善与恶的表现者之间的冲突对于善的力量而言,本应看到他认为在1789年法国获得的那种胜利成果;然而,即使受这种希望支配,米什莱还是在那些善与恶的事物之间做出了区分。他的方法假定的"实在论"就存在于他的心愿中,它表现为向往以一种沉甸甸地、饱含隐喻的语言描述历史过程中这两种类型的力量。米什莱不像他那些18世纪的前辈,他认为自己作为一位史学家的任务便是成为死者的监护人,而不管这些死者在他看来是善是恶。尽管最终他是为了服务于正义的利益,即史学家本人最终将善从人类遗忘的"监狱"中解放出来。

虽然米什莱将自己视为自由主义者,并且按他理解的那样,以适合于自由主义理想的方式撰写历史,事实上,其历史观念的意识 162
形态蕴涵却是无政府主义的。正如他在《法国大革命史》中描述的法国人民在1789年所达到的情形中那样,他设想理想的情形是,所有的人都自然而然地团结到一个有着共同情感和行动的社会中,不需要任何形式上的(或人为的)指引。在人类的理想状态中,事物之间以及事物与它们的意义之间的区别都被化解为一种纯粹的象征,如同他说的,化解为统一,即完美的神意。以国家、民族、教会等等为代表的各种各样的中介性统一体,在赫尔德看来,它们是人类社会的本质表现;兰克把它们看成统一的手段;米什莱则把它们看作通向值得向往的无政府状态的障碍,对他而言,这种状态将是一种真正的人类成就的独一无二的标志。

即便米什莱持有这种有关人类社会的惟一可能的理想形式的观念,看上去他也未必可能相信,实际上在历史中遇到的社会组织的任何特定形式与他的理想有些微的近似性。然而,赫尔德由于其历史观念的逻辑，将不得不接受一切，不做任何批评，并且只是因为事物的出现而赞美一切。按照米什莱历史观念的逻辑，除了在他认为仅仅是在1789年这单单一年的法国历史中看到的那种纯粹大联合的瞬间，米什莱在其他任何时候都找不到美德了。最终，他可能赞美那些个人，他们被认为是为理想而奋斗的战士；并且，他可能倾其一生，以一种推动理想在未来实现的语气和情绪来讲述他们的故事。但是，理想本身不可能在时间中、在历史中实现，因为它就像作为它自身实现之先决条件的无政府状态那样，是一种极易消逝的东西。

第四章 163

兰克:作为喜剧的历史实在论

导 言

普鲁士史学家利奥波德·冯·兰克有一段话被历史学专业的正统信念奉为权威规范,他在其中描述了一种历史学方法,作为这种方法的奠基人,兰克表达的便是要反对沃尔特·司各特爵士的传奇小说中提出的那些表现原则。兰克曾经沉迷于司各特笔下描绘的骑士时代那些图景,并激发起他想要更充分地了解和直接经验这个时代的愿望。于是,他扎入中世纪的材料中,包括文献及当代人对中世纪的记述。结果兰克惊异地发现,不仅司各特描述的图景大部分是想象的产物,而且中世纪的实际生活要远比任何可能存在的小说描述更令人着迷。兰克发现,真实比虚构更有意思,更能无限地满足他。于是,他决定未来要把自己限定在仅仅表现那些有文献证明的事实上,并在他的情感世界中抑制住"浪漫主义的"冲动,按照仅仅与过去实际发生的事件相连的方式来写作历史。这种对浪漫主义的批判是兰克标榜的实在论历史学的奠基之地,其标志后来由于梅尼克的推广被称为"历史主义",并且至今是一种具有 164
适当的实在论的和职业责任心的历史学应当推崇的模式。

但是,兰克历史观念的基础并不只是对浪漫主义的拒斥,与之相连还拒斥诸多其他形式,如黑格尔的先验哲学化,在自然科学内和那时社会理论的实证主义学派内盛行的机械论解释原则,以及官方宗教信条中的教条主义。简而言之,任何使史学家无法看到历史领域的直接性、特殊性和生动性的东西,兰克都要拒斥。他认为,一种恰当的实在主义历史方法是那种拒绝了他那个时代浪漫主义艺术、实证主义科学和唯心主义哲学的方法之后,留待意识来实践的方法。

这并不意味着我会像兰克的一些解释者那样,断定他的客观主义观念近乎朴素经验论的那种。它更多地涉及一种后来被称为历史主义的世界观。这种世界观借助于许多先入之见,即在兰克时代的学术界特定类群所特有的先入之见而得以加强。为了分辨那个时代提出的专门的"实在论"概念,使它与它自身针对的浪漫主义、唯心主义和实证主义的"实在论"概念区分开,我将称之为"学说式实在论";因为它把实在论看作这样一种观点,即它的产生并不涉及到与世界及其过程的本质相关的确定的先入之见,而是假定实在能够通过对那种特殊的近代艺术、科学和哲学呈现的形式进行自觉和一贯的拒斥,从而被"实在主义地"认识到。

兰克史学方法的认识论基础

一般认为,兰克的历史解释和表现概念大约在1850年前后基本成形,并且在以后的30年中再没有什么重要的变化或发展(事实上,它倾向于退化成一种机械式的应用体系)。1848—1851年革命和1870—1871年革命对兰克没有实质性影响;它们没有向兰克暗示,欧洲经过几乎两千年的斗争在19世纪三四十年代形成的那个社会和文化组织体系中存在什么弱点和根本缺陷。就像德罗伊森在1868年评价兰克时非常明显地看到的那样,他的喜剧式眼光仍然清晰明朗。

在1824年出版的《1495—1514年的拉丁和条顿民族史》前言中,兰克说道,他的目的在于"以其统一性"(斯特恩,第56—57页)讲述各民族的历史。但是,他坚持认为,对这种统一性的理解只能通过对特殊性的理解而获得。他承认,他对"特殊性"的关注可能赋 165
予其叙述一种"粗糙、不连贯、无趣和乏味的"样子。但是,他的著作渴望的那种"崇高理想",即"以人们可以理解的、统一的和多样性方式存在的事件"只有经过从特殊到普遍的运动,而不是相反的过程才能获得(第57页)。稍后,他在19世纪30年代写的一些片断中,详细表述了对于纯粹世俗的人类意识而言,能够获得的"认知有关人类事物的知识"仅有的"两种途径"。他说道,第一种是历史的"方法";第二种是哲学的方法(第58—59页)。另外,他指出了两种"品质",他认为若没有这样的"品质",就没有人能够获得史学家的位置,它们是"为特殊性本身"而热爱它,以及抵制"先入之见"的权威(第59页)。惟有通过 "对特殊性的反思","普遍的世界历史的发展"过程才能"呈现出来"(同上)。

然而,这种发展过程不能依据哲学家通常运用的那些"普遍概念" 来描述,"历史学的任务是观察这种不能被单一思想或单一词汇描绘的生活"(第60页)。与此同时,人们不可能否认,世界呈现出它通过一种精神力量进行统治的证据,以这种精神力量,历史的特殊性最终一定会发现它们作为整体中的部分而具有的统一性(同上)。这种"精神"的展现证明了历史不只是一种"非理性力量的"景观这种信念。其本质惟有运用宗教意识才能领悟,对于解决特定的历史问题而言,它是派不上用场的。可是,对于涉及到部分以及部分与整体的关系的恰当评价而言, 关于世界的这种宗教理解具有的崇高形式是有必要的。正如19世纪60年代,兰克在另一处写道:"对特殊性的研究,即使是对单个细节的研究,若是做得好,都有其价值。……但是……专门研究也往往要涉及更大的情境……最终目的,尽管尚未达到,总是保留了一种人类史的观念和构成。"(第61页)

当然，专业研究可能会模糊整体历史过程的一致性，但是兰克强调，没有必要“担心我们可能会以令前辈们满意的那些笼统的概括来结束”。事实上：

> 在对各个领域进行刻苦、有效地研究并卓有成效之后，就不再会提出这些笼统的概括了。我们也不能返回来用那些人们在不同时代习惯接受的抽象范畴。历史笔记的累积，以及对人类特征和德性的肤浅判断，恰恰同样不太可能导致全面的和令人满意的知识。[第62页]

166 这样，史学研究必须在两个层面同时进行：“探询历史事件中的有效因素和理解它们之间的普遍联系。”理解“整体”的同时“服从精确研究的规定”将始终是“理想目标，因为它将包含一种对全部人类历史进行的稳固而确定的理解”。他推断，历史研究将不致受“其与普遍性的联系之害”，因为若是没有“这种联系”，研究将虚弱无力。与此同时，“若没有精细的研究，普遍性概念将退化成一种幻觉”（同上）。

像这样的评论常常被引述，来说明兰克想象中的理念在多大程度上违背了在其研究中指导他的方法论原则。例如，冯·劳厄在“兰克史学的更大的结论、他的宗教色彩和理解历史之神意的哲学抱负”与他的“方法”之间进行了区分。在前者被拒斥了之后，后者却得以保存。冯·劳厄说，事实上，兰克“留下了一大史学流派，其中的史学家根本上都达成共同的客观性标准。各地的经院史学家现在仍然坚持要批判性地研究最原始的材料，理解所有细节，从基本的事实中达成概括和综合。他们依旧坚持客观性的理念，使史学家从属于所研究的材料”（第138页）。

这都是真实的，但是它并不足以表明，“客观性”、“批判性研究”、“理解细节”的观念，以及从思考“基本事实”中得出的概括性成果，这一切在多大程度上需要以关于真实和实在的本质概念作为先决条件，只有在这种本质概念的基础上，兰克声称从他研究材料中得出的那种“更大的结论”才能得到证明。兰克的高产（他的全集超过60卷），反映出一种始终一贯的高超研究水平和叙事表现的天赋，这只有根据他带入材料思考中的那种信心，以及他对自己在材料中区分重要和不重要的历史证据时所用标准的信心，才可能理解。正是他对自己的标准存在的信心——他认为那是区别自己的历史研究与实证主义的、浪漫主义的和唯心主义的历史研究的根本，正是这信心吸引了他那个时代（保守主义的和自由主义的，职业的和业余的）史学家的想象，以至于使他成为了一种“实在主义的”历史意识理应如何的楷模。

兰克直观地认识到，如果新时代的历史学要服务于他的价值观要求它服务的那种目的的话，就不得不首先对转喻模式，以及它的机械论因果关系概念和它对价值与崇高理想的反讽式蕴涵进行初步的批判。这种批判并不是非得要得到有效的辩护，因为赫尔德
已经为它做出了证明。此外，大革命与复辟已经确证，对社会实在 167
的任何抽象研究都已破产，并且，浪漫主义已然证明人类的非理性冲动在其诗歌与艺术中的正当性。但是，史学思想对历史领域的描绘也不能回复到一种纯粹的隐喻模式而依然声称具有“科学”的头衔——兰克认为如果它要拥有比主观意见更大的权威，就必须有这种头衔。与此同时，它不能太突然地被推入鼓励在历史体系中寻求形式一致性的提喻式理解模式中，而又能免于被斥为唯心主义——这样的责难对它而言，就像对浪漫主义本身的责难一样本来都是致命的。因此，兰克以一种隐喻模式来构想历史领域，它鼓励在事件的个体性、独特性、生动性特点和多样性中对它们怀有一种初步的兴趣，随后，兰克暗示把它当作一种形式一致的领域进行一种提喻式理解，其终极的或最后的统一性可能通过与部分之本质进行类比而得以表明。这使兰克免于在历史中寻求普遍的因果关系和相关规则，无论这些东西是共时的（实证主义的）还是历时的（黑格尔式的）类型；不仅如此，它还令兰克相信，历史学可能期

望的最高类型的解释正是对历史过程进行叙事性描述。兰克没有认识到的是，人们可能以客观主义之名拒斥对历史进行浪漫主义的研究,但是,只要历史被认为是运用叙事进行的解释,人们就必须将原型神话或情节结构带入叙事之中，只有这些东西才能使叙事获得一种形式。

作为喜剧的历史过程

对兰克的大多数历史著作而言，喜剧性主题充当了其中的情节结构,并且是一种框架结构,在其内,这些著作中的每一部都可以被构想成一部宏观世界的戏剧中的单幕。这种主题使兰克能够集中处理他叙述的场景中的个别细节，但又继续以他那种坚定的自信对大量的文献进行筛选,从重要或不重要的文献中挑出证据。对于在全部历史文献中遇到的冲突各方而言,兰克的客观性、批判原则、宽容和同情都应用在了这样一种确定气氛中,即历史领域被元史学式地构想成一组必然以和谐的结局告终的冲突，而在这种结局中,“自然”最终将由如同它那样稳定的“社会”代替。在他的论文《论列强》之中,兰克写道:

168 世界历史并没有呈现出初看之下这样一种国家和民族的混乱、骚动、战争和漫无目的。时常令人疑虑的文明进步也并不是世界历史惟一的意义所在。它还存在力量,真正精神的、赋予生命的和创造性的力量,不仅如此,还有生命本身。另外还有着道德精神,它的发展我们是看得到的。它们无法定义或者用抽象术语来概括,但人们能够领悟到、注意到它们。对于它们的存在,人们能够培养出一种同情。它们展现、捕捉这个世界,呈现多种多样的表述,相互之间进行争论、制约和压制。在它们的相互作用和演替中、在它们的生命中、在它们的衰落

> 与复兴中包含了一种不断地充实的内涵、不断地增强的重要性和不断地拓展的范围,那里藏有世界历史的秘密。[冯·劳厄编,第217页]

此处,起作用的隐喻明显是有机论的,强调之处是过程本身。但是,所暗示的过程并不是指事物简单地在时间中,即在它们自身的时间中产生和消亡。时间本身被赋予价值,它依靠的是对朝向某个目标前进而存在的感知,即便目标本身仍是不确定的,并且只是作为形式一致性的成就而得到一般性描述。

然而,整体发展指向的终点和目标在兰克《关于政治学的对话》中有着详细说明。兰克先指出个体性民族国家经历了由中世纪晚期到复辟时期这么一段长时期而形成,之后,他使用了一种天体系统的隐喻来描述欧洲历史过程的结果。

> 这众多独立的、世俗精神的社会受道德精神的召唤而产生,不可抗拒地成长起来,在世界一切的骚动中朝着理想前进,它们各自都有自己的轨迹!看吧!看这些天体,它们自己的轨道、相互的引力和自己的体系![第180页]

在这里,用来描绘成长和发展过程的有机式理解让位给了机械式理解,它更适合于表述一个系统的平衡。关于太阳系的想象有利于暗示这个体系中的连续性运动。在兰克自己的时代,历史并没有被想象成走向终结,但是,历史运动现在是有秩序地受规则支配。它是一种在获得的诸关系体系范围内的运动,而这一体系本身不再被认为是变化的。

兰克把法国大革命之前看作这样一个阶段,在其中,起作用的各种力量努力朝着它们自身在该体系内的恰当位置运动;体系本身得以构成,或者正在通过冲突与协调的过程构成它自身。兰克想象他自己的时代,即后革命时代,把它当作该体系最终完成的时

代；在这个时代中，该体系成了一种自我稳定的机制，它的适当的普遍形式已经成形。人们仍然认为运动、成长和发展会持续下去，
169 但其基础已然不同于系统完全构成之前种种要素存在的状况。社会最终取代了自然而成为中介，历史必须在其中运作以实现它的内在目标，即达到一种充分的人道。

历史分析的“语法”

对兰克来说，历史过程与总体的世界过程不同，它本质上是一个极其稳定的领域（它的稳定性由上帝保证），充满了不相连的对象（人类，每一个人都是被上帝单独构成的）。这些对象聚集在一起并且结合成独特的实体（民族，也是被上帝单独构成的），这些实体又创造出了特定的制度（教会和政府）来实现他们作为民族的命运。作为个体和民族的人类，被认为是由自然性或者动物性欲望支配的，并且因而本质上是混乱的和破坏性的。但是，按照兰克的看法，在两种制度中，即在教会和政府中提供了各种手段，能够把民族的漫无目的的精力引导到有益于人类的计划中去。

兰克并没有令自己无益地思索教会和政府的起源，或者它们最初构成的方式。这两种制度一般性的有益特征在他看来是历史的事实，即不仅是通过历史反思，而且是通过日常经验确立的真实。他个人相信，这些制度是由上帝建立的，为的是赋予紊乱的人性以秩序；并且他认为，不带任何感情地研究历史会更有效地确定这两种制度在人类生活中起到的普遍有益的作用，这对虔信者可能意味着它们的神圣起源。然而，要欣赏它们在人类生活中的规范作用，并不必然要相信它们的神性。它们在历史的时间中构成了独有的秩序性原则；正是通过这些原则，一个“民族”能够把它的精神和物质力量贯注于作为一个“国家”的它本身的构成之上。

照这样想的话，在世界过程中构成其基本条件的秩序和无序力量一方面在教会和政府中，另一方面在民族中找到了它们的历

史形式。这些范畴并不是相互排斥的，因为教会和政府都是由人类掌管的，正如民族是由具有共同居住地域，并在语言、特定习俗、道德观念等方面具有共同文化禀赋的人构成。这一事实的结果便是，教会和政府并非总是代表着秩序与和平进步的原则发挥作用，而且有时也寻求超越其权威的正常范围。例如，教会人士可能试图篡夺政权，这时就会造成一个民族的政治力量衰落；或者政治家可能 170 寻求篡夺一切精神权力，结果是民族的精神力量减弱，而公民的个人生活和道德一般会退化。在这样的时代，国家将受内乱的煎熬，并且招致邻国侵犯，因为那些邻国根据自身特定的国家“观念”，达到了一种更为充分的政治和教会权威的平衡，因此有可能为其扩大和扩张的内在冲动赋予一种单一的形式和方向，对这个被削弱的国家不利。并且，除非受此威胁的国家在此危难时刻能够唤起尚存的精神或物质力量，除非它能够开始革新，并且重建形成“观念”所要求的教会和政治制度之间的关系，否则灾难就会降临，而这个国家的人民将从历史中消失，再不会出现。

此外，某种特定的政府或教会观念可能获得了太多的力量，支配了所有地方人们的想象，并且可能扩张，超越它所适用的民族的界限，把自己构成一个“普遍教会”（如罗马天主教）或一个“普遍国家”（日耳曼民族的神圣帝国）。事实上，兰克相信，这就是中世纪出现的情况，结果正如他所认为的，“和平的进步”慢下来了，民族向国家的发展耽搁了，文化在一种优柔寡断、焦虑和恐惧的哥特式阴郁中枯萎。但是，最后，改革者在欧洲各个民族中出现，他们一同建构起欧洲文明，并且批评普遍教会和普遍国家的观念。而且，当这些改革者牢牢把握住基督教的根本真理和欧洲文化的根本统一性时，根据激励他们的国家“观念”，他们设计出了教会和政治的组织形式以及二者之间的关系形式，这些形式足以表达不同民族本身的特定需求。

这便是文艺复兴和宗教改革，以及随之而来的宗教战争时代的真正意义。在这期间，国家的“观念”作为欧洲不同民族自觉的统治原则形成了,那些民族组织成截然不同的国家,它们具有独特的历史命运,创立起来了的教会和政府适合于将它们的精力往有序的和于人有益的途径上引导。

历史事件的"句法"

一旦欧洲诸民族使自身组成为国家,而教会和政府独特地适合于他们特定的精神和物质需要,并且在欧洲有着某种共享的宗教和文化特征的一般情境下,欧洲文明进入了一个根本上的历史
171 发展新阶段。欧洲诸民族构成为不同的民族国家,为完全自治的、进步的和自行调节的文化组织体系创造了条件。一旦不同国家的不同"观念"显现在欧洲不同民族的意识中,调控便会按照一种调节关系*自动建立*起来,这种关系一方面存在于国家之内的人民、教会和国家之间,另一方面存在于由此构成的不同国家之间。几近三个世纪,该体系没有完全创建出来,并且,在它完成之前,必须经受来自陈旧的、中世纪的、普遍主义的社会组织概念的世俗对应力量的攻击,抵制查理五世、菲利普二世、路易十四、雅各宾派和拿破仑这样的政治领袖们寻求欧洲甚至世界霸权的努力。但是,这些寻求政治霸权的努力都因为寓多于一原则的运作而归于失败。兰克将此原则当作欧洲民族国家体系的独特的社会组织模式。这种模式在呈现的作为国家差异之必然结果的*权力均衡*原则中,找到了公开的表述。

就好像一个国家在它的"观念"中发现了用以调节人民、教会和政府之间的内在关系的机制,欧洲"观念"也充当了一种支配性机制,用来调节脱胎于中世纪混乱和异质世界的不同"国家"之间的外部关系。兰克与众多只看到法国大革命的罪恶的好古保守派不同,他认为从大革命产生了诸多好处。例如,国家进入了自觉性的最后阶段便是大革命的结果,列强在借助所有别国维护自身之中找到了共同的目的,而欧洲文明最终开始了它的太平盛世,在其

中，“和平的进步”能够无限地继续，没有对于来自底层的革命或对于导致亡国的外来战争的现实恐惧。这样，兰克在他的论文《论列强》的导论中写道：“如果法国大革命前数百年的主要事件是在捍卫欧洲独立之中列强的兴起，那么，自此以后的时期最主要的事件是国民性得以恢复、复兴和全新的发展”（第215页）。他曾说，他自己的时代“获得了巨大的解放，这并不完全是在分裂的意义上，而是在一种创造性的、统一的意义上。光说它促使列强建立起来还不够，它也更新了所有政府的基本原则，即宗教和法律的原则；并且为每一个体国家的原则赋予了新的生命”（第216页）。

对兰克而言，看上去，在一个自我调节的力量关系构成的更大共同体中，联为一体的自我调节的民族国家具有的构架表现出一种历史的终结，人们到那个时代为止所认识的历史的终结。简言之，对他来说，历史在现在终结了；随着19世纪中叶欧洲框架的确立，所有未来发展的基本形式已经确定。该体系表现出几近完美的均衡；有时也会要求进行调整，就像牛顿的体系也需要带着神性的 172
钟表匠偶尔介入加以调整，这些调整将以偶尔的市民骚乱或国家之间的有限战争的形式出现。

很明显，兰克有关欧洲历史发展的概念能够和他总体的世界观赋予的假设分离开，并且根据它自身的价值判定为建构欧洲历史研究的一种解释或一种规划。另外，通过运用他本身有关材料批判和客观确定事实的方法，别的史学家可能就历史领域的组成成分和它们之间可能的关系模式对兰克提出质疑。兰克本人对其著作的批评家宽宏大量，他们将他的注意力不仅引向兰克在描述特定时期、政府、个人、观念等等时没有注意到的“事实”；而且引向整体的事实类型，如经济事实，这些是兰克的体系原本不考虑的。但重要的是，必须承认在他的历史解释体系中有一个要素，它不只是充当一种纯粹的材料：这就是他的“国家观念”的概念。

历史解释的“语义学”

我对“国家观念”这个概念再三描述，这是此概念在兰克的体系中所起作用要求的，因为“国家观念”不纯粹是人们对于组织人类社会的方式可能持有的诸多观念中的一种，它是为了实现“和平的进步”而组织社会的惟一可能的原则。简而言之，对兰克来说，“国家观念”不仅是一种论据，还是一种价值；更有甚者，它是一种原则。借助这种原则，历史中的任何事物都能被赋予一种肯定的或否定的意义。当他认为永恒不变是“国家观念”的特征时，兰克同样揭示了一种有关上帝的思想。他承认，民族有来往、教会有组散、政府有兴衰，而史学家的职责在于编纂它们的演替过程，或者事后以其个体性和独特性重构这些过程。但是，要把握住它们的精髓，认识到它们的个体性和独特性，就要牢牢抓住形成它们、赋予它们作为特定历史存在性质的“观念”，并且找到使它们是此非彼的一致原则。仅仅因为国家的“观念”是永恒的，这才有可能。

但原则上，仅当它在某一特定的历史形式中实现，也就是说，仅仅在人们实际上成功地形成了一个特定国家的情况下，这种“观
173 念”才能被认识到。这意味着，尚未达到以民族国家为表现的自我完成阶段的所有民族和文明，在真正的历史降临到16世纪近代欧洲历史之前，处于一种史前时期的黑夜中。若把这种日与夜的隐喻推到它的逻辑结论，人们便会注意到，历史的正午位于兰克自己的时代，即，在摆脱了大革命的创伤之后，全面建立起来的欧洲民族国家的自我调节体系获得了一种最终的形式。简而言之，兰克把他自己所处时代的现实当作一切时代的理想。他承认，真正的转变、革命和动乱的可能性仅仅存在于在他以前的时代；而未来对他来说不过是他自己所处时代的无限拓展。

由于对兰克来说，自我调节的民族国家体系的创造是任何事物趋向的目的，是一切运动指向的最后的平衡；因此，他必然要求将每一个其他的社会组织形式看成一种不全面的尝试，为的是实

现他认为实际上是在他自己所处的现在才全面实现的状态。于是,他不得不因此而主张,一旦现在的社会组织形式已经形成,就不会再有其他形式出现了。就像黑格尔、托克维尔和马克思那样,他能够设想的惟一另一种社会组织形式便是基于世界主义的或普遍原则的国际间或跨国的形式。这种普遍形式在中世纪就以普遍教会和普遍国家的方式尝试过,最后发现不行;因此,它们被永久地取代了。兰克承认,在未来存在着尝试复活这些普遍主义社会形式的可能性,并且他在自由主义、民主主义、社会主义和共产主义那里看到了这种努力。然而,兰克认为这类运动就像战争本身一样,对于加强和进一步阐明永久可行的国家"观念"而言仅仅是诱因。

兰克历史观念中的保守主义蕴涵

在《关于政治学的对话》中,兰克认为,战争并不能决定"国内政治组织的形式",而只会是"它们的调整"。在《论列强》中,他把自己所处的时代和希腊化时期相比。他写道,希腊化时期

> 为我们自己的时代提供了诸多相似性,一种高度发达的共同文化、军事科学,以及复杂外交关系的作用和相互作用,还有极其重要的贸易利益和金融、工业竞赛,并且有基于数学的昌盛的精密科学。但是,这些[希腊化的]国家由于出自于一位征服者的雄心及其后继者之间的纷争,它们既不具备也不 174
> 可能获得任何个体性的存在原则。它们只是奠基在士兵和金钱之上。正因为如此,它们迅速地分崩离析,最终整个地烟消云散了。[第217页]

相比之下,兰克自己的时代因为具有"道德力量"和"民族性原则"的创造性力量而生机勃勃。他问道:"如果我们的这些国家的政府没有从其奠基的民族性原则中获得新的生命,它们会是怎样?"

“没有它而任何政府能够存在，这是不可想象的。”（同上）兰克暗示，正是如此，可以想象，只要民族自我认同原则能够保持，自我调节的民族国家体系也就能继续存在。

兰克曾明言，他认为，史学家的任务是以增强民族性原则的方式撰写历史，这一原则是防止人类堕入野蛮时代的惟一保护措施。另外，他在一段以后编辑《文集》时删掉的文字中明白指出，对他来说，一种民族国家体系就像一种众神之间的交谈那样能够永远维系。对于民族国家体系会不会阻碍一种世界共同体的发展这个问题，兰克的回答是，文明本身依赖于多样性和分离。

> 如果不同的文献要让它们的个体特征相混并融合在一起，其结果将只是一种令人厌恶的单调。不，一切的联合必须依赖于每一个体的独立。这样，它们才能够以踊跃的形式相互激励并永远如此，而不会令某个成为主宰，或伤及其他。
>
> 对于政府和国家也是如此。确实，一方绝对盛行将促使他者灭亡。大家都合并在一起将损害个体的本质。分离和独立发展将令真正的和谐呈现。［第218页］

总之，兰克并不欢迎可能有新的共同体形式让人们可以在政治上联合起来，并且游离在民族国家和教会施加的约束之外。这同时是兰克保守主义的实质与形态。由于“国家观念”在他的历史理论中充当了一种绝对的价值，普遍性和个体自由的观念被视为历史本身的两种选择；这两种观念正如后来在加缪[①]那里那样，一方面被认同为专制主义原则，另一方面被认同为无政府主义。同样，“国家观念”的作用阻碍任何（社会科学）寻求人类联合与一致的普遍规律。这样的研究必然提起国家所赋特征的价值问题，简而言之，它将揭示出国家特征纯粹的历史本质，并且会要求视“国家观

① 艾伯特·加缪，法国小说家、哲学家，1957年获诺贝尔文学奖，著有《陌生人》、《瘟疫》等作品。——译注

念”本身*不过是*一种观念。换句话说，它将要求“国家观念”被当作事实上它所是的那样，即本是一种联合的概念，在特殊的时间和空间中，脱胎于世界历史的某个特殊时期而形成；它在16到19世纪之间假定了一种确定的制度和文化形态；并且，它因此而可能令人信 175
服地让位于其他某种人类联合的概念，例如阶级、种族，抑或仅仅是在未来把人类的破坏性能力进行创造性升华的人类才能。

兰克认为，人类的问题*只有在*国家的情境中以及为了抑制那些冲动而形成的制度中才可以解决。他认为那些冲动在它们直接的表达形式中不可避免地是破坏性的。他把任何威胁到教会（如唯物主义和理性主义）、威胁到政府（如资本主义、帝国主义、种族主义或自由主义），或者威胁到国家（如社会主义、共产主义或全球宗教）的东西，都视为对文明本身的威胁。在他看来，任何把信念赋予一种被解放了的人性的运动都和感伤性的人道主义没有什么差别。并且，假设任何这样的运动试图通过革命的方式确立自身，兰克都把它们视为政府和教会已然确立要抑制的力量。

这样，兰克在他的体系中，一方面把教会和政府，另一方面把民族作为*既定*之物，作为可观察和可确定特征的分离实体，并且告诫史学家要推想使这些实体聚合在一起形成有着个体性国家“观念”的国家共同体的*方法*，以此作为他们令人鼓舞的原则。就此而论，他那种“客观的”历史研究理想是极为令人满意的。但是，在历史文献中的任何地方，只要像政府、教会、人民和国家这样的实体构成的是“问题”而不是“材料”，他的经验方法就不可能起作用。在兰克式方法的基础上历史研究若要能够继续，前提是社会机构要已经稳固得足以确定下来，以至于它们能够提出自己有关人、政府和教会的真正本质由何者构成的观念，并以此作为未经批判的确定规则来指导史学家的研究。在这样的社会结构还没有成形或者开始衰落和摇摇欲坠的地方，在社会组织原则不再是自明性地赋予专门机构的地方，以及在构成人类共同体的最佳形式是什么这个问题产生的地方，就需要呼唤既研究现在也研究过去的其他方法，和用来描述历史过程的其他概念范畴。探寻这些其他的方法和概念范畴产生了新的社会科学，它形成于19世纪的后三十年。通常，这些新的社会科学涉及到历史问题，但它们毫不例外地对那个时代被称为历史方法的东西表示出敌意。因为此刻，历史方法是兰克式的方法，这不仅仅指它的朴素归纳主义，而且首先指它的前提假设，即国家是社会组织惟一可能的单位（也是惟一值得注意的单位）；另外还有它的信念，即由此，民族集团便构成了历史研究惟一可行的单位。

176

按喜剧进行情节化的历史

我们会注意到，在某种意义上，兰克比米什莱更容易概括描述，可是，在另一种意义上，他又没有米什莱那么容易。这是因为按喜剧模式编纂的历史，其情节结构就叙事的故事层面而言，在形式上要比浪漫主义历史可能做到的更为连贯。米什莱关于法国史的情节描述了参与者（法国人民）逐渐获得自身本质的全部意义，以及达到其内在统一的完整实现（尽管为时不长），以对抗试图挫败其成长与自我实现的模式化人物、制度、传统。但是，这一上升直线的纯粹性因为其各构成点的隐喻特征而模糊不清——为了让人们想象参与者以其连续的胜利而达到了更高阶段，每个点都必须更加炫目、更为极端、更加广泛而激烈。此外，由于米什莱是从远离这一上升过程顶点的位置来撰述它的历史的，他知道到达顶点之后，由于对大革命理想的背叛而开始衰落这样的结果，描述大革命高潮时刻的纯洁、光辉和圣洁的努力，在事件本身消退的情况下，便只有通过最迂回的诗意筹划才有可能维持下去。

米什莱和兰克一样也是一位复辟时期的史学家，尽管他以一种正好和兰克相对立的方式来体验他所写的那个时期。米什莱遭遇的是一种理想的消逝，就像高潮之后的失落，而兰克则感受为一种圆满，但这是在字面意思上的那种圆满。它并不像在米什莱的革命时刻的概念中那样，它不是清除了禁止人民自身联合的人为障碍而实现联合，而是原来和自身以及彼此间都不一致的诸要素在更高的共同体形式之内的真正综合。而这种共同体就是民族国家和国际体系，其中的每一个民族国家都有自己的位置，并充当整体的一个必然部分。

赫尔德提供的那种有关历史过程的有机论理解在兰克的著作中仍然作为隐喻呈现出来，该过程作为一个整体是可藉此理解的。但是，它升华成了喜剧的情节结构。借助于这种结构，就欧洲历史讲述的故事将被理解成一个表述了特定意义的故事。这种情节结构本身要比为米什莱的浪漫主义历史提供思路并赋予一种次要意义的结构更为复杂。

米什莱以摩尼教式冲突的形式将历史情节化，其中，正反两方被锁定到生死搏斗之中，并且为了达到故事的高潮，必须消灭一方或另一方，就像救赎或审判显现。但是，兰克将冲突的场景置于对
正反两派斗争带来的更大统一体的理解中，并且强调一般社会秩 177
序可以通过斗争的事实本身而得到什么。对于人类最终统一的想象被移到历史时间终结的时刻，作为信仰或想象可能认为该过程正在接近的预想目标；根本的重要性被放在制度和国家中已经实现的社会统一形式，而这些制度和国家正是从中世纪中期一直到复辟时期的千年冲突之中创建出来的。

喜剧的三重运动，即从显然为和平的环境，经由对抗的昭示，到在真正和平的社会秩序基础上解决冲突，它允许兰克自信而又令人信服地描绘出能够划分总体历史过程的主要时间单位。时间的过程能够被如此确定地情节化，这一事实激发起兰克的自信，他相信自己所处时代的政治和社会形式是历史分析的“根本”单位，藉此，历史领域的图景被设想为一个空间的或共时性的结构。

西欧文明根据拉丁和日耳曼文化基础被区分开来，并且根据建立在两种基础之上的语系进一步加以区分。这些语系在欧洲不同地区的文化和自然之间是共生关系的基础，民族通过这样的基

础建立起来。于是,在国家中,适合不同民族组织与表达其独特美德和权力的特定政治和教会组织形式被设定。于是，国家自身之间，表述在权力制衡观念中的那种特殊关系形态被当作了一种目的，国家之间的所有冲突都指向这一目的。部分从整体中分析出来,尔后,在叙事实际的写作过程中,又根据部分来重构整体,对部分转为整体这种关系的逐步揭示被体验成了事物何以如此发生的解释。

支持这些解释策略的比喻描述模式是提喻。这种比喻的“方法论筹划”即现代史学思想家视为“历史主义”的有机论。通过辨明所有赋予事件“结构”特性的线索,所要解释的事件被置于其情境之中,在这个层面上,兰克对于事物何以如此发生的解释类似于米什莱的。但是,一种给定的情境,就如“中世纪”、“宗教改革”或“17世纪”等等,其特性描述为读者提供了那种形式一致性的连续感,让人想到部分融为一个更大历史整体，而这个更大的历史整体正是欧洲文明自身最后阶段的形式。

178 正如叙事有故事的要素(它回答了“接下来发生什么？”和“最后一切又是如何?”),叙事也有情节要素,它回答“它到底是怎样发生的？”也就是说,解释在两个层面上展开。在其中一个层面上,回答“发生了什么？”这一问题的做法是,辨明事件彼此间联结的线索,将某个事件或某组事件插入到语境之中,因此也造成了一种事件具有丰满结构的印象,而该事件对任何规则性解释都不太敏感。在另一个层面上,回答“事件何以如此发生？”这样的问题则是,一种被看作是既得形式的语境变换成另一种，从而在有机论模式中表现出每一个后续阶段的现象彼此都进行更高层次的综合。否认史学家能够认识到诸种形式的形式，其效果就在于赋予过程的最后阶段一种所有先前阶段预定的终极、结果或目的的地位,其中假定了史学家自身所处时代已经获得的形式一致性。简而言之,历史领域首先是被看成了一个分散事件的综合体,这些事件仅仅通过一些线索彼此相互联结，编织成了一幅事件—情境关系的背景；于是，历史领域重新被描绘成一幅各种融为一体的整体的模式，各种整体彼此间有着微观—宏观、部分—整体的关系，并且总是暗示，在历史中能够分辨出的最后的形式一致性便是社会和文化组织的至高形式，它能在整个过程中合理地认识到。

因而，兰克用提喻模式来构想历史。提喻模式被转化成了一种方法，它允许兰克按喜剧模式把历史情节化，并且按有机论的方式来解释历史。情节化模式和解释模式二者赋予了兰克历史学一种公认的"实在主义"科学的独有特征，然而，如果我们想要看到对这两种模式进行的形式辩护，我们的眼界就必须超出兰克的著作之外。这种辩护最早是在1821年由政治家、哲学家和科学家威廉·洪堡在一篇名为《论史学家的任务》的论文（最初是在柏林发表的一篇演讲稿）中做出的。

对作为历史方法的有机论所做的形式辩护

莫米戈里亚诺把兰克以及奥古斯特·伯克和德罗伊森称为洪堡的"理想学生"（第105页）。而最近，伊格尔斯说明了他们在诸如历史思想的本质、政府、社会和欧洲文化的未来这样的主题上有着相似观点（第3—4章）。然而，洪堡的论文作为对某些解释原则所做的形式辩护，需要更为细致的阅读。兰克将这些原则和他关于历史的喜剧式情节化结合在一起，目的在于从历史"材料"的"客观"思 179
考中得出明确的保守主义意识形态原则。

洪堡一开始明确否认史学家能够期待一种关于历史的规则性理解；他指出，史学家有希望获得的最多不过是"简单描述""实际发生的事情"（第57页）。当然，这并不意味着史学家"仅仅是接受和复制历史"。相反，他必须是"积极的和创造的自我"，因为事件"在感官世界只是部分可见；剩下的不得不通过直觉、推论和猜测来弥补"；"一件事的显现是散乱的、脱节的和孤立的"；并且这种事件"拼图"的根本"一致性""仍然不能直接观察到"（第57—58页）。洪堡强调，单单是观察只能得出“要么是相伴，要么是彼此相继的情境”，它不能洞察“内在因果关系”，后者却是一组事件的“内在真实”“完全依赖的”（第58页）。观察揭示的是一个没有完全感知到的对象领域和显然模糊的复杂关系，单个事件群看上去“准确地说就像云彩，只有从远处才能看出其形状”（同上）。

这些事件群的“内在真实”是史学家使用一种不同于诗人的本领赋予它们的“形态”。正如洪堡所言，史学家必须运用他的“想象”，“通过充实和连接起直接观察到的那些脱节的碎片，以陈述揭示事件的真实性”。但是，史学家和诗人不一样，他或许并不运用“纯粹的幻想”。相反，他必须要求一种独一无二的历史理解模式，洪堡称之为“连接能力”（第58—59页）。他指出，这种连接能力是史学家运用“种种必然规律”的产物，其作用是充当“直觉才能”运作的制动器（同上），这意味着史学家“在探求历史真实性时”必须同时遵循“两种方法：准确的、不偏不倚的、批判的事件调查方法……和连接已考核过的事件的方法”（第59页）。

但是，连接能力必定不会延伸到整体历史过程，因为历史领域处于

> 这个世界种种事务的一种巨大、层叠混乱的状态，它部分是因为国家本质、人性，以及民族和个体的特征所致；部分并无什么原因，就像从奇迹中创生，依赖的是朦胧感觉到，并且明显是由深植于人类灵魂中的永恒观念激发起来的力量——所有这一切组成了一种无限，精神不可能将它压缩为一种单一形式。[第60页]

史学家不再想要在整体历史领域上强加一种单一形式，而满
180 足于在历史领域的限定范围内强加一种暂时的、中等程度的形式一致性，这样的意愿使得史学家被称为一种特定的“实在主义”者。

洪堡说，史学家必须努力“唤醒并刺激对于实在的敏感性”。事

实上,他主张,史学家运用的“根本要素”是“实在感”,它被界定为“意识到时间中存在之短暂以及对过去和现在的原因之依赖”,同时也是“精神自由的自觉和对理性的认可”。只有这种一方面对现世短暂和因果关系,另一方面对精神自由之自觉的双重意识,才使史学家可能“在构成事件叙述时令读者的情感激发起来,就好像是以被实在本身激发起来的一样”(同上)。

这种历史实在论的概念最有意思的方面是,表面上看,它很难和卡莱尔提出的那种浪漫主义的“存在之混沌”的历史观念区分开来。历史知识的实在论表现是,史学家在读者的思想中不断灌输一个悖论,即人类生活既是自由的,也是受约束的。事实上,洪堡明确否认历史知识可以用来教导现在,如教导人们“该做什么和该避免什么”。但与此同时,他拒绝接受历史知识仅仅是由那种“同情心”构成的观念。浪漫主义关于历史知识的“诗性”概念则把“同情”当作核心。洪堡说,历史有用是因为“它有力地焕发和升华了我们的现实行为的意义”,但这种力量在规定“事件的附属形式”时表现得要比简单地理解事件本身时更多些(第61页)。在此,洪堡有关历史解释观念的提喻式预设已然明显。他指出,历史解释是从一组事件中辨别出来的形式的表现,即“每件事”都被显示为“整体中的一部分”,或者“每一件被描绘的事件”都显示出揭示了“历史形式本身”(同上)。

虽然洪堡认为历史表现即揭示“事件之真实形式”和叙事中包含的整组事件的“内在结构”,很明显,他意指的是一种提喻式工作,一切事件都视为和整体存在着一种宏观与微观的关系。但是,根据这种观点,洪堡看到,一种历史表现或模仿必须是一种再现,它并不是以事件的特性对事件本身的再现,而是有关事件总的构造的形式一致性的再现,它若是完全实现了的话,将导致一种历史哲学。这便是为什么他区别两种模仿,即纯粹摹仿事物的外在形状和描绘事物的“内在形式”。前一种做法仅仅再现了事物的轮廓,就像绘图员可能做的那样,而后一种则提供了一种与其比例协调和匀称的模型，如同真正的艺术家做的那样（第61—62页）。后一种做法要求艺术家本身提供一种“观念”，它能够将一堆材料转变成一
181 种确定的形式一致性。正是这种“观念”，使得洪堡能够区分照片式再现的真实和“形式的真实”（第63页）。当然，史学家将这种区分运用到历史表现之中时，它突然将史学家置于主观性和相对主义之前，像米什莱这样的浪漫主义者正是用它们证明“同情”观念是历史理解的正确指南。但洪堡避免落入主观性之中，因而提出这样的问题：“是否存在能够指导史学家的观念，如果有，会是什么样？”（同上）

在前文引述内容接下来的段落中，洪堡区分了美学的、哲学的和历史意义的“观念”，揭示了那种根本上是古典的，并最终是亚里士多德式的历史知识概念的基础。他进行区分的这种方式使得他能够将历史知识视同为亚里士多德特别归属于诗歌的那类知识。他指出，史学家关于实在的理解并不是浪漫主义艺术家声称的那种，后者是一种纯粹主观的知识，或者是一种主观情感状态的表达；史学家的理解是对世界的一种领悟，它可能存在于历史文献中显示出来的事件内部。

洪堡说道，史学家“以一种类似于艺术家的方式”寻求事件的真实，而艺术家寻求的是“形式的真实”（第64页）。在历史中，“理解”是“［事件的］构造与目击者应用的意识的结合物”（同上）。他表示，在历史事件的本质与历史学家施加于这些事件之上的理解模式之间存在一种可选择的亲和关系。历史事件都是既有的生命形式与有助于这些形式转变的趋势之间存在的张力的表现；历史理解由双重理解构成，一是理解导致了社会和文化中涌现出新鲜事物的“力量”，二是理解造成了那些将个体约束到思想、感受和意志的更大单位中的“趋势”（同上）。这便是为什么“历史真实”“一般来说受哲学操纵的威胁要比受艺术操纵的大得多”（同上）。

在洪堡看来，哲学往往寻求将总体性还原为某种综合过程的完成状态，而该综合过程本质上是目的论的。另一方面，史学家必

须处理的与其说是终极目的或完满,不如说是趋势与过程。并且,在处理这些趋势和过程时,他并不必要将它们最终可能有何等重要性的观念强加给它们,而是应当承认赋予它们自身形式一致性的“观念”“从大量的事件本身中呈现,或者更准确地说,在意识中通过以真正历史精神思索这些事件而产生”(同上)。史学家因此必须既将“观念”的形式带入他对世界历史事件的“观察”中,并且又“从事件自身中”“抽象”出那种“形式”(同上)。这看起来像是一个“矛盾”,洪堡承认这一点,但实际上,他说所有的“理解”都预示了“主客体之间原初的和先在的一致性”;它总是由“某个预先存在的 182
一般观念运用于新的和确定事物之上”而构成。在历史理解的情形中,这种预先存在的一般观念由“人类心智”作用构成,它提供了历史存在的基础,以及对于领会它而言必不可少的意识的基础(同上)。

只有最为大度的批评者才能勉强承认这种观点称得上具有一种真正的哲学分析应该具有的严密性。事实上,它反复提到一种历史解释的科学概念的可能性,不料竟又否认任何因果关系的、规则性的解释足以获得历史真实,从而消解了这种可能性。这根本反映了洪堡的愿望,他希望将历史反思从哲学中分离出来,并且使之与他那种作为一种严格的模仿行为的艺术观念更为接近。洪堡把历史知识置于一种混沌状态和理想状态之间,前者是未被加工的材料呈现于知觉之前的状态,后者则是使混沌状态屈从于秩序和理解的规律科学的状态;然后,他否认史学家有可能按任何规律来理解支配历史过程的力量。他依靠艺术与历史学之间的一种类比,但是提出了一种艺术概念,它假定了想象中包含的形式观念充分适于用来表现在个性化存在中偶遇的事物的形式。作为结果的历史知识理论本质上是一种形式主义理论,其含义是类型学的,但是,历史存在的神秘性仍未解除,其混沌状态被还原成了一种普遍的形式一致性,就像新古典艺术想象可能期望的最高目标那样。至于精神在何种程度上强加给知觉某种形式,并且在这种对现实的扭曲中实现其人性化，这种浪漫主义和主观唯心主义的观念被忽略了。洪堡重申了莱布尼茨和赫尔德提出的关于意识与存在具有完美一致性的想象，但并非以那么形而上的和棱角分明的形式。

这样，洪堡认为，史学家“为自己想象了一幅关于所有事件的联系形式的综合图画”，据此，他能得出一幅有关构成历史过程的事件的本质性关联的图画（同上，着重号为引者加）。但是，他排除了历史中的三种关联概念，认为它们不足以恰当理解它的研究主题。这些关联概念是机械式的、生理学式的和心理学式的历史研究，在他看来，这些方式集中于用因果联系来解释历史过程中实际发生的事件（第66—67页）。洪堡拒斥这三种方式，是因为它们无力得出一种“外在于有限之物范围”的观点，使“世界历史的每一部分”都能够得到理解和支配（第67页）。在此，他提出了自己对于观念的看法，以此作为有关实在的特殊“历史”理解的基础。而他的看
183 法则基于以下认识：源于反思人类心智行为整体而得出的普遍概念，适用于包含在世界历史中的全部事件的整体。

洪堡说，世界历史的部分必须综合成一幅整体景象。他设想这一点是以“世界统治”观念为基础，或者以整体历史过程表现出一种更高统一原则运行的观念为基础。这幅整体景象的清晰本质不可能确定，但是，它的存在能够从历史地理解了的证据中推导出来。

于是，很显然，史学家不能够指望证明必然发生的新事物的必要条件，就如不能指望确定它们的充分条件一样。原则上，环境本身不可能说明历史过程中新形态的呈现。并且，既然科学的目的在于确定某个事件发生的必要条件和充分条件，看来，史学家对于这些条件的探索一开始就被排除在外了。在这种新事物的呈现中，留给史学家的只是惊奇，然后根据形式一致性“再现”它们的任务。这种形式一致性是它们向那种具备历史条件去理解它们的意识提供的。

但是，如果这种方法很适于评价历史中这种新事物的形成，它

却决不会比赫尔德的做法更适于说明它们的消解。

洪堡用埃及艺术“以其纯粹形式”而迸发和希腊人中“自由艺术”的迅速发展作为“精神创造及其现象”的例证,指出“与之相随的环境不足以解释它们”(第68页)。洪堡认为,希腊的成就尤其不可思议;对此无从“解释”,因为它表现了“个体性”的一种纯粹“个体的”成就。在这种奇迹的呈现之中,史学家的任务并不是给予它解释,而是单纯地按其本然那样呈现它,也就是说,这是一种根本的人类自由的显现(同上)。与此同时,史学家必须承认,这种奇迹的效应并未延续,希腊文化衰亡了。它的消解归因于其观念包含在现象存在的形式之中,这样,洪堡默许了关于其消解的一种物质性和因果性的解释(同上)。

洪堡的这种观念很奇怪,因为现象被想象成在其现实化的过程中和在其消解的过程中分别由不同的规则支配,即先是由一种独一无二的“精神力量”支配,再是由特定的物质的、生理的和心理的力量支配。其结果是,比起成熟、衰落和消亡,它赋予萌芽、诞生和成长过程更高的价值。这是一种奇怪的不对称,只有推测它是因为需要让历史意识偏重于某种特定的乐观和愉悦的方向,否则将无从解释。“踏出第一步,火花初现”,即,实在乍现,这在希腊历史中是“奇迹般的”,而新事物出现时隐没的东西则不然。洪堡说道, 184
没有这“踏出的第一步”,“有利环境便不会发挥作用,即使历经数世纪,再多的实践或逐步改进也不可能导致任何完满。”(同上)

依附在这种突然浮现的新事物之上的价值将历史过程的概念导向了一种精神能够凌驾于物质之上的过程,就如同形式与内容,其交换受前者不规则力量的支配。洪堡想要将“意义分量的感受”放回到该过程起初的阶段。但是,从他对历史时间中诞生、成长和衰落的过程所做的描述,他的这种愿望并没有充分得到论证。

他说起,事物的“观念”必须托付给一种“个体的精神力量”。然而,个性化正是它消解的时机,因为正是通过个性化,精神力量受到了左右现象存在的法则的影响。它的永恒价值转变成一种时间性的限度，并受制于一个退化过程。但是，洪堡强调，人们不应认为它在时间中的消逝证明了历史存在的确定性本质，而应认为那是精神在现象界寻求其清晰表述能力的显现。它的清晰表述与消解都被视为精神“独立”于表面因果关系的证据，而非其中的因果律起作用的证据（第69页）。观念的运动在时空中趋向其全面表述，并没有被想象成一种时空中的发展，而是一种由“内部”存在到“外部”存在的运动。

洪堡想要确立这种由内到外的运动，以此作为历史发展的形式，而又不必指定一个整个发展倾向的目标，因而也就不会落入了历史知识的唯心主义和“哲学”观念之中。看上去，他要说的是，思想允许我们以一种“唯心主义的”方式设想历史，而不是根据一种整体的唯心主义图景来理解历史存在的不同形式。在此，我们遇到了历史思想中的“形式主义”，黑格尔曾批评它所鼓励的那种理智与道德的模糊性。在洪堡这篇论文的结尾，他思想中的这种模糊性已经很明显了。他承认我们可能感觉到，越过历史中呈现的趋势与突现的精神力量，“理想形式虽然不构成人类的个体性，也会与之相连，即便只是间接相连”。他表示，认识到这样的理想形式在语言本身中，因为语言既“反映”出“它的人民的精神”，也“反映”出“一种更早的、更独立的基础”，该基础“比它所受的影响更具影响力”，因此，“每一种重要的语言对于观念的创造与交流而言，都表现为一种独一无二的载体。”（第70页）并且，从这种类比中，洪堡继续评论这样一种方式，在其中，“那些可能认为获得了存在性及其力量的任何事物的最初和永恒的观念”，的确“在某种意义上还要更纯粹、更全面，也就是说，他们在一切精神和物质的形态中达到完美，
185 在每一种力量根据其固有规律而不可避免的运作中获得真实，在事件永远裁判和惩罚自身的无情过程中获得正义”（同上，着重号为引者所加）。

但是，他否认了那种可以直接感知“世界统治计划”的人类判断能力。他指出，这种能力至多能够“在这些计划表现自身的观念

中推算到它们”(同上)。这就使他得出结论,认为“历史的目标”必定是“观念的现实化,它通过人类,借助于可以令有限形式和观念融为一体的*每一种途径和一切形式*来实现”。只有在“有限形式”和“观念”相结合并且“两者都不再能够进一步相互整合”之时,整个过程才告终结(同上,着重号为引者所加)。

于是,回到洪堡最终将史学家比作艺术家的做法中,他声称:“关于自然和……有机结构的知识对于后者而言,就像探究那些在生命中呈现为主动性和指导性[原则]的力量对于前者那样。”艺术家感知的是“比例、匀称和纯粹形式的观念”,史学家认识的是“在世界诸事件的关系中,而不是作为[这些事件的]部分而展开的观念”(同上)。这就为洪堡提供了基础,说明“对于史学家的任务[这一问题]而言最终的也是最简单的回答”,即“表现一种观念在现实中实现它自身的奋斗”(同上)。

重点在于“奋斗”一词,因为如洪堡所说,观念并不总是在它第一次尝试实现自身时就成功了;它很有可能因为没有做到完全掌握它在其中寻求自身实现的“主动抵抗性事物”而“被扭曲”(同上)。但是,观念为了实现自身而遭受挫折可能经历的一系列悲剧最终必须被视作一种喜剧过程,这对洪堡来说是一个预知的结论,因为“从事物的普遍关系中,没有什么事件是完全分离的”;整体由自由支配,而部分只是朦胧地包括进了它的实现过程中。这样,重点便转换到了整体中包含的自由,即变化和呈现的现象,并且为抵制任何“寻求整体一贯模式”的兴趣提供了更多的理由。寻求整体的模式就是要将决定论归之于它。

从对洪堡的历史观念进行的这种思考中,我们可以看到,兰克和他代表的学院派历史学与赫尔德的有机论研究存在的关系。这里存在一种重点的转换。构成这种转换的是那种寻求历史世界*整体融合*之证据的冲动减弱了,而在赫尔德的思想中它仍占主导地位。一种形式论的解释观念取代了赫尔德公开倡导的有机论观念。因此,历史领域变得松弛起来,寻求对于过程的总体理解的冲动淡薄下来，这就使得历史领域成了一个偶发事件或事情的总的场所。
186 但是，一般构架、虚构性意义、使这些过程得以情节化的模式根本上的喜剧本质仍然尚未被触及。这种转换能够描述成一种修正，解释的冲动升华为渴望单纯描述历史过程，就如同它在史学家的关注之前所呈现的那样。过程的意义仍保持不变。它被构想成一部喜剧，而其结局尚未实现。但维系已然预设的喜剧结构，使得有可能以一种特定的乐观情绪理解在该结构内发生的事件。通过留下不确定的戏剧结局，与此同时确认有必要相信整个过程包含了一种特定喜剧式结局，这样，在并没有以任何方式赋予奋斗和冲突这些要素最终在历史中成功的可能性的情况下，它们能够被当作历史实在的真正要素来接受。一种渴望的每一次失败，都不过看成是包含在其中的观念进一步发展中的一个事件，如此，它最终在现实中的成功便得以确保。

只有作为精神在时间中完成其诸多可能的现实化而发生的时机，罪恶、痛苦和苦难才能够被接受。在历史的戏剧中，碍手碍脚的角色确实很多，但它们的作用现在看来，只是为精神成功地克服它自我实现的环境提供的一些机会。在完美、真实和正义最后定然会成功这种完全的自我确信之中，以往人与人之间、国家之间、阶级之间的每一种冲突都能够被超越并加以思考。整部戏剧的喜剧式意味并没有像在黑格尔的思想中那样，被当作一个反省的对象，而是被单纯地假设为一个目标，我们从自己在历史中的位置来领会它，而真正的理解必然有待最后一幕的最后一场中“有限形态”和“形式”的“整合”。关于整个过程是如何运作的，所了解的和能了解的也只是些一般的东西。史学家能够期待的最好的东西是对历史过程的叙事表现，这些过程在世界不同的时间和空间中实现了暂时的形式一致。新形式的呈现仍然是一个“奇迹”，它是一个感知的对象，而不是理解的对象。

既有形式的消解被归之于其特指情形中支配性观念所涉及的东西，即自然变化和消解的规则。但是，洪堡的体系无法解释他称为“诸种弊病类型中的生活反常状态”是如何产生和兴盛的。因为罪恶、错误和不公正如果可能也像善良、正确和公正那样,有其“理想”形式,这对他来说不可思议。他指出,无疑,在生活的“正常”和“反常”状态之间存在某种类比,那就是一种“不存在解释原因的突然产生或渐次产生” 的趋势,“看上去好像遵循的是它们自身的法则,并且涉及到一切事物之间某种隐蔽的联系”。可是,洪堡有些茫然,这些趋势怎么可能像他想象的那样构成历史戏剧的一部分呢?历史过程的这个黑暗面对他仍然是个谜,于是,洪堡断言,“在[它 187
的原则]可能对历史产生作用之前,或许要经历很久一段时间”(第69页)。

我以从有机论到形式论解释策略的转换，来构想这种从赫尔德经由洪堡再到兰克的转变，而在此转变中本质上是喜剧式的情节化模式仍保持不变,这样,我避免了运用讨论19世纪早期的史学争论时通常的术语,它们现今已成了陈词滥调。可以看到,对于个体与普遍,或者具体与抽象,乃至历史学必须哲学构思还是经验推导,或者说它更应是科学还是艺术这些对立的问题,其重点并没有多少转变。在运用这些术语的所有讨论中,问题在于这些术语本身所指的意思,一方面是认识艺术、科学和哲学的方式,另一方面是认识单个事件及其情境之间*关系*之本质的方式。

事实上,洪堡如同兰克那样,他认为历史是有关个体事件在其具体实现之中的知识,并且,史学家面对的问题在于将个体与它呈现并实现其命运的情境联系起来。此外,他与兰克都认为,历史学根本上是一种艺术形式,特别是一种古典的艺术形式,也就是说,是一种*模仿*的艺术形式,它关心的是对实在加以表现,按其在某个给定的时间与空间中“实际”呈现的那样。另外,他主张,历史研究的目的最后在于预测整体历史过程的意义，它不仅仅是生产出一组过去的不连续的图画,还要上升到一种更高的概念化阶段,描绘出历史过程中包含的诸种关系，而前面那些图画代表的仅仅是其部分或片断。洪堡说道,历史反思受到了特定道德关怀的鼓舞,也受到了人们以某种方式想要了解自身本质的愿望推动，这样，人们便能为建构一种未来而努力，它要比人们自己的现实生活提供的状态更好。问题在于，历史事件发生的情境，即事件发生的框架或场所应如何理解，通过在时间中把事件串联在一起而显现的过程，它在其道德蕴涵上是被理解成了振奋人心的东西，还是理解成了令人沮丧的东西。

结 论

我们在兰克有关历史过程的思想中遭遇的观念标示出，它们与某些文学浪漫主义的首要前提存在着明确断裂。兰克的历史学实践中隐藏的浪漫主义冲动当然不容否认；在青年时期，他本身便证明了浪漫主义激励着他的思想。这些浪漫主义冲动表现在兰克
188 对个体事件的惟一性和具体性存在的兴趣中，也表现在他那种以叙事为历史解释的观念中。此外，在专注于进入历史戏剧角色的意识内部，以他们看待自己的方式观察他们，并且重构他们在自己的时空中面对的那个世界时，兰克也表现出了这些浪漫主义冲动。然而同时，兰克始终不渝地与那种以“形式的狂欢”而自豪的冲动抗争，它使历史文献看上去代表着不加批判的眼光。在兰克看来，尽管历史表现出那么混乱的性质，它确实在具备适当条件的历史意识前显示出一种意义和可理解性，不过，它们在历史的终极意义方面缺少总体上的确信，那是能够以宗教感受性反思历史而获得的。前述“意义”在于理解历史过程的有限片断具有的形式一致性，理解这些有限片断彼此相连而更全面地整合人类生活和社会的结构。简而言之，对兰克而言，历史学显示给意识的意义是纯粹有机论的。可是，它不是诺瓦利斯在整个过程中声称看到的那种整体的有机论，而是部分与整体关系的有机论，它允许观察者在微观世界中看到一种暗示，它与包含在总体中的更大的一致性相关。兰克把正确理解这种更大一致性的本质归诸那种确定的宗教感受性，并

否认历史意识能对它进行正确说明。但是,就史学家来说,他承认那种产生某种意义或某些意义的洞察力,它一方面能够克服贡斯当经历的那种绝望,另一方面克服诺瓦利斯主张的那种朴素信念。找到历史实在在不同的时空中、在实现人类共同体的各种族的努力中处置它本身的形式,这便是兰克观念中的史学家的任务。并且,这种有机论学说构成了兰克在理论方面的主要贡献。19世纪20年代到50年代,正是借助于兰克的理论,人们把历史学建构成了一门自律性的学科。

确实,那些介于兰克与黑格尔的弟子海恩里希·利奥之间的争论,取决于理解是由特殊到一般还是由一般到特殊这样的问题;但是,这些争论都是从他们共有的假设之内延伸出来的,这个假设就是:在历史领域是一般与个别、普遍与特殊相遇并融合成整个历史过程的场所。真正的问题涉及的一方面(黑格尔代表的观点)是对概念化之中严格性的要求,另一方面是(洪堡和兰克代表的观点)对一种有关历史知识基础的严格概念化加以抵制的可能性。在有机论的解释概念中,分析中有些地方的含糊性具有一种毫无疑问的价值,这是必然的,因为历史领域被领会成这样一个场合,即在本质上是不可认识的条件和冲动下,根本上新奇的事物强行地闯
入了。这是在兰克及其弟子的史学研究中称为"经验主义"方法的 189
真正内容。但是,这种"经验主义"的源起与其说是一种对特例的严格观察,不如说是一种决断,它把某些类型的过程视为本质上是抵制分析的,而把某些种类的理解视为具有根本的局限性。

认为历史事件最终具有神秘(如果愿意的话,或者可说是不可思议)的本质,这种理解自然有蒙昧主义倾向,但又并未堕入其中,那是因为有一种在根本上是喜剧式的情节结构的信念,认为可能以宏观维度讲述的与历史过程相关的每一个故事中都表现了这种喜剧式情节结构。这种对于历史过程最终具有喜剧性质的理解,构成了对所谓的历史主义世界图景怀有的乐观主义的基础。兰克式历史主义的"乐观"成见所弄模糊了的是:在一定程度上,在对其真

理性的信念没有得到理论推导而证实的情况下，某种纯然的乐观主义态度是会被视为幼稚之见的。在洪堡和兰克的提喻意识之中，这种理论基础是一种先入之见，它本身严格说来是不可分析和证明的，但是被简单地断定成了一种态度，即人们如果不想陷入绝望的话，他们在精神上就不得不如此来考察历史。可是，信任它的理由出自世界过程的实际表现，在其中，将总体过程按喜剧方式进行的情节化经受住了看似合理的检验。

历史主义看上去容易受到的威胁并非理论上的，因为有机论的解释概念不可能受到它自身前提假设的范围之外的攻击。需要用来破除这些假设的并非要说明历史文献能够以机械论的、形式论的或情境论的解释模式来理解，而是说明由某位史学家作为一个喜剧表现的同一个历史过程，也能够由另一位史学家表现为一个悲剧的或荒诞的过程。一旦将这种可选择的情节化赋予公众，而他们再没有信心为自己在其中扮演主角的戏剧提供喜剧式结局，那么，对于历史进行有机论解释的兴趣就可能让渡给那种对机械论或情境论解释的要求。这便是在19世纪最后25年中学术界多数领域发生的情况，其中一方面出现了实证主义和马克思主义，另一方面出现了唯美主义。

但是，在这样的环境下，并不必然要抛弃有机论；需要做的不过是将表现出的一种喜剧性历史过程转变成一种荒诞剧的历史过程，以此反映出某个社会的统治阶级在他们确信自己按科学方法理解实在的能力耗尽后造成的沮丧。这正是布克哈特采取的做法。

洪堡那篇文章的价值并不在于他的历史解释观念，该观念在逻辑和科学基础之上都有所不足，其价值在于它对于按有机论的方式研究历史具有的适当性表现出的信心。它暗示着，如果历史表
190 现有对整个历史过程最终的形式一致性抱有的信心支持，历史思想便能够一方面避免浪漫主义的“存在之混沌”观念，另一方面避免唯心主义者和实证主义者提出的这种状态能够获得全面理解的观念。简而言之，它表现出对于提喻式理解模式的一种承诺。

提喻的神话乃是喜剧的梦想,也就是要了解一个世界,在其中所有的奋斗、竞争和冲突都消解在一种实现了的完美和谐之中,在所成就的那种环境中,一切的罪行、邪恶和愚蠢最终都被呈现为建构剧终所成就的社会秩序之手段。但是,喜剧式结局可能采用两种形式,其一是主人公超越阻碍他朝着自己的目标前进的社会而获得胜利,其二是重申集体权利要胜过挑战它作为社会权威形式的个人权利。第一种喜剧式情节化或许可称之为愿望式喜剧,第二种则可称为责任和义务式喜剧。米什莱以第一种模式将他的法国史一直写到大革命;兰克则是按第二种模式来写作他的欧洲各国史。作为19世纪第二个25年间新型的或"实在论的"历史学代表,他们由一种共同的信念联系在一起,即以一切特殊性和多样性对历史过程进行的简单描述,都将描绘出一部成功、圆满和理想秩序的戏剧,于是讲述一个故事便是说明事情何以如此的方式。支撑着他们,使其愿意沉迷于历史文献包含的混乱材料和事件的是一种这样的信念,即根据事件的特殊性所做的准确描述得出的不是一幅混乱的图景,而是一种形式一致性的想象,它既不是科学也不是哲学能够理解的,更不是它们用一种言语表现能够把握得住的。米什莱和兰克都力图在历史发展过程的核心中把握住"观念"的精髓,这最初是他们在叙事性散文中想要获得的。

191

第五章

托克维尔:作为悲剧的历史实在论

导 言

米什莱史学思想的连贯性，源自他始终不懈地对自己在历史领域中看到的个人和过程这两者进行隐喻式描述。米什莱对于充斥着历史领域的对象所进行的形式主义的领会得到了浪漫主义神话的支持，他用这样的神话把在1789年大革命达到高潮的事件序列情节化了。在其思想中,主要矛盾在于从一种根本上是无政府主义性质的历史过程概念中得出了确定的自由主义意识形态蕴涵。兰克的思想和作品中不存在这样的矛盾。他的知识理论是有机论的,情节化模式是喜剧式的,意识形态立场是保守主义的。因此,当我们阅读兰克的作品时，无论我们对其学识以及作为一位叙事者的能力有多深的印象,我们意识到,在他写的任何东西中,都缺少那种我们往往和伟大的诗歌、文学、哲学,甚至伟大的史学联系在一起的那种张力。这或许是为什么人们有时会对米什莱这样的史学家再感兴趣的原因,某种程度上,这几乎不可能出现在兰克这样的史学家身上。我们钦佩兰克的成就,但是,我们会直接地和感同身受地就米什莱的斗争做出反应。

当转向以大尺度来描绘人类和社会的历史时，可能不会允许任何人怀有看上去激活了兰克著作的那种确信。知识是一种斗争的产物，不仅是与“事实”的斗争，还是与自己的斗争。在有关实在可供选择的景象并不存在真正可能性的地方，思想的产物倾向平淡与不相称的自信。我们对兰克做出的反应相当于我们倾向于对歌德做出的，两位思想家都没有被驱使去尝试任何他内心中确实还不知道自己能够完成的东西。在兰克的意识当中我们直觉到的那种平静是一致性的作用，即他的想象和他作为一名史学家将这种想象运用到作品中这两者之间的一致。米什莱试图从他的历史想象转移到他自觉承诺的意识形态立场，而后者与该想象本身是矛盾的。在这个层面上，米什莱缺少的正是这种一致性。因此，米什莱的作品对我们而言更为动荡，更充满激情，也更直接。因为我们生活在这样一个时代中，其中道德自信倘若不是不可能的，至少看上去它的危险与价值相当。 192

我们在米什莱那里感悟到的那种激荡，类似的也存在于他同时代的一位伟大同胞的作品中心，此人便是亚历克西斯·德·托克维尔。这种激荡来源于托克维尔与米什莱共有的两种情感，即以超乎一切的容纳力同情与他自己不同的人，以及担心他认为过去或现在最有价值的那些事物遭到破坏。至少在米什莱看来，理想的民族统一在1789年的喜悦中已然实现，当法国政治生活远离了这样一些情形时，我们注意到了米什莱是怎样倾向于那种与日俱增的反讽式一般历史概念。当法国历史的高潮消退而成为历史，米什莱习惯于表达和形容的迄至1789年法国历史的浪漫主义神话便逐步被理想化、被抑制，并被当成了一种暗示。这种暗示指的是，倘若史学家能够成功地实践其重构和复苏过去的工作，使过去恢复完整性、多姿多彩、生动性和生命，它终究会是法国历史的成果。在托克维尔史学思想的演变中，当我们从《美国的民主》（1835）到《回忆录》（他1859年去世前几年所著），循着他关于历史以及一般性法国史的思想发展，我们看到一种类似的反讽指向。但是，托克维尔走上这条道路的起点与米什莱不同。米什莱的思想开始是浪漫主义的，历经对背叛他史学家奋斗理想的各种命运的悲剧式理解，之后，他的思想停止在一种混合状态，即理想化的浪漫主义与明显的反讽相混合的状态，以此看待1789年以后法国历史；托克维尔不同，他一开始努力保留一种特定的悲剧式历史图景，然后逐渐弱化，最后面对那种令他感觉到解放的前景迟早会落空的情形，他落入一种反讽而随波逐流。

193 近来对于托克维尔的学术研究全面揭示了其思想的学术和情感基础，他的前辈和同时代思想家对他产生的"影响"，以及他在奥尔良派治下的法国社会和政治生活中的位置。这些研究也奠定了他作为近代社会思想主要先驱的地位，并且，他对于自由主义和保守主义意识形态这两者的贡献现在都得到了承认。我在此并不是想要增进读者对于托克维尔的思想、工作和生活这些方面的了解，令我感兴趣的是分析他那种作为历史反思特定风格模式的历史思想。

根据某种给定的意识形态标签（如自由主义或保守主义）或者某种特定的学科标签（如"社会学的"），这种风格并不能描述得详尽无遗。事实上，我的观点是，托克维尔作为一名史学家，其作品真正的逻辑蕴涵是激进主义的。由于他研究历史是为了确定支配着历史过程的因果律，托克维尔隐约承认这样一种概念，它以其现代的唯物主义的形式来看待我们将其与激进主义联系在一起的那种对于社会过程的操纵。这种暗含着的激进主义表现在悲剧性主题中，该主题为托克维尔两部主要著作《美国的民主》和《旧制度与大革命》（下文简称《旧制度》）提供了宏观历史情境。

在这两部作品中，社会实在的知识采用的明显是类型学的形式，它可能暗示了，托克维尔的目的最终是对以实际建构起来的类型辨识出来的那些过程和力量或者是进行形式主义的条分缕析，或者是进行有机主义的统一。但托克维尔既不像米什莱，也不像兰克，他既不喜欢沉迷于形式，也不愿综合那些彼此竞争的力量，以此作为欧洲的未来真正具有的可能性。在他看来,未来的社会中人与人之间和解的前景渺茫。历史是无法逃避的冲突的舞台,其中起作用的力量无法调和,无论是在社会中,还是在人的内心之中都是如此。正如托克维尔指出的,人们留连于“两道深渊的边缘”,一道是由社会秩序构成,少了它,人将不人;另一道则是由他内心中阻止他成为完人的魔鬼本性构成。人总是在每一次努力之后返回到这种存在于“两道深渊边缘”的意识,虽然他努力是要促使自己超越动物性,使栖息在他内心中被压抑、束缚、无法在万物间处于优势的“神性”兴盛起来。

托克维尔所有思想的根本是理解一种原始混乱,他明白在历史、社会和文化中发现的秩序就像神恩那样是个谜。托克维尔就像其同时代的伟大小说家巴尔扎克,他对于人们“具有”一种历史这一神秘事实狂喜不已;但是,他关于黑暗深渊的观念,认为人们由之而生,并且与之相对而把“社会”作为一种阻挡总体混乱的屏障,这观念除了有时让托克维尔适当地得到一点与最终支配世界行程的力量相关的知识外,并不担保他能期望到任何其他东西。因为对 194
他而言(和马克思不一样),存在本身是一种神秘之物,托克维尔无法使其思想陷入那种有关真正历史*科学*的沉思,而他关于历史现象的分类组织形式看上去是允许他这样做的。这种神秘的无法消化的残渣阻止他将*过程规律*概念化,这些规律本来有可能准许他说明为何历史本身看上去分解成了相互排斥的,不过也是循环的社会现象*类型*。

但是,与启蒙时代那些早于他以及19世纪后期那些紧随其后的纯粹反讽论者不同,托克维尔不允许自己相信历史根本不存在普遍的意义。悲剧性冲突一次次揭示出,历史的奥秘无他,不过是人类永无休止地与自身争斗并返回自身。这样,历史的神秘性时而可以用一种埃斯库罗斯式的方式,时而用一种索福克勒斯式的方式来设想,它首先支撑着一种代表着更美好未来而作用于现在的自信行为,然后提示危险,这危险来自于过早排斥可能性,或者突然执行不完全了解的社会或个人计划。这种对于历史的双重看法是托克维尔自由主义的基础。只是在其晚期,他反思历史的风格和情绪才流于欧里庇得斯式或莎士比亚后期那样的反讽式确信,即确信生活本来毫无意义。当这种信念出现时,托克维尔出于道德理由而压抑它,因为他害怕这种信念使得那些不得不尽最大努力劳作,从而使其生命摆脱由命运赋予的邪恶本质的人们变得软弱。他甚至抨击他的朋友戈比诺,因为他以真实性为名,自行其事地传播那样一种只会有助于增加恐惧的历史观,而消除这种恐惧却是哲学家和史学家的职责。

假如托克维尔要么声称历史根本毫无意义,而且也不为希望提供任何基础,要么反之而声称历史有意义,并且这种意义能够被人们充分认识到,那么,他便会趋向于或者具有类似于其后继者布克哈特那样的反动立场,或者具有类似于他的同时代人马克思那样的激进立场。然而,他既想相信历史有意义,又想相信这种意义要到人们自身中的神秘本质中去寻找。正是托克维尔赋予该神秘之物的价值,使得他成了所谓的自由主义的意识形态立场的代言人——纵使他对于历史过程的规律性本质的观念有可能导致他在那时的大多数重要社会问题上采用一种激进立场。

托克维尔"科学"研究历史的结果是把历史事件排列到各种类型、种类、部属、式样等等之中。当材料陈列在社会、政治和文化现象的限定类型中,并受到影响,它们便转变成了知识。例如,托克维
195 尔分析了两种类型的社会:民主制社会和贵族制社会。而他关于上迄中世纪晚期下至他所处时代的这种近代西方文明史概念引发了这样一个问题,即这两种社会是如何在该文明之中产生的,它们之间的关系与相互作用的本质如何,以及它们未来各自的前景大致如何。托克维尔不得不回答的问题是:这两个根本上没有变化的社会的产生、相互作用并互相冲突,这一过程的实质是什么?

托克维尔并没有真正直接地回答这个问题,他意在辨明具有政治、社会和历史文化性质的长期趋势,这种趋势通过托克维尔的

角度指示出一种社会类型（贵族制的）的衰落和另一种（民主制的）的兴起。并且，他指出，贵族制类型的衰落正是民主制兴起的作用，这意味着他把整个历史过程看作一个闭合系统，它包含了有限的可资利用的能量，在任何成长的过程中无论获得了什么，系统其他部分都要失去些东西来补偿。系统作为一个整体也被视为一个过程，因此它是按机械论的方式来认识的，而部分之间的关系则是以机械式因果关系来理解。

如果托克维尔是一位唯心论（或有机论）思想家，他本应该努力把这种能量交换看作人类意识总体上积极成长的场合。这种成长本来是可以感觉到的。在他身处的时代中，就黑格尔和兰克而论，思想和表述日趋复杂远胜于以前任何时代。但是，托克维尔于该过程中看到的成长与其说是在意识的总体发展中，不如说是在单单受益于贵族制衰落与民主制兴盛的诸种力量的势力中，这种势力一方面是集权国家的，一方面是群众的。并且，在他看来，这两种力量聚合的方式将不仅对他认识的文明和文化，亦对人性本身造成一种严重的威胁。此外，这些力量的增长在他看来并不是一个零星的或偶然的过程，而是宝贵的人性资源，即智慧、道德和情感不断被侵蚀的过程。

整个过程必然是悲剧的，并且，托克维尔对于历史和历史知识先前的思索明确地将史学家的任务想象为新旧力量的调和。新的力量是呈现在他自己的现世视野中的征服性力量，旧的力量则是落伍的文化理想，它们因前者的上升而受到威胁。托克维尔生活在一个割裂的世界，他的目的是尽其所能照管它，如此，其结构中的裂痕和破缝如果不能完全愈合的话，至少也能加以修补。

托克维尔认为整个的西方文明史是他思考的更为宽广的语境，他把自己对其中的欧洲和美国样式变种的分析，作为相对单纯 196
的可能性种类的例证。它们作为他身处时代可能的未来而包含在总体性之中。因此，他考察这两类历史的态度和叙述这些历史的腔调具有的含义是不同的。用来考察美国民主的观点是出于一个优越的观察者的角度，他比构成该社会类型的行为主体和行为方式处于更优越的位置。托克维尔有着一种温和反讽式的腔调，至少在《美国的民主》第一卷是如此，他这样是为了提醒此书的欧洲读者，作为一种可能的未来而在欧洲社会自身之中包含的这种潜在能力所具有的力量和缺陷。比起来，托克维尔的《旧制度》腔调和立场都朝《美国的民主》第二卷指示出的方向改变了。后者对美国制度、习俗和信仰进行了更尖锐的分析，并且更直接地批评了它们对欧洲文化生活中永恒价值成分所具有的威胁。这更像该历史过程中一位参与者的观点，他必定是想非常努力地摆脱这一过程，以便猜测出其普遍的变化与趋势，预想它的目的或方向，并警告那些涉身其中的人危险在哪里。相应地，其腔调为了与观点的变化相适应也变了。托克维尔的心情也更加忧郁，悲剧性主题更直露地控制了叙事形式。其主导的语言是转喻式的，就如同《美国的民主》第二卷中那样，但过程的意象更突出了，时间的流逝和发展的感觉也更强烈。

在《美国的民主》第一卷和《旧制度》之间，存在一个根本的重点转变，即从思考结构转变到思考过程，结果在后一部著作中，意义感受的分量更加公开地施加在表现的叙事层面上。从宗教改革至大约1830年，西欧历史的过程被简单地假设为前书中分析美国民主结构的语境。这个过程中，美国民主看起来像一个僵化的结构，其惟一的运动或成长正是在对其构成要素及其相互关系的清晰表述中。相比之下，《旧制度》中，过程与结构的区别几乎消除了，其效果相应地更文学化，意识形态倾向相比之下也更富于进取心。但是，两部作品的意义在一个单一停滞、确定、挫败、压抑、非人性的图景中聚合了。在整个托克维尔著作的背后，主导力量是困惑的挫败和绝望的图景，它启发了每一处呈现的反讽性主题。托克维尔仅仅是通过意志行为而幸免于落入这种绝望之中。在他就历史写的所有东西本应促使他要么产生一种激进的反叛，要么产生一种反动的虚无主义时，正是这种意志行为使他自始至终能够像自由主义者那样言说。

反辩证法

197

托克维尔的著作与兰克的不同，它很少认识到有关历史领域的辩证转换;其主导看法是从某个优越位置持续不断地堕落,并且无力利用特定的可能性。历史性力量的二元论,这种兰克视为在他所处时代真正实现了的社会妥协的前提，在托克维尔看来却是对文明本身的主要威胁。事实上,托克维尔整个的历史成就正是这样一种努力的产物，他想确定是否能够从他看来像是矛盾的各种冲突性力量中挽回什么东西,而不致是总体性的灾难。

托克维尔用来描述历史过程的二元论也表现在(或反映在)他有关人性本身的概念中,正如1836年他给一位朋友的信中写道:

> 无论我们做什么,都无法阻止人们拥有一副躯体和灵魂……你知道,在我心中,动物性被征服的程度并不比大多数人更强,[但是]我崇拜神性,并且愿付出一切令它居于主导。因此，我一直努力发现人们可能遵循而不致成为赫利奥盖巴勒斯①和圣哲罗姆②的门徒的中庸之道;我深信,大多数人不会听信劝说去模仿其中任一位,无论是那位圣徒还是那位皇帝。[《回忆录》,I,第318页。]

同样的二元论也表现在托克维尔的政治学中，并且也导致他追求一种类似的“中庸之道”。就其政治立场,他曾谈到:

> 他们认为我交替地持有贵族制和民主制的偏见……但我的出身恰好使我更容易对这两者保持距离……当我步入生活

① 公元三世纪罗马帝国皇帝,信奉太阳神,曾将自己的宗教强加于罗马人民,后引发暴动被杀。——译注

② 拉丁文学者,第一本拉丁文《圣经》的译者。——译注

> 之际，贵族制已经逝去，而民主制尚未诞生。因而，我的本能不可能盲目引导我追随这一种或那一种……我在过去与未来之间寻求平衡，对两者都没有天生本能的吸引力，这样我无须努力便能静心地考虑问题的每一个方面。[同上，II，第91页。]

托克维尔与马基雅维里相似，他深信自己的时代正面临在可供选择的社会制度和文化理念之间无力选择的困境。他认为，自从拿破仑失败以后，欧洲被搁在了旧的贵族体制和新的民主体制之间；它既没有完全抛弃前者，也没有彻底地接受后者，它忍受着两者的缺陷，而它们的好处一点也没有享受到。正如托克维尔看到的，主要的问题在于如何权衡这两个系统的利弊，如何面向未来而
198 评价它们的前途，并且鼓励人们就那些看起来不可避免，但能够最有效地促进人类自由和创造性事业的方式做出选择。这种探索有一部分必定是历史的，但传统的历史考查无法充分满足时代的要求。这个时代需要一种本质上既非"贵族式的"又非"民主式的"历史图景，但对两个体系做出客观判断却有可能，另外，也有可能将它们中有利于未来的东西拯救出来。

同样，托克维尔认为，他所处时代的文化也在旧贵族制时期的唯心主义和新兴民主时代的唯物主义之间摇摆。启蒙运动批判了贵族式的唯心主义，并将人们的注意力转向"真实而可见的世界"，将它视为研究的真正对象。一开始，思想和艺术都全部集中于物质世界，即"外在于人"的世界。但是，这种对自然的迷恋既非这个时代可能有的惟一兴趣，亦非真正与之相适应；托克维尔说，它"仅仅属于过渡时期"。他在《美国的民主》中预言，即将来临的这个时代中，思想和想象将"只和人"联系在一起，并更加确定地和人类的未来相关联（II, 第76—77页）。

民主政治与倾向于把过去理想化的贵族派政治不同，"萦绕着它的是未来会如何的想象；在这个方向上，这些无拘无束的想象增长并膨胀，超越一切限制"（第78页）。这样，虽然民主文化的唯物主

义和功利主义性质不可避免地促进了人的世俗化，与此同时，它至少激励起了人们对于未来的希望。例如，“在一个民主的社会中，诗歌将不再以过去传统的传奇或记忆为内容。诗人不会试图以超自然存在来充斥世界，这连他的读者及他自己的想象都不再会相信；他也不会冷漠地把美德和罪恶都人格化，这些在其本来面貌下可以更好地接受”（第80页）。由狂热的贵族政治式想象为诗歌呈现的广泛可能主题突然萎缩了，想象返回到人本身之中，而诗人在人性之中发现了他惟一正确的对象。“所有这些源泉对他而言都已枯竭，但人类仍然存在，诗人需要的正是人类”（第80—81页）。

托克维尔相信，如果人类自身能够被视为一切思想和艺术的对象与标准，就有可能创造一种既非唯心主义，亦非唯物主义的文化图景，它是二者结合的产物，同时是英雄主义的和现实主义的。这样，他写道：

199

> 我无须往返于天地之间以发现彼此对立编排的奇妙事物，如无穷大或无穷小、极度阴暗与耀眼光明能同时激起怜悯、赞赏、恐怖和耻辱感觉——我只需思考自身。在上帝的胸怀中，人类生于无、历于时，并永远地消逝了；他不过瞬间呈现，徘徊于两道深渊的边缘，并迷失于此。［第80页］

存在于“两道深渊的边缘”，产生了一种独有的人类苦难或绝望的感受，但它也生发出一种人类独有的欲望，即认识和创造的冲动。

> 倘若人们完全无视其本身，心中就不会有诗；因为它不可能描述心灵不可想象的东西。倘若人们确实认清了自己的本质，他的想象就将停顿，不再添加任何事物。然而，人的本质在一定程度上被揭示，足以让他对自己有一些认识；但一定程度上又仍然模糊，足以让所有其他陷入深深黑暗中，人们永远在摸索却又总是徒劳，无法把握住有关人之存在的某些更全面

的观念。[同上]

托克维尔感觉到，有必要在人们的意识中将绝望和希望都保留下来，使人们的心灵直接面对未来，但同时提醒他们，只有经历最严厉的苦难、忍受最痛苦的劳作，才可能获得一个更好的、更具人性的未来。因此，对于即将来临的时代，托克维尔想象出这样一种艺术，它由贵族政治时代的史诗模式，经历了过渡时期的抒情模式，再转为对人类环境的一种新的悲剧性理解。并且，他想象哲学是由更古老的唯心主义，经由过渡时期的唯物主义，转变为一种新的、更具现实主义的人文主义。适合这种新图景的社会制度并非排他性的，即要么是贵族式的，要么就是民主式的，而是两者的结合，也就是说，就其符合民主式原则而言，它是平等主义的、唯物主义的和功利主义的；就其符合贵族式原则而言，它是个人主义的、唯心主义的和英雄主义的。史学家的任务在于帮助创建这种新型社会制度，做法是阐明贵族政治和民主政治两者的原则是在欧洲文明中那种单一持久的冲动所具有的作用，这种冲动乃是对自由的渴望，它从一开始就赋予西方文化这一特征。

我应当强调，托克维尔关于史学家充当调和者的角色这样的观念，预示了那种他在后来的史学反思过程中逐渐陷入的反讽式心理结构。作为一位史学家，托克维尔在其职业生涯开始时，旨在获得一幅悲剧式的历史图景，它以理解人与命运抗争中支配人性的规律为前提，更以理解支配一般社会过程的规律为前提。事实上，如果这些规律可能通过历史研究发现，那么，原则上它们应当通过规律的运用来努力实现那种在人类发展中不可避免的情境和环境，将痛苦和苦难减少到最低程度，正如修昔底德在《伯罗奔尼撒战争史》著名的开篇部分中指出的那样。在历史过程中发现这些
200 规律的可能性理应让人抱有希望，但这样的乐观主义受到了人性概念的极大限制，这些规律本来是为了有利于人性被运用的。如果设想人自身存在着根本缺陷，例如，他身上呈现出的非理性力量，

这种力量有可能阻止他实践自己按理性构想的最大利益,那么,对于支配着他作为社会存在的活动的那些规律的发现,必定会被视为并非显示根本的自由,而是一种命定。而正是这样一种有着致命缺陷的人的本质或人性概念,即人性本身并非理性而总是有某种非理性的概念,阻止了托克维尔走向他对于历史规律的探究本来驱使他朝向的激进的意识形态立场。

事实上,托克维尔抑制住了他理论性历史概念的激进含义,并日渐由寻求规律转向寻求类型学结构。这种认识论层面上的运动也通过一种类似的转换反映在审美层面,即由隐含的悲剧式情节结构转变成一种逐渐增强的反讽式情节结构。在其晚期思想中,托克维尔不得不反思,在何种程度上人们受制于各种条件——他们正是在这样的条件下努力劳作去赢得尘世天国,并反思人们真正赢得这个天国之不可能性。并且,这种反讽性认识的日渐凸显确定了托克维尔本质上是一位自由主义的思想家。

托克维尔的忠诚仍然是贵族式的,这说明那些据此研究他的学者指出其心智形式本质上是保守主义的不无道理。但托克维尔反对保守主义那种满足于现状的典型态度。在某些方面,正如我将简要说明的那样,托克维尔不满意自己身处的时代,这与保守主义者戈比诺伯爵等人相似。但与戈比诺不同的是,托克维尔没有屈服于诱惑而宣扬他对贵族式文化美德之尊崇所要求的那种信念,也就是说,深信他的时代自更早的理想时代以来表现出一种*彻底衰落*。如同后来的克罗齐,托克维尔坚持要找到每一种过去的理想或社会实在中的缺陷,这些缺陷*促使*此种理想或社会实在消逝无踪,而被另一种更加生机勃勃的历史生命的形式所取代。这意味着他不得不最终以一种反讽态度一面审视贵族政治,一面审视民主政治。可是,他同样拒绝公开承认他自己那种反讽性感受力的含义。在形式上,托克维尔仍然承认一种悲剧式的历史观,但是,当他不愿挑明自己通过把欧洲历史过程构成一部悲剧而暗中预设的历史规律,并且不愿得出那种关于理论性历史概念要求他得出的激进主义结论时，托克维尔也就背叛了这种观点。

两种模式中的诗与历史

托克维尔按马克思的方式设想了一种能够发现社会过程规律
201 的历史学，这通过《美国的民主》中讨论历史与诗的关系表现出来，
也通过在该书第二卷阐明的历史意识形式概念表现出来。

如同托克维尔注意到的，尽管诗是对"理想的探寻与描绘"（第75页），历史必须说明有关人类世界的真情，描述在实现理想的任何尝试中遭遇的真实力量，并为社会的未来勾画真正的可能性。但托克维尔指出，单独是贵族政治或民主政治的理想都不可能提供全面的真实以及关于实在的全景。因为在贵族派和民主派史学家审阅历史档案时，他们必然寻找并了解不同的事物。例如：

> 当贵族时代的史学家纵览世界戏剧时，他立即会觉察到一小部分操纵着整个场景的重要演员。这些占据了前台的伟人吸引了人们的注意力，并聚焦在他们自己身上；当史学家专注于参悟促成这些人言行的秘密动机时，其他人便被遗忘了。[第90页]

贵族派史学家倾向于"把所有的事件归因于特殊的意志和特定个体的性格；并且，他们也乐于将最重大的革命归因于细微的偶然性事件"（同上）。结果，他们虽然经常能"以其睿智描绘出最细微的原因"，却也常常"不知不觉地遗漏了最为重大的因素"（同上）。民主派史学家则截然不同。实际上，他们展示出"正好相反的特征"。他们倾向"不把任何对人类命运的影响归之于个人，或者把对民族命运影响归之于个体成员；但另一方面，他们为任何细小事件都指定了重大的普遍性原因"（同上）。贵族派史学家尽管不像诗人那样理想化，但仍然只擅长于描述个人控制自身命运的程度。他无

视那些普遍性原因作用于个人的力量，以及它们如何使个人绝望并使之服从它们的意愿。比较而言，民主派史学家设法在他从历史舞台上看到的大量细节中揭示出更大的意义。他被驱使着关注一切事物，他关注的根本不是个人，而只是巨大的、抽象的和普遍的力量。因此，他倾向于把历史看作一个人类无法驾驭其未来的令人沮丧的故事，它要么激发出一种抑郁的反讽，要么激发出一种对事情会自然好转的盲目乐观。

我把这两种历史观念称之为形式主义的和机械主义的，并且将它们看作两种意识模式的功能，即隐喻意识模式和转喻意识模式。托克维尔"反讽式地"拉开了这两种历史意识模式的距离，他（正确地）指出，像他设想的那样，这两种模式都不能说明历史发展的事实，即一种状态或条件是由另外一种不同状态或条件演化来的。贵族派只看到了历史领域中的运动、生动细节和激情，也因此 202
不可能相信历史的持续与连贯性。民主派史学家在所有显然的运动和变化之后看到了同样的事情，因此根本无法认识到任何本质上的发展。

对于这些冲突的和不充分的历史意识形式，托克维尔用来替代它们的并非第三种形式，而是贵族形式和民主形式的结合。他指出，某种程度上，每一种形式都是正确的，但每一种都必须用于分析特定类型的社会。在用来研究某个特定社会的历史意识模式和被分析的时代或文化的社会结构之间，存在一种可选择的亲和力。事实上，托克维尔认为，历史过程中确有两种因果规则在起作用，一种是贵族社会所特有的，另一种则是民主社会所特有的。这样，他写道：

> 我的观点是，在任何时候，这个世界的大部分事件可归因于非常普遍的事实，其他的归因于特殊的影响。这两类原因总是在起作用；只是它们所占比例在变化。普遍的事实在民主时代比贵族时代可用来解释更多的事情，而认为受个体影响的

> 事情要更少。贵族政治时期则相反：特殊影响更强而一般原因更弱——除非我们要将条件不平等的事实本身看作一种普遍原因，这种不平等允许某些个体抑制所有其他个体的自然趋势。[第91页]

这意味着托克维尔认为，在个人主义和决定论、混乱和神意这样一些相互竞争的关于历史过程的观念之间，没有必要做出选择。要做的不过是在所研究的那个社会中寻找到主导性因果原则。这样，“试图描述在民主社会中发生的事件的史学家都恰当地……把多数事件归因于一般原因，并且致力于发现这些原因。但他们因为无法追踪或理解个人的特殊影响而否定它则完全是错误的”（第91—92页）。

可是，试图在历史研究中运用这种解释原则时产生的问题是，它以实际上问题本身作为问题的结论。如果我想说明某个贵族社会的衰落，却对需要分析的现象运用该社会自身有关历史实在之真正本质的概念，我便是相当不明智的。这犹如天真地相信某个特定社会统治阶级意识形态的启发性价值。毕竟，托克维尔的问题在于向被取代了的贵族阶级解释为什么他们被取代了，这是该阶级的代言人无法令人满意地回答的一个问题，因为他们运用的历史意识模式与之“自然”相适，从而“本质上”是贵族式的。

现时代“民主”出现的问题也是一样。如果托克维尔意在向民
203 主派和贵族派等人揭示这种新社会形式的真实本质，并阐明它在后革命时代的成功，那么，已然民主化的社会特有的历史意识模式不可能作为一种解释提供给这些贵族成员，对他们而言，正在分析的社会以及由此产生的意识模式都被看成是纯粹的灾难。

托克维尔寻求的，是以某些途径将一种社会制度内部赋予的认识转变成人们可理解的语言，而这些人因为对另一种社会制度忠贞不渝，往往倾向于通过该制度提供的视角来看待世界的行程。这意味着托克维尔的任务是在两种意识模式，即隐喻模式和转喻

模式间进行调和，这样，每一种模式关于“实在论”的主张都能保持不变。鉴于托克维尔自己的思想倾向，此种调和作用的依据就在于反讽。但是，出于道德的考虑，托克维尔使自己不可能直接转向设定一种反讽式历史观念。他根本不可能接受喜剧式的历史观念及其认可的提喻意识，因为他并不是栖身于一个假定各种社会力量都已达成妥协的世界。对他而言，喜剧式想象甚至没有被视为一个可能的选择，正如他在评论费希特和黑格尔时指出的，在他看来，将这样一种历史观念强加在类似于他自己所处的这样一个纷乱时代很不道德。

但对于“民主派的”历史观念及支持它的转喻意识而言也是如此。虽然托克维尔形式上致力于为其时代的特定形式而寻找解释原因，他认为，作为一种研究程序，寻求一般原因有其局限，而且对那些片面追求它的人在精神上有削弱作用，这样，他指出：

> 当个体行为在国家中的痕迹消失了，经常发生的便是你看到世界在运动，却不见明显的推动力。每个社会成员在自身意志的基础之上单独行动，最后同时发生而产生了整体上的运动。由于要辨明并且分析其中的理由极为困难，人们都趋向于相信，这种运动都是不知不觉的，并且社会无意识地服从了某些统治它们的更高级力量。但是，即便假设在现实中揭示出了支配所有个体个人意志的一般事实，人类自由意志的原则仍然是不确定的。那种广泛到能同时影响到成千上万人，并且强大到足以使他们屈从于同一个方向的原因理应看成是不可抗拒的；看到人类确实屈服于它，精神最后便得出人类不可能抗拒它的结论。[第92页]

托克维尔（错误地）相信，自己时代的历史思想仅仅成功地制造出一种这样的历史，它否认“少数人具有任何能力影响民族的命运”，并且否认人民本身具有任何“力量改造他们自己的环境”（同 204

上)。每个地方的史学家都服从这样的信念,即历史要么是受“不可变更的神意”支配,要么受“某些盲目的必然性”支配(第93页)。托克维尔担心,如果这种说法由史学家传播给了读者,它便能“感染社会群体”,“甚至使近代社会活动为之瘫痪”(同上)。

于是,托克维尔的意图是相信历史中“一般原因”的作用,但其方式是限制这种原因一方面对特定类型的社会, 而另一方面对特定时空所具有的功效。在民主社会中,例如他那个时代在美国形成的民主社会中,寻找一般原因是有道理的,因为社会本身就是这种一般原因的产物。相比之下,在欧洲,寻求这样的一般原因不仅在心智上、而且在道德上都还是成问题的。因为欧洲社会乃是或者至少在1830年时看上去像是贵族因素和民主因素的*混合物*。对托克维尔来说,这意味着有可能根据两套规则,即一般规则和特殊规则来分析其过程,或者更正确地说是根据两类因果行为方式来分析,一方面是一般文化的因果行为方式, 另一方面是个体的因果行为方式。由于这两种因果作用都被视为在道德权威上同样合法,但在历史过程之内却并非有着同等的自主性, 对它们之间的相互冲突的感受造成了托克维尔早期反思历史时那种悲剧性的想象。

托克维尔所视的史学家的职责本质上类似于埃斯库罗斯想象的悲剧诗人应承担的职责,即治疗。这是一种质朴的历史意识,它有助于祛除人类对传统神祗残余的恐惧, 并且通过建构足以培育出他们自己的高贵才能的制度和法律, 使人类准备为自己的命运承担责任。然而, 这种历史意识的培育特别需要贵族派观点的挽救,与其说是把它当作社会组织的基础,不如说是当作一种关于现实的可能看法,当作一种矫正“民主”历史观念对精神的削弱作用的方法。

贵族派历史观曾教导人们“成为命运的主人并统治他的同胞,人需要的不过是成为自己的主人”,这种观念必须用来反对民主观念,后者认为“人们对于自己和周围的事物完全是无能为力的”。托克维尔问道,贵族派历史学只是教导人们“如何发布命令”,民主派历史学提倡“只要服从”的本能，是不是能够把两者结合在一起呢？他的结论是，不仅可能把这两种历史观念结合到一种新型历史学中，而且这种新型历史学还能超越两者，甚至以和诗歌相融合的方式来建构历史学，即把实在和理想，真和美、善结合在一起。他说道，只有这样，思想才能“唤起人们的才能”，而不是使他们“完全拜倒在地”（同上）。因此，托克维尔认为《美国的民主》这本书表明他不倾向于“任何特定的观点，并且……不存在迎合或抨击任何党派 205
的设想”。他说道，他没有“设法采取与别人不同的方式看问题，只不过是看得远些而已”。他声称为历史增加了一个新的维度，因为，当别的史学家“只是忙于次日的事情时”，他把自己的思想转向了“整个的未来”（I，第17页）。事实上，他已经试图把这种*未来*看成*历史*了。

自由主义的面具

应当注意到，托克维尔认为同时代史学家的兴趣“只在次日”，与他自己对“整个未来”的兴趣相对，这种描述表面上看是错的，或者至少过分夸张了。事实上，他那个时代大部分重要的历史编纂，除了专业的博学派学术著作，都指出要致力于解释现在，并且为当时的社会步入未来的“现实”运动做好准备。但是，一种是涉及不远的将来的历史学，一种是涉及“整个未来”的历史学，二者之间的区别正是自由主义意识形态在后革命阶段能够创立的基础之一。它允许史学家声称，自己对这种未来的可能性所做的反思具有一种科学的或客观的特征，而这种特征正是那种更直接涉及社会者的功利主义和实用主义观察所不可能具有的。穆勒1836年在他写的《美国的民主》书评中看到了托克维尔的这种偏好，以及其中本质上反自由主义的含义。

托克维尔表示，对于有可能存在一个与任何过去或现在了解的东西不同的未来，他一点也不怀疑；故而他把自己区别于保守主义者。但许多评论者只是因为看到他希望从旧制度中挽救那些值得赞许的东西，而把他和保守派归为一类。然而，未来理应是一种历史性的未来，它虽与过去和现在不同，却应是二者的继续，正是这样的信念将托克维尔坚定地归入了自由主义传统之中。他投身于这种传统的做法是拒绝预言未来将采取何种确定形式，偏爱由研究过去转向描绘面向现在的所有可能未来，随后返回到现在，以强调人类必然要做出选择，决定实际上将要发生的确定未来。托克维尔用史学思想将生活着的人们置于选择的境地，使他们活跃在选择的可能性之中，并告诉他们做出任何选择之后要注意的困难。这种经常性的运动，即从欢庆人们有能力创造自己的未来，到记住每一个实践行为都存在一定的危险和苦难，再到为奋斗和劳作欢呼，这使得托克维尔既成为一位自由主义者，也成了一位悲剧性“实在论者”。

206

社会调和的历史学

所以托克维尔认为，他的任务不仅仅是在可选择的社会观念之间以及过去和现在之间进行调和，还要在现在和未来之间进行调和。在贵族制和民主制这两极之间有若干可供考虑的可能性，从精英专制到暴徒专制。史学家的任务在于表明这些可能性作为未来确定选择是如何具体化的，并且通过阐明历史存在的悲剧本质，在面对这些选择时激发起一种适当而充满希望的混合情感。托克维尔一刻也不怀疑这样或那样的民主在欧洲是不可避免的；但是，人们将如何在这种民主化的未来中塑造他们的存在却仍是一个悬而未决的问题。大约到了1835年，在托克维尔给一位《美国的民主》评论者写信时，他相信自己正“竭力使人们[其读者]接受一种不可抗拒的未来；这样，使得部分冲动和部分反抗的暴力倾向趋弱，社会才能朝着实现其目的的方向平缓前进。这是本书的主导观念，它包括了其他所有观念”（《回忆录》，I，第398页）。他希望，这种“命运”既不同于贵族制,也不同于民主制,而是二者的结合,它保持了旧秩序的精神独立性,同时也保留了对一切新事物之权利的尊重。

因而此时,托克维尔的倾向是辩证的;他寻求某种方式来证明在历史中存在着对立要素相互综合的可能性。但是他运用的分析方法排除了任何综合的可能;他主张采用一种类型学的分析方法,去建构起一种还原的、二元的类型。这样,他进行的分析越是完美,要使相互冲突的因素得以综合的可能性也就越是遥远。由于托克维尔以转喻式的语言来构想历史,其想法必然会不得已地认为,在一个不是思想就是实践的可以想象的体系内,要将分析中辨别出的主要成分联合在一起是不可能的。

以最为肤浅的方式来看的话,托克维尔的《美国的民主》没有资格称为一部历史叙事。它的年代框架完全是一种推测;其细节知识对于解释民主社会诸现象时运用的分析范畴并不是必需的。美国民主的发展或演进完全被认为是理所当然;因此,演进的观念并非一种说明的组织原则。从第一位欧洲殖民者最初定居到杰克逊时代,美国发生的任何事情都不过是表现出该系统内一种稳定因素的纯粹化和清晰化,这样,在该过程终结时,即在托克维尔身处这个时代,最后产生的东西几乎可以认为是一个怪物,一个单一牢固的系统,其中消除了任何可能用来制衡的因素。 207

托克维尔在《美国的民主》导论中说,他“在一种宗教敬畏的影响下”写这部书。这种敬畏产生于反思“伟大的民主革命”。“数百年前,人们就不顾任何阻碍提出了”这种“伟大的民主革命”,“并且在它导致的毁灭之中仍旧不断提起”(I,第3、7页)。他说,民主的成长表现为“一种神意的事实……它是普遍的、持久的,它一直避免一切人类的干预,而所有的事件和所有的人都促成了它的进步”(第6页)。它正是悲剧性命运具有的本质。欧洲社会已经听到这种民主革命的第一声惊雷,但是,它“在法律、观念、习俗和道德之类能使这种革命有益的必要方面却没有相应的变化”(第8页)。欧洲已经为一个新的社会扫清了道路,但现在却迟疑不前:“我们已经摧毁

了贵族制，我们看来也倾向于满足审视这些废墟并接受它们。”（第11页）

托克维尔指出，在首次革命热情冷却下来之后，人们寄希望于将过去的记忆理想化，这很自然。“我们被置于激流当中，固执地注视着或许在离去的岸边仍能看到的废墟，此时，水流将我们迅速带走，并把我们拖向深渊”（第7页）。但往回走已经不可能了，“我已经相信，在我们正步入的这个时代中，所有想要把自由奠基在贵族制特权之上的人都将失败；所有试图在一个单一阶级之中得出并保持一种权威的人都将失败”（II，第340页）。因此，随之而来这个时代面临的问题“并不在于如何重建贵族制社会，而是如何从上帝将我们置入的社会民主状态中获得自由”（同上）。

然而，托克维尔并没有鼓吹那似乎不可避免的东西。他相信，“平等的原则”对“人类的独立”而言充满了危险；事实上，“这些危险最为可怕，也是在未来会有的情况中最少预见到的”（第348页）。但是，他希望这些危险并非不可克服。民主社会中的人可能“对规则缺乏耐心”，并且“甚至对他们自己喜欢的环境一成不变而感到厌倦”。他们将热爱权力，倾向于憎恨那些挥舞着权力的人，并易于躲避握有权力者的控制（同上）。但他也试图相信，对此，没有什么根本上恐惧的东西。他指出，“这些倾向将一直表现自身……它们产生于社会基础之中，不会经历什么变化；长此以往，它们将不容许建立任何专制，并且，将为后来为人类自由而奋斗的每一代人装备新的武器”（同上）。因而，对现在发生的事情保持一种恰当的历
208 史观很重要，并且

> 不要用一种从已经逝去的社会状态中得出的观念来判断正在形成的社会状态；因为这些社会状态的结构差异非常大，不可能得到一种公正或公平的比较。要求我们当代人具有源自祖先的社会环境中特有的美德，这也难说更有道理，因为这样的社会环境本身已经沦落，并且成为包含了为它所有的善

与恶的杂乱废墟。[第351页]

我们很难预先确定正在形成的世界状态会比以前的更好还是更坏，二者都表现出了美德与恶行。新时代和旧时代的人们就像“人类两个不同的层次,每一个都有自身的美德和缺陷,都有自己的优点和邪恶”(同上)。托克维尔注意到,在他身处的时代,有些人能够“在平等原则中认识到的仅仅是它造成的无政府主义倾向”。这些人“害怕自己的自由行为,他们对自己产生了恐惧”。另一些人的观点相反:“除了从平等原则出发最后形成无政府状态这条道路之外，他们至少还发现一条似乎会引导人们走向不可避免的奴役的道路。他们事先按这种必要条件来塑造自己的灵魂,并且,由于对仍保留的自由感到绝望，他们在心中已经屈从这种即将出现的主宰。前者因为认为自由是危险的而放弃自由,后者则因为认为它是不可能的而放弃它。”(第348页)托克维尔想找出拒斥这两种选择的理由。一种正确而充分宽泛的历史图景能够显示出对平等原则的天真信仰与不假思索的恐惧都是愚蠢的。托克维尔用劝诫来结束《美国的民主》,他要公众“以一种有益的敬畏来企盼未来,这种敬畏之心能使人们守望并保护自由，而不是以胆怯和无益的恐惧来期待未来,后者总是令人沮丧和消沉”(同上)。

重大历史过程的“句法”

托克维尔说,他并非因为“仅仅满足于一种好奇心”而着手研究美国的民主,相反,他首先是想要构想一幅“民主本身,以及它的偏爱、特征和成见的图景,以便认识到在其过程中我们担心和希望的东西”(I,第14、17页);其次,他要为“新的政治科学”打好基础，这是“新世界所需要的”(第7页)。托克维尔的真正主题是自由的理念,它从一开始就渗透在欧洲文化生活中,并且贵族制和民主制都以各自的方式为此做出过贡献。

然而，托克维尔有关美国的民主观念是一种畸形的产物。在他看来，美国的民主表现出西方文明的构造中的一种断痕和分裂。自从16世纪封建社会的崩溃以来，这种片面而极端的发展倾向就在
209 欧洲存在了。美国提供了一个*单纯民主类型*的例子；在此，“第一次……至今不为人知或认为是不可行的理论将展示出一幅新景象，而世界根据过去的历史还没有为它做好准备”（第26页）。美国丰富的自然财富，以及缺少任何原先存在的社会秩序，使得仍然潜在于欧洲的某种思想和行为传统有可能成长、繁荣，并且在自由的理想中表现出它所有的创造和破坏的潜能。这样，美国为一种社会制度的全面发展提供了一种温室环境，而这种系统只是最初形成于欧洲，后者“仍然因在腐朽中衰落的世界残余而被拖累”（II，第349页）。但是，恰恰是这些旧社会的历史残余的存在，为在欧洲创造一种更好的社会制度提供了可能性，它要优于在美国形成的那种。

在托克维尔正写作《美国的民主》第二卷时，美国社会开始显示出他所认为的某些潜在的致命缺陷。其中最明显的是其*变化而无发展*。托克维尔在美国社会和文化生活中发现一种沉闷的阻滞现象，它阻碍创新，无力*将变化转变成进步*。这样，他认为，美国人民将自己呈现给同时代观察者，其处境与两个世纪之前人们从欧洲抵达美国时*本质上是相同的*（第7页）。托克维尔也为美国生活中盛行的物质主义而感到沮丧。在许多地方，他表示出对美国将形成富豪统治的担忧，这种统治在动摇平等理想的同时，将不可能替代健康独立的思想和行为，后者正是欧洲贵族制在其早期和富有创造性的阶段中具有的特征。

托克维尔声称，美国的民主中并没有什么本质上是“美国的”东西，这就表明，欧洲也潜在地受到类似危险的威胁。他认为，美国生活的每一个方面都有其欧洲源起。因此，他写道：“如果我们在研究了美国的历史之后，仔细核查一下它的社会和政治状况，我们仍然会深信，没有哪种记录在案的观点、习俗、律法，甚至事件是人们不能说明其[欧洲的]源起的”（I，第29页）。托克维尔将美国生活的

静态性大部分归因于缺少一种“民主革命”的传统，在那种传统中，确立的社会制度才能够接受周期性的批判和评价，并保存它的进步性变革的动力（第7页）。

正因为缺少这种革命传统，才使得美国和欧洲的社会生活真正区分开了。在美国，民主的理想仅仅是*被确立*了，而在欧洲，这种理想必须*确立自身以应对贵族制的反抗*，以及*抵制中央集权政府*， 210
它是贵族制和民主制的共同敌人。这种反抗使得贵族制文化的某些片断去拥抱民主制的理想，它导致平等原则和革命性动力融为一体，并因此创造出那种民主革命的传统。有了这种传统，欧洲就被赋予了一种进步性变革的潜能，这是美国的民主所没有的。这样，对于理解美国历史而言，只要考虑两个因素（令人鼓舞的社会理想和它赖以发展的自然环境），理解欧洲历史却有四个因素需要研究。它们是贵族制社会理想、民主制社会理想、集权国家和革命的传统。并且，在最后的分析中，美国的剧情表现为人类只是为了确立平等原则而与自然的斗争，因而是可怜的；欧洲的剧情则本质上是一种社会政治斗争，牵涉到社会观念的冲突、凌驾和反对这些观念并用它们为自身服务的国家力量，以及一种革命传统，它反过来对抗国家权力，并且在忠于自由理想的过程中周期性地消解它。这也就是说，欧洲与美国比起来，是一部包含了一切真正的悲剧成分的戏剧。

美国历史的“语义学”

这一切都在《美国的民主》第二卷开头几章中勾勒出来了。在此，托克维尔将美国和欧洲民主思想的主要原则追溯到16世纪宗教改革者那里。但他指出，在欧洲，独立判断与批判精神从路德经由笛卡尔到伏尔泰得到继续发展，而在美国，这种精神堕落为对公共观点的接受。这样，在欧洲有着一种民主的*哲学*传统，它在文化、政治和宗教中支持并援助了革命传统；而在美国，哲学传统几乎完全不存在，甚至对哲学毫无兴趣。美国社会是宗教虔信的产物，它"从不怀疑"地接受那些信念，并且"不得不同样接受其中产生并与之联系在一起的大量道德真理"(II，第7页)。相比之下，在欧洲，贵族阶级和国家集权对平等原则的抵抗促进了哲学和革命的发展。相应地，思辨的自我批判传统和通过革命行动进行批判的传统在此都鲜活地保存下来了。它们提供了创造一种新社会的可能，这个社会在原则上平等的同时，在思想和行动上仍然倡导一种个体性，这是美国所没有的。

因此，到最后，美国表现出来的只是二分之一的欧洲自由传统
211 的一种奇异发展。欧洲文明的发展源自于两种社会理想(贵族制和民主制)和两种政治趋势(国家集权和革命)之间的对抗。相比之下，美国文明缺少贵族制社会理想来充当民主理想的制衡物，也缺乏革命传统来充当国家集权的制衡物。这样，在美国，未来对于自由的主要威胁在于国家集权与民主社会理想的可能联合，它将创造一种多数人的专制(第13页)。在欧洲，贵族制独立的传统以及革命传统将制衡可能利弊俱在的民主理想的发展，这有赖于它们如何运用。如此，托克维尔便向他那个时代的欧洲同胞指出："我们时代的国家不能阻止人们的处境变得平等"，但是，"平等原则将他们引向奴役还是自由、引向文明还是野蛮、引向繁荣还是恶劣"，这仍然有赖于"他们自己"(第352页)。

托克维尔对美国的反思很少可以视为绝对赞许，多数可看作批评。他对美国的态度是极富反讽的。他置身于美国之上，并从各个方面做出判断，把美国看成各种条件和过程的联合体。这些条件和过程很少提供什么理由让人们希望美国能够产生任何对普遍的人性而言有价值的东西。托克维尔认为，美国历史的情节不像任何浪漫主义式的上升，甚至不像通过其主角遭受苦难而在意识中获得提升的悲剧性兴衰。美利坚形式的民主，也就是说，对其倾向专制的内在冲动不存在任何限制的民主，最后只能得出一种可怜的结果。

确实，托克维尔提醒我们，国家并非完全受制于“由先前的事件、这些国家的人种，或者土壤和气候中产生的一些不可超越的和不可理喻的力量”。他批判信仰这些决定论的原则是“错误的和胆怯的”；它产生的只能是“虚弱的人类和怯懦的国家”。虽然神意并没有为人类创造全面的独立或完美的自由，但想象一种每个人都能主宰自己的自由之境还是有可能的。史学家的任务在于表明，虽然“在每个人周围画出了他无法跨越的命运之圆”，但是，“在这个圆圈的广阔范围内，他是强大的，也是自由的。”并且，“对人是如此，对社会也是如此”（同上）。但托克维尔很少劝说人们对美国的未来及其民主抱有更多的希望，这有可能说明为什么美国在19世纪后半叶对他的著作没有多少兴趣。穆勒认识到了托克维尔在思想中对民主的这种敌意；并且，尽管他称赞托克维尔的历史见识与社会学考察的深刻性，针对美国和欧洲民主的未来，他却否认由这位法国贵族得出的结论是正确的。

欧洲历史的戏剧 212

就欧洲文明的戏剧而言，托克维尔相信，他正在经历第一幕或贵族制那幕的最后一场，而他在美国看到了正在拉开的第二幕或民主制那幕的一种可能后果。他的目的在于说明，这一幕如何可能在欧洲以喜剧结束，而不是一种悲剧结局。他研究美国民主的原意不仅仅是对下一个欧洲时代做出猜测性的描述，而是要帮助欧洲避免铁板一块式的民主的命运。

正如托克维尔看到的那样，在他那个时代，欧洲文明是以一种割裂、分离的情形存在，也就是说，在大西洋的另一边，美国是个庞然怪物；另一方面，欧洲在冲突的观念之间挣扎，无法做出选择，它自身的力量不能确定，对自身复兴的资源缺乏思考，优柔寡断、踌躇不前和缺少自信。在完成了对美国社会的诊断，以及预言美国即将堕落为一种暴民专制之后，托克维尔转而分析欧洲社会，想估计一下欧洲的千年传统哪些已经消逝了，哪些还活着，以便确定其未来的前景。他的《旧制度》是计划阐述大革命对欧洲社会影响的多卷本研究著作的第一部，它意在成为为贵族制文化理想辩护的著作。这部作品的策略与《美国的民主》中的一样，但其做法却多少有些不同。对美国民主的研究被当作解毒剂注入到了奥尔良派治下的法国的静态社会中，一方面，它平息了对民主的恐惧，另一方面冷却了不假思索投身民主的热情。它意在表明民主在何种程度上是欧洲历史中特有的，以此来缓和保守分子的恐惧，并且，同时也想通过揭示新大陆发展的那种纯粹民主具有的缺陷来缓和激进分子的热情。《旧制度》也有类似的双重目的。一方面，它表明民主人士自身珍视的革命传统本身为何就是一种贵族制社会的创造，并且，革命如何（反讽式地）恰好是它试图颠覆的这个社会制度的产物，由此而调和了民主人士的激情；然而，另一方面，它也（反讽式地）强调了新旧体制之间的连续性因素，尤其是在集权政府的成长中更是如此，这威胁到了革命者为之奋斗的自由的原则。托克维尔自始至终深信，历史的时钟不可能退回到以前的时刻，在他自己思想中，无论什么时候，使时光倒流的念头都是要根除的。但是，托克维尔冷静地评估了人们必须为平等主义付出的代价，并且，也意识到了人类文化在平等主义推动的社会进步中要受到的损失。

213

自由主义观点，保守主义语气

在《旧制度》导论中，托克维尔写道，他的著作意在“阐明在什么方面，[现在的社会制度]与在它之前的社会制度相似或不同；并且要确定，通过如此剧变，损失了什么，又得到了什么”（第xi页）。因而，他写道，

> 只要我从我们的祖先那里发现任何对一个国家至关重要但现在几乎绝迹的美德，如一种健康独立的精神、高远的抱

> 负、自信、有理想,我都要将它们解救出来。同样地,只要我发现了任何罪恶的踪迹,在毁灭了旧秩序之后仍然对国家有影响,我就会着重强调它们;因为正是根据它们以前引起的罪恶,我们能够估量出它们至今可能带来的危害。[第xii页]

于是,在此再次可见,研究旧制度并非仅仅以实践一种历史重构作为其内在目的;它的意图在于,帮助托克维尔所处的时代从一种对过去已经发生的事件具有的毫无意义的愤怒中解救出来,同样也从一种毫无意义、不加批判的满足于它本身在现在取得的成就的心态中解救出来。这种观点明显是自由主义的,但语气却是保守主义的。语气虽然表面上客观公正,但实质内涵已经被调换了,它由一种对必然的悲剧式接受转变成一种对旧秩序的追随者反讽式的警告,让他们照看好自己的最大利益,并且做出相应的行动。

托克维尔表现的革命既非某种不可逃避的元历史过程的产物,亦非一种针对未来的单一决定的可能性。相反,他强调,它是在自然和特定社会环境提供的可选择性事实中人类选择的产物。革命就像旧制度那样,是一个历史事件;它是一种有着特定外貌和生命形式的确定的过去,有可悲叹的恶行和可保存的美德。和旧制度一样,革命也有其发生的缘由,并且有终止的缘由,以及它采取了在时人心目中的那种形式的缘由。但是,托克维尔试图说明,在人类意识与其社会存在的条件变得彼此和谐的过程中,尽管参与这部转换戏剧的不同角色各自有其特殊的目的,旧制度向新制度的转换为什么不是以辩证的方式,而是以剧变的方式发生的。

因而,《旧制度》是一部旨在保存守护之作。托克维尔的目的并非要让欧洲回到从前或者在现在止步,而是要使得民主的未来更为自由、更为人道。但是,这种更为人道的未来根本上是以贵族方式来构想的。在对柏克的一段著名评论中,托克维尔使这种目的得以彰显:

214 “你们想要一改政府的弊端，”[柏克]对法兰西说道：“但你们为什么要创造一种新的事物呢？为什么不回到你们的旧传统中去呢？”……柏克没有看到，正在他眼前发生的是一场革命，其目的恰恰是要废除那种“古代欧洲的共同法”，让时间之轮倒转是不可能的。[第21页]

大革命对“整个的社会制度”产生了怀疑；就法国人民而言，它是一种尝试，尝试着“结束过去，就好像要割裂他们的生活，并且在他们迄今已成和渴望将成的一切事物之间造成一条不可逾越的鸿沟”(第vii页)。但关键之处在于，这种尝试没有实现，并且研究将表明，“尽管它可能很激进，大革命带来的变化远比一般想象的要小得多”(第20页)。与此同时，尝试与过去彻底决裂的失败并不能解释成反对大革命的论据。托克维尔说道，因为，即便大革命没有发生，

旧的社会结构在任何地方仍然迟早会被粉碎。惟一不同的是，它不是如此残酷地突然崩溃，而是将一点点地破碎。在一种没有预警、没有过渡也没有悔意的猛然倾覆中，大革命实现了无论如何一定会发生——即使是以缓慢的速度发生的事情。[同上]

对托克维尔而言，大革命作为历史中一种更高逻辑的显现是可以理解的，但在法国历史中尤其显著：“它是长时期酝酿的不可避免的结果，是一个有着六代人断断续续参与其间的过程突然而剧烈的结束。”这样，托克维尔把大革命展现为旧制度中的“一种内在实在”，即一种“蓄势待发的存在”(同上)。大革命的领袖想要激进地与过去决裂，并且其敌人也相信会是这样，事实上，它远非如此，大革命实际上是“它如此急着要摧毁的社会秩序的自然结果”。这样想象后，大革命既非正，亦非邪，而本质上是一个*历史*事件，也

就是说,是一种过去的产物、一种自我的呈现,以及任何关于欧洲的未来意向中的一种必然要素。这样,当大部分托克维尔的同时代人,如自由主义者和保守主义者都开始达成一致,认为任何民众的放纵一律会造成邪恶效果,在大革命期间的放纵尤其如此,这时,托克维尔对大革命和民众都继续培养了一种现实主义的关注,这首先是因为它们存在(因而必须加以研究),其次是因为,它们对于一般的人、对于所有阶级的个体与创造出来服务于他们的社会体系之间的关系都有所揭示。

反讽视野中的悲剧性冲突 215

《旧制度》中的主角是旧制度本身,它处于矛盾中,既有自己死气沉沉的过去,又意识到要想继续存在就必须改变。要说托克维尔实际上把旧制度人格化了,并且使之成了他的故事中的悲剧式英雄,这有点过分了,但是,就其困境而言,的确存在某种李尔王式的特质。托克维尔将君主政体及维系它的制度描述为陷入了一方面是由国家集权的逻辑,另一方面是由人类热切愿望的逻辑构成的进退两难之境。他显示出,旧制度如何尝试进行诸多改革以改善所有阶级不得不赖以生存的条件;但是,这制度对社会秩序的特殊部分又有矛盾的承诺,提议的这些改革一次次地与此相碰撞;并且,当一种既定的改革实施后,它仅仅是促进了对其他改革的要求,而并没有满足推行这项改革时想照顾的阶级或集团的利益。在大革命前夕,法兰西交织着矛盾与谬论,就社会制度而言,它们在民众中促成了一种一致的敌对情绪,任何不能从整体上革新的尝试都无法减缓这种敌意。

> 一方面是国家,其中对财富和奢华的热爱日渐拓展;另一方面是政府,在不断煽动这种情绪,同时也令其受挫之时,政府正是通过这种致命的矛盾注定了它自身的厄运。[第179页]

托克维尔写道,法兰西人民数百年来感觉到

> 一种根深蒂固的和不可控制的愿望,即彻底摧毁一切由中世纪留存下来的制度。在清除干净之后建立一个新社会,在其中,人们尽可能相同,并且地位尽可能平等,能够体谅个人之间先天的差异。另一种主要情绪是近来产生的,植根不深,它渴望不仅以平等的地位,也要作为一个自由的人来生活。
>
> 旧制度接近终结时,这两种情感都是相同的真实感受,并且看上去同样有效。当大革命开始后,它们彼此接触,联合成一种力量,相互加强,将民族的革命热情变成了烈火。[第208页]

像这样表现的话,大革命便成了人类意识与社会制度相互冲突的产物;并且,就其最普遍的本质而言,它是在表述要在思想和情感与法律和政治制度之间重建和谐的一种合理尝试。它既不是
216 纯粹精神的产物,亦非纯粹物质因素的产物;它也不是某种自主的和确定的超历史力量之显现。大革命的主要动机来自部分法国人的一种突然的感受,即他们理想中渴望的东西与过去两个世纪相当适合他们的社会制度不再和谐一致。

托克维尔写道,在很大程度上,这种意识与社会的分离是知识分子对旧制度进行批判的结果。他们乌托邦式的想象具有的效果便是使群众疏远了声称最适合他们的社会常态。这样,

> 在当时传统的和迷乱的、虽说不上混乱的社会制度边上,在人们的心灵中逐渐树立起一种假想的理想社会,就其最全面的意义而言,其中一切都是简单的、一致的、融贯的、公平的和合理的。正是这种对于完美国家的图景激发起群众的想象,并渐渐使他们与眼前的现实疏离了。他们厌恶身边的真实世

> 界，迷恋梦想中的美好世界，并且，他们在精神上最终生活于作者们创造的理想世界中。［第146页］

这种乌托邦主义并没有多少理由。托克维尔认为，这并非因为旧制度还不是那么混乱（它确实是混乱），而是因为法国人民的客观处境在大革命之前的那些年中要比此后的数十年更好些。托克维尔写道："比较的统计研究表明，紧接着大革命后的数十年中，国家的繁荣都不如大革命前二十年那样大踏步前进"（第174页）。这种处境的"矛盾"在于，真正增长的繁荣反映出了培育繁荣的旧制度的缺陷。这样，托克维尔用了一个特别的段落来评论：

> 一个国家的伟大和力量只是其行政机构的产物，持这样的信念可以说至少是目光短浅的；无论这种机构多么完美，背后驱动它运作的动力才是真正重要的。我们只要看看英格兰，那里的宪政制度比现在法国的更为复杂、笨拙和古怪。然而，还有没有其他欧洲国家，其国家财力要比英国更强？私有制更广泛，其采取的形式多样却非常安全？个人的成功与稳定的社会体系又是如此完美地联合在一起？这并不是因为任何特殊法律具有的优点，而是使英国宪法作为一个整体具有勃勃生机的精神。当政治实体的生命力具有这样的活力时，那些机构可能很少犯错。［第175页］

托克维尔继而要指出就在大革命之前法兰西"稳定增长的繁荣"对平民的影响。他认为，这种增长的繁荣"在四处促成了一种不安分的精神"。"一般民众越来越敌视任何旧制度，越来越不满意；事实上，国家正朝着革命迎去，这已日渐明显。"（同上） 217

于是，托克维尔转而思考特定地区的社会环境，比较因为要求改革而很快将旧秩序连根拔除的巴黎近郊，与其他最顽固地保持了以往程序的法国地区，并且，他指出，"恰恰是法国那些改善最大的地方，人们就最是怨声载道”（第176页）。他继续评论道：

> 这可能看起来不合逻辑，但是历史中到处都是这样的悖论。因为并非总是当事情变得越来越糟糕时才发生革命。相反，当一个毫无反抗地忍受了长期高压统治的民族突然发现政府在放松其压制时，人民就会拿起武器反抗政府。革命经常在这种时候发生。这样，革命所颠覆的社会秩序几乎总是要比它前面那个的秩序要好一些。一般来说，经验告诉我们，一个糟糕的政府最危险的时刻就是它设法改过的时刻。经历长时期的高压统治之后，国王若开始改善其臣民的命运，除非他具备完美地驾驭国家的能力，否则便无法保住自己的王位。人们被动地忍耐了如此之久的苦难似乎无法改变了，一旦消除它的可能性闪现在人们的脑海中，它也就变得无法忍受。因为某些弊端得到了纠正，仅仅这一事实便令人们转而注意其他弊端，它们显得更加让人烦恼了；人们受的苦更少了，但他们的敏感度增加了。在封建主义势力极盛之时，它并没有像它衰落前夕那样激发起如此大的敌意。在路易十六的统治下，独裁势力最普通的烦恼造成的憎恨，也要比整个路易十四时期的专制造成的大得多。短期监禁博马舍对巴黎的冲击，要比1685年龙骑兵迫害新教徒造成的冲击大得多。
>
> 1780年，不能再有任何认为法兰西正在走下坡路的言论；相反，它看起来前途无限。正是在这时，人类日臻全面和不断进步的理论开始流行。20年前，人们对于未来没有多少希望，而在1789年，已经没有人为未来感到忧虑。原来人们没有梦想过的幸福现在似乎能够触及了，在这种前景的迷惑下，他们无视已经发生的真实进步而渴望着猝然事变。[第177页]

这些段落意味着，社会变化规律的观念类似于那些在希腊悲剧中见到的，其规律就是，生命状况正在改善的人应注意到某些灾难的来临，而灾难通常是越过了人们自己理解世界或“实际地”认识世界和自身的有限能力的后果。与此同时，托克维尔援引了一个有机论的隐喻来表述旧制度的力量，以及在受到考验时丧失了的力量。

> 应该看到，一切人类的制度就像人体，其中存在一个隐藏着的能量源泉，即生命原则本身，它独立于为了生存必须实现不同功能的器官；一旦这种生命的火焰微弱，整个机体都将憔悴和消瘦，而尽管各个器官看上去仍像以前那样运作，它们已经毫无用处。［第79页］

一旦这种“隐藏着的能量源泉”枯竭了，旧制度便被推上了一条通向自我毁灭的道路；无论它如何挣扎，也只能促成它自身的终结。它改善自身处境的特殊努力创造了分裂的社会情形，藉此，人们自然要倾向于反叛。 218

> 一旦资产阶级从贵族中彻底分离出来，而农民又从这两者中分离，当这三个阶级的每一个中都产生了类似的区分，即每个阶级都分裂成许多几乎彼此隔绝的小集团，那么，其后果就不可避免，那就是虽然国家逐渐变得像是一个同质性整体，它的各部分已经不再那么团结了。没有什么能够对中央政府造成阻隔，但它同样也表示没有什么能够支持中央政府。这正是为什么我们的历代国王建立起来的宏伟大厦，一旦在它以之为基础的社会秩序中产生动乱，就注定了要像一座势必倾倒的大厦那样分崩离析。［第136—137页］

并且，照这样的概括，托克维尔继续带着反讽的口吻评论他自己这一代没有能从这些经验中学到任何东西：

> 结果，这个国家孤立地看从其先前统治者的错误和失败中学得聪明了，但是，虽然它如此有效地摆脱了这些人的统治，却无法摆脱他们赋予它并使其习得的错误观念、陈规陋习及有害倾向。事实上，有时，我们发现它在其行使自由时显示出一种奴性，它无力管理自己，就好像它过去面对其主人时难以管束一样。[第137页]

这些段落揭示出，托克维尔沉着自信地将精力从经济转移到了社会的、政治的和心理的因素，认为它们乃是同一历史过程中的不同方面，赋予它们各自恰当的分量，并且，原则上不排除每一种都是积极的力量。然而，它们包含了诸多关于个体行为仅只以阶级成员的身份而作用的假设，也流露出一些在方法论上受到限制的有关某种静态人性的先入之见，以及阶级忠诚和意识形态偏向之迹象。托克维尔声称要超然于争斗之外，他也做到了这一点。但是，他决不是以同情的观察者的身份看待参与历史过程的所有力量。准确地说，对于卷入了各种行动力量之中并对其处境毫无理解的人而言，托克维尔是一位不偏不倚的法官。

革命性戏剧的反讽式结局

然而，托克维尔同时把旧制度向新制度的转变描述成一个过
219 程，其中过去最糟糕的因素仍然被保留下来，还成了既定现实的某些方面。托克维尔如米什莱和兰克那样，发现了将其自己的时代与旧制度相连结的连续性线索。但这种连续性构成了某种不确定的遗产，它是由倾向国家集权和热爱平等组成。托克维尔指出，不幸的是，这两种因素并非正相对立。他认为，只要政府“满足和迎合法兰西民族对于平等的心愿”，该民族在任何统治中都趋向于容忍“事实上充当专制工具的实践和原则”（第210页）。

托克维尔认为，另一条更细微的线索将过去与现在联系在了

一起，这条线索是由他称之为“对自由的渴望”（同上）构成的。对于国家集权和热爱平等的冲动延续并不断增长，对自由的渴望则起伏不定：“从大革命爆发到我们自己的时代这个延伸期内，我们发现有若干场合，对自由的渴望复活、死亡，然后再复活，再渐渐死亡，不久又会再次燃烧起来”（同上）。国家集权和热爱平等都不是对自由渴望的必然载体，前者一目了然，后者是因为其献身者往往热情、固执，并且“时常是盲目的，准备对那些能够满足其要求的人做出任何让步”（同上）。

那么，在未来，对自由的希望会在哪里呢？托克维尔认为，在法兰西民族本身的不确定的特征中能找到它。这种特征产生并促成了革命的传统。

> 几乎不可能看到，世界上还会有其他民族的一切行为是如此充满对立，如此极端；它任由情绪支配，确定原则少有作用；其举动往往不是比人们期望的更好就是更糟。他们时而居于人性的规范之上，时而居于其下……只要无人想到抵抗，你能用绳牵着他们（法国人），一旦革命运动开始了，没有什么能够阻止他投身其中……因此，法国成了欧洲国家中最光辉也是最危险的国家。在其他民族眼中，它最有资格成了令人钦羡、憎恨、同情或警惕的对象，也是绝不容轻视的对象。［第210—211页］

在法兰西民族的不可预言、无限的多样性和极端主义之中，它构成了一个真正与美国民族相反的类型，无疑，托克维尔对此有诸多称颂。但是，托克维尔并没有像米什莱那样赋予法国人民那种神意的神秘特征。法国人民的不确定性在能够分辨的历史因素中有其来由，托克维尔在《旧制度》中阐明了一些，但他把法国人看成革命传统最卓越的守护者，这种传统可能将欧洲从无政府状态和专制中拯救出来，它是消除平等主义在其极端形式中的罪恶的方法，也是调节过度政治集权的砝码，纠正任何试图返回过去或始终满足于现在的冲动的方法，以及未来人类自由持续增长的最佳保证。

220 抵制反讽观点下意识形态蕴涵的尝试

托克维尔对秩序的重视要甚于对自由的重视，但他并不允许自己像早些时候的柏克或他同时代的黑格尔右派那样，把对秩序的热爱当作抵制社会变迁的重要论据。事实上，在1854年托克维尔访问德国期间，当他看到黑格尔的思想被普鲁士的“统治力量”利用，他对黑格尔道德哲学的个人崇拜便受到了严重打击。在一封这些年里写的信中，托克维尔指出：就像通常所说明的那样，黑格尔主义“宣称，在政治的意义上，一切确定的事实都应当视为合理的；并且它们存在的这一情形本身就足以使得服从它们成了一种责任”（《回忆录》，II，第270页）。简而言之，托克维尔在黑格尔去世25年之后遭遇的这种黑格尔主义看来使得现状具有了某种神性。这就违反了托克维尔的信念，他认为任何事物本质上都有其历史性，人们有权对源自过去的任何事物做出判断，并且根据环境和人类需要的变化加以修正。他同样排斥其朋友戈比诺的种族主义学说，但理由不同。戈比诺用一种遥远、虚构的过去构成了一种神性，它完全像普鲁士的“黑格尔化了的”现在那样专制。

启蒙时代晚期的反讽式历史学并没有随着转入狂飙突进运动和浪漫主义时期而消亡；它只是被推到了不再引人注目的地方。在德·迈斯特尔的反革命哀诉、夏多布里昂对欧洲丧失基督教信仰的悲伤反思、克尔恺郭尔的新正教、施蒂纳的虚无主义和叔本华的哲学，都立足于某种反讽式的历史观念，它们大体上都是对于黑格尔把全部世界进程按喜剧式情节化而作出的反讽式回应。但是，对历史的反讽式研究直到50年代以后才确立为一种替代浪漫式和喜剧式研究的真正选择，那时候，它像叔本华哲学本身那样，充当了米什莱和兰克这样的史学家的“质朴描述”和马克思、恩格斯那种在概念上过于确定的“历史哲学”的替代品。在1848—1851年革命后作为欧洲学术、艺术和文学特征的“实在论”氛围之下,各种对历史的反讽式观点作为思想和表述的主流模式取代了浪漫的和喜剧的模式。并且,这种观点鼓励了由特赖契克和冯·济伯尔代表的民族主义史学的“国家主义”学派,由泰纳、巴克尔和社会达尔文主义者代表的“实证主义”学派,以及由勒南①、布克哈特和佩特代表的“唯美主义”学派。

托克维尔完全看到了反讽式历史观念的要求,并预见了它的到来。19世纪50年代初,他就在其朋友戈比诺的著作中看到了这种观念,并且,他试图构想一种新的选择方式,即悲剧式历史观念,它在承认反讽式洞见的合理性之时超越它,至少为他自己这一代人 221
提供支持起适当希望的基础。

对戈比诺的批评

在戈比诺这本现在著名的《论人类种族的不平等》中,他坚决拒斥支撑着诸如浪漫式和喜剧式历史观念的进步神话。他并不是把刚刚逝去的过去和他自己的现在看成人类自由这部悠长戏剧的高潮,而是将整个的历史视作这样一个过程,它长期以来从假想的人类纯洁时代“堕入了”普遍的种族腐化和“种族混杂”的堕落处境。戈比诺说话的语气是纯粹反讽式的,并坚持作者自己坚定的实在论以及毫不畏惧地承认生活和历史的“事实”。在回应他人批评这本著作的“腐蚀性”本质时,戈比诺写道:

> 如果我有任何的腐蚀,那是用酸来腐蚀而不是用香水。相信我,这根本不是我这本书的目的。我并不是在告诉人们:“你

① 勒南(1823—1892),法国历史学家。——译注

> 无罪”或“你有罪”；我告诉他们：“你已濒临死亡。”……我说的是你已经度过了青年时期，现在，你已经到了衰老的年龄。无疑，你的金秋要比剩余世界的衰老更具活力，但它仍然是秋天；冬天即将来临，而你将不再有子孙。[戈比诺致托克维尔的信，1856，见托克维尔：《欧洲革命和与戈比诺的通信》（以下简称《通信》），第284—285页。]

前面曾引了贡斯当一段话，作为后革命时代绝望的虚无主义的例证。这两段话的语气对比很明显。贡斯当的语气忧郁，而戈比诺则是执拗地冷酷与客观。前者记录了一种印象，后者却断言一个科学真理。戈比诺就像19世纪50年代及以后许多其他史学家那样，认为史学家只能充当社会过程的诊断者，而不是充当诗人或预言家：

> 通过告诉你正在发生什么和将要发生什么，我从你那里取走了什么吗？我不是一个谋杀者，也不是一位诊断出绝症的医生。如果我错了，我的四卷著作将一无所剩。倘若我是对的，事实并不会被那些不想面对它们的人所征服。[第285页]

托克维尔主要是在伦理方面反对戈比诺的理论；他担心它们
222 将对其自己所处时代的精神造成影响。1853年，托克维尔致信戈比诺说：“您难道没有看到，在您的学说中，包含了一切由永久的不平等所产生的种种罪恶吗？诸如傲慢、对同胞无情地嘲笑、专制，以及各种形式的卑鄙。”（第229页）托克维尔认为，戈比诺的学说只是一种现代唯物主义的加尔文式宿命论（第227页）。他问戈比诺：“难道您真的相信，循着这些路线追寻人们的命运就能真正解释清楚历史吗？有史以来，有那么多伟大的心灵试图在特定的人物、情感、思想和信念的影响中找到事件产生的原因，难道放弃了他们追随的实践，我们关于人类的知识就更确定了吗？”（第228页）托克维尔认为，他和戈比诺在历史研究方面的不同就在于以“事实”为基础的方法和仅仅依靠“理论”之间的不同（1855年《通信》，第268页）。前者得出了真理，后者只是得出意见，而且是一种反映了不得不适应革命后环境的数代人特征的意见，这种环境不用历史学家的刺激就导致了沮丧和悲观的情感（1853年《通信》，第231页）。

对这些反对意见，戈比诺的回答是，相反，他依赖的正是“事实”，而不是通过他发现的事实揭示出的真理的道德意义。在1856年的一封信中，他写道：“我的著作旨在探究、说明和展示事实。这些事实是存在或是不存在。其他无须多言了”（戈比诺致托克维尔，1856年《通信》，第286页）。对此，托克维尔回信写道：

> 您对人类极不信任，至少对我们的同类如此；您认为人类不仅堕落了，而且永远不可能再崛起。按照您的观点，我们特别的生理构造决定了我们要被奴役。因而，按照这种逻辑，为了在这群乌合之众中至少保持某些秩序，政府的利剑甚至鞭子在您的眼中也有其好处……就我自身而言，我不认为自己有权或有某种倾向接受这些涉及我们族类和国家的观点。我认为不应对他们表示绝望。在我看来，人类社会如同个人，只在他们运用自由时才有其价值。我经常说，在我们新生的民主社会中，稳定和保持自由要比在过去某个贵族社会中更难，但我未曾敢说它是不可能的。我向上帝祈祷，以免他让我产生了人们还是放弃尝试为好的想法。不，我不相信这万物之灵的人类会是你说的那变坏了的羊群，并且，我也不相信，除了既没有希望，也没有未来地交给一小群牧羊人，再无其他选择了。这些牧羊人毕竟不是比我们人类的羊群更好的动物，而事实上他们往往还要坏些。［托克维尔致戈比诺，1857年《通信》，第309—310页。］

这后一段文字显示出托克维尔的历史知识观念根本的伦理基

223 础。这种观念远非乏味地"单单为了事实"而研究事实，而正是寻求一种悲剧作者试图为自己及其读者找到的超历史的立场，通过思考这一立场，政治舞台上不同党派的代表有可能就一切人类知识的有限性，以及人们解决一切社会结构问题的暂时性达成妥协。

如果说喜剧式的历史观念产生了社会适应的史学，那么悲剧式观念便是那称之为社会调和的史学之基础。当以一种温和的讽刺来写作时，反讽的观点具有调解的层面，它一开始就超越了喜剧式做法。但一般而言，反讽式历史学是从悲剧的另一面、在悲剧的真实性被记录而且甚至于它们的不妥之处也被察觉之后作者的再度审视开始的。托克维尔力图防止由一种与反思现时代历史而揭示出的残酷真实进行悲剧式调和的情形，落入那种作为戈比诺反讽式史学基础的愤怒之中，也防止堕入那种曾激励兰克喜剧式史学的"如其所是"的适应精神中。

陷入反讽

在托克维尔1850年写的《回忆录》中，他回顾了1789—1830年间法兰西的历史。他说，这段历史在他看来"如同一幅图画，它描绘了41年间旧制度及其传统、记忆、愿望、贵族代表人物与资产阶级所领导的新法兰西之间的激烈斗争。"托克维尔谈到，到1830年，"资产阶级"对"贵族"的胜利已经注定了。旧制度所保留的一切，包括其缺陷与优点都消失了。这便是"那个时代的一般面貌"。（第30页）

《回忆录》弥漫的情绪与早于它15年出版的《美国的民主》中的不同，也与同戈比诺的通信中的不一样。因为，在《回忆录》中，反讽性视角取代了写作《美国的民主》时的悲剧立场。托克维尔的失望在《回忆录》中完全发泄出来了，他在戈比诺面前曾不让自己表现出这一点，也拒绝在就法国历史的公开反省中充分表达这种失望。托克维尔写道，他的《回忆录》并非有意要"向读者描绘一幅图画"，它与其说是“文学创作，不如说是我的一种精神放松”。这位历史学家打算在公众面前公布的有关大革命的著作不得不“客观地”分析大革命本身的得失。

在《美国的民主》（1835—1840）中，托克维尔强调，尽管欧洲和 224
美国随着“民主原则”的增长，所失颇多，但所得亦多；总而言之，他认为得多于失。这样，对于1789—1830年欧洲的混乱，或许会认为它形成的不仅是一种新的社会秩序，而且是一种能够引导人们实现新的美好生活的社会智慧。但是，在托克维尔计划写作有关旧制度衰落和大革命出现的历史的第二卷时，他原先的愿望和随后那斯多噶式顺从已经被一种绝望所取代，它与戈比诺在总体上对历史的反思表现的那种绝望别无二致。

1856年，《旧制度》第一卷出版，调和的语气相当程度上减弱了。此书表述的意图是：“澄清[现在的社会制度]在什么方面与先于它的社会制度相类似或相区别；并且确定在此剧变中的得失。”（第xi页）1830年看上去还有理由乐观的社会情境到1850年时，在托克维尔看来已经大为改变了，这时他能表明的只是一种谨慎的悲观情绪。然而，这位悲剧作者的信念依然存在。他认识到，旧制度的衰落、大革命及其结果反映了社会过程之运作，倘若客观地判断，该过程仍可以是有益的，并且可以缓和它们造成的情感与偏见。这依然是对大革命的一种接受，并把它的理想当作不容忽视的社会过程的表现，憎恨它是一种疯狂，而试图避免则是愚蠢。第一部著作中的期望已经让位给了第二部著作中的顺从了。

然而，在托克维尔有关大革命的记录中，他写道：“大革命是一种极为新颖的革命，其最有力的参与者是最没文化和最粗俗的阶级，当他们被鼓动起来并且由知识分子来为其制定法律，一种全新而可怕的事物便来到了这个世界。”（《通信》，第161页）新的事物诞生了，但它并不是兰克从远离大革命，在柏林那无忧无虑的位置上看到的那种自我适应、自我调节的社会制度，这是一种有着善与恶这两种可能的“全新而可怕的事物”。要确定这种“全新而可怕的事物”的性质，以及支配它的法则，以便预测其未来可能的发展，这仍是托克维尔作为一位史学家的终生目标。其著作中的语气和情绪一贯趋向反讽和悲观，但观点仍是悲剧的。革命的图景在历史意识中展示的法则并不是以戈比诺执拗的情绪来思考，后者为大革命预示的欧洲和世界的浩劫而高兴，托克维尔却一直努力使它在意识中复苏，使它能够转而对社会有益。

托克维尔始终反对将历史中某个特定时代定为标准的冲动，
225 好像那样就能判断和谴责所有其他时代了。他试图对一切社会阶级都保留同样一种开明的思想。但即便他表示下层人民有“希望”，他对他们还是没有信心。1848年，他带着一种只能称为是温和的怀疑主义的情绪写道：

> 我们的状况的确非常严峻；尽管如此，民众良好的理智和情感仍为希望留有余地。直到现在，他们的行为都值得极力称赞；并且，如果他们有最杰出的领袖能把这些良好的意向转变成优势并加以引导，我们很快就能消除一切危险和不切实际的理论，并将共和国建立在最为稳定的基础之上，即自由和权利的基础上。[《回忆录》，II，第91页。]

由于托克维尔在个人的政治信念方面是自由主义者（因而原则上欢迎变化），他也是一个经历了诸多革命的贵族（因此从经验得知，不经历苦难便不可能有变化），这样，他对历史进行反思的态度要比米什莱的更为“现实”。但是，就像在米什莱的反思中那样，托克维尔接近晚年时，其作品的口吻更为忧郁，因而他也更像保守主义者。托克维尔完全没有受到他随后一代人的欢迎，其理由不难发现。他从一开始就致力于的那种悲剧式实在论太过模糊，自然不受到这个不允许模糊的时代欢迎。1848年革命破坏了18世纪以来自由主义赖以繁荣的妥协立场。在接下来的时代，史学家像其他任何人那样，不得不要么支持革命，要么反对革命，这决定了要么是以一种激进主义的眼光,要么以一种保守主义的眼光来阅读历史。托克维尔就像黑格尔那样,其观点在一些思想家看来太容易变化、太模棱两可、太宽容了。这些思想家觉得,在哲学中的叔本华和斯宾塞之间,在文学中的波德莱尔和左拉之间,在史学思想中的兰克和马克思之间,他们必须选择其一。

结　论

我曾赞赏托克维尔是一种悲剧式实在论历史观念的阐释者,是在黑格尔那里能找到最高理论表述的那种综合分析式历史主义的继承人。就像黑格尔那样,托克维尔把社会关系视作历史过程的首要现象;但是,他首先在其中发现了人类意识与外部紧急事件遭遇、冲突,却未能在本质上是进步性的人类自由的演变展现之中找到其解决办法。一切与超自然和先验原因有关的思想在他的历史反思中都被祛除,但与此同时,托克维尔也抵制住了通过参照生理 226
冲动来解释人类行为的诱惑。对他而言,自然在历史中确实有其作用,但它只是作为场所、手段和社会可能性的消极约束发挥作用,而不起决定性作用。在托克维尔看来,人类意识、理性以及意志是历史中的主导力量,它们总是反对从以往时代继承而来的社会结构,设法根据尚不完美的人类知识把它转换成人类未来的利益。虽然托克维尔在道德理想上是一位个人主义者,他反对有关人类可能性的普罗米修斯式观念和西西弗斯式观念,它们曾形成了浪漫主义两个主要阶段中的思想。托克维尔犹如那时小说界的一位伟人巴尔扎克,在他们的历史观念中,人类源于自然,通过其理性和意志创造出社会来满足其直接需要,随后投身到与其创造物的生死决斗之中,于是上演了历史变迁的戏剧。如同在黑格尔那里那样,历史知识的作用是在特定的时空中充当这场决斗结果的一个因素。通过将人们置于他们自己当前的现实中,并且告诉他们什么力量必定会对其世间领域的胜利产生影响,历史知识便由一种对沉寂的过去的关注转变成现实中对活生生的过去的关注；它把人们的注意力转向其中的邪恶，并试图祛除由此产生的恐惧，表明这种邪恶是人们自己创造的，因而潜在可能服从于他们的意志。但是，最后，托克维尔被迫承认，人类历史的戏剧既非悲剧亦非喜剧，而是一部堕落的戏剧，这正是他批评戈比诺呈现在公众之前的那种戏剧。

托克维尔时常被人否认是位史学家，他或者被贬黜，或者被提升到社会学家的位置，这主要是因为在他对类型的更为强烈的兴趣中，他对历史细节的兴趣不断被抵消；抑或因为他对结构和连续性的兴趣要比他对历史过程或历时性中变化的兴趣似乎更大。但是，虽然在史学家和社会学家之间这样的区分或许有利于在人文科学史中确定新学科出现的时间点的努力，然而，它们往往令人抱怨，并且几乎总是损害了人们对于某个思想家为人类思想所做贡献的适当评价与感激之情。以托克维尔为例，试图在史学家或社会学家之间对他进行最终定位，这的确是不合时宜的，因为在他自己的时代，一位史学家尝试在对过去的单纯兴趣之上，提升到对于由单个事件而构成一般过程要素的力量进行理论分析，这并没有什么矛盾之处。这种尝试实现了前浪漫主义史学的优良传统，并且和黑格尔就史学家在建构叙事时实际做了些什么的分析完全一致。更重要的是，正是黑格尔主义者拒绝一成不变地满足于一种关于此何以由彼而来的单纯反思，他们渴望揭示将仍然存在的现在与
227 已知的过去联系在一起的普遍原则，并且根据从人类与其继承的社会形态进行斗争而造成的悲剧意识中得出的经典原则，来称谓这些普遍原则。

在托克维尔之前，许多自由主义、保守主义和激进主义的史学家满足于把大革命的事实当作材料，并且都下意识地致力于就大革命是怎样发生的，或者至多就大革命为什么这样发生，来建构一些自由主义者、保守主义者、激进主义者和复辟主义者教条式的选择性解释。托克维尔使这种争论倒退了一步，提出一个更早的问

题，即大革命事实上是否发生了，也就是说，实际上是否发生过革命。他并不是当作语义学练习来提出这个问题，而是对历史世界中事物的最终本质进行的一次真正的探索，就像询问事物应当以怎样的方式来命名。这样去消解大革命或美国的民主一类复杂事件的名字，以及尝试揭示由不成熟或不完善的语言用法而遮蔽的复杂性，要比关于在不同的时间和地点“实际发生之事”可能做出的任何教条主义研究都更为激进。后一种研究不触及有关“实际发生之事”的相互争执的意识形态基础，并且为了某个党派利益或根据某个党派的利益写作历史纯粹是为了起到巩固该党派的作用，而对托克维尔而言，在描述复杂的历史事件时，他对传统语言用法的质询将思想推到了人类选择的极限之处，它剥夺了个人颇感轻松的习惯用法，并且迫使读者根据自己希望未来发生的事情来决定过去“实际发生之事”，要求读者在历史潮流中是舒适地顺流而下，还是逆流而上进行斗争之间做出抉择。

与一般认为托克维尔将历史学社会学化了的看法相反，事实上，他的历史分析的效用中反对将语言具体化。这是任何真正的反讽性历史观念的效用。因为，就反讽性历史观关于现在的破碎景象中各成分的相互作用而言，反讽令对其敏感的读者通过自己直接感受的现实需要、心愿和渴望，为自己的取向选择一种未来，从而自己给过去一个名称。再没有什么要比托克维尔的调和式历史主义更自由的了，因为他并不是将诸如大革命和民主的兴起之类历史事件的“意义”定位在过去或现在，而是定位在未来，定位在通过揭示过去固有的含糊性而得以纯洁化的个人所选择的未来。

托克维尔直觉到的历史写作是一种创造性的消解命名的活动，有利于道德上的模糊性，这最终令他诚如同时代伟大的英国学者穆勒那样，成了一名自由主义者。穆勒在他的《本质》一文中写道：

> 有关创世惟一可接受的道德学说是：上帝的原则不能立

刻而完全地征服邪恶势力，不论那是自然的还是精神的力量；它也无法将人类置身于一个摆脱了不断与恶势力进行斗争的必然性，或者令他们自己在斗争中始终获得胜利的世界中，但它能够，并且的确使人们有能力以其精力和日益增加的成就来坚持战斗。[第386页]

228 穆勒主张这种学说“比起模糊地和前后不一地依靠一位同时也应该是恶的创造者的善的创造者，它看上去更适合于鼓起［个人］行动的勇气”(第387页)。另外，在其《宗教的功用》一文中，穆勒认为，“只有一种对超自然物的信仰形式”

能完全远离心智矛盾和德性错乱。正是这种信仰形式不可挽回地放弃了存在一个万能造物主的观念，它认为自然和生命并非贯穿了某种道德特征的表现，也不是神祇的旨意，而是在努力奋斗着的善与难以驾驭的质料（像是柏拉图所相信的）或者说与恶的原则（像是摩尼教的教义所主张的）之间的斗争的产物。[第428页]

在这种有关世界过程的二元论观念中，穆勒主张，

有德者也担负着……与那最高者一同劳作的劳动者的崇高角色，在伟大的战斗中，他也是一个一同参与战斗者，奉献出了自己的微薄力量，而像他自己那样的人们聚集起来，力量就大为增强，逐步取得优势，最终取得历史所昭示的善战胜恶的胜利。这种教义也告诉我们，这乃是那一存在者的计划，我们要把在自然中所看到的一切仁慈的设计都归功于他。[同上]

我从穆勒那里引用这几段话，尽管是自由主义文献的完美证

明,它们本来也可由托克维尔写出来。通过为这个典型的自由主义道德摩尼教增添一种历史的维度,托克维尔在自由主义的万神殿中找到了一个位置。他的历史观念暗含了一种二元论,其构成的术语以辩证的方式相关联,但其中不存在一种能够阐明的最终综合的可能性。这样一种二元论给人们带来的好处很明显,因为,如同穆勒就摩尼教信条所说的,这种二元论证据虚幻,也不实在(也就是说没有权威性),并且它向人们许诺的回报遥远而不确定(因此对单纯利己主义者没有什么吸引力)。

人们既不可能询问道德上的摩尼教的动机,也不可能询问它的目的。这种教条的信仰者悬停在冲突的力量之间,被剥夺了任何轻易胜利的希望,他转而将自己具有的任何才能,以及他的专业或职业赋予他的任何力量,服务于*他所看到的*善。与此同时,他也承认那*在他看来*是恶的东西的合法性和真实性。悬停在两个深渊之间,他*或许*自己沉湎于不可证实的死后生活的假想之中;但他将此看成一种可能性,对他自己和他的敌人都一样。并且,如果摩尼教 229
徒成功地转变成了一个自由主义者,他就会放弃这种假想,自己满足于为某种人道效劳。这种人道既无可知的来源,亦无可认识的目标,而只有直接摆在面前的一组任务,一代人接一代人。通过其选择,自由主义者将这种人道构成一种精华。通过自我批判和批判他人,他试图确保那种综合的人类遗产*逐渐*得到发展。通过渐渐地消解名称,即通过持续地揭示作为人们所熟悉的名称之基础的复杂实在(这些名称与它们阐明的制度性理论一起被继承下来了),自由主义的历史主义者支持了一种悲剧性实在论的世界图景,并且,通过消除*绝对*奉献的冲动,他以反讽的方式,为其后代具有最低限度但充满希望的自由而不懈努力。

第六章

布克哈特:作为讽刺剧的历史实在论

导　言

当我们从浪漫式和喜剧式的历史表现转向悲剧式的和反讽式的,并且从过程性或历时性历史转向结构性或共时性历史时,主题的要素倾向于盖过情节的要素,至少在情节可以看成表述一个展开故事的策略时是如此。米什莱和兰克面对历史时,把它看成一个逐步展开的故事,托克维尔把历史想象成人性与社会中不可调和的因素之间的一种交流;对他而言,历史在史学家的现在或即将到来的未来之中,走向了巨大力量之间的冲突。然而,布克哈特看不到有什么东西在发展;在他看来,事物绞在一起形成一种结构,其中光辉与热情、自由或压抑,以及运动都或多或少地有一些。有时,环境与天才人物结合在一起产生了一幅辉煌的创造性图景,甚至政治和宗教都在其中呈现出"艺术"的面貌。但是,在布克哈特的判断中,艺术感受力不存在循序渐进的演化,最终,在政治和宗教的冲动中,产生的只有压抑。历史所教授的事实乃是忧郁的事实。它们既不产生希望,也不导致行动,甚至没有指出人道本身会不会保存下去。

维柯在讨论比喻时说道："反讽只有在反思期才开始出现，因为它是凭一种貌似真理的反思而形成的谬误。"(《新科学》，第408节，第131页)维柯的循环论(*corsi*)，即文明由开始到结束经历循环(神的时代、英雄时代和人的时代)，在其中，反讽标志着最终崩溃的意识模式。因此，维柯在《新科学》的结论中谈到诸如晚期罗马帝国那样的时代： 231

> 随着民众政体的腐化，各派哲学也腐化了。它们落到怀疑主义那里去了，渊博的愚夫们落到诽谤真理了。从此就兴起一种虚伪的修辞术，对是非两面的意见可以随便时而拥护这一方面，时而又拥护对立的一方面。这就是修辞学的滥用，例如罗马的平民派的护民官们就这样滥用修辞术。当时公民们不再满足于用财产作为做官的阶梯，就把修辞术当作获得权力的工具。于是像狂暴的南风掀动了大海，这些公民们也在他们的政体里掀起了频繁的内战，导致纲纪的完全废弛。这样他们就使政体由完全自由堕落到无政府状态下的完全暴政或自由人民的毫无约束的自由，这就是最坏的暴政。[第1102节，第423页。][①]

应当注意到，维柯把反讽列入四种主要的比喻之中，因为它能够组成一类特定的语言规则，其中"言此实彼"成了习惯。他强调，反讽是凭"貌似真理的反思"形成的"谬误"。反讽式语言结晶的证据便是哲学中怀疑论的兴起、公共言论中诡辩的兴起，以及政治话语中柏拉图称之为"辩论术"的那种论证的兴起。这种言论模式的基础是，认识到社会存在的碎化本质、政治家的奸诈和自私、共同利益中自我中心支配了一切重要行业，以及认识到赤裸裸的权力(*dratos*)统治，其中法律与道义(*ethos*)都被用来证明行为的合理

① 此段译文出自朱光潜译《新科学》(下册)，商务印书馆1989年版，第606页。——译注

性。反讽式语言就像黑格尔后来论及的，是一种“悲伤意识”的表述，是那好像自由却又认识到自己被外在力量束缚了的人的表述，而这种外在的力量是暴君，他对臣民的自由毫无兴趣，就如同他对一般意义上的国家繁荣毫无兴趣一样。

弗莱谈到，反讽性文学的中心主题是英雄事物的消失（《剖析》，第228页）。在每一种文学风格和模式中都存在反讽的因素。在悲剧和喜剧中，其中所体现的“双重视界”当然就表现出了反讽因素；而它一定程度上也表现在浪漫剧中，至少就浪漫主义作家充分地重视斗争事实，以至允许读者能够设想阻碍力量最终获胜的可能性而言是如此。但是，在一般的反讽性文学中，这种双重视界衰落（或上升）成一种虚弱的习性，它在美德的果实中四处寻找害虫，而且也找到了。

弗莱继续认为，“反讽是悲剧的非英雄式残余”，其核心是“以令人迷惑的挫败为主题”（第224页）。在其温和形式中，如同在早期
232 休谟那里遇到的那样，它在一般满足于当前社会制度的框架内，乐于接受人类遭受挫折和不完美的景象。并且，在这种形式中，它倾向于喜剧模式，集中“暴露”任何地方出现的荒唐事情，并且满足于普遍的真实性，以至于在最具英雄性格的人物那里，人们也能发现至少有些愚蠢的证据。然而，在其最极端的形式中，当反讽随着社会崩溃或文化终结的氛围而产生，它便倾向于一种荒诞主义的世界观。萨特早期的存在主义哲学中，其反讽意味无与伦比，其中任何一处的重点都是人们“奸诈”的能力，背叛自己也背叛他人；而世界作为一种残忍的自我奴役的图景被接受，并且，向“他人”许诺被视为一种死亡的形式。

在反对迷信的战争期间，反讽的风格都普遍成为主流，无论所质疑的迷信是一种朴素的宗教信仰、君主的权威、贵族的特权，还是资产阶级的自高自大。反讽代表着英雄时代和信奉英雄主义的能力的消逝。这种反英雄主义正是那种使之成为浪漫主义反题的东西。然而，当反讽出现时，在悲剧式理解世界的方式的另一面，反

讽审视过英雄与诸神、命运或他的同胞战斗留下的东西后，它倾向于强调生活的阴暗面，强调“从下面”看的眼光。按照这种看法，弗莱注意到，反讽所注重的乃是那些从前被认为是英雄的事迹中的“人性的、太人性的”方面，以及那看似史诗般的事迹中破坏性的方面。这是“实在论”阶段的反讽（第237页）。托克维尔在他最后那部著作《回忆录》中，以及在临终前关于大革命所写的笔记中，都表现了这一阶段的反讽态度。

当“悲剧另一面”的反讽蕴涵被推向其逻辑结论，并且，人类生活中的宿命论因素被抬高到形而上学信念的地位，思想便倾向于回归，以车轮、永恒的回归和闭合循环的想象来看待世界，人在其中无路可逃。弗莱将这种对世界的理解称为束缚的反讽；这是社会专制的梦魇，而非救赎的梦想，即一种“魔象的显现”（第238—239页）。意识将自身转向对“可怕的黑夜之城”的思考，并且反讽式地毁灭一切信念，不管是人类理想目标的信念，还是为失落的理想寻求一种替代物的信念。这使得我们可能和弗莱一同指出，“撕裂感，或者说英雄主义和有效行动不存在了、被打乱了或注定了要失败的感觉，以及混乱和无政府状态统治了世界的感觉，这是反讽和讽刺的原型主题”（第192页）。

反讽意识的语言学模式反映出一种疑虑，即关于实在的本质方面，感知赋予的和思想建构的东西，语言本身是否有能力充分地表现出来。反讽发展的情境是，人们认识到在实在的过程和任何对这些过程的言辞描述之间存在严重的不对称。这样，像弗莱指出的那样，它倾向于某种象征主义，与浪漫主义的方式一样。但是，反讽不同于浪漫主义，它并不寻求一种终极隐喻，即种种隐喻的隐喻，233
藉此来表明生活的本质。因为，既然反讽被剥夺了一切“幻想”，它也就失去了对“本质”自身的一切信念。这样，反讽最终倾向于文字游戏，倾向于成为语言的语言，以便使语言自身造成的意识符咒得以化解。所有的公式化表述都是可疑的，并且，反讽乐于揭示每一种用语言来表述经验的企图中存在的矛盾。它往往除去格言、警句和箴言表述中的意识成果，这些成果会反过来消解它们自己显然的真实性和恰当性。最后，反讽把世界想象成陷入了一个语言制成的牢笼，想象成一个“符号之林”。它看不出有什么道路可能走出这个森林，因此它满足于为了纯粹的“沉思”和返回“事物如其所是”的世界而毁掉一切规则、一切神话。

布克哈特：反讽看法

德国哲学家和观念史学家卡尔·洛维特认为，只是到了布克哈特，“历史的观念”才最终从神话中，也从那种邪恶的“历史哲学”中解放出来；该“历史哲学”是神话与历史知识的混淆的产物，从中世纪早期到19世纪中叶，它一直在历史思想中占主导地位（《历史中的意义》，第26页）。洛维特没有看到，文雅、才智、“实在论”、以“事物如其所是”那样看待它的愿望，以及布克哈特所倡言的作为纯粹“观看”的知识的反动内涵，这些本身都是某种特定的虚构意识的要素。布克哈特并非将历史思维从神话中解救出来，而只是将它从吸引了他那个时代想象的历史神话，即浪漫剧的、喜剧的和悲剧的神话中解救了出来。但是，在把思想从这些神话中解放出来的过程中，他又把思想托付给另一种神话，即讽刺剧的神话。在这种神话中，历史知识最终与任何和它自身时空中相关的社会和文化问题分离。在讽刺剧中，历史成了一件“艺术作品”，但是，在这种表述中，作为前提之艺术的观念正是一种纯粹的“沉思型”观念，它是西西弗斯式的而非普罗米修斯式的，是消极的而非积极的，是隐退到而非英雄式地转向当下人们生活的启示。

布克哈特作为史学家，一般有两种观点。一种认为，就文化衰落作为社会的国家化、工业化和一体化的结果而言，他是一位敏感的评论家。另一种观点认为，布克哈特是一位智者，他对于历史作为发展过程和因果分析的看法是不充分的，这种看法源自于一种
234 隐藏得并不深的关于人性、世界和知识的叔本华式观念。第一种观

点为了称赞他的“感知能力”，倾向于忽略布克哈特作为一位理论家的缺点，它将其“直观”(*Anschauen*)的学说解释为一种具有永恒价值的历史学方法。第二种观点指向布克哈特作为一位哲学家和社会理论家的不足，批评他的历史学及伦理学观点的片面性，并且倾向于把他降到他那个时代的代表的地位，而没有认真对待他那种关于历史过程之性质的观点。

真理并不在于这两种观点“之间”，而是在二者之下层。前一种赞扬布克哈特之成就的观念模糊了认识论立场的伦理学和意识形态蕴涵。对布克哈特来说，其历史观的创新性和撰写历史的方式的真实性正是在这种立场上产生的。第二种贬低其成就的看法模糊了伦理原则在美学上的正当性，虽然它正确地揭示了那些伦理原则作为布克哈特本质上虚无主义、自我中心主义和反动意识形态立场的证据。

布克哈特的历史想象始于托克维尔结束的反讽情境。浪漫剧的热情、喜剧的乐观，以及抛弃对世界的悲剧性理解都与他无关。布克哈特审视着这样一个世界，它通常会背叛美德，扭曲才华，滥施权力而服务于更卑鄙的目的。他看到自己的时代中少有德行，并且，没有什么值得他赋予绝对的忠诚。他惟一的投入便是“旧欧洲的文化”。但他把旧欧洲的这种文化想象成一片废墟。在他看来，这就像普珊[①]的风景画，在覆盖的藤蔓和青草之中屹立着残碎的罗马纪念碑，抗拒被衬托它矗立的“自然”再次湮没。布克哈特无意修复这座废墟，他只是满足于记住它。

但是，布克哈特对于过去的态度并非不加批判。与他经常称赞地引用的赫尔德不同，布克哈特并非不加批判地宣扬任何旧的事物；与兰克不同，他从不抱有这样的幻想，即从长远来看事物总是往最好的方向活动，而个别的恶终将转化成公共的善。与托克维尔不同，他没有压制自己内心深处最糟糕的恐惧，还希望理性和审慎的语言能够有助于从现在的冲突中挽救出某些有价值的东西。不

① 普珊(1594—1665)，法国画家。——译注

用说,他也不同于米什莱,他对任何事情,无论是斗争还是奖赏,都感觉不到热情。布克哈特对任何事物都持反讽的态度,甚至对自己也如此。他并不真正相信自己是认真的。

在年轻的时候,布克哈特开玩笑似的对待自由主义的理想。他抛弃了父辈的新教信仰,并且早年就把自由主义的遗产看成宗教恰当的替代品。但他的新自由主义,就像其旧的宗教信念,是一种
235 心智上的而非一种有关其切身存在的承诺。他蔑视政治,认为其不合绅士的品位。就像商业一样,政治使人们不能专心在生活中坚持不懈地培养一种风格,在古希腊和文艺复兴时期的意大利,这种风格正是他所钦佩的。1842年,他写道:“我永远不会想成为一个鼓动者和革命者。”(《书信集》,第71页)因此,整个40年代,即所谓“自由主义欢乐”时代,布克哈特转向研究艺术史、音乐、绘画和巴黎、罗马、柏林的美好世界。他一直使自己保持自由主义的风格,并视“精神自由”为“人类历史的最高观念”以及他自己的“首要信念”。

结束于19世纪40年代的革命从根本上动摇了布克哈特的信念。他自己挚爱的城市巴塞尔,即他教书的大学所在地也饱受内部冲突的折磨,并且,他看到,所有他认为古老的欧洲文化中值得珍视的东西都摇摇欲坠,或是被“激进分子”扫到了一边。他多少有点怒气地写下这些事件:“你简直不能想象,这类事件是多么彻底地败坏了人们的心灵,使人再没什么心情。人们甚至不能工作,更别提什么好事情。”(第93页)在这些事件开始后,他痛切地看到:“自由这个词听起来冠冕堂皇,但是,没有在被称为‘人民’的振臂高呼的群众领导下目睹过或经历过奴役的人,没有亲眼见到并且忍受过全民动乱的人是不应该谈论自由的……我在历史中见得太多了,不会对群众的专制寄予任何期望,除了把它当作未来的暴政,这种暴政将意味着历史的终结。”(同上)

就像诸多有教养的自由主义同代人一样,布克哈特突然从研究的安静之中被拖了出来,暴露在市场的残酷现实中,统治那里的是赤裸裸的权力,那些景象对他而言太多了。他写道:“我想从那里

逃脱，远离任何激进分子、共产主义者、工业家、知识分子、自命不凡的人、理论家、抽象主义者、绝对主义者、哲学家、诡辩家、政府、狂热分子、理想主义者，以及任何‘某某家’或‘某某主义’。”（第96页）这样，他再次宣称年轻时的誓言：“我要成为一个善良的个人，一位挚友，一种良好精神……与作为一个整体的社会并没有什么关系。”（同上）并且，他还这样断言：“我们都会死亡，但至少我想弄明白我要为之而死的兴趣，那就是欧洲的旧文化。”（第97页）

实际上，布克哈特隐居起来了。他把自己隔离在巴塞尔，教授少数几个在这所挣扎中的大学就读的学生，为市民做演讲，隔绝了其他与知识界的一切联系，甚至到1860年以后拒绝出版。然而，那个时候，他的名望已经很高了。不断有更多影响更大的教职提供给他，但他都拒绝了。从他所处的上莱茵的有利位置，他俯视着欧洲迈向其厄运。他检视了自由主义的失败，诊断其原因，并预言它将导致一种虚无主义。不过他拒绝加入斗争之中。在幻灭之中，他还 236
构想了一种社会和历史理论，这种理论既准确预言了未来危机，也反映了带来这些危机的病态征兆。布克哈特把自己从世间隐退看成一种这样的行动，它解除了自己对即将到来的混乱应承担的任何责任。事实上，它只不过反映出欧洲文化人的锐气受挫，而这种状况最终使欧洲文明陷入极权主义恐怖深渊的力量恣意横行。

布克哈特主要的历史学著作是《君士坦丁大帝时代》（1852，以下简称《君士坦丁》）和《意大利文艺复兴时期的文化》（1860，以下简称《文艺复兴》），二者都是在他有生之年出版的，而《希腊文化史》和《世界历史论》都是按讲稿出版的遗稿。《君士坦丁》是有关文化衰落的研究，它有意识地唤起了一种有关罗马帝国衰落和即将来临的欧洲文明终结的比较。《文艺复兴》是一部独具匠心的著作，布克哈特几乎是独力创作出一幅为近代学术界了解的那个时代文化繁荣的图画。但是这两部著作，一部有关衰亡，一部有关复兴，讨论的却是同一个问题，即在危机时代文化的命运，相对于世界历史巨大的强制性力量——在布克哈特看来就是宗教和国家，一种命运是屈服,一种是从中解放出来。《君士坦丁》表明,文化摆脱了古代世界专制国家的桎梏,但在中世纪却受到宗教限制关系的束缚。《文艺复兴》讨论的是宗教精神的崩溃,以及在18世纪近代强势政府建立之前,文艺复兴时期个人主义文化的繁荣。

在他的著作中,布克哈特的英雄乃是文化的代表人物,他们往往是那些生机勃勃的人物,受自己内心的世界图景支配,并且超越了世俗的美德观念。他们要么(像他自己那样)遁世而自己隐秘地养成自主的个性,要么以超乎寻常的意志行为凌驾在一般的人类处境之上,使世界服从他们自己的创造性自我的统治。布克哈特发现前一种人以古希腊毕达哥拉斯派和中世纪的隐士为代表;后一种则以文艺复兴时期的艺术家和王公贵族为代表。简而言之,布克哈特总的主题就在于社会中的伟大个人与强制性力量的相互影响,在他的《世界历史论》中,这个主题于理论上得到了充分讨论。

布克哈特一直否认自己有一种"历史哲学",他公开蔑视黑格尔,后者胆敢发表一个世界计划,将任何事情放在一种前定的知识框架内进行解释。然而,他在信中称赞泰纳。泰纳的大致目的与黑格尔的类似,而他的"历史哲学"远不如黑格尔的那么精细和灵活。对布克哈特而言,黑格尔与泰纳之间的本质区别在于,前者的历史
237 哲学有可能得出,甚至是鼓励激进主义结论,而后者的历史哲学则防止了这样的结论。事实上,从兰克的例子中,布克哈特知道,否认历史哲学的可能性,实际上是承认另一种特殊的保守主义类型的哲学。因为否认历史哲学的可能性,便是否认理性具有在事件中发现某种模式的能力,或者否认意志在事件上施加某种模式的权利。布克哈特像他的导师兰克那样,希望使历史学从那个时代的政治争论中摆脱出来,或者至少表明历史研究排除了从中得出任何政治学说的机会,这将是给保守主义事业的一个恩赐。因此,布克哈特称他的"历史哲学"是一种历史"理论",并使它呈现为不过是出于陈述和分析的目的对材料进行的"任意"排列。他不可能尝试赋予事件"真实的本质",因为他的悲观主义使他无法奢侈地假设事

件根本上存在任何"本质"。在布克哈特心中,这种悲观主义在叔本华哲学中找到了理论上的正当性。费尔巴哈对于马克思和政治左派产生的影响,就如叔本华对于布克哈特和政治右派起到的作用。

作为一种世界观的悲观主义:叔本华哲学

虽然到1818年时,叔本华的哲学就初具雏形,但一直到19世纪40年代,都还没有引起多少关注。然而,1850年以后,它走到了欧洲学术生活的中心,与其说是走进了职业哲学家之中,不如说是走到了艺术家、作家、史学家和政治评论人之中,即那些兴趣近乎哲学或者觉得自己正在做的工作需要某种形式的哲学体系作为基础的知识分子当中。在1850年以后的25年中,叔本华的世界观特别适合知识分子的需要。它是唯物主义的,但不是决定论的;它允许人们运用浪漫主义艺术术语,也谈到"精神"、"美"等等,但它并不要求将这些观念视为具有超自然的地位。此外,它在道德上是极其玩世不恭的。它允许人们把从自己现在的处境中获得的任何愉悦都当作合理的,是一颗憔悴心灵必需的安慰,但是,它承认其他人的痛苦和苦难看上去既是必要的,也是值得的,这样就不需要对他们进行特别照顾或关注。它使人们甘心接受中上阶层的存在的倦怠无聊,以及下层的痛苦。这是一种极端形式的利己主义。

因此,叔本华的哲学对于这个世纪最后25年的许多青年作家和思想家来说,既构成了起点,也成为需要克服的障碍。尼采、瓦格纳、弗洛伊德、托马斯·曼和布克哈特从中都有所收获,并且在叔本华哲学中找到了老师,他解释了对生活的厌倦,这是他们作为创造性的艺术家和人类苦难的学生每个人都感觉到的。这五人中,有两 238
人到最后都是叔本华的信奉者,即瓦格纳和布克哈特。

叔本华并没有一种社会理论或是历史哲学。但是,他的整个体系一直试图表明,为什么社会关怀和历史兴趣都不必要。因而他有一种有关这二者的否定性理论。他为任何形式的历史主义提供了一种替代选择。卢卡奇把叔本华看成1848年以后德国资产阶级理论家,这个时候,费尔巴哈的自由主义和人文主义的自然主义被决定性地抛弃了,而一种反动的、悲观主义的和自我中心的世界观适应了这个德国中产阶级发现其自身的时代和境遇的要求。然而,叔本华并不像是英国的斯宾塞和法国的普雷沃斯特—巴哈多勒那样简单的理论家。按照卢卡奇的说法,叔本华是某个阶级生活方式的间接辩护者。面对它自身认定的理想,该阶级不得不为其行动失败寻找某些理由;面对自己先前谈到的进步和启蒙,它也必须为拒绝进一步改革的可能性寻找一些理由(《历史小说》,第178—181页)。

当然,在某种意义上,叔本华也是资产阶级价值观无情的批评者,也就是说,他批评对实际行为的兴趣、对安逸的热情追求,以及只是在形式上坚持基督教的道德。他拒斥一切自由放任的资本主义理论口号和兰克那种虔诚的历史主义口号,拒斥认为有一只看不见的手支配着社会实现一种普遍利益、法治下的竞争事实上能产生协作等等诸如此类的观念。相反,他表示要揭示出*真正的*生活,它是可怕地、愚蠢地追求着不朽声名以及人与人之间极度孤立,可怕地屈从于欲望,没有目的、决心或者任何真正的机会来获取成功。但最后,叔本华总的世界观完全没有触及到在任一特定时间碰巧发生的任何事情,它消损了出于任何动机采取行动的冲动,而不管那种动机是利己的还是利他的。

叔本华的哲学体系吸引19世纪晚期知识分子的地方在于,它一定程度上可以与达尔文主义关于自然的图画相适应。达尔文的自然是无目的的,叔本华的亦如此。拓展以后,人类也是无目的的了。叔本华的社会世界是一种原子个体的聚合,每一个体都局限在自己的欲望之中,个体任意运动、相互碰撞,每一个体都不过表现为可能是任何他人的自我满足的手段。马克思认识到了人在自然中、在人与人之间和在人与自身之间的异化,但他将异化看成某种最终能够*克服*,而达到与自然、他者及自身真正地重新联合。在历史学中,马克思的社会变迁理论使得他相信,在某些限定条件下,可能形成某些奋斗、思想和信仰的暂时共同体。

对这一切叔本华都持否定态度;他认为,一切表面上的共同体都是错觉,一切爱的藉口都是欺骗;在创造显然更人性的理解方面,一切明显的进步都是纯粹的神话。马克思认为人的异化根植于 239
人在特定时空中与自然的一种特殊关系,并且设想最终可以超越这种异化,成就普遍的人类共同体。然而,叔本华声称,人与人的分离是基于自然本身的本体论基础,因而它是社会固有的;他也认为有可能超越这种分离,不过只有少数孤立的天才人物才能做到。他们并非与其他人团结起来,而是在以破坏任何行动意志为特征的意识状态下与自身的联合。

叔本华同意费尔巴哈的观点,认为实在和感受性是同一回事。他也和费尔巴哈一样认为,人类处在生命获得意识的这个自然阶段。但是,对叔本华而言,意识既是一种负担,也是一种解脱,在他看来,意识是现在与未来之间得以区分的根源,因而也是期望和懊悔的根源,最终也是基本的人类痛苦感的根源。

人类不仅像其他所有动物那样感觉到痛苦,他们还知道自己正在感觉到痛苦,也就是说,他们忍受痛苦,因而他们是双重痛苦的受害者,即痛苦本身和他们可以不经受这种痛苦的认识。正是通过行为减轻痛苦的冲动导致了人们在世界中的特殊努力。但减轻痛苦或满足欲望的努力最终昭示,这完全是弄巧成拙。因为努力要么成功,要么失败。倘若它失败了,便加重了原来的痛苦;倘若成功,原有的想要减轻的痛苦,将被另一种痛苦,即感觉到满足以及它带来厌倦所替代。因此,这就构成了另外一个循环,其表现是,寻找一些渴望的东西来消除因获得了原来想要的东西而产生的厌倦感。

这样,人类的一切努力都基于一种意志—行动的循环,它完全没有目的和意义、永不满足,还驱使着人们,直到死亡将个人释放到一切个性化意志都从中成形的那个共同的自然根基。雄心和渴望的感觉,在费尔巴哈看来那是被人们成功地拥有,而构成了人道，并成其为人类自豪的理由，叔本华发现它既是基本的事实，亦是人类存在的基本负担。他并没有把人类的理性和知识解释成一种工具，用来调节通过合作行为和爱的行动促成的人类成长过程。理性只能把你确定的品质告诉你；它将意志定位在时空中，安置在完全确定的范畴内，由此而摧毁了个人能够按自己的意志作为的任何感觉。理性允许人们抽象地审视其处境，但它并没有允诺那种认为任何解除痛苦和苦难的尝试可能成功的希望。

依赖这样的论证，叔本华不得不思考自我毁灭的可能性，以此作为超脱生命的方式，因为生命不过是落空了的愿望。然而，他排除了这种可以选择的方式，在他看来，这与其说是人类存在问题的
240 一种解决方式，不如说是人们太过严肃地看待生命的证据。自杀者热爱生命，却不能承受生命必须经受的处境。他并没有放弃生命的意愿，而只是放弃了生命。“自杀者否定的是个体，而不是人类。”（《叔本华哲学》，第325页）

叔本华的目的是“否定人类”。他把人类意象性表现的力量视为能够达到“否定人类”的手段。人类真正的自由在于其创造想象的能力。意志从任意选择感受以形成一个世界的能力中发现了它的自由。只在它试图在这些幻想的基础上采取行动时，意志才体验到了它的确定本质。于是，随之而来的便是，个人意志的最高目标在于体验它的自由，并且，如果它能够做到这一点的惟一途径是通过训练其想象力，那么，最美好的生活便是仅仅把现象用作虚构性消遣的材料。

历史思想在这种规划中必定占据的是次要位置，因为历史思想假定，存在真实时间这样的东西，人类的事件具有一种外在于感知它的意识的客观实在，并且当想象尝试从这些事实中得出意义时，它被限定在因果范畴的运用方面。对于曾存在于世的事物，历史存在是一种毫无变化的欲望游戏，即成功地或失败地满足欲望的努力，以及成功之后随之而来的对新欲望的冲动，或者失败以后的痛苦。它是互相冲突行为的一种混沌状态，一切历史存在都有动

机、声明和形式来掩饰，它们在分析中只能表明是盲目的、以自我为中心的意志。

欲望循环的外部界限是由痛苦和厌倦构成。这意味着重大的社会事件，例如战争、革命等等，在个人意志所感受到的某些不满足中能找到其真正的原因，而他们自己提出要加以考虑的口号纯粹是表面上的（第152—155页）。但是，因其精粹之本性，天才人物并没有卷入到历史过程之中，而是有能力始终作为一名单纯的观众。天才人物的目标是在心灵中完成现象所为之而奋斗的那种形式。就历史而言，这意味着随意处置历史材料，按自己的意愿接受或排斥它们，以便将它们构成一幅用来静观的快乐图画。

这样看的话，历史知识便是认识的二级形式，因为，既然它将自己的注意力放在事物存在的细枝末节上，它也就妨碍人们轻易地从现象转移到对其内在理念的静观。因此，历史反思越接近于诗歌就越伟大，也就是说，它抛开了使得人们去看到任何事物都有其瑕疵的细节，而上升到对细节的“内在真理性”的静观。

因而，像修昔底德这样的古代史学家们创造出历史人物的言论，根据的是历史人物在当时的场合下*应当*怎样说，而与他们真正说过些什么无关。他们比兰克派史家们更富有启发性，而后者在找不到文献的地方中断了，或者是把自己限制于重构真实发生的事件之中。惟有当知识一方面将自身从事实中解脱出来，另一方面摆 241
脱了在时间与空间的世界中以相互决定的方式把事物连结在一起的范畴时，知识才有其尊严，并具有解放性。

这样，叔本华为艺术作品划分等级的依据是它放弃复制实在的尝试以及真正超越时空限制的程度。

幻想优于事实，这意味着诗歌优于历史。在一种给定的艺术形式中能进行同样的等级划分，这样，悲剧要优于喜剧，喜剧优于史诗等等。在造型艺术和视觉艺术中同样如此。建筑次于雕塑，因为对于建筑的实际兴趣限制了它对于形式连贯性的渴望；而雕塑次于绘画，因为在雕塑中，空间的限制更大。类似地，诗歌要优于绘画，因为词语的排列比视觉图像的排列更自由；但是诗歌不如音乐,因为音乐使自身完全从词语中解脱出来,并且追求在时间限制之外思索纯粹的形式。如此推导下去,直到最高的艺术形式,它还不曾转化为空间限制乃至声音限制,而是作为一种感觉,纯粹地和未受玷污地保留在艺术家的心灵中，它是与一切事物的潜在形式相统一,作为意志,它就是世界与它本身再次结合的目的。

很明显,对叔本华而言,任何呈现给个人的有关救赎的前景只能是一种个体的,而不是公共的。我们已经无可挽回地与其他个体断绝了关系,对于这些个体,我们只能将其设想成竞争的意志,各自都要把我们视为其自己的视域中的对象。一切社会制度因而被剥夺了它们的内在价值,并且,一切一般的社会动力都被看成是错误的和有缺陷的。但叔本华拒绝相信,任何物理的或是心理的一般性理论能够在我们是什么和我们想要成为什么之间加以调和。科学只是在时间和空间形态以及有限范畴下的一种暂时性、根本上是次要的排列实在的方式，为了达到有机体生存所必要的直接实践目的。科学的反题即艺术,它并非联合,而是孤立,因为艺术想象的价值是纯粹私人的，仅仅是从中感到愉悦的心灵才认识到的和能够认识的。这样,艺术和科学因其真正的本质而都有异化性,前者加强了我们远离行动的欲望，后者则把世界当作是由事物构成的,以便为了实际的目的而操纵它们。每一次失败而不能达成目的都会在人类意识中浮现出观念，通过激励人们寻求人类观念的变化,历史培育出一种确定类型的意识。然而,就该类型的意识告诉我们观念的各种变化而论,历史是尚未消除的灾难的故事。只是就
242 我们能够在自己的想象中将个体事件皆为失败之证据的形式完善化而论,历史赋予人类意识某种意义。这样,通过不仅是超越历史,而且超越时间本身,我们获得了真正的人道。

这一切意味着，史学家通常按编年方式和因果关系方式来组织其材料而进行的区分,其本身完全没有用处,除非它是作为获得悲剧性诗人所教导的真理的步骤。按照叔本华的看法,这种真理即

“人类最大的罪恶便是他曾经降生”。谈论人类的进化或发展没有意义,事实上,谈论人类的变化也毫无意义。谈到人们有一些为了在或大或小的范围内建立一个共享的社会而共同承担的计划,那就更没有意义了。叔本华的历史图景是从纯粹的个人需要和策略中创构而来。对他而言,惟一能称之为历史的,便是那种在他自己的心灵中增强了完全忽视历史的必要性的历史。

这样,叔本华超越了黑格尔和兰克之间关于“有历史意义的”等级和“有历史意义的”时代这类东西的争论。按照他的观点,所有人根本上都相似,有些人具有从行为中退出的能力,他们是受到了佑护之人。那些行动者都失败了,拒绝行动的人也失败了,但后者至少能够指望得到思索纯粹形式的乐趣。

同样,过去、现在和将来之间的任何区分在叔本华的思想中都消失了。存在的只有现在。过去和未来仅仅是在人们的心灵中构成一种预期变化的模式。叔本华关于现在的意见对所有人都一样,即训练你自己只去向往在有生之年你能够拥有和可以享受的东西。这种需要必然指向非物质的东西,因为物质的东西会变化。它也必须是纯粹个人的,因为如果它依赖于其他东西,就一定会被收回。如此,叔本华的哲学最终完全是自恋式的。一个人在思索自己关于由现象表明的形式的概念时,就达到了佛教高人期望的境界——涅槃。在由于对自身所投射的形式的永恒不变的领域进行沉思而带来的纯粹愉悦之中,人们等待着自己最后返回到曾将他抛入苦难的个性化状态的那个盲目自然中。因而叔本华超越了卢梭哀叹的那种历史和社会存在的痛苦。对他而言,实在论者在其由自然、意识和社会构成的三重世界的概念中确立的张力被完全超越了。整体散落成了一种混沌状态。叔本华通过否认人道,同时也否认自然,从而消解了历史。

叔本华的世界观完全适合于社会中想要完全忽略社会问题的那一部分人的要求。对于任何人而言,只要他发现一方面在阶级之间,另一方面在传统与创新的律令之间存在着某种张力,由此令他

痛苦而不能思索，那么，叔本华的哲学便能使他们相信，思考这些
243 东西根本没有意思。与此同时，有一些人仍然觉得不得不把研究人类当作一种界定其自身人性的途径，当作一种避免唯我论的途径；对受这种需要所累的人而言，叔本华哲学只允许他们研究历史中那些给他们带来喜悦的部分；或者更有甚者，只允许他们研究某个特定时代中的某些方面，这些方面往往增强了研究者在自身的观念中的喜悦。布克哈特正是在被这些先入之见所左右的情况下描绘了他那幅片面的和扭曲的15世纪意大利的图画；尼采对于古希腊悲剧的研究也是这样一种哲学的产物；瓦格纳的“总体艺术形式”亦是在这样的支持下创作的；还有托马斯·曼，他的《布登勃洛克一家》也由此而得到说明。

所有这些思想家的典型之处就是表现出对他们生活的这个社会的憎恶，但他们也拒不认可任何公众或个人行为可能使社会变得更好的观念。他们都表现出一种逃离现实、遁入艺术经验的冲动。这种艺术经验并没有被设想为在对最低限度的人道共有的理解中将人与人统一到一起的东西，而是被想象成隔绝在自身的交往之内并禁止与社会有任何交流的东西。尼采和托马斯·曼后来都抛弃了他们早期叔本华式的艺术观念，正确地看到这是逃避现实的，并且与作为人类行为的艺术观念存在着矛盾。瓦格纳自始至终认为叔本华式的观点是正确的，并探究其具有完美艺术性和技巧的自欺能力。布克哈特或许称得上19世纪下半叶最具才华的史学家，在这一点上，他类似于瓦格纳。

作为历史意识基础的悲观主义

就如同叔本华那样，布克哈特在自己所处的时代并不太被人欣赏。多数史学家觉得布克哈特太缺乏责任感、太主观而不值得他们看重。只是到了19世纪末，当人们明显地注意到兰克式研究留下太多难以回答的问题，并且致力于历史方面的思想家开始认识到，

他们将不得不在马克思和叔本华的态度之间做出选择,这个时候,布克哈特这颗星星才开始冉冉升起。这颇能反映出有关布克哈特本人和19世纪晚期学术这两方面的某些情况,这位将历史看成一种自我中心的艺术训练的叔本华式悲观主义者,到了这个时候,才获得了自己应有的位置。

那是一个由崩溃和衰落的感觉作为其特征的时代,但也是一个不愿承认这种感觉的时代,一个逃避到作为一种麻醉剂的艺术观念之中的时代。在这个时代中,布克哈特的历史观最终获得了胜利。那个时候,尼采已经发现了叔本华哲学核心中的黑暗之处并且公诸于众,揭示那不过是对生活的恐惧。他试图告诫布克哈特那里面可能存在的危险,并提出,虽然布克哈特的历史为一种新的社会观念指出了道路,它可能反对马克思和兰克两者拉平一切的倾向,但它还不充分。布克哈特拒绝回应尼采的批判,人们通常认为这是 244
值得赞扬的,因为他不愿意卷入毫无结果的哲学争论。但就此并没有什么值得称道的东西。布克哈特拒绝卷入学术争论,因为他厌恶任何形式的争论。叔本华已然向他表明,努力并无用处,生活美满的人只做那些思想上或行为上令自己快乐的事。

讽刺的风格

布克哈特以如下导论,开始他那部最著名的作品《意大利文艺复兴时期的文化》:

> 本书的书名标志着它本身是一篇在最严格意义上的论文……事实上,任何一个文化的轮廓,在不同人的眼里看来都可能是一幅不同的图景;而在讨论到我们自己的文化之母,也就是直到今天仍对我们有影响的这个文化时,作者和读者就更不可避免地要随时受到个人意见和个人感情的影响了。在我们不揣冒昧进入的这个汪洋大海上,可能的途径和方向很

> 多；本书所用的许多研究材料，在别人手里，不仅很可能得到完全不同的处理和应用，而且也很可能得出完全不同的结论。［第1—2页］[①]

接着，他说明了最初意图包括“文艺复兴时期的艺术”这样一个特殊部分，但后来没能包括在内。然后，没有进一步介绍，他便开始描述12和13世纪的意大利历史，以此作为他分析文艺复兴时期文化和学问的序言。

接下来的是一幅壮丽的概览。以一位印象派大师绘画中具有的某种气质，布克哈特勾勒出了意大利政治发展的主线。不同意大利城市国家历史的一般轮廓描绘出来了，国家间政策的性质已经指明，那个时代政治生活的独特性质也得到了紧凑的概括。这就是著名的开篇内容“作为一种艺术工作的国家”。在简短地讨论了文艺复兴时期战争的性质和意大利政治生活中教皇的位置之后，这部分以简要描述此时爱国主义的性质而结束。其中心观念是，意大利政治生活的本质是这样一种情形，它“在更好的时代精神中激发起一种出于爱国的厌恶和对抗”（第79页）。布克哈特将意大利的政治境遇与德国、法国和西班牙的进行了对比。这些国家中，每一个都有需要与之战斗的外部敌人，藉此，君主能够团结其臣民，并且从封建的混乱中形成一个统一国家。意大利的情况不同。由于有教
245 皇，存在一个“教皇国”，这一直是“国家统一的永恒障碍”（第80页）。这样，意大利政治生活错失了统一与融合的机会。到国家统一的观念真正盛行之际，这已经太迟了，国内到处是法国人和西班牙人。“地方性爱国意识”或许可以说取代了真正的国家情感，但是，就如布克哈特所写：“这不过是一种蹩脚的替代品。”（同上）因而，这部分以忧郁的音调、丧失机遇感、国家意图遭到背叛的感觉、没有跟上潮流的感觉，以及崇高任务被忽视的感觉而结束。

① 此处译文出自何新译《意大利文艺复兴时期的文化》，商务印书馆1979年版，第1页。下文涉及此书译文均采用该中译本，不再一一注明。——译注

“作为一种艺术工作的国家” 这一部分是全书六个部分之一。书中每个部分都包括了对意大利文艺复兴时期文化的一个不同方面的分析。当然，这是在最广泛的意义上思考文化，也就是说，作为礼仪、社会习俗、法律、宗教、文学、戏剧、节日、庆典等等的文化，并且总是着眼于从多方面描述一些范畴，它们将大量的材料组织起来，如“个人的发展”、“古典文化的复兴”、“世界的发现和人的发现”、“社交和节日庆典”和“道德与宗教”。因此，可以说这部著作被组织在一个主题之下，即后来布克哈特在《世界历史论》中分析说的，政治和宗教的世界是由“文化”决定的。在布克哈特看来，文艺复兴这个时期，文化自身摆脱了政治和宗教两者的控制，并超越其上主宰它们，决定政治和宗教的形式。任何与人类存在更为世俗的领域相联系的东西都转化成了一种艺术，这也就是说，它被决定了要去争取自身内在的崇高形式，即实际的和审美的关怀的完美结合。一切与社会生活相关的事物一方面从服务于实用性中得到解脱，另一方面也从先验的期望中解脱出来。一切事物都企求着成为它“自身”，而不会受到有可能破坏它自己本质轮廓完美性的种种考虑的扰乱。这样，事物将清晰地展示在眼前，而生命的存在只是为了完成形式一致性。

然而，布克哈特对他涉及的每一个主题的表述，如个人主义、古典文化的复兴、人文主义、社会交往，以及宗教，都和政治那个部分一样，以一种忧郁笔调结束。这种忧郁的口气就像晚祷的钟声，提醒信徒们在日暮之时记住虔诚。在某些代表人物和关键事件那里，主调得以引入，并且得到充分实现，但它只是通过人类一切事物终将归于虚无这样的提示得到调谐。个人的发展这一部分以考 246
察狡猾和“反讽的”阿雷提诺[1]结束，对此人，布克哈特评论道：

> 在意大利再也找不到像这样的人物和这样的经历，这是意大利现代精神的一个良好征象。可是，历史的批判将永远认

[1] 彼得罗·阿雷提诺（1492—1556），意大利作家，讥讽论者。——译注

为阿雷提诺是一个重要的研究对象。[第103页]

“古典文化的复兴” 这部分以人文主义者对于学院失去控制，以及由此使得文化庸俗化而结束。结尾那一小段后面是隐晦的评论：“意大利戏剧和以后的歌剧的命运很长一段时期被掌握在这些[狭隘的]学会的手里。”（第170页）“世界的发现和人的发现”与“社交与节日庆典”结束时则根本没有任何评论，只有一种间接的、从材料中援引的暗示。前者结束时引用的是皮科著名演说《论人的尊严》中的一段，在所给位置它只能暗示，皮科对于人类本质的崇高观念并没有得到后世的尊重。与之相比，后者以“豪华者”洛伦佐的诗句结束：

> 青春是多么美丽啊！
> 但是，留不住这逝水年华！
> 得欢乐时且欢乐吧，
> 谁知明天有没有这闲暇。[第260页]

最后，“道德与宗教”这部分，也就是该书结束那部分，并没有对全书主题做一番总的概括，而只是讨论了“普遍的怀疑精神”以及对费奇诺的柏拉图主义和佛罗伦萨学界的思考：

> 中世纪的神秘主义的回响在这里和柏拉图学说合流了，和一种典型的现代精神合流了。一个关于世界和关于人的知识的最宝贵的果实在这里已经成熟，只是由于这一点，意大利的文艺复兴就必须被称为是近代史的前驱。[第341页]

这样，布克哈特对于文艺复兴的“论文”结束了。这部著作并没有恰当的开端和结尾，至少不像戏剧的圆满结局或解决那样结束。它整个都是过渡，像这样，对于文艺复兴之前（中世纪）和之后所谈论的要远比表面上的主题,即“文艺复兴”本身多得多。这并不是说它对意大利文艺复兴没有涉及多少,事实上,这部“论文”充满着有关该文化繁荣和活跃时期的知识、见识、才华横溢的概述,以及对理想与现实之间的鸿沟所做的精辟评价。但其中并不存在一个文艺复兴的“故事”,不存在可以对其精华进行概述的一致性发展。事实上,如同布克哈特在革命时代的授课讲稿《论史学与史学家》(以下简称《论史学》)中清楚表明的那样,文艺复兴表现为一种间隔,即两个大的压抑时期之间的间歇,一个是中世纪,那时文化和政治 247
都屈从于宗教的要求;另一个是近代,这时文化和宗教逐渐服从国家和政治权力的强制性要求。

这样看的话,文艺复兴不过是两个专制时代的间隔时期文化成分的“自由表现”。既然是自由表现,就不能将它纳入像是对中世纪和近代那样的同一类分析。其产物惟有在动态中才能理解,即根据其个体性进行思考,将它们聚集到某种真正广阔和普遍的范畴之下,就好像这只是为了表现而不是叙事的目的这样做。它难以分辨何为始,何为终;其结果犹如流经两处绝壁间的浪峰,与其说是结束,不如说是简单的平息,其最后微弱的颤动(沉默的但并非完全静止的)就像层层波浪拍打着防波堤,而刚愎自用地建起这堵防波堤的,是那些表现出无法忍受文艺复兴活跃多变、光彩夺目和富于创造的权威人士。在布克哈特看来,防波堤便是法国大革命,它是由“近代”的唯物主义、市侩作风和平庸构成。

布克哈特对文艺复兴的描绘让人想起皮耶罗·迪·科西莫[1]和拉斐尔[2]绘画主题的一种结合,即一幅充满着伯恩·琼斯[3]和罗塞蒂[4]疲倦目光的绘画。其色调悲凉,但描绘的主题既富野性又显崇高。主题的“实在论”源自于拒绝隐蔽任何粗鲁或激烈的事件,而且读

① 皮耶罗·迪·科西莫(1462—1521),意大利佛罗伦萨派画家。——译注

② 拉斐尔(1483—1520),意大利画家。——译注

③ 伯恩·琼斯(1833—1898),英国前拉斐尔派画家。——译注

④ 罗塞蒂(1828—1882),英国诗人,前拉斐尔派画家。——译注

者总是会想到,鲜花是在这种人类不完美的肥堆上长成的。但其目的是反讽式的。通观整部作品,这个成就与辉煌的时代有一个没有表述出来的对立面,这就是史学家自己所处的那个灰暗的世界,即19世纪下半叶的欧洲社会。比较起来,甚至中世纪经历的苦难都不如近代遭受的那样。文艺复兴的情形与近代世界的全然相异。或者,如果说一切人性特征在文艺复兴时期升华为伟大的文化成就,那么,近代则表现了一切人性特征的片面发展。近代是人类失落的结果。在1600年到1815年期间,有些东西被遗忘了,那就是"文化"。

历史过程的"句法"

1865年到1885年间，布克哈特在巴塞尔大学发表了一系列有关近代史的演讲。在其中,他认为16世纪时近代拉开了序幕。他指
248 出,随之而来的是一系列的"病变",也就是说,权力突然非理性转移，症状从某个器官或机体的某部分转移到另外的地方（《论史学》,第66页)。这种"病变"的概念是布克哈特思考历史的一个核心隐喻。他并没有声称能够说明这些转移或转变;它们很神秘,其原因难以澄清,但后果却是显然的。这便是为什么即使人们就历史何以如此展开无法提供确定解释，但至少能够将按年代顺序排列的记录打乱,分成互不联系的片断或某些事件范畴。例如,就好比在14世纪那样,意大利出现了一些新的和神秘的事物,同样"法国大革命前几十年,出现的都是新一类的事件和人物"(第163页)。这意味着,介于文艺复兴与法国大革命之间这一时期,原则上具有一种可以感觉到的,尽管最终是无法界定的一致性,就如同文艺复兴本身所具有的一样。"相对于近代世界的伟大开端而言,1450年以后的时期是一种延续;而相对于革命时代,它只是早一个时期的结束和下一个时期的准备"(第165页)。它也是"幕间休息时间,或者说两幕戏剧之间的间歇"(同上)。

但是，大革命时代对于布克哈特犹如对托克维尔那样，它是

“全新而可怕的事物”。他写道，大革命“首次解放了一切理想和期望，也释放了全部的情感和自私。它继承并实施了一种专制，这种专制将充当未来一切专制的样板”（第219页）。布克哈特没有像托克维尔那样去检验是不是“有得必有失”，以此视为这种全新而可怕的事物产生的结果。在布克哈特看来，它是惟有所失，毫无所得。回顾托克维尔描述的那个时期，布克哈特写道：

> 可以肯定，我们出生和成长的那30年间，人们可能会认为大革命已然结束，因而可能客观描述。
>
> 在那时，出现了文字优美、堪称经典的著作，它们试图表述出1789年至1815年间的一般看法，把这一时期看作一个已经完成的时代。当然，它做不到不偏不倚，却力求直接而令人信服。然而现在，我们知道，1789年以来令人性飘零的同一场风暴仍在侵扰我们。我们可以信心十足地声称自己公正不倚，却已经不自觉地受制于极端的偏见。［第225页］

由于“经过大革命而产生的决定性新事物就是许可及愿意去改变事物，并以公众福利为目的”。结果便是，政治被提升到了统驭一切的位置，但除了无政府主义和专制主义这二者外，再没有可以引导它的原则，因此，“由于希望加以修正，它经常处于危险之中，或者伴随着政治形式瓦解而出现专制性反应”（第229页）。

这种“残暴”之后的驱动力是“人性善”的“幻象”（第230页）。 249
“唯心论者的心灵”将他们的“愿望和幻想固定在未来的光辉前景之上，其中，精神世界与自然和谐一致，思想与生活融为一体”，等等（第231页）。但所有这一切都是“幻象”的产物，布克哈特如是说。实在论者了解更深，并且史学家至少明白，“愿望”不会创造任何事情。布克哈特的目的在于消解这种幻象，并且促使人类意识返回去认识它自身的限度、局限，以及它在这个世界上寻求幸福的能力存在的缺陷（同上）。布克哈特说道：“我们的任务代替了所有的愿望，即要尽可能地将我们自身从愚蠢的喜悦和恐惧中解放出来，并且，最重要的是使我们自身致力于理解历史的发展。”（第231—232页）他认识到这一任务的艰巨性，因为客观性是历史学——“所有科学中最不科学的一种”的所有观点中最困难的一个（《暴力与自由》，第199页）。更有甚者，在我们所处的时代，“我们若明了自身的位置，便会发现自己正在一条多少有些缺损的船上，它正随万千波涛中的一道而顺流。”并且，他提醒读者，“我们也可以说自己就是这道波涛中的一部分”（《论史学》，第232页）。于是，我们最佳的期待当然不是预言，而是在自大革命以来的历史片断中确定我们所处的位置；我们理解历史必须采用的形式不过是确定“在风雨飘摇的大海中，我们漂流在哪一道波涛之上”（第252页）。

波涛和病变，这两种想象涵盖了布克哈特的历史过程概念。前一种想象暗示了不断变化的观念，后一种则意指在冲动之间缺少连续性。布克哈特的观念并非循环论的，因为在衰落之后并不必然导致复兴（第27页）。但是，衰落却是必然的，或者至少在某些时候不可避免。在历史中，不得不做出解释的正是文化的光辉和成就时刻；它们正是问题之所在。

权力的欲望（政治成就之基础）与救赎的渴望（宗教应允之基础）无须解释；它们都是人类本性的根基。在某种既定文明中，它们时常盛衰消长，无论在数量上还是质量上都是如此。布克哈特认为，相比之下，文化在其各个阶段和增长方面都是不连续的。这就是说，它产生了质量上相同的辉煌时刻和清晰景象，但其数量无限，其后果就是不断地扩展了人类的精神。然而，只有当“强制性”力量——国家与宗教——变得虚弱，以致无法阻止其内部的冲动时，只有当物质条件恰当其时，文化才能繁荣（《暴力与自由》，第127页）。

历史的“语义学” 250

按布克哈特的估计，这便是意大利文艺复兴时期似乎发生的事情。他对这一文化繁荣时期并没有提供正式的说明，只是提出了文化的一般观念，它作为人性的永恒成分只有在强制性力量衰弱时才得以繁荣。这就是说，他只需要设定一个负面的条件：因为那时候，意大利的教会与国家经过千年争斗，双方都力尽而衰，文化才找到了成长、展开和繁荣的余地。但是，文化繁荣本身却是一个谜，或看起来是这样。因为文化的源泉来自于人类灵魂深处的共鸣，对艺术而言尤其如此：

> 它们产生于与灵魂交流的神秘共鸣。这些共鸣所呈现的东西不再只是个体的和暂时的，而是具有了象征意义和不朽价值。[同上]

在国家所代表的实际生活和宗教所代表的虚幻生活一边，文化唤起的东西是一种“次生的理想创造，是世上惟一永恒的事物，它避免了个人无常的限制，是一种世俗的不朽、一切民族的语言”（第128页）。这种“理想创造”的外在形式是物质的，因而遭受时间的蹂躏，但是，要想起最初激励它们的想象所具有的“自由、灵感和精神统一”，只需要一个片断就可以了。布克哈特认为，事实上这个片断“特别动人”，因为艺术毕竟是艺术，“即便它以一种引介、概要和纯粹暗示的形式出现”，也是如此。并且，我们“借助于类比的帮助”，能够“从片断中”认识整体（同上）。

布克哈特运用的是反讽性语言，无论在它呈现的形式上还是它所指示为最有价值的内容上都是反讽的。并且，布克哈特展现文艺复兴的方式就像鉴赏一堆考古挖掘出来并拼起来的碎片，他“通过类比”从部分中猜测出整体的情境。但是，该情境的形式只能指出而无法确定。它正如康德主张的那种“物自体”，为了说明我们的科学，必须假定它们的存在，但关于这类东西我们别无可言。布克哈特向其读者演说的口气是反讽式的，他带着一种比读者自身具有的更高、更忧伤的智慧。他以反讽眼光看待其研究对象，即历史领域，认为它的意义难以捉摸、无法确定，惟有思维敏锐之人才能领悟，它太细致而不能豪夺，太崇高而不容忽视。布克哈特将历史客体的世界理解为一种客体片断混合或拼凑的真正“饱和状态”，这些片断从它们最初的情境中分离出来，或者说其情境不可知，但它们能够以诸多不同的方式聚合在一起，表明诸多不同可能的并
251 同样有效的意义。在《暴力与自由》中，他说道：“毕竟，我们的历史画面在极大程度上是纯粹构成的。”（第74页）我们可以按不同的方式把这些片断凑在一起，虽然我们的方式不应当导致幻象或转移对此时此地的注意力。他讲述的故事是反讽的，表现为格言式风格、轶闻、妙语和一笔带过的句子（如1848年革命是出自“厌倦”，拿破仑的失败是因为他自己“缺少耐心”，等等），故事的情节结构是反讽式的，这也就是说，“其总的观点”是对于事物的一般倾向没有什么“观点”，它不会表现出规则，也不存在最终的调和与超越。就认识论而言，布克哈特是一位怀疑论者，在心理学上，他是一位悲观主义者。他以一种抑郁的快感来抵抗他身处时代盛行的各种力量，也抵抗他眼中它们导向的趋势。正如他所说，他对“纯粹的叙事”并无崇敬之心（《论史学》，第29页），因为他不仅拒绝预言“事情最终将如何呈现”，而且在不可知的开端与不可预言的结局之间那含混不清的情况下，甚至看不到任何终极意义上的暂时结果。

然而，如果说布克哈特的思想中存在任何不变的东西，那就是他反对的敌人。对他而言就像对所有反讽论者那样，这些敌人便是“幻象”，它们表现为两种主要形式，一种是隐喻式的还原，它产生了寓言；另一种是过度符号化，它产生了形而上学。事实上，布克哈特有关历史的形式理论，以及该理论的文化、宗教和国家三重相互作用观念是其文化理论的反映，在他看来，文化理论包括了讽喻感、象征感和历史感的三重运动。这种文化理论正是布克哈特标榜

的实在论之精粹，它并非出自布克哈特正式的理论著作中，甚至他可能从不承认这是一种理论，但它还是表现出来了，并且是非常清晰地呈现在其《导游》一书的意大利绘画部分中，该书是一部意大利艺术作品欣赏指南，出版于1855年。

“饱满的”情节结构

布克哈特这位历史学家作为艺术欣赏者，尤其是意大利艺术的欣赏者，其表述最为直言坦白，也最少自觉刻意痕迹。艺术是与他的心灵最为接近的主题，并且在其有关意大利艺术的指南《导游》中，他显示出自己是尽全力而致力于此。——该书副标题是 252
《意大利艺术作品欣赏指南》（1855），乃是在他第一部重要历史著作《君士坦丁大帝时代》（1852）出版后第二年撰写的。《导游》为布克哈特提供了一个机会，容许他对历史对象作一番直接而高度个人化的反思，这种方式在反思过去的生活时是难以做到的。艺术作品的整个世界在他眼前都直接呈现为被感知的对象；其内容或意义并非通过语言媒介传达，至少不是通过言语性语言媒介。在开始思索艺术作品的意义之前，人们无须去揣度其媒介表述的意思。在布克哈特看来，就艺术作品而论，媒介和信息简直无法区分，或者应当无法区分。人们只要面对完整的艺术作品，并且从中抽象出它的形式一致性。布克哈特认为，类似的做法对于一般的历史难以实现，因为文献本身可能就存在形式上的一致性，而与它们意在表现的事件的性质却根本就不具有任何本质上的联系。艺术作品是自我呈现之物，尽管其中可能反映出一个时代的品质、情感、风格，为了欣赏它们，人们并不一定要思索该作品及其产生情境之间存在的问题。事实上，布克哈特决定在他的《意大利文艺复兴时期的文化》中排除对视觉艺术的思考，这很有可能出自他对这样一种观念的反感，即高水平艺术以某种重要方式依赖于它由之产生的外部环境。

布克哈特在讨论文艺复兴时期的艺术家时总是热衷于确定一幅艺术作品产生时，其内容或形式在多大程度上受到了赞助人的兴趣和压力的影响。他对于中世纪艺术的讨论则是在这样的观念下进行，虽然伟大的艺术家可能超越外在于艺术的压力，但在这种压力下，如在宗教和政治压力之下产生的艺术几乎总是存在缺陷的。

我们注意到，《导游》这部布克哈特作品中最少“历史学韵味”的著作，表面上是按照最全面的编年原则来组织的，这很有意思。《导游》分为三部分：建筑、雕塑和绘画，它依据的是叔本华的美学思想，展现出上升为“精神性”的层次（参见该书第一版序言）。其中每一个孤立的部分都是从讨论古典时期和基督教早期直到巴洛克时期，而布克哈特将巴洛克时期拓展到了18世纪。他讲述的是一个逐步发展的故事，它发展到文艺复兴顶峰时期代表的卓越情形，以及随后的衰落，或者在所有三个领域中达到的和谐与平衡的消失。然而，这最后一个阶段更多地是以伤感的而非悲剧性的方式来描述的。三个部分结尾几段的语气或情绪都表现出一种哀伤和忧郁。
253 建筑那部分以描述“别墅和花园”（尤其是对科摩[1]湖畔别墅的简短描述）结束；雕塑部分以讨论卡诺瓦[2]（特别是克莱门特十四的墓地纪念雕像）结束；绘画部分以反思普珊和克劳德·洛林的风景画（尤其是他们有关罗马城四周平原的风景画）结束。

建筑部分对布克哈特的读者有着最直接的视觉影响，但绘画部分对于布克哈特本身在一般的历史材料上运用的历史感受与叙述原则最富有启迪作用。早期基督教阶段和拜占庭阶段的西方艺术看来是不入流的，这是因为那时的教条和权威对艺术家进行压制，结果造成了“纯粹机械式复制”的趋势。在布克哈特看来，罗马式时期的艺术尽管精神上健康向上的证据得以保留，表现为一种“朴素的叙事”风格，它根本上被视为神话般的和象征化的（《导

① 科摩，意大利北部度假胜地。——译注

② 安东尼奥·卡诺瓦（1757—1822），意大利雕塑家。——译注

游》,英译本,第18页)。意大利哥特式时期的艺术(与欧洲北部哥特式艺术不同)成为自然主义诞生的标示,它在文艺复兴时期达于鼎盛。绘画从服务于建筑的状态中解脱出来,并且,尽管它仍为宗教服务,但它已经获得了发展其自身独一无二的表现潜能的机会,尤其是乔托,在布克哈特看来,他奠定了米开朗基罗和拉斐尔最终形成的高超成就之基础。

要界定乔托的成就并非主要根据他"表达理想之美"的目的,或者他的"现实主义手法的威力",这两方面,与乔托同时代的和近代的艺术家都要比他强(第32页)。乔托的成就在于他作为一位"叙事者",即一位故事讲述者的能力。乔托"提供了使故事明白、简洁和优美所必需的因素"(第33页)。在布克哈特看来,乔托由此表现为一位处理历史场景的大师,表现为一位历史事件的叙述者,他讲述的是耶稣基督、圣方济各和教会的生活中那些事件,他那个时代的人将这些事件当作真实的历史事件。乔托在帕多瓦、阿西尼和其他地方的伟大壁画和油画中描绘的人物,他们存在的惟一目的就是为了说明一个故事(第35页);他们的主要功能并非充当偶像。他们确实没有指明或暗示自身之外的任何事物;与他们有关的任何东西,其存在都是为了那个正在讲述的故事,帮助解释画面中的行为(同上)。可以肯定,在乔托的艺术中,讽喻的因素并没有完全消除,不比但丁作品中表现的少。并且,布克哈特认为,恰恰就讽喻因素保留的这种程度表明,乔托的作品依然有些虚弱,暴露在它勉强逃脱了的讽喻的危险之下。在布克哈特的解释中,这种讽喻的因素以及它对主体的隐喻式腐蚀的倾向,仍然威胁着文艺复兴时期的艺术。拉斐尔是文艺复兴时期的杰出代表,原因就在于他在其艺术中驾驭了讽喻因素,使之服务于他自己的目的,而不是落入它的掌控之下。对布克哈特而言,讽喻代表着屈从于"神秘的"因素(第39页),这反过来是"想象"的失败,即直观(*Anschauen*)的失败。

254

反隐喻

标志着神秘胜过了清晰感知实在并使之成为整体的努力的，就是隐喻，在布克哈特看来，隐喻总是破坏了艺术和真实性。因而，在评价乔托时，他说道：

> 将贫穷的束缚表现为与贫穷的姻缘是一种隐喻，而艺术作品不应以隐喻为基石，即将某种观念转换成一种新的虚构性实在，它在图画中得出一种必然错误的结果……一旦开始描绘讽喻性人物，缺少了隐喻便会一事无成，由此，纯粹的荒谬便产生了。[同上]

稍后，布克哈特又指出，文艺复兴的整个成就可以概括为，它认识到以隐喻的方式描述世界所具有的危险。

> 一切讽喻的不足在艺术中定能察觉。作为一种补充，产生了抽象观念的诸种表现，它们主要产生于古代，并且习惯直接与讽喻相联系……(但丁也大量使用了这种表现模式。)这些人物……保留了起码的好奇心；他们为那个时代朴素的历史知识制定了一种标准。[第39—40页]

简而言之，他把该时代朴素的历史知识当作按隐喻方式描述世界这种倾向的鲜明对照。并且，布克哈特还表明，在乔托发展出一种特定的“叙事性”表现风格的过程中，逃避隐喻陷阱的动力有多大。

然而，在艺术作品中，讽喻性因素不应和象征性因素混淆。布克哈特指出，要想表达“崇高的观念”，象征主义是必要的。“崇高观念在任何纯粹的历史写作中都无法体现，但在艺术中能找到其最高表现”。因此，当试图表现这种“崇高观念”的艺术作品“包括的讽

喻越少,活生生的明确行为越多,它给人的印象也就越深刻”。(第40页)

这些崇高观念和“任何与死后的世界相关联的事物”有关,并且,在福音和启示的“预言”之外,布克哈特还补充了构成但丁之《神曲》的那种思考。但是,布克哈特警告说,对于崇高观念的兴趣必须由一种“对单个事件的艺术表现”的兴趣来充当媒介。“《神曲》的象征性意义……只有作为文学和历史,而不是作为诗歌时才有其价值。诗歌的价值完全取决于对单个事件孤傲的艺术表现,取决于恰如其分的高贵风格,藉此,但丁成为了西方诗歌之父。”(同上)

于是,西方艺术史被看作是一种三重张力之间的发展史。这三重张力产生于讽喻性、历史性和象征性表现的三种倾向。最终,文 255
艺复兴的风格被视为其传统中讽喻性或者说隐喻性冲动逐渐消解的产物,而这种冲动正是通过中世纪文明的“神学倾向”而得以维系的。一旦这种神学倾向化为乌有,文艺复兴时期的高水平艺术才可能托付给两种表现之间的创造性张力,它一方面是崇高观念(一种象征行为),另一方面是叙事(一种“历史”行为)。

作为反讽的实在论

消除隐喻,与此同时坚守历史叙事和“崇高观念”的象征化这两重任务,这便构成了文艺复兴时期“实在论”的精髓。布克哈特以一种有关实在因素的分析引入对15世纪艺术的讨论,这种因素表现为描绘人类形体细节的愿望(相对于提供类型的努力),描绘行动中人类形体的流畅和运动,以及透视规则的发现(第57—58页)。这一切依靠的不是古代模型,而是研究自然的结果(第58页)。但是,这种对于客观实在的兴趣并非在一种真空中发扬光大,它是在对那些“崇高观念”的全面认识中发展起来的,这些“崇高观念”允许以某种“机敏”来为“空想”设定限度:

> [文艺复兴]作为上天的非凡恩赐,拥有贯彻客观实在的机敏,它并非深入每一细节,而仅仅只要更高的诗性真理不受其累。细节过于丰富之处,在于建筑和装饰中太过繁复和华丽帏帐过多,而不在于外在生活的平凡事件方面。因而,它给人的印象不是厌倦,而是光彩夺目。少数人赋予精粹的局部以壮丽和宏伟;多数人则沉迷于幻想之中,这便是15世纪的普遍趋势,然而,一般宏大的形式赋予他们的幻想一种格调雅致、甚至欢悦的特征。[第59页]

此处是布克哈特对最合人意的那种"实在论"所做的界定,他在自己的历史研究中主张这种实在论,这样,他的研究也就被看成了文艺复兴风格的艺术作品。这种实在论与布克哈特19世纪的同行所持的完全对立,在他看来,他们的那种实在论不过是由一种对照相式细节复制的粗俗兴趣构成,并不受致力于"崇高观念"的一般性原则支配。因此,与他声称的反对"历史哲学"相反的是,他本身的实在论历史学概念要求一个明确的有关实在本质的一般概念
256 (即便此概念受到约束),它完全疏远了任何知识的具体细节,无论如何升华,都是为了赋予历史作品一种令人满意的形式一致性。尽管布克哈特拒绝将这种一般概念视为一种形式理论(除了最含糊的那种),它仍然在其理解历史存在的事实上构成了限制,这样,一种不会堕入"幻想"的"机敏的"实在论才能成立。就像文艺复兴艺术本身那样,布克哈特的历史学在象征主义和叙事之间的中间地带展开,其主要敌人是隐喻及其用来表现实在的形式,即讽喻。

布克哈特曾经说,文艺复兴在16世纪"突然涌现","就像一束闪电……像上天的恩赐。是时候了……大师们将永恒的真理凝聚在不朽的艺术作品之上。每个人都有其自己的方式,所以美好之物并不相互排斥,而是共同构成了对最高存在多种形式的显现。"自然,一切美好事物"确实存在全盛之时,但很短暂……我们可以说,

拉斐尔的短暂生命[1483—1520]见证了一切最完美作品的产生,他去世之后,即使还有伟大人物在世,衰落也已经开始了”。(第111页)

与拉斐尔同时代的两位伟大艺术家达·芬奇和米开朗基罗,在他们的作品中,这种衰落的迹象已经显露。前者偏于过度依赖“风景之助”,由此产生了《乔贡达》①的(令布克哈特烦扰的)“梦幻效果”,并且反映出讽喻的复归(第114页)。相比之下,在米开朗基罗的作品中,历史因素倾向让位于象征。一切事物都太崇高化了,没有什么能用来抵消一下,没有关于“一切令我们对生活感到亲切的东西”的具体内容,结果,在他的作品中,“本质上纯粹的崇高与美”都被“夸张了”(第123页)。

米开朗基罗的绘画作品中缺少的东西,布克哈特在讨论西斯廷教堂壁画时说得很清楚,那就是“历史”(第125页)。这就立即赋予它们“宏伟品质”,同时也显示出自拉斐尔的艺术杰作之后即将表现出来的衰弱。在《最后的审判》中,米开朗基罗显示出他不够机智。布克哈特认为,它不论从其可能性还是恰当性而言,都不是一个表现的恰当主题(同上)。“米开朗基罗以一种创造性的普罗米修斯式意愿,显示出单纯人类形态一切可能的动作、取位、透视错觉、分类”(第126页)。这便是在风格主义(*mannerism*)②中作为一种缺陷表现出来的倾向(第128页)。尽管布克哈特一再称赞米开朗基罗的天才,但最后对他的评价却是负面的。“在他去世后,所有不同艺术形式中的一切原则都被颠覆了;所有人都努力追求绝对,因为他们不明白,在米开朗基罗那里显示出的不受控制的因素,实际上是根据他内心深处的个性形成的”(同上)。

于是,若以这种方式考虑,当米开朗基罗步入了象征主义的歧
途时,达·芬奇的天才便步入了幻想的歧途(若果真如此)。相比之 257

① 即《蒙娜丽莎》。——译注

② 风格主义,16世纪欧洲文艺复兴时期的一种艺术风格,特点是比例和透视因素的扭曲。——译注

下,拉斐尔那里消除了幻想,并且在象征主义和历史之间达到了完美的平衡:"在拉斐尔的作品中,细节的冲击如此有力,使得人们认为它就是最精粹的部分;然而,整体的魅力永远是最有特色之处。"(第139页)但是,整体的意义在于形式的完美,而非一种粗糙的象征主义。布克哈特指出,在早期佛罗伦萨画派的肖像画中,拉斐尔已经表明他本身是一位"伟大的历史画家"(同上)。布克哈特坚持认为,即使在他的圣母像中,拉斐尔"总是尽可能少的运用象征主义手法,他的艺术并不依赖于超出形式范围的联想。其实他已经完全掌握了在适当位置使用象征性表现的手法,这在梵蒂冈的壁画中表现出来了"(第143页)。甚至在《以西结的幻象》中,拉斐尔选取了一个中世纪艺术中历史悠久的习惯性主题,并且"根据它可能运用的粗糙象征,最大限度地以唯美精神对它进行转化"(第144页)。最后,在梵蒂冈署名室的壁画中,拉斐尔在传统和权威的控制之下采用了讽喻的和历史的主题,把它们区分开来进行个别处理,以免在旁观者的眼中出现它们彼此混合的景象,这样也以符合他特别具有均衡感的天才方式,表现了历史场景。

例如,在《教理辩争》中的人物形象都是"根据纯粹的图示目的来处理的。他们几乎都是隶属于过去的人物,多少是可以撤除的,除了在理想化的记忆中,他们已经不存在了"(第150页)。《雅典学院》则完全"没有神秘"可言,其背景"有意识地构想成灵魂和精神力量之间健康和谐的象征",人物的安排则是一种"生动性和戏剧性效果的完美和谐"(第151页)。布克哈特最后认为,署名室壁画,"是在形式和观念上达到完美和谐的第一件大尺度艺术作品"(第152页)。对于这个时期的拉斐尔,布克哈特的一般性描述揭示出自己对艺术完美性的确定观念。

> 形式绝对优美、高贵,同时思维敏锐又不致损害作品整体的效果,在这方面,首推拉斐尔。没有什么细节太过突出。艺术家清楚地理解其伟大的象征性主题具有的敏锐生命,并且知

道特殊兴趣是多么容易盖过整体。不过，他的单个人物形象也成了整幅画面之外最具有研究价值的东西。［第151—153页］

在艾里奥多罗厅、大火厅、君士坦丁厅、梵蒂冈敞厅的巨大圆顶画以及挂毯的草图中，布克哈特认为，拉斐尔作为一位史学家和戏剧家的能力在此得到加强和深化。首先，在其处理《君士坦丁之战》时，他以极其生动和理想的感触捕捉到了布克哈特所称的“一个理想的历史时刻”（第157页）。拉斐尔在教皇的指示下工作，受到一定的压力，需要对某些主题和人物进行特殊处理，但他成功地将一切内在和外在的要求转化成其天才的运用。在坚持忠于历史和 258
艺术的同时，他创造出在人们眼中优美的和有着永恒兴趣的杰作。“在美的形式这个领域方面，近代人的灵魂不可能再有比拉斐尔更高水平的导师和守护者”，布克哈特总结道，“因为古代只是作为遗迹留传至今，其精神已经不再是我们的精神了”（第164页）。布克哈特认为，正是拉斐尔同时忠实于历史感和美感的力量使得他成为了一位精英般的“道德”天才，而不仅仅是一位“美学”天才。布克哈特以其典型方式，以哀惋的口气结束对这位理想艺术家的评价。

如果他命更长些，这种道德的品质即便到他年老时也本应保留下来。如果考虑到他最后几年巨大的创造力，我们就会感到，由于他英年早逝，我们永远失去的是些什么。［同上］

在这样歌颂了拉斐尔之后，布克哈特有关意大利艺术的故事便是一种持续的衰落了。提香和丁托列托都以其自身的方式令作品表现出高度的精美，但向着平庸和粗俗的堕落已不可阻挡。布克哈特发现许多有着高超技艺的典范，它们在这个或那个方面有其才华，但没有什么最终阻止其走向衰落的步伐，这个过程直到他称之为“近代学派”那里才结束。

在布克哈特看来，近代学派的主要特征是倾向于庸俗实在论。

> 在追求某种理想的一切努力中，这种近代绘画没有达到其最高目标，因为它尝试了过多直接的表现和幻觉，这时，就像文化晚期的产物，它无法通过纯真而得以升华。其目的在于令所有存在和发生的事件显得真实，视此为所有效果中的首要条件，而从不考虑观众的内心感受，这些观众却是习惯于从中寻求一种完全不同的情感。[第235页]

布克哈特毫不留情地分析了近代学派的那种缺陷。在叙事性绘画中，任何“感人的”东西都被包括在内（第237页），最后通常与“庸俗”没有什么差别，就如奎尔齐诺[①]的《圣托马斯》那样（第240页）。在历史画中，布克哈特指出，一切都让位于一种对殉难的血腥兴趣，并且是越“自然主义”越好。谈到卡拉瓦乔的《美杜莎》时，布克哈特说，恐怖的因素正是要唤起憎恶而非深情（第241页）。庄严的主题表现在“当代社会的优雅风格和整齐形式之中”（第242页）。用来表现情感的惟有表情，而非形式（第243页）；在表现迷狂和荣耀中主要是用欣喜的女性，并且最神圣的和最亵渎神灵的主题都聚在一起，淹没在一种普通的超感觉的自然主义之中（第249页）。对布克哈特而言，由卡拉瓦乔创造的这种风俗画倾向于具有“令人厌恶的诙谐性或者是可怕的生动性”（第252页）。只有在风景画中，
259 画家才有可能充分而直接地展示其才华，尽管近代风格中，意大利风景画的不朽之作大部分是非意大利画家的作品。布克哈特认为，在普珊及其后继者那里看到的是“纯净的自然，人类活动的痕迹仅仅表现为建筑，它们主要呈现为旧时代的遗迹，也只是一些简单的小房子。其中若展现出我们想象或者发现的人类，要么属于古老的神话世界，要么是宗教史中的人物，或者理想生活中的人物；因而整体上造成了英雄式理想主义的印象”（第257页）。最后，克劳德·洛林以一种适合用来“安慰人类”的气息描绘自然。布克哈特在总

① 奎尔齐诺（1591—1666），意大利画家。——译注

结意大利艺术的鉴赏之旅时说道："对于将自己埋在其艺术作品中的人……无须多言。"（同上）

历史与诗歌

布克哈特在《暴力与自由》中说起："历史与诗歌之间的争斗最终在叔本华那里有了定论。诗歌在人性的知识方面收获更大……[而]历史在洞察作为整体的人性方面则受惠于诗歌。"此外，"创造[诗歌]的目的要比创造历史的更为崇高。"（第136页）但这显然意味着诗歌提供了原则，藉此，以其特殊性而展现的事件之历史图景都彼此关联，形成了一种多少适合于这些事件的内在内容或本质形式的表现的构造。布克哈特毫不怀疑，任何文明中最有内容的文献，即最清晰地揭示该文明真正的内在本质的文献就是诗歌："历史在诗歌中不仅能发现最为重要的内容，而且能找到最纯粹、最精细的资源。"（同上）

但是，对纯粹诗性表达构成的威胁正与机敏的"实在论"遭遇的一样。布克哈特的评价是，尽管诗歌最初表现为"宗教的声音"，它很快变成了传达诗人自己的"个性"的媒介（第139页）。布克哈特认为，诗歌从宗教中分离出来，代表了一种人类意志对崇高的渴望，在埃斯库罗斯和索福克勒斯的雅典戏剧中，这种状态达到了最高峰，其目的是"让理想人物以全人类的口气来说话"（第142页）。相比之下，中世纪的诗歌保留了"部分礼拜仪式，并且限定在某个特定的故事中"，而到了近代，其中则充满了一种"讽喻性和讽刺性的'道德'"冲动（第143页）。

布克哈特的历史学"并不追求系统"；他坦白承认，他的历史图景"仅仅是我们自己的反映"（第74—75页）。但很明显，他把历史叙事能够为意识带来的洞察力视作本质上与恰当地创作出来的诗歌 260
有着相同的性质。历史如同诗歌，而且更像拉斐尔那种形象化的诗歌，它一方面避免了过度讽喻的危险，另一方面避免了过度象征主义的危险。这可以归结为攻击一切形式以隐喻对占据着历史领域的对象、对假定在这些对象之间得出的各种关系进行的描述。这种反隐喻的态度正是布克哈特式反讽的精髓，它也是所有反讽者态度的精髓。我们这就明白了布克哈特的文体明显的“纯洁性”，它充满了简单直陈句，最常选用的动词形式便是系动词，这几乎达到了在布克哈特描述事件和过程之中消除其主动语气的程度。其段落代表着艺术鉴赏家在*存在*这个简单观念上的变更。以下是从《意大利文艺复兴时期的文化》一书的“世界的发现和人的发现”中随意选取的一段，它可说明我的观点。

> 在15世纪末和16世纪初那时到来的意大利诗歌的第二个伟大时代，和同时期的拉丁诗歌一样，充分显示了自然对于人类心灵的巨大影响。首先看看那个时代的抒情诗人就足以使我们相信这一点。诚然，对于自然风景做精心的描绘是很少的。理由是在那个精神饱满的时代里，小说和抒情诗或叙事诗另有它们所要处理的事情。博亚尔多和阿里奥斯托有力地描绘了自然，但尽可能地求其简短；他们并没有想用描写来唤起读者的感情，而只求用故事和人物来达到这一目的。事实上，书信作家和哲学对话作家比诗人们更好地证明了人们对于自然的日益增长的热爱。[第183页]

迅速描绘出一个领域及其中的主导人物，这令人想起印象派画家的灵敏笔触，其中给人留下印象的不是别的，而不过是对于分开来的感知的报道，那些感知累积起来，就成了一个主题，而非一个论题（第184页）。整个段落的结构，就像构成各部分的片断的结构，以及这些部分自身的结构那样，都是并列式的。这显示出针对任何倾向于构成事件的主从关系的冲动进行一种有意识的压制，以避免提出一种观点。接下来，在“人的发现”这一主题下的片断的确有一个明确的论题，布克哈特也是这样标示的（第185页），但是，他富有意味地承认，“我们将用来充当该论题证据的事实会很少”。在此，他说道：

> 作者感到他在什么地方是立足在危险的猜想的基础之上，并且……在他看来是14世纪和15世纪的精神运动中间的一个明显的（即使是微妙的和渐进的）过渡，而在别人看来也许不是那么同样地清楚。一个民族的精神的逐渐觉醒这一现象对于每一个旁观者产生的印象可以因人而异。时间将判断哪一个印象是最可靠的。［同上］

于是，在举出了有关诗歌中表达的新精神的诸多例子之后，布克哈特概括了他的总的印象：“因此，意大利的感情世界以一系列清晰、扼要和最简洁有力的描绘呈现在我们面前。”（第187页）很明 261
显，布克哈特不仅仅是以他的“印象”对抗他人的印象，还要以他的崇高感对抗他人缺陷更多的崇高感。但这些只是有所断言，而没有加以论述。对于其引导我们注意的历史领域中发生的事情，其解释的力量正是布克哈特自身诗性感受能力的一种作用。在他自己看来，这种诗性感受能力作为描述和解释的策略，已经决定性地摆脱了隐喻。它正是浪漫主义诗歌观念和历史观念的对立面，并且以其最纯粹的表述而言，它抵制着不仅是沉迷于转喻、而且也沉迷于提喻的诱惑。

布克哈特有关文艺复兴艺术盛衰的理论，为他那种作为一种艺术工作的历史写作观念提供了至关重要的看法。对史学之艺术的双重威胁，在他看来和对文艺复兴时期的艺术构成的威胁是相同的，即讽喻和象征化——它们一方面是从历史事实中得出道德意义，另一方面是将具体的实在升华为永恒精神力量的标志。圣奥古斯丁的《上帝之城》代表着第一种威胁，即将历史事件还原为某种假定是指导着世界的道德力量的显现。奥古斯丁的著作代表了历史意识受到了“强制性力量”中的一种——在此情形下是宗教——的迷惑，但为了某种特定意识形态而写作的历史也完全能够成为“讽喻性”史学的一个例证。另一方面，黑格尔则代表着一种过度象征化的危险，即为了提出某种本质上是形而上学的形式体系而将具体的历史事件加以分解。通过这种体系，一切事件的特殊性都将被剥夺，并且转变成某一类、属和种。真正的历史学，就如同拉斐尔的艺术那样，要将历史学家意识中的隐喻和象征化的冲动从属于“实在论”表现的需要。反过来，这种“实在论”被认为有两种成分，其一是将历史领域理解成一组不连续事件，没有哪两个事件是正好相同的；其二是将历史领域理解成一种关系构造。结构的意义将要显现的场所，就如同拉斐尔在《雅典学院》、《君士坦丁之战》或《博尔塞纳的奇迹》中安排人物的场所。即便在那些粗暴力量横行、文化受制于政治的时代，只要是由史学大师来描述，仍然会存在某种形式一致性，就像观看拉斐尔的《波尔哥宫的大火》而产生的那种形式感，这幅作品是非常明显的运动和骚动，但它的确是一个形式一致性的杰作，无论其局部还是整体都是如此。可是，历史过程中的不同时期彼此相分离的程度就像拉斐尔画的各种画，其
262 中每一幅都是不同的，无论在内容上，还是在其布局所要解决的形式问题上都一样。其标准完全是审美上的。一幅历史图景的要素可能像任何给定的“历史”画的要素那样富有变化。并没有什么规则可用来规定什么东西必须作为其内容纳入该图景中，尽管史学家理所当然地不能像拉斐尔在《君士坦丁之战》中那样，允许发明一些角色来参与其中。史学家“发明”的正是那些形式上的关系，它们是从画面中的要素之间获得的。这些要素以事件与情境的形式联系在一起，而不是以微观世界与宏观世界的形式相关联。在某个事件及其情境之间要进行准确区分，其可能性就如同在《波尔哥宫的大火》与拉斐尔按其表现方式描绘的要素之间进行区分那样。并且，毋庸赘言，一个事件之所以会以如此状态存在的“原因”根本上是几乎不予考虑的。

结 论

关于历史解释，布克哈特提供给我们的不论是一种什么样的形式理论，它都只是历史事件在其中得以发展的一种“结构”理论，而并非历史事件和结构本身之间的关系理论。或者，更准确地说，那种关系理论得以建立的基础是，它明白，在一个事件和它在其间发生的更大的历史框架之间最终不可能加以区分。这种理论是情境论的，因为它假定，当编织成某个历史时代之锦绣的各种线缕都被区分开，并且，组成历史领域之“构造”的事件之间的联接都展示出来了，此时，也就给出了历史事件的解释。然而，事件和其情境之间的关系并非一种提喻式关系，也就是说，不是一种被看作是微观和宏观关系的部分与整体之间的关系。的确，布克哈特在他的历史著作中经常使用这样的提喻式语言，但它通常是用在描述一些伟大时刻，那时文化的主导权盖过了国家和教会的权力，或者说政治和宗教的权力。在整体性艺术工作的各部分之间，存在一种内在连贯性和一致性，作为一项艺术工作而存在的个体的生命也是如此，其所处的状态与文化本身相对于政治和宗教的关系模式正好相反。该关系被认为是转喻式的，就像一种断裂的情形，一种利益的分裂和冲突的情形，一种不同势力互不相让地争夺的情形，它们源于人性深处，并且其行为根本上是神秘的。人们只能以“现象学的”方式来对待这种冲突的结果，正如人们今天可能讲的这样。人们能够以某种“叙事”形式来撰写这些结果的“历史”，但这种叙事不会描述出一条通向救赎、和解或律法显现的发展路线，因为其启示作 263
用而具有愈合的功能。

布克哈特讲述的过去的故事往往是由高度成就“落入”束缚的故事。在这种“堕落”发生后，一切留给史学家思考的便是被视为“片断”和“遗迹”的历史产物，其悲怅来自于包含在其内部的要求“记住过去事物”的呼号。对过去事物的这种记忆是史学家的惟一职责。史学家不应在片断之上强加一种可能在当前激发起英雄主义的神话，也不允许他以某种方式将这些片断“戏剧化”，以至于使得他相信共同合作的社会行为具有的愈合能力。他尤其不得寻找历史性和世界性的普遍法则，这些法则可能赋予生活着的世人一种对自身能力的信心，以复兴其正在衰弱的力量，并且为追求某种正当的人道而努力。

布克哈特表示要在历史中找到一种悲剧性真理的暗示，但他的悲剧概念正是叔本华那种。他能够得出的惟一的教训就是那种抑郁的结论，即“如果根本没有出生更好”。或者至少，他认为生命的欢乐惟有在过去的时代，并且也只是在过去少数时代的人们那里才有可能。他期待着未来之中文化有复兴的可能；但对于人们或许可能在目前采取什么积极的行动来为文化的复兴出一份力，他不抱任何希望。布克哈特认为不远的将来，将会是发生在当前政治现实的不同代表之间一系列的战争，而这些战争不能带来任何积极的效果。他对未来的看法准确地说和斯宾格勒的一样，尽管他是以不同的方式得出这样的结论。敏感的心灵能够采取的惟一行动是走向隐秘、照管好自己园地、追忆往事，并且等待时下的疯狂通过其自身的资源而消解自身。于是，在远离大灾难的一方，文化有可能再次复兴。此时，惟有从城市退居乡村、耐心等待、与少数挑选出来的相似灵魂进行富有教养的交谈，并且坚决鄙视“实用”者的行为。

布克哈特的悲观主义隐藏着一个胚芽，它相信人性根本上具有的创造性潜能。他太热爱生活了，因此不可能完全否认自启蒙时代以来的文化理想。正如克罗齐看到的，布克哈特的缺陷在于道德方面，而非心智方面。克罗齐写道：“就像所有悲观主义者那样，布克哈特心中存在一种无法满足的享乐主义。”(《作为自由之故事的历史》，第96页)正是这使得布克哈特一心避世，而非直面人生并为拯救那些他认为最有价值的事物而努力。这也许就是为什么他的著作和他的人生被视为保护“艺术作品”的“艺术作品”。然而，布克哈特尽管唯美，却远非单纯的业余艺术爱好者。他对自己所处时代的张力和压力的敏感度，使其成了一位文化衰落现象的优秀分析家。在希望以世界历史为根据而证明自己从世界中逃离出来是正当的这个方面,他不同于唯美主义者。布克哈特认为,他看清了世界的趋势,但他缺少以任何积极的方式反抗这种趋势的意志。正是缺乏这种意志，布克哈特与他的朋友兼同事尼采之间存在着根本的区别。

第三部分

19世纪晚期历史哲学对“实在论”的摈弃

第七章 267

历史意识与历史哲学的复兴

18世纪时，人们习惯于区分三种类型的历史编纂，即真实的、寓言性的和讽刺的；而历史哲学被视为只是认真反思由第一种（或者说真实的那种）历史表现的事实带给人类的意义。19世纪时，人们倾向于强调“真实的”历史编纂与“历史哲学”之间的不同。为了说明这一点，人们主张，历史编纂必须真实地记述过去发生的事件，本质上不应对想象的东西有任何兴趣，并且，它必须根据客观性精神来撰写，占据超然于任何同时代党派斗争之外的优势地位，避免那种针对其意义的真正“哲学性”反思可能产生的歪曲和抽象。黑格尔认为在历史编纂和历史哲学之间存在区别。虽然他把二者当作研究的不同部分进行区分，但他更感兴趣的不是强调彼此之间存在着鸿沟，而是在于确定历史编纂在何种程度上可能服从基于历史哲学的分析。然而，与此同时，他对严格意义上关于过去实在的历史表现可能采取的各种形式进行了分析，这种分析显示出，历史编纂必然造成有关过去相互冲突的记述的混沌状态，如果不借助哲学从这种混乱中找到秩序，历史学注定只具有一种原始科学的地位。

然而，黑格尔在不同的历史编纂形式（普遍的、实用的、批判的

268 和概念的)之间所做的区分,并没有继续作为区分19世纪随后产生的不同历史学类型的原则。史学家的确分辨了民族史和地区史撰述中运用的原则,以及尝试进行“普遍史”或世界历史考察时运用的原则。另外,他们也区分了一组特定历史事件的原始记述、用于研究的有关事件的文献与调查报告,以及史学家对事件发生之时“实际上”发生的事情进行的重构,即在其叙事中显示的那样。但更重要的区分是针对以下两种情况,一方面是有关过去的“真实”记述,另一方面是由于信奉有关在过去何种事情“不得不发生”的先验概念(也即“历史哲学”)和何种事情“本应发生”的观念(也即意识形态的或所谓“教条的”历史)而炮制出来的对过去的记述。

除了在“真实”的历史和“哲学性”历史之间的这种区分之外,19世纪的史学家还强调这样一种观念,即无论一个真实的历史记述可能包括什么,它既不能根据纯粹的“艺术”原则进行建构,也不能为了产生某种类似于自然科学所要研究的规律而进行建构。这并不意味着“真实的”历史中不存在科学的、哲学的和艺术的要素,事实上,19世纪主流史学著作强调,史学家同时依赖于科学的、哲学的和艺术的原则。但是,历史学声称它具有自主的学科地位,有其自身的目的、方法和主题,很大程度上有赖于确信历史之中的科学、哲学和艺术的要素并*不是*19世纪早期科学、哲学和艺术中所具有的那种——那个时期正是人们所认为的“真正的”历史学初具雏形的时候。这也就是说,历史学中的科学并非实证主义的,哲学并非唯心主义的,艺术并非浪漫主义的。最终,所有这一切意味着,史学家赋予过去发生的事件一种真实的记述,这样的努力必须在本质上是常识性的和约定俗成的科学、哲学和艺术的基础上才能贯彻实施。就19世纪思想主流中的历史学包含了科学的、哲学的和艺术的要素而言,它仍然锁定于这些要素组成的更为古老的观念,即前牛顿式的和前黑格尔式观念,或者更明确的说是亚里士多德式的观念,如此说来应当不过分。历史学指的科学是“经验主义的”和“归纳性的”,哲学是“实在论的”,艺术是“模仿性的”,或者模拟的,而非表述性的或映射式的。

当然,这并不是说没有人撰写出实证主义的、唯心主义的和浪 269
漫主义的史学作品，相反，这三种史学流派的繁荣贯穿整个19世纪,分别以下列人物为例便已足够,他们是孔德、巴克尔、泰纳;海恩里希·利奥、施特劳斯、费尔巴哈;夏多布里昂、卡莱尔、弗劳德、屈维廉。不过，当实际撰写的历史学作品可能被鉴定为实证主义的、唯心主义的,或是浪漫主义的,职业史学家的主流会认为它偏离了“真实”历史的原则,落入“历史哲学”的境地,而历史学已经通过其职业化摆脱了这种境地。

在主流之内,形成了不同的历史学“流派”,它们要么以“国家”名称取名(如普鲁士学派、小德意志学派、法兰西学派、英格兰学派等等),要么贴上更为特别的政治标签,即标明史学家的意识形态色彩的标签(如保守主义的、自由主义的、激进主义的、社会主义的,等等)。然而,这些史学“流派”意在指出其特定研究领域或主题的兴趣所在，或者表明历史编纂工作对于史学家身处其中并为之撰写历史的社会中最急迫的问题有着何种直接关联，各派对此有着不同的概念。人们不认为努力撰写关于过去的“真实”历史会像“历史哲学”那样构成严重的威胁。这样,20世纪前十年,分别由费特、古奇和克罗齐撰写的三部概述此前百年间史学发展的著作问世了,这三部著作中,历史学和历史哲学之间的区分都被当作了一个不证自明的原则,用来区分正统的和非正统的历史学。

费特在其《新史学史》(1911)中,将法国大革命之后的史学思想区分为四种主流或四个主要阶段,它们是浪漫主义阶段、自由主义阶段、实在论阶段和科学阶段,最后一个阶段始自1870年之后,其精神正是费特自己写作时声称的这种精神。克罗齐在《历史学的理论与历史》(1912—1913)中,区分了浪漫主义的、唯心主义的、实证主义的历史学和新(或正确的)历史学。前面三种史学在他看来因为其中留有“历史哲学”的残余而存在缺陷,它们的名称就表明了这一点;而在新史学中,哲学、科学和艺术与历史之间的适当关系最后得以确立，克罗齐自己便是这种新史学的第一位主要阐述者。此外，在古奇的《19世纪的历史学与历史学家》(1913)中，他借助于“国别的”学派和主题，使用了“自然的”史学家分类体系，但他也赋予自己所处的时代以恰当的“历史的—科学的”方式来对前一世纪的成就最后进行综合的任务。

这三种关于历史写作的概述最令人惊讶的是，它们很大程度上几乎完全忽略了马克思和尼采有关历史和历史写作的反思，他
270 们对历史学的学术和专业形式方面都提出了最为深刻的批评。在费特的著作中，只有一次把马克思作为蒲鲁东的批评者而提起过，而提及尼采只是为了强调他和布克哈特之间的差异。古奇也仅是旁敲侧击式地提到这两位思想家。克罗齐则完全忽略了尼采，对马克思的处理也只是把他确定为浪漫主义史学派中的一员。然而，这三个人都悲叹或是装作悲叹历史哲学（在克罗齐那里是“史学理论”)落后于实际的历史写作，因为它不能为历史过程提供某种类似于普遍规律的东西，或者提供史学方法和分析的规则。费特满怀希望地期待着出现这样的人：他在历史研究方面的作为尤如达尔文在生物学和人种学方面的作为；与此同时，古奇强调，迄今要做的工作是要将史学工作的不同传统凝聚在一起，这样或许能够构成历史学分析的普遍性科学原则。克罗齐以其对于故作谦虚特有的蔑视，当然地认为他自己的工作正好构成了古奇所希望的这样一种创构。但在三者之中，惟有克罗齐认识到，倘若历史哲学不能充当历史学的一般科学或理论，这个时代的思想所渴望的历史综合原则就不得不从19世纪对近代科学、哲学和艺术的敌视而产生的不同史学传统中得出。

当然，1868年，普鲁士史学家J. G. 德罗伊森(1808—1884)在这个方向上做出过努力。在其《历史学：历史知识和方法演讲集》中，德罗伊森试图描述出历史解释可能采用的主要形式，以及适合这每一种形式的表现形态。该著作写作意图针对的是历史研究，就如同亚里士多德的《论题篇》针对的是辩证法，《逻辑学》针对的是

证明,《修辞学》针对的是演说术,而《诗学》针对的是文学艺术。由此,德罗伊森为他的著作取名《历史学》(*Historic*)[①],而副标题最好翻译成“历史分析和方法演讲集”。德罗伊森像黑格尔那样,区分了四种历史解释方式,即传记性的、实用性的、条件性的,以及他称作“观念的解释”那种。与这四种解释模式对应,今天可能会分别将它们称作心理学的、因果的、目的论的和伦理学的历史研究方式。对于德罗伊森的著作,以及该书的摘要,即发表于1868年的《历史学纲要》(尽管先以手抄本的形式流传了近十年),值得注意的是它在某种程度上预见到了“历史主义的危机”。正由于19世纪史学极为成功,再加上像费特、克罗齐和古奇这样的思想家在第一次世界大战之前10余年中提出,要对有关历史学声称具有的科学地位进行重新思考,历史思维即将深陷于这种“历史主义的危机”之中。

类似于洪堡和兰克在19世纪上半叶那样,德罗伊森一开始假
定历史学必须被看作一个自主的研究领域,并且是一个有其特殊 271
目的、方法和主题的学科,因而必须与实证主义科学、唯心主义哲学和浪漫主义艺术区分开。但他是在一种不同的学术和精神气氛中写作。即使在德国,哲学也不再只是唯心主义的。人们不再可能把实证主义看作仅仅是一种过时的追求理性主义和机械论解释模式的热情的残余,即它适合于物理化学物质的分析,但不足以对生物学特征和人类过程进行分析。达尔文主义赋予实证主义运动新的生命,并且对于有关人类和社会的一门真正科学所具有的前景,从来没有像在19世纪60年代进化论提出时显得那么明朗。此外,文学方面的浪漫主义运动至少在19世纪40年代末让位给了小说中的现实主义,这样,史学家在客观性方面存在的威胁最初看上去来自于小说家和诗人,现在这种威胁已经缓和,或者说至少限定在由象征主义者主导的诗性表达的那些圈子内。这样,在来自实证主义

① 海登·怀特将德罗伊森的“Historik”译成“Historic”,是直接模仿亚里士多德几部著作的英文名,该词此处充当名词。Historik一书由于主要讨论史学理论问题,一般中文译为《史学理论》,此处取本文语境,译为《历史学》。——译注

者、马克思主义者和社会达尔文主义者的追求历史学科学化的要求中，德罗伊森对于威胁到历史学具有彻底自主性的因素就不难认识到。并且，这也使得他更容易假设，在承认历史学类似于艺术之时，有可能找到某种途径可以既断言历史学的客观性，又表明它与德罗伊森所处时代的科学之间的差异。因而，就半个世纪以来的"客观"历史学产生的对同一组事件的不同解释，德罗伊森能够找到理由，并且同时断言它们具有为人类知识做出真正贡献的地位。德罗伊森主张，史学家必然提供过去局部的和片断性的记述，这有赖于他们切入历史领域的方式，但是，他们可能正当切入这一领域的方式限制在四种普遍类型之中，每一种都阐明了历史存在的一个不同领域，其表现不可避免地导致了同一组事件彼此形成对照(尽管不是必然冲突)的说明。

德罗伊森在思考历史领域中科学、哲学和艺术诸方面时，采用了一种鲜明的亚里士多德式概念，它涉及到科学、哲学和艺术用在历史学之中时应当如何。他有关历史学的讨论分为三个主要部分：研究方法(*Methodik*)、对研究中发生的材料进行系统分析(*Systematik*)、表现手法(*Topik*)，它们对应的是史学家工作中的科学、哲学和艺术维度。当史学家不得不选择一种方式来考虑他必须组成证据的文献、碑石和文字记载时，解释的问题就产生了。如果他认为事件的当事人令他颇感兴趣而为此寻找依据时，他就倾向于传记性的解释；如果他认为事件是多组因果关系的功能，由此寻找事件的原
272 因时，他将倾向一种实用性解释；如果他根据事件发生的环境中占主导地位的社会、文化和自然的因素，认为事件的一般过程很可能或必然是由环境或条件决定的，那么他将倾向一种条件性的解释；再者，如果他将事件看成更大的整体中的一部分，如时下的道德或观念过程中的一部分，他就将倾向一种伦理上的解释。

史学家实际上从由此安排为一种预备形式的材料中能够构成什么，将依据四种要素：材料本身的内容、材料呈现的形式、历史表述的方式，以及历史表述的目的或意图。在此，史学家的个人或主

体倾向会起作用，被歪曲的危险永远存在；但与此同时，理解问题的开放性也提供了机缘，使得历史学家最高超的道德、科学和哲学禀赋得以运用。然而，一切努力的酬劳仅仅体现在史学家工作的第三个阶段，这时，他必须选择一种表现模式，藉此为他的读者提供重新体验的机会，一方面体验事件原始过程的实在，正如叙事中阐明的那样；另一方面体验史学家本身理解这些实在所付出的努力。

德罗伊森区别了四种表现模式。先是质疑式、说教式、讨论式，这三种使史学家介入到读者和他的主题之间，并且试图引导读者得出某些普遍结论，或者获得史学家自己要求的某种效果；第四种是宣叙式（*die erzählende Darstellung*），德罗伊森显然相信这是最适当的真正的历史学形式。他写道，在宣叙式表现中，其企图是“以模仿事件实际发生的形式，把研究结果阐述为事件的过程。它接受[研究的]结果，并且把它们塑造成研究所涉历史事实起源时的景象”（英译本，91:52）。但这种模仿不会被视为对事件的照片式复制，也不会被视为一种事件得到允许“为自己诉说”的行动。因为德罗伊森强调，“若不是叙述者让它们开口，它们就会是哑巴。”并且，他补充说，他远非为了追求客观，“史学家的最高荣誉并不是客观性，他的公正性在于寻求理解。”（同上）

“理解”能够在四种不同的形式中表现自身，这与德罗伊森著
作第一部分概述的四种解释模式相对应。在这个重要部分，从传记 273
性、专题性、灾难性和实用性模式之中得出的区别表明，在叙事本身之中根据不同立场观察事件，并且说明可以像不同种类的故事那样，倾向于按不同的方式将事件情节化，这都是可能的。

德罗伊森尤其否认“表现的形式”是在“类比了史诗、抒情诗或戏剧创作之后确定的”，如同格奥尔格·盖尔温努斯在他的《历史学基本特征》（1837）中提出的那样（同上）。但很明显，从他讨论宣叙式展示的四种形式来看，它们都是从西方文学传统的基本情节结构中抽象出来的。这样，传记性展示模式强调个体是历史中的决定性因素，它可以被视为传奇式故事形式。专题性模式原则上是目的

论的，它强调使得命运展开的条件及律法的显现，因而对应的是悲剧。灾难性模式表明了所有相互竞争的各派具有的“权利”，它也描绘了一个新社会从旧社会之中诞生，因而在文学艺术中对应的是喜剧模式。另外，实用性模式强调规律的支配地位，并由此暗示事件皆注定要走过它们实际走过的道路，因而对应于讽刺模式。这样，展示的这些模式包含了恰当的文学形式用来表现历史过程，而且，该过程被认为是由某些力量所支配的，在史学家工作的解释阶段，它们被确定为不同的因果作用力量，即个人的、道德的、社会的和自然的力量。

德罗伊森用来为史学中解释和表现的不同模式分类的四重模型，令人回想起其他类似的模型。我们已经在黑格尔描述反思性历史的种类中见到过这种四重分类，即普遍性、实用性、批判性和概念性四种。我们也能回忆起克罗齐描述了19世纪历史思想的主要形式，即浪漫主义的、唯心主义的、实证主义的和“新的”四种形式；以及费特使用的范畴，即浪漫主义、自由主义、实在的和科学的四种范畴。在20世纪头十年，狄尔泰也构想了一种类似的分类模型。在《精神科学中历史世界的建构》一书中，他确定了对19世纪早期历史学传统具有贡献的三个主要人物，即兰克、卡莱尔和托克维尔，并且暗示，他自己的《精神科学导论》(1883)在“历史哲学”的传统中代表着开始了一种认真的努力，要提供某种类型的“历史理性批判”，自从历史领域确立为一门自律性学科以来，史学家尤其需要这样的批判(第117—118页)。最后，我们还能想起尼采在他的“历史学的利弊”中对历史意识的形式进行的四种分类，即好古的、纪念的和批判的，以及他自己对这些历史意识的“超历史的”眼光。

区分历史思想的四重模型再次出现，其本身并没有什么太引
274 人瞩目的，因为19世纪的文化史能够分解为四种主要的运动，即浪漫主义、唯心主义、自然主义和象征主义；历史学的不同概念也可以看作只不过是由这些运动代表的不同世界观的抽象物。这些运动被映射到历史知识问题上并扩展到历史领域，以至于产生四种

相互冲突的历史概念，而该时代的分析者尝试用其各不相同的分类模型来描述之。每一种运动对于“科学”、“哲学”和“艺术”应当是什么都有它自己独特的观念；并且，毫不奇怪，史学理论家将历史与其他那些领域的关系问题概念化时，也将体现他们所隶属的不同文化运动认可的对于这个或那个独特观念的偏好。问题在于，要深入这些偏见的背后，寻找出另外一种描述模式，那将会展示出它们所共有的偏见，以表明它们在对待历史的价值观和态度上其实属于同一个家族，并且同时表明，其强调的东西和主次安排上有哪些不同，使得它们成为那个单一的思想传统的不同阶段或变奏。

在此，我回到我对于历史思想的基本问题最初的表述上来，它意在建构一种历史过程或者其中某一部分的言辞模型。由于它作为一种语言产品的地位，这种言辞模型能够分解成词汇、语法、句法和语义诸层次。如果我以这种方式继续下去，我就可以断言，不同的史学家注重的是同一个历史领域、同一组或同一序列的事件中的不同方面，因为他们在此处确实看到了各不相同的对象，暂时地将这些对象聚合成历史存在的不同类别和种类，以不同的术语来构想它们之间的关系，并且按不同的方式来说明这些关系的转化，以便通过他们写作这些对象的叙事结构，描述出它们的不同意义。这样理解的话，历史努力地以构成不同话语世界的方式来使用语言（日常语言或技术性语言，但一般是前者），在其中，通常所说的历史之意义，或者有关整体历史过程的不同片断的意义，都能加以陈述。

语言综合有不同层面的表现，如，从简单的命名行为开始；通过一方面是共时性的分类模型，另一方面是历时性的模式——由此才能确定历史现象的类别以及它们作为某个过程中的部分彼此之间存在的关系；再到它们用来理解整个历史过程具有的“意义”。根据单个史学家承认这种或那种各不相同的研究工作对于构成一种全面的“历史话语之语言”的必要性的重要程度如何，语言综合的这些不同层面本身就史学家的任务产生了不同的概念。专注于

275 词汇层面的史学家代表一个极端，其成果本质上是编年史，尽管它比中世纪编年史家撰写的编年史更“丰满”；而若有一位史学家急于想要找到整个历史领域中的终极意义（语义的层面），他就将写出一部“历史哲学”。

如果我把词汇归类行为当作历史编纂活动的一极，而把语义学行为看作另一极，那么，我就能看到，19世纪职业史学家谈到“真实的”历史时所意指的东西，将被定位于这两极之间的某处，或是定位在*语法层面*，该层面一般分类行为占优势，并且目的在于表现历史领域的共时性结构；或是定位在*句法层面*，该层面动态的历史领域被视作一个过程，它是分析的主要对象，并且对历史存在的历时性维度进行的表现也能得到理解。当然，每一项历史学工作会在所有四个层次上进行操作，只因为它的目的在于建构一种适当的话语世界，以便在其中能够有意义地谈论一般意义上的历史过程。而不同种类历史编纂的产生，更多是由于强调了这种或那种语言学构成，不是由于排除了哪个意义层面。

如果历史学话语太过于局限在单纯为充斥着历史领域的客体命名，并且只是按照它们在其中呈现的顺序将其编排在一条时间线索上，历史学著作就将降格为编年史。然而，如果它为了澄清那些假定存在于一切类别的所有历史客体之中的关系而删减事实性细节，其结果便会是丹托所说的“观念性叙事”或“历史哲学”。这即是说，关于历史之中实际上发生了什么的“真实的”历史记述应是这样的，它一方面停留在材料的共时性分类层次上，另一方面停留在材料的历时性表现层次上。这样就能说明，19世纪职业史学家主流倾向于把*有关历史领域的形式描述*和*历史过程的叙事性表现*看作写作“历史”的适当方式。此外，它也能提供一条途径，能把他们自己对“历史编纂”的描述表现为一种话语，它界于空洞而单一的编年史和无法无天的“历史哲学”之间。

若按如此理解，“历史记述”应是有关过去的任何记述，其间占据着历史领域的事件得以正确命名，归入了某个特殊“历史”种类的类属之中，而且进一步由普遍的因果概念相关联，正是通过这些因果概念，历史事件之间关系的变化才能得到说明。上述行为将预先一种关于历史意义的一般概念，假定一种历史领域及其过程之 276
本质的观念或概念；简而言之，它们将暗示一种“历史哲学”。但是，这种“历史哲学”惟有作为“被置换”、被净化或被扬弃的东西，才能呈现在一种给定的关于过去的“历史学”记述中。它只会出现在实际用来说明历史领域中“发生了什么”的解释模式中，出现在常常是把叙事中实际讲述的故事转变成某种特定类型故事的情节结构中。这种被转移了的“历史哲学”，被预设在过去或现在的任何适度可理解的记述中，它就是被批评家们确定为“意识形态”的因素，在对任何过去或现在的特定“解释”，或者在对致力于任何特定时期政治领域的团体有着特别兴趣的一连串事件中找到。但是，既然一方面在可能是由某个特定史学家选定的不同的解释模式（有机论、情境论、机械论、形式论）之间，或者另一方面在史学家可能用来构成其叙事的不同的情节化模式（浪漫剧、喜剧、悲剧、讽刺剧）之间没有办法做出公断，历史学领域就显得格外丰饶而富有创造力，尤其是它就同一组事件产生了诸多不同可能的记述，以及为描述其多重意义产生了许多不同的方式。与此同时，历史学面临诸多冲动，它要么是步入历史领域的完全概念化层次，就像历史哲学家倾向的那样；要么沉迷于对一片混沌的把握，就像编年史家那样。历史学将从它抵制的这些冲动中得出任何它应当具有的完整性。

因为历史哲学家被驱使着挑明仍然暗含在专业史学家著作中的解释和叙述策略，这样，历史哲学便成了历史学的一种威胁。但是历史哲学家还代表着一种更大的威胁，这是因为历史哲学就其特征而言，是一种愿望的产物，这种愿望即改变专业认可的那种给历史赋予意义的策略。19世纪专业史学家反对历史哲学的恶意，以及那个时代历史哲学家看待专业史学家时的那种蔑视，在很大程度上与历史哲学家的主张有关，他们认为专业历史学好比“历史哲学”本身，同样地承载着价值，并且同样地是从概念上确定的。对学术性或专业性历史学最强硬的批评者认为，历史学的“学科化”在极大程度上出自于一方面排除某些类型的解释观念，另一方面又运用某些情节化模式。尼采对专业史学家“平庸无能”的责备，最终乃是对他们那种庸俗艺术观的真正批评，就像马克思对这些史学家的“奴性”的指责，归根结底是对他们那种资产阶级科学观的批评。

这些指责构成了马克思和尼采对学院派史学思想的“激进”指
277 责的成果。因为，尽管其他像孔德和巴克尔这样的历史哲学家设法将艺术和科学领域中的表现观念和技艺传入历史学之中，并且针对专业史学家在其“叙事”中呈现的同一批材料机械地运用这些观念和技艺，但马克思和尼采挑战的正是艺术和科学的观念，而19世纪全部的高水平文化就是从这些观念中获得其形式，并在此基础上设想把科学和艺术联系在一起的问题。这就暗示着，历史研究在转入职业化时，也变成了一种受规则支配的活动。这在很大程度上就像是，词典编纂者和语法学家思索时下言语的用法，以便说明该言语的规则，随后将正确的用法界定为遵循那些规则的言语。于是，语言本身变成了由规则支配的东西。在这样作为正统而被铭记的正确用法的观念内，许多不同风格的策略成为可能，它们或许都多多少少遵循如此确定的“规则”。

在19世纪的史学思想中，被赋予正统地位的不同风格的规则分别是由米什莱、兰克、托克维尔和布克哈特表现的。他们每个人都为自己的“实在论”感到自豪，为自己在一定的限度内发现了最适合描述一个历史事件领域的方式而自豪，这种限度正是由他那个时代历史编纂的“学者”圈子推崇的“正确”用法的观念来确定的。

但是，对同一组历史事件的解释存在的真正差异，是作为一种自然语言的话语世界这种历史学观念允许的，它不可能不令最具哲学睿智的观察者想到，也可能对“游戏规则”进行不同解释，并且，也有可能构想出一个描绘历史领域的不同的话语世界。在马克思和尼采那里,这种历史知识之本质的概念化被推向其逻辑终点。他们两人都设法改变历史学游戏的语言学规则，马克思是以批判历史思维中的科学性成分为基础，尼采则是通过批判其中的艺术性成分。于是,用黑格尔的术语来说的话,马克思和尼采以各自的方式企图做的是贯彻(黑格尔的)指令,将不同类型的反思性历史的洞见转变成一种真正的哲学性历史的基础。这种哲学性历史对于历史过程而言,不仅知其然,而且知其本身如何知其然,并且,它能够以哲学化的正当性语言为其认识方式辩护。

在黑格尔和克罗齐之间出现的历史哲学的主要形式，表现出努力避免(或超越)历史编纂中的反讽含义,这种历史编纂被视为通过描述来进行解释。在这期间,历史哲学最为深刻的两个代表便是马克思和尼采。他们是在对历史思想中官方职业化的正统派(以兰克及其追随者为代表)、以及根据正统标准可以接受的异端形式(以米什莱、托克维尔和布克哈特为代表)的反讽含义有了充分认识后,而开始他们对于历史知识的反思的。当然,马克思和尼采不 278
像兰克、托克维尔或布克哈特那样,他们都没有转向浪漫主义史学的可能性。在历史学方面，马克思和尼采与其史学界同行相似的是,他们认为自己的“实在论”在于,一方面是努力超越以浪漫主义方式研究历史带来的主观主义，另一方面是努力超越启蒙时代晚期那些理性主义前辈们的天真的机械主义。在这种“实在论”的观念上,他们继续的是黑格尔的道路。

但马克思和尼采也像黑格尔那样，将历史知识看作一个意识问题,而不仅仅是一个“方法论”问题。此外也像他那样坚持有必要把历史知识转变成当前社会和文化生活的需要。他们并不渴望那种有关过去的“沉思”知识。二者都知道一种纯粹沉思的历史学将带来的虚弱效果,虽然这还说不上是一种悲剧性效果。米什莱、兰克、托克维尔和布克哈特仅仅瞥到过一眼的东西,他们已经很清楚地看到了,那就是,人们回想过去的方式与思考自己的现在和未来的方式有着紧密的联系。此外,他们将历史意识的问题直接置于其哲学的核心。除了黑格尔本人以外，19世纪再没有别人像他们两个那样对历史问题如此着迷，或者还对历史“问题”的问题更着迷。他们作为哲学家的成就很大程度上能够被理解为有赖于他们对历史“问题”的问题得以解决的基础进行的探索。

然而，马克思和尼采实际所做的不过是对米什莱、兰克、托克维尔和布克哈特构思的多种可选择的历史反思模式进行理论证明，而这些人被视为同一种语言实践传统中的成员。马克思在进行历史分析时，以及在批判他鄙视为“意识形态者”的学院式史学家和业余史学家时，用的都是转喻式语言。但他的最终目的意在表明，历史中的分歧和冲突是如何能够以某种方式被扬弃，从而把下一个阶段的人类发展现实地构想成提喻式统一体存在的领域。简而言之，马克思的意图在于将反讽转化为悲剧，最终将悲剧转化成喜剧。

相比之下，尼采是以“反讽”眼光看待悲剧和喜剧，将两种想象都视为人类意识本身的构造，而非“实在地”理解现实之后的残余。与此同时，尼采断言，一切历史学公认的规律本质上都是虚构的，并且，人类知识从属于先于它们的价值系统。通过揭示悲剧和喜剧以及一切科学形式的虚构本质，尼采试图使意识恢复它自身在人类意志中的原始面貌。他设法愈合这种对自身能力疑虑重重的意志，一来是为了按赋予现实以生命的方式想象现实，二来是为了遵
279 照现实自身的最大利益行事。这样，尽管尼采一开始探讨历史过程时，将它初步描述成一种本质上是反讽的情形，也就是说，它本质上是一种彻底的混乱，并且除了所谓的权力意志之外，不受任何规律支配；最终，尼采关心的是将人类的历史情节化，使之成为一部浪漫剧，一部人类自我超越和个人救赎的戏剧，尽管救赎并非是从一种荆棘丛生的“自然”中拯救出来，或者拯救到极大的先验神性那里，而是从人类自身，即人类在历史中的状态中拯救出来，拯救到人类在自我和谐的环境下可能具有的状态中。这样，就像马克思那样，尼采预想从历史中得到解放，同时也从社会中得到解放。但

是,按照他的表述,这种解放所采取的形式并非一种复兴的人类共同体的解放;毋宁说它是一种纯粹个人的解放,只有超人可能做到,而群氓无能为力,他们再次受到自然和历史两个方面的管束。

马克思和尼采曾经试问,设想一种健康的历史生活脱胎于一种苦难和冲突的环境何以可能。对此,他们两人都很乐观,而他们的历史学同行没有谁会如此。兰克的乐观主义在能够说明个人罪恶可能转化为公众福利方面,并没有理论的根基。米什莱的乐观主义则根本未加辩护,它只是表现了一种情绪,一种他深深感觉到的需要,并且这种情绪支配了他在历史证明方面所做的任何努力。而托克维尔和布克哈特则更没有什么理由乐观了。马克思和尼采批判了浪漫主义者的乐观主义和学院派自诩的实在论者的乐观主义,也批判了那些业余同行们的悲观论调。他们两人试图使历史思想返回到对各种范畴的思考之中,这样,它才能够自称或者具有科学的(在马克思那里),或者具有艺术(在尼采那里)的地位。马克思反叛黑格尔(根本上是一种修正而非一种革命),以及尼采反叛叔本华(本质上更多地是一种修正,而非摈弃)都有近似的目的。他们都谋求一种有关历史领域及其过程的综合思想,这或许可以称作是对历史分析的语法和句法的一种建构,这样,历史的“意义”一方面能获得清晰的科学陈述,而另一方面能够获得一种清晰的艺术表现。

在马克思的思想中,历史的问题取决于用于描述历史的结构及其过程的解释模式的问题。这与他那种把历史视为科学的观念是一致的。比较而言,在尼采的思想中,问题在于为创造性地说明某个看上去没有受到任何规律制约的现象域而选择的情节化模式。两人都承认,当不同的解释模式和情节化模式之间的选择摆在史学思想家面前时,他们必定受制于某些外在历史原则或规则的要求。对他们来说,不存在任何价值中立的基础能客观地证明在不 280
同的解释策略和情节化策略之间所做的选择,结果是,“客观性”意味着什么,这个问题便产生了。

于是，马克思和尼采对于19世纪末期“历史主义危机”的贡献在于，他们将客观性观念本身历史化了。对他们来说，历史思想并不是人们能够在历史领域的材料上简单利用的客观性标准的结果。他们要质疑的正是客观性本身的性质。

第八章

281

马克思：以转喻模式为史学进行哲学辩护

导　言

马克思以转喻模式来理解历史领域。他构想的范畴是分裂、区分和异化。因而，历史过程在他看来是“罪恶与苦难的全景”，这正是在托克维尔和布克哈特结束了对历史过程的分析之后声称的历史的真正意义。马克思从他们的终点处起程。他们的反讽正是马克思的出发点，其意图在于确定，人们能够在多大程度上现实地期待历史领域中那些力量和对象的最终融合。马克思认为，米什莱和兰克所称在历史过程中发现的那种融合倾向是幻觉、虚假融合或仅仅部分的融合，其利益只是被整个人类的一小部分所分享。他感兴趣的是确定这种人性的分裂是否必定被视为人类的动物性的不可避免的情形。

黑格尔关于历史的喜剧概念本质上是基于他认为生命的权力超越死亡的信念；对黑格尔来说，“生命”保证了一种贯穿历史性未来的更为充分的社会生活形式。马克思进一步加深了这种喜剧观念；他憧憬的完全是某种“社会”的瓦解，在那种社会中，意识与存在之间的冲突不得不被一切时代的人们当作一种命运来接受。因而，将在马克思的历史和社会理论化的过程中激励着他的那种最后的历史图景描绘成浪漫主义的，这应该不失公允。但是，他的观念并没有把人性的救赎看成是从时间本身之中解脱出来。更准确地说，马克思的救赎采取的是人与自然相调和的形式——那个自然被祛除了它那神奇而令人恐惧的力量，而服从于技术规则，并转向创造一个真正的共同体，其目的是创造出自由的个体，他们之所以自由，乃是因为他们不再为了自身利益而与别人斗争，而只是与自己斗争。这样看的话，马克思的历史观念代表着一种完美的提喻，即部分融合为整体，该整体本质上优于构成它的任何实体。

有一个问题维柯提出来了，卢梭百思不得其解，而柏克有所接近，最后黑格尔将其阐述为一个主要的哲学问题，这就是“社会问题”，或者说“社会存在那问题丛生的本质”，它在马克思的思想中被置于历史研究的中心。对马克思而言，社会不再或者是被围困的人性和混乱的自然之间惟一的保护性屏障（像柏克认为的那样），或者是个人及其真正的“内在本质”之间的障碍（像卢梭和浪漫主义者认为的那样）。马克思和黑格尔都认为，社会同时就是这两者，既是人类从自然那里获得解放的工具，又是人们彼此疏远的动因。社会同时既统一又分裂，既解放又压迫。马克思认为，历史研究的目的首先在于表明在人们的生活中，社会如何以这种两重方式发挥作用，然后证明，这种情形所表现的悖论如何*必然*会及时得到解决。

关于马克思研究的问题

如今，研究马克思的著作习惯上是为了确定：（1）他的早期著作与成熟期著作之间的连续性和断裂性；前者代表作首先是《1844年经济学哲学手稿》，以及像《德意志意识形态》这样的小册子；后者代表作有《共产党宣言》（下文简称《宣言》）、《〈政治经济学批判〉序言》、《路易·波拿巴的雾月十八日》（下文简称《雾月十八》）

和《资本论》；（2）在其社会意义中，马克思的思想在多大程度上可以描述成“人本主义的”，或者相反，描述成“极权主义的”；（3）在多大程度上，马克思的各种理论作为一个整体，无论如何解释，都有资格说是对社会科学做出了积极的贡献。诸多现代批评者在反思此类问题方面做了大量工作，我们应当感谢他们澄清了马克思与思想界主要人物之间的关系，正是在这个思想界之中并且针对 283 它，马克思的成熟思想得以形成。

这些评论家关注的中心是这样一些问题，例如：马克思作为一位哲学家，其著作的连贯性如何；在分析当时的社会问题时，其思想的适用性怎样；以及马克思想象未来历史必然经历的过程，其有效性如何。对当代马克思主义意识形态学家及其反对者而言，都一样有必要确定马克思主义是否像它自己声称的那样，是社会分析的科学体系；马克思主义者对社会危机的分析是否可以应用于当代的危机；以及马克思主义的经济理论对于随着近代工业资本主义而发展起来的交换体系而言，是否代表了对它的最好的可能解释方式。

我自己对于马克思思想的研究要将这些问题中的多数置于讨论的边缘位置。我的目的在于说明马克思关于一般历史结构和过程的思想的主要风格。我对马克思感兴趣，主要是把他看作一种特定形态历史意识的代表，和19世纪欧洲人的意识中与他争夺霸权的其他形态的最佳代表相比，他既不更“正确”亦不更虚假。在我看来，“历史”作为证明所发生事件的文献，就“过去发生过什么”而论，它能够整理成许多不同但同样合理的叙事性记述。根据这些记述，读者或历史学家本身对于现在“必须做什么”可能得出不同的结论。以马克思主义历史哲学为指导，人们的所作所为并不会比以其他历史哲学，如黑格尔、尼采和克罗齐的历史哲学为指导所做的更多或更少，即便人们在信仰某种哲学真理的基础上，可能倾向于做不同类别的事情。

这也就是说，人们可以采用马克思的历史哲学来提供一种视角，并愿意这样来观察自己在历史生成之流中的位置，或者人们也能以类似的唯意志的理由拒绝它。我们根据所感觉到的最终是个人的需要和期望，理解过去和一般历史的整体景观，它与我们看待自己在现行社会建制中所处地位的方式、我们对于未来的希望和恐惧，以及我们愿意相信自己代表的那种人性的意象息息相关。随着这种感觉到的需要和愿望的变化，我们相应地调整对于一般历史的观念。历史和自然不一样。就那些为了使得自然界发生变化，或者尝试控制自然界时必须采用的知识原则而论，我们没有任何选择，要么运用科学的分析原则并且理解自然的运作，要么在控制自然的努力上失败。

284 对历史却并非如此。理解历史现象有不同的可能途径，因为社会的世界是我们创造的，并且，它为我们的历史经验本身提供了基础，对它加以组织有着不同并且都同样看似合理的方式。如同吕西安·戈尔德曼指出的，促进客观自然科学的成长符合每一个近代阶级，事实上符合每一个个体的利益，因为拓展人类控制“自然”的能力符合当代社会一切阶级的利益，这种“自然”作为资源摆在他们面前，而“社会”便是通过这些资源构成的。但是，作为社会存在，我们在不同类型的社会中有着不同的利害关系，作为对自然进行科学开发的结果，我们可以想象这些社会潜在地将会成为现实。这就意味着，我们意在推动的这种社会科学将以某些关键的限制为特征，这些限制恰恰施加在我们设想中该科学促进或阻挠一种特定类型的社会成长的能力之上。

因此，必定有着可替代的，甚至是完全不相容的设想社会科学所必须采取之形式的方式。在这些方式中，我们认识到一种特别的激进的社会分析概念的合法地位，马克思无疑是它在19世纪的杰出代表。但在此之外，我们还必须认识到有无政府主义、自由主义和保守主义等各种类型。这些社会分析观念中的每一种都伴随着或产生出一种有关历史过程及其最重要结构的*特定观念*，特定个体有可能因为认识论的、审美的或伦理方面的考虑而受其吸引。因而，至少在我看来，像马克思主义和非马克思主义的社会理论家企图的那样，想在声称本质上价值中立的认知基础之上就有关历史过程本质的彼此竞争的观念之间做出公断，将是徒劳无益的。成为一位马克思主义者的最佳理由是道德上的，正如成为一位自由主义者、保守主义者或无政府主义者的最佳理由也一样。马克思主义历史观诉诸“历史证据”的话，既非可以确证的，亦非不可确证的，因为在马克思主义和非马克思主义的历史观之间，所争论的问题在于：准确地说是什么算是证据，什么又不算，资料是如何组织成证据的，以及对于理解当前的社会现实，从这样构成的证据中会得出什么样的意义。

马克思既不是为了社会调解（托克维尔的方式）也不是为了社会融合（兰克的方式）而撰写历史。他是社会革新的预言者，并且，他把历史意识看作人类解放的工具的那种方式，再没有19世纪水平相当的思想家曾经尝试过。当他在《关于费尔巴哈的提纲》中写道：“哲学家只是用不同的方式*解释*世界，而问题在于*改变*世界。”（第69页）①他暗含的意思并不是说人们不应努力理解世界，而是指惟一能够检验其理解的是他们改变世界的能力。这样，他攻击每一种旨在创造纯粹静观的（contemplative）历史学的计划，例如兰克名下那种在整个欧洲大学里被确立为正统的历史学。对马克思来说，科学乃是*转化*知识，在自然领域内是自然的转化，在社会领域内是 285
人类意识和实践的转化。他将自己的历史理论设想成一种工具，它把人类从无穷级数的无限接近中解放出来，达到一种真正的人性，以便人们最终可以完全认识到自己的人性。在黑格尔和托克维尔那样的思想家看来，这种人性将向未来无限地拓展。对马克思而言，*正确理解了的历史*不仅提供了一幅人们进入地上王国的图景，它也是令他们最后赢得地上王国的工具。

在这样一种思考的语境中，我也会考虑马克思早期和晚期著

① 本章关于马克思著作的引文，均采用马克思著作相应的中译本译文。以下不再一一说明。——译注

作之间的连贯性问题。就马克思关于历史的一般理论而言，我的观点是，这是一个假问题。思考19世纪40年代间的事件，以及马克思在当时与某位思想家的际遇，琢磨它们对于构成那种表现在《雾月十八》或《资本论》中的体系有所影响或许会是一件很有意思的事，但这是些圣徒传式的关注，而不是理论的关注。我的观点是，马克思作为将历史以独特风格哲学化的代表，他的思想表现出对一套比喻性结构的持久追求，这种结构从《德意志意识形态》（1845）到《资本论》（1867），一直赋予其思想独有的特征。

马克思历史思想之精髓

马克思关于历史、关于它的结构与过程的思想的精髓，与其说在于他试图结合黑格尔、费尔巴哈、英国政治经济学家和空想社会主义者的思想中有益的东西，不如说在于他努力在一种关于历史世界的可以理解的想象中，将转喻和提喻的比喻策略加以综合。以这种方式说明马克思著作的特征，将准许我阐明在他的思想中存在的机械唯物主义因素和有机唯心主义因素之间的那种关系，阐明应当是从他对英国政治经济学家的研究中得来的实证主义，以及应当是从黑格尔那里借用而来的辩证法。它也准许我区别马克思用来批评论敌的策略和他用来表述自认为在历史记载中发现的历史真理的策略。

马克思思想的变动有一个范围，一端是转喻式地理解人类在其社会状态中的分裂处境，另一端是提喻式地暗示他在整体历史过程的终点发现的统一。人们何以能够同时被决定了而又有着潜在的自由？他何以能够在生成中是分裂和片段，而在存在中又能是
286 整体划一呢？这是与马克思有关的问题。他需要两种不同的语言来描述这些不同的状态和处境。并且，马克思有效地将历史记载在水平方向上分成了两个层次的现象，一个层次的现象以转喻的描述策略获得完整的叙述，另一个层次以提喻的描述策略得到叙述。这

样，马克思的问题便是叙述这样区别了的两个层次。

事实上，马克思转喻式地以一种因果关系来叙述它们；这正是马克思根本上的唯物主义历史观的标志和标尺。当马克思说他的历史观是“辩证唯物主义的”时，他的意思是指，他以机械论的方式想象社会经济基础的过程，而以有机论的方式想象上层建筑的过程。这种独特的结合使得他相信，最终，本质上是外在的和机械的人类关系结构能够导致一种本质上不同的结构，若就其联系部分与整体的方式而言，那是内在的和有机的结构。

这样，马克思在两个层次上，即经济基础和上层建筑的层次上对历史过程进行情节化。在经济基础的层次上，存在的不过是一连串独特的生产方式及其关系模式，一种类似于在自然中获得的受严格因果律支配的自然演进。然而，在上层建筑的层次上，存在一种真正的进步，即一种人与人关系形态的演进。在经济基础的层次上，在生产方式形成之处存在着进步，自然，这就是人们对于自然界及其过程有了更多的确定理解和控制。相比之下，在上层建筑的层次上，构成进步的是人类意识加深了对人与自身及同伴的异化的认识，并且，能够超越异化的社会环境得到了相应的发展。

因而，正如马克思认为的那样，人类历史一般而言表现了一种双重的演变：一方面就人类通过科学和技术的发展获得更大的控制自然的能力而言，是一种上升；另一方面就人们越来越与自身及同伴产生异化而言，则是一种下降。这种双重运动令马克思相信，历史的整体正朝着一种确定无疑的危机前进，危机中存在的冲突是，人类要么实现其地上王国要么毁灭自身，而对于自然，人类既是从自然中来，又在为自身人性而奋斗之中反对自然。

这意味着马克思的历史哲学既包含了一种共时性分析，也包含了一种历时性分析，前者针对的是一直保留在历史中的关系的基本结构；后者针对的则是超越这种结构并构成一种崭新的人与人之间关系形态的重大运动。对马克思而言，这就暗示了，历史不得不同时以两种方式情节化，即悲剧的模式和喜剧的模式。因为，

287 当人们处于一种社会状态中，就其建构一种可行的人类社会的努力总是被支配着历史的规律挫败而论，人们是悲剧性地存在着。尽管如此，人们也是喜剧性地存在着，因为人与社会之间的这种相互作用逐渐地使人们接近于这样一种情形，在其中，社会本身将消失，而一个真正的共同体，一种共产主义的存在模式将建立起来，这就是他真正的历史性命运。

基本的分析模型

马克思用来理解一切历史现象的分析策略模型在《资本论》第1章中得到了清晰的表述。在此，马克思阐述了劳动价值论，以便在人们生产的一切商品的价值具有的“内容”和“形式”之间加以区分。这一章名字叫“商品”，它分为四个部分，前两部分与商品价值的内容有关，后两部分则与商品价值在不同交换体系中呈现的表现形式有关。

马克思说道，商品是“资本主义生产方式占统治地位的社会财富”的“基本单位”（《资本论》，第3页）。

接下来，他继续在劳动价值论的基础上区分商品的使用价值和交换价值，其根据的是在任何经济体系中供交换的任何商品的内容与表面形式之间的区分，而不论该体系是原始的还是先进的。马克思指出，商品的使用价值“有抽象人类劳动体现或物化在里面”。马克思声称，人们能够根据“它所包含的‘形成价值的实体’的量即劳动量”（第7页）来衡量其价值。这意味着，“作为价值，一切商品都只是一定量的凝固的劳动时间”（第8页）。

然而，马克思指出，商品的交换价值与在一个特定的交换体系中赋予它的价值不同。在任何实际的交换体系中，商品具有的交换价值看上去与生产它们所要求的劳动量没有什么关系。人们在诸多体系内交换商品，这赋予了它们交换价值，不同于它们的使用价值可能得到准确确定的做法。这意味着，商品在某个特定交换体系中表现的价值的形式不同于它们实际的使用价值，或者说价值的内容。商品因其交换目的而具有的价值，不同于其因使用目的而具有的价值。正如马克思注意到的，问题在于阐明商品的形式（交换价值）与内容（使用价值）之间的这种差别。如果我们能够说明这种 288
差别，也就能够提供一种方法区分价值变化的表现形式与商品不变的价值内容。马克思的想法是，商品的使用价值不变，由商品生产需要的社会必要劳动数量决定，而商品的交换价值是可变的和变化的，由不同时间和不同地点的不同历史环境或者交换体系中获得的真实关系决定。

在此，我的兴趣是，马克思对商品价值的表现方面的不同形式进行的分析，以及对这些形式和任何商品的实际的或真实的价值之间的关系所做的分析。不论表现形式发生什么变化，这些商品的真实价值都是保持不变的。因为这两种类型的关系，即一方面是价值形式之间的关系，另一方面是形式与价值的不变内容之间的关系，恰恰类似于他认为历史（社会的）存在的表现形式和它的不变（人类的）内容之间存在的关系。

首先，马克思强调，尽管任何商品的实际价值由于消耗在其生产中的社会必要劳动时间而固定了，一切商品的价值表现形式，即它的交换价值却是多样的，并且可能呈现为以下四种形式中的任何一种：简单的（个别的或偶然的）价值形式、总和的（或扩大的）价值形式、一般价值形式、货币形式（Geldform）。在第一种形式中，商品的价值等同于假定存在于其他商品中的价值。在第二种形式中，商品的价值正如马克思所说的："表现在商品世界的其他无数的元素上"（第34页）。这样，商品的价值在"无穷系列的"不同商品中得到表现。在第三种形式中，一切商品的价值有可能根据系列商品中的某一种商品来表现，例如，当一件外套、一定数量的茶、咖啡、小麦、黄金、铁等等，被认为相当于一定数量的其他商品的"价值"，如麻布的价值时，于是，所有这一切的共同价值，即生产它们需要的劳动量，能够根据仅仅一种其他商品而等同起来。在第四种形式中，当人们偶然发现某种特殊的商品，如黄金，可以充当标准，而一切其他商品测定的价值都能由此被确定和指定，这时就产生了货币价值形式。

在马克思看来，价值的第四种形式，即货币形式代表着一个起点，所有关于商品实际价值的分析都是由此开始。价值的货币形式在经济分析中是一个有待解答的"谜"，一个由这样的事实构成的谜，即人类通过其劳动创造了作为使用价值而内在于商品的价值，却坚持要根据商品的交换价值来解释其价值，并且特别是以它们与黄金的交换价值为依据。正如马克思说的那样：

289 对人类生活形式的思索，从而对它的科学分析，总是采取同实际发展相反的道路。这种思索是从事后开始的，就是说，是从发展过程的完成的结果开始的。给劳动产品打上商品烙印、成为商品流通的前提的那些特征，在经济学家试图了解它们的意义……而不是了解它们的历史性质时，就已经获得了社会生活之自然形式这种固定地位。因此，只有商品价格的分析才导致价值量的决定，只有商品共同的货币表现才导致商品的价值性质的确定。但是，正是商品世界的这个完成的形式——货币形式，用物的形式掩盖了私人劳动的社会性质以及私人劳动者的社会关系，而不是把它们揭示出来。如果我说，上衣、皮靴等把麻布当作抽象的人类劳动的一般化身而同它发生关系，这种说法的荒谬是一目了然的。但是当上衣、皮靴等的生产者使这些商品同作为一般等价物的麻布（或金银，这丝毫不改变问题的性质）发生关系时，他们的私人劳动同社会总劳动的关系正是通过这种荒谬形式呈现在他们面前。［《资本论》，第49页（German ed.，第89—90页）。］

应当注意到，马克思把价值的货币形式描述为"荒谬的"。它的荒谬在于人，至少是资产阶级世界中的人坚持根据与黄金的交换价值,来确定他们生产和交换的商品的价值。而在马克思看来,黄金是一切金属中最没有什么用的东西。马克思对商品价值的内容和形式所做的分析,其整个意图在于揭示这种将商品的价值与它的黄金等价物等同的冲动所具有的荒谬性。这也就是在马克思把资产阶级社会描述成建立在商品拜物教的"秘密"之上时,他所指的意思。在资产阶级社会,人们由于将商品价值等同于它与黄金的交换价值,从而在某种程度上使得商品价值在于生产它们时所消耗的社会必要劳动时间这一点被模糊了。一种于社会无用的商品,如黄金,被定为标准来确定由人类劳动生产的商品的价值,这在马克思看来,正是根据资产阶级方式组织的那种社会疯狂的证据,它对应的正是资本主义生产方式的必然要求。

马克思认为,实际存在的商品作为一组单一实体,其实际价值可以通过生产它们消耗的社会必要劳动时间来确定。但是,仅仅是在它们具有与其他商品的交换价值,尤其是与黄金这种商品的交换价值时,它们才存在于人们的意识之中。这个奇怪的事实该如何解释呢?

在《资本论》第1章第3部分,马克思详细阐述了价值的形式,即 290
商品的交换价值,以便一方面阐明价值的货币形式的发展,另一方面就解答"商品拜物教之谜"为其读者做好准备。正如他在这部分的导言中所指出的:

> 指明这种货币形式的起源,就是说,探讨商品价值关系中包含的价值表现,怎样从最简单的最不显眼的样子一直发展到炫目的货币形式。这样,货币的谜就会随着消失。[第17页(第62页)]

接下来,他进而便区分了价值的四种形式:简单的(个别的或偶然的)形式、总和的(或扩大的)形式、一般形式和货币形式。(同上)

马克思的分析让我感兴趣的是他使用的策略。他在原始的交换形式中,从相对使用价值的一种普遍、自然的等式这一事实得出了他所谓的商品拜物教这样的事实。这种策略可以充当一种模型,它是马克思分析发生在一切发展过程,尤其是社会和历史过程(而非自然过程)的现象层面的转变的方法。

这一策略或许本质上被认为是黑格尔意义上的辩证策略;如果愿意,这四种价值形式也许可以看成是自在的价值,自为的价值,自在、自为的价值和自主、自在、自为的价值。但是,很明显,就像福柯看到的,马克思对于价值表现形式的辩证分析代表的不过是“价值”一词扩充了的解释(福柯,第298页),并且,马克思所做的正是对人们在社会演化的不同阶段理解“价值”概念的途径进行的一种比喻分析。

例如,马克思所说的价值的简单的(偶然的)形式是一个等式,被解释为任何两种商品之间的一种隐喻关系。他说道:

> x量商品A=y量商品B,或x量商品A“值”y量商品B。
> (20码麻布=1件上衣,或20码麻布“值”1件上衣。)
>
> [《资本论》,第18页。]

但这种等式并不是一个算术等式的简单陈述。一种深层的、更深奥的关系隐藏在其外显的算术形式中。马克思认为,“一切价值形式的秘密都隐藏在这个简单的价值形式中”(同上)。因为正如他所说的:

> 291 两个不同的商品A和B,如我例子中的麻布和上衣,在这里显然起着两种不同的作用。麻布通过上衣表现自己的价值,上衣则成为这种价值表现的材料。前一个商品起主动作用,后一个商品起被动作用。前一个商品的价值表现为相对价值,或者说,处于相对价值形式。后一个商品起等价物的作用,或者

说，处于等价形式。［同上］

简而言之，在明显的等价关系中将A和B连结在一起的系词是及物的、主动的，并且更明确地是，它是屈折而适当的。

表达式“A=B”中，A表示的商品价值被“表现为相对的或比较的”价值形式，而B表示的是商品的“等价形式”。系词在相比较的事物之间建立了隐喻的关系。它在同一时间表达了一种差异性和类似性，或者一种“相对的价值形式”和一种“等价形式”，用马克思的话说，它们“是同一价值表现的互相依赖、互为条件、不可分离的两个要素，同时又是同一价值表现的互相排斥、互相对立的两端或两极”（同上）。就如马克思概括的：

一个商品究竟是处于相对价值形式，还是处于与之对立的等价形式，完全取决于它当时在价值表现中所处的地位，就是说，取决于它是价值被表现的商品，还是表现价值的商品。［同上］

简而言之，在估价语言中，某商品是否被赋予相对的或等价的价值，依据的是它在隐喻性表述的这一边或那一边的位置。在任何价值表现的核心存在的隐喻根据其他商品赋予某一商品价值，这正是“一切价值形式的秘密”本身的关键所在。该隐喻为理解纯粹的物质或数量实体如何被赋予了精神和品质的特征提供了钥匙。并且，对隐喻的理解为马克思提供了一种方法，藉此，一切商品虚假的精神性，尤其是黄金的，都被揭示出来了。

不同的价值形式（与任何特定商品的价值的真正内容，即生产它的社会必要劳动时间相对）都是意识模式的产物，这在马克思分析相对价值形式时已经说得很清楚。马克思说道，如果我们想要发现商品价值的初级表现是怎样“隐藏在两种商品的价值关系之中”，我们必须“完全撇开这个价值关系的量的方面来考察这个关

系”。他批评一些人的“做法正好相反，他们在价值关系中只看到令两种不同商品的一定量彼此相等的比例”。在马克思看来，这种分
292 析忽略了这样一个事实，即“不同物的量只有化为同一单位后，才能在量上互相比较。”（第19页；着重号为引者所加）在隐喻式表现中，这种假定的相同单位被隐藏起来了，而注意力惟独导向了等式中比较的对象的外部特征。然而，这种隐藏的相同单位是什么呢？

> 我们可以这样说，由于商品作为价值只是人类劳动的凝结，那么，我们的分析就是把商品化为价值抽象，但是并没有使它们具有与其自然形式不同的价值形式。在一个商品和另一个商品的价值关系中，情形就不是这样。在这里，一个商品的价值性质通过该商品与另一个商品的关系而显露出来。[第20页（第65页）]

在现实中，马克思认为，商品A和商品B都是人类劳动的凝结的“固化”形式，这种人类劳动的凝结是每一项人类生产的隐蔽内容。当一件外套在一种价值形式的表达中与一匹麻布等价时，“实际上就是把缝纫还原为”生产这两种商品“所必须的劳动中相同的东西”，也就是说它“被还原为它们作为人类劳动的共同性质”。通过这种“间接的办法”，事实上，马克思“还说明，就织出价值而论，织也和缝毫无区别，所以是抽象人类劳动”。这种抽象的人类劳动被表达在关于任何两种给定商品相等价的断言中。并且，此种断言“是把不同种商品所包含的不同种劳动化为它们的共同东西，化为一般人类劳动”（第20—21页）。

于是，人们借助于语言学方法间接地颂扬他们自己的劳动，是它把价值*赋予*了所有商品。因此，理解了语言学还原的本质，也就把握了马克思所谓的“商品语言”的本质（第22页[第66页]），因而也理解了价值在不同的交换体系中呈现的表现形式。这种商品语言是一种*外在关系*的语言，它遮蔽了任何两种商品之间实际上的

一种内在关系(内在于任何商品的共同的劳动要素)。作为任何交换活动的基础,这两种商品被拿来相互比较,因而产生了这种关系。这样,马克思写道:

> 在上衣的生产上,人类劳动力以缝的形式被耗费。因此,上衣中积累了人类劳动。从这方面看,上衣是"价值承担者",虽然它的这种属性即使把它穿破了也是看不出来的。即使上衣扣上了纽扣,麻布在它里面还是认出与自己同宗族的美丽的价值灵魂。但是,如果对麻布来说,价值不同时采取上衣的形式,上衣在麻布面前就不能表示价值。例如,如果在B看来,陛下不具有A的仪表,B就不会把A当作陛下——这意味着"陛 293
> 下"必须随着国王的每次更换而改变容貌、头发等等……作为使用价值,麻布是在感觉上与上衣不同的物;作为价值,它却是"与上衣等同的东西",因而看起来就像上衣。麻布就这样取得了与它的自然形式不同的价值形式。它的价值性质通过它和上衣相等表现出来,正像基督徒的羊性通过他和上帝的羔羊相等表现出来一样。[同上]

在这些段落中,马克思的语言具有的想象力不应被当作与他分析价值形式的目的不相干的东西而抛弃。对于传达他关于意识以何种方式将(虚假的)意义赋予事物、过程和事件的概念而言,这种想象力是必要的。在马克思看来,万物的世界是一个孤立个体的世界,特殊的世界,它们彼此之间看上去不存在根本的关系。真正归属于某个特定商品的价值作为某种交换行为的基础,是一种意识的产物。马克思认为,人们将意义赋予事物,犹如他们通过劳动创造了商品并赋予它们价值。事实上,在注释中,马克思这样写道:

> 在某种意义上,人很像商品。因为人来到世间,既没有带着镜子,也不像费希特派的哲学家那样,说什么"我就是我自

己”，所以人起初是以别人来反映自己的。名叫彼得的人把自己当作人，只是由于他把名叫保罗的人看作是和自己相同的。因此，对彼得说来，这整个保罗以他保罗的肉体成为人这个物种的表现形式。［第23页，注1］

马克思感兴趣的是事物之间的关系，通过这些关系，事物能够呈现出一种不同于“内在于它们本身”之物的现象层。除了在彼此的关系中，人们没有享受到任何确定的“人性”。同样，也就在人类意识中，通过将任何特定商品置于一种与其他商品的隐喻式关系中，发现了理解商品价值的线索。正如马克思所说：

我们看到，一旦麻布与别的商品即上衣交往时，商品价值的分析向我们说明的一切，现在就由麻布自己说出来了。不过它只能用它自己通晓的语言即商品语言来表达它的思想。为了说明劳动在人类劳动的抽象属性上形成它自己的价值，它就说，上衣只要与它相等，从而是价值，就和麻布一样是由同一劳动构成的。为了说明它的高尚的价值对象性不同于它的浆硬的物体，它就说，价值看起来像上衣，因此它自己作为价值物，就同上衣相像，正如两颗豌豆相像一样。顺便指出，除希伯来语以外，商品语言中也还有其他许多确切程度不同的方言。例如，要表达商品B同商品A相等是商品A自己的价值表现，德文“*Wertsein*”［价值，价值存在］就不如罗曼语的动词*valere*, *valer*, *valoir*［值］表达得强烈。“Paris vaut bien une messe.”（巴黎确实值一次弥撒！）［第22—23页］

294 于是，借助于隐喻表达式“A=B”中表述的“价值比率”，“商品B的自然形式成了商品A的价值形式，或者说，商品B的物体成了反映商品A的价值的镜子”。并且，由于“商品A同作为价值体，作为人类劳动的化身的商品B发生关系，就使B的使用价值成为表现A自己价值的材料。在商品B的使用价值上这样表现出来的商品A的价值，具有相对价值形式”（第23页）。

我着重指出，马克思在价值的“形式”和“内容”之间所做的区分包含在任何特定的商品中，因为它恰恰类似于他意图在历史哲学中就历史过程的“现象”及其内在的或隐藏的“意义”之间所做的区分。历史的表现形式正是不同社会类型的演化，它们能够由那些以尚未分析的形式存在的历史记录来加以证明。社会形式（态）变迁的方式与价值形式的方式相同；但是，它们的意义，即这些变迁的重要性，就像赋予一切商品*真实性*或根本价值的人类劳动的凝结那样一直保留了下来。这就意味着，*历史过程中产生的社会形式类似价值形式，而决定这些社会形式的生产方式类似于商品的价值内容*。历史存在的形式在上层建筑中已经给定；经济基础（生产方式）则赋予其内容。并且，历史存在的形式，即社会基本形态在数量上都与价值的形式相同。

价值与社会都有四种基本形式。价值形式是简单的形式、总和的形式、一般形式和货币形式。社会形式是原始共产主义形式、奴隶制形式、封建制形式和资本主义形式。在此出现的问题是，社会形式及由一种社会形式向另一种转换的模式，是否与价值形式及（作为解答货币拜物教的“谜”而在《资本论》提出的）一种价值形式向另一种转换的模式相似？事实上，如果它们是相似的，我们便有了一条正确理解马克思历史理论的线索，与此同时，我们也能确立其早期著作与晚期著作之间概念的连续性。

让我说得更确切一些。对马克思而言，正如在《资本论》中写的，他认为价值的形式产生于等价物最初的、原始的或是隐喻式的表述，其产生方式可以对作为高级交换体系特征的货币拜物教作出解释。但是，一切商品真正的价值内容依旧本质上相同，即消耗在商品生产中的劳动。社会历史也是如此，它们的形式变迁，但作 295
为形式中这些变化之根基的内容却是稳定的。这种内容由生产方式组成，而人们正是通过生产方式使自身与自然联系在一起。这些体系的成分可能会变化，因此，在它们的基础上创造的社会关系也必定发生改变。但是，这些变化的真正意义在对所要研究的那个社会的表现形式进行的思考中是找不到的，它存在于生产方式中发生的隐蔽的转变之中。

应当强调，马克思一分析出价值的简单的形式，并且揭示出其本质上的隐喻性质，他便继而用纯粹比喻性术语解释其他三种价值形式的本质，最后认识到货币拜物教。总和的或扩大的价值形式不过是以转喻形态出现的商品价值的概念化。在此，商品之间的关系正是在一个可以无限拓展的系列中，以对它们定位的理解为基础，就如商品以“A=B”、“B=C”、“C=D”、“D=E”……这样一组形式与任何其他商品联系在一起，任何给定商品的价值都被理解成交换体系中一定数量的任何其他商品的等价物。但是，在一个扩大的系列之内对商品存在的这种理解，通过这一系列的扩展，暗示了存在一切商品共有价值的可能性。简而言之，由于商品能够排列成这样一种方式，就好像它是一个具有纯粹外在关系的总体系统中的一部分，这也就暗示了有可能存在价值的一般形式。这样，通过提喻，以转喻方式提供的商品系列能够被赋予一个整体中的部分的特征。在马克思看来，这种整体价值其实只不过是“凝固了的”消耗在个别商品生产中的劳动。然而，在涉及特定的交换系统时，人们会模糊自己感觉到内在于一切商品中价值的真正内容，于是，内在于整组商品的共有价值便按提喻的方式被统一为一定数量的黄金，它使得商品能够在交换体系中流通。赋予黄金在交换体系内代表一切商品价值的权力这种“荒谬的”做法说明，“货币拜物教”正是高级交换体系之特征所在。

这样，价值形式的过程或演化，一开始是商品价值的原始（隐喻式的）特征，它依据的是该商品相对于其他商品的等价物；进而导向了商品价值的“反讽式”特征，它根据的是引入交换体系的黄金（或货币）的数量。促成该过程发生的是我们认为的还原和整合的两种比喻策略，一种是转喻，另一种是提喻。在《资本论》这个部

分中,马克思分析的最后一种价值形式即货币形式,它准确地说是 296
反讽式的,因为在马克思阐述商品生产的必要劳动时间时指出,由于归属于商品的价值被认为是以货币(或黄金)等价物的形式来表现的,结果必要劳动时间便被隐蔽起来了。由于根据商品的货币等价物来描述其价值,这既包含了一种真实,也包含了一种谬误,这也是一种反讽。其中包含的真实反映在根据一种普遍的价值标准看待一切商品的冲动之中;而谬误则在于,在特定的交换体系内将这种标准确立为某个商品可能要求的货币等价物。将所有商品的价值视同为它们的黄金等价物这种拜物教的性质,既是最高级的交换体系自我欺骗的条件,也是使意识得到解放从而领会赋予任何商品以价值的真实基础的先决条件,而这便是劳动价值理论,它是马克思用来分析资本主义交换体系之强大与虚弱的基础。

因而,《资本论》首章的后一半便是一种反讽方面的实践。对于没有从一开始就理解劳动价值论之真理性的所有商品价值观念,这一部分揭露出它们纯粹的虚构本质。简而言之,劳动价值论充当了一切错误的价值观念能够被超越的基准线。

然而,应当强调,马克思并没有坚持认为由比喻性还原提供的不同价值形式完全是错误的。每一种价值形式都包含了对于一般价值之本质的某种重要的洞见。这些看法都源于一种合理的冲动,为的是揭示商品在任何交换体系中具有的价值的真正本质。但是,就理解任何始于对形式而非对内容的思考所着手的分析而言,一切价值的真正基础都较为模糊和隐蔽。这样,有关价值形式的思想史描述了一部意识向着它自身自欺和异化能力的深处持续堕落的历史。这种堕落的最低点便是人们自己否认自身劳动价值的情形,这种价值作为一切商品价值的真正内容而被遮蔽了,以此而赋予黄金这种没有价值的金属一种本来是人类独有的权力,即创造价值本身的权力。

但是,在马克思批判一切其他的商品价值观念的基础上,劳动价值论与那些他分析的错误的、或虚假的价值形式之间,存在什么样的本质关系呢？它看上去是一种转喻关系，因而不可避免的是一种简化的关系。由于马克思强调，商品交换的现象被区分为两个层次的存在，一方面是其形式，另一方面是其真实内容，简言之，即划分为存在的现象层次和本体层次。一旦承认了这种区分，也就有必要探究认为它们在实践中存在关联的基础。为什么一切商品价值
297 的真正内容受到意识的抑制，而突出了马克思分析的那各种表现形式？这个问题同时是心理学、社会学和历史学的问题；并且，为了理解马克思是怎样解决这个问题的，我们一方面必须转向分析他的意识理论，另一方面转向分析他的历史哲学。

历史存在的“语法”

在19世纪40年代末，马克思拟定了他历史理论的大致线索，那时，他试图接受上一代人社会思想的主流学派，它们是德国唯心主义、法国社会主义和英国政治经济学。这一时期马克思的立场，即他和恩格斯视为后来被达尔文在科学上证实了的立场，其基础是这样的一种信念：人的意识仅只是人类为了满足其首要的（生理的）和次要的（情感的）需要而调节人类这种动物与其环境之间关系的一种更加有效的、而非在质上有着差异的能力。随后，他遵循费尔巴哈，将自然能够脱离意识而存在，意识却不能脱离自然而存在这样的观点置于其思考的中心。于是，在《德意志意识形态》中，马克思写道：“我们首先应当确定一切人类生存的第一个前提也就是一切历史的第一前提，这个前提就是：人们为了能够‘创造历史’，必须能够生活。但是为了生活，首先就需要衣、食、住以及其他东西。”（Bottomore ed., 第62页）以这个假设为基础，他继续论述，首要的历史行为不是精神的，而是纯粹动物性的，即“物质生活本身的生产”。这就允许马克思能够批判先前每一种试图在一般动物性与特定人性之间找到一种“本质”差别的努力。因而，他写道：“可以根据意识、宗教或随便别的什么来区别人和动物。而人们自己从

一开始生产他们所必需的生活资料的时候，就开始把自己和动物区别开来。”（第53页）马克思指出，这种生产的本质是由人们的物质属性“决定的”。在生产其生活资料时，人们间接地生产了“他们的物质生活本身”。这样看的话，人类意识仅仅是在人类设法开发其环境并赖以生存时的特殊工具，并且是其自然天赋的一部分。稍后，在《资本论》（1867）中，马克思拓展了这种观念：

> 劳动首先是人和自然之间的过程，是人以自身的活动来引起、调整和控制人和自然之间的物质变换的过程。人自身作为一种自然力与自然物质相对立。为了在对自身生活有用的形式上占有自然物质，人就使他身上的自然力——臂和腿、头和手运动起来。当他通过这种运动作用于他身外的自然并改变自然时，也就同时改变他自身的自然。他使自身的自然中沉睡着的潜力发挥出来，并且使这种力的活动受他自己控制。在这里，我们不谈最初的动物式的本能的劳动形式。现在，工人是作为他自己的劳动力的卖者出现在商品市场上。对于这种状态来说，人类劳动尚未摆脱最初的本能形式的状态已经是太古时代的事了。［Bottomore ed.，第88页（192页）］ 298

因此，在人类努力的动力之中，潜在地呈现出一种特殊的人类本性。于是，马克思写道：

> 我们要考察的是专属于人的劳动。蜘蛛的活动与织工的活动相似，蜜蜂建筑蜂房的本领使人间的许多建筑师感到惭愧。但是，最蹩脚的建筑师从一开始就比最灵巧的蜜蜂高明的地方，是他在用蜂蜡建筑蜂房以前，已经在自己的头脑中把它建成了。劳动过程结束时得到的结果，在这个过程开始时就已经在劳动者的表象中存在着，即已经观念地存在着。他不仅使自然物发生形式变化，同时他还在自然物中实现自己的目的，

这个目的是他所知道的，是作为规律决定着他的活动的方式和方法的，他必须使他的意志服从这个目的。但是这种服从不是孤立的行为。除了从事劳动的那些器官紧张之外，在整个劳动时间内还需要有作为注意力表现出来的有目的的意志，而且，劳动的内容及其方式和方法越是不能吸引劳动者，劳动者越是不能把劳动当作他自己体力和智力的活动来享受，就越需要这种意志。［第88—89页(192—193页)］

这样，接下来就如马克思在《德意志意识形态》中所写的：

人们用以生产自己必需的生活资料的方式，首先取决于他们现有的和需要再生产的生活资料本身的特性。这种生产方式不仅应当从它是个人肉体存在的再生产这方面来考察。它在更大程度上是这些个人的一定的活动方式，他们的一定的生活方式。个人怎样表现自己的生活，他们自己也就怎样。因此，他们是什么样的，这同他们的生产是一致的——既和他们生产什么一致，又和他们怎样生产一致。因而，个人是什么样的，这取决于他们进行生产的物质条件。［Bottomore ed.，第53—54页］

这种还原允许马克思演绎出人类意识的三种假想(或者，正如他参照那个时代德国哲学家的习惯以反讽的方式称谓的“环节”)。它们是：首先，满足需要(首要的和次要的，即生理的和情感的需
299 要)的冲动；其次，再生产其他人并维持种族的生存，由此就出现了最初的社会集团，即家庭；最后，构成生产方式，使得人们能够在不同的环境中足以维持自己的生活。这样，他推断，为了让我们认识到人类意识的存在，我们必须假定在人类的动物性和他的环境之间存在一种自然的联系，并且假定存在一种社会的联系，藉此人们参与家庭内或家庭间与其他人的合作行为。这种假定允许马克思在其历史理论中一方面融入其唯物主义的形而上学，另一方面融

入其有关社会发展的辩证法。

马克思探求在每个社会中都存在的人类意识、物质世界和当下生产方式之间的密切关系。因而他写道：

> 由此可见，一定的生产方式或一定的工业阶段始终是与一定的共同活动方式或一定的社会阶段联系着的，而这种共同活动方式本身就是“生产力”；由此可见，人们所达到的生产力的总和决定着社会状况，因而，始终必须把“人类的历史”同工业和交换的历史联系起来研究和探讨。［第62页］

马克思强调，他在分析上表明作为任何有关人类意识概念的基础的那些“环节”，要看作是在逻辑上优先于这种意识，而不是在存在上有别于它；“打从历史的开端和人类的出现”，它们就已经和意识一同存在，并且，它们“今日之自身仍然打上历史的烙印”（同上）。

即使如此，马克思继续指出，人类的意识并非“一开始就是‘纯粹的’意识”。从一开始，“‘精神’就很倒霉，注定要受物质的‘纠缠’”。首先，意识“起初只是对周围的可感知的环境的一种觉察，是对处于开始意识到自身的个人以外的其他人和其他物的狭隘联系的一种觉察。同时，它也是对自然界的一种意识，自然界起初是作为一种完全异己的、有无限威力的和不可制服的力量与人们对立的，人们同它的关系完全像动物同它的关系一样，人们就像牲畜一样服从它的权力，因而，这是对自然界的一种纯粹动物式的意识（自然宗教）”。（第70—71页）

简单（或偶然）价值形式中包含了“价值形式的全部秘密”，同样，社会的简单的形式及其相伴随的意识形式也包含了一般社会形式的秘密。在《宣言》中，马克思指出了三种主要的社会组织形式（奴隶制的、封建制的和资本主义制的）；只是在恩格斯添加的注释中才间接提到第四种形式，即原始共产主义。但是，在《德意志意识 300

形态》)中,马克思以隐喻的方式描述了这种社会组织的原始形式具有的意识模式。这样,他写道:

> 这里和任何其他地方一样,自然界和人的同一性也表现在:人们之间的狭隘的关系制约着他们对自然界的狭隘的关系,这正是因为自然界几乎没有被历史的进程所改变;但是,另一方面,意识到必须和周围的人们来往,也就是开始意识到人总是生活在社会中的。这个开始和这个阶段上的社会生活本身一样,带有同样的动物性质;这是纯粹畜群的意识,这里人和绵羊不同的地方只是在于:他的意识代替了本能,或者说他的本能是被意识到了的本能。[第71页]

这样,马克思在人类发展中预设了一个最初的阶段,以此作为一切真正的历史发展的前提条件。在此阶段,人们生活于其中的意识情形,其特征严格地说正是隐喻式的。人们存在之时同时理解到他们与自然之间的相似性和差异性。这个阶段,人性的意识类似于那种"动物性质的"意识,即一种"类似于绵羊的"或"畜群的"意识,在首个社会形态,即部落中,这种意识适用于巩固人类存在。另外,依据马克思的观点,必须假设一种原始共产主义,它是作为主导的经济组织形式而存在的。在这一阶段之中,人们寄生式地依靠自然生活,例如狩猎和食物采集,这也就是说,他们参与的生产和消费形式与其他动物天赋的类似本能和生理能力一样。

但马克思看来相信,人类生活中的某种要素会发生作用,将这种人类意识与自然之间,以及人与人之间的隐喻式关系形态加以转化。这种要素便是经济要素,它最初不过具有一种性别区分的功能,这就是分工。我们会认为分工是机械地在社会关系形式上发挥作用,它导致了人与自然联系方式的变化,结果也导致了人与人联系方式的变化。因而,马克思写道:

> 由于生产效率的提高、需要的增长以及作为前二者基础的人口的增多，这种绵羊的、或部落的意识获得了进一步的发展。与此同时分工也发展起来。分工起初只是性行为方面的分工，后来是由于天赋（例如体力）、需要、偶然性等等而自发地或“自然地产生的”分工。［第72—73页］

简而言之，人类的分工纯粹是因生理因素，即一方面是因性别差异，另一方面因力量差异而导致的。同一种类之中的这些区分化解了人与自然、人与其同类最初的同一性，最初的部落联盟正是通过这种同一性而产生的。马克思指出，这种基于生理的，或是由遗 301
传赋予的人类原始分工以后让位于另一种更为基本的人类区分，它可以表述为“体力劳动和脑力劳动”之间的分工。

马克思认为，“劳动分工”只是在这种区别表现在社会中后，“才开始成为真实的分工”。“从这时候起意识才能真实地这样想象：它是某种和现存实践的意识不同的东西；它不用想象某种*真实*的东西而能够*真正地*想象某种东西。从这时候起，意识才能摆脱世界而去构造‘纯粹的’理论基础、神学、哲学、道德等等。（Feuer ed.，第252—253页）换句话说，在生理特征和体力的分配中由纯粹的机械因素导致的分工，其结果是人类迈上了他们与自身异化，以及与他们自身创造力异化的道路，并且被驱使将这些力量赋予由“‘纯粹的’理论、神学、哲学、伦理学等等所设定的”虚幻的“精神”。

既然如此，人们便开始作为彼此分离的存在者、作为不同阶级的成员与其他人*相互接近地存在着*，并且，他们按这样的方式，以至于不再相信在作为单一种属的整体内，各部分最终具有达成妥协的可能性。于是，马克思写道：

> 意识本身究竟采取什么形式，这是完全无关紧要的。我们从这一大堆赘述中只能得出一个结论，那就是，上述三个因

> 素——生产力、社会状况和意识——彼此之间可能而且一定会发生矛盾，因为分工不仅使物质活动和精神活动、享受和劳动、生产和消费由各种不同的人来分担这种情况成为可能，而且成为现实；而他们的不发生矛盾的惟一可能性又在于否定劳动分工。［第253页］

于是，随着分工的出现，一方面人与人，另一方面人与自然之间的隐喻式关系被消解了，而一种转喻关系确立起来。并且，在这种关系中，人们不再像在原始社会中那样，生存在一种彼此同一的形态之中，取而代之的是生存在相接近的形态之中。或者是像马克思指出的：

> 分工……社会分裂为单独的、互相对立的家庭。与这种分工同时出现的还有分配，而且是劳动及其产品的不平等的分配（无论在数量上还是质量上）；因而也产生了所有制，它的萌芽和原始形态在家庭中已经出现，在那里妻子和孩子是丈夫的奴隶。［同上］

在马克思看来，这意味着人类当中这种分离情形的社会表现便是奴隶制。

> 家庭中的奴隶制（诚然，它还是非常原始和隐蔽的）是最早的所有制，但就是这种形式的所有制也完全适合于现代经济学家所下的定义，即所有制是对他人劳动力的支配。其实，分工和私有制是两个同义语，讲的是同一件事情，一个是就活动而言，另一个是就活动的产品而言。［第253—254页］

这样，在原始共产主义的社会形态中表现的那种最初的统一
302 让位于一种割裂的情形。以前在意识和实践中统一的东西现在都

被分开了;以前团结在一起抵御自然的人类,现在本身也分成了两种生产者,由此也分成了两种消费者,作为这种割裂的结果,亦成为两种人,两个阶级。于是,人类社会的历史便开始了,在社会的不同历史阶段中存在着部分与部分以冲突、斗争和人剥削人的方式对抗的形态。此时,人们有着一种彼此充当主人与奴隶的关系模式,在意识上和事实上都是如此。一部分人类与另一部分之间存在的差异,被认为比它们作为共同种属的特性可能意指的任何相似性都更基本、更重要。

但是,在意识和社会关系模式两方面的这种转变,并没有被看成是由意识自身的辩证转换造成的。从原始部落的阶段转换到古代奴隶制阶段的社会组织,这纯粹是物质因素的产物,这些因素一方面是一种遗传因素(性别差异),另一方面是功能差异(分工)。并且,造成了人与人之间的分化的分工,充当了人类自身的意识中"高贵化"的基础,即在人类的意识中将人类"抬升"到高于自然的位置。

紧随两性行为中功能区分的是原始社会中的分工,即在体力劳动者和最初的脑力劳动者之间、在工作者和祭司之间进行分工。马克思说道,从这时候起,"意识才能真正地这样想象:它是某种和现存实践的意识不同的东西;它不用想象某种真实的东西而能够真正地想象某种东西。"(第252—253页)因为它能够将注意力转向自身,在其独特的人性方面内,即精神方面内,将有关其自身的想象实体化,并且把这些想象视为真实的,甚至神化和顶礼膜拜它们的偶像。但是,通过这种实体化过程,思想本身亦有所准备,为的是复兴和重整那种使人类成为一种潜在地能够统一的种属的东西。思想为那些作为整体要素的人类片断的提喻式统一做好了准备,而整体显然是大于部分之和。这样便产生了所有"纯粹的"神学、哲学,以及自文明诞生以来令人类自豪的理论,人类在自文明诞生以来的生活中,一直在以这些东西寻求确定其自身恰当的人类目的和意图。

历史过程的"句法"

303 人们或许会注意到，早在《德意志意识形态》中，马克思便提前勾画出来了那种将服务于他作为思想家的毕生的历史理论的语法和句法。他可能一开始就将其关注的一切历史现象进行划分，归入经济基础和上层建筑这样的范畴内。经济基础包括生产资料（根据马克思的界定包括[a]在特定时空下由特定人类集团能够获得的自然资源、[b]劳动力或能够进行生产劳动的潜在人口、[c]能够获得的技能）和生产方式。生产方式指在特定的时间和地点通过某种方式赋予的人们可资利用的力量的实际比率。构成上层建筑的是在物质匮乏的情况下，为了控制生产资料而进行的斗争中产生的实际的阶级，以及制度、法律、国家组织形式等等由劳动分工而必需的东西。还有认可了实际社会形式的整个习俗、道德和社会风尚，以及赋予现行社会结构合理性的高级文化的领域，如宗教、科学、哲学和艺术等等，这些统统都隶属于上层建筑。对于确定种类（某种）事件的发生而言，历史资料以原始事实或文献证明的形式存在，就好像历史记录的词汇式要素。在马克思看来，它们惟有通过能够感觉到包含在由经济基础和上层建筑的概念提供的关于历史意义的两种范畴中，才能够得到理解。

一旦这种历史现象的语法式分类得以贯彻，也就有可能运用句法规则来"解释"为什么这些范畴在概念上代表的人类实践领域中会有变化。这些句法原则实际上就是机械因果律，支配着经济基础和在它之上产生的上层建筑之间的关系。在马克思的历史分析系统内，核心的句法原则赋予整个历史过程"意义"和"重要性"。简单说来，它便是，尽管经济基础的变化决定了上层建筑的变化，反之则不然。也就是说，在历史存在的社会和文化方面的变化不会导致经济基础的变化。

自然，人类的创造力或行为可能导致生产资料的变化。战争就如饥荒和瘟疫那样使劳动力减少；发明改变了技术能力的本质，自然资源因其使用而枯竭，等等。但是，生产资料中发生的变化，并不是某个特定社会的社会秩序或官方认可的文化能力（哲学、宗教、艺术等等）变更的作用。因而，经济基础和上层建筑之间的关系不仅仅是单向的，严格说来它还是机械的，它根本不存在辩证可言。304

然而，上层建筑的基本形式也显示出与马克思在《资本论》中分析商品的价值形式相似的明确特征。上层建筑的形式有四种，马克思描述它们时运用了近似的比喻，并且这些形式彼此相接的方式也与《资本论》中认为的价值形式采用的方式相同。这四种社会形式（原始共产主义、奴隶制、封建制和资本主义）因而包括了基本种类，被视为一种历时过程的历史现象都将分归其中。并且，这些形式的演化构成了重大历史事件之戏剧的各幕，马克思意在赋予其历史著作一种潜在的情节结构（在其中，整个过程的意义能够被揭示出来）。

在这一点上，应当强调指出，马克思并没有认为外部世界决定了个体精神过程的确定内容。正如在他之前类似的唯物主义者霍布斯那样，马克思承认，个人想象能够产生关于世界的无限可能图景，而这些图景可能与外部世界没有任何关系，仅仅是表达了人们心里的内在渴望。但他否认个人想象的这种创造能够成为重要的社会力量，除非它们在某种程度上与生产方式及其相应的社会产品相符合。

更重要的是，在公开认可的人类意识形式中出现的变化，只是紧随每一种人类社会形式之基础上发生的变化，即生产方式中发生的变化。这些变化导致了依赖于它们的社会的和文化的上层建筑的变化。当社会秩序出现变化的必然性已经变得很明显时，个人“纯粹”意识的产物才有可能成为公开认定的群体意识接受的对象。这就是马克思有关历史变化的基本规律的全部基础。在1859年《〈政治经济学批判〉序言》中，他就阐明了这条规律，这一年大约是他在1840年代最初的哲学思考和1883年去世之间的中点。

人们在自己生活的社会生产中发生一定的、必然的、不以他们的意志为转移的关系，即同他们的物质生产力的一定发展阶段相适合的生产关系。这些生产关系的总和构成社会的经济结构，即有法律的和政治的上层建筑竖立其上并有一定的社会意识形式与之相适应的**现实基础**。物质生活的生产方式制约着整个社会生产、政治生活和精神生活的过程。不是人
305 们的意识决定人们的存在，相反，是人们的社会存在决定人们的意识。社会的物质生产力发展到一定阶段，便同它们一直在其中活动的现存生产关系或财产关系（这只是生产关系的法律用语）发生矛盾。于是这些关系便由生产力的发展形式变成生产力的桎梏。那时社会革命的时代就到来了。随着经济基础的变更，全部庞大的上层建筑也或慢或快地发生变革。在考察这些变革时，必须时刻把下面两者区别开来：一种是生产的经济条件方面所发生的物质的、可以用自然科学的精确性指明的变革，一种是人们借以意识到这个冲突并力求把它克服的那些法律的、政治的、宗教的、艺术的或哲学的，简而言之即意识形态的形式。我们判断一个人不能以他对自己的看法为根据，同样，我们判断这样一个变革时代也不能以它的意识为根据；相反，这个意识必须从物质生活的矛盾中，从社会生产力和生产关系之间的现存冲突中去解释。无论哪一个社会形态，在它们所能容纳的全部生产力发挥出来以前，是决不会灭亡的；而新的更高的生产关系，在它存在的物质条件在旧社会的胞胎里成熟以前，是决不会出现的。[第51—52页]

正如在这一段中能看到的，对马克思而言，重要的因果性作用都是通过直接途径从经济基础深入上层建筑，而不是通过辩证的途径。在促成社会转变的因果力量之间和社会转变与文化变迁之间，存在一种滞后；但这种滞后是一种惯性，导致滞后的原因是在经济基础中发生根本转变的情形下，人类意识无法放弃它们以之

为基础、从更早的生产方式中继承而来的构想实在的模式。在一个特定社会中，只有在一种新的生产方式作为主要的生产方式得以确立时，公认的意识形式和实践形式本身才能够确立在新的法律、新的国家组织形式、新的宗教、新的艺术等等之中。

在所有这一切中，辩证的东西正是由一种公认的意识形式向另一种意识形式的转换模式——这也可衡量马克思借助于德国唯心主义的程度。在人类意识和意识形态中适应由经济基础中的变化导致的转变是一个辩证的过程，也正类似于那种比喻的变化，就像原始意识放弃那种普遍的自然与人类的隐喻关系，开始转喻式地理解它们彼此的关系时那样。从隐喻意识到转喻意识，再到提喻意识，这便是在人类意识从野蛮到高级的文明意识过程中，通过辩证地转变人类与其（自然的和社会的）情境联系的方式，人类意识经历的诸种阶段。

但是，恰恰由于这些意识的转变都是通过支配着意识自身行为的原则以辩证方式产生的，正如马克思指出的那样，我们不能像传统史学家倾向做的那样，通过意识自身关于其本身的意识来判 306
断转变的时期，从而试图以它自己的语言来重建一个时代的意识。对于一个时代的意识总是要比纯粹的认知（假设它不会被它继承而来的有关实在*必定*如何的偏见所遮蔽）关于那一时代的真正的社会现实所展现的要么更多、要么更少。

黑格尔的《精神现象学》作为历史中的一种意识转变理论，对马克思而言，它具有充当分析方法模型的价值。意识的各种形态（公认的意识形式）通过肯定、否定和否定之否定等等而彼此辩证相连；但是，这些意识状态只是代表着历史存在的*表现形式*。历史存在的真正内容，那种使之成为科学分析——即法则式因果分析——的主题的东西将在生产方式中找到，而现象形式不过是生产方式的反映而已。

人们在自己心中以*辩证的*方式将自身与自然及其他人联系在一起，但马克思认为，他们*实际上*是以*机械的*因果关系形态与自然相关联。他们对世界的*理解*是以意识为媒介的，可是，他们在世界中的*存在*却取决于他们维持的与自然界和社会之间的实际关系；并且这种关系本质上又确实是因果式的和宿命论的关系。这便是马克思那句时常被引用的格言的意义，即“不是意识决定生活，而是生活决定意识”(《德意志意识形态》, Feuer ed., 第247页)。

因而，在经济基础之上发生的变化，并不是生产方式与自然界辩证地相互作用产生的结果；相反，生产方式上的变化都是由精确的机械律引发的。地力枯竭、人口损耗、开发自然的新技术的发明，生产*资料*方面的所有这些变化都是从可以用自然科学因果关系概念解释的变化中产生的。新机器的发明，例如蒸汽机的发明，可能改变技术能力与劳动力之间的关系，因而它被看作是致力于解决*实际*问题的智力的一种功能；它代表的并不是一种*辩证*过程，而是一种思维模式——机械论的运用，以此来解决因消费或交换要求扩大生产力而提出的特殊问题。

此外，经济基础的转变严格说来是*机械式的*、渐近式的，而不是辩证式的。它对上层建筑的作用是，在继承得来的社会形式及其伴随的意识模式与因为经济基础上发生的转变而要求的新的社会形式之间，确立一种辩证的相互作用。但是，甚至这种对上层建筑构成的影响本质上也是机械式的，而非辩证式的。正如马克思在其《〈政治经济学批判〉序言》中指出的，那些将获得公众信赖的意识形式，它们适应了因经济基础的变化而要求的社会中的变化，都是
307 由这些变化*预先决定*的。“因而”，他说道，

> 人类始终只提出自己能够解决的任务，因为只要仔细考察就可以发现，任务本身，只有在解决它的物质条件已经存在或者至少是在形成过程中的时候，才会产生。[第52页]

简而言之，一切有公共意义的重要“问题”根本不是问题，而是“谜”，因为在马克思看来，这些“问题”总是被认为能够解决，并且

对于那些试图解决它们的人而言，在这些问题产生的时间和地点就能获得解决它们的工具。人类在历史进程中的不同阶段必须解决的重大问题，其产生的过程并不存在任何“辩证”可言。并且，人们在不同的历史处境中努力解决这些问题而运用的手段也无任何“辩证”可言。具有“辩证”性质之处在于社会和文化“形式”的演化，这些“形式”是在经济基础中的转变造成的社会问题得以解决之后由意识构成的。马克思用“辩证”方法来分析呈现在历史中的社会和文化存在之形式的真正内容，这与他在《资本论》首章中揭示价值诸形式的真正内容时运用的是同一种方法。

分工的概念充当了马克思的社会理论中的组织性观念，正如劳动价值论充当了其经济理论的组织性观念。正是分工将人类抛入了分裂和自我异化的那种情形中，历史记载证明该情形是人类看似自然的存在状态。因而，马克思在《德意志意识形态》中写道：“……与这种分工同时出现的还有分配，而且是劳动及其产品的不平等的分配（无论在数量上还是质量上）；因而也产生了所有制，它的萌芽和原始形态在家庭中已经出现，在那里妻子和孩子是丈夫的奴隶。”他继而称这种奴隶制是“首要的所有制”，并根据当时政治经济学的习惯，将所有制界定为“支配他人的劳动力的权力”。此外，他总结道，“分工和私有制是两个同义语，讲的是同一件事情，一个是就活动而言，另一个是就活动的产品而言。”（第253—254页）

也是在分工中，马克思在找到了介于私人利益与公众利益、个人利益与整体利益之间的社会生活中的这种分裂的源头。当然，他承认正是人类生活的本质造成了这种区别。他表示，公共利益“首先是作为彼此分工的个人之间的相互依存关系存在于现实之中。”马克思坚持认为，但是当分工一出现之后，“每个人就有了自己一定的特殊的活动范围，这个范围是强加于他的，他不能超出这个范 308
围：他是一个猎人、渔夫或牧人，或者是一个批判者，只要他不想失去生活资料，他就始终应该是这样的人”（第254页）。这样，人们成了他自己的创造物的奴隶，成了使得人类这一物种得以支配自然的力量的工具。人类由此被碎化和分裂了；在个人渴望成为一个完整的人，以及作为特殊的生产工具而具有必要机能这两者之间，他被撕裂了。马克思相信，“社会活动的这种固定化”为功能相异的领域“是过去历史发展的主要因素之一”（同上）。

个人的期望与他们由社会赋予的角色之间存在着冲突，而在一般的社会中，个人利益和公共利益之间也存在着冲突。马克思在这些冲突中发现了国家创立背后的动力。因此，他说道，虽然国家始终“是基于每一个家庭或部落集团中现有的骨肉联系……特别是……基于已经由于分工而分离开来的阶级，它们就在每一个这样的人群中分离开来，其中一个阶级统治着其他一切阶级”（第255页），一种特殊形式的国家实际上就是某个特定阶级的特殊利益的表达，这个阶级使得它自身就像是作为整体的人类*普遍*利益的一种*确定*表达。

最终，这便是为什么每一种假定的“普遍利益”总是在统治阶级和被统治阶级那里都被体验为某种外在、超越和对人类来说是异己的东西，即它在统治阶级那里是异己的，却又是有益的（因为它确立了统治阶级权力与特权的“天然”品质），在被统治阶级那里是异己的，又还是有害的（因为它挫败了他们完全实现自身的个人利益和阶级利益的冲动）。“正因为各个个人所追求的仅仅是自己的特殊的——同他们的共同利益不相符合的利益……这种共同利益是强加于他们的，也就是说，这仍旧是一种特殊的独特的‘普遍’利益”（同上）。另一方面，“这些特殊利益始终在*真正*地反对共同利益和虚幻的共同利益，这些特殊利益的*实际*斗争使得以国家姿态出现的虚幻的‘普遍’利益对特殊利益进行实际的干涉和约束成为必要”（同上）。这样，“受分工制约的不同个人的共同活动产生了一种社会力量，即扩大了的生产力。由于共同活动本身不是自愿地而是自发地形成的，因此这种社会力量在这些个人看来就不是他们自身的联合力量，而是某种异己的、在他们之外的权力”（同上）。那是一种“支配”他们的抽象的力量，而不是真正被客观化、具体化并转向公共目的的他们自己的力量。

这种具体化产生了人们在先前每一次为了理解历史的意义而做的尝试中经历的那种“恐怖”。因为社会力量被看成是自然力量，“关于这种权力的起源和发展趋向，他们一点也不了解；因而他们就不再能驾驭这种力量，相反地，这种力量现在却经历着一系列独特的、不仅不以人们的意志和行为为转移，反而支配着人们的意志和行为的发展阶段”，于是，人类倾向于将自己视为历史的牺牲品而不是历史的统治者。这样便产生了所有的历史决定论，它们将人 309
还原为比他自身更强的力量的奴仆，因而促成了大部分人的堕落，与此同时也为少数人的升华做出了证明，例如圣奥古斯丁的神学决定论、黑格尔的形而上学决定论、柏克的传统主义决定论、英国政治经济学粗糙的唯物主义决定论，甚至原则上还有托克维尔的社会学性质的决定论。这也是那些善意的人道主义者、人文主义者、唯美主义者、浪漫主义者和乌托邦社会主义者朴素反叛的起源，他们坚信个人意志的自由，以及人们通过转变他们对世界的理解便具有了改变其世界的能力。

然而，这些关于历史过程的观念没有哪种掌握了根本真理，即社会秩序同时具有必然性和暂时性，同时具有强制性力量和解放性力量。简而言之，没有哪种观念把握住了社会的动力和整个社会过程的发展模式。有人在面对从一开始就主宰着他并要求他彻底将个人利益服从于群体的必然性时，就消解了人的自由；另一些人则只是悲叹这种必然性，并且逃避到对于自由的幼稚的梦想之中，这种梦想只有在社会本身被消解时才可能变成现实。

历史的“语义学”

相比之下，马克思声称在经济基础和上层建筑之间获得的机械论关系中，发现了一种动态的历史科学的观念基础，以及在过渡性的社会阶段中预言历史结果的工具。“辩证唯物主义”是黑格尔的逻辑学与费尔巴哈认为一切知识必然始于感知经验的信念之结合，是马克思的“新科学”，它为自原始社会以来历史各阶段所了解的“社会”生活必定会消失这样的信念提供了科学的证明。进而，它在资本主义社会中，即资本主义组织生产资料的模式所具有的上层建筑形式中，发现了这种社会生活的最后阶段，以及摧毁它的力量。如果以前所有的历史都像《宣言》中声明的那样是阶级斗争的历史，“资产阶级的生产关系是社会生产过程的最后一种对抗形式……在资产阶级社会的胞胎里发展的生产力，同时又创造着解决这种对抗的物质条件。因此，人类社会的史前时期就以这种社会形态而告终”（《序言》，第52—53页）。

这种社会本身被超越的转变过程的动力学，在《宣言》（1848）中得到了最为清晰的表述。在《动机的语法》中，肯尼斯·伯克用“戏剧性”术语分析了《宣言》，强调马克思在此著作的历史表现中，“情景”要素在多大程度上起着决定性作用，以及它在多大程度上有助于理解表面上构成社会过程的全部事物的“行为者、行为和行为方式”。在伯克看来，这种“情景”超越“行为者”获得的提升揭示出马克思的历史观根本上是唯物主义的，也揭示出他是一位霍布斯传统上的决定论哲学家。并且，伯克将马克思与黑格尔那样的真正的辩证思想家区分开，因为对黑格尔而言，“行为方式”和“目的”在理解历史的真实意义中起着更大的作用。

伯克的分析就其所涉及的范围而言是正确的，但一定程度上，他却不清楚，在《宣言》中，就如其他著作中那样，马克思通过诉诸机械论的和有机论的这两种实在观念，并且运用两种根本不同的语言规则，即一方面是转喻的规则，另一方面是提喻的规则，他的思想同时在两个层面上展开。这样，马克思也就把历史过程结构成两种情节模式，即同时是悲剧的也是喜剧的模式；但是，他运用的方式是使前者的情节化成为后者之中的一个阶段，以至于他能够声称自己是“实在主义者”，同时又维持了他那种乌托邦式的梦想，即超越社会状态的人与人之间的和解。自人们经过社会分工而落入社会之中以来，悲剧情形便在历史中盛行。在马克思的思想中，扬弃这种悲剧情形，对于他声称从历史研究中得出的激进的政治立场而言，便构成了一种科学的理由。

对《宣言》第一部分阐述的历史理论做一个简短分析，便能说明我在用前述语言描述马克思的历史观时心里想的东西。

《宣言》一开始描述了以前所有历史阶段的结构的确定本质："到目前为止的一切社会的历史都是阶级斗争的历史"，所有以前的社会中的不同阶级"始终处于相互对立的地位"（第7页）。马克思认为，这种从不间断的斗争，有时便导致爆发整个社会秩序决定性的革命改造。但是，任何这样的改造都不会产生和平，每一种都只是用"新的阶级、新的压迫条件、新的斗争形式代替了旧的"（第8页）。尽管如此，这个过程导致了"阶级对立"的"简单化"。社会日益分裂为两个阵营，形成两大相互对立的阶级：资产阶级和无产阶级。

历史中根本性的结构关系是*对立*，但是发展过程的*诸阶段*之间的关系是*辩证的*。因而，马克思在谈到阶级的承继时说： 311

> 从中世纪的农奴中产生了［*hervorspringen*］初期城市的城关市民；从这个市民等级中发展出［*entwickelten*］最初的资产阶级分子。［同上］

发展的图景是有机论的，关系模式是提喻式的。然而，在经济基础演化的不同*阶段*中，其关系形态是用不同的语言来表述的。

> 以前那种封建的工业经营方式……已经不能满足随着新市场的出现而增加的需求了。工场手工业代替了这种经营方式。行会师傅被工业的中间等级排挤掉了［*verdrängt*］；各种行业组合之间的分工随着各个作坊内部的分工的出现而消失

> 了。[同上]

在此，这种意象是机械式的，部分之间的关系模式是转喻式的，并且，社会秩序进一步转变的条件都用本质上是机械因果律的语言来描述：

> 但是，市场总是在扩大，需求总是在增加。甚至工场手工业也不再能满足需要了。于是，蒸汽和机器引起了工业生产的革命。现代大工业代替了手工业；工业中的百万富翁，整批整批产业军的统领，代替了工业的中间等级。[同上]

于是，在该文的序幕部分，描绘了历史领域诸要素，并根据它们的历史作用将其分成不同类型，马克思这样总结：

> 由此可见，现代资产阶级本身是一个长期发展过程的产物，是生产方式和交换方式的一系列变革的产物。[同上，第9页]

接下来他继续描述现代资产阶级的发展，把它描绘成一种社会组织形式，它含有在自身之内自己消解和自动转变的种子。马克思以反讽的方式描述了现代中间等级在其追逐利益时，以何种方式成功地颠覆、贬低、耗尽它自己的意识形态资源，以及它自己最珍惜的自觉的信仰和忠诚。他指出，这种发展不仅“把一切封建的、宗法的和田园诗般的关系都破坏了”，以及“把宗教的虔诚、骑士的
312 热忱、小市民的伤感这些情感的神圣激发，淹没在利己主义打算的冰水之中”，而且“把人的尊严变成了交换价值”，并且“用公开的、无耻的、直接的、露骨的剥削代替了由宗教幻想和政治幻想掩盖着的剥削”(第9—10页)。简而言之，资产阶级制造了这样一种情形，即人们最终必须以清晰而明亮的眼睛直面他在“社会”中存在数千

年的堕落情形。因此而构成了这样一种意识模式，在其中，一种关于社会秩序的真实本质的“实在论”得以形成，此种“实在论”在改变“实在”自身的能力方面，与那种使得为着开发物质世界的近代科学得以构成的实在论同样强大有力。

马克思指出，资产阶级社会的反讽在于，它“除非使生产工具，从而使生产关系，从而使全部社会关系不断地革命化”（第10页），否则就不能生存下去。这种革命的冲突是由“不断扩大的市场的需要”（同上）激发的。在马克思说明的资产阶级的兴起与发展中，其成就真正是英雄式的和普罗米修斯式的，但其目前的处境表现出一种内在的冲突，即不断扩大的市场的需要导致了资产阶级反抗“作为资产阶级及其统治的存在条件的所有制关系”（第13页）。从这种矛盾的状态中，产生了最高度发达的资本主义经济体系中周期性爆发的“危机”。

资产阶级生活的内在矛盾发生了“瘟疫”，尤其是这样一种瘟疫，它“在过去一切时代看来都会好像是荒唐现象的社会瘟疫，即生产过剩的瘟疫”（同上）。并且，具有讽刺意味的是，资产阶级为治愈这些瘟疫采取的做法将导致瘟疫在未来以更为致命的方式爆发：

> 资产阶级用什么办法来克服这种危机呢？一方面不得不消灭大量生产力；另一方面夺取新的市场，更加彻底地利用旧的市场。这究竟是怎样的一种办法呢？这不过是资产阶级准备更全面更猛烈的危机的办法，不过是使防止危机的手段愈来愈少的办法。[同上]

所有这一切的结果是，资产阶级用来“推翻”封建制度的武器，现在却“对准资产阶级自己了”。（同上）但是，由资产阶级造就，并必将使其发生自我毁灭的力量并非无中生有，是以新的生产体系被创造出来的方式，作为在其环境中机械运作的某种原因的结果

而出现。导致资产阶级灭亡的力量，将由所有阶级一切被异化的成员构成，他们通过资产阶级本身最有效率的成员的剥削行为，被降
313 低为纯粹“商品”的地位，也就是说，降到非人类的或自然的地位。这个资本主义制度极端异化了的“渣滓”构成的新的阶级便是无产阶级，它从“居民的所有阶级中得到补充”。

于是，可以想象无产阶级的起源最是多样。它最初是在完全分散的状态下存在，甚至对于他作为“渣滓”的身份不存在任何意识。然而，在无产阶级发展的过程中，这种渣滓变成了黄金，世界上可怜的人被塑成了人类解放的工具。

这样，当马克思将资产阶级的历史当作一部悲剧情节化时，无产阶级的历史便被置于一个更大的喜剧结构内，其结果包括了一切阶级的消解，以及将人类转变成一个有机的整体。毫不奇怪，马克思会将这部喜剧按四幕剧方式编排情节，它对应的是古典戏剧的四个阶段，即依次是痛苦（*pathos*）、冲突（*agon*）、分裂（*sparagmos*）、突转（*anagnorisis*）。

戏剧的情节通过与资产阶级的斗争而进展，但开始一幕“是个别的工人同个别资产者作斗争”，他们“形成为分裂的群众”，甚至还不知道他们真正的敌人是资产阶级，相反同“自己的敌人的敌人，即同君主专制的残余”（第15页）作斗争。在这个阶段，无产阶级的意识还只是一种情感（痛苦）。无产阶级纯粹是自发地存在，而不是自为地存在，也没有存在于其他人的意识中。然而，随着工业的出现，“无产阶级不仅人数增加了，而且结合成更大的集体，它的力量日益增长，它愈来愈感觉到自己的力量”（第15页）。工人们开始形成“反对资产阶级的同盟（工联）”，为了自己的利益而与他们的剥削者公开抗争。这些抗争把工人团结为政党，即在政治领域中有组织的斗争集团。这是一个冲突的阶段，此时无产阶级已经意识到要反对资产阶级。因而，它自为地存在，栖息在一个割裂的世界中，在其中，暴力被视为达到群众能够想象的惟一目的的方式，这目的就是：为改善他们自身的物质条件以反对来自其他人的威胁。

（同上）

然而，“无产者组织成为阶级，从而组织成为政党这件事”，“由于工人的自相竞争”而不断地被破坏。这样，紧随冲突阶段之后的是分裂，无产阶级崩溃为它的诸多要素。但这种分崩离析（用黑格尔的话来说）是必要的，因为无产阶级将意识到它自身潜在的联合。马克思说道，无产阶级“总是一次又一次重新产生，并且一次比一次更强大、更坚固、更有力”（第17页）。无产阶级从它因冲突而陷入的分散情形中再度崛起，这得益于资产阶级自身中发生的分裂。

资产阶级因为受到传统贵族阶级残余的反抗，以及受到自身
之中转变而成的反抗分子的干扰，不得不时常呼吁要求无产阶级
在它反对敌人的斗争中给予帮助。无产阶级获得政治教育也就成
了自然而然的事。那些成为资产阶级秩序中更强有力者的牺牲品 314
的贵族分子和资产阶级分子沦落到了无产阶级的境地，与它联合
在一起，将无产阶级的事业当作自己的事业，并且“也给无产阶级
带来了启蒙和进步的新因素”（同上）。这样，无产阶级逐渐发生了
转变，不仅是转变成所有其他阶级渣滓的贮藏库，而且转变成认识
到自己将是这样一个贮藏库的阶级，因而在其自身的期望中，无产
阶级被变成世界主义的和无阶级的。无产阶级成了这样一个阶级，
它不仅是自在的阶级和自为的阶级，也是同时既自在又自为的阶
级，因而是真正革命的阶级，那个解决“历史之谜”的阶级。马克思
将这个转变过程描述如下：

> 最后，在阶级斗争接近决战的时期，统治阶级内部的、整个旧社会内部的瓦解过程，就达到非常强烈、非常尖锐的程度，甚至使得统治阶级中的一小部分人脱离统治阶级而归附于革命的阶级，即掌握着未来的阶级。所以，正像过去贵族中有一部分人转到资产阶级方面一样，现在资产阶级中也有一部分人，特别是已经提高到从理论上认识整个历史运动这一水平的一部分资产阶级思想家，转到无产阶级方面来了。

（同上）

这种成长和意识的转变的结果是，无产阶级成了惟一“真正革命的阶级”、超阶级、一切阶级的阶级，所以，当“其余的阶级都随着大工业的发展而日趋没落和灭亡”时，无产阶级成了这种大工业“特别的和根本的产物”（同上）。马克思写道，这个革命阶级的“特别的和根本的”本质将从这样的事实中得到证明，即无产阶级将在社会和历史中占据某种位置，但它不会“使整个社会服从于它们发财致富的条件，企图以此来巩固它们已经获得的生活地位”（第18页）。

> 无产者只有消灭自己的现存的占有方式，从而消灭全部现存的占有方式，才能取得社会生产力。[同上]

具有讽刺意味的是，这是因为无产阶级“没有什么自己的东西必须加以保护，他们必须摧毁至今保护和保障私有财产的一切”（同上）。并且，当无产阶级获得一切时，结果就将是共产主义社会。在这种社会条件下，“每个人的自由发展是一切人的自由发展的条件”（第29页）。

很明显，无产阶级的这种四重运动是一种历史性描述，它并不是无产阶级已经实际经历的四个阶段，而是马克思认为的，如果他
315 想象为一切历史发展终点的这种社会将成为现实的话，无产阶级就必然要经历的四个阶段。除了《宣言》明显的辩论性目的之外，马克思以他实际所描述的那样来刻画这四个阶段，其根据何在？

我在前文中表述的是处在酝酿中的情节结构，涉及到历史中一切重要过程，其中运用的术语也使得马克思能够将无产者发展的最后阶段设想成部分在整体中的提喻式联合。其分析则运用转喻性模式，也就是说，明显运用了机械性或因果性语言。但是，它所描绘的是一种情形的转变，这种情形一开始是以隐喻模式叙述的，

经过在转喻式简化状态中对它加以描述，转变成各部分以提喻的方式联合成一个整体。马克思以这样一位思考者的立场来写历史，他有意识地运用转喻策略，将事件发生的领域简化为机械式因果力量的基质，后者则以严格的决定论式的关系来影响这种转变。但是，马克思使社会秩序免受因果力量的完全决定，以此作为理解其内在结构属性之动力的方式。尽管整个社会秩序随着经济基础（生产方式）中产生机械作用的原因而变化，并且其总的构造方面是由这些原因决定的，但上层建筑的内在动力都将在提喻式的关系模式中得到理解。在马克思的思想中，共产主义不过是以一种完美的提喻式整合模式来设想的社会秩序。

马克思分析历史的方法与他（在《资本论》第一章中）分析商品的方法，其结构上的类似性显而易见。历史记录的意义也被分成两个层次，一种是明显的，另一种是隐含的。作为真实内容的表现形式，它们彼此相连。历史的内容以渐进的方式变化，即量变，它先要通过生产资料的变化，而后者要求生产方式的变化。但是，作为一种因果性力量，生产方式的首要地位决定着上层建筑的表现形式，在一切变化中这一点始终保持稳定。人们在努力满足其特殊的需求时，所确立与自然界关系的不同方式决定了他们的社会关系必须采用的形式。生产方式的根本变化，例如从原始共产主义转变到剥削奴隶劳动的农耕制，或者继而转变为劳动力的封建组织形式，再转变为现代的商业资本主义，这样的变化对于从一种宏观的概念化层面来观看的历史戏剧而言，正是为描绘该戏剧各不相同的一幕提供了标准。与生产方式中发生的这些改变相适应并为意识遵循的途径，是由隐喻意识经由转喻意识和提喻意识，转变成对一种社会组织的根本矛盾本质进行的反讽式理解。这种社会组织在富足的状态下导致了贫穷，在和平能够获得的情形中引发了战争，在富裕的情况下造成了（物质的和精神的）匮乏。并且，这种对于现 316
代人状况的反讽意识为人类意识的转变准备了基础，该转变将使人类意识具有一种人与自然、人与他人，以及人与自身的隐喻式联合的新的、更高的(因为它更为自觉)形式,也就是达到这样一种意识状态,在其中,共产主义对人们来说,在他们发展的下一个阶段将成为一种现实的可能性。

简而言之,在马克思看来,现代人在他们自身之中发现的这种反讽情形,恰恰就类似于人们遵循《资本论》首章所做的分析,认识到货币拜物教的真正原因之后有可能出现的情形。对于价值形式进行辩证分析是可能的,因为马克思基于对劳动价值论的确信而在内容与形式之间加以区分。同样,对于历史过程的形式也可能进行一种辩证分析,因为基于马克思相信经济基础是重要历史变化之力量的首要动力,他区分了历史的形式与内容。这种辩证分析构成了一种形式论证,它为马克思有关历史的真正意义所做的独到解释提供了辩护;它也为在《宣言》中作为一种普遍历史形式的意象而对历史过程所做的那种情节化提供了理由。

但是,在历史的戏剧中,正如马克思实际上认为的那样,不同的演员在不同的剧幕占主导地位:先是奴隶主与奴隶,接着是贵族与农奴,随后是资产阶级与无产阶级。不过,无产阶级被赋予这样一种作用和本质,就好像让他成了整个戏剧中真正的主角,好像整个的历史过程自开始以来就倾向于此。按马克思对无产阶级的描述,很明显,对他来说,无产阶级就是整个的人性,这是历史过程中不同部分的人性以其各式各样的化身努力(而没有成功地)追求的。并且,由于马克思赋予无产阶级特殊的位置,他也就不得不在历史戏剧中赋予资产阶级本身一个特别的角色。

在马克思的历史情节中,资产阶级成了悲剧式英雄。资产阶级的没落促使无产阶级上升,并且在世界历史中意识到它独特的喜剧式命运。也就是说,由于无产阶级不仅是资产阶级兴起与没落的受害者,也是它的旁观者,整个历史过程才能够被赋予一种喜剧的结局作为其注定的目的。就如在《资本论》中,说明价值形式是为了证明劳动价值论,因此,在《宣言》中,说明社会形式也是为了证明无产阶级对于社会和历史本身的即将来临的胜利。这正是马克思将传统上称为“历史”的东西降格为“史前历史”地位的原因。他预言，人类真正的历史，其开端只能是无产阶级战胜资产阶级压迫者、阶级差别的消解、国家的消亡以及社会主义的建立。而社会主 317
义作为交换体系,是以接受劳动价值论为基础的。

马克思的方法运用于具体的历史事件

至此，我已经以一种为了鉴别马克思分析方法的基本结构的眼光,分析了《德意志意识形态》、《共产党宣言》和《资本论》的部分篇章。在我分析马克思思想的过程中,我强调了普遍认为的他的“辩证”方法的比喻性质。我指出,无论马克思分析什么,无论他分析的东西在社会演化中处于哪个阶段,是哪种价值形式,或者社会主义本身的形式,他都倾向于将研究的现象分为四种范畴或类型,对应于隐喻、转喻、提喻和反讽四种比喻。为此,我可以再举一例。在《宣言》结尾处,当马克思划分不同的社会意识形式时,他谈到了四种主要的类型:反动的、保守的(或资产阶级的)、乌托邦的和(他自己的“科学的”)共产主义的。社会主义意识演化的进行是通过一种原始的隐喻(反动的)类型,经过转喻(资产阶级的)和提喻(空想的)的变化,转变成这种(他自己的)科学类型的社会主义意识结晶,它把以前所有的社会主义形式都认定为片面的、不完整的或有缺陷的。这样,马克思说道,当空想社会主义者仍然“企图削弱阶级斗争,调和对立”时,共产主义者“为工人阶级的最近的目的和利益而斗争……[并且]到处都支持一切反对现存的社会制度和政治制度的革命运动”(《宣言》,第41页)。这段文字暗示了,即使在1848年的高涨热情之下，马克思也并不幻想无产阶级革命有可能在那个时代实现。

为了促成无产阶级的最后胜利,共产党人“以反讽的姿态”加入一切革命运动。这种反讽的姿态不仅是针对资产阶级,而且还针对旨在反对资产阶级的革命运动，这种姿态使得马克思避免了任何乐观主义错觉，不会认为这个时候能获得最后的胜利。《宣言》号召要武装无产阶级，它本身也是一个反讽式文件，因为马克思自己在写作时，对于《宣言》热切宣扬的革命之成功并不抱什么希望。马
318 克思知道，革命不可能成功，因为他明白，革命预期目标所预设的那种意识的提喻式阶段，在欧洲无产阶级那里至今还没有获得。事实上，在《神圣家族》（1845）中，马克思把共产主义界定为"私有财产即人的自我异化的积极扬弃，因而是通过人并且为了人而对人的本质的真正占有；因此，它是人向自身、向社会的即合乎人性的人的复归，这种复归是完全的、自觉的和吸收了以往发展的全部财富的"（第243—244页）。整体同化了它的一切，并且将部分的总和转变为一个统一体。这种同化和转变在1848年革命爆发前难以完成，马克思自己在1848年描绘的共产主义意识只包含有限的目标，因而也表明了这一点。对此，马克思在《1848—1850年的法兰西阶级斗争》的分析中还有进一步说明，此文写于1850年，包括一系列评论他们此前卷入的事件的文章。

恩格斯在1891年为马克思的《法兰西内战》（1871）写的导言中，评论了马克思的才华，即他"在伟大历史事变还在我们眼前展开或者刚刚终结时，就能正确地把握住这些事变的性质、意义及其必然后果"（第349页）。在《法兰西阶级斗争》中，马克思将1848年的革命运动说成是一部"悲喜剧"，它对无产阶级的益处只在于它产生了一个"团结而坚强的反革命"，因而也创造了"一个敌人，而主张变革的政党只是在和这个敌人的斗争中才发展成了真正革命的政党"（第281页）。简而言之，在此，革命被描述为主要是通过否定、反对，或者反题，当成发展无产阶级自身意识的一种途径。单单是反革命政党的创立便使得革命政党能够界定自身，它与反革命政党既相似又不同。

事实上，马克思指出，无产阶级意识的本质及其实际历史条件要求它失败。因为，既然

> 无产者很正当地认为自己是二月斗争中的胜利者……必须在巷战中战胜这些无产者，一定要叫他们明白，当他们不是联合资产阶级而是对着资产阶级作战的时候，他们是注定要失败的……资产阶级一定要用武器来反对无产阶级的要求。资产阶级共和国的真正摇篮并不是二月胜利，而是六月失败。[第303页]

无产阶级在二月为了对付路易—菲力浦曾与资产阶级并肩作战，而这里揭示出，六月事件正是资产阶级共和国的真正摇篮，是它“真正的”敌人——无产阶级的失败。这很像是在《资本论》中对价值的货币形式所做的辩证分析。也就是说，它同时是一种还原和通过还原进行的澄清。通过反讽式的否定“革命=资产阶级的胜利”，以明确的隐喻形式表述的虚假等式“革命=二月起义”得到了更正。因而，马克思说道：

> 二月革命是一次漂亮的革命，是一次得到普遍同情的革命，因为当时激烈反对王权的各种力量之间的矛盾还在尚未充分发展的状态中平静地安睡在一起，因为构成这些矛盾背景的社会斗争还只是一种虚幻的存在，这只是词句上和言语上的存在。[第305页]

相反，

> 六月革命则是一次令人讨厌的丑恶的革命，因为这时行动已经代替了词句，因为这时共和国已经摘掉了保护和掩饰过凶恶怪物的王冠，暴露出这个怪物的脑袋。[同上]

因而，六月起义真正的受益者乃是资产阶级，由于它在巴黎取得了胜利，现在在整个欧洲都有了“自信”。据此，马克思指出，资产阶级在1848年6月的胜利准确地说为颠覆资产阶级本身奠定了基础，因为它暴露出它是一个怪物。而制宪国民议会制定的新宪法中包含的矛盾就呈现出它的怪物特征。

在马克思看来，“这个宪法的主要矛盾”在于它在法兰西不同阶级之间分配政治权力的方式。

> 它通过普选权给予了政治权力的阶级，正是它要使它们的社会奴役地位永恒化的那些阶级——无产阶级、农民阶级和小资产阶级，而被它剥夺了维持旧有社会权力的政治保证的阶级，正是它批准具有这种权力的那个阶级——资产阶级。资产阶级的政治统治被宪法勉强塞进民主主义的框子里，而这个框子时时刻刻都在帮助资产阶级的敌人取得胜利，并使资产阶级社会的基础本身成为问题。宪法要求前一个阶级不要从政治的解放前进到社会的解放，要求后一个阶级不要从社会的复辟后退到政治的复辟。[第313页]

在这样一种矛盾的情形中，只有像路易·波拿巴这样一个无足轻重的人才可能在法国选举中获得各方面的支持。这样，具有讽刺意味的是，结果

> 法国一个最平庸的人获得了最多方面的意义。正因为他没有任何意义，所以他能表明一切——只是不表明他自己。[第315页]

320 这样，路易·波拿巴治下法国的情形正好像是“货币拜物教”风行下的资本主义社会。一个完全没有价值的东西恰恰被认定为代表了一切集团的利益，因为每一个集团的特定利益都通过宪法的灵活性被否定了。法国社会被委托给了这样“滑稽的”情形，由此而成为马克思的经典之作《路易·波拿巴的雾月十八日》中得到更为

广泛分析的主题。

作为笑剧的历史

《雾月十八》以一段著名的话语开头：

> 黑格尔在某个地方说过，一切伟大的世界历史事变和人物，可以说都出现两次。他忘记补充一点：第一次是作为悲剧出现，第二次是作为笑剧出现。[第320页]

就这样，路易·波拿巴的政变作为1789年伟大的资产阶级革命中促使拿破仑上台的那个真正的悲剧性事件的一种反讽式音位切换，在马克思著作的第一段中就被预构了。尽管1848年时，法国社会认为正在贯彻1789年的革命计划，事实上，在马克思看来，却是落到"它的出发点后面去了"（第323页）。自1848年2月24日到1851年12月发生的所有事件，在马克思的描述中，正如他在《法兰西阶级斗争》中描述的那样，是一部"悲喜剧"、一种革命的文字游戏，它将法兰西民族置于一种比之它1789年从中解放出来的还要更加压抑的束缚状态。

此外，马克思否认有理由可以"像法国人那样说他们的民族遭受了偷袭……这样的言谈并没有揭穿哑谜，而只是把它换了一个说法罢了"。他认为，真正的问题是说明"为什么3600万人的民族竟会被3个衣冠楚楚的骗子弄得措手不及而毫无抵抗地做了俘虏呢"（第325页）。

当然，对马克思而言，这并不是一个真正的问题。至少，它不是一个需要分析的问题，因为他已经知道这个问题的答案。马克思的问题是写作方面的，他不得不以一种令人信服的叙述来呈现"实际上发生了什么"。

马克思对于"实际上发生了什么"这个问题的正式回答，必须与他用来获得此问题答案的分析方法区分开。形式上,马克思简单地论证了路易·波拿巴的胜利是资产阶级对无产阶级的恐惧的结果,以及农民怨恨资产阶级和无产阶级的结果(第332、339页)。一方面是恐惧,另一方面是怨恨,它们的原因被认为是“物质条件”,
321 它是1850年资产阶级、无产阶级、农民阶级和波拿巴党政府形式之间关系的基础和表征。在此,就如在《资本论》中分析价值那样,也是一个要对所分析现象的形式与内容进行区分的问题。

但是,这些各不相同的因素是如何结合在一起,并为第二帝国提供了那种特定形式的相互关系，这个问题要求马克思揭示出法兰西1848年至1851年间构成重要历史事变之编年史的事件背后的“真实故事”。反过来,揭示出这种真实的故事,又要求对事件进行情节化,把它编成特殊种类的故事。在马克思一开始的评论中,这个故事就已经被描述成了一部“笑剧”,这意味着,他已经将故事塑造成了一种讽刺剧的模式。简而言之,1848年至1851年的事件不存在任何悲剧意味,此时,法兰西将自己托付给了“三个衣冠楚楚的骗子”。马克思描述的那些从二月革命迈向第二帝国建立的事件,表明法兰西正持续落入一种束缚中,看不出有什么雄心壮志可以挽救这种情形,可以使得人们把那些事件描述成为一个真正的悲剧。

马克思对此所做的描述不同于他描述的1789年事件，即法国大革命期间资产阶级的行为。谈到1789年革命时,马克思写道:

> 不管资产阶级社会怎样缺少英雄气概，它的诞生却是最需要英雄行为、自我牺牲、恐怖、内战和民族战斗的。在罗马共和国的高度严格的传统中，资产阶级社会的斗士们找到了为了不让自己看见自己的斗争的资产阶级狭隘内容、为了要把自己的热情保持在伟大历史悲剧的高度上所必需的理想、艺术形式和幻想。[第321—322页]

1789年资产阶级革命是一场悲剧，因为理想与现实之间的差异被遮蔽了。1848年至1851年的革命则是另一回事。它准确地说是“笑剧式的”，因为理想屈从于现实，结果是，

> 不是社会本身获得了新的内容，而只是国家回到了最古的形态，回到了宝剑和袈裟的极端原始的统治。1851年12月的轻率行为报复了1848年2月的英勇打击。来得容易，失去也容易。[第323页]

于是，第二帝国的建立代表着1848年二月起义开始的一系列事件的最后阶段。这便是将要解释的资料，而马克思将其“历史”分为四个发展阶段来进行解释：二月革命时期；制宪国民议会时期，即1848年5月4日至1849年5月28日；立法国民议会时期，即1849年5月28日到1851年12月2日；以及最后，第二帝国时期，即从1851年12月2日到1871年巴黎公社推翻它的那一天。

马克思对这些阶段的描述对应了他在《资本论》中对于四种价值形式的分析。这样，他把二月革命时期描述为“革命的序幕”，因为在这期间，每一个涉足起义的人，鼓舞他的都只是“普遍”的而非 322
特殊的革命目标。

> 任何其他时期都没有当时那样错综复杂：浮夸的空话同实际上的犹豫不决和束手无策相混杂，热烈谋求革新的努力同墨守成规的顽固积习相混杂，整个社会表面上的协调同社会各个成分的严重的彼此背离相混杂。[第326—327页]

革命情形的表面现象和实际彼此存在最强烈的对照，但人们却没有认识到，这就像在价值的简单的形式中，内容与形式之间的差异被遮蔽了，结果内容受到了损害。这样，所有一切“准备了或决定了革命的分子……都在二月政府中临时取得了位置”（第326

页）。“每个政党都按自己的观点去解释[革命]。” 最终手持武器的无产阶级“在共和国上面盖上了自己的印记，并把它宣布为社会共和国”，从而拟定了“现代革命的总的内容”，但是这个内容在当时的情况和条件下，“与……所能立刻、直接实现的一切都是极为矛盾的”（同上）。与此同时，旧的社会力量却在集结，“联合、醒悟过来，并获得了国内群众的意外支持，即获得了立刻跃上政治舞台的农民和小资产者的意外支持”（第327页）。

这种革命理想与“能够立刻、直接实现的”东西之间进行的对比，对应的是《资本论》中对价值“形式”和其真实“内容”之间的对比。1848年二月革命的情形中，真正的内容被意识的普遍情形掩盖住了，在严格意义上，这种意识的普遍情形应当说是隐喻式的。隐蔽的东西实际上呈现出来了，只不过是以一种被扭曲的形式呈现的。革命的真正内容将在使二月革命成为可能的物质条件中找到，但是，这种内容的存在与1848年场景中呈现的社会活动的形式是相矛盾的。其实，参加革命的政党暗中认可了这种情形，这从二月政府被指定为“临时性的”这一事实就表明了。马克思说：“无论什么人和什么机构，都不敢承认自己有权长期存在，有权真正有所作为。”（第326页）在反对路易—菲力浦的政变成功后，法兰西陷入的那种均势状况足以令马克思证明，存在着一种实际上的矛盾，它只能用暴力才能解决。

依照马克思的看法，这种矛盾在第二个阶段解决了。这个阶段是制宪国民议会时期，它从1848年5月4日持续到1849年5月28日，
323 这是“资产阶级共和国”时期，是对“二月事变的奢望所提出的活的抗议”（第327页）。马克思说道，国民议会的功能是“把革命的结果降低到资产阶级的水平”（同上）。简而言之，第二阶段的目的在于解决包含在第一阶段的矛盾，其方式是将革命的普遍内容降格为特殊的内容，将一般规律降格为资产阶级的规律。

> 巴黎无产阶级所提出的要求，是必须终止的狂妄空想。对

制宪国民议会的这个声明，巴黎无产阶级回答以六月起义，这是欧洲各国内战史上最巨大的一次事变。[同上]

但是，具有讽刺意味的是，在马克思看来，这件"欧洲各国内战史上最巨大的一次事变"具有的历史价值是因为它的失败。无产阶级惟有通过失败才有可能胜利。

获得胜利的仍然是资产阶级共和国。当时站在资产阶级共和国方面的有金融贵族、工业资产阶级、中等阶层、小资产者、军队、组成别动队的流氓无产阶级、知识分子、牧师和农村居民。而站在巴黎无产阶级方面的却只有它自己。资产阶级共和国胜利以后，起义者被屠杀的有三千多人，未经审问就被放逐的有一万五千人。无产阶级从这次失败后，就退到革命舞台的后台去了。[第327—328页]

六月起义的失败因而被描述成一件令人不快的事件，但很难说是悲剧性的事件，因为他们反对资产阶级时，并没有就其目的形成清晰的观念，或者对获胜的前景有任何现实的估量。在马克思看来，无怪乎促使无产者的事业复兴的尝试时常受挫。"当六月事变中与无产阶级为敌的一切阶级还没有像无产阶级本身一样倒下的时候，无产阶级大概既不能使本身恢复自己原有的革命的伟大，也不能从重新缔结的联盟中获得新的力量"（第328页），总之，一直要到一切阶级合为一体之际才能如此。无产阶级"至少是……带着不愧进行过世界历史性的伟大斗争的光荣而失败"的事实，不能模糊了其最重要的事实，即它的失败"为资产阶级共和国的奠基和建立准备和扫清了基地"（同上）。对于资产阶级秩序而言，"每当统治者集团范围缩小时，每当比较狭小的利益压倒比较广大的利益时，社会就得救了"（第329页），这一事件揭示出了资产阶级秩序的简化性质。

资产阶级社会发展的标志是系统地背叛了它在1789年革命时所代表的理想。当无产阶级的代言人呼吁这同样的理想，试图为他
324 们的支持者获取令资产阶级上台的所谓的“自由”和“进步机关”时，这些理想就被打上了“社会主义的”烙印。它自己的理想被当作对资产阶级设法建立的“阶级统治”的威胁而被抛弃。但具有讽刺意义的是，马克思指出，资产阶级没有认识到“它自己的议会制度，它的整个政治统治”通过目前按其自身的秩序首先渴望“安宁”这样的因素，也将被视为“社会主义的”（第332页）。资产阶级曾经是竞争、讨论、辩论、多数统治等等的支持者，当其他人要求这些时，它就不再支持这些措施了。因而，它也必然拒绝这些措施，连同拒绝它承诺的“自由、平等、博爱”的理想，以及议会民主制的原则。具有讽刺性的是，

> 既然资产阶级把它从前当做“自由主义”颂扬的东西指责为“社会主义”，那它就是承认它本身的利益使它逃避自身统治的危险；要恢复国内的安宁，首先必须使它的资产阶级议会安静下来；要完整地保持它的社会权力，就应该摧毁它的政治权力；只有资产阶级作为一个阶级在政治上同其他阶级一样低下，个别资产者才能继续剥削其他阶级，安逸地享受财产、家庭、宗教和秩序的福利；要挽救它的钱包，必须把它头上的王冠摘下，而把保护它的剑像达摩克利斯的剑一样地悬在它自己的头上。［第333页］

这种反讽式的颠倒提供了戏剧性的原则，藉此，马克思“辩证地”说明了资产阶级与无产阶级二者的自我毁灭行为，其作用是充当了“历史的狡计”。从革命的第一阶段转变为第二阶段，这正是从隐喻的存在模式转变成转喻的存在模式。在第二阶段，或者说资本主义阶段，“社会”被转喻式地确定为“资产阶级的”；即部分替代了整体。议会共和国加上资产阶级，冒用了这整个阶段之名，它满意

自己作为全部的存在。但是，到1851年12月2日，这个共和国“在联合起来的保皇党人的‘共和国万岁’的惊慌叫喊声中”被埋葬了（第333—334页）。埋葬它的是路易·波拿巴，他使得革命从转喻阶段转向为提喻（普遍化）阶段。马克思这样描述这种转变：

> 在议会中，国民将自己的普遍意志提升成为法律，即将统治阶级的法律提升为国民的普遍意志。在行政权力的面前，国民完全放弃了自己的意志，而服从于他人意志的指挥，服从于权威。和立法权力相反，行政权力所表现的是国民受人统治而不是国民自治。［第336页］

这种“行政权力”（波拿巴）的成立对法兰西民族及其不同阶级 325
的关系，就像马克思在《资本论》中分析价值的一般形式时麻布对于所有其他的商品那样。因此，马克思写道：

> 这样，法国逃脱整个阶级的专制，好像只是为了服从一个人的专制。［同上］

但具有讽刺性的是，法国服从于“一个没有任何权威的个人的权威，斗争的结局，好像是一切阶级都同样无力和同样沉默地跪倒在枪之前了”（同上）。“总和的”或“扩大的”阶级冲突情形是资产阶级共和国的特征，现在，它让位于资产阶级专制的“普遍化”情形，并且其结果是，当资产阶级成为社会的统治阶级，它在1789年热切追求的政治权力也被剥夺了。一切政治权力归于单个人，波拿巴：“和市民社会比起来，国家机器已经大大地巩固了，以至［波拿巴］可以做它的首脑”（第337页）。

马克思指出，波拿巴的成功依靠的是法国小农的支持，但他注意到，伴随这种成功的并非小农阶级上升为政治力量。正如在分析价值形式中，货币拜物教造成了价值的一般形式，在政治形式的演化之中，对波拿巴的盲目崇拜造成了由波拿巴据有的总统职责为代表的政治权力的一般形式。波拿巴是“一个从外国来的冒险家，被喝醉了的士兵拥为领袖，而这些士兵是他用烧酒和腊肠收买过来的”(同上),他不仅背叛了农民,也背叛了所有其他的阶层。波拿巴自命为“中等阶级的代表人物……他之所以能够有点作为,只是因为他摧毁了并且每天都在重新摧毁这个中等阶级的政治力量”(第345页)。他也自命为“农民的代表”和“流氓无产阶级”的代表，但他也背叛了他们，认为他们必须学会“在资产阶级社会的范围内”得到幸福(第346页)。

波拿巴的计划是一个狡诈和矛盾的杰作。于是,当法国资产阶级嚷道(正如在马克思的笔下他们所说的):“现在只有十二月十日会的头目还能拯救资产阶级社会!只有盗贼还能拯救财产;只有违背誓言还能拯救宗教;只有私生子还能拯救家庭,只有混乱还能拯救秩序”(第345页),他们是正确的。马克思后来描述的“货币拜物教”那种同样的“荒谬”在此用来描述整个社会。因而,就波拿巴与各种社会阶级相互矛盾的关系,马克思写道:

> 这个人所负的这种充满矛盾的使命，就可以说明他的政府的各种互相矛盾的行动,这个政府摸索前进,时而设法拉拢这个阶级,时而又设法侮辱另一个阶级,结果使一切阶级一致起来和它作对。他这个政府在实际行动上表现的犹豫,和他从伯父的法令上盲目抄袭的那种政府法令的明快果断的作风形成一种十分可笑的对照。[第346页]

波拿巴政权的自相矛盾恰恰类似于充塞于价值的货币形式之中并使得它天生就不稳定的那种种矛盾。而这也正使得马克思能
326 够非常自信地预言,这个政权最终将解体。马克思以一段有关政权的描述来结束《雾月十八》,这段描述预示了马克思在1871年的《法兰西内战》中回顾性地得出的判断。《雾月十八》这样结尾:

> 波拿巴既被他的处境的自相矛盾的要求所折磨，并且他作为一个魔术家不得不以日新月异的意外花样吸引观众把他看做拿破仑的替身，换句话说，就是不得不每天举行小型的政变，于是他就使整个资产阶级经济陷于全盘混乱状态，侵犯一切在1848年革命中看来是不可侵犯的东西，使一些人对革命表示冷淡而使另一些人奋起进行革命，以奠定秩序为名而造成真正的无政府状态，同时又使整个国家机器失去圣光，渎犯它，使它成为可厌而又可笑的东西。[第348页]

于是，在1871年，波拿巴政权以及该政权假装服务的社会的全部"腐朽性"都需要由普鲁士的刺刀来揭穿(《法兰西内战》，第365页)。这种"笑剧式"政府形式瓦解时，它的"直接对立物"不可避免地跟随在后，这就是巴黎公社，它为法国社会启动了发展的新纪元。

巴黎公社也为无产阶级开辟了意识发展的新纪元。因而，马克思在《法兰西内战》中写道：

> 巴黎无产阶级用以欢迎二月革命的"社会共和国"口号，不过是表示了希望建立一种不仅应该消灭阶级统治的君主制形式，而且应该消灭阶级统治本身的共和国的模糊意向。公社正是这种共和国的一定的形式。[同上]

马克思指出，这种对"社会共和国"的呼唤的积极性，反映在它试图建立一种比构成它的部分之和更强大的社会秩序。因而，例如巴黎公社是"十足国际性的"，它使"一切外国人都能享有为不朽事业而牺牲的荣誉"(第374页)。马克思甚至于声称在巴黎公社期间，巴黎几乎不知道犯罪是什么："在陈尸场内一具尸首也没有了，夜间抢劫事件不发生了，偷窃现象也几乎绝迹了。"(第376页)与前一

个政权的颓废余孽、现在聚集在凡尔赛并想方设法破坏公社的人相比，巴黎成了名副其实的天堂："和巴黎这个新世界面对面对峙
327 的是凡尔赛的旧世界……巴黎全是真理;凡尔赛全是谎言,而这种谎言是从梯也尔嘴里发出的。"(第377页)在马克思看来,巴黎公社期间的巴黎，一群人片刻便成功地创造了像是未来共产主义社会的模式。正如1891年恩格斯所写道的:"先生们,你们想知道无产阶级专政是什么样子吗?请看巴黎公社吧。这就是无产阶级专政。"(第362页)

然而,如同1848年那样,革命注定要失败。这并非因为建立共产主义社会的物质条件还不够全面,而是因为"公社中的大多数人根本不是社会主义者,也不可能是社会主义者"(《马克思致斐·多·纽文胡斯》,1881,第391页)。对"社会共和国"的呼唤只是一种隐喻,其中包含的是未加说明的"社会主义"的内容,但给这种内容模模糊糊地指明了"阶级统治"。公社的观念要能够在下一次以纯粹的和自觉的社会主义的面目现身，它就必须经历转喻式还原的冲突过程。由普鲁士的武力建立起来的第三共和国便是这种还原采取的社会形式,其矛盾并非比它替代的第二帝国更少。并且,它也没有表现得更稳定。如果说它们有什么区别的话，只是它更显病态，其存在的所作所为就如同是在受到惊吓的资产阶级和无产阶级之间达成的心神不宁的妥协。无产阶级在有了巴黎公社的历史经验的鼓舞之后,对自身作为革命阶级具有的自觉性不断增长。随着时间推移,第三共和国将更为"荒谬",马克思丝毫不怀疑这一点。它就像混淆了价值与黄金的经济体系一样,注定是荒谬的。

结　论

至此,我可以总结一下马克思的历史观念,既把它看作一种分析方法,也视之为一种表现策略。按照我的看法,我已经指出,马克思的历史观有两个层面,或者说具有两个概念化的轴心:一个是共

时性的，它与假定存在于经济基础和上层建筑之间的不受时间限制的关系有关；另一个是历时性的，与这二者的关系随时间而发生变化相关。马克思与黑格尔发生了决裂，他主张历史存在的根本基础是自然，而不是意识，并且深信，公众认可的意识形式都是由它们所反映的生产方式以机械的方式决定的。这种因果关系是单线性的，并且被认为在历史中不可避免。然而，有一点他仍和黑格尔一致，即他运用“辩证”方法来分析呈现在上层建筑中的形式演化。328
在其中，他的范畴与黑格尔的相同，并且，马克思关于以此划分的实体之间关系的概念也与黑格尔相同。因而，黑格尔式的“逻辑”仍然被用来分析人类自我概念化的根本形式，以及令这些形式获得公众依赖的各种社会模式。此外，用来描述诸种形式和模式的范畴，以及用来描述它们彼此之间关系的范畴，都来源于马克思对于黑格尔逻辑范畴根本的比喻的本质具有的认识。人类自我概念化的类型和对于这种概念化的社会投影，都出现在一般语言提供的描述实在的模式中，并且最终局限在其中，这些类型和投影的转化形式也是如此。隐喻、转喻、提喻和反讽提供的不仅是人类自我概念化的方法，也提供了分析范畴，藉此，可以把不同类型的自我概念化理解成上层建筑任一方面的历史中的不同阶段。无论马克思是在分析微观事件，如法国1848年至1851年革命，还是在分析宏观事件，如人类全部的革命，他总是依靠一种比喻学的基础来划分事件类别和发展阶段，即人类从开始到终极状态的演变中经历的各个阶段。

因此，就像黑格尔那样，比喻为马克思以戏剧式的语言对一系列历史上的重要现象进行四重分析提供了基础。每一个具有历史意义的事件序列的情节结构，从痛苦开始，经过冲突、分裂，再到突转，都表现出一种要么趋向解放，要么趋向奴役的运动；表现出一种要么倾向“浪漫主义地”超越经验世界，要么倾向一种奴役的“反讽”情形的运动。但是马克思否认这两种极端；人类被注定了既不会彻彻底底地受奴役，也不会有完完全全的超越。他的历史眼光类似于黑格尔，摇摆在领悟每一幕历史戏剧的悲剧性结局和理解作为整体之历史过程的喜剧式结果之间。对马克思来说，就像对黑格尔那样，人类与其自身并且与自然达成喜剧式和解的情形，借助的是悲剧式冲突的方式，而在人类自身之中，悲剧式冲突看上去提供的只不过是一种安慰，是关于人类高贵品质的一种哲学理解。这样，正是在他的历史“解释”中，马克思在一种机械论的和有机论的论证模式之间变动，因而，在他的历史“表现”中，他又在关于历史基本形式的一种悲剧式概念和一种喜剧式概念之间变动。

这种双重运动把激进主义历史学家与保守主义历史学家区分开来（它把黑格尔、马克思与兰克区分开来），即便这两类历史学家都以喜剧式观念作为整个历史过程的结局。黑格尔和马克思非常重视冲突，而兰克却并非如此。他们两人都知道，在一切可能世界
329 的最佳情形中，事物永不会处于最好的状态；人类努力地实现自我，对抗一个既难驾驭又在不同的时空中不可知的宇宙，经历了真正的失落和损失。但是，根据他们的看法，这个宇宙是能够认识的，支配它的规律也能够逐渐得到认识。不过，支配宇宙的规律惟有通过实践、行动和英雄式的（虽说不上是普罗米修斯式的）意志行为才能被认识。这些意志行为对于个人和群体而言是危险的，就像它们本身问题重重那样。它们为个人与群体带来了真正地失败和挫折的可能。但是，如果个人和群体的志向确实是英雄主义的，人们便能通过他们的失败和挫折为人类知识奉献出支配自然和历史的规律。并且，他们有关这类规律的知识也为人类超越加之于人性之上的限制提供了基础。

由此看来，自由主义和保守主义历史学家通常指责马克思是粗俗的还原论者，这实在没有多少真实性可言。相反，尽管马克思的历史观受到一种在宏观方面是可以辨别的整合倾向的想象的支配，但他在方法上恰恰不是还原论者。如果有什么要说的话，兰克比马克思更像一位还原论者，他对神话更加着迷，纵使其著作看上去在欣赏历史现象时，关注的是其特殊性和惟一性。事实上，如今

我们已经看得很清楚，对于与整合性表现策略相对立的分散性表现策略的兴趣,代表着意识形态的偏见,这种偏见较之鼓舞着马克思寻求解答“历史之谜”的意识形态偏见而言,在观念上的武断性方面既不会更多些,也不会更少些。看看布克哈特做出的结论,即除了根据最一般的范畴,根本无法对历史进行理性的分析;并且,除了把历史过程理解成一个“转移性”变迁序列外,不可能再理解成别的什么。这种结论与马克思通过反思历史得出的结论相比,在其制造出神话这方面也是彼此彼此。相信历史的意义在于它没有什么意义，或者认为将历史以某种方式概念化以赋予其意义是不合理的,这样的信念不只是一种认知上的判断,也是一种意识形态化的判断。马克思试图做的是提供一种分析方法和一种表现策略,它们将允许他以一种主动而不是被动的语态来写作历史。主动语态是激进主义的语态。但是马克思的激进主义是一种左派的激进主义。他通过主张历史较之自然本身并不更是一种神秘之物,主张历史研究将得出规律,人们既能通过它理解历史的意义,亦能理解历史发展的总的方向,这样,马克思主义便与右翼激进主义区别开来了。于是,读者也就被置于一种选择的境地,在一个特定的场合中,没有人会指定他必须做出什么样的决定。更重要的是,读者将被置于这样一种位置,即无论他做出什么选择,比起他若以兰克理解事物的方式(从人们所做的任何事情中得出最好的东西),或者按照布克哈特的信念(对于人们做了些什么都无所谓),他都不得不在有着更为深刻的自我意识的状况下做出这样的选择。

331

第九章

尼采：以隐喻模式为史学作诗学辩护

导　言

在历史思想中，正如在19世纪文化活动的几乎各个方面一样，弗里德里希·尼采标志着一个转折点，因为他反对19世纪30年代以来史学家们一直使用的历史分析范畴，否定有一个历史过程这样的事情可以运用这些范畴。这并不是说尼采对历史学问题没有兴趣。相反，他的大多数哲学著作都是以对历史学问题的思考为基础的，大多数在方法上甚至可以被认为是属于历史的。例如，《音乐精神中悲剧的诞生》(1871)不仅仅是关于悲剧的美学评论，也是(可能更重要的是)一部古典希腊悲剧精神兴起与衰亡的历史；《道德的谱系》(1887)不仅是虚无主义道德规范的前言，也是(同样也更重要的是)关于西方文化中善与恶观念之历史的有创意的大胆作品。此外，尼采的大多数著作都论述了或者是广泛涉及了历史意识，是对传统历史思想的批判以及如何把历史观念转变为有创造性
332 目的的建议。因此，布克哈特1882年对尼采所作的评论很有道理："当然，从根本上讲，你一直在传授历史。"(布克哈特：《书信集》，第427页)

但是尼采的历史观就像黑格尔的那样很少受到专业历史家的青睐，这并不是因为他对历史的思考被黑格尔所使用的那种专门语言弄得云遮雾罩,而是因为他的意思太过清楚,很显然会威胁到专业史学家们有关历史学之能力的观念。尼采的目的是破坏人们对某种历史性过去的信念——即相信人们从历史中能学到任何单纯、本质的真理。尼采和布克哈特一样,认为有多少种对历史性过去的个人看法,就有多少种过去的“真实性”。在他看来,历史研究永远不应该仅仅只是目的本身，而应该始终作为达到某种重要目标或目的的手段。人们以与他们的种种动机目的一致的方式来看待这个世界;他们不得不承担种种任务来圆满实现自己的人性,为此就需要不同的历史观来证明他们任务的正当性。因此,尼采基本上将人们看待历史的方式分为两种:一种是否定生命,假装找到了惟一永恒正确的或者“恰当”的对待过去的方式;另一种是肯定生命,它鼓励与任务数目相同的各种历史观,以便人类个体能获取一种自我意识。尼采认为,那种相信有一种永远真实的或“恰当”的历史观的愿望，是基督教对于信仰一个真正的上帝的需要的一个遗迹,或者说是基督教的尘世对应物,即实证主义者科学的又一个遗迹,后者需要信仰单一的、完整的、完全真实的自然法则的集合。对于这两个本质上收敛性的真理概念及它们在艺术上的对等物,即浪漫主义和自然主义，尼采提出他自己关于每一种对于实在的构想都有其相对性的观点来与之针锋相对。

但是,尼采并没有与他当时的艺术和科学相隔离。从一开始,他就接受两者虚无主义的含意。他称赞实证主义科学确认自然过程本质上的无意义性;称赞象征主义艺术的观念,即认为人们在世界上已经发现的任何形式、意义或内容最终本质上都是构成主义的。尼采认为,所有科学及宗教的形式、意义和内容都起源于审美,都是人类逃避现实遁入梦想之需要的产物，是在缺少任何具体意义或内容之下将秩序强加于经验上这一需要的产物。他认为,所有的“真理”都是对最初的审美冲动的曲解,只要他们把梦想当成是不具备形式的现实，并竭力将生活凝结在梦想提供的形式中，这种曲解就存在。审美冲动本质上是动态的（我可以说是辩证的），在梦想和现实之间不停运动，不断通过与最初的混沌的新的接触来消除已经枯萎了的梦想，生成新的梦想来维持生活的意志。艺术的最高形式，即悲剧，自觉地影响这种从梦想到现实然后又回到梦想的
333 运动，保持通向生命力的道路开放，但是允许这些力量用人类可吸收的能量量子方式释放。

因此，当尼采思考历史的时候，他总是关注于找出历史本身如何能被转变成一种同样具有创造性的梦想形式，用简单的话说，即历史如何能转变成一种悲剧艺术。在这一点上，他和黑格尔一样；但是最终尼采不同于黑格尔之处在于他关于悲剧教导人们什么的想法。和黑格尔的观点不同，尼采认为悲剧并没有提供“优先性观点”，但悲剧的特点是有一种冲动，意图赶在所有此类优先性观点凝固成限定生命的概念之前消融它们。这样来看的话，尼采对历史的思考就是他对悲剧思考的一个延伸。如果我们想要理解他的“历史对于人生的利弊”（1874）一文的目的，就必须首先理解它从中生长出来的那部著作《悲剧的诞生》——中的某些东西。

神话与历史

《悲剧的诞生》最初出现在1871年。1886年，尼采为它写了新的序言。序言题目是《自我批判》，其中列举了两种观点。回顾往事，他发现这两种观点是他年轻时辩论的真正靶子，即反讽和浪漫主义。尼采说：“我当时正开始着手一个危险的问题……学术性研究的问题。有史以来第一次，有人认真对待学问了！”（第5页）他把反讽看成是学者们的首要品质；在“好问的头脑”的掩盖下，反讽作为“一道为反对真理而立起的巧妙屏障”，已经遍布于整个思维与想象世界（第4—5页）。“这是否就是你的秘密，伟大的苏格拉底？”尼采问道。“最隐秘的反讽者，这是不是你最深奥的反讽？”（第5页）。至

于浪漫主义,尼采年轻时就已经在理查德·瓦格纳以及他的作品中领会过了。但是,那些岁月至少教会了尼采一件事:“对‘德国情绪’采取一种不抱希望也不存怜悯的态度,对德国音乐也一样,我现在意识到它实际上是什么了:它是一种彻底的浪漫主义,所有艺术形式中最少希腊味的,并且,除此之外,是最糟糕的一种药剂。”(第13页)

当然,尼采的名字也和上个世纪末对神话思想重新产生的兴趣联系在一起,特别是和“永恒回归”的神话联系在一起,尼采以这种神话来反对基督教关于拯救的神话和资产阶级的进步论。比如,洛维特强调,虽然永恒轮回的神话在《快乐的智慧》一书中仅仅是被列为伦理律令的基础,在《查拉图斯特拉如是说》一书中,这种观点是作为“一种形而上学真理”提出的(《意义》,第216—217页)。 334
洛维特说,实际上,永恒轮回的学说构成了“(尼采)最晚期作品的基本思想”(第219页)。

另一种关于尼采思想的观点把他看成是另一种神话的创造者,即人类自身之中狄奥尼索斯的(酒神的)和阿波罗的(太阳神的)才能不断交换的神话,因此尼采被看成是关于生活的某种二元论哲学、某种摩尼教式的观点的捍卫者,在它看来,生活在其全部的运动中并非是循环式的,而是两端未封闭的,在一定的振幅内摆动。

这两种观点似乎都合理,都对恰当理解尼采的史学思想有意义。但我主张,永恒轮回说和酒神—太阳神二元论学说都不能导致理解尼采关于历史存在、历史知识和历史过程的思想。这两种神话都是对历史知识进行先天批判的产物,是尼采努力的结果:先是努力把历史转化成艺术,然后努力把美学想象同时用悲剧和喜剧术语转化为对生活的理解。

作为哲学家,尼采的目的有如下几点:超越反讽,一方面是通过让意识摆脱所有对世界转喻式的理解(后者滋长了机械因果关系学说和一种失去人性的科学),另一方面通过摆脱所有对世界提喻式的升华(这种升华滋长了“更高的”原因、神、精神和道德的学说);使意识重又享受其隐喻的力量,享受它“在想象中嬉戏”的能力;把世界当成纯粹的现象来接受,从而使人类诗性意识释放成一种活动，这种活动因为更加自觉而比原始人类幼稚的隐喻更为纯粹。

因此,在《悲剧的诞生》一书中,尼采反对两种错误的悲剧性感受力:一种是用反讽性模式解释悲剧想象,另一种是用浪漫的模式解释。他推翻了这两种错误的悲剧意识观,这样便为他提供了重新解释悲剧的模式,即把悲剧看成是酒神和太阳神洞见的一种结合,看成是在喜剧性理解中释放了对世界的悲剧性领悟,或者正相反。他关于历史意识的评论分散在他所有的著作中,但在“历史对于人生的利弊”和《道德的谱系》中这种论述最为深刻。这些评论意在对他当时的历史思想动同样的外科手术。历史,和悲剧一样,有其真实的一面,也有其虚假的一面,有杀戮的一面,也有解放的一面。我们可以看到,对于尼采,虚假的形式就是反讽和浪漫,而真实的形式就是他在《音乐精神中悲剧的诞生》中努力要达到的悲剧和喜剧的结合。

马克思曾试图重新把规律和因果关系概念引进历史反思中,
335 但是所用方式是使英勇面对他当时的邪恶及对人类能有之未来做出充满希望的筹划成为可能。尼采也同样希望英雄主义在平庸和文化顺从的时代重新诞生，他关心的是在新的背景下重建一个基础,以便将对人类的乐观筹划寄予未来。但是他的方法正好与马克思的相反:马克思通过修订历史学中规律和因果关系的概念,竭力证明一种有关人类未来任务的独创性观念的合理性，而尼采试图通过破坏这些概念证明同样的合理性。

尼采称《道德的谱系》是他的最为“历史性”的著作。在这本书的开头，他写道:“幸运的是，我及时学会了把神学偏见与道德分开,不再在世界背后寻求邪恶的起源。”(第151页)大多数使人疲惫的现代人的幻想,正如原始人的一样,是把事件转喻性还原为行为方式，或是把“现象”还原为想象中的“本体”物质的“表现形式”这一趋势造成的结果。

> 因为，正如通俗的迷信把闪电与其光辉分离开，把后者看成是主体为闪电的活动；同样，通俗道德把力量和其表现形式分离开，似乎在强者后面有一个中立的行为主体，随意展示它的力量并包含它。但是，这样的行为主体并不存在；在当下的作为、行为和方成（becoming）的后面并没有“存在”；“行为者”仅仅是被想象添加在了事件中——所作所为便是一切。普通人说让闪电闪光，这实际上使所作所为加倍了；他把同样的事件先说成是起因，然后又说成是结果。自然科学家们也高明不到哪里去，因为他们说“能量移动”、“能量引起了”。尽管已经摆脱和疏远了情感因素，我们的科学依旧是语言习惯的盲从者；它至今从未消除那些被称之为“主体”的古怪精灵。［第178—179页］

尼采作为哲学家的首要目的就是消除对这些想象的本体、实体、精神性的行为主体及此类事物的信仰。作为他那个时代的导师，他的最高目标是揭露最终只是由语言习惯造成的幻想，使意识不受其自身产生幻想的能力的束缚，这样想象就能再一次“在想象中嬉戏”而无需将这些想象僵化成破坏生活的“概念”。

这些破坏生活的“概念”中，最危险的是构成了所有道德基础的概念：善与恶。依靠转喻，人们在现象背后创造了行为主体和行为方式；依靠提喻，人们赋予这些行为主体和行为方式特殊的品质，尤其是作为不是他们自身的品质。尼采说，这就难怪“被压制的、郁积的报复和仇恨情绪”趁机利用现象背后存在本体的迷信，并且“实际上最为拥护的信念就是，强者可以把自己变成弱者，猛禽可以把自己变成羔羊”（第179页）。这种“精美的花招使得软弱有了自由选择的表象，使得人们的自然性情成了值得赞赏的特征” 336

（第180页），弱者被看成是强者，愤恨小人被看成是精神上的慷慨者，"恶"被看成是"善"。

在尼采看来，他那个时代极度"反讽的"特征最终揭示了，这些花招不过是为了世间弱者的利益而变换的语言手段。结果，那个时代在濒于混乱的边缘勉强保持平衡，面对的虚无主义前景比在人类意识的拂晓时期原始人类可能面对的还要可怕。他在《悲剧的诞生》一书末这样写道：

> 我们拥有的当前的时代，是苏格拉底哲学倾向根除神话的产物。今天的人类被剥夺了神话，饥饿地屹立于他所有的过去之中，他必须疯狂地挖掘在最遥远的古代遗物中的根源。我们巨大的历史饥饿感，我们把无数其他文化抓到身边，我们强烈渴望知识，这一切如果不是意味着神话的失落，神话家园的失落，神话孕育之所的失落，又意味着什么呢？[第137页]

因此，那个时代所吹嘘的"历史意识"是以反讽模式理解世界的胜利的征兆。但它还不仅如此。因为"历史意识"本身，在尼采看来，就是当前病态的支持力之一，是"道德"本身的基础。

《悲剧的诞生》是以讨论"历史感"与"神话"意识的对立而结束。尼采想要人类摆脱的不是神话，而是"历史"或"历史过程"所代表着的"幻象"。

> 可以断言，一个国家，正如一个人一样，只有当它能够给日常经验以永恒的印迹时才有意义。只有这样做，它才能表现其关于时间的相对性的深刻信念（即便是无意识的），以及生活的形而上学意义。当一个国家开始以历史的眼光看自己，开始打破围绕着它的神话壁垒，就会出现相反的情形。[第139页]

诸如“历史”、“历史过程”之类的术语是“虚构”，尼采把它们与“神话”严格区分开。他的目的是测定在多大限度上人们能再一次(但这一次是自觉的)重新进入神话理解的世界，重新收回只有隐喻意识才可能提供的人类生活的自由。

《道德的谱系》中的第二篇文章是以对“许诺”的现象学讨论开始的，也就是说，人类跨越时间“记忆”誓约或职责的过程，把在“过去”做的约定带入“现在”，从而使这个现在不是成了“未来”，而是成了那个更早的“过去”的重述过程。尼采以“遗忘”或“记忆消失”的力量反对这种“记忆”的力量。他说，这种力量允许人们对过去状况中让人分心的记忆“暂时关闭意识的门窗”，这样他能自由地“进 337
入”他的现在，能以完美清晰的眼光和意志力对形势做出回应并采取行动。记忆的力量使人们丧失了英雄气概，也就是说，变得平庸。

> 对于天生健忘的动物，记忆消失代表一种力量，一种强壮健康的形式。如今，他已经为自己创造了一个对立的力量，即记忆的力量，借助于这一力量，在某些情况中，记忆消失可以被延缓——尤其在它是一个有关诺言的问题的时候。[第189—190页]

其结果是创造了一种“意志的记忆”，它不是一种仅仅“对于过去印象的被动屈服”，而是一种“继续想做曾经要想做的事情……这样，在最初的决定和实际执行所意欲的事之间，可以插入一整个系列的新的事物、状况甚至意志的行为，而无须挣断意志的锁链”。但是，尼采说，这一切预示着一种意识，它已经被限定在“把必然行为和偶然行为区分开来；按因果关系思考；把遥远的事情当成近在咫尺的事情来看待；把手段和目的区别开来”。简而言之，丧失英雄气概的人是个“一定已经变得不仅精于盘算，而且对他自身而言都是一个踏实可靠、循规蹈矩的人”。只有这样他才能够“如一个担保人那样，为他自己的未来信守诺言”(第190页)。

显然，在尼采看来，人们把一个短暂时刻所做的意志行为延伸到某个未来时刻的这种记忆能力是一种危险的能力。在尼采看来，这是把面对未来的姿态等同于在历史意识中表明的面对过去的姿态。自我约束的道德或者是“良知”仅仅是历史意识的一种特定形式。对尼采而言，问题是如何打破那种趋向一致性的意志的力量，那是所有形式的本质上非隐喻的思想所强加于人的。

尼采曾说，《悲剧的诞生》是尝试用纯粹美学术语分析古希腊的悲剧精神，把悲剧精神看作是某种官能的创造，这种官能的另一种表现形式为“音乐”；并且，最重要的是，尝试把纯粹悲剧与其虚假或失去本性的“道德说教”对应物区分开来。显然，对尼采来说，真正的悲剧精神，即那种充满了埃斯库罗斯、索福克勒斯以及阿里斯托芬作品的精神，比起欧里庇得斯以及新喜剧（the New Comedy）作家的作品来，是纯粹隐喻意识的一个产物。他认为，一方面是欧里庇得斯及新喜剧作家们，另一方面是苏格拉底和柏拉图，他们背叛了悲剧精神，将悲剧冲突的意义“还原”为因果关系术语，或“夸大”为道德术语。也就是说，当人们认为戏剧的意义存在于某些“原则”中，而不是存在于太阳神塑造形象的力量以及这些形象的酒神式迸发的这种纯粹音乐式的相互影响中，悲剧就被背叛。同
338 样，（非宣叙调）音乐的“意义”在于主调、节奏、和声的真正混合，这样，纯粹悲剧也只是在影响人在合适的时期进“入”及退“出”他的“现在”时，太阳神的形式与酒神的洞见进行交换的一种意象。

对尼采而言，希腊人第一个意识到人类生活是多么依赖人创造神话的才能，依赖于他面对自己即将到来的灭绝而能做一个健康和美丽的梦的能力。他认为，希腊文化在其黄金时代完全知道它所依赖的想象基础。尼采把这一文化比做扎根于威尼斯泻湖的粘性泥浆中的桩柱上建起的神殿；它提供了一种永恒和自足的幻象，因而使得生活得以继续，但是大厦里进行的每个行为都涂上了一种色彩，那就是有节制地意识到生命本质上的脆弱和它的令人望而生畏的有限性。

但是希腊文化不是简单遁入田园生活，不是从最初的混沌简单飞跃。在悲剧艺术中，希腊人找到了一种方式来提醒自己人类文化最多是幻象的复合体；至多是种脆弱的成就；在它之下就是一切事物都源出也最终必然回归的虚空；一种特定幻象的复合体必须被不断检验并被新的幻象所取代；只有当混沌与形式被一种能感到它们互相依赖的更广泛的知觉包含时，创造性生活才有可能。尼采认为，希腊文化在其黄金时代为了享受理想世界的好处而放弃了寻找惟一确定理想世界的冲动。希腊人使人类生活高于“未开化的”蒙昧状态，但是他们没有渴求一种不可能的理想性。通过一直让对两种可能性的知觉始终活跃在意识中，他们在形式与完全的混沌之间取得了一种不稳定的平衡。

因此，悲剧艺术反映出他们放弃了复制现实或真实的任何冲动，而无论这种现实或真实被认为是超越时空的本质的理想范围，抑或被看成是在时空中呈现给感知的无数现象。悲剧艺术既是实际上的幻象制造者，又是它创造的幻象的创造性破坏者。通过把最初虚空的恐怖转化为美好的上等人类生活的形象，然后再破坏它们，悲剧破坏了人类文化所依赖的旧梦想，为新梦想的建立扫清了道路，而在新梦想之上，人类的需要得以满足。自由个体的生命被赋予了在交替的幻象系统之间的间隙中产生创造性幻象的余地；并且，保护人们的视野不受黑暗深渊的侵蚀的文化禀赋，也免于僵化成为一具干壳，因为悲剧即使在把形式当作步入未来的基础的时候，也不断提醒人们，每种形式只是一种纯粹的人类创造。因此，悲剧艺术是出色的辩证艺术。尼采认为，仅仅悲剧艺术就能激励人们与现实英勇冲撞，又能在碰撞之后重新焕发出人类的生机。

这一切都是建立在尼采的信念之上，他认为意识是人们的独 339
特力量，也是困扰他们的弱点。意识允许人们建构特有的人类生活，一旦建成，就铲除改变这种生活的冲动。因为能够看穿事物的特征，所以人们能以特定的人类方式去做事，但是，对事物本质看得太透，理解得太多，会破坏行动的意志。“要行动的话”，尼采说，

> 我们需要幻象的面纱;这就是哈姆雷特的信条,不要与不切实际之人的廉价智慧混淆了,这种人思考的太多,似乎有太多太多种可能性,因此他永远不会采取行动。而……在哈姆雷特的例子中……压倒了导致行动的一切动机的,不是思考而是理解,即对真相及其恐怖性的领悟……真相一旦被看到,人在哪里都知道存在具有的可怕的荒谬……极度厌恶的感觉侵袭着他。[《悲剧的诞生》,第51页]

但是,尼采继续说,幸运的是,人也有一种*遗忘*他所知道的事情的能力,甚至是一种*否认*他所知道的事物的能力;他有能力梦想、在想象中嬉戏、在对于不朽的梦境一般的暗示中遮盖住因为意识到他自己的有限而产生的恐怖、痛苦和折磨。他能蛊惑住自己,*遁入一种隐喻*,为他的生活提供一种可信的秩序和形式,表现得似乎隐喻就是真实,把他对自己即将到来的毁灭的知觉转变成一种英雄式肯定的机会。在这种蛊惑自己,把酒神的洞见注入太阳神的形象的能力中,包含着人超越自我、采取行动而不是仅仅沉思默想、去*形成*而不是仅仅去*存在*的能力。

在《悲剧的诞生》中,尼采刻画了这种人类所独具的颠倒形象以自我欺瞒的能力,它使人联想起在黑格尔《历史哲学》一书开始的那个关于太阳的隐喻:"在积极尝试将注意力集中在太阳之后",他写道,"我们几乎是通过补救方式,在转过脸去的时候,看到了眼前的黑斑。相反地,索福克勒斯悲剧中英雄的光辉形象,即这些太阳神的面具,是深入观察自然之恐怖的必然产物;亮斑,可以说是设计来治疗可怕的黑暗造成的眼睛损伤"(第59—60页)。稍后,在《道德的谱系》中,尼采会把此处隐含的一个想法明确阐述出来;他将把对美的冲动定义为预先知道了丑之后的反应。目前要注意的重要一点就是,对尼采来说,美的东西并不是一个先验王国的映像或者是它的内在化,而是对它的反应、人类生命意志本身的创造、发现世界真相——即世界没有什么真相后的反映行动。这是尼采的名言“我们拥有艺术是为了不因真相而死”要表达的意思，也就是说，避免因意识到没有单一的、包含一切的真相而死。 340

《悲剧的诞生》的一个目的是不再回到道德的或宗教的（在先验意义上）范畴而解释清楚悲剧冲突。尼采想要表明，人类从纯然的生存通过异化发展到与世界的和谐，这一辩证过程仅只是可理解的审美冲动的作用。早一些的作家，特别是黑格尔，已经把悲剧艺术看作任性的个人与社会秩序或宇宙过程之间，看作一方面是羞耻心（*aidos*），另一方面是约定（*nomos*）、命运（*moira*）或自然（*physis*）之间冲突的产物。与对于英雄的败落的思考相伴随的净化，被看作是启发了某些关于世界本质的具有道德价值的真理，看作是为了生活而指出一种模糊但却真实的超越个人的意义。甚至叔本华认为，悲剧有助于认识“如果根本没有出生更好”这一基本的真理。

尼采谴责后一种观点的虚假悲观主义不亚于他谴责前一种观点的虚假乐观主义；他看到，人能够领会存在本质上具有的混沌特征，但也能够继续在自己编织的梦想中生活，尼采在对这两者冲突的高度意识中发现了悲剧精神的本质。这样看的话，悲剧艺术就是人类两种运动的产物：一种是通过检验那些以前支撑过他的意象而走向他所跃出的深渊；另一种是回到一套新的意象的反向运动，其中包含着一种受到抑制的意识，即关于一切形式之虚幻性质的意识。这种从混沌到形式然后再回到混沌的运动，将悲剧与其他形式的诗歌（比如史诗和抒情诗），以及与所有知识和信仰（比如科学和宗教）的体系区分开来。其他关于人类存在的前景都倾向于固定地把生活理解为或者是混沌或者是形式；只有悲剧为了生活而要求不断以对混沌的意识与对形式的意志来更替。“阿波罗通过愉快地崇拜那些外表永恒的事物而克服了个人痛苦：这里，美征服了所有存在中固有的痛苦，并且，痛苦在某种意义上被遮盖，远离了自然的面容。”（第102页）与之相对的是，酒神“让我们意识到，任何产生的事物都必须准备去面对它痛苦的毁灭。它强迫我们凝视个人存在的恐怖,但又不会被这一景象吓呆:形而上学的安慰暂时把我们提升到变动不居的现象的流转之上”。尼采接着说,我们现在认为“斗争、痛苦及表象毁灭是必需的,因为进入生活的形式在不断增加,世界的意志也过度丰饶”(第102—103页)。现象世界的这两种经验,一种在短暂中看到了永恒的美,另一种在美的事物中看到了永恒的短暂,其结果是,我们从对悲剧冲突的思考中摆脱出来,开始以喜剧方式接受生活:“尽管有遗憾和恐怖,我们意识到自己运气非常好,是因为我们不是作为个人拥有生活,而是作为生命力的一部分,我们与生命力的生育繁衍的渴望合为一体。”(第103页)

341 显然,尼采提倡的不是一种表现太阳神或者酒神最终取胜的艺术,而是一种表现二者相互依赖的艺术。确实,他相信他自己的时代忘记了酒神而将自身委身于对太阳神的过度崇拜,即不惜一切代价追求形式的意志。但是尼采相信,代价不难估算;助长对一种永恒形式和秩序的幻想,本身对生活就是破坏性的。只有提醒人们酒神的存在及其对所有生命形式的主张,才有可能抛弃这些发展过快而不再有用的形式,创造其他的对生活的多方面需要和利益更为敏感的形式。

当然,尼采不是提倡仅仅崇拜酒神;如果酒神,或者说是对混沌的意志完全战胜了太阳神,那会导致人类退化到那种“未开化的蒙昧状态”,即那种希腊人通过最艰苦的努力才使自己摆脱了的蒙昧状态。但是,太阳神在人们中间那种未受挑战的统治意味着僵化、压迫、压抑以及梦游者的生活。没有了太阳神那种梦想帕纳索斯山[①]之梦的能力,人们无法生活;但是把某种特定的形式当作现实、将创造意象的能力转过来对人类自己不利的冲动,最终对人类生活的破坏作用不亚于酒神的统治。此外,太阳神的未受挑战的统治预示着,当酒神一旦再一次坚持他的权力时,会有一种最为激烈

① 帕纳索斯山,位于希腊南部。相传普罗米修斯之子杜卡里昂在大洪水中漂流九天九夜,登陆于此。——译注

的反弹。

依照尼采的观点，制造幻象破坏力最大的形式是先把幻象转化为一种概念,然后把意象凝固在这一概念提供的术语中。尼采指出,一切形式最终是隐喻性的,而不是实际存在,并且当隐喻被创造性地加以使用时,比如被悲剧诗人使用时,它就是“代替了概念而具体地立于他面前的一种表现意象”(第55页)。这样,戏剧中的一个人物就不仅仅是“费力地串在一起的个人种种特征的集合,而被看作是诗人眼前一直是活着的一个人，与画家画的肖像人物不同,戏剧中的人物能持续生活、行事”(同上)。这种动态的塑造意象的能力既是酒神又是太阳神的馈赠,因而也是形式、运动、结构以及过程活生生的综合。那些由懂得使用隐喻的诗人创造的意象,乃是来自于阿波罗在根本混沌之中或者穿过、围绕根本混沌而“划出分界线”,从而使个人得到安抚的能力;但是诗人知道,隐喻中包含的意象必须由酒神来摧毁,“以免太阳神把所有形式都凝结成埃及式的呆板的倾向”(第65页)取得彻底胜利,并切断条条通向维持生活的力量的道路。当一种意象凝结成概念时,一般而言的生活并没有受损(因为生活本身无法被否认),但是人类生活会受损。把阿波罗或者酒神实体化,这对人性是有破坏作用的,因为人性只能存在于划分这两位神各自王国的边界线上。在这一样式中,人类意识担当这两大力量之间的平衡物；人们将其微不足道的力量有时投向 342
太阳神,有时投向酒神,这样就使得两神彼此都无法消灭对方,人类得以在两神之间的空间繁荣稳定地发展，就像以色列在亚述和埃及之间那样。但是不幸的是,有时其结果也和以色列所遭遇的同样悲惨。

尼采认为,古希腊悲剧意识的消亡,一方面是由于反讽(“冷漠的、自相矛盾的观点”)战胜了“太阳神式的沉思”,另一方面是因为浪漫主义的“强烈感情”战胜了“酒神的激情”。苏格拉底和欧里庇得斯助长了对悲剧精神的背叛。在苏格拉底身上,“阿波罗式的倾向僵硬地变成了逻辑图式”;在欧里庇得斯身上,存在“一种相应的转化，使酒神情感成为了一种自然主义的情感”（第88页）。

苏格拉底式的背叛尤其有破坏力，因为它鼓舞了人们中间的虚假的乐观主义。这种乐观是以三种苏格拉底式的幻象为基础的：“美德即知识；一切罪恶都是由无知而产生；只有有德之人才快乐”（同上）。这些幻象的影响激励人们相信“在因果关系线索的指引下，思想或许能测量出存在最遥远的深渊，甚至弥补它”（第93页）。这是希腊文化生活的一个致命转折，因为它怂恿希腊人徒劳地追求最后真理以及对生活的彻底控制。酒神曾“让我们意识到任何产生的事物都必须准备面对它痛苦的毁灭”，在这一过程中它被遗忘了（第102页）。

苏格拉底试图通过让人们更有理性而使他们为善，这一尝试的失败甚至也没有促使古典世界注意到这种追求绝对的荒谬。在柏拉图身上，世人找到了救助他们的愚蠢的一位思想家，把他们的注意力从此处在世上的生活转向了对一种“善”、“真”和“美”的追求，后者被认为是超越时空存在的，只能通过拒绝任何人体内的生理冲动才能获得。这种柏拉图式的信仰为基督教教义铺平了道路，基督教否认人类有着苏格拉底所认为的那种获取最终安宁的意志和理性的力量，这样做就完成了人的堕落。在基督教对最后救赎的渴望中，人们找到了替代品以代替使他们遭致失败的理性，但是他们必须否定自己就在此时此地生活的意志。基督教的胜利代表了遁入一种特别压抑的反田园式生活，这种生活不是喜悦而是痛苦，它不是基于相信“纯结的、具有艺术感受力的人类的原始存在”，而是基于相信人类本质上是病态的、虚弱和无能的。

这种思路为尼采所称的西方人“隐蔽的”历史提供了基础。尼采主张，自从希腊时代以来，西方人的历史一直是自己引发的疾病的历史。从那时起，曾经是混沌和形式之间桥梁的人，呈现出被宰杀了的牛的模样，被捆绑在他自己自我欺骗的两极之间。一极上站的是基督教，它否定生活向人提要求的权利，坚持人要在另一个世界找到他自己的目标，而另一世界只有在时间尽头才会显示给他；

另一极上站的是实证主义科学，它乐于通过把人还原成野兽的形象从而使人失去人性，让人认为自己仅仅是机械力量的一种工具，343
对于这一力量，人无法施加任何控制，也不能从中找到任何解脱。悲剧精神衰落以后的西方历史描述的是这两种否定生活倾向的轮换；先是一个，再是另一个，轮流让人退化堕落。

因此西方意识的历史看起来只是一种位置上的摆动，即在两个有关人类生活和思考能力的同样具有破坏力的观念之间，作一种西西弗斯式的永恒回归，它是一个否定生活可能性的循环，在即将发生的未来没有任何逃脱这种循环的希望。以后在《道德的谱系》一书中，尼采从所有这种人类的自我损毁中找到一种积极的价值，它在于心智敏锐性的生长，这种敏锐性一旦攻击科学和宗教的持久神话，就会揭示出他们的贫乏。但是，在《悲剧的诞生》一书中，他满足于指出科学灭绝宗教，批判哲学又灭绝科学的事实，把它作为脱离神话及文化衰落这千年历史过程的证据。通过指出科学消解了一切同时既是压抑性的又是解放性的神话的基础，尼采解释了现代人历史自我意识增强的原因。透过这种循环，尼采注意到，这种摆动是一种真正发展或进步的证据，尽管到那时为止这种发展或进步还只是负面的，即借助历史意识和批判这些自欺的工具摧毁自欺本身。这样，按照尼采的观点，这种历史的情节就是反讽的，因为那些破坏了人们享受生活的能力的因素现在转而对付它们自己。并且，在特定意义上，其结果也是反讽的，因为人们现在反讽地生活，完全知道自己在神话和批判两个方面都很贫乏。

在文章结尾，尼采指出生活不会也不能证明它自身是正当的；它没有必要这样做。只有人类才感到需要证明他存在的正当性，因为所有动物中，只有人意识到他存在的荒谬性。尼采坚持，只有艺术能向人们证明生活的正当性，但不是任何“实在性”艺术，不是一种仅仅模仿性质的艺术。相片似的实在主义只是另一种形式的科学。他认为，真正需要的是一种意识到它的形而上学目的的艺术；因为只有艺术，而不是哲学或科学，能够为人提供有关生活的形而上学式论证。“艺术不是对自然的模仿，而是它的形而上学补充，它在自然旁边产生以征服自然”（第142页）。此外，艺术提供了人所能希望的惟一的先验存在，它做到这一点不仅是通过创造梦想，而且也通过消除已经萎缩了的梦想的伪实在。真正的艺术立即会告诉人“‘只管看！看仔细点！这就是你的生活。这是你存在之钟上的时针’”（同上），并会同时将所有的丑陋和分歧变为一种“审美的游戏，这是意志在精力充沛时与自己玩的游戏”（第143页）。

尼采问，如果人不是“一种不和谐的化身”的话，人是什么？如
344 果人是这种化身的话，他需要一种非凡的幻象用美的面纱来掩盖这不和谐。尼采认为他自己的时代已经到了人类自我孤立的漫长过程的终结，准备进入一个破坏性批判它所有萎缩了的幻象的新时期。这个破坏性世界预示着一个暴力和冲突时期，类似于西方世界以前只在希腊化时代看到的那种，当时，面对悲剧意识的消失，人们开始沿着使他们变得“现代”的自我毁损的漫长道路出发。因此，尼采说道：

> 今天我们经历同样的对知识的极大渴求，同样有无法满足的好奇，同样剧烈的世俗化，游牧式的流浪，贪婪地冲向异邦的餐桌（如希腊化时代一般），对现在的轻率尊崇或者茫然否定，以及种种属于世俗范围的东西——就好像昭示着我们自己文化中相似的缺乏，这种缺乏同样摧毁了神话。[第139—140页]

但是他乐观地面对未来：“每当酒神的力量变得太暴烈时”，他写道：“我们可以肯定，太阳神即将到来了，他不过是被一团乌云遮住了，他的美产生的巨大影响将被下一代目睹。”（第145—146页）

这里提到了酒神和太阳神的进程在几代人之间的轮换，它形成的历史观念奠定了尼采大部分思想的基础。正如前面所说，人们有时主张，尼采认为历史描述了一种循环的运动，一种不断重现的

运动，他把这一观点当作解药，来医治他那个时代流行的历史线形过程的天真想法。这样无知的思想根本无法靠近真理。首先，甚至在《悲剧的诞生》一书中，尼采区分了“未开化的蒙昧状态”的酒神精神和后荷马时代的希腊人的酒神精神，他设想了一种由前者到后者、通过太阳神的或史诗性的中间文化阶段的进步。这三个阶段在生命意志的发展方面的区别可以描述成自在的意志、自为的意志以及自在自为的意志；这些在尼采看来是悲剧精神的“直接阶段”。用克尔凯郭尔的话说，它们可以对应于意志空想、意志觉醒和意志意愿。意志对其自身的意识提供了纯粹悲剧的基础。简而言之，我们在这里看到了在意志自身之中意识的增长。

此外，在尼采的图式中，希腊悲剧的衰落之后，紧接着的不是回到了“未开化的”蒙昧状态，而是向前进入堕落，这种堕落本身经过了三个时期：希腊化时期、罗马时期和基督教时期——也就是，科学的、军事的和宗教的时期。这些时期被尼采看成是堕落的，因为每个时期不是把意志释放到破坏或者创造的工作中，而是惩罚 345
它，约束它，最终使它的力量反对它自身。

现代西方文明，在尼采看来，确定无疑地正在经历着与之相反的过程：从“基督教”时期的超脱尘世，到“罗马”时期的黩武主义，到“希腊化”时期的批判主义，到一个新的悲剧时代，然后，从此可能进入一种新的蒙昧状态。但是，尼采相信，这种新的蒙昧状态不同于原来的那种，它会更大程度地让人获得一种他们在旧的、未开化的蒙昧状态中从未享受到的自由和力量。尼采的超人，如他自己所说，将不仅仅是破坏者，而且也是创造者，他把生活当作艺术品一样来生活，他在他自己身上就体现了希腊人只能够在悲剧的舞台形象上能体现的不和谐的形式。

如果这是历史循环论，那它确实是非常奇怪的“循环”。尼采认为，往下的路和往上的路只是表面上属于同一条路；他的信念是，我们往下走是为了显得纯洁、干净并摆脱我们以前有损生活的幻象。简单而言，对尼采来说，西方人从原始时代以来的整个历史是一个显著进步的运动,即从简单的存在通过异化再到和解,正如舞台上的悲剧冲突一样。但是,他设想的和解不是与“自然”或者是“社会”的和解,而是与自身的和解。悲剧斗争的收获将在一种新阶段的自我意识形成后获得,像查拉图斯特拉那样的超人借助这种自我意识与混沌嬉戏。

这样去看的话,那么,历史就不是朝着一种超越时空的绝对进行的辩证式运动。尼采承认的惟一“绝对“是自由个体,它从任何精神超越的冲动中完全解放出来,这个个体在其超越自我的能力中找到了他的目标,通过为自己设立新任务给予他的生活一种辩证压力,将自己变成一个在希腊人看来只有神才拥有的那种生活的人类范例。

显而易见,尼采对悲剧精神的解释首先否定了关于实在本质的浪漫观点和反讽概念。其次,它包含了传统悲剧观与喜剧观的一种融合,这样,这两种观点各自分别所传授的两个真理,现在合并成了对生活和死亡的一种多重的接受。接下来,在这种悲剧与喜剧融合的观点中,所有道德蕴涵被排除了。这种观点被等同于“音乐的精神”——也即非宣叙调的音乐,这种音乐没有做任何关于世界的叙述,而只是作为纯粹的形式和运动与经验世界并列存在。音乐精神在语言和文字上的对应物就是隐喻。通过隐喻性认同,现象被转化为在它们自己之外没有“意义”的形象。作为形象,它们只是相似而不同于环绕着它们的任何事物。在隐喻中,对个体性原则的提出和否定是同时发生的,正如在神话思维中那样。要想重新进入神
346 话世界(没有了它英雄行为看起来是不可能的),尼采建议以纯粹隐喻的方式来修正悲剧的概念。返回到隐喻意识,这会成为对于天真的复兴。它将会引起对转喻和提喻意识方式的批判,放弃寻找现象背后的行动者和行为方式以及赋予它们以精神特质,那样会消除人类生活的意义。

尼采寻求把人类带回到与现象世界的直接面对中,让他的视野得以净化,而产生创造性幻象的能力依然完好无损。他相信,仅

靠人对经验世界做隐喻性改造的能力，就能够涤净记忆和健忘在人类生活中所潜在的破坏作用。隐喻意识的范例,那种在差异中看出类同之处、在类同之处看出差异的能力,反过来,又成了酒神—太阳神形象的范例，尼采把这一形象用作他的悲剧精神之兴衰的“历史”的组织原则。

这个“历史”是以反讽的笔调写成;尼采既关切又鄙视地向他的读者述说。但是关于它的对象,即悲剧精神,它决不是讽刺的。因为悲剧精神的“历史”同时是悲剧性和喜剧性的,即它情节上是悲剧性的而含义上是喜剧性的。悲剧精神兴衰史作为一种冲突被设计成情节,这种斗争为回归到喜剧意识的“快乐的智慧”创造了条件。写这本书的时候,尼采还处在狂热崇拜叔本华和瓦格纳的状态中,尽管如此,书的结尾却是完全不同于这两位“浪漫主义者”的调子,一个喜剧性调子,它庆祝人类意识从因果关系和形式规则中、从悲观主义和天真的乐观主义中解放出来。

但是，这一切预示了后来作品中全面呈现的哲学，尤其是在《查拉图斯特拉如是说》、《善恶之彼岸》和《道德的谱系》等书中。我这里感兴趣的是，尼采关于历史思想如何能促成新时代开始的概念，以及他认为要赋予历史思想以悲剧艺术的解放性力量需要些什么。因此,我必须求助于尼采为《悲剧的诞生》提供的历史学式的结尾,即“历史对于人生的利弊”。

记忆与历史

在《悲剧的诞生》一书中,尼采将人类生活放在混沌意识和形式意志之间;在“历史对人生的利弊”中,他分析了这一思想在时间方面的含义。“历史对人生的利弊”关注的是记忆和遗忘的力度,尼采把它看成是人类这种动物的独有属性。希腊舞台上上演的悲剧冲突毕竟是不受时间影响的;它存在于时间范围之外。人若要经历 347
像悲剧艺术作品中那样的生活,则必须时刻觉察到时间的流逝;他必定生活在历史里。因而，问题就是确定历史感，即时间流逝感在特有的人类记忆和遗忘的辩证法中，是如何既创造性地又破坏性地产生影响的。

虽然，尼采的许多谈论让人似乎觉得，人行事的能力依赖于他遗忘的能力——也就是说，依赖于他让自己摆脱意识、仅仅靠动物本能来做出反应的能力，事实上，尼采认为，人的遗忘完全不同于动物的记忆消失。谈论动物的遗忘能力实在没有什么意义，因为动物预先没有记忆的冲动。在"历史对人生的利弊"中，尼采解释说，田野里的野兽活在永恒的现在中，既不感到满足也不感到痛苦，没有意识，因此也没有人类所独有的遗忘冲动，这种冲动是一种意志行动。

这样，尼采写道，当人责备田野里的野兽时，可能会问野兽："'你为什么看着我，而不把你的欢乐告诉我？'野兽想要回答——'因为我总是忘记我想说的'，但是它连这个回答也忘记了，它沉默着；留下了人充满疑问。"人"也对他自己满是疑惑，疑惑自己无法学会去遗忘而总是抓住过去；无论他跑得多远，多快，过去就像锁链紧随着他"(第5页)。简单而言，人历史地活着；他意识到他不断地形成、未形成，意识到所有现在都消亡成了一个固定了的过去。过去以一种做了、结束了、完成了、无法改变了的事情的形象，不断浮现在人眼前。它的确难以驾驭，是人自我欺骗的源泉，也是人自我毁损背后的动力。

人愿意"进入"他的现在，立即、完全地经历现在；这是他的最主要的冲动。但是"过去巨大、不断增加的重量……压下来，折弯了他的腰"。这个过去与人一起行进；它是"一个阴暗的看不见的负担，人能够合情合理地否定它，在和他的同伴们的交谈中，人却太高兴乃至没有这样做，这只是为了激起他们的羡慕"。但是人类羡慕动物或儿童，动物没有背负这样的负担，儿童"还没有什么过去的东西可以否定，在过去和未来两堵墙间，盲目、快乐地玩耍"(同上)。

但是，儿童不同于动物，他只能暂时地享受这种无记忆的天堂。一旦他学会了“从前”这个词，他就暴露于所有“人类的斗争、苦难和厌倦”之中，他就会知道，人类存在实在不过是“一种永远不会成为现在的未完成过去时”。只有死亡带给人类所“渴望的遗忘”；“它把生命和存在一起废弃，并确定下来这样一种知识，即‘存在(being)’只是一种连续的‘曾在(has been)’，一种靠否定和破坏以及反驳自己而延续的事物”(同上，第5—6页)。

有创造性的人面对的问题是要学会遗忘，要“站在一个点上……既没有害怕，也没有晕眩”——*不是去否定*过去和他自己， 348
像他过去所做的那样，*而是去忘记*它。对过去事情的记忆，其极端例子会是“注定要到处目睹‘形成’的……人”(第6页)。这个人会(像萨特的《恶心》中的人物洛根丁一样)不再相信自己的存在，取而代之的是目睹每件事物永恒不断地飞过，在川流不息的形成中失去他自己。没有了遗忘，任何行动都是不可能的，任何生活都难以想象。“正如每一种有机体的生命都不仅仅和光而且也和黑暗有密切联系一样”(第6—7页)。*仅仅*活着而没有记忆是可能的，正如动物的例子表明的那样，但是“任何真正意义上的生活如果没有了遗忘是完全不可能的”(第7页)。

这些段落揭示了尼采思想中经常被当代人的评论所忽视的一个方面。尼采思考的是一个人类独有的问题，即学会遗忘的问题，这个问题根本就不是*动物*的；要学会遗忘，先决条件是需要预先有记忆能力，而这种能力只有人才有。简而言之，在这篇文章中，先假定了历史意识；它无须解释，而只是被想当然地接受。随后，在《道德的谱系》中，尼采着手在历史学和心理学基础上，解释这种记忆的能力如何在人身上扎根；但是在“历史对于人生的利弊”一文中，他认为这是理所当然的，并且询问，对于一个有创造性的人的生活，它又意味着什么。动物的“问题”是它不去记忆；人的“问题”是把一切都记得太好。由于这种记忆过去的能力，所有*人类*独特的构造出现了。它不是人*需要*记忆的问题；人无可挽回地有了记忆，这是人的福泽也是人的毁灭。因此无论他想不想要，他有历史。这样，问题就是，这种记忆的能力是否尚未过度发展，从而它自身成了生活的一个威胁。它与其说是一个破坏历史的问题，不如说是一个何时人类有正当理由遗忘它的问题：

> 高兴，一种无愧的良心，对未来的信念，那种欢欣的事——在个人和国家中，都取决于有一条线把看得见的、清楚的事物与那些模糊的、虚幻的事物隔开了；我们必须知道遗忘的恰当时间以及记忆的恰当时间，靠本能看出什么时候需要历史性地去感受，什么时候需要非历史性地去感受。[同上]

因此，"要求读者思考的观点"是"那些历史和非历史的（事物），对于个人的、社会的以及一个文化体系的健康来说，是同样必要的"（第7—8页）。

需要强调的是，尼采把历史价值（以及，更不必说，记忆的价值）这一问题放在它服务于的价值或需要这个问题之内。他坚持，记忆就像用眼睛看，它总是对某物的记忆，而不是一个抽象的活动；因此，记忆是意志行动，带有意图、目的或对象。此外，人选择用一种独特的方式记忆，他所选择的记忆事物的方式就表明他关于
349 自己的态度是破坏性的还是建设性的。回顾他的过去是一种定义他的现在和未来的方式；他如何塑造过去，即他强加给过去的那种形象，是他将自己投身于未来的准备。他可以决定的是英雄般地大步踏入未来还是回到未来，但是他无法避免未来。这样，问题就是要清除可能包含在记忆中的自我毁灭的能力。遗忘也是人类的能力，即一种人类独有的能力。动物不会想要忘记，它只会享受一种时间上的无意识状态。对比之下，人既能遗忘又能记忆，这种二分是人类独有的；人类的遗忘不同于动物的遗忘，它必须消除记忆的痕迹，这些痕迹使人可能无所作为地继续留存在自己的过去生活中。

于是，作为他那个时代的批评家，尼采问道，创造性的遗忘如何才能积累起来对抗强大的记忆动力，以及在多大程度上，历史意识自身能用来服务于人的创新能力，即他的自我超越能力。这就意味着，历史知识本身必须要和一种先天的能力联系起来，或者，用尼采的话说："历史研究只有在依循一种强有力的赋予生命的影响时——因而，只有当它由一种更高的力量，而不是由它自己引导或主宰时，它才对未来有益。"（第11—12页）这样，与黑格尔、马克思一样，尼采的最终目标也是把历史知识拉回到人类需要的范围之内，使它成为人类需要的仆人而不是主人。他说，生活确实需要历史的服务；只有过量的历史才会损害生活。

尼采因此承认，人需要历史，并且有三种方式："涉及到他的行动和斗争"，作为一个对他保守和尊崇的能力的帮助，作为对他的苦难和渴望解脱的一剂安慰剂。这三种需要产生了三种历史：纪念的历史、好古的历史和批判的历史。所有三种都培养也威胁到人类独有的能力。

纪念的历史提供了人类崇高品格的榜样，它宣扬既然一件伟大的事情曾经存在过，那么它就是可能的，也因此*应该*能够再次成为可能。纪念的历史是首先作为伟人故事去研究的那种历史，它以卡莱尔式的风格可以用过去来谴责现在的琐碎，将史学家自己抛入为更好的未来而进行的斗争中。但是这种历史方法有它的缺点；它有可能会误导人。其主要弱点是，它在损害原因的情况下描绘结果；它从错误类比出发，以便在每一个伟大个体身上找到一种普遍的伟大。因此，它模糊了"真实的历史上的因果联系"，破坏了所有伟大事物的基本区别，并且它倾向于把过去浪漫化。实际上，作为生活的刺激物，浪漫小说和纪念的历史有同样的目的；并且，在怯弱者手中，这种历史能变得对现在和未来不利。它教导人们，人不必为伟大而奋斗，因为所有形式的伟大早已在过去实现，这样就会 350
破坏活着的人的自信。

出于对过去的虔诚的敬畏态度而逃避现实，这种冲动在好古的历史中有其极端形式，但是，它也有其独特之处，以及具有创造性和破坏性的一面。创造性的是，好古的历史产生出对起源的尊重；它就如同“依偎着树根的树木的那种感觉，那种因为知道自己的生长不仅仅是任意的、偶然的，而是继承了过去的果实和花朵，这一过去不仅仅证明了现在，而且使现在圆满——这就是我们如今喜欢称为的真正历史感”（第19页）。但是，一旦过度，这种好古的历史态度会倾向于对各种事物不加判别地赞美，从而使得事物无论大小都处于平等条件下。此外，它对任何旧的事物都给予特殊价值，仅仅因为它们是旧的，另外，它也激发出一种对新的或区别于传统的事物的不信任。当“虔诚之泉枯竭”的时候，好古式态度会持续，并且会完全致力于维持早已活着的一切，反对创造新生命（第20页）。

纪念的历史一方面创造性地在尊重过去的伟大的基础上将人指向未来，另一方面破坏性地削弱了人们对伟大的冲动；好古的历史一方面创造性地引起了对起源的虔诚尊重，另一方面破坏性地反对现时的需要或渴望。矫正这两种历史的做法是批判的历史。批判的历史源自“为了生活而打碎过去并运用过去”的冲动（第42页）。批判性史学家关注的是“把过去带到审判法庭，无情地审问它并最终谴责它”（同上）。批判性史学家有能力洞察过去的伟大之神秘及价值，有能力把虔诚踩在脚下并否定过去对现在的要求。当然，批判精神也有破坏性的一面，如果过了头，它会通过疏怠、通过已经显示了没有什么事是高尚的，最终神化现在的琐屑。正如尼采后来所说：“历史审查发现了如此多的虚伪和荒谬、暴力和残忍，以至于虔诚幻想的条件破碎了。”（同上）如果批判历史走得过了头，会产生一种“反讽的自我意识”（第47页）。它导致人们发现“每种产生了的事物都理当被破坏”这一可怕真相，这又引向“如果根本没有出生更好”的结论，即引向叔本华式的悲观主义和对生命的厌恶（同上）。正如尼采警告过的那样“人们需要很大的力量才能生活并忘记（批判性历史所教导的）生活和不公平在多大程度上就是一回事”（第21页）。

因此，在尼采看来，历史意识的危险性可以在好古的、批判的以及纪念的历史之过量中找到：即古风主义、现在主义和未来主义。需要的是综合三种阅读过去的方法，而不是逃避过去，因为无法逃避过去。 351

> 正因为我们只不过是从前世代的产物，我们也是他们的错误、激情和罪恶的产物；要摆脱这一链式结构是不可能的。虽然我们谴责错误并自认为已经逃避了错误，但是无法逃避我们出身于错误这一事实。最多，它导致我们天生的、遗传所得的本性与我们的知识之间，严厉的新戒律与旧传统之间的冲突；我们培养了一种新的生活方式，一种新的本能，一种使我们的第一天性衰退的第二天性。比之我们确实来自的那个过去，这是一个由果溯因以获得一种我们可能由之而来的过去的尝试——这个尝试总是个危险的尝试，因为很难找到否定过去的界限，并且第二天性一般比第一天性弱。［同上］

所有形式的历史不断提醒我们这一事实；但是我们坚持要努力去创造这样的“第二天性”并且培植它们。尼采说，当我们成功的时候，批判史学家就是对的，因为他已经向我们显示这种“第一天性”曾经是一种“第二天性”，“并且每一种胜利的‘第二天性’就成了第一天性”（第22页）。

这种历史意识形式的三分可以看成分别是对转喻、提喻和反讽模式的分析。显然，在尼采看来，纪念的历史编纂是按照相近和区分的范畴来构想世界的，它根据历史过程中或优或劣的因果作用，在伟人彼此之间以及在伟人与群众之间进行区分。当纪念性史学强调伟人的成就时，它是创造性的，但当它强调过去的伟大与现在或者未来的伟大之间的区别时，它便具有破坏性。相比之下，好古的历史编纂是按照提喻、连续性和统一性，以及曾经存在过的一切与现在存在的一切之间的关系这一模式去构想的历史。这使得每一事物在历史价值和重要性上都是相同的。当好古的历史提醒人们,现在的每一个人都是过去事物的产物,它便具有创造性;当它将所有现在的事物解释为只是过去事物的结果时,它便具有破坏性。相比之下,批判的历史编纂是按照反讽的模式撰述的历史,这种历史思想得以实现,是因为它相信每一事物都是不牢靠的,都值得怀疑,人类每一成就中都有缺陷,每一种虚伪中都有真理,而每一种真理中都有虚伪。当这种构想历史的模式服务于现在的需要而削弱过去和未来的权威时,它具有创造性;当它让历史这幕戏剧中现在的演员想起他自己同样也有缺陷,因而不应该追求英雄的境界或者敬畏任何事物时,这种历史具有破坏性。

针对所有这些形式的历史意识的极端的或者破坏性的方面,
352 尼采提议的矫正方法是以隐喻模式运作的历史意识。他那种把历史看作一种艺术形式的观点,正是把历史看作一种悲剧艺术,更确切地说,正是他在《悲剧的诞生》中所维护的那种纯粹悲剧艺术的形式。在"历史对人生的利弊"最后一节中,尼采所维护的他所谓的"超历史的"和"非历史的"观点,实际上就是基于以隐喻方式构想的历史。

在"历史对人生的利弊"的第四部分,尼采指出,历史能够通过变成一种艺术形式而服务于生活。他主张,把历史变成一门科学的倾向对于历史赋予生命这一作用具有毁灭性。"对过去知识的需要只是为了服务于未来和现在,而不是去削弱现在或者破坏生气勃勃的将来。"历史被看作是一种服务于生活的艺术形式,它将被引导着去为"客观性"而不是为真理或者正义服务。但是,尼采说的"客观性"不是指人文主义者的"宽容"或者科学家的"毫无偏见",他指的是艺术家自觉的"感兴趣"。

尼采说,当他谈到"历史客观性"的时候,他想的是

> 史学家的某种观点,这种史学家把动机和后果的演替看

得太清楚以至于他自己的个性不会受其影响。我们想象着那种美学现象，那种摆脱一切个人利害关系的情况，如画家看着他心里的图画而忘记了自己……我们也要求史学家有艺术家的静观与完全沉浸于他的对象中的境地。[第37页]

但是，尼采强调，

要是说客体在这样一个人心中显示的图像能确实表现出事物的真实性，那只是一个迷信。除非是客体在那些瞬间里会通过它们自己的活动在一个纯粹被动的媒介上把自己画下来或者拍摄下来！[第37—38页]

相反，尼采认为，客观性的最高形式是“创作”，“创作的结果将是一种艺术上而不是历史上的真实图景”，因为：

从这种意义上讲，客观地去思考历史是剧作家的工作：把一件事与另一件事放在一起思考，将诸多成分合成一个整体，前提是如果事先没有统一的计划，就必须将这种计划赋予客体。[第37—38页]

这就意味着历史智慧不同于历史知识或信息，它是剧作家的洞见，是非现实性，或者像我说过的那样，是“情节化”。实际上，尼采认为：“有可能会有这样一种历史著作，它其中没有任何普通事实，但是却可以被称作有高度的客观性”（第38页）。尼采引用了格里尔帕策[①]的话： 353

历史只是一种方式，人的精神以此去理解他并不清楚的事实，将只有上帝才知道的事物之间的联系连接起来，把不可

① 格里尔帕策（1791—1872），奥地利剧作家。——译注

理解的事物用可理解的事物代替，把他自己的因果关系想法植入外部世界(这一外部世界也许只能从内部解释)，在有成千上万个小原因真正起作用的地方假定机会的存在。[同上]

但是尼采警告说，这种“客观性”观念必须谨慎使用。人们不应该认为“人类行为和世界进程”之间有些“敌对”(第38—39页)。他们是一回事！

此外，人不应该寻求现象之后的某些主体。现象本身便是史学家所寻求的主体。当史学家对史料进行概括时，他实际上就不再对我们进行什么教导了。而在其他学科中，“概括是最重要的事情”，因为“其间包含了规律”。史学家的概括即使到了能理直气壮要求拥有规律地位的地步，也是不重要的，因为“除去了晦涩和难解的部分之后，真理所剩下的只是最普通不过的知识。最小范围的经验都能传授这种知识”(第39页)。这就如同以为戏剧的价值似乎只存在于最后一幕中。史学家著作的价值不是在它的概括之中，而是，

相反，它真正的价值在于，它把一个也许尽人皆知的题目巧妙地加以变化，它把通俗的旋律升华为一种普遍的象征，并表现出在其中存在着一个多么有深意、多么有力量、多么美丽的世界。[同上]

好的史学家必须拥有那种力量，将已经知道了的一切重铸成前所未闻的、如此简单又深奥地宣示的一切，从而使简单消失在深奥中，深奥消失在简单中。[第40页]

这样的史学家是占据了历史领域的种种客体的隐喻性认同的主人。通过将熟悉的事物转化为陌生的事物，通过再一次使它们变得“陌生”和“神秘”，以揭示“普遍”存在于“特殊”之中，“特殊”存在于“普遍”之中。“简单”隐藏于“深奥”之中，“深奥”隐藏于“简

单”之中。但是，这种隐藏同时也是一种揭示，它揭示了人进入他的现在并按照他的意愿利用历史的力量。

这种历史意识应该受什么原则支配呢？尼采对这个问题的回答非常具体：“你只有借助于现在的最强大的事物才能解释过去。”他说，“过去的语言总是玄妙难解：你只有成为了解现在并建构未来的人，才能理解它……只有建构未来的人才有权利判断过去”。但是这种对过去的判断不会产生任何用来预言未来的规则：“在思 354
考未来生活时，你就有足够的要去思考、要去发现的东西……不要要求历史向你展示其中的方法和手段。”但是，有创造性的人通过“自己回想”他真正的需要，找到了让所有“虚假的必然性消失”的基础（同上）。通过摧毁那种传统历史学识培养的“反讽性自我意识”，会形成一种新的、宏伟的历史观的基础。

尼采认为，一般而言，欧洲，尤其是德国，所经历的历史意识有三种形式：黑格尔哲学、达尔文主义和以哈特曼为代表的所谓无意识哲学。如尼采所知，黑格尔哲学是理性主义和在场论的；它“实际上随时都演变为对成功的全心专注，演变为对现实的崇拜，对于后者，我们现在已经找到了特有的短语，即‘让自己适应环境’”（第52页）。达尔文主义以一种融合了自然的历史和人的历史的方式，也产生了相同的效果；它允许特定的一代人去相信他们是整个宇宙进程的最终目标和终点——人们满足于他们现在的状态，而不是争取更好的。哈特曼的无意识学说以一种无休止、神秘的生成作为历史的推动力，它将人对自己的责任都从人的身上带走，而把这责任归于一种高于一切的力量，人必定只是服务于这一力量而永远不会控制或支配它。（第56—57页）尼采主张，这种学说产生了对历史古怪的拙劣模仿，因为它否定了历史本身。它塑造的历史是一个形而上学力量的无意识衰退和泛滥的形象。按照这种看法，人“除了继续过他一直过的那种生活、爱他一直所爱的、恨他一直所恨的、读他一直所读的报纸之外，没有什么可做的。对于他，惟一的罪恶就是不像从前那样生活”（第58页）。用弗洛伊德的术语来说，哈特曼的哲学否定了自我所知道的真理，而屈服于本我的需要。它要求人们，“为了他的目标，即‘救赎世界’，而‘使个人人格完全屈服于世界进程’”（同上）。

这样，哈特曼的无意识占据支配地位的学说和黑格尔的“世界精神”学说、达尔文奉为神明的自然一样危险。它代表了形式意志的僵化而损害了生活的意志。尼采重复道，如果历史要服务于活着的人们的需要，就必须回避所有这些一般图式：“将会出现那样一个时代，我们明智地避开一切世界过程的、甚至是人的历史的构建，那时我们将不再观察群众，而是观察一些个人，他们形成了一座桥梁架在荒凉的生成之河上。”（第59页）尼采预言，那时，“历史的任务”将是在伟人之间调和，“甚至为伟人的产生提供动机和力量”（同上）。这样，可以看出“人类的目的最终只能存在于他的最高
355 典范中”（同上）。那种兰克式历史主义在人身上过度采取的宽容最终是有害的：“客观地看待一切，无所怒，无所爱，理解一切——这使人温和柔顺、听命于人。”（第53页）它甚至可能是致命的。但是“幸运的是，历史还为我们保存着对伟大的‘反抗历史的斗士们’的记忆，反抗历史也就是反抗现实的盲目威力”，无论它可能是什么（第54页）。

最后，尼采总结说，治疗“历史疾病”的良药必须是历史本身。另一个反讽是，治疗历史化了的文化必须用同样的疗法：“因为历史性文化的根源，以及它绝对极端反对新时代精神和‘现代意识’精神的根源，其本身必须通过一个历史过程来了解……科学必须将它的芒刺转向它自己。”（第51页）当历史自身展示历史性文化的历史起源时，获取那种“非历史的”或者“超历史的”有利地位的道路就畅通了，艺术具有的制造神话的力量能在那种有利地位上发挥作用。非历史是什么？它只是“那种艺术的力量、遗忘的力量以及在自己周围划出有限视界的力量”（第69页）。超历史又是什么？超历史是指另一种力量，它将“目光从单纯的演变过程转向使存在具有永恒和稳定之特征的过程，即转向艺术和宗教”，转向酒神和太

阳神（同上）。总而言之，"非历史和超历史是天然良药，它们能治疗历史对生活的压制以及历史疾病"（第70页）。

一旦我们把自己包裹在艺术和神话之中，我们也许能够重新创造性地学习历史，并且"在生活的指引下，用三种方式利用过去——即纪念式、好古式或批判式"，因为，"一切现存的事物都需要一种氛围、一层神秘的薄雾围绕在它们周围。如果摘掉了这层面纱，如果宣告宗教、艺术或天才像没有大气的星辰那样运行，它若是变僵化了、不结果实并很快枯萎，我们就不必感到惊讶了"（第44页）。

现代文化就如同这样：它已经失去了一切陌生的感觉或惊奇的感觉；它对一切都感到满意，因此不会为了自己的利益去爱或者恨任何事物。其结果是产生了一代失去了精神家园的人，他们怀疑一切想法和一切道德。历史导向的人知道"每一个时代都是不同的"，他们也知道"你是什么并不重要"（第45页）。这样，由于艺术与历史对立，只有"当历史经历转变而成为纯粹艺术作品时"，它才能"保持本能并唤起本能"（第42页）。但是如果一种历史观"仅仅只是破坏，而没有任何建造的冲动，长期下去，它将会使它的工具对生活感到厌倦；因为这样的人破坏幻想，而谁破坏了自身和他人的幻想，谁就会受到自然这一最高暴君的惩罚。"（同上）

尼采的"历史对人生的利弊"比他大多数的著作在方法上都更具分析性；比之在他后期的创作中那种越来越热狂的方式，尼采此文更多地依赖于传统的哲学批评。但是，适当地说，这一分析性作 356
品最终只是破坏性的。至于悲剧艺术式历史编纂可能是什么样子，此文本身几乎没有提出什么看法。当然，因为它是写在《悲剧的诞生》一书营造的氛围里，可以设想，这种历史编纂的例子可能会在文章潜在读者的意识中出现。实际上，这两个作品是互补的，"历史对人生的利弊"可以看成是回顾性的清场工作；它为《悲剧的诞生》一书所展示的那种新的历史编纂铺平了道路。但是，后者通过唤起人们对它的渴望，只是使得公元前5世纪时在希腊出现的那种悲剧艺术变得可能。它表明有必要对希腊悲剧提出新的历史说明,并力图提出这样的说明。它甚至将悲剧置于当前所理解的历史的对立面,以此作为构建这种关于希腊悲剧的崭新历史说明的途径。

但是,将古希腊悲剧与各种形式的现代诗性想象(包括瓦格纳的,当时尼采还依然对它充满尊敬)并列,这从根本上看也只是一种并列而已。希腊悲剧想象以何种过程转化成了颓废的现代诗性想象,这依然不清楚。尼采甚至在哀悼古代悲剧的衰败和没落,并将现代历史意识作为与之相对的类型的时候,也没有在《悲剧的诞生》中提供一种能解释这一转化的历史过程的理论。然而,他已在这种理论的边缘;这很大程度上表现在“历史对人生的利弊”中进行的破坏性工作,以及记忆与遗忘的辨证关系理论。后者成为他区分各种形式的历史主义(即纪念的、好古的和批判的历史主义)以及区分这些历史主义自身中创造性形式和破坏性形式的理论基础。

尽管如此,在“历史对人生的利弊”中,尼采依然只是讲述了一种创造性的、服务于生活的历史编纂不会是什么样的;他并没有讲述它会是什么样的。它在构思方面是结构性的还是叙述性的,是共时的还是历时的?它是个人与命运抗争的“故事”,还是对已经有了结局的系列事件的评价,抑或是对英雄可能性的隐喻式召唤?尼采说,它可以同时是所有这一切,可以是其中的一种或者是其中几种的结合,这取决于*史学家所设想*的人们的生活需要。简而言之,尼采把决定一部特定历史著作以什么为目的、采用什么形式的权力归诸于史学家自己对他所处时代的生活需要的理解。史学家惟一要避免的就是,不要为了神化过去而牺牲现在,也不要为了神化现在而牺牲未来,也就是说,不要编写无批判性的纪念的历史或者无批判性的好古的历史,或反过来,就是那种没有英雄又轻慢不恭的批判性历史。尼采自己在《道德的谱系》一书中提供了这种服务于生活的历史编纂模式,这本著作几乎可以说是终结了他的创作生涯。

道德与历史 357

《道德的谱系》(1887)可以看成是尼采提出的“超历史”方法在一个既属历史又属哲学的问题上的运用。它试图找出道德以及人的道德感、良心、人对于诸如“善”和“恶”的信念等等的起源和意义。这本书以批判卢梭式历史观开头，这种观点认为，基本上是“善”的人性被认为是由于“落入”社会状况中而败坏了。尼采却相反，他主张，人就其本质而言不处于任何状态；如果他落入了任何状态的话，那也是落入了“善良”，人这种动物一切特殊的不满都来自于这种“善良”。但是，尼采在这篇文章中提供了将西方道德史进行情节化的计划，那使得我们可以预言：人们即将从束缚他的“善良”中解脱出来。这种解脱，正如对马克思而言的那样，代表了从“社会”条件中解放出来。但是尼采没有把它想象成为一种进入“共同体”的解脱。相反，他把它看成是一种与别人的所有必需的联系的解脱，这是一个个人自足的梦想，它不过是一种无政府状态。他把这种无政府状态称为“英雄主义”或者“超人性”，虽然如此，它还是一种无政府状态。而且，这种无政府状态通过消解所有“价值”而变得更为可怕，而这些价值被认为是它的基础。

这并不是说，比起卢梭或者马克思，尼采更多地否定了作为对最终的、创造性的(或者英雄)阶段之准备的社会阶段的必要性。相反，他认为，人需要这个第二阶段，以便磨炼他独有的人类品质、他的人类意志和理性(第167页)。但是，尼采认为这种社会阶段，这种自我否定、无意志并且合理的阶段，已经被人自己的批判力量所消融，它让人为理性和社会的崩溃做好准备，从而将会把意志释放到一种新的、更高的“蒙昧状态”，在这种蒙昧状态中，个人将把自己的生活当成艺术作品那样来生活。因此，他用讥讽的声音(the voice of the *erion*)的声音撰写历史，但把它当作喜剧来编排情节。

《道德的谱系》中的第一篇文章分析了“善与恶”、“好与坏”的二分法。它以批判英国功利主义道德家开篇，尼采嘲讽地将他们称为“伦理史学家”，也就是说，他们只是叙述传统的道德观点而不对这些观点进行无论是什么样的批评。他说，实际上，他们都已经“为真正的历史精神所背弃。他们都无一例外地非历史性地思考”（第159页）。

但是，“历史地思考”是什么呢？在此，它是指人们回头去深入思考一种自由的、高贵的、强有力的贵族阶层的意识，这一阶层将命名喜欢及不喜欢的事物的权利掌握在自己手中：

> 358 好和坏对立的起源可以在高贵和冷淡的情操中找到，那代表了上等统治阶级相比下等被统治阶级来说所具有的那种主要的性情。统治者有赐名的权利，这意味着人们几乎可以把语言本身的起源理解为统治者权力的表现。他们［隐喻性地说］，“这叫这个名字，或者，这叫那个名字”；他们用声音给每一事物和行为打下烙印，这样他们就象征性地占有了它们。［第160页］

因此，贵族的语言直接、坦率、毫不迂回，而且幼稚；它对事物的命名毫不掩饰情感，虽然悦耳但却缺乏深思熟虑。

相比之下，弱者的语言总是深思熟虑后的语言，它带有间接的意图和隐秘的目的。“当高贵者感到怨恨的时候，怨恨被他瞬间的反应所吸收，因此，他不会受怨恨的毒害。”但是，尼采说，让我们想象一下充满怨恨的、受压迫的弱者是如何去想“敌人”的。他一定会把“敌人”想象成一个“基本概念”，想象成“邪恶的人”，然后“他又设想了其对立面，即‘好人’——也就是他自己”（第173页）。

这里，高贵者和弱者的区别是按照那些能够用隐喻方式思维的人们与那些被限定用概念方式思维的人们之间的区别去设想的。前者运用艺术语言；后者运用科学、哲学或宗教的语言。

为了证明这些概括，尼采求助于语源学，求助于“善”、“恶”和

“坏”这些术语的历史,并且指出,这些“所有语言中善(的术语)都显示了一切价值的社会阶级起源”(第162页)。一种新的反贵族阶层带头反抗最初的贵族阶层以自我为中心的非道德,它的领导者,即教士,从强者构成的最初的贵族中分出,并发展成了它的对立面。这种新的民众的贵族统治的根本品质就是弱者无论出现在哪里都表现出的本质特征——怨恨。但是,它通过一种语言策略,将它的权力建立在群众和强者上;它只是把它的怨恨称作了“爱”。

这种怨恨起源于民众成员对权力意志的压抑和升华。当它升华时,它的表现形式是重新评价各种高贵品质:鉴于高贵者将自己的行为定义为“好”,将与自己不同的行为定义为“坏”,弱者开始将胜于己者的行为定义为“恶”,将自己的行为定义为“善”;第一种二分法完全与道德无关,它只是对个人所感到的快乐或痛苦经历的一个声明,而第二种二分法骨子里是形而上学式的和说教式的,它将性质方面的邪恶*本质*归于那些与下定义的人或者团体不同的行为上。

尼采试图通过立足于*健康*这一观念上,超越“善与恶”这样的语言中的形而上学道德准则。他将“健康”定义为任何直接、立即的情绪表现。健康之于自然有机体正如隐喻意识之于精神状态。他 359
说,如果情绪没有找到直接的、立即的出口,它将产生很大的间接表现的压制力量,比如怨恨。这种怨恨反过来又表现在精神而不是生理活动中,尤其是表现在对能够解释那种压制的*原因的寻求中*,并且它完全有理由在强者身上找到了原因。但是,怨恨的人为了解释他自己的虚弱而谴责强者*不只是*拥有力量,因此,力量这一特征被解释成了一种邪恶的*品质*。

特性(比如力量或软弱)向品质(比如邪恶或忍耐)的转化受语言手段的影响。在《道德的谱系》第一篇文章的第十四节,尼采以反讽方式描写了这种价值重估是如何发生的;它完全是语言上的重估。弱者把“软弱改成为美德……无法报复的无能变成善良;懦弱变成谦卑”等等(第180页)。因此,整个道德的历史被看成是转喻和提喻意识牺牲了对世界“无辜的”隐喻性理解的情况下运作的产物。寻求原因和本质，即寻求隐喻式语言中描绘的现象背后的行为方式和外在的品质，也就是，产生了两种人们用来对付自己的压迫性工具，即科学和宗教。

尼采并没有认识到，在《道德的谱系》一书中，他正在最大程度地利用语言的比喻理论在他关于道德和文化的“历史”中来说明这两者。几乎是作为事后补记，在第一篇文章附的一个注释里，他提出了以下问题以备进一步的思考：“语言科学，尤其是语源学研究为道德思想的演进提供了什么信息？”（第188页）在第一篇文章中回答了这个问题，那时他讨论的是，纵贯历史，诗歌性语言中的转喻和提喻因素多大程度上在意识自我压抑的活动中充当了原动力。这些语言力量的充分发展最终导致了他那个时代和文明深受其苦的那种反讽意识。他没有意识到，通过表明他对隐喻性语言的基本创造性这一概念的立场，他回避了一个问题，即隐喻本身在人的自我压抑的倾向中所扮演的角色。但是，这种语言的历史主义赋予隐喻意识一种纯粹的创造性功能，尼采可以凭借它提供的基础去批判他那个时代的各种历史意识形式（即转喻式的、提喻式的与反讽式的形式）。

尼采受过语言学的专业培训，这意味着，在他的思想中，语言的转变一定是被当作一种模型以理解意识本身的转变。这表明，他的意识循环论完全有可能是他的语言循环论的反映，后者指语言
360 从隐喻通过转喻和提喻再到反讽的循环。这样，意识向纯洁状态的回归就必然是根据语言向隐喻阶段的回归而设想的。显然，在任何事件中，记忆和遗忘、许诺和将自己与虚构的过去或未来连接在一起，很明显，这整个问题在他的脑海中都和按转喻和提喻方式理解世界而产生的谬误有关。“落入”“善”、道德和自我损毁，最终只是落入了语言可能性的更深区域。

《道德的谱系》中的第二篇文章是关于“负罪”、“良心谴责”以及“相关的事物”。文章一开始就重新分析了人类独有的记忆能力。

在这里,尼采也像以前一样把记忆描述为一种执拗的任性,人们借助它将自己与一种特定的未来以及一种固定了的过去连接起来。尼采认为,良心指的就是将一个人自身与特定的未来和固定的过去联系在一起的能力。记忆的能力使过去所做的誓言能够对现在和未来施加影响并起决定作用。承诺的、记住的和信守的诺言给人的生活强加了一种秩序,但是这种秩序完全不同于遗忘能力所强加给人的那种。遗忘能力允许人生活在一种现在;它行使职责让“意识的门窗暂时地关闭;让我们免受那些我们的低级器官彼此合作或彼此对抗时伴随的噪音和骚动;让意识能够获得片刻的宁静和些许的空白,从而为我们机体中进行支配和运转的那种更高贵的用途和机能留出空间”(第189页)。当我们“忘记”过去和未来的时候,我们就能够清楚地“看”现在。当遗忘被记忆延缓时,“尤其是在那些涉及到许诺问题的例子中”,意志被一个以前的情形和欲望束缚,并且它继续肯定那种情形和欲望,甚至会不惜牺牲自己的健康(第189—190页)。

简而言之,许诺的能力正好与记忆的能力性质相同。通过许诺,人向前意愿,把一个虚构的形式强加给未来;通过记忆,人向后意愿,把一个虚构的形式强加给过去。尼采认为,对于许诺和记忆两者都重要的一点是利益,根据这种利益,这些虚构形式被分别强加于未来和过去上。良心不安不过是无力把某人过去的行为接受为他自己的行为,即一种冲动,它本能地将它们看作是别的行为者或行为方式的产物而不是自己的,看作是比自己的存在更高、更好的某种“品质”的表现。相比之下,好的良心只是一种能力,这种能力意味着,所有发生过了的或者将来要发生的一切,都是以我自己的行为方式发生了或将发生的,是我自己品质的表现。尼采认为,创造性的遗忘同时也是创造性的记忆,因为创造性的遗忘只是记忆了人自己的意愿、自己的能力和才能。并且,它对于所有世代和对于个人是一样的。成为自己就是去否定过去和将来施加在人身 361
上的种种责任,除非这些责任是人们自己选择的、并且只是因为人发现它们“好”而看重的责任。在《道德的谱系》一书的第二篇文章中，尼采着手处理了他在“历史对人生的利弊”中回避了的问题，即“人这种动物的记忆是如何出现的？这一半是枯燥、一半是反复无常的人类智慧，这种健忘的化身到底是如何记住任何事物以便使之持久的？”（第192页）他说，人如果找到这一问题的答案，他就不仅解决了意识之谜，也同时解决了社会、文化以及破坏性历史意识之谜。《道德的谱系》一书最后一篇文章是按照一种压抑和升华的心理学理论讨论文化、社会和道德的历史。其中，他把人对于一种单一的、不能挽回的过去的感觉与恐惧看成本质上相同的事情。

尼采说，记忆的产生只受痛苦的影响；因此可以推断，文化记忆也和个人记忆一样是痛苦而不是快乐的产物。

> 每当人们认为有必要为自己创造一种记忆的时候，他的努力就总是伴随着痛苦、流血和牺牲。最恐怖的牺牲和誓言，包括牺牲头胎；最可怕的残害，例如行阉礼，以及所有宗教礼仪中最残酷的仪式（所有的宗教归根到底都是残酷的体系）——所有这一切都根源于一种本能，这种本能预言了痛苦是记忆术最强有力的帮助。[第193页]

在人类历史之初，当人类记忆发展得还不完善的时候，就需要最可怕的激发记忆的方法：“严酷的原始刑典可以帮助我们了解，要克服健忘并且让这些受一时冲动和欲望奴役的人们记住一些社会生活的基本要求，这一定会是多么的困难！”（同上）借助于这些最残酷的方式教会个人去记住一些“我不应去做的事情”，以便“他能享受社会生活的好处；并且，确实，借助于这些记忆，人最终‘达到了理性’”（第194页）。

那么，良心不安起源于什么呢？“内疚”（*Schuld*）这个词起源于一个表示物质关系的词，即“欠债”（*Schulden*），这一事实为尼采提供了答案的一个线索。简而言之，内疚的观念并非出现于以后任何有关意志自由的学说中，而是出现在补偿的观念中。尼采说，破坏和痛苦之间的关系出现于“债权人和债务人之间的契约关系中，这种契约关系和‘合法主体’的观念一样古老，后者转而又指向买卖、交易和贸易等行为”（第195页）。通过从造成痛苦而得到快感，债权人从债务人那里得到了某种补偿。这种快感是美学意义上的：它来自于一种对另一个人行使权力的快感，它让惩罚者感到自己比毫 362
无防卫的受害者更“高贵”、更优越。本质上，它是一种施虐的快感。尼采坚持，虐待是一切“人为的”等级制度的基础。（第196页）

尼采在债权人与债务人的关系中找到了国家的起源。他认为，在远古时代，“国家将其成员固定在债权人和债务人的关系之中”（第203—204页）。最初，任何人如果拒绝偿还债务或者攻击他的债权人，他只是被放逐；但是，逐渐地，债务人只要为他的罪行付出一定代价就可以了。简而言之，随着社会变得越来越富有，它把虐待的快感转变成了一种具有交换价值的商品。施加或者承受的痛苦可以被储藏、利用、课税、国有化或者社会化。尼采甚至设想，有可能有这样一个社会，它累积的痛苦非常之多以至于它没有必要去惩罚它的罪犯，而只会原谅他们。这将是用历史方式为社会所构建的太平盛世。

但是，这一切只是用反讽方式提出，因为尼采的真正目的是，运用这种将痛苦资本化的观点来说明，正义观是从本质上非道德的人类存在中出现的。事实上，尼采辩驳道：“仅就对和错这两个概念本身而言，它们没有任何意义。没有任何暴力、贪婪、剥削和破坏的行为本质上就是‘不公平的’，因为生命本身就是暴力的、贪婪的、剥削的和破坏性的，它不可能被想象成别的样子。”（第208页）这样的话，人又如何解释在文明存在之初正义观念的出现呢？

尼采认为，正义最初是强者用来消除弱者怨恨的工具。对怨恨的控制

是通过以下方式实现的：或者是将怨恨的对象从报复者

手中夺过来；或者是用与破坏和平和秩序的人斗争来取代报复；或者是设想、提议、必要时强制实施妥协；或者是建立一种标准化的损失等价赔偿尺度，以使未来的任何不满都可以以这一尺度为参考。[第207页]

建立这样一个等价赔偿体系，也就是说法律体系，剥夺了复仇行为作为一种个人轻率行为的特征和它的特殊性，将它转变为一种客观的关系。这种转变使得观念本身的性质产生了变化：

这样，法规将其臣民的注意力转向特定的损失，最终，它达到的目的与报复所寻求的目的完全相反，后者竭力要使受害者的观点完全占主宰地位。此后，人们的眼光被训练得在看待行为的时候，越发不带个人感情色彩——甚至受害人的眼光也要如此，虽然，正像我们说过的，这一点是最后才实现的。[第208页]

简而言之，正义源自对于"对"和"错"的行为的一种随意的区别，它的作用是重组每个人的观念，包括受害者的和被害者的，以致中和了自我的感觉。这使得尼采得出这样的结论："从生物学角
363 度看，法律情形必定是例外的情形，因为法律限制了倾向于权力的激进的生命意志，并最终一定会作为各种手段促进生活的集体目的，这种目的就在于创造出更大力量的格局。"他认为，它对于有机生物体的长期影响是，导致"人彻底道德败坏，并间接地导致虚无主义一统天下。"他坚持，合法性本身就是"反对斗争的武器"。(同上)

这篇关于正义起源的文章是理解尼采以心理学方式研究文化史的关键。由以下事实可以看出，尼采本人是意识到了这个方面的：他在讨论了正义的起源之后，紧接着讨论了史学家能够用来穿透意识形态的疑云的方法，这种意识形态的疑云吞没了各种文化

的自我意象以及它对自己的精神原则的评价。因此,在《道德的谱系》一书第二篇文章的第十二章,尼采提出了真正的历史方法的本体论基础。他是以下面的观察开始的:

> 没有一套普遍真理比以下这些对史学家更重要的了,即一件事情的真正起源和它的最终用途、它并入一个目标体系的方式完全是两回事;任何存在的事物,无论其起源是什么,都周期性地被当权者按照新的目标重新解释;有机世界的所有过程都是超越和征服的过程,并且,反过来,所有超越和征服都意味着重新解释、重新整理,在这一过程中,以前的意义和目的要么被掩盖了,要么被丢失了。[第209页]

这一段构成的完全是对机械论、有机论和情境论历史解释概念的拒斥。历史过程根本就不是被看成一个过程,而是看成一系列环节,每个环节都通过当时出场的行为主体的意图而与它之前和之后的事物相联系。这种想法不仅是要颠覆目的论,也要颠覆一切因果关系。

尼采在此所做的是,使一个事物的“演化”与它在任何特定时间里对于当权者的“用途”脱离,将那种演变的“意义”设置在那些现在掌握着公共认识的工具的人的意图中。尼采不是把一系列因果关系看作是任何特定生物或者社会现象演变或发展的模式,而是以一套追溯性征用(retroactive confiscation)的观念取代了那一系列因果关系。因此他说,“一件事物、一个机构或一种风俗的历史就变成了一系列连续不断的重新解释和重新整理”。这些重新解释和整理“之间不必按因果关系相连接”,而是“仅仅一个接着另一个”,这就意味着“一件事物、一种风俗或一个机构”的演变,未必是它“朝着一个目标前进,更不会是耗时耗力最少的那种最合逻辑的、最简捷的进步”。相反,它是“一系列深刻性或多或少、独立性也或 364
多或少的占有过程,包括每一种情况中使用的抵抗、为了防卫和反攻而尝试过的转变，以及成功反击的效果”。他补充说，如果“形式是变动不居的，它们的‘意义’就更是如此了”（第210页）。

当这些隐含的话语得到明白阐述时，它们为人们了解尼采有关一切历史过程的语义学观念提供了重要的洞见。正如他总结的那样，论证归结起来就是这样的看法，即“部分的废止、萎缩和恶化、意义和目的的丧失——简而言之，也就是死亡，必须被算作是任何真正进步的条件，这种进步总是表现为向往更大力量的意志和方式，它的实现是以牺牲无数弱小力量为代价的”。这完全等于肯定了传统的悲剧观：“任何‘进步’的幅度要根据为了它自身而必须牺牲掉的一切去衡量。”尼采甚至说，“为了一个更强大的人种而牺牲大多数人的人道，这确实能构成进步”（同上）。

但是，如果草率做出结论，认为尼采所称的“这种历史方法的观点”可以完全按照传统的悲剧观来解释，这就错了。它获得解释的情境表明，它主要提供了资产阶级的“适应”观之外的又一种选择。在尼采那个时代，“适应”观主宰着大部分流行的关于进化过程的观点。尼采想的是，无论在自然中还是在社会中，都用*活动*这一概念来替代进化过程中的*适应*概念。（第211页）

这种对历史方法的评论允许尼采反过来分析痛苦和良心的关系。他发现，惩罚增加了害怕、谨慎、对本能的控制力；它是教化的根基所在；它从一开始到现在就一直是文明的基础。施加痛苦甚至被作为罪犯和他的法官之间秘密契约的联系，法官因罪犯的罪行而对他施加*惩罚*，向他告知：任何行为，甚至谋杀，其本身都没有错；只有那些在确定场合下所实施的行为才是错误的。这是《红与黑》中，司汤达的主人公于连受到一个“善良”社会的审判时获得的解放性发现。对于“有道德的人”对他的谴责，于连的反应是，拒斥别人向他施加道德约束的权利。他坚持，没有真正的罪恶这回事；他也不承认“良心不安”。他发现，“良心不安”是学会的。尼采也是这样认为：“良心不安（是）……一种顽疾，人得这种顽疾是因为那种他所经历过的最深刻转变给他造成了压力，那种转变把人永远

变成了一个社会的、温和的生灵。”（第217页）在这种良心不安的构
成背后，是对于本能的系统控制，以及因而产生的一种“内化”，后
者自己就“为后来所说的人的*灵魂*提供了生长的土壤”（同上）。假 365
定这种灵魂的存在，反过来又是人们通过编造所有那些“精神”（人
们想象它们，是为了表示对于人身上动物性冲动的厌憎）来自我伤
害的冲动的根源。这里同样也是宗教的起源。正如尼采所说：“一个
动物的灵魂转而对付它自己、攻击它自己，这种现象太新奇、太深
奥、神秘、自相矛盾，并且孕育着可能性，以至于宇宙的整个局面都
因此而改变。这种景象……需要一个神明的观者来作出公正的裁
断。”（第208页）这样，诸神就被创造出来，以充当永恒的观众，宇宙
毁损的戏剧在这些观众面前上演出来，它的“高贵”得到了保证，它
的“价值”得到了鉴别。

值得注意的是，尼采关于社会、良心和宗教起源的叙述，与马克思在《德意志意识形态》中对它们的叙述是多么相似。但是，两者有一个重要区别，即马克思把所有这些建立在人类生存的迫切需要的基础上，用匮乏状况去解释它们，这种状况要求分工，并导致了生产出来的商品的不平等分配；而尼采认为，驱动原则是心理因素，即权力意志，他认为这种力量强过生活意志，它不仅能解释人对别人的统治和剥削，而且能解释人毁灭自己的能力。人类在心理上倾向于把施加痛苦当成是积极的快乐来体验，并且把接受痛苦设想为别无选择的人所必需的；若不是借助于这样一种倾向，人还能怎样解释剥削阶级甚至在物质丰富时还是那样没有节制，或者被剥削阶级如此积极地接受自己的被奴役状态呢？人还能怎样解释他对于自己的生理本能的自我压制，以及这些本能在“好和坏”、“善与恶”的二分关系中的双重表达？最终，人又如何能超越任何仅仅是剥削、被剥削那种关系的局限，以解释价值重估——即人类历史之初在强者中间盛行的“好和坏”的二分法，是如何被历史时期中任何地方都盛行的弱者的“善与恶”二分法所代替的呢？尼采对于这些问题的回答都包含在他根据权力意志的基本概念而发展的

抑制性心理理论中，这一理论标志着，作为一位历史心理学家，尼采如果不比弗洛伊德更伟大，至少也是和他一样伟大。

我说“如果不比弗洛伊德更伟大”，这是因为，尼采在叙述人性中良心的起源时，没有像弗洛伊德在《图腾与禁忌》中所做的那样，要求假定一个一般化的最初的“罪行”，藉此，整个人类都经历了诸如俄狄浦斯情结之类的社会制约经验。他发现，良心出现基于强者的一种纯粹审美的冲动以及弱者对于这种冲动相似的审美反应之中，两者都是人类单一的、共有的权力意志的体现。因此，尼采为人
366 类历史的开端假定了一种尚武的贵族阶级，他们用恐怖主宰数量更大的、无定形的、无能的臣民。这些贵族出于本能而不可避免地把形式强加在大众之上，这就得以使尼采把他们称作有史以来“最为自发的、最无意识的”艺术家。但是，这些原始的艺术家不是致力于那些从那以后成为了传统艺术素材的东西，而是致力于人本身。良心不安不是出现在他们身上，而是出现在他们的臣民身上。这些臣民们受到的权力意志的驱使与他们的主人所受到的完全一样强烈，但是却受到阻止而无法直接表达，他们的这种本能被推入地下状态并变得对臣民们自己不利，它以声明“我丑陋”的形式，成为一种定义美的观念的基础。因此，如“善”和“真”那些观念一样，“美”这一观念是意识的产物，这种意识本身不去行动，而是被动的。那些过着善、真、美的生活的人不需要这些概念，因为此类概念只是些手段而已，以用来突出恶、假、丑的事物所不是的一切。因此，善、真、美这些“概念”是破碎了的个人意志的产物，这些个人天生渴望权力和人生享乐，但在自己实际的退化中，他们发现了*应该是*的一切和*实际上是*的一切的区别。在《道德的谱系》的第一篇文章中，尼采把对这种最初意识的重估描述为良心。在第二篇文章中，他说明了这种重估是如何被转变成了社会道德的基础。

这里，尼采又是和马克思一样不加修饰，但他的特点是更倾向于用心理学方法。并且，他再次走在了弗洛伊德的前面。但是，弗洛伊德认为，良心起源于性欲经济学，起源于家族中儿子们为了争夺

被父亲所独占了的妇女所进行的斗争，最后，众子弑父。但是这时，让人奇怪的是，弗洛伊德在原始人身上援引了证券经纪人的某种心态：儿子们忽然认识到，把妇女瓜分了，确定对妇女的所有权，并且通过图腾宗教的即兴发明为这种征用找到正当理由，这样做符合长远利益。

尼采观点的特征是，他把性冲动摆在权力驱使之下，弗洛伊德如果不是一心想着要找出证据来证明俄狄浦斯情结的普遍性，肯定也这样做了。尼采发现，社会良知起源于一种简单的权力关系。正如个人身上的责任观念是通过一种债务人心态的系统教导而激发的一样，社会的道德连贯性也被看作是债权人与债务人关系的一种作用，这种作用被设想存在于世代之间、存在于活着的人和他们的祖先之间。

尼采凭借比弗洛伊德深邃得多的洞见注意到，在原始民族中，每一代人都感到一种对于祖先的法律义务，这种义务比任何情感义务都强烈得多。“早期社会认定，它们的延续只有通过祖先的牺牲和成就才能得到保证，他们需要偿还这些牺牲和成就。”但是，尼采说，这些牺牲和成就当然永远无法完全被偿还。实际上，一种奇 367
特但是完全可以理解的逻辑在原始社会中起着作用，借助这种逻辑，任何生者的成功实际上增加了他们对死者的依赖：“随着氏族本身力量增长，随着它在战斗中变得更加成功、独立、被尊重和被敬畏，人们对于祖先及祖先成就的敬畏以及负债意识也成正比增长，从来不会有例外。”比较起来，失败、衰落、挫折则是朝反方向作用，它们导致人们减少对祖先的尊重，但是未必导致复兴，因为再生完全是与亏欠任何人（除了自己）的负债感相决裂而产生的一种作用。这样，“顺着这种逻辑自然发展下去，我们得到的情形是，最强大部落的祖先在想象中变得如此可怕，以至于他们最终被模糊成一个精神上的影子，于是祖先变成了神。也许一切神都是这样出现的，即出自于人们的恐惧。

正如人从他的原始祖先那里继承了好和坏的观念，“同时也继承了心理上对等级制度的偏爱一样，人也从部落中继承了部落的神，同时也继承了未付清的债务和最后偿还债务的愿望”（第223页）。这是所有那些救赎式宗教的起源，它们通过把个人责任和个人罪恶二者归之于人而斩断了与祖先的戈尔迪之结[①]，但在这一过程中它们为这种救赎索要的代价是，人必须永远放弃俗世的一切成果。因此，尼采说，基督教代表着人们设想过的最高债务感和负罪感所取得的胜利。但是，他把基督教的最终圆满看作是一个欢乐的场合。

> 假定现在我们的确已经开始了反向发展的话，那么显而易见，人们对基督教上帝的信仰的不断减弱会产生相应的人的原罪意识的减弱……无神论的全面而决定性的胜利将可能把人类从一开始对祖先、对第一原因的负债感中解放出来。无神论和一种“再度清白”是形影不离的。[第225页]

真实性和历史

这样，世代的义务和“历史意识”看起来好像是同一回事。“记忆”的能力存在于两者的中心。并且，逃避世代义务就会产生一种对历史意识的逃避。债务人心理使人们无法为自己而生活，如果人们不想死于这种心理的话，他们就必须用有选择的遗忘来取代记忆。

在《道德的谱系》的第三篇文章“禁欲主义理想意味着什么？”
368 中，尼采勾画了一部人自我损毁的能力对一般而言的人类所造成的影响的历史。他把禁欲理想的发展看作是一种特殊的人类力量的表示，当然，不是一种精神力量，而是人类意志的一种冲动，是

① 相传公元前4世纪时小亚细亚国王戈尔迪乌斯把一辆牛车的车辕和车轭用一根绳子系起来打了一个无法解开的结，说谁能解开此结便能成为国王，以后亚历山大大帝一剑斩断此结。——译注

"人对空虚的恐惧"（第231页）。尼采说，人的意志需要一个目标。一切意愿都是针对某种事物的意愿。并且如果缺少了目标，意志会把空虚本身作为它的目标。因此，当人无法完全发泄生理欲望，他们就能够把无可奈何之事变成美德，把贞操变为一个目标、目的或理想价值。禁欲理想，即痛苦和毁损的神化就诞生了。

尼采认为，高级文化的整个王国都是这种禁欲冲动升华的产物。在艺术中，这种冲动在无意志的艺术家的观念中达到顶峰，他们就是康德假定的那种无利害心的世界旁观者，对他们来说，美首先是"无利害心夹杂其中的愉悦"，就好像真的有过这回事一样。叔本华把美颂扬为一种"从意志中的解放"、一种"意志的镇静剂"，这样，他就赋予这种康德式美的概念一个格外颓废的转折。但是，尼采提出司汤达式的美的概念来反对此种对美的看法，认为"正是通过美而激发出意志和'利害心'的兴奋状态"（第240页）。因此，康德美学和叔本华美学的胜利标志着理智对意志的胜利、人的抑制能力对权力意志的胜利、旁观者的理想对参与者的理想的胜利。简而言之，它是概念对形象的胜利。照这种方式，它构成了当时文化的特征即反讽意识的起因。

但是，尼采宣称，这种带着无利害心的理想的禁欲文化只是一种托词，借助它，哲学家们表达了他们自己颠倒过来的权力意志。尼采坚持，哲学家们的"美德"只不过是用于自我表现的目的之手段，这种自我表现被认为是纯粹的智力活动，是对被压抑的人敞开的惟一表现形式。按照这种解释，柏拉图以降的那种哲学无异于一种对阿波罗形式意志的最初曲解的延伸。尼采认为，人不应该挑剔哲学家们所成就了的一切；他承认，有一种禁欲主义对于任何艰辛的智力活动都是必要的。（第247页）但是，他坚持，必须要决定理智力量的增长是否抵得上它耗费的生理能量，因为"没有什么比那少许人类理智和自由更加昂贵了，那如今是我们的骄傲"（第250页）。然而，尼采更有兴趣地问道，智力活动取代生理能量是如何发生的？它对于自身维系的那种文化的未来又意味着什么？

如果哲学化背后的那种冲动最终是一种审美冲动的话，也就是说，如果迫切要求哲学化的愿望起源于那种迫切要求把形式强加于世界的欲望的话，人们又如何解释为什么哲学家通常表现出支持禁欲，甚至相信禁欲的价值？尼采猜测，它开始是作为一种手段出现的，以便能在禁欲主义倾向的宗教文化中，幸免于牧师的愤
369 怒。哲学家本质上是牧师的敌人，但是，由于起初哲学家缺乏牧师的声望，他不得不伪装成牧师。不幸的是，这种伪装很快就控制了伪装者，它把想摆脱宗教约束的哲学冲动又转变为一种新的宗教，完全和它最初所反对的宗教一样具有禁欲主义。结果，一种真正服务于生活的哲学消失了。

这是通过虐待冲动在哲学中、同样也在艺术中的胜利表现出来的。正如现代艺术颂扬无意志艺术家，同样，现代哲学也颂扬跛脚的思想家。尼采说，当然，施虐快乐的顶点是“当理性以它自我鄙夷和自我嘲弄的方式宣告说，真理的王国确实存在，但是理性被排除在这个王国之外”，正如康德的思想所认为的那样（第254—255页）。尼采说，他所在的那个时代的哲学理想想象了一个“纯粹的、无欲的、无痛的、永恒的认识者”，目的是获取一种“纯粹理性、绝对知识和绝对智慧”（第225页）。但是，尼采认为，所有这些概念“预先假定了一只任何活着的人都无法想象的眼睛，这只眼睛必须没有方位，没有活力和解释力——而恰恰也就是那些能力才能由看而看见某物”。这种理想模糊了一个事实，即“所有观看本质上都是透视，并且所有认识也是如此。在特定事物上我们投入的情感越多，我们看同一特定景象时戴上的不同的眼镜越多，我们对它的了解就越全面，我们的客观性就越强”（同上）。因此，求真意志本质上是一种否定对事物真实性的把握的方式。“客观性”的理想即把客观性看作是无意志的认识者的感知，正如这种理想那样，求真意志既是真实性的敌人，也是意志的敌人。

对我来说值得注意的是，尼采认为现代史学家正是无意志的认识者这一理想的化身。他们把自己放在历史过去的前面，以充当

历史事件的不带意志、不带思想的“镜子”:“他们反对目的论、不再想去证明任何事物、不屑扮演审判员的角色……他们既不肯定也不否定,只是去弄清真相、去描述。”(第293页)与这些“客观的”史学家相对应而又精神颓废的,就是诸如勒南这样的“唯美主义者”。这是那种“爱享乐、调情的人,他既向生活又向禁欲理想抛送媚眼,他把‘艺术家’一词当羊皮手套一样用,他全心专注于对于沉思的赞美”(第293—294页)。尼采说,这些最卓越的旁观者有着“软弱无能导致的虚伪的‘公正’”(第295页)。

但是尼采认为欧洲文化已经到了它自身异化的外部极限。某些东西已经被获得了;意志已经被拯救了,尽管只是为了虚空。这就是有关禁欲主义理想最后的一切。它是一种“对生命的憎恶,一种与生活主要情形的对抗。但是,不管怎么样,它是并且一直是一种意志”。还要做的只是把这种对万事无欲提高到自觉状态,使它变成一种程序而不是权宜之计,用这种过于精致的智力(理解力)去打击并破坏禁欲主义导致的敏感性所施加给人的一切负担。这样,并且只有这样,才会把意志释放到一种积极的意愿中。在那种 370
破坏和创造的工作中,历史通过变为尼采自己在《道德的谱系》中所展示的那种超历史艺术,也占据有一席之地。

现在,很明显的是,《道德的谱系》用历史心理学的方法阐述了传统人文主义三位一体即美、善、真的起源;它分析了传统历史意识在维持对于它们的实体性实在的信念中曾起的作用;它通过例子号召人们建构一种新的、净化了的、服务于生活的历史意识,借助于这一历史意识可以摆脱实体论的负担。这一新的、服务于生活的历史主义预设了一种新心理学,它包含意志、理智以及感觉,以此作为它的主题,并使得意志的动力成为它的核心对象。支撑着这样设想的心理学的是这样一种信念,即人首先是一种制造意象的动物,这种动物将形式强加于感觉印象的混沌——在任何纯粹是对其世界的动物式领会中,这种感觉印象的混沌就会向他扑面而来;并且,他还会为了某种目的而制造意象。这种意图被认为是个人的、主观的,并且它惟一可能的目标是在世界之中,而不是在世界之外。此外,在尼采的思想中,这一目的已经完全摆脱了对于任何先于它的、与它同在的或者紧随其后的任何权利的义务。它的实际限度不在任何被认为是支撑了它或者贯注在它之中的抽象力量中,也不在任何作为整体出现于世界过程的抽象力量中;而是完全在意志自己的行为中,在它与其他意志所追求的其他目的的相互作用中,这些意志也同样摆脱了抽象的束缚,因此也是同样自由的。精神、社会、国家、生产方式,以及文化都不能对这种意志有任何要求;牧师尤其不能控制它。因为,虽然可以说精神、社会、国家、生产方式存在,这些却完全被看作是人性、人性的力量及其可塑性的产物。至于上帝则根本就不能说存在;虽然他可以看作是人类想象的产物,他也会仅仅被当作一种想象的产物而摒弃,并被想象本身的行为所消除。

因此,尼采用历史意识切断了在共同的事业中把人和其他人联系起来的最后纽带。他想象了历史本身的最终解体,他的设想比马克思的还要激进。和马克思一样,尼采感到,解体除了留下碎片,还会形成一种新的人类。但是它不会被征募去服务于一种新的共同体或者一种净化了的文化,因为尼采为了创造自主的个人,已经消除了共同体和文化的概念以及过去和未来的概念。在尼采看来,只有现在存在。人独自在现在里,他所承担的责任是,把现在每一刻都当成他的永世一样度过。这就是查拉图斯特拉所传授的"永恒轮回"的神话的含义。

371

结　论

作为历史哲学家,尼采的目的是,打破那种认为历史过程必须按任何特定的方式解释或者情节化的观点。正是消解了解释和情节化这两种观念;它们让位于一种作为纯粹故事、寓言、神话的历史表现观念,而纯粹故事、寓言、神话被认为是音乐精神的文字对等物。但是，这种历史表现的观念有它自己的概念基础；它预设了词汇、语法、句法以及语义的系统，借助它们，可以赋予历史领域许多可能意义。

纵览历史领域，尼采发现那里只有人类意志作用的表现，他把那些表现主要分为两种：强者的表现和弱者的表现。但是，支配强者和弱者的基本法则，即权力意志，被一种人类独有的能力即意识所协调；这一事实使这两种历史行为主体之间的句法变复杂了。人的反思能力，并且首先是他命名事物、用语言方式将事物征用的能力，导致了一种第二性虚幻世界的建立，它与纯粹权力关系构成的最初世界并肩而立。这样，文化的历史如同是一个弱者与强者竞争的过程，其目的是夺取决定如何描绘这个第二性的世界的权力。而人类意识史描述的是一个以“好与坏”的范畴对世界的最初想象让位于各种对世界进行概念化的方式的过程，这些概念化一方面根据的是“善与恶”的范畴，另一方面根据的是“因与果”的范畴。因此，人类意识的历史可以按情节化方式编排成从原始的、以隐喻模式理解世界，“堕落”到以提喻和转喻模式理解世界。尼采把这种“堕落”描述成一种过渡，从音乐、诗歌和神话过渡到科学、宗教和哲学的沉闷世界中。

但是，在这“堕落”中有一种内在的反讽，因为，提喻和转喻的理解模式的充分发育对提喻和转喻两者都不利。宗教否定艺术，科学否定宗教，哲学又否定科学，以至于现代人被进一步推向特定反讽意识的深处，他对于自己的理智、想象和意志所抱有的忠诚被剥夺了，并最终被推入对生活本身的绝望。

尼采认为，这种绝望解释了为什么他所在时代被历史迷了心窍。现代历史主义心态产生于一种希望，即希望过去可以为现在的表现提供模式，或者，具体化的“历史过程”能通过其自身的作用而实现人所向往的救赎。当这些都失败的时候，它会变成一种娱乐、一种消遣、一种麻醉剂。这样，转喻、提喻和反讽模式的历史思想不仅仅是现代人那种疾病的一个症状，也是那种疾病持续的原因，因

372 为，这些模式中的历史意识只是让人想起他对自身之外的力量和过程的沉迷、他对过去和将来世代的义务、他对比自身或大或小的力量的屈从。历史意识阻止人"进入"他的现在，并因而强化了它想要超越的那种情形。于是，当前的问题就是，消除所有继承下来的构想历史的方式具有的权威性，让历史思维回到诗性的、具有特定隐喻性的世界理解模式中，也就是说，要增进一种创造性的遗忘能力，以便使思维和想象能立即对以混沌状态展现在那里的世界做出反应，按照当前的愿望和需要要求的那样利用这个世界。

令历史思想回归隐喻模式，这将使人们不必再为了在历史中找到任何确定意义而去做任何尝试。人们会看到，历史领域的种种要素可以用难以胜数的方法加以组合，就如感知的种种要素可以被自由的艺术家任意组合一样。重要的是，人们应该把历史领域和感知领域一样看作生成想象的场合，而不是看作与概念化有关的事情。在这个过程中，恰恰是历史语义学的观念被湮没。甚至事件的编年史也被剥夺了特权，不再是史学家构建他有关过去的想象的一个限制条件。正如诗歌自身是超越语言规则的方式一样，同样，隐喻式历史编纂也是废除传统历史解释和情节化的方式。这个领域只有词汇要素保留下来了，它们将按现在受"音乐精神"支配的史学家所希望的那样来利用。人们梦想能借助于一种方法，赋予一般而言的历史以任何意义；而历史的语义学这一观念的消失同时也意味着这种梦想的消失。史学家不再非得说关于过去的任何东西；过去仅仅只是他创作创造性"旋律"的一个场合。历史表现又一次变得都是故事，完全没有情节，没有解释，也没有意识形态蕴涵，也就是说，变成了尼采理解的最初意义上的"神话"，变成了"传说"。

然而，这种历史知识观确实有特定的意识形态蕴涵，并且正如尼采本人承认的那样，那就是虚无主义。任何人如果企图把尼采的思想解释为一种更纯粹的、更稳定的传统意识形态立场的形式，诸如保守主义的、自由主义的、反动的、激进的，甚至是无政府主义的形式等等,他将必须面对这样一个事实,即在尼采的历史概念中,无论什么样的共同体的前途都遭到了坚决抵制。在尼采那里,没有什么历史依据是为了构建任何特定的政治姿态而存在, 除非是反政治的姿态本身。思想摆脱了对自我和个人意志之外任何事情的责任,无论是过去、现在还是未来。在这方面,尼采只是代表了对于他所处时代中文化反讽情形的一种英雄式肯定。

在这种英雄式肯定中,他看到了一种方法,能使创造性想象摆脱思想本身强加给它的限制。因此,他所想象的那种隐喻意识的重 373
生反对退回到表面上它似乎要求的特定浪漫主义世界观中。像米什莱那样的思想家,自己就是隐喻式历史编纂的实践者,但是他仍然相信从那一整套构成他讲述的故事的隐喻性认同中, 人们仍有可能抽象出历史的基本意义。米什莱对隐喻方法的倚重,其背后隐藏的信念是: 人类摆脱了关于其本性和过程的错误的概念化的控制后,将依然拥有潜能,使自己形成种种爱和相互尊重的共同体。尼采使世界保留一种破裂情形,把它分为强者和弱者,强者注定将来要统治世界,而弱者注定要充当“材料”,获得解放的把握权力的艺术家将用这些材料创作出他们的“艺术作品”。这种分裂的状态不仅仅被接受,而且被确认为一种人们渴望的状况。历史思想的幻象已经消除;它梦想的产物已经转变成了概念,但是已经被交出去为权力意志服务;并且,人性已经被付诸于某个世界的运转中,在其中,惟有艺术规范立于这个世界与死亡主宰的可怕黑夜之间。

现在,我们能够描述尼采的历史观所特有的“激进”本质。他批判各种各样的努力,一方面批判解释历史的努力,另一方面批判把历史像戏剧那样情节化并赋予任何普遍意义的努力。他倡导把历史过程作为悲剧情节化,但是,他如此重新定义悲剧概念,以至于消除它的任何道德含义。他丢弃了兰克、马克思、托克维尔,甚至布克哈特倡导的解释性策略,因为他已经不再关心解释了。解释和情节化一样,只是一种策略,而不是史学家追求的一种目的或目标。

在所有这些问题上,尼采的立场和布克哈特的最为相似,但是尼采把布克哈特那种历史作为一种艺术形式的观念推到了后者所无法接受的地步。激励布克哈特的依然是那种“崇高”的观念，以用来衡量知觉在历史领域中(一如在视觉领域中)可以看到些什么。在尼采的思想中，“崇高”的观念被“美”的观念替代，而美被定义为自主的意志发现的任何“好”的东西。然而“好”却不是和“恶”对应的“善”，而只是和“坏”对应，也就是说，它对应于自主意志在经验中发现的那些令人不快的事物。

因此，与哲学、科学和宗教本身一样，历史知识也受快乐原则的支配。尼采，这个他所属时代的唯美主义者的敌人，不仅最终神化了一种纯粹美学的历史概念，而且将审美感受性隶属于权力意志的需要，从而使得这些唯美主义者比起没有这种隶属关系时更加专横，更加危险。这真是一个极大的反讽。

374 正是在这里，我们能找到尼采根本上反对黑格尔的基础。黑格尔把历史意识看作在人身上协调审美和道德冲动的基础；尼采则在审美感受力和道德之间确立了一种二分法，接着又通过消解历史意识本身而将前者从后者中解放出来。然而，他在这一过程中又吸收了一种洞见并将其推到了结论，这种洞见为黑格尔关于历史知识的思想提供了基础，那就是，支配有关历史的思想的规则多大程度上起源于语言习惯和传统本身。然而，尼采在为语言本身设定一种二分法的过程中，通过以诗性语言极端地反对概念性语言，并且把后者看作是自前者的纯洁之中的一种“堕落”，尼采排除了任何寻求到某种基础的可能性，原本在此基础之上，艺术洞见和科学知识能够转向一种单一的任务，即探索历史过程的意义，并确定人类在其中的地位。尼采在将艺术与科学、宗教和哲学分离开时，他认为自己是在重新将艺术与“生活”结合起来。实际上，他为艺术与人类生活对立提供了依据，因为，既然他把生活看成不过是权力意志，他也就使艺术感受力与权力意志紧密结合在一起，并且使生活本身远离了那种有关世界的知识，而没有了这种知识，它都不可能产生出实际有利于任何人的东西。

第十章 375

克罗齐：以反讽模式为史学作哲学辩护

导　言

我已表明所有历史哲学家的著作中的反讽成分，并指出，这种反讽成分与史学家在文献中尝试获取过去之真相时暗含的不同。史学家的反讽起着怀疑论的作用，它要求史学家对文献进行批判性考察。史学家在工作中有时必须以反讽的姿态对待历史文献，即必须假定文献所含的意思与它们所说的不同，抑或假定它们正在诉说言外之意，这样，他就能在言说与意义之间进行区分，否则，其历史撰述就没什么用处。他能够轻而易举地把收集到的文献编辑在一起，让它们以自己的语言来呈现自身的真实性。固然，史学家的反讽或许只是一种技术性工具，作用是充当研究初级阶段的一种方法论因素，它随着包含在历史文献中的“真实”变得清晰而日益消散。一旦史学家认为他已经从文献中析出真实，他就会放弃那种反讽姿态，用我已经分析过的这种或那种模式来写作他的历史，并坚信他是在讲述过去“实际发生了什么”的*真实情况*。史学家在述说时，对其读者有着多少带些反讽式的谦逊，但对他自己现在“知道”的东西却不会如此。史学家一来面对其材料，二来面对其读 376

者，他或许会保持一种反讽态度，但是，对于自己的事业，当他保持一种反讽姿态，就好比布克哈特那样，结果便是他会将历史按讽刺剧的方式情节化，反讽在其中便成了一种历史表现的原则。

历史哲学家的情形和史学家不一样。他们采取了一种反讽（或者，如果愿意，也可以说是一种怀疑）的态度，这不仅是针对历史文献，也针对史学家整个的事业。他力图确定，某位特定史学家的著作（事实上，是整个历史编纂学）在多大程度上可能还是由未经承认的前提或假设而支持，换句话说，就是确定史学思想中的幼稚要素；他也力图确定，一部特定的历史著作在多大程度上就其自身而言无法保持一种批判的态度。因而，虽然历史哲学对于任何特定史学家的著作保持一种反讽姿态，它的目的却是使其暴露在意识中，批判和消除反讽性史学的可能性。

任何特定的历史著作，事实上一切历史作品，在某种程度上或许都会被认为存在缺陷，或者是一部失败之作，但历史哲学家却意图表明，尽管如此，对于作为一个整体的历史学事业也没有必要采取一种反讽的观点；并且，人们对历史思维有益于生活的信心和信念，其依据是可以相信的。即便是尼采以反讽的眼光看待一切思想的产物，他也意图为了生活而拯救历史思维，做法是将历史还原为类似于科学和哲学的虚构层面，用同它们一样的诗性想象作为历史思维的基础，从而把它从不可能存在的客观性和公正性的理想中解放出来。这样，正如我所说的，即使它是以反讽开始，历史哲学也力图超越反讽，并且揭示出在史学家对于过去的说明中依据什么才能消除反讽要素，极为自信地声称自己讲述了过去"实际发生的事情"。至少，19世纪最优秀的历史哲学家都是这样做的。

黑格尔试图以提喻方式分析历史编纂的不同形式，在历史思维中找到超越反讽的途径，以此作为一部哲学性历史的开端，并在其中将不同形式的历史编纂发现的东西进行辩证的综合。马克思找到的历史哲学道路是，通过对包含在历史文献和其他史学家著作中的事实进行转喻式分析和提喻式综合，以便用一种规范的解释体系取代用意识形态促成的历史学所具有的相对主义。另一方面,尼采寻求一种令他那个时代的历史思维摆脱反讽的途径,也即将反讽式立场推向其逻辑结论,断言有关世界的一切知识本质上的隐喻性质,以及通过确立诗性领悟相对于其他一切理解形式具有的优先性而消除一切疑虑。

这些不同的批判策略使得三位历史哲学家有理由将普遍史编 377
织成浪漫式的喜剧或喜剧式的浪漫剧,不过,就他们每个人同时都声称每一有限的历史存在本质上都是悲剧性的而言,他们要比历史学界的同行更"现实"。在黑格尔、马克思和尼采那里,对于世界历史过程的悲剧式图景和喜剧式图景二者之间的张力始终存在,尽管它通过诉诸人类知识观念而被遮蔽了,并最终也藉此得到释缓。他们分别把哲学的、科学的和诗性的看作是最权威的真理形式。

然而,在尼采那里,分析的范畴开始消散。黑格尔在历史中发现的"形式"正如马克思发现的"规律",被尼采看作不过是虚构,它们是诗性想象的产物,对于特定种类的生活多少有些可用和便利之处,但绝不足以发现人类生活的真相。在尼采看来,决定何种"形式"和何种"规律"要被视作似乎是"真理",这方面的全部权威都被赋予了至高无上的自我或意志,除却它自身的生活利益或权力意志之外,它不承认任何规律。尼采甚至消解了喜剧式和悲剧式生命景象之间的区别。在其思想中,悲剧有着两种普遍类型:传统的讽刺类型,教导人们顺从"事物本然";另一种是新型的喜剧式、太阳神—酒神型,它教导人们单单为了生命力就应彻底地克服一切情形。简而言之,反讽被悲剧同化了,悲剧被喜剧同化了,其做法是说明它们之间的区别无关紧要,同样,按这种方式,科学、哲学和诗学之间的区别也消失了,前者渐次被后者同化。

但是,有关历史的思想仍然是割裂的、破碎的,有其内伤。在史学家之中存在一种普遍的共识,认为不可能也不需要寻求历史因果规律,但他们始终愿意区分历史知识究竟是一般性的(类型的)

知识还是特殊性的(个体性的)知识。此外,就历史过程的情节化而言,对于历史应当按浪漫剧、喜剧、悲剧、讽刺剧的模式编排,还是以它们彼此结合的某些模式来编排,则存在着分歧。

于是,与史学家相对的是历史哲学家,他们一般都拒绝那种通过描述达成解释的企图,并且认为历史编纂传统没有任何坚实的理论基础来支撑事实上在叙述中作为解释提出的描述,因而可以预期它的结局是反讽式的。但是,对于这种理论基础应当包括些什么,这些历史哲学家也没有一致的看法。

黑格尔主张,权威的做法是按提喻模式描述历史领域、按类型学分类解释历史,以及按悲剧和喜剧相结合的形式将历史情节化。
378 马克思赞成转喻模式,与之相伴的对历史进行规律式或因果分析式的解释,以及像黑格尔那样,以悲剧与喜剧相结合的方式加以情节化。尼采辩护的则是隐喻模式,即以艺术直观来解释历史,用他前面那种结合喜剧和悲剧时独特的神话理论将历史情节化。现在,还只需要有一位历史哲学家来反思历史意识的这种分裂状态,并且得出结论,认为历史知识本身不过是反讽模式存在的投影。反讽模式将成就历史哲学中可能存在的历史态度的循环,它对应历史学中经历的从米什莱到布克哈特的转换。于是,问题就在于,人们若是生活在一种按反讽模式解释和情节化的历史中,他怎么才能不陷入一种绝望的情形中?——尼采也只是通过退入非理性主义才避免了这种绝望。对史学思想于19世纪80年代所置身的这种处境进行分析,从而试图解决这个问题的历史哲学家是贝奈戴托·克罗齐,他是19世纪所有历史哲学家中最有才华的史学家。

作为批判的历史哲学

克罗齐一开始并不是一位哲学家,甚至不是一位专业学者。他没有读完大学,也从未获得过学术职位。事实上,他对于自己那个时代学术文化的观点非常类似于尼采和布克哈特的,像是不太尊敬。他如同布克哈特那样,是一位绅士学者、一位业余爱好者。他把研究历史当作避免个人痛苦和无聊的公共生活的方式。严格说来,克罗齐的早期工作是博古学,更接近考古学,而非历史学。其中包括研究古代那不勒斯的民间传说、生活和建筑。然而,1893年,克罗齐以一篇名为"涵盖在普遍艺术观念之下的历史学"的文章介入了历史哲学领域。对这篇论文中观念的辩护和阐述开启了他作为一位哲学家的生涯。克罗齐在这篇论文中为历史作为一种艺术形式的观念辩护,这迫使他对艺术概念详加阐释。在接下来的10年中,他一直在为这种艺术概念进行辩护。

1902年,克罗齐发表了他的《作为表现科学和一般语言学的美学》(以下简称《美学》),此书是那一代人中最有影响的著作之一。随后,他出版的著作有:1905年的《作为一门纯粹概念科学的逻辑学》(以下简称《逻辑学》);1908年的《实践的哲学:经济学和伦理学》(以下简称《实践的哲学》);1917年的《历史学的理论与历史》(以下简称《历史学》)。这四部著作一同构成了克罗齐所称的"精神 379
哲学",他将此视为现代世界的一种"人文主义大全"(*summa humanistica*)。至关重要的是,激励他写作这四部曲第一部的动机是,他感到必须为那种最初在历史哲学中采取的立场(即历史被视为一种艺术形式)进行辩护,而作为该"精神哲学"体系之顶峰的最后一部作品,则不过是继续对历史知识的本质进行分析。

这两部著作的结构相同,分别先就美学和历史学的主要问题进行了理论分析,接下来是以前涉及这些主题之思想的历史。每一部著作的理论和历史部分都是以一种自信而确切的判断精心阐述而成,它们是权威评价还是令人气恼之言,要依读者对其论证的评判。关键之处在于,克罗齐一直就认定了,他自己的"精神哲学"切合他那个时代的精神需要。由这种哲学内部望出去,他以那种为伟大的犬儒派和狂人所共有的反讽的目光看待当前正在相互竞争的各种体系,并回顾以前出现过的各种体系。克罗齐清楚地知道(或者一直声称他知道),在那些不同于他自己的任何立场中"什么是活的东西、什么是死的东西”。然而，他暗中否认了会有人可能预见到他自己的体系中活的东西和死的东西，因为他自己的哲学本质上是一套“批判”原则、一种卓越的批判哲学；因而它对自身就像对其他哲学一样，也是批判的，正因为如此，它同时提防“虚假的悲观主义”和“虚假的乐观主义”，它们曾埋葬了以前每一种哲学体系。

自1902年到1951年，即他去世的前一年，克罗齐创办和主编了名副其实的《批判》杂志。在其中，克罗齐对他自己在《美学》和随后的“精神哲学”的其他著作中界定的领域，保持了一种批判式的关注。事实上，克罗齐已经采用了反讽成分，它呈现在每一次批判行为中，并将它提升到一种形而上的和认识论原则的地位；而借助于这种反讽成分，19世纪整个文化财富，并且，尤其是它的激进成分都能得到评价，找出不足，并交付给“历史学”。他很明白，他的问题是要将这种反讽立场确立为现代惟一可能的“智慧”，又要避免将思想抛到怀疑主义和悲观主义之中，而那正是一种一以贯之的反讽的世界观不可避免地会做的。

克罗齐在文化史方面的论文，往往是以理解每一项人类事业根本上存在缺陷的本质为始终；而他的哲学是要发现过去一切事情存在的不足，这样人们会发现现实中的不足是可以忍受的。在评价19世纪的欧洲文明，评价激励它的历史观念（尤其是进步学说），以及评价那时最优秀的思想家提出的历史理论时，克罗齐尤其显出一副铁石心肠。他乐于承认19世纪史学思想家比之启蒙时代、文
380 艺复兴时期、中世纪和古典时代思想家有所前进；但是，说到底，尽管这个时代那样以历史性自诩，他在其史学思想和写作中，却几乎找不到他可以毫无保留予以称赞的东西。

《历史学》的“历史”部分读起来像是一部对错误、误解、过分夸张和弥天大错的喋喋不休的说明。他对当时史学思想家的批评根本上也是反讽式的：历史哲学家没有什么“历史”感；史学家缺少“哲学”理解。克罗齐指出，当史学家谴责无法无天的“历史哲学”时，仍旧被它的幻觉所迷惑，他们写作历史，从“历史哲学”中衍生

出历史的形式，而这种“历史哲学”却是被深深埋葬在对自己的客观性和经验主义引以为荣的这些人的意识中的。而且，具有讽刺意味的是，克罗齐还指出，这种对历史哲学的同时拒绝和屈从，甚至在兰克自己的作品中都有明显标记，它其实包含了一种合理性的雏形。

因为讽刺性的是，克罗齐主张，历史就是哲学，哲学就是历史；人们若没有哲学意识便无法研究历史，正如没有历史意识，也难以研究哲学。19世纪是失败了，因为它没有理解这些活动的真正本质。于是，需要做的一切，便是澄清哲学和历史的真正本质，确立两者之间的区别，然后将它们结合以创造一种比19世纪能够想象到的更健全的、更有益的世界观。

克罗齐意在表明，历史是哲学的“质料”，正如哲学是历史的“方法”。克罗齐经常称之为“语词矛盾”（*contradictio in adiecto*）的那种声名狼藉的“历史哲学”事实上是多余之物。因为在他看来，“历史学正是哲学”，而“哲学正是历史学”。哲学的具体内容本质上是历史的，正如历史命题的形式完全是由哲学理解的范畴提供的一样。

固然，克罗齐强调哲学有其自己的方法，那就是逻辑，即“纯粹概念的科学”，而在撰写历史叙事之前的历史研究中，历史学运用的也是它自己独有的方法。史学家必须用考据方法来评判文献，并且用先于概念的、“直觉的”或者艺术的眼光来理解充斥着历史领域的对象。这就意味着，历史知识开始于对存在于历史领域中的特殊事物所做的艺术性把握。在其活动的这个阶段，最适合的方法是“艺术”方法，它也被称为“直觉”。但是，克罗齐认为，历史学继而就历史领域中分辨出来的特殊性的特征做出判断。这些判断是“先验综合”判断，也就是说，依据在哲学中阐明的普遍概念对特殊性加以描述，而不是有关存在的陈述与一般因果律的结合物——设 381
想一般因果律支配着由直觉所设定的对象之间的关系。重要的是，科学知识根本没有进入历史知识的概念。始于对历史领域美学领悟的认识活动，终结在对它的哲学性理解之中。

“涵盖在普遍艺术观念之下的历史学”

为了理解克罗齐的本意，最好的办法是细细考察一下他在1893年写的那篇论文中的某些细节。在这篇文章中，克罗齐首次系统地阐发了他关于历史学和艺术之间关系的观念。我们应在当时关于历史知识的认识论地位之争的语境下来阅读此文。这场争论在德国尤其激烈，一方是以威廉·文德尔班领导的新康德主义者，另一方是威廉·狄尔泰领导的新黑格尔主义者。简要地说，文德尔班主张，历史知识不同于科学知识，不是因为其研究的对象不同，而是因为目的或目标不同。历史知识是“具体的”或“生成意象的”，科学知识是“普遍性的”或“构成规律的”。另一方面，狄尔泰认为，历史学属于精神科学（*Geistewissenschaften*），而像物理学、生物学这样的学科属于自然科学（*Naturwissenschaften*）。这两种科学之间的区别在于它们各自涉及不同的研究对象，一方是人类精神的产物（精神、意志和情感），另一方是则纯属物理化学过程的产物。克罗齐1893年的论文便意在对这场辩论有所助益。

柯林武德认为这篇1893年的论文具有高度的原创性，并指出，该文使得狄尔泰和文德尔班之间的争论远远超出了他们开始的水平，它尤其在狄尔泰的那条路线上有所发展。实际上，它并非如此。此文显然是将有关历史学性质的争论的基础从科学转移到艺术，但是，在这样做的同时，它以这样一种方式来界定艺术，以至于根本上很难将它区别于文德尔班所说的作为关于个体的科学的“具体的科学”。

和文德尔班一样，克罗齐认为存在两种类型的认知，一种是概括的和概念性的，另一种是个别化的和直觉性的。但是，克罗齐并不像文德尔班倾向的那样，把这两种认知模式称为不同的科学，相反，他把前者称为科学，后者称为艺术。这种策略很有效，因为它击中了生命主义者和机械论者共同的前提。这两类人无论相互之间有什么区别,他们都认为,艺术与其说是一种知识形式,不如说是对世界的一种“表现”,或者对世界的“反应”,它根本不是一种认知行为。克罗齐认为,机械论者将美学经验视为一种感觉的“振动”, 382
而生命主义者将其看作一种动物性冲动的显现,要么是直接的,要么是经过升华的显现。对于前者,艺术是一种对于实在的记录;对于后者,则是一种从实在中毫无意义的逃逸。这两种观点都被克罗齐否定了。相反,他把艺术界定为一种知识,一种以其特殊性和具体性表达的关于世界的知识、一种与科学提供的关于世界的概念性知识不同但可以补充它的知识。

1893年那篇论文始于一种二分法和一种区分。二分法是在意识中对作为科学的知识和作为艺术的知识二者的界定;而区分则出自于普遍艺术和特殊的历史的艺术之间。二分法与区分这两者都源于克罗齐反对实证主义。克罗齐指出,实证主义者的主要错误在于认为一切正确的知识本质上都是科学的。他认为,事实上,人类智慧更大一部分绝对不是科学的,而仅仅是习惯性的、常识性的,或者最多是实用性的规章,它们是从人类必须保持身心合一而履行的日常活动中产生的。实证主义者知道,科学知识*形式上*不同于习惯性的或常识性的智慧,但他们并没有认识到这种不同使它成了一种不同*种类*的知识。科学如果加以恰当理解的话,是一种把握世界的概念性方法;它是“通过概念的途径寻求普遍真理”(《改写的历史》,第16页)。理解世界的另一种途径,也就是说,那种非概念性的、直接的和个别化的方式,根本不是科学,而是艺术,其真理标准和证实标准与科学推崇的不同,但和它一样严格。

这样,在克罗齐看来,艺术和科学是不同的、虽还说不上是直接对立的认知模式。正如他指出的:“人们要么从事科学……要么从事艺术。如果他将特殊包含在普遍中,他就在从事科学;如果他照原样表现特殊,他就在从事艺术。”(第23—24页)这两种认知模式通过各自对世界的认识的形式而区分开来;既然历史明显表现出它无论如何“不存在概念描述”,既然它既不寻求也不接受普遍规律,而仅仅是“讲述发生的事件”,它也就无论在何种意义上,都完全不能说成是科学。

克罗齐相信,欲将历史纳入科学之中的愿望源自两种错误的信念:一是一切知识都必将是科学知识;二是艺术不是一种认知模式,而仅仅是一种对感觉的刺激,或者反过来说,是一种麻醉剂。要澄清这个问题,必须做的只是表明艺术是*关于世界的非概念性知识*,即世界以特殊性和具体性存在的知识;并且指出历史是有关世界的一种类似于艺术的知识这一事实;随后基于其表达内容而将历史与普遍的艺术区分开来。

383 正如我所说的,直到此处,克罗齐还没有令有关历史知识本质的争论超越狄尔泰和文德尔班所达到的地步。他只是用“艺术”这个词替代了文德尔班用来描述历史学科的“具体的科学”。因此,当柯林武德指出,克罗齐在总的观点上更接近于狄尔泰而不是文德尔班,这便错了,原因是克罗齐尚未在他区别为艺术和科学的这两种认识模式的对象之间进行区分。与狄尔泰不同的是,对克罗齐而言,二者之间的差异在于研究过程中选择的*方向*不一样,艺术是从对于在特殊性中的世界的直觉到将世界表现为特殊性之集合,科学则是从对于在特殊性中的世界的直觉到把特殊涵盖在概念之下,而不是两者在其对象方面有什么差异。克罗齐原创性的贡献在于,他试图在不同种类的直觉的基础上,区分出普遍的艺术和特殊的历史的艺术,对普遍的艺术而言是对*可能之物*的直觉,而对历史而言则是对于*现实之物*的直觉。对他而言,正如对亚里士多德那样,普遍艺术和特殊的历史的艺术之间的区别在于目的不同。普遍艺术试图通过直觉认识到个别的存在的*总的可能性*,而历史的艺术则试图确定,什么东西*确实*凝缩成为了世间存在的特殊性。简而言之,艺术和历史的差异是一种认识论方面的区别,而不是本体论上的。

为了支持这种论述,克罗齐再次提到他先前关于艺术和科学的二分法。他说道："科学的内容便是整体：科学设法将每个单一的显现还原为它在其中有其位置的范畴。科学的目的乃是将整体还原为概念。"(第30页)艺术也试图呈现整体，因为它是一种认知模式；可是，艺术并不是要把整体还原为一组有限的概念，它是要通过发现存在可能采取的一切形式而使整体膨胀。科学走上一条通向一般和普遍的道路，艺术则在压抑对于其他东西的意识时圈定了实在的独特领域，以便更清晰、更确切地呈现这些圈定之物。克罗齐曾经说，科学什么都想了解，可是，"认识实在的规律固然重要"，而同时了解一切或者不加选择地收集材料既无必要，也不值得。艺术在经验世界中作出圈选，提高了我们对其中特定部分的敏感性，同时也降低了我们对其他部分的敏感性，并且向我们表明被圈定的部分所个别地和直接地构成的东西。

于是，问题出现了：我们如何知道世界的哪些部分是应当了解的？我们应当根据什么原则在世界中选择一个领域，并以其直接性和个体性来限定或表达它？对这些问题，克罗齐拒绝了感觉论者、理性主义者和形式论者的回答；使一个对象本身成其为审美对象的因素既非"愉悦"、"理想性"，亦非"形式连贯性"。相反，他的立场是他所谓的"具体唯心主义的美学"。在克罗齐看来，这种理论出 384
自黑格尔，并在卡尔·科斯特林的理论中获得了最为上乘的现代表述。

克罗齐指出，科斯特林正确地表明，"美学的内容是趣味：任何使人为之感兴趣的东西，无论来自理论方面还是实践方面；无论是思想、情感，还是意志；无论是我们知道的还是不知道的；无论是令我们快乐的还是使我们悲伤的，简而言之，便是人类兴趣的全部世界"(第32—33页)。也许更为重要的是，科斯特林指出，兴趣越是普遍化，其内容的美学价值也就越大。因而，由此能够建构起一种兴趣的层次。这种层次的最高级正是那些简单涉及到人之为人的内容；以下是那些作为某个特定人种、国家和宗教的成员而与人相关的内容；再往下是那些作为特定阶级或集团的成员而固定在人身上的内容，等等，直到那些仅仅与一个个体的人相关的内容。总之，艺术的内容是“普遍的实在，而实在于某种程度上唤起了对各种各样形式的兴趣，即对学术的、道德的、宗教的、政治的形式，以及对真正所谓审美的形式的兴趣”（第33页）。于是，克罗齐得出结论，艺术的内容乃是一切不让人生厌的东西，抑或不管理由如何，总是能令人们“愉悦”的任何东西。

暂且不论克罗齐以叔本华那样的方式将艺术的内容界定为“趣味”本身，也不必提及他暗中将哲学和科学同化于美学，在此，我看到这样一个基础，克罗齐后来在此基础之上，尝试将“真正的”历史主义界定为历史地自觉地呈现的人文主义，因为他界定的艺术的内容只不过是以不同的话重新表述的人文主义的“凡人所有，我无所不有（*nihil humani a me alienum puto*）”。对他而言，艺术的内容和人类知识的内容都可以还原为同样的东西，即人类感兴趣的一切。因此，毫不奇怪，克罗齐会把“历史上有趣的东西”界定为已经发生的任何事物，即实际上存在过的东西，而不是可能的东西。这纯粹是亚里士多德主义，甚至用词都是一样，因为克罗齐的观点是，历史“是对实际发生之事的表达，而不是对可能事物[的表达]”（第35页）。

这意味着，艺术家可以在想象的基础上反映可能发生过的或可能会发生的事件域，史学家却被限制于实际上发生过的事件。自然，艺术家必须考虑到某些真实性的标准，但是，这些标准应当在于想象允许他预见什么。比较之下，史学家则受到真实性标准的支配，这些标准是由表现实际事物的企图所预设的。因此，史学家的主要危险并不是*篡改事实*，而是*想象*、*毫无根据地推论*、超出包含在对过去实际发生之事的记录中的事实范围，更确切地说，就是任何形式的历史哲学。

385 既然史学家主要的任务是表现真实之事，那么，挑选文献就只是实践其主要目的即叙述的前奏。研究、文献考证、文献阐释和理解，这一切都是建构叙事的预备步骤，并且，其中任何一个步骤都不是人们真正称谓的历史学，正如一位艺术家最初的素描和草图也不能完全称为艺术作品。克罗齐说,没有叙事的地方就没有历史学。简单地说,史学家不是为了“解释”而写作;而是为了“表现”而写作,即讲述过去实际发生的事件,正如兰克所说的史学家必须全力以赴的那样。

固然,克罗齐承认在大多数情况下,史学家并没有成功地创作出类似于完美叙事的东西；历史学中伟大的杰作正如绘画杰作一样并不多见，并且最终只是以不完美的形式接近某一流派的理想类型。在历史学之中尤其是这样,史学家工作的规则是,他面对不全面的证据,却要求讲述过去事件的实情。克罗齐说道,在许多情形下,史学家都不得不满足于那些根本上“因为讨论、怀疑和有所保留而带有瑕疵的预备性研究或断断续续的说明”。史学家不得不在一轮新月的局部光线下看待这个世界,“而不是像艺术家那样，在正午耀眼的阳光下看待这个世界”(第38页)。因而,人们能够指出历史叙事中*诸多完美的片断*,却不能指出一部*完美的作品*。惟一能够想象的完美历史只能出自上帝之手，但是，既然上帝并不存在,史学家就不得不尽其所能取代上帝的位置。然而,他应当带着一种浮士德式的意识工作,即“过去之书有七重封印封盖了”(第39页)。克罗齐指出,对史学家而言,他可以“在这儿或那儿揭开一个封印,并且读到过去之书的某个部分”,但它永远不会全部揭示在史学家面前。

很难认为克罗齐在历史感受性中的“革命”不是一种退步,因为其结果是要将历史学从参与建构一种普遍的关于社会的科学的努力中分割出来,而那时,历史学正如社会学那样在这个方向上取得了一些进展。但是,它对于史学家思考其作品中的艺术方面甚至存在着更为有害的含义。因为,虽然克罗齐正确地认识到,艺术是认识世界的另一种方式，而不仅仅是对世界的一种物理反应或直接经验,但他认为艺术乃作为现实之原原本本的表达这一概念,有效地将作为艺术家的史学家隔离在晚近时期并日益成为主流的进步之外,那就是由全欧洲的象征主义者和后印象派所作出的推进,以表现不同层次的意识。

支配克罗齐艺术概念的是文艺复兴时期的“透视主义”,即视觉形象主义。虽然他把想象看作对世界的审美领悟之源泉,他对于生命主义者的非理性主义和实证主义者的抽象主义的厌恶,使得他将抽象艺术只是当成坏的艺术,或者是(在他看来意义相同)一种“丑陋”的表现,因而根本不是艺术。

386 克罗齐对音乐一窍不通,在诗歌方面,只有古典诗歌合他的口味。浪漫主义以其全部的表现对克罗齐而言仅仅是形式的匮乏,或者是不完美的艺术。这样,他对任何形式的后印象派、象征派或表现派艺术的抵制也就不难理解了。像绝大多数地中海地区的美学家那样,他认为线条优于色彩,明暗对比胜于色彩对比的效果。若没有线条,也就没有了艺术,因为艺术是在混乱的感觉印象中勾画出线条,是在赋予感官的毫无定形的实在上施加一种形式,是在随时存在着落入无意义过程之威胁的世界中刻画出稳定的、具体的形象。因此,对克罗齐来说,如果艺术是一种认知形式,而历史是艺术的一种形式,结论便会是:如果说历史表现是“真实的”,那只是因为它们是对实在的“清楚”和“准确”的表现。也就是说,在历史学那里,惟一可接受的认识论基础是一种经验主义类型的,兰克把这种类型解释成历史研究惟一可接受的原则。

自然,克罗齐不会采纳兰克那种经验主义的未经批判的原则或可行的假设;并且,在其著作《作为思想和行动的历史学》(1938)中批评兰克,说他缺少“清晰度”和哲学上的自我意识。但最终冒犯了克罗齐的是兰克著作的写作方式,而不是其基本意图。兰克是一位头脑迷糊的思想家,他运用一些含义不清的概念来表述他对特定的时代、个人、制度,以及过去和现在的价值所做的判断。可是,由于兰克期望的只是根据历史的个体性和具体性,以一种令人愉悦的叙事的形式来“讲述发生的事情。”正如历史实际发生的那样,他实践了自己的任务,也就是使历史成为一种艺术的特定形式,而不是一种哲学、科学或宗教的形式。

在克罗齐以后的著作中，他强调了历史知识与哲学之间的联系,但即使是在这些地方,他仍在强化其信念,即历史是以其特殊性和具体性对实在的清晰表述。早在20世纪头几年,克罗齐就开始认为哲学是历史的“方法”,因为它为历史提供了批判概念,藉此可能得出适当的历史判断。但是,这些判断本质上是单称判断,有其局限性,断断续续地描绘了历史性过去的片断。人们决不可能将它们加以扩展而得出与普遍性历史有关的判断。因为普遍性历史就像“历史哲学”本身那样,在克罗齐的哲学体系当中,是一个自相矛盾的术语。这种观点削弱了社会学和哲学有可能作为建构一门科学历史学的向导所具有的权威性，而克罗齐为什么持这样一种观点,在1893年他那篇论文中已经很明显了。

在1893年的论文中，以及在接下来9年为此文所做的辩护中，克罗齐继续认为艺术是一种认知模式，而历史能够涵盖在普遍艺术概念之下。但是,对他来说,日渐清晰的是,如果普遍性艺术表现的是可能存在的事物,而历史表现的是实际存在的事物,那么必定会有一些标准让史学家来区分可能事物与实际事物。史学家对浪漫主义小说家说道:“您所说的发生在中世纪的事只是您臆想的； 387
您为我们讲述的故事很有意思,并且,它或许可能发生过,但它并不像您相信的那样发生,而是以这样一种方式发生。这正是中世纪真正发生的事情。”此时,史学家诉诸的是什么标准呢?

兰克式的历史主义认为,这种标准是由文献提供的,但一位伟大的浪漫主义小说家或许对文献的了解和历史家一样精湛，或许在其叙事中以其完整性包括了呈现在文献中的一切，并且可能只是在填补叙事的空隙、进行转切和过渡,以及就整体提供一种令人满意的形式来满足读者的要求时,才诉诸其想象。此外,难道史学家本身不需要通过想象的行为而进行叙事的转切和过渡吗？难道他不期望赋予其叙事一种小说家渴望的同样的整体性和内在连贯性吗?

浪漫主义小说家和史学家之间的冲突产生的最关键之处，恰好在于编年史中不得运用想象的地方，也在于必须问“编年史中给出的事实有什么意义”的地方。如果像史学家经常做的那样，允许他对浪漫主义小说家这样说：“你所说的也许发生过了，它也能够发生，但它并没有像你所说的那样发生”，那么，必定存在某种有关世界如何“实际地”运作的知识，藉此，即使证据匮乏而不能在事实基础上决定究竟是这样还是那样，也能得出或确定一种令史学家满意的判断。简而言之，历史判断需要诉诸某种有关“实在”如何作用的理论，即一种关于世界的知识，并且，更确切地说，一种有关人类事务的世界的知识，它赋予史学家一种感觉，使他认识到，作为过去呈现在他面前的那个世界可能正是呈现在他面前的那样，而不是小说家想象中的那样。

正如克罗齐设想的那样，历史中什么是真实的、什么只是想象的，对这两个问题能做出判断的有两个候选者，即唯物主义和唯心主义，或者更明确地说，是马克思式的唯物主义和黑格尔式的唯心主义。二者都提供了非常明白的历史哲学。它们自称给出了一些规则，史学家可用这些规则对历史中重要的和不重要的材料进行区分，并且，对于社会或文化的任何部分中的任何历史事件序列，运用这些规则都能够赋予它一种准确的“意义”。这两种历史哲学都声称自己超越了兰克那种仅仅讲述已经发生的事情的企图，并且还提供了一种概念性工具。运用这种工具，不仅可以讲述事情为何发生，还可以说明它对人类的未来预示着什么。

388 克罗齐深信，历史学是以实在的个体性和具体性对实在进行的直观把握，所以很明显为什么他不能完全接受马克思或黑格尔的观点。但是，克罗齐无法忽视他们，因为对于弥补兰克关于历史学的自主性，以及尼采关于历史的美学概念分别提供的那些不太充分的辩护，他们的观点仍然是主要的选择。即使马克思和黑格尔不认为历史是一种艺术形式，至少他们还是把历史学视为认知行为；尼采视历史为一种艺术形式，但并不理解它也是一种认知形式。若运用唯物主义和唯心主义的概念性工具的话,会赋予历史知识一种限制性太多的形式,因而必须对其进行批判。通过转换唯物主义概念工具,使它从世界之下提升,并且使唯心主义概念工具自世界之上下降,就有可能将它们置于存在的中间地带,即在物质与精神之间——人们正是在这一地带活动并创造自己的历史。这样,便可以将它们分别展现为社会学上的一般化和哲学上的普遍化,从而确定它们在做出历史判断时的恰当功能。

历史意识的美学

克罗齐那个时代时髦的美学理论将艺术与科学、哲学和历史相对立,克罗齐本人则不一样。他试图把艺术确立为一切认知的基础,因而也是关于实在的各种描述(如哲学的、科学的和历史学的描述等)的最初环节。但是,他的终极目的是使历史学脱离在艺术和科学二者之间模棱两可的位置,而这种位置是当时主要的史学理论家为它设定的。当然,克罗齐所做的只是又将历史学放到了艺术和哲学之间的同样一种处境之中。

克罗齐在他的《美学》中认为,历史并不是意识的一种特定模式,而是两种确定模式的结合,即艺术意识和哲学意识。出于为这种历史概念辩护的目的,克罗齐不得不在艺术和哲学之间做出一种严格的区分,这几乎造成了一种二元对立。艺术不过是直觉,而哲学只是纯粹概念的科学。史学家用概念将形式和秩序赋予其直觉。所以,在历史学中,不存在历史表述的可能模式所特有的"形式"。历史根本不是一种"形式"。

> 历史不是形式,而是内容:作为形式,它不过是直觉或者审美的事实。历史学不寻求规律,也不形成概念;它运用的既非归纳,亦非演绎;指导它的是叙述,而非证明;它不建构普遍和抽象,而只是编排直觉。[第44页] 389

这并不意味着史学家并不“使用”概念；他们为了“编排”直觉（也就是建构有关过去实际上发生了什么的命题）而不得不运用概念。但那是鉴于这样一种事实，即为了表述历史的真实，史学家必须运用语言，并且是运用散文性话语而非诗性表达。重要之处在于，历史学并不寻求规律、形成概念、建构普遍或抽象之物。它使用日常语言的概念来描绘其材料、讲述其故事，抑或构成其戏剧。但是，正如克罗齐在《美学》中解释的，这些概念不过是在日常语言中构成有意义的语句所必需的语法和句法规则。将这些规则混淆于规律、普遍性或抽象，并且，尤其是，想象这些规则也许能够从实际写作的叙事中抽象出来，以便充当一种公认的历史科学的基础，这不仅是曲解了历史知识的本质，也表现出对语言本质的一种深深的误解。

在《美学》理论部分的结论中，克罗齐为此书的副题，即“作为表现科学和一般语言学”作了论证。史学思想史家倾向于强调在副题中明示的艺术“表现”观念而忽略“语言学”方面的含义，这样就忽视了克罗齐著作中的重要一面。克罗齐认为历史是艺术的一种形式，艺术是一种表现形式而不是一种简单的反映。但是，在强调这一概念的重要性的同时，同样重要的是还要注意到克罗齐坚持他所说的“语言学和美学的同一”。正如他在《美学》结论一章中所说的，“语言哲学和艺术哲学是同一回事”（第234页）。对克罗齐而言，这意味着语言学提供了模型，藉此，我们用“历史知识”意指的东西才能获得理解。因为，如果语言学提供了我们心目中的艺术的模型，而历史又是艺术的一种形式，那么，语言学也就赋予我们一种模型，用来理解历史知识所意指的东西。因而，克罗齐的语言理论处于他整个历史哲学的核心。

克罗齐的语言理论是整体的、有机论的，最后也是模仿性的。如他所示：“表达式是一个不可分的整体。名词和动词本身并不能存在，而只是通过我们破坏了单一性的语言实体——命题——而造成的抽象物。”(第240页)这就意味着,理解语言的线索是句法。单词或其构成成分,即音素、词素,抑或语法规则,都没有提供理解语言的关键,真正的关键是整个的句子,或者它们的对等物。

至于“命题”这个词,克罗齐说,他指的是“表达了一个完整意义的有机体,小至一个感叹词,大至一首诗”(同上)。他继而指出,语言(language)与言语(speech)相同,人们不可能有足够的理由在语言的形式规则和话语中实际使用的言语之间作出区分,他说道:“在特定的人为了确定的时期而实际写作或言说的命题及种种命题组合之外,语言别无实在。”(第241页)据此,他的结论是,不可能构成一种适用于任何语言的标准语法,即一切语言的语言模型,或对各种语言的分类。他甚至主张,语言之间的“翻译”,或命题的表达式之间的“翻译”都是不可能的,因为,惟一的语言实在只是那种该语言的个体言说者在构成完整的命题时表述的东西。 390

由于任何词语的说出都逆向地“转变了”在它之前的所有词汇的意义,因而不存在两个相同的命题(第238页)。这就意味着,语言是按照某种类似于征用和重新解释的过程发展,尼采把这种过程称之为在对自然和历史的全部过程进行的历史理解中最重要的方面。

这种语言理论对于理解克罗齐的美学至关重要,对理解其历史理论更是如此,因为它将注意力都指向了两者的句法层面,也就是说,指向了句子的组合规则。这样,语言系统的基本单位(词汇的和语法的)和历史系统的基本单位(单个人及其制度上的集团)都将被理解成动态的过程。通常,这样的组合规则都被认为是“规律”,并视具体情况而被看作语言的或社会的“规律”。但是,克罗齐并不认为语言学句法作为一种“规则支配”的程式是可以理解的。所有的语言用法就其真正本质而言是“规则的转换”。他消除了语言与言语之间的区别。惟一存在着的语言便是实际言说的那种。并且,任何句子的言说总是改变它在其中言说的言语共同体整个的语言馈赠,这就如同在一个句子的言说之中,每一个后续词都逆向地改变了在它之前的所有词的功能，直至最后出现一个句点或惊叹号。这样，句子人为地构成了一个封闭的意义世界，该意义不过是其言说的形式。

在克罗齐关于艺术作为直觉（感知）和艺术作为表现的理论中也是如此，直觉同时就是表现，而表现同时也就是直觉，因为若没有直觉，就不可能有表现，反之亦然。艺术作品的意义便是艺术家完成它时最终呈现的"形式"。作品本身之外没有意义；它是纯粹的表现也即只由想象中可能之物的观念支配着的某种直觉的表达。它必定是一种纯粹幻想的产物，抑或是记录对于外部实在的一种
391 想象性反应的尝试。于是，人们不应问艺术的对象是不是"真"、"善"或"有益"，而只应问它是不是"美"。而此处关于美诉诸的标准恰恰和用来确定一个句子是否有意义的标准一样，即它是否充分地表现了直觉。

每一件艺术作品与任何其他作品之间的关系，正如每一个曾被表达过的句子与任何其他句子之间的关系。我们只能问是不是有可能说出这样一种句子，如果有可能，它又是怎样影响、修正、改变或增加一整套艺术陈述表现出的语言规则在句法上的可能性。

每一件新的艺术作品都表现出逆向地对每一件以前的艺术作品进行重新定义，这是因为，如果它真是一件艺术作品，而不是一种不可控制的情感爆发，那么，它就代表着一种对我们的知识的贡献，这种知识涉及的是语言学规则能够允许艺术家说些什么。这样，每一件新的艺术作品都表现出充实了我们关于人类精神可能想象出一些什么东西的知识，所以，也是促使我们对自己的想象能力更有信心的一种证明。

就历史作品而言也是如此。每一部新的历史作品都会增加被称为"历史的"表现形式具有的语言规则在表现上的可能性，这种"历史的"表现形式是艺术和哲学的合成物，其中，直觉在可能性或逼真性的范畴下同时既被断言也被判定。历史学涉及的不是可能性，而是现实性，即实际发生的事情。因而，它需要一些能够把想象

的直觉与真实的直觉区别开来的规则。历史陈述不仅是对直觉的表现，而且是对关于现实事物（或者更准确地说，就是实现了的事物）的直觉的表现。历史学研究的是真实事件，是事实，而不是想象出来的事件。因此，它需要一种自己的句法，来创构其有关事实意义何在的陈述。这种句法不过是史学家自己所隶属的那种文化或文明的日常散文性话语的规则而已。

克罗齐以一种不大明确的方式认为，日常语言代表着种族智慧的记忆。对于历史事件，人们能够说的仅只是他用自己母语中的日常散文性话语可能说的。克罗齐如同后来的维特根斯坦那样，认为对不可言说的就保持沉默，也不能用口哨或舞蹈加以表现。不过克罗齐与维特根斯坦的意图不同。这是克罗齐反对可能被引入历史记述的一切形式的行话或技术性语言的根据。对克罗齐而言，把任何形式的人工术语引入历史话语，远不止是把科学、哲学或宗教与历史相混淆，而是代表着一种不容辩驳的对历史学的无知，代表着对历史话语的句法缺乏理解，代表着对日常语言足够表现真实 392
世界丧失了信心，而这个真实的世界实际上作为一组具体的实现之物或事实已经摆在了意识之前。

哲学家或许会反思以语言表述的思想，并且详细解释概念的本质，思想正是用这些概念来建构起一致的和逻辑上连贯的解释和理解体系。事实上，在克罗齐定义为纯粹概念科学的逻辑学中，哲学家有一套方法论和句法，用于表现通过这种反思揭示的概念性真理，即理性的真理，以此相对于史学家所运用的事实的真理。但是，把对纯粹概念的逻辑分析中得来的真理运用在对具体事实的直觉得来的真理之上，以便迫使它们并入那种由哲学反思赋予的逻辑上必然的模式中，这样做产生的只会是错误、怪胎或幻想。克罗齐说道："当我们试图从概念中演绎出表现"，历史学中的一切错误，正如艺术批评中的那样，也就出现了（第59页）。我们能够在个别的艺术作品之间找到"相似之处"，但这些只是"家族相似"（第119页），而不是种类或类型的相似。在历史之中犹如在艺术之中一样，我们只是“使用词和短语；我们并不确立规则和定义”（第63页）。

这种日常散文性话语作为历史话语之范式的概念，不亚于构成一种对以常识充当历史综合之“理论”或“方法”的辩护。它提供的不仅是一切历史陈述都必须采用之形式的模型，而且提供了整个历史过程之本质的模型。该历史过程就好像是一个正在被说出的句子。我们宛如生活在一个尚未完成的无限延展的语句之中，我们不可能知道它最终的意义，因为我们不知道它在未来会说出的“字词”，而只是知道它的规则与和谐。迄今，根据常识的规则和我们用日常言语描述“发生之事”的能力，我们可以通过弄清楚已经“说出”的字词的意义，推断出这些规则与和谐。从反思这些已经说出的字词中，我们能够得到的正是那种“精神”的语法和句法，它展现自身，就好像通过人类的思想和行为来言说。不过，在克罗齐看来，将这种“精神”与它在人类思想和行为中的显现区分开来是一个错误，而这个错误恰好类似于我们试图区分一件艺术作品是什么和意味着什么时产生的错误。事实上，它的存在便是它的意义。

如同“精神”在艺术领域中的情形，它在历史性存在的领域也是如此。人们正是他们的所思、所感和所为，而他们的所思、所感和所为就是他们的历史。这种历史是人们具有的惟一的“本质”。并且，他们的历史所具有的惟一的意义，在于记忆对于他们的所思、所感和所为保存下来的东西；在于历史学家在反思了对于过去的记忆之后，能够以常识所接受的而日常教化的话语可表达的方式对于他们之所思、所感和所为说出的东西。史学家在建构其叙述中
393 能够使用的惟一的批判原则，以及用来评估这些叙述的恰切性的惟一批判原则，正是那些与“逼真性和可能性”的原则（第47页）。

历史知识的本质：对常识的辩护

历史学分析不过是尝试确定什么是最值得信赖的证据。但是，克罗齐问道：“除了最优秀的观察者的证据，换句话说，即那些记得

最牢并且(可以理解)又没有伪造意愿的人的证据，还有什么是最值得信赖的证据？”(同上)据此，接下来他承认，既然历史确定性不是“科学确定性”，那么历史怀疑论者的论点也就有其合理性。史学家的确定性很高，但难以证明。“史学家的确信正是陪审员那种难以证明的确信。陪审员听取证人的言辞，悉心聆听案情，并祈求上苍的启示。无疑，他有时也会犯错误，但是，与他把握住真理的大量场合相比，这种错误极少，几乎可以忽略不计”(同上)。这就使得克罗齐能够得出这样的结论：

> 在信任历史方面，这正是为什么常识(*buon senso*)与知性论者相比总是对的，历史不是一种“公认的传说”，而是个人和人类对其过去的记忆。[同上]

“在一种悖论精神中”，人们可能怀疑希腊或者罗马是否曾经存在过，或者亚历山大大帝是否存在过，抑或1789年7月14日法国是否爆发了革命。但与这种怀疑相对，克罗齐提出了以下异议：“诡辩家讽刺性地问：‘所有这些你有什么证据？’人类回答：‘我记得’。”(第49页)

这还不能完全等同于《1066年以来》(*1066 and All That*)的作者们所说的，惟一重要的事实是那些人们能够记住的，但已很接近。通过将历史智慧与常识和共同记忆相联系，它的确暗示了，惟一能够被当作历史事实的，就是常识本身能够当作对于“真实”实在的“真正”直觉来信任的东西。它并没有完全把历史思维从任何对于哲学和科学的批判原则所承担的义务中解脱出来，尤其是因为克罗齐特别把在现象中显露的本体世界的知识归于哲学，而常识相信这些现象就是历史实在，但是，它也接近于此了。关键之处在于，历史思想一方面完全从令人们联想到社会科学的那种类型学运作中解脱出来，另一方面完全从令人们联想到自然科学的那 394
种规律分析中脱离出来。(第48页及其后)这两种理解都被置于不同于常识的某种其他事物的地位——这种地位无疑是它们本来愿意得到的，但与此同时，它们被拒斥在历史反思之外，或者只是作为错误的形式而得以纳入历史反思。

克罗齐说道："真正的科学只能是哲学"，自然科学"不是完美的科学：它们是被独断地抽象和固定下来的知识复合体"（第49页）。"无疑，自然科学的概念是最有用的，但人们不可能从它们那里获得那种只属于精神的体系。"（第50—51页）据此，克罗齐的结论是，惟一"纯粹和基本的知识形式有两种：直觉和概念；或艺术和哲学"（第52页）。历史在这两种纯粹的知识形式之间有其位置，就"好像是将直觉的产物置于与概念的联系中，即与艺术有关的东西在自身之内获得了哲学的特性，与此同时还保留其具体性和个别性"。他认为，一切其他形式的知识都是"不纯粹的，它们与有着实际来源的外界因素混合在一起"（同上）。

事实上，克罗齐主张，一切科学的普遍化都是由伪概念组成，而一切社会科学的普遍化则由伪类型化组成。对于真实世界的本质，他只相信常识允许他相信的东西，即世界上只存在单个的实体，并且，关于这些实体的一切描述只要超出了常识和日常言语允许人们就它们而说的东西，就都是"虚构的"。固然，历史不是"公认的传说"，但宗教"神话"、科学"规律"和社会科学的"普遍化"本质上都是"构想出来的"。它们最多能宣称的是对于从事某些实际工作更方便或有用。因而，它们的权威性在时空之中受到了限制，在某种程度上，历史叙述却不受这种限制。就像伟大的艺术一样，作为一种高贵的直觉的产物的伟大的历史永远都是有效的。

伟大的历史永远是有效的，但不可避免，它也是有缺陷的。而且，由于克罗齐认为，历史知识除了有助于我们理解过去之外，对任何事情都不会有什么帮助，这样，历史学在一条艰难的道路上步履蹒跚。人们永远不可能做出任何一种有关"现在"的具有特定历史性质的判断，因为史学家本身总是存在于那类似于一个尚未完成的句子的内在过程之中。常识、种族记忆，以及哲学上的自我意识,这三者的联合准许史学家自信地记录下他对于过去的“直觉”,但史学家不可能用这种联合来对自己世界的本质做出判断，因为在现实中,就如同在整个的历史过程中,还不存在已经完成的行为让他来直觉或感知。

克罗齐本身恪守这种限制。他自己所有的史学著作都对于最深刻的主题充满了各式各样最广泛的判断，当这些著作接近史学家自身所处的现在时,便都含糊不清地结束了。这种情况同样出现在其理论著作的历史部分中,如《美学》和《历史学》。在这两部作品 395
中,一方面关于美学的思想史,另一方面关于史学的思想史都表现出极为自信,其中描绘和刻画了每一个时期,界定了各时期之间转变的本质,整个思想历程的意义也得以阐明。但是,两部作品结论部分的章节总是以赞颂克罗齐自己的“精神哲学”而告终,他把这种“精神哲学”说成是为了生活着的人们而容纳哲学和常识之智慧的主要仓库。并且,这种哲学给我们的教导是,除了以某种方式生活这个一般性的绝对命令之外，哲学和历史对于活生生的个人现实生活,不可能提供忠告。

历史知识的悖论本质

因此,克罗齐对史学思想有着最大贡献的《历史学》一书也是以一个悖论结束。在结论那章中,克罗齐回顾了过去一个世纪中的史学思想,揭示出将历史学与艺术和科学联系起来的努力,使历史学与历史哲学和谐一致的努力，以及调和唯心主义与实证主义的努力,等等,它们的特征乃是二元论、对立论和冲突论。然而,他最后宣称,所有这些二元论在一种新的哲学中都已被超越,它将为一种“新史学”提供基石。

当然,这种新哲学只会是克罗齐自己的“精神哲学”,自19世纪90年代早期以来,他已经在一系列的著作和论文中描述过它。克罗齐在这本史学理论著作中最后描述了他的哲学。他将这种哲学作为一种世界观来提出,这种世界观能够解决一切悖论,其做法不过是将其中的冲突因素视作一种单一"精神"的不同方面或不同环节。这样,它看上去便为一种喜剧式的史学概念提供了基础。例如,克罗齐写道:

> 在我们描绘过的哲学中,实在被认定为精神,它不是那种超出世界之外或徘徊于世界之中的精神,而是与世界吻合的精神;自然已经表明,它乃是这种精神本身的某个环节或产物,因而,二元论(至少困扰着自泰利斯到斯宾塞的思想的二元论)被它取代了;并且,所有类型的超验性,不论其源头是唯物主义的还是神学的,都被它取代了。[第312页]

依据克罗齐的看法,这种"精神"具有物理性质和意识的一切属性。它"既是一,又是多;既是一个永恒的解答,又是一个永恒的
396 问题;并且,它的自我意识便是哲学,即它的历史;或者说,它的自我意识便是历史,即它的哲学,历史与哲学本质上同一"(同上)。克罗齐令人惊讶地把被认为是对立的或彼此排斥的事物或概念视为同一,这种做法明显源于这样的事实,即"意识和自我意识同一,也就是说,既相区别而又相同,犹如生活和思想"(第312—313页)。在克罗齐的观点中,正是这种对意识、精神和知识一元性本质的承认,使得他对历史意识的一种全面复兴或改造抱有希望,这种复兴或改造的证据,克罗齐声称在他身边随处可见——在他自己的研究中,也在别人(比如说弗里德利希·梅尼克)的研究中。

然而,同时克罗齐说道:"为这种哲学和历史学写作一部历史"是不可能的,因为它构成了整个时代的风格或生活形式;并且,既然这个时代或时期并未结束,而是刚刚开放,"我们也就不能描述其编年方面的和地理上的轮廓,因为我们不清楚它将持续多长时间……将包括哪些国家的范围"(第313—314页)。此外,克罗齐坚持认为,"在这些考虑之外,我们不可能在逻辑上限制它的价值可

能会是什么”，因为现在的人也无法描述出新哲学和新史学的限度，而这些限度恰恰将产生于它们为自己描绘的问题或疑难所提供的解答中。“我们自己还在风浪之中，并没有在港口里卷起风帆为新的航行做准备。”（第314页）

这样，新哲学允许克罗齐时代的人期待着一个在思想和文化方面取得成就的新时代，并且构想一种绝对优于以前任何史学的“新史学”，但同时却不允许用这种新的历史意识来研究他们自己的时代。由于获得了一种新的哲学和理论基础，历史意识获得了进步，可是，荒谬的是，人们却发现，历史意识进步的证据存在于这样一种认识中，即历史意识对于它在其中获得进步的这个时代无话可说。新史学的语气幽默但有所保留；其情绪乐观却有所限制；其反讽明显但也温和。

这种有关西方历史意识处境的概念预示了克罗齐所描述的第一次世界大战后欧洲文化和社会的特征。他的《19世纪欧洲史》有个后记，在其中，克罗齐被迫承认，19世纪存在的有关暴力、极度凶残、非理性主义、唯物主义和自我中心的一切力量，看来在第一次世界大战中都再度浮现，它们得到了加强，而非削弱。

> 甚至在战前文学中曾经听说过的悲观主义和颓废言论现在再次出现，并且正在鼓吹西方甚至人类的没落。人类在努力从动物上升到人之后，根据时髦的哲学家和预言家的看法，现在正准备回复到动物的生活中去。[第353页]

克罗齐说过，所有这一切都是“一种事实”，否认它，或者将其意义限制在某个国家、某个集团，抑或知识界，这都没有用。但是， 397
正因为是“事实”，它也就提供了一线希望。作为事实，这种状况“不得不在精神的发展、在社会和人类的进步中起到一种作用，如果它不是作为新价值直接的创造者，至少也是作为古代价值得以加强、深化和拓展的材料和刺激物”（第353—354页）。然而，这种“作用”

只有某些未来的史学家能够看到，“当它抵达它那个时期的终点，未来的史学家在眼前便能看到我们致力于其中的运动，以及它将我们导向的任何状态”。但是，“我们并不能理解和判断我们致力于该运动的真正原因”。克罗齐说道，我们应当能够观察并理解“许多事物”，但我们永远不可能认识到“尚未发生因而其历史还无法提供给我们去观察的事情”（第354页）。

这样，事情仿佛便是，尽管我们能够认识到自己在意识和实践中代表着一个新时代，然而由于我们完全投身其中，自己也就无法知道组成这个新时代的可能是什么。对于这个我们自己在其中扮演着角色的时代，我们无法做出负责任的评判。而且，克罗齐指出，我们做出判断的能力受到的这种限制没有什么关系。“有关系”的是

> 我们应当加入[我们自己的历史时代]其中，但不是以对那不能沉思的东西的沉思来加入，而是根据我们每个人义不容辞的，也是良心指派的和职责要求的角色，以自己的行动加入其中。[同上]

克罗齐提醒人们警惕的只是已经被“超越的”东西，19世纪的神话：行动主义、共产主义、先验论、沙文主义等等。然而，到20世纪20年代，他把这些非理性主义形式的复兴当作一种基本“活力”的表征，当作一种对于某种未来的意志，并因而当作为了追求“自由”的新生活的行动契机。他关于19世纪的历史结尾的话在《历史学》中早已宣告过了，也就是说，他警告要暂缓对整体做出任何判断，与此同时，在日复一日的基础上，实际地应对好它的各个方面。

> 所有这些简要勾画的不是预言，很简单，由于预言毫无用处，它对我们和任何人而言，都是被禁止的；这里勾画的不过是一种建议，即对于那些其主导概念以及对19世纪事件的解

> 释与这段历史中的叙述相一致的人，道德意识和对于现在的观察可能为他们勾勒出什么样的道路。[第362页，着重号为引者所加]

受别的理想支配的其他人，会以不同的眼光来看待这个局面，并从而采取不同的行动。然而，无论他们选择什么道路，“如果他们以一种纯正的精神来作出选择，听从内心的指令，他们也会对未来 398
做好准备”（同上）。无论选择什么道路，人们不能指责他们，因为

> 只要一部历史是在自由观念的鼓舞下写作的，那么，即便是在它的实际的和道德的推论方面，也不能以不容置疑地拒斥和谴责那些所思所感与它不同的人们来结束。它只是对那些认可它的人说：“你当每时每刻在每一次行动中以你的全部自我，依据这里为你划定的路线行事；相信神意——它知道的要比我们个人知道的多得多，并且在我们身旁、在我们心中、在我们身外起作用。”像这样的话，在我们的基督教教导和生活中经常能听到，也经常被讲述，就像其他来自同一源泉的东西一样，它们在“自由的宗教”之中有其位置。[同上]

克罗齐历史观念的意识形态蕴涵

克罗齐曾经遭到自由主义者、激进主义者，甚至保守主义者的激烈批评，这是因为对于那个时代的“新力量”，尤其是法西斯主义，他的道德立场模糊不清，他只是以自己的个例来对之进行抵抗，却未能在原则上对其进行毫不含糊的批判。因为法西斯主义是一个“事实”，所以，必须将它视为可能“超越”其短暂生涯而形成的新生活中的一个要素。他的批评者质问道，同时既是“哲学的”又是“历史的”那种“自我意识”，如果它只能就永恒的东西和过去的东西做出判断，并且赋予现在的人随意行动的权力，深信无论人做过

些什么，只要他是带着足够的“内在”信念而行动，他最终便能促成未来那种更加自由的生活，那么，这种“自我意识”又有什么用呢？克罗齐曾在战前宣布一种新意识的诞生，这种新意识由于取代了一切的二元论和超验论而优于19世纪产生的任何东西。那么，对于这么一位哲学家在道德上的自信和乐观主义，出现了什么问题呢？

实际上，克罗齐的批评者并没有充分地意识到他加诸于哲学认识实在的能力和历史学真实地表现实在的力量之上的限制。在《历史学》的结论中，克罗齐否认人们能够以任何形式的确信来评判自己时代的本质。在《实践的哲学》中，现在的一切被发送到了第四环节的统辖之下，在此环节中，精神显示其自身，而不是以善、真、美的方式出现。克罗齐将这个精神的第四环节称为“实践的”环节，并声称这个环节是他对哲学最具原创性的贡献。在人们生存的实际生活中，他们可能并不期待来自艺术、哲学、历史或科学的指引。人们不得不受制于他们所理解的自身的利益、需要和愿望，不得不受制于一种关于自己可能考虑的行动方案是否具有“实用性”的直觉。艺术感受性赋予人们的世界，以构成为各种形式的个别
399 “直觉”或感知的方式摆在他们面前。科学使他们能够在因果关系范畴之下将这些直觉组织起来，从而执行某种实际工作。作为纯粹概念科学的哲学则赋予他们批判的能力，将这些直觉用于其他非实用的、纯粹知性的目的。历史知识则允许人们思索以前人类理解世界、在其中行动并有所反抗的种种努力，并为人们考虑思想和行动在不同时间、地点和境遇下的运作提供材料，以致有可能用概念性（哲学）术语来概括意识（或精神）的本质。

但是，由于历史作为一种知识形式，只是关于*特殊的*、而从来都不是关于*普遍的*，甚至不是关于*一般的*知识，因而它不能为现实中的行动提供指导。有的人试图照社会学家的方式，通过抽象和统计式集合，将构成历史记述的所有特殊性事实加以概括。实际上，他们是以一种伪科学的形式进行反思。其概括必须根据促使他们以这种而不是那种方式排列事实的实际考虑来评价。因而，这种概

括并没有历史学根据,而只有社会学根据。

同样,有的人设法以黑格尔或孔德的方式,从混沌状态的历史材料的现象形式中抽绎出一种"普遍的"内容,从而将它们概念化。对这些人而言,实际行为中所依据的也不是历史学的,显然,它们是哲学的。即使分析中的概念性组织原则有可能随历史事实而定,并且概括也可能伴随着那些取自于历史而意在成为概括性原则之例证的东西,但事实上,克罗齐仍然主张,人们既不能将历史概念化,也不能对它进行概括。历史知识不过是过去的特殊事件的知识,本是一些材料,由于史学家将历史材料鉴别为不同的现象类别而被抬高到知识的地位,并且组织成叙事的诸种要素。这样的话,历史乃是哲学知识(对概念的知识)和艺术(对特殊事物的直觉)的一种联合体。

历史记述只不过是以"发生了某事"的形式出现的一组组存在性陈述,它们连接在一起构成叙事。这样,它们首先是鉴别(发生了什么),其次是表达(事情如何发生)。最后,这意味着历史是一种特殊的艺术形式,由于除了"可能与不可能"这种正常的艺术范畴之外,史学家还要处理"真实与非真实"的范畴,因而它不同于"纯粹"的艺术。史学家作为知识的传播者能够考虑的只涉及断言某某事件发生过或没有发生过。他永远不能去谈过去如果某某事没有发生,本来可能会发生什么事,并且,更重要的是,他永远不能谈及倘 400
若现在如何如何,将来便可能会发生什么。史学家永远不用现在时或虚拟语气言说,而只用一般过去时(更准确地说,是希腊式的不定过去时)和直陈的语气。

诗人根据可能性和不可能性(possibility-impossibility)的范畴来组织他的直觉,史学家则把他的直觉组织到或然性和不存在或然性(probability-improbability)的范畴之下,但这些便是惟一的差别。二者主题(直觉)的类型都相同,并且,他们的目标(表现这些直觉)也近似。由于他们的表现手段(语言)相同,他们的"方法"也一样。诗歌与历史共享的方法不过是日常言说的句法规则。

历史方法的这种概念，其意义对于克罗齐在19世纪90年代初期介入的历史学争论确实重要。这种历史方法的观念暗示了，历史知识永远不能用来说明现在的境遇，或者指导未来的行为。历史意识不能按照黑格尔那样的方式，作为当前的文化秩序中个人利益与公共利益之间、传统与现实愿望之间、创新因素与保守因素之间调和的基础。它也不能像在马克思那里那样，要求它成为一种洞察有关当下社会境遇或历史境遇的真正本质的工具，以至于可以评判当时各种替代性的行动计划的相对“现实性”。另外，它也不像尼采那样，为一个虚构的世界提供依据，在此基础之上，意志具有的过度本能或淘汰本能可能为了它们的建设性或破坏性工作，视具体情况而得到释放。

克罗齐认为，历史学不提供任何“教导”；历史学理论能够合理教导的惟一事情便是，虽然历史提供了有关过去的信息，但它决不能就现在世界的真实本质有所表示。在过去任何特定的时代，什么东西生机勃勃，什么东西垂垂老矣，历史能够有所洞察；但在现在的时代，历史却不能判断什么是活的东西，什么是死的东西。在经济、宗教、哲学、政治或心理的基础之上，以个人关于世界是如何或应当如何而具有的成见为基础，人们可能确定，在他们自己的时代什么具有创造性，而什么又具有破坏性；但他们永远不可能通过诉诸历史而为任何现实的行为过程找到任何辩护理由。

史学家研究过去，研究历史，这可能在某些现在的利益、问题或关系中有其根源。事实上，克罗齐指出，一切有关过去的兴趣正是由这种当前的关切或问题决定的。但是只要这种关切或问题规定了历史叙事中有关过去的知识的形式，它们产生的只能是错误。

纵使史学家可能以当前的关切作为他研究过去的出发点，他
401 也不可以从对过去的研究中演绎出任何普遍性结论，抑或为了现在而从过去之中引申出意义。因为，既然历史知识只是特别呈现在有关过去实际发生了什么的叙事性记述中的知识，人们也就不能从它的研究中得出任何普遍性结论，除了可能情况下明显是反讽

性的结论。

> 历史不是一首田园诗，也不是一部“恐怖的悲剧”，而是一部这样的戏剧，在其中，所有行为、所有演员，以及所有合唱班的成员，在亚里士多德的意义上，都是“中性的”，在有罪无罪之间，是善与恶的一种混合。[《作为自由之故事的历史》，第60页]

或者，就如同克罗齐在《历史学》中所说：

> 历史学不仅不可能区别善的事实和恶的事实、区别进步的时代和退步的时代，只有在这样的对立被超越，并被某种精神活动（它试图确定从前遭到谴责的事实或时代成就了一些什么）所取代时，历史学才开始了。而就某一事实或时代起过的作用而言，即它在发展过程中就其自身造就了什么，它也就为历史造就了什么。既然所有的事实或时代都以其自身的方式有所创造，其中不仅没有哪一个会因历史而遭受谴责，而且所有的都将得到赞美与崇敬。[第90页]

在将历史美学化时，克罗齐也将它非伦理化了。尽管他肯定认为自己将历史学提升到了道德自觉性的一种层次——那是作为一名学者所可能企望的最高的层次，即将其提升到了“善恶之彼岸”的位置，并且在事实上，也是将其永远地非意识形态化。

后来的历史哲学家，因感觉到必须努力对20世纪极权主义制度进行有历史依据的谴责，他们自然将这种立场视为道德上的不可知论，或者是不信任马克思主义左派的“科学”历史学的一种策略性转移。在我看来也是如此。但是，应当记住，克罗齐在那时的目的恰恰是要剥夺所有的意识形态立场都为历史学要求的权威地位，并且使历史研究返回到一个重要的，但最终也是次级的认知形式的地位。这种目的对于既定社会阶级或集团非常有益，对它们而言，有关社会过程和历史过程的任何概念分析都构成了一种威胁，因为这样的分析或许会针对他们视为“自然的”立场或特权做出某种评判。如果历史学能够脱离政治争论、科学、传统形式的哲学，也
402 脱离宗教，并回归到“艺术”的圣地，它肯定能作为当前的意识形态冲突中的一个因素被教化。

但是，为了使这种教化有效，必须对艺术本身进行教化，将尼采在艺术感受性中心设置的“酒神”冲动消除。这样，克罗齐实行的对历史思想的教化最终需要为一种美学辩护，那种美学甚至完全不可能把后印象派在绘画方面和象征主义运动在文学方面的整个成就看成*是艺术*。克罗齐表明了，历史思维如何才能从一种关乎过去的反讽态度中解脱出来，它如何才能在关乎过去之处变得灵动自如、甚而满怀虔诚，但惟一的代价是，必须迫使史学家就自身社会和文化现状中的一切事物采取最极端的反讽态度。

这就导致了许多克罗齐的追随者认为他的理论是一种纯粹的相对主义历史知识理论，因为，即使最终的结果本质上是“哲学的”，这种知识当作基础的最初的见识却是“艺术的”。但克罗齐的意图决不是推崇相对主义，并用它一方面替代传统历史学的朴素经验主义，另一方面替代历史哲学家的元史学式的思辨。其主要的哲学战斗是在美学理论的领地上进行的。从一开始到最后，克罗齐的目的都是重新定义艺术洞见的本质，从而用这些洞见来构成人们关于真实的世界可能具有的任何知识的基础。

这就部分地说明了克罗齐在其《作为自由之故事的历史》（1938）中对布克哈特表现出的达到蔑视程度的那种极端敌视，这种敌视要比他对兰克表现出来的更强，他谴责兰克时只是说他的“哲学”理解天真无知。布克哈特将历史视为艺术的一种形式并没有错，错就错在他关于艺术是什么的概念上，他把艺术视为一种娱乐或麻醉人的形式。于是，在某种意义上，克罗齐最初的敌人是尼采以及像他那样的哲学家，这些人曲解了艺术的本质，将其看成幻

想或麻醉剂,结果也背离了他对于一切知识的"艺术"基础具有的真知灼见。

现在,看看克罗齐对在他之前所有史学家和历史哲学家的批判,我可以描述出它的本质。这种批判遵循的方法是,将特定史学家的著作中的提喻式(类型学的)、转喻式(因果性的)和隐喻式(诗性的)要素孤立起来;然后,确定这些意识模式在规定叙事形式及其内容之中所起的作用;将这些概念化模式指为原因,来说明史学家一方面背离了他作为具体事实构成的叙事之撰述者的恰当角色,另一方面违背了由正确的(克罗齐式的)哲学原则引导的常识;最后,对他所讨论的史学家或历史哲学家思想中"活的东西"和"死的东西"加以区分。这种在认识论层次上的批判原则赋予克罗齐一种辨别情节化错误的标准。它不允许叙事者将历史过程编排成看起来像一部浪漫剧、悲剧或讽刺剧,而只能像是由反讽语气编成的一部喜剧,并且视具体情况而编排成反讽式喜剧,或喜剧式的讽刺剧。

由于史学家总是局限在表现那些活着的和成长的、再生的和萌芽的事物,甚至在大多数"没落"的情形下也是如此,因而一切历史情节化的恰当形式乃是喜剧式的。史学家即使在最压抑的处境下,也必须描述有什么东西正致力于维系生存。他必须表明"死中有生而生中亦有死",但是,需要强调的是前一种矛盾,而非后一种,因为"历史"是关于生而非关于死的,除开死作为生之中的一个要素之外。反讽的要素也是源自"生即是死"这一事实,即凡出生之物必有一死,但它不是悲剧式的,因为死亡是生命的一种"事实",就像一切事实那样,它必须被视为生命自身保存的一个"机会"。

但此外,史学家不必太热衷于赞美"生命"本身,不必将他的历史的情节编排得就像是社会冲突已经获得了、或者可以获得真正的和一劳永逸的解决。克罗齐拒绝以讨论别的史学家视为"划时代的"(在此词的严格意义上,*epokhē*,即时间里中断、确定和固定的点)事件来开始或结束他自己主要的历史著作。他的历史著作就像布克哈特的，全部是过渡式的、低调的、渐进式的、不太模仿的，并且也没有什么序幕或结局可言。

例如，他的《19世纪欧洲史》始于拿破仑失败之后复辟时代那种枯燥的气氛中，终于第一次世界大战之前爱德华时代那种同样是枯燥的气氛之中。克罗齐的意图是消除任何目的论过程在起作用的印象，而这样的目的论过程总是与浪漫剧、喜剧和悲剧的神话联系在一起。其结果是令“热心人”认为重要的事不再重要，而将日常生活中更加乏味和平凡的方面抬高到有着真正的成就的地位，这正与这个时代非理性主义者和知性论者对它们的无论什么样的看法正好相反。

克罗齐说，如果“自由主义时代”（1871—1914）看上去“索然无味”，这只是因为知性论者、非理性主义者、社会主义者和颓废派没有能力欣赏普通人的成就，这些普通人为完成自己的日常琐事和职责尽了最大努力。如果说“虚伪的理想”最终支配了实际生活，这很大程度上要归因于该时代的知性论者、批评家、诗人和哲学家未能满怀热情并同情地接纳该时代实际生活的实践者（《19世纪欧洲史》，第323页）。“虚伪的理想”、“非理性主义”、“精神衰弱”，以及“内在紊乱”，这些东西如果没有被国际舞台上的帝国主义对手们
404 灌注到新生活中的话，“本来可能通过批判和教育加以克服”，或者简单地“自身磨损掉”。

这样，第一次世界大战并不是作为一件“划时代的”事件出现，而是作为两种因素相结合的结果，即一方面是一种普遍的道德萎靡不振，另一方面是一种非理性的权力意志行为。并且，战争远非欧洲事务的一个新起点，“它以一种普遍净化的承诺向各民族宣告，然而在其过程及其结局中，它却完全违背了它的诺言”（第350页）。因而，无论是在战争爆发时还是在其过程中，它本身并不是悲剧性的，而仅仅是令人怜悯的。克罗齐评论第一次世界大战，如同他评论19世纪整个的历史，都是带着一种感伤性的反讽口气。然而，这种感伤是温和的，因为在他看来，大战就像在此之前的时代

一样，为创造性努力提供了另一种“机会”。这样，第一次世界大战在（有所限定地）得到敬畏的同时也是（有所限定地）得到批判的，而这就是历史学家和哲学家所可以做的一切。

运用的批判方法：反讽的教化效果

以常识解释历史，以反讽式喜剧将历史情节化，这就是克罗齐历史学观念的精髓。反知性论和反激进主义的偏见也很明显。这种历史的观念正是他批判以前所有主要的历史哲学家的基础，在他看来，其中最重要的是黑格尔和维柯，他们分别代表着“哲学的”和“诗性的”历史思维之错误的典范。但是，在克罗齐着手批判黑格尔和维柯之前，他面对的是马克思。按照他的看法，马克思代表着19世纪思想中建构“科学”历史学的最为有害的尝试。克罗齐对待马克思与他对待黑格尔和维柯的方式之间的差异颇有启发意义，它们证明了克罗齐有关历史的所有思想根本上的教化本质。

克罗齐反对马克思

克罗齐反对马克思的战斗只是在1895年之后才开始，那时他的老师安东尼奥·拉布里奥拉放弃了最初信奉的赫尔巴特学说，在克罗齐面前表现为一位哲学上的辩证唯物主义和政治学上的社会主义宣传者。克罗齐声称他倾心接受马克思，但是，由于他已倾向于1893年时就获得的有关历史知识的“艺术”本质的立场，马克思对克罗齐产生积极影响的机会之小，就如同列宁要改造俄罗斯贵 405
族。克罗齐看上去认真对待马克思只是因为拉布里奥拉是其宣传者。这就使得批判马克思主义有着一种感情上的张力，因为这需要波及对他的前“导师”拉布里奥拉的批判；但是问题一开始就在思想上被决定了。马克思的整个事业在于寻求历史发展规律，这与克罗齐的历史概念大相径庭。克罗齐的历史概念是研究以个体形式存在的实在，并将历史撰写成叙事作品。尽管如此，与马克思主义的邂逅也是有益的，因为克罗齐运用在以后不断遇到的每一种历史哲学之上的批判策略，在对马克思主义的批判中都得到了清楚的展示；而且，作为一种强迫性重复而运用这种策略的心理特征也表露无遗，它类似于旧欧洲的保护者反对任何激进主义信条时运用的策略。

克罗齐研究马克思之后首先的反应是称它为“双重谬误”：首先因为它是“唯物主义的”；其次因为它“根据预先确定的计划”理解“历史过程”，这不过是一个“黑格尔式历史哲学的变种”（《理论马克思主义在意大利如何诞生和死亡》，第28页）。克罗齐承认，如果时下这一代学者远离民众日常生活的现实，那么马克思强调人类生活中经济力量的重要性就是有益的。但最终，马克思主义既非一种有效的历史哲学，亦非一种值得尊重的一般哲学。它不多不少，只是一部“经验主义解释的教规，一种给予史学家的建议，要求他们注意……人民生活中的经济行为，以及由此造成的天真或虚构的幻想”（第30页）。

拉布里奥拉反对克罗齐的结论。他批评克罗齐是“一个知识分子”，“对生活中的战斗漠不关心”，只对“书本里的观念争论”感兴趣，并且，最尖刻的是，批评他是“仅仅为了逃避威胁着他的无聊而不辞劳苦研究和写作的人”（第27—28页）。他也指责克罗齐是他不可能克服的一种纯粹的“*形式*假设，或者更准确地说是一种成见”的奴隶，这使得他在自己与马克思的分歧之间先行得出了结果。

对拉布里奥拉批评的反应是，克罗齐重新研究马克思的经济学和哲学学说。但他从这些研究中得出一个判断，这甚至比他最初的判断还要苛刻。克罗齐说，作为一位经济学家，马克思并没有创立一种新的学说；他的著作令人关注，主要是因为他阐明了资本主义社会中雇工与雇主之间的关系，也就是说，只是因为它的*历史信息*而已。至于剩余价值学说，它是“一个抽象概念和[一个真实的]

社会之间比较的结果。抽象概念即作为一个类型起作用的彻头彻尾的工人社会,而[一个真实的]社会即私人资本的社会”。至于马克思声称既是一位哲学家,也是一位科学家,克罗齐认为他两者都不是,如果马克思是什么的话,他是“一位傲慢的政治天才,也许还是一位革命天才,他用特别为工人运动建构的历史学和经济学学说来武装它,赋予它动力和一致性”(第37页)。克罗齐继续说道,事 406
实上,如果说马克思需要一个伪科学和伪哲学,或是一种阶级意识形态的例子,他无需到笛卡尔、斯宾诺莎、康德或黑格尔那里去寻找,而“只要到他自己的作品中寻求就可以了”(同上)。最后,克罗齐认为,马克思只是一种新宗教的创造者,无产阶级的布道人,但他携带的福音书仅仅是破坏性的,因为它威胁到“人类生活的一切理想”(同上)。

拉布里奥拉再次对克罗齐的批评做出了回应。这一次直指克罗齐思想中意识形态的,特别是资产阶级的成见。拉布里奥拉说道,事实上,克罗齐是在与他自己争辩,而不是与马克思争辩;他惟一的兴趣在于他怎么能够利用马克思主义,而非认识马克思主义究竟是什么样的。他写道,如果不是这样,那么克罗齐认为马克思没有明确而全面地意识到自己的所作所为,这就很荒谬了。(第39页)但克罗齐逃避到了哲学家的书斋里,他指出,正是拉布里奥拉自己对如何利用马克思主义感兴趣,为的是实现社会主义的目标,而克罗齐自己却不得不以一种纯粹是哲学的或理论的观点,来确定马克思主义中“活的东西和死的东西”。并且,马克思主义中惟一“活的”要素在于,它提醒史学家在他们研究人类的过去时,需要对经济活动予以考虑。相比之下,“死的”要素则是经济学的剩余价值理论,它旨在揭示资本主义经济实践中的不公平,还有就是哲学—历史学的辩证唯物主义学说,它为资本主义社会的革命性转变提供了基本理论。

克罗齐后来认为,19世纪90年代后期爆发的“马克思主义的危机”为它在哲学上的缺陷提供了经验的证据。修正主义的争论是对马克思的学说进行哲学上的精细检验造成的必然结果。只要研究马克思主义的是那些自学成才的工人及其狂热的知识分子支持者，它的哲学缺陷就不可能暴露出来。一旦像索列尔、伯恩斯坦和克罗齐自己这样的一流批评家致力于检视马克思主义，它的哲学权威便不复存在。1917年和1938年，马克思主义再度盛行，但这也没有改变克罗齐在这个问题上的观点。他在1938年曾写道，马克思主义的复兴只是反映出布尔什维克的宣传活跃，以及俄罗斯流行的哲学文化水平低下。

克罗齐声称，对于（在他看来）决定性地消解作为一种哲学理论和科学理论的马克思主义，部分要归功于他的所作所为。他继续写作反对马克思主义，但行文脉络往往一样。实际上，他的批判方法起到的是一种注射文化疫苗的作用，比起19世纪反马克思主义
407 批评家那种全盘否定更有效。克罗齐通过承认马克思与历史学研究存在着最低限度的相关性，便有可能表现出对马克思主义的一种思想开明的态度，与此同时又从中切除掉真正使它成为一种特殊的激进主义世界观的教条。承认在每一种解释历史的尝试中都存在某些“活的”东西，以及指出凡是这种尝试中新的或激进运动的方面都是“死的”东西，这样的策略正是以克罗齐作为其20世纪首席理论家的那种新历史主义的活力所在。最终，该新历史主义是一种通过历史化而被阉割了的形式，它允许从内部和外部遭受攻击的一个阶级和一种文化在对付对它有敌意的任何事物时，就好像它们已经“死了”，已经被交付给了历史，其位置被确定了，而它们作为活着的人的信条的权威也被否定了。

克罗齐反对黑格尔

回顾起来，克罗齐对马克思的批判看来是不可避免。以克罗齐的性情、阶级忠诚，以及确信历史是艺术的一种形式，那么对马克思的拒斥看来便是可以事先预料到的。描述克罗齐与黑格尔的遭

遇要稍微难一些。克罗齐一开始就已经是唯心主义者，即使他认为自己是一位“实在论的”唯心主义者，也就是说，他否认在感官知觉赋予的世界之彼岸存在任何超凡领域的本质。那么，他的实在论唯心主义包括些什么呢？1906年，在《黑格尔哲学中活的东西和死的东西》中，克罗齐给出了这个问题的答案，该书通过他以及他的时代所特有的那种有所节制的拒斥过程，使他进一步接近于夯实自己最后的立场。

依据克罗齐的评判，黑格尔一直是他心仪的哲学家，这就如布克哈特眼中的叔本华那样。对克罗齐而言，黑格尔有着天生的哲学才智；事实上，他甚至是过于哲学化了，以至于他把哲学反思惟一可能的对象——普遍之物，即先验概念当作了历史解释的原则。黑格尔不明白哲学涉及的只是概念，并且只是概念之间的形式关系；哲学有它自身的研究方法——逻辑，即纯粹概念的科学；哲学的普遍化必须限于概念，并且绝不能扩充到涵盖事件。黑格尔企图通过演绎从概念的知识转向实际的事件，即自然的、社会的和人类的事件；他还试图在历史事件之上强加一种模式，这些都是错误的，就如同马克思企图把经验主义的社会和经济学上的概括当成普遍原则一样。马克思的普遍化只有在包括了特定历史社会中真实的社会和经济实践时才会有效；黑格尔的普遍化则涵盖了精神活动的更加广阔得多的领域。但这两者都不适合作为历史普遍化的工具， 408
在历史领域，普遍化的冲动惟有在最谨慎的限制情况下才允许使用。

尽管如此，黑格尔还是为某种显然属于现代的（因其有着历史的自觉）的人文主义开辟了道路。原则上，黑格尔是一切先验哲学的一致敌人、最卓越的内在论者，因而也是根本上的历史主义思想家。首先，他识破了关于现象与实在之间的关系问题的每一种一元论和二元论解决方式存在的谬误。黑格尔揭示出，思想和行动的惟一对象并非某些单一的底层结构，其中心灵只是它的一种附带现象；它也不是某些超出世界之外的精神，其中物质不过是一种微弱的反映或表现；最后，它同样不是精神与物质或灵魂与躯体之间区分之后的一种破碎的总体。从一开始，哲学探求的“普遍”对象就并非高于人类经验、被人类经验遮蔽，或在人类经验之下；它是具体性存在的世界本身。

然而，与此同时，黑格尔保存了包含在一元论和二元论之中的真理——局部真理。一元论者认识到的世界的统一性和二元论者假定的各组对立的事物都是关于世界的有效概念。但是，统一与对立是单一演替或发展的实在的不同方面。世界既统一，又内在区别。世界的统一与其内在对立的事实并不矛盾，更确切地说，世界是一个内在对立的统一体。（克罗齐：《关于黑格尔的论文及其他文章》，第15页。）

整体中部分之间的内在区别说明了世界的发展能力，并使世界构成为一个方成之物，一部历史。统一与对立因而在黑格尔的思想中表现为总体的不同方面。这一总体具有三个环节：有、无和生成（第17页）。将统一和对立、有和无、肯定和否定包含在第三个术语“综合”即生成之中，这是黑格尔哲学的辉煌之处，也是其累赘。在这种认识的真理中存在着作为实在的逻辑的黑格尔式辩证法之功效。同时，黑格尔将他的三重图式机械地运用在自然和历史的材料之上，产生了所有那些错误的总体式体系，使得克罗齐和他那代人成了黑格尔不可妥协的敌人。

依据克罗齐的观点，黑格尔的解释者统统都误解了他。他们忽略了黑格尔的悲剧性实在观，而只看到他的乐观主义（第40页）；他们认为这种宏伟的超政治远见是保守主义的（第44—45页）；并且，他们一直把他看成是理想主义者，事实上，黑格尔是曾经有过的最纯粹的历史主义者之一（第46—47页）。在以前的哲学家中，只有维柯在深度上和广度上接近于预示了黑格尔的见识（第50—52页）。然而，在黑格尔整个体系的核心有一个错误，即他企图将包含在这样一个发现——实在同时既是整一，又是内在分化的——中的哲学真理运用于世界上现实发生着的事件。克罗齐说：“黑格尔的

体系中，有限和无限融为一体，善与恶构成一个单一的过程，历史 409
乃是观念的实在，而精神并不存在于其历史发展之外。”这种见识使得每一个历史事实由于是“观念的事实”，因而对黑格尔来说都是“神圣的”事实。这就迫使史学家给予每一个事实同样的同情心和同样认真的研究，以此促成关于历史的一种真正的历史主义评价。这是黑格尔哲学“健康”的方面，它必须严格地和其“病态”方面区别开。“病态”方面就在于，企图运用辩证模式的三重图式来分析构成历史的诸多具体事实之间的关系。这种“病态”方面产生了种种“生活哲学”，即从“神经性的神秘主义”和“虚假的虔诚”，经过“反历史的蒙昧主义”，到“实证主义”和“新雅各宾主义”，它们在20世纪即将来临之时令欧洲备受折磨。

因而，按照克罗齐的观点，为了从黑格尔那里抢救出“活的东西”，像传统的黑格尔研究试图做的那样，仅仅区分作为哲学家的黑格尔和作为史学家、科学家的黑格尔是不够的（第54页）。相反，黑格尔作为史学家和科学家的过失是一种基本的哲学错误的结果。必须揭露这个错误。克罗齐声称，他已经运用批判方法揭露出来了。他称这种批判方法为“辨别”法，即“区别、分辨”；并且，这种方法构成了后面半个世纪他的一般哲学和历史哲学的基础。

“辨别”法要求承认，虽然概念可能是对立的，如善与恶对立、对与错对立，但事物只能是彼此区别。这并没有对整体根本上的统一构成打击，它只是暗示了，在谈到事物和概念时，有必要以不同的方式来描述整体。“例如”，克罗齐说道：

> 我们谈论普遍的精神或精神活动；但我们也无时无刻不在谈论这种精神活动的特殊形式。虽然我们认为它们都是全部精神性的组成物……我们也关注不要使它们彼此混淆；因而，我们批判任何以道德标准来评判艺术的人，批判以艺术标准来评判道德、或以效用标准来评判真实等诸如此类的人。［第56页］

在试图把握住整体的过程中，倘若我们总是容易忘记“辨别”的必要性，那么，我们只要观察一下生活便能立即想起它来。由于“生活”总是在我们面前将自身呈现为活动的各种领域；它们作为经济的、科学的、道德的、艺术的领域而彼此外在地区别开来，并且，也呈现为个别的人，即通过其作为诗人、工人、政治家、哲学家
410 的各种行当而彼此加以区别。甚至哲学本身都不存在，而通常出现的是作为一种特殊方面的哲学：如美学、逻辑学、伦理学等等。事实上，哲学整体内在地是可以区别的，每一种哲学都是区别于其他哲学的一种哲学。

克罗齐继续指出，形成了历史过程的所有系列的不同实体，构成了“一种联系或一种节奏”，平常的分类理论无法充分描述它。在通常的分类体系中，人们假定一个概念，随后再引入一个外在于前者的概念；于是，这两个概念被用作区分的基础。克罗齐说道，第二个概念的用处

> 几乎就像一把刀子，人们能用它把蛋糕（即第一个概念）切成许多份，其中每一份都彼此独立。这个过程产生的结果是，世界的统一性消失了。实在被割裂成那么多的外在成分，它们每一种都彼此漠不关心；于是，哲学这一关于统一性的思想也就不可能出现了。［第57页］

克罗齐认为有一种正确的方式，它可以用来辨别构成实在的诸多个别实体，同时又将个别实体联合成统一体，他称之为“度的分类图式”，并将此归功于黑格尔。在这种图式中，个别实体被联合在一起，它们并非彼此中立和外在于对方，而是以高的度包含低的度的方式来联合。这种分类图式是黑格尔将不同主题，如文学、法律、道德、政治、宗教等等联系起来的动力之源。在哲学分析中它很成功，因为在其中，思想的主要概念既彼此对立，又辩证地统一在

一起。

黑格尔表明，人类经验的基本形态必须用不同的概念工具来研究。这样，

> 真与假之间存在的关系不同于真与善的关系；美与丑之间的关系不同于美与哲学上的真理之间的关系。无死之生与无生之死是两种对立的幻觉，其真理即是生，即生和死的联系，即它自身和其对立面的[结合]。但是，无善之真和无真之善却不是两种在某个第三项中可能取缔的幻觉：它们是会在度的联系中被分解的伪概念，在这种联系中，真和善是相区别的，同时也是统一的。因此，无真之善不可能，正如不假思索便选择善是不可能的；无善之真却是可能的，但只是在它遵从理论精神优于实践精神的哲学理论、遵从艺术自律和科学自律的法则的意义上有可能。[第61—62页]

这种个别实体的理论充当了克罗齐有机整体论的基石，而有机整体论反过来又成了他同时拒绝和接受整个哲学史中任何一种理论的基础。他说道，有机论

> 是一场生对抗死的斗争；但是，有机论的各部分并不因此 411
> 就介入此与彼的斗争中，如手与脚的斗争，或眼与手的斗争。精神便是发展、历史，因而也是有与非有之联合，即生成。但是，作为哲学之主题的从永恒观点来看的精神(the spirit *sub specie aeterni*)，是理念的历史，即永恒的和超越时间的历史，是一系列生和死的永恒形式，就如黑格尔说的，它本身从未生亦从未死。[第62页]

克罗齐警告说，若是忘记了这一“关键”，就会冒铸成大错的风险。

但是，黑格尔就忘记了；他没有辨明对立与差异之间的区别。“他认识到辩证对立模式中的等级关系，并且将一种只适合用在对立综合之中的三元模式用在这种关系上。”（第64页）换句话说，他把一种只适合用在哲学概念上的分析模式用在了历史上。“差异理论和对立理论对他而言是同一回事。”（同上）结果，在黑格尔说明哲学史、自然，以及真正的所谓的历史时，他企图将这些领域中复杂的材料还原成正题、反题与合题的三元模式。克罗齐在论述黑格尔的四章内容中，将他所称的“错误变形”进行了编年式排列，它们出现在黑格尔著作中的哲学、艺术和语言、自然哲学和历史学诸领域。

克罗齐批判了黑格尔历史哲学的错误所在，这对现在的研究有其特殊的价值。不用说，它取决于以下批判，也即由于黑格尔没有认识到艺术的自律性，他也就必然无法理解历史学的自律性。但在这种批判中，克罗齐强调历史概念与哲学概念之间的辩证关系。他写道：“历史学不同于艺术，它预设以哲学思想作为其基础”（第89页）；也就是说，历史学预设了整体，它在其具体性上便是实在。但是，他继续说道：“历史学像艺术那样，通过直觉来发现它的材料”（同上），也就是说，通过对单个具体实体的感知来发现它的材料。这便是他为什么总结说，“历史永远是叙事”（讲述故事），“而不是理论和体系，即使它以理论或体系为基础”（同上）。这也正是为什么人们强调史学家一方面研究文献，一方面清晰地陈述他们关于实在和生活的观念，“尤其是生活中他们要进行历史性处置的那些方面”（第89—90页）。这使得克罗齐可以说，即使历史编纂学描述所发现的事物这方面依然是“一种艺术工作”，它在最初收集材料这方面也一定是具有“科学严谨性的”。但是，历史叙事的内容必须与它的形式区分开。克罗齐写道：“如果所有的历史著作都还原成最简单的表达式”，就有可能以一种“历史判断”的形式来表达所有这一切，其范型便是“某某事情发生了（如恺撒被刺了，阿拉里克摧毁了罗马，但丁写了《神曲》，等等）”（第90页）。克罗齐认为，这些命题一加分析就会揭示出,每一个表达式都包含了"一种直觉的要素,它起主词的作用;还有一种逻辑因素,它起谓语的作用。前 412
者例如恺撒、罗马、但丁、《神曲》等等;后者如刺杀、摧毁、艺术创作等等概念"(同上)。

问题在于,如果有人决定构造一种历史现象的类型和分类理论,那么,历史学可能产生一种纯粹经验性质的"概念科学",即社会学;但这样一种科学不可能取代作为材料本身的基础并且构成了它们的概念性科学,即哲学。克罗齐承认,如果有人决定从考虑特殊性转而考虑作为其基础并使之可能的"理论因素",那么考察历史也能够催生出哲学。不过,反思普遍性与感知特殊性之间的障碍是无法逾越的。克罗齐因而说道:人们要么研究哲学,要么研究历史,"历史哲学"的提法就是矛盾的。试图生产这样一个怪胎,其惟一可能的结果是否认史学家写作的那种历史,在克罗齐看来,这恰恰是黑格尔的历史哲学所做的。

黑格尔试图忠于史实,但是,他辩证地"理解"历史的努力时常违背他的初衷。由此就有了他所分派给他所研究的民族、宗教、人民或个人的那种不完整的和暂时的价值;对他而言,在这些对象的成就中,否定性因素总是要超过肯定性因素。它们不可避免地被扬弃,因而最终不得不被判定为失败。其中也出现了天命论,黑格尔以"理性的狡计"的形式将它嵌在对过去的说明中,这使得他可以坚持,一切的错误都是一种正确,一切罪恶都是一种善行,一切丑陋都是一种完美,反之亦然。他没有办法摆脱自己的两难之境。如果"面对他确定的原则,根本没有办法来利用历史事实和文献",那么,他让史学家研究文献、忠于史实的忠告便不过是"一句空话"(第94页)。

为了证明他利用哲学概念寻求历史的"意义"有道理,黑格尔被迫不断进行还原:将精神的历史还原为国家的历史,普遍的文明还原为特定时空中的文明,个人还原为理性之工具的地位,等等(第95—97页)。黑格尔没能认识到,"正如实在既无内核亦无外壳,而是一种单一特性，内在与外在乃是同一回事……因而事实的群集也是一种紧凑的群集，它不能划分出本质的核心或非本质的外壳”(第98页)。这样,由于“历史饥渴和历史过剩”,黑格尔哲学对
413 后世史学思想而言成了一种暧昧的遗产(同上)。由于黑格尔通过把一切事件都解释成理念的具体显现而令它们具有了“神圣性”,他也鼓舞了一整代伟大的史学家以同情的方式再造过去的时代。但是,因为他教导人们,精神的显现可能与精神的抽象形式受到同样的概念化、同样的逻辑操纵,黑格尔也鼓舞了那些“任性和滑稽地诽谤历史的人”,他们拒斥事实的权威,随心所欲地解释历史材料。

这样,黑格尔最终没能逃脱他自认为敌对的二元论。这种二元论非常明显地表现在他关于精神和自然的二分之中。在黑格尔真实的思想中,“精神和自然是两种实在:一种先于另一种存在,或者说一种充当另一种的基础，但无论如何，它们彼此区分”(第131页)。为了将这两个领域合为一体,黑格尔不得不假设第三种实在,即逻各斯(Logos)——普遍理性,它同时是精神和自然两者的基础和目的。如果黑格尔只是把精神和自然设想为概念,就像它们本身那样,而不是两种“具体的实在”,他本来会看到那种三元模式并不适合它们,甚至,本来可以避免泛逻辑主义。他曾企图以泛逻辑主义来理解历史和自然之中的任何层面，并藉此使得世上任何地方的“非理性”没有了容身之处。

这样,对黑格尔主义而言,精神哲学和物质哲学之间的结合仍然没有解决。尽管“自然”一词有特定的内容,即由科学产生的物理和数学理论描述的“总体的自然”;而“精神”一词也有其特定的内容,即“一方面是心理学,另一方面是法哲学、艺术哲学、宗教,以及绝对精神或理念的哲学”，但逻各斯一词却完全没有恰当的内容(第132页)。它不过是一种抽象的抽象,即理性被抽象地思考,并且“被借贷给了”自然和历史,它歪曲和限制它们,并被用来批判一切其他哲学的不足。在黑格尔试图赋予“逻各斯”一种确定的内容时,

他转向历史,最终认为历史和逻各斯是同一事物。

但是,克罗齐认为历史不仅仅是逻各斯,即理性;它还是无理性。更准确地说,历史正是人类理性和无理性在相互作用中揭示它们自身之处,而这种相互作用创造了历史。但这种历史不是一种可以辨别的总体;它只是各种人类行为的总和。这些行为表现出人类的理性与无理性之间的张力,它们是个体的、独特的,与此同时,对它们进行反思一方面能够产生理性的普遍理论,另一方面产生无理性的普遍理论,也就是说,分别产生哲学和心理学。它们两者都不能充当人类的普遍科学,若有普遍科学的话,它在某个特定的人 414
类行为实际发生之前,便能够预言出它的确切特征。

因此,历史学总是倾向于推翻人们通过哲学、心理学和社会学构成的普遍化,或者至少是要求对它们的普遍化进行无休止的修正。历史往往展现出有关理性与无理性在人类中相互作用的新材料,它们是普遍化的科学无法预料到的。史学家不得不运用哲学的、社会学的和心理学的普遍化来描述特定历史行为,即将主词与谓词连接成具体的判断。但是,这种把主词与谓词连接成一个特定历史判断本身是一种直觉的或审美的活动。借助这样的活动,史学家将清晰、秩序和形式赋予原先是模糊、无序和混乱的历史文献领域。尽管史学家的陈述涉及的是实际而非可能事件,但他做的是和艺术家一样的事;并且,他常常通过一种对自身感知的哲学判断来抑制自己的想象,这样就能将实在与不过是明显想象的东西分隔开,因为想象总是试图替代包含在文献中的证据。

那么,黑格尔哲学中"活的"东西和"死的"东西是什么呢?克罗齐对该问题的回答,强化了他对援引假定的普遍原则或概括来弄清楚历史文献意义的反感。一方面需要保持并促进黑格尔的基本洞见,即他认为哲学反思的对象是全部实体,即具体的世界;深信对立的辩证法是哲学反思的适当工具;以及他有关实在的各个度的学说,这种学说使人们能够相信各种形式的精神的自主性,它们彼此必须联系和统一。然而,另一方面需要批判任何形式的泛逻辑主义；批判任何使经验显现的实在归入一些用抽象方式来支配理性的规则的企图；由此也批判任何以辩证方式解释历史实在的企图。简而言之，虽然肯定了理性规则超越于哲学之上，并且承认它在历史判断中具有监察任何概念使用的权威性，但仍然必须否认理性解释一般历史的权威。必须阻止在历史中无限制地同时使用艺术想象、科学概括和哲学概念化。历史判断预设了明确的哲学概念（如善、恶、美、真、效用等等），并且包含了概念与经验事实的组合。这种事实能够通过艺术直觉来认识，概念则通过哲学反思来构成，但是，它们的组合却是一种特殊的历史学行为，其范例即此事发生在那个时间和空间中。这种行为单单是艺术直觉或哲学反思都是无法做到的。

人们在许多特定历史陈述的基础之上有可能进行概括，比如
415 说，在某些类型的时空下，有发生某类事情的趋向，由此也就有了社会学。但是，将这样的概括要么视同规律，要么视同普遍原则，这正是赖尔后来所称的一种“范畴错误”；这些都是从个别历史判断中得出的抽象物，而不是关于所有时间和空间中实际发生之事的陈述。这些概括不能代替关于概念的哲学陈述，单独的普遍原则，或者有关实际发生之事的一组组分散的历史陈述。历史知识终止于复原有关过去人们的行为的记载，终止于了解人们已经做了些什么，它并不继续描述人们正在做什么，或者他们未来可能或应该做些什么。

其他种类的判断或许可以用于说明当下事件的意义，如政治判断、道德判断、经济判断等等；但这些判断未经历史认可亦能做出。它们是针对人们组织自己眼下的生活而提出的一些建议、计划和规划，而不是可靠的知识。这些建议、计划、规划等等，必须在市场上或国会中根据其自身的价值和对现实问题明显的适用性而获得人们的批准，如果诉诸历史而对它们进行论证，或者根据历史研究而赋予它们一个必然结论，这时，它们便遇上了一个错误的权威。因而，历史学被隔离在作为现实活动和未来期望的指导之外。

历史给人们惟一的教导是人们所成为的就是他想要成为的任何样子。因而，试图从历史中获得教益存在的危险也很明显，并且，再没有哪里比思想家维柯滥用历史时更明显地表现出这种危险了。克罗齐将维柯视为近代意大利文化产生的最伟大的天才人物，他也是克罗齐最艰难的批判著作的主题，这本著作名字叫《詹巴蒂斯塔·维柯的哲学》（以下简称《维柯》）。

克罗齐反对维柯

在《美学》中，克罗齐赞扬维柯将诗从柏拉图指派给它的精神的低级区域拯救出来。他说，维柯“首次揭示了艺术与诗歌的真实本质”（第277页）。这种揭示运用的发现形式是“诗兴于理智之前，情感之后”（同上）。柏拉图如同近代“生命主义者”和“非理性主义者”那类人一样把诗歌与情感混在一起。维柯认为，人们在观察之前先有感觉；而观察是由感觉引导的，或在感觉中有其依据。据此，克罗齐说道：“创作诗歌的是激情和感受，诗歌越接近特殊，它就越真实，而哲学的情形与之正相反。”（第277—278页）此时，克罗齐的结论是，“对于划分科学和艺术的界限，我们有深入的陈述。它们再不能混淆了”（第278页）。 416

克罗齐继续谈到，对于诗歌与历史之间的差别，维柯的观念“稍欠清晰”，事实上，其不清晰的程度令维柯最终将“诗歌与历史同一”（第279页）。这种同一化为维柯提供了基础，使他最初将神话的本质理解为“真理呈现在原始人面前时那种自然产生的图景”（同上），由此也使他产生把想象视为意识的创造性模式的观点（第281页）。然而同时，它也导致维柯将“人类精神的理念史”，即被他看作是寻求真理的连续永恒过程，混同于过去不同时空中的个人实际经历的真正的历史。这样，尽管维柯因为对于艺术和诗歌的本质有着原创性的真知灼见而应受到称赞，并且首先要称道的是他揭示了诗歌与语言的同一，但他仍然陷入了声名狼藉的“历史哲学”中。正如马克思错误地梦想着一种历史科学，而黑格尔错误地梦想着一种历史哲学，维柯梦想的、而且他认为自己发现了的则是一种历史诗学。于是，批判维柯，意味着将他哲学中的审美洞见与把这些洞见作为其方法论在历史研究中的运用分离开。这正是克罗齐在1911年这本论维柯的著作中承担的任务。

此书第三章题为《〈新科学〉的内在结构》，克罗齐在这一章中说明了他最终阐释维柯的批判原则。他解释说，维柯的整个体系实际上包含了三类不同的研究：“哲学的、历史的和经验的；它们全部放在一起则包含了一种精神哲学、一种历史学（或诸多历史学）、一种社会科学。”（第37—38页）第一类研究与“观念”有关，涉及幻想、神话、宗教、道德判断、权力和法律、确定和真实、各种感情、天意等等，换句话说，涉及“一切……影响人类心灵或精神之必然过程或发展的决定因素”（同上）。这第一部分，即维柯的美学理论，是正确的、真实的。第二类研究适用于维柯概述大洪水之后人类的普遍史、不同文明的起源、对希腊和罗马英雄时代的描述，以及讨论习俗、律法、语言、政治政体，还有原始诗歌、社会阶级斗争、文明的崩溃及其回归第二蛮荒期，如欧洲中世纪早期的情形。最后，第三类研究涉及的是维柯尝试“确立一种民族历史的统一过程”，并且论及前后相继的政治形式及其在理论和实际生活中的相关变化，还论及他概括的贵族、平民、父权家族、象征规则、隐喻式语言、象形文字书写等等。

克罗齐的看法是，维柯混淆了这三类研究，在他的陈述中将其
417 混为一体，并且在将它们陈述在《新科学》的过程中犯了大量的“范畴错误”。克罗齐坚持认为，《新科学》晦涩难懂并不是因为其基本洞见深奥，而是因为一种内在的混乱，也就是说，是因为“他的[维柯的]观念的模糊性、对确定联系的理解不够；更确切些还可以说是因为维柯在其思想中引入的一种任意性因素，或者简单地说便是因为他彻头彻尾的错误”（第39页）。维柯未能正确认识“哲学、历史学和经验科学之间的关系”（第40页）。他倾向于诗意地将它们从

一种“转换成”另一种。这样,他一时把“精神哲学”当作经验科学,一时当作历史学;一时把经验科学当作哲学,一时当作历史学;并且,他经常把简单的历史陈述要么归因于哲学概念的普遍性,要么归因于经验图式的一般性。将概念混为事实,以及将事实混为概念,这对于诗人无可指责,但对于维柯这位史学家而言却是灾难性的。例如,克罗齐表明,当维柯缺少某种文献时,他便倾向于依靠一种普遍的哲学原则(诗意地)想象如果他真的拿到了这份文献,它会道出些什么;或者,当他遇到一个可疑事实,他便求助于某些(想象的)经验规则来确认或驳斥它。此外,甚至在他拥有文献和事实二者时,他也经常无法像真正的史学家一定要做到的那样,让它们讲述出它们自己的故事,而是对其进行解释以适合他的目的,即适合他自己一厢情愿地构想出来的社会学上的普遍化。

克罗齐表示,与这样任意摆布历史文献相比,他更喜欢那种最老套的编年史。他可以原谅维柯那些令其著作晦涩难懂的无数的事实性错误,因为细节上的不准确,维柯通过其视野的广阔性以及对人类精神创造一个特殊人类世界的运作方式的理解来补偿了。但是,克罗齐无法原谅导致维柯思想混乱的原因,也即他诗意地把哲学和科学、历史学混为一体。这种“混淆的倾向或者……不同倾向的混淆”对于维柯声称建立了一种文化“科学”具有致命危害,它也是维柯“堕入”“历史哲学”的原因(第43页)。因此,对维柯的充分理解需要细致地将他著作中哲学方面的“金子”跟遮掩它的伪科学的和伪历史学的渣滓区分开。在后面的章节中,克罗齐开始了这种区分(或转变,因为这正是其实际情况)的工作,他对这一工作的热忱惟有他的自信能够超越。这种自信乃是指在克罗齐自己的哲学中,他自信拥有哲人石,这允许他在任何体系中正确地判定“活的东西和死的东西”。克罗齐急于根据18世纪盛行的学术标准评判甚至谅解维柯,但他并不愿将这种历史主义的仁慈扩展到维柯的哲学努力中。

克罗齐批判方法的一个完美典范出现在《维柯》第十一章,它

也是一个至关重要的检验，在其中，维柯的文明变迁规律，即所谓的“重现”规律得到了审视。简要言之，该规律是说，一切异教民族
418 都必须经历一个社会关系的特定“过程”，该“过程”有着相应的政治和文化制度，并且当该过程完成时，如果这些民族还没有被消灭，就必定会在一种类似的但已经发生了重要变形的存在的平台或自我意识水平上退回到这一过程。如果这些民族在循环的终点被毁灭了，就会有另外的民族来取代他们，新的民族将以相同的一般阶段序列经历该过程，并抵达相同的终点。

克罗齐认为，维柯的“规律”不过是他认为自己在罗马历史中发现的模式的一般化形式而已。维柯毫无理由地将这种规律扩展到覆盖一切异教社会，这迫使他将事实硬安到根本上仅仅适用于罗马这个例子的模型中。克罗齐声称，这种将罗马历史“稀释”成一种文化动力学的一般理论的做法，揭示了维柯对于经验性规律如何产生存在的误解。经验性规律的产生应该是：对具体情况进行概括，从而对该组实例中共有的特征构想出一种概要性描述，据此，实例之间的差异才能得以描绘。与此相反，维柯设法将罗马实例的一般特征扩展到包括在其异教特征方面类似于罗马的所有实例中。然而，甚至维柯都不得不承认其存在的大量例外证明了维柯的规律存在的不足。如果维柯不是因忠实于对罗马历史的那种偏颇理解而令他误入歧途，“经验性的重现理论”本来也不会被迫在其运用之中承认如此多的例外。并且，如果不是必须将其他社会纳入这种罗马实例中提供的模式，维柯还是有可能将包含在重现理论中的普遍真理运用到那些社会的各种历史之上。

该理论中暗含的普遍真理是一种哲学真理，即：

> 精神经过它的进步各阶段，在成功地从感觉上升到想象和理性普遍原则之后，在从暴力上升到公平之后，它必须按照其永恒的本性返回其过程，再次沦落到暴力与感觉中，并从此重新开始它的上升运动，重新步入该过程。[第136页]

这种真理作为研究特定历史社会的普遍原则，它使人们注意到“以想象为主导的阶段和以理智为主导的阶段之间、自发阶段和反思阶段之间的关系，后一阶段通过能量的增长自前一阶段中产生,而通过衰退和瓦解返回到前者”。但是,该理论描述的只是在一切社会中普遍发生的事情；它既不表明在特定的时空中必定发生什么,也不预言某种特殊倾向的结果。这种普遍化概括如同克罗齐所允许的那样,他曾经指出,诸如那种陈述“以想象为主导的阶段 419
和以理智为主导的阶段”之间关系的概括“在很大程度上是量化的，并且是为了方便才做出的”(第134页)。它们并没有规律的威力。因而,克罗齐判定维柯犯下了一个错误并产生一种错觉:他错误地企图将一种经验性的普遍原则扩展到看似能够合理运用该原则的所有类别中;并且,他也被一种错觉迷惑住了,即希望将哲学洞见当作对任何时空、任何社会都有效的历史解释规则。

克罗齐想到过对这有关维柯的批判可能会有两种异议。一方面,他指出,人们可能认为,维柯其实解释过他的规律的例外情况,即指出外部影响或偶然情形，它们致使某个特定的民族中断而达不到其终点，或者融入并成为另一个民族过程的一部分。另一方面,克罗齐注意到,在他自己对“规律”真正价值的解释基础上,人们可能认为,既然规律确实涉及的是精神的过程,而不是社会或文化的过程,经验证据再多也不能对它构成挑战。克罗齐概略地将第二种异议当作不相干的意见消除了。他说,“争论之处”

> 恰恰在于……这种规律的经验方面,而不是哲学方面:正如我们已经提到的那样,真正的回答在我们看来是,维柯不可能也不应当考虑其他的情形。就比如说这样的例子:正在研究生命不同阶段的人描述了性欲在其模糊幻象和类似的青春期现象中的最初显现，并不将经验少的人可能被经验丰富的人领入爱情之中这样的情形纳入考虑之中，因为他要论及的不

是模仿的社会规律，而是有机体发展的生理规律。[同上]

简而言之，维柯的“规律”要么普遍地获得，就像“有机体发展的生理规律”，要么得不到；一个例外就足以驳斥它。

然而，克罗齐所采取的这条思路对他而言有些奇怪。因为它要求克罗齐运用在维柯的“规律”之上的充分性标准更接近于实证主义者所要求的，而不像他自己在《逻辑学》(1909)中解释物理科学的规律概念时所要求的。在此，他曾批判实证主义者，说他们没有看到科学中规律的功能是“有益于人的”，而非“构成性的”(第204页)。他说道，自然科学的规律只是虚构或伪概念，是人们或人类群体在不同的时间和空间中，为了适应实际规划产生的要求而设计的，因而，它的权威被限制在规划自身的持续期内。克罗齐尤其否认自然科学是在任何意义上进行预言。他相信，对它们的预言能力的相信，表现了预言或预测未来的那种原始渴望的复苏，而这是永远都做不到的。这样的信念有赖于那种毫无根据的假设，即自然的
420 所有行为都是规则的，而实际上，自然之中惟一“规则的”现象实际上便是心灵努力想理解自然(第228页)。所谓的“自然规律”时常被违背和碰到例外。据此而可能断定，自然科学不但不能声称进行预言，它依赖(有关自然的)历史知识的程度甚至要比人文科学还强，人文科学至少具有持续的精神现象可以进行概括。

但是，如果这是自然科学规律的真实本质，它必定也是社会科学中一切可能规律的真实本质。若是这种情况，那么，对于维柯利用重现规律来描述一切社会进化过程的特征，以及考虑到它们一定程度上会偏离罗马模式而对它们进行直接研究，可能的异议会是什么呢？这种异议看来仅仅是克罗齐对任何研究社会和文化的企图存在着敌意，他认为那些社会和文化都是精神的产物，而那些企图令它们就好像成了自然因素机械决定的结果。维柯试图以规律来描述精神在其具体体现中、在其所采取的社会形式中的运作特征。他看来是无心之中将它们物质化或自然化，并因而剥夺了它

们作为精神创造物的地位。至少，克罗齐是这样认为的。维柯论及社会和文化时，就好像它们是一种恒定物质过程的产物（顺便提及，这因而又无意中暴露出他对自然之真实本质的误解）；于是，克罗齐要求维柯，一旦他选择了这种处理方式，他就应当一直并真正视该过程是不变的。这样，我们便把握住了克罗齐诉诸的那个类比的主旨，即“正在研究生命不同阶段”的那个人必须将自己限制于思索“有机体发展的生理规律”而不研究“模仿的社会规律”（《维柯》，第136页）。

但这一类比表露出克罗齐在批判中的偏见。因为，要正确地贯彻这个类比的话，在维柯的情况中问题的关键并不是将不同过程中起作用的规律混合在了一起，而是两个系统的聚合，它们都由相似的规律支配，其中一种取消或中断了另一种的运作。例如，甚至研究生命不同阶段的这个人也不一定会因为某一特定个人没有活到青春期而受这一事实的困扰。某个人在青春期之前死亡并不能否证“有机体发展的生理规律”；它仅仅要求，如果我们想要解释为什么活不到青春期，就必须引用其他规律，尤其是那些说明有机体死亡的规律，以此说明为什么认为青春期将正常发生的预言没有得到证实。

文明也是如此。我们对于文明所将经历的“历程”进行的预言性描述，并不会因为任何特定的文明未能走完这一历程而受到损害，如果它的失败能够用另一种可以说明文明在其正常周期之前解体的规律来解释的话。这样，任何不能走完维柯以罗马模式作为 421
原型而描述的这种过程的社会，都不能用来驳斥维柯的“规律”，因为“重现的规律”根本不是一种“规律”，它只是一种理解或解释，也就是说，一组规律——若要用这些规律进行预言并使之有效，就需要说明它们适用的限制条件。原则上，维柯选择罗马这个例子作为文明成长的范式根本没有错。这样，他所知的所有其他文明的成长，除了犹太文明和基督教文明之外，都能根据这种范式来进行衡量。这种社会科学的程序在维柯那里无论贯彻得多么不完美，它本身却是非常完美的程序。克罗齐反对的正是任何社会科学程序，因为在他看来，这种程序代表着一种用因果关系来决定“自由”精神产物的努力。于是，他用一种不可能达到的苛刻标准来衡量维柯建构一种社会科学的努力，而在他驳斥实证主义者针对自然科学提出这种标准时，他自己还特别批判过它。对克罗齐使用“规律”概念的这种前后矛盾只能这样解释，他期望为自己的哲学化方式寻求维柯的支持，同时，却否认任何现代社会科学家可以自称贯彻维柯的社会分析方式。

就克罗齐批评维柯努力建构一种普遍史或世界历史的哲学而言，还可以有一个更好的理由。这里看来出现了一种真正的范畴混淆。克罗齐正确地指出，一方面维柯希望把重现理论当作一切文明发展的模式；另一方面，他又想把犹太文明和基督教文明的例子排除在外，这是因为它们分别具有特殊的记忆和特殊的复兴能力，从而在世界末日之前它们的历史不会终结。这种差别是没有根据的。克罗齐显然正确地指出，它是潜伏在维柯情感中的基督教信仰者和占据了他的理智的社会科学家之间的冲突。但是，正如大多数维柯的评论者指出的那样，即使存在这种不一致，也不能否定维柯的著作在社会科学方面持续地追求一种普遍历史哲学的努力。克罗齐自己同样承认这一点。在评论维柯企图在荷马和但丁之间提炼出他们的相似性时，他承认这种归类是任何真实的历史必要的基础，因为像他指出的那样：“若没有对相似性的认识，人们如何能够成功地确定那种差异呢？”但是，也是在这里，克罗齐又对以寻求相似性本身为目的深表惋惜；他说道，矢志于归类和建构类型，使得维柯不能实践史学家的职责，即“表现和叙述”。

在涉及到马克思、黑格尔和维柯的思想时，透露出克罗齐本质上的反讽姿态的，不仅是他主张自己在他们的历史概念中有能力分辨出活的东西和死的东西，而且还在于他将他们理论中“活的”部分交付给了精神生活中的个别部分，事实上也是孤立的部分。他
422 对马克思的处理是个例外，因为他甚至不承认马克思是一位重要

的思想家。在克罗齐看来，马克思的贡献仅在于提醒史学家要注意人类生活中的经济因素。克罗齐虽然承认黑格尔由于在人文科学的逻辑和理论方面的贡献而在哲学史上有着不朽的地位，但否认他作为一位历史哲学家具有任何真正的成就。对于维柯，克罗齐承认他在美学理论方面的杰出成就，但不认为他作为一位史学家或社会理论家具有任何才华。所有这一切表明，不管人们如何理解“科学”一词，克罗齐都想疏远过去的思想家将历史思想提升到科学地位的整个努力。

与此同时，当克罗齐为历史学作为一种艺术形式的观念辩护时，他采取的措施使得历史学不可能对想象性创造或创造性想象的过程有所贡献，而他承认普遍艺术包括这样的过程。恰恰是因为历史学某种程度上受到常识批判，并用日常语言进行描述，历史学的诗性真实才显得平淡无奇。

历史作为资产阶级意识形态

克罗齐对于每一种以前的历史哲学的普遍的（虽说是有所限制的）拒绝以及他最后倚之为自己的历史研究基础的这种有所限制的（虽说是普遍的）唯心论，其背后的根据是什么呢？更重要的是，克罗齐作为20世纪最初25年自由主义—人文主义文化的代言人，他的权威之得到广泛认可，就这一时期遍及欧洲的情绪、恐惧和渴望告诉了我们什么呢？在我看来，有一个答案就能同时回答这两个问题：对于开化的欧洲社会在1900—1930年间这一重要阶段，社会一方面受到看似马克思的后继者的威胁，另一方面受到看似尼采的继承人的威胁，并且，这个社会既不能从兰克那里，也不能从布克哈特那里找到多少激励——而他们又是学院派历史思想的主要模式，克罗齐看来提供了一种真正的替代品，即一种同时是进步的也是承担起社会责任的历史观念。

在许多方面，像兰克半个世纪以前为古典保守主义所做的那样，克罗齐试图就古典自由主义有所作为，那就是以反对各种形式的激进主义的论点将它保护起来。克罗齐始终是一位自由主义者，他深信社会和文化不可能保持其任何特定形态的形式和内容，而是必定有所改变。不过，他也相信，所有的变化都是个人努力调和既有的传统、现实的迫切需求和未来的期待而得到的逐步的、未经筹划的和自然而然的结果。克罗齐尤其是在向他那一代人中迷茫的自由主义者们这样讲的。克罗齐将历史呈现为一种永恒复归，让
423 人有机会创建一个能够展示自己个性的舞台。这样，克罗齐消除了那些把个人主义当作永恒价值的资产阶级孩子们的恐惧；在将历史知识表述成关于人类个性的知识时，克罗齐是为了阻止将这种个性过早地纳入科学的一般性真理和哲学的普遍性真理之中。

但克罗齐所做的远不止这些。他还感觉到主导19世纪90年代那代人的那种即将逝去的时代（*senescens saeculum*）的情绪具有的威力。他的整个体系都是他那一代人对一个时代正在逝去的意识的一种升华，那是欧洲的时代、人文主义的时代，以及贵族价值观与资产阶级价值观相结合的时代，此种结合赋予19世纪欧洲统治集团独特的生活方式。

迈入20世纪的欧洲知识分子有着一种普遍的信念：既然每一种总体的解释体系都有其缺陷，那么，绝望并不比乐观有更多令人信服的权威；并且，绝望与乐观之间的竞争是一种牵引力，乐观如同绝望一样有其理由，甚至更让人感到安慰。不过，克罗齐还有更多选择乐观的理由。他曾经在与死亡本身的真正斗争中赢得了乐观的权利；在成年早期，他真的是经过奋斗才逃避了死亡；并且，他感到，他从死亡中胜利地逃出，赋予他一双法眼，使他能够分辨表面上垂死之物中的任何"仍然活着的"东西。这或许就是为什么主导他的历史的是在失落之希望和幻灭之憧憬的战场上寻求重现生命的喷涌。他自己的生活教导他，当时间被当作历史来经历时，它本身就是"它自己神秘的酒神，它自己的受难的基督，罪孽的救赎者"（《作为自由之故事的历史》，第28页）。

在克罗齐对他自己复杂晦暗的私人生活极其少有的公开反思中,只出现过两个令人印象深刻的意象。一个是维苏威火山,它冬日安眠于白雪皑皑之下,不过正静悄悄地积蓄力量,要在那不勒斯及其人民未作防范时爆发。据尼可里尼说,克罗齐常用这种想象自比。另一个是平静的修道院,它的高墙隔绝了尘世的喧嚣,回荡着喷泉水落之声,到处弥漫着柠檬树的清香。这一意象表现出克罗齐在苦行般的工作与思想令他筋疲力尽之后,渴望隐退之处。

当然,这种两种意象彼此补充。它们唤起了两种景象,一种是黑暗、混乱、暴力,另一种是光明、秩序、安宁。我将放弃按弗洛伊德的方式将它们解释成阴茎和子宫的诱惑。这样做,并非因为克罗齐谴责在精神分析式历史学方面所做的任何努力,称它是“男仆的历史学”,并且嘲笑其实践者是一群寻求廉价解释,而不从事真正的 424
历史理解所要求的工作的伪学者;而是因为克罗齐依据这种偏见,拒绝过多披露其私人生活,以免有可能收集这类详细证据,因为只有这些证据才能够令人信服地给出一种精神分析式解释。无论如何,没有必要用私人证据来猜想克罗齐心智的一般特性以及给了它以其特殊外貌的种种经历。克罗齐的公开言论超过80卷,它提供了丰富的线索说明这两种意象对其整个的世界观的重要性。它们表现了克罗齐哲学的主要范畴,也揭示出这种哲学构成其解答的那些心理学问题。

在这些意象之下是克罗齐对于死亡和摆脱死亡的经验;在其上升起的则是尝试将生命与死亡合一,其中,个人的生命力与死亡的普遍经验融合在一起,作为对哲学的永恒问题的解答。克罗齐有很好的理由来进行这种融合。毕竟,他经历了许多埋葬与再生。首先,在他出生之前,已有一个孩子死亡,克罗齐用的便是他的名字;其次,他曾被埋在地震的废墟下而幸存;接下来,他为忧郁所困,罗马的青年哲学家拉布里奥拉拯救了他;最后,他曾是一名那不勒斯档案“洞穴”的囚徒,在哲学的光辉下他自己得到了解脱。所有这些都为《实践的哲学》一书的作者——这位成年人提供了足够的理由写道："实际上，毫无必要以死亡的颂歌来反对生命的颂歌，因为歌颂生命也就是歌颂死亡；如果我们不是每时每刻都死去，我们又怎能生存呢？"在同一本书中，克罗齐把"宇宙的进步"界定为不过是"生命战胜死亡的不断胜利"，并且把生命界定为纯粹的"活动"，"活动在消极状态下的呈现……在每一次新的境遇中，个人的生命都重新开始"。终极的实体，即人类有史以来就寻求的"上帝"，它并不是一种外在的力量，而只是内在于人的重生力量，"即活动，它既是生命，也是死亡"（第252页）。

人类"复归"的能力，即人们内在的重生之力。在克罗齐看来，它既是人类荣耀的源泉，亦是人类所独有的痛苦的原因。对他来说，正如对黑格尔、马克思和尼采那样，被"局限"在生与死的循环中也是人类的"特权"，是其高贵的基础。视生如死，视死如生，使得克罗齐把枪口同样对准了生命的敌人，以及死亡的否定者，也就是说，不加分别地对准了纯粹的悲观主义者和纯粹的乐观主义者。因而，他在《实践的哲学》中写道：

425 这种实在的概念承认善与恶之间存在不可分解的连结，它本身超越了善与恶，并最终超越了乐观主义和悲观主义的视界。乐观主义并没有发觉生活中的罪恶，并且把它当作一种幻觉，或者仅仅当作一种非常小的或偶然的因素，或者期待着一种消除了罪恶的未来生活（在俗世或天堂）；而悲观主义看到的只是罪恶，并把世界解释成痛苦无止境地永恒地迸发，这使得它内心被撕裂，也就什么也产生不了。［第251页］

这种生与死悖论式统一的概念是一种解药，克罗齐要解的毒是历史思维中乌托邦式的激进主义和反动分子的绝望。这一概念在克罗齐自己有关生与死的个人经历中有其心理学的渊源。在其思想发展中，这种经历的作用是确定的，它也使克罗齐成为某种文明绝佳的代言人。自19世纪末以来，这种文明一次次堕入死亡之境,并且“永恒地复归”,不是作为马克思主义的无产者,也不是尼采的超人,而是贵族式唯心论和中产阶级实用性的结合。事实上,这正是克罗齐主要的抽象哲学范畴在社会方面的对应物,即:生命的原则只是贵族式英雄主义的升华;死亡的原则不过是资产阶级之接受现实的迫切需求。二者的相互作用便构成了克罗齐的文化概念,而这种相互作用的故事则是他的历史观念。

426

结　论

我在分析19世纪历史意识的主要形式时，使用了一种有关历史著作结构的一般性理论。我认为，可以根据一个史学家在预构史学领域时使用的语言规则来描绘出他的风格，那一领域是在他以各种各样的解释策略施加于它之前就已经预构好了的，而借助于这些解释策略他就从历史记录所包含的事件“编年”中形成了一个故事。我进而主张，这些语言规则可以进一步用四种主要的诗性话语模式加以描述。在把隐喻、转喻、提喻和反讽这类比喻当作语言预构的基本类型之后，我讨论了意识的诸种模式，在其中，史学家能够分别在论证、情节化和意识形态蕴涵的层面上，隐性地或显性地证明他采用的不同解释策略。我利用斯蒂芬·佩珀的“世界构想”理论，在我所研究的史学思想家中辨别了四种真实性理论（包括它们的组合），即形式论、机械论、有机论和情境论。根据诺斯罗普·弗莱的小说理论，我确定了四种情节结构原型：浪漫剧、悲剧、喜剧、讽刺剧。史学家能够用它们把叙述中的历史过程想象成一个特定
427 种类的故事。另外，我运用卡尔·曼海姆提出的意识形态理论，辨别了四种不同的意识形态蕴涵策略：无政府主义、激进主义、保守主义和自由主义，藉此，史学家可以暗示其读者，他们关于过去的研

究对于理解现在所具有的重要性。

我已经指出，某一特定史学家在论证、情节化或意识形态蕴涵的层次上，将倾向于选择某种解释模式，以呼应比喻的各种需要，而这些比喻贯穿于他用来预构被挑选出来研究的历史事件领域的语言规则。简而言之，我指出了在预构历史领域的行为和史学家于特定著作中运用的解释策略之间存在一种选择性的亲和关系。

比喻性预构策略与史学家在其著作中使用的种种解释模式之间的那些相互关系，使我获得了描述特定史学家风格特征的一种途径。并且，它们也使我能够把贯穿19世纪出现的有关应该如何撰写历史的各式各样争论，根本上看成单一话语世界中风格迥异的问题。此外，它们也令我能够放弃指称不同历史写作“流派”的那些习惯性范畴。这些范畴出现在整个19世纪中，它们通常源于更为普遍的文化运动，如浪漫主义、唯心主义、实证主义，还源于特殊的意识形态运动，如自由主义、激进主义和保守主义。我认为，事实上，简单地将某位特定史学家的著作称为“浪漫主义的”或“唯心主义的”、“自由主义的”、“保守主义的”，这与其说是揭示了引导史学家以特定方式写作历史的思想动力，不如说是令它更加模糊了。我的分析方法使我可以在不同的研究层次上，如认识论、美学、伦理学和语言学的层次上，准确地说明某一特定史学家的“自由主义”或“浪漫主义”或“唯心主义”存在于何处，并且，它在何种程度上决定了他所撰写的作品的结构。

另外，我已声明，我对19世纪历史意识问题的研究允许我忽略严格意义上的史学和历史哲学之间的差别，这种差别现在无异于一种未经批判就被人们接受了的陈词滥调。我相信，我已经触及到元史学层面，严格意义上的史学和思辨历史哲学在努力探求一般性历史的意义时都根源于此。我认为，严格意义上的史学和思辨历史哲学的区别只在于侧重点不同，而不在其各自内容上有什么差别。在严格意义上的史学中，建构的要素在叙事内部被取代，而允许“有根据的”材料要素在故事的脉络中占据显著位置。在思辨历

史哲学中则相反。在此，概念性构成要素被置于前台，并获得确切
428 阐述和系统论证，而材料主要是用来说明或例证。因此，我做出的结论是，每一种历史哲学都包含了严格意义上的史学的要素，正如每一部严格意义上的史学著作都包含了一种成熟的历史哲学要素。

在我看来，一旦理解了这些关系，我们也就有可能在第二种意识层次的基础上区分严格意义上的史学家和历史哲学家，后者正是在这种基础之上努力探索历史过程的意义。历史哲学家不仅仅是试图理解历史中发生了什么，他还想阐明某种标准，以便能知道自己什么时候成功地领悟了历史的意义和价值。因而，正确理解的话，历史哲学不只是要评说历史文献，还要评说一种行为，这种行为使得人们承认，关于历史领域的某种特定的符码化（encodation）也具有知识的地位。我认为，19世纪杰出的历史哲学家，可能除了马克思之外，都是出类拔萃的语言哲学家，这绝非偶然。黑格尔、尼采和克罗齐都是辩证法大师，这也非偶然。因为在我看来，辩证法只不过是对一切话语形式的比喻性本质之洞见的一种形式化而已。那些话语形式并没有正式地约束于在某种单一形态的语言用法界限内阐明某种世界观，就如同自然科学在17世纪约束于转喻用法之后的情况。

我曾指出，历史研究的非科学或原始科学性质表现在，史学家们无力像17世纪的自然科学家那样，就一种特定的话语模式达成一致。历史学如同一般的人文科学，它在整个19世纪都保持着与反复无常的事物、以及自然语言的生成能力的一种犬牙交错的关系，这种关系甚至保持到现在。结果是，历史学仍然深受它所创造出来的各种解释相互排斥之苦，尽管这是对同一组历史事件或历史过程的同一片断的同样合理的解释。本研究表明，在一种特定的话语传统之内，对于某个特定时期中被视为重要问题需要解决的同一组问题和同一块内容，至少可以运用四种可能的解释策略，这与日常言说的主导性比喻允许的语言规则类型相一致。我论证了19世

纪产生的历史学类型在元史学的层面上，与同一时期产生的历史哲学在类型上是相对应的。

尽管19世纪史学大师以隐喻、转喻、提喻和反讽的模式撰写历史，历史哲学家也依据在同一组模式内阐明的立场撰写有关历史写作的著作。令历史哲学家显得像是以极端的方式将历史编纂科学化或美学化的因素是，他们努力在历史反思之上强加那种得到某一特定比喻性用法支持的语言规则。黑格尔、马克思、尼采和克 429
罗齐都冒犯了传统的史学家，因为他们企图提供一种技术性语言，它要么用来讨论历史，要么讨论史学家有关历史的讨论。

19世纪的史学大师感到，在作为其叙事写作之根基的认识论概念和美学概念没有得到澄清之前，历史学既不可能成为一门严格意义上的科学，也不可能成为一门纯粹的艺术。他们许多人都认识到，为了具备科学的资格，必须为历史学提供一种技术性语言来在各种发现之间进行沟通。若没有这种语言，类似于自然科学的那种一般综合便不可能获得。然而，在史学家中（或者在一般的社会科学中），没有哪种单一的语言规则成功地取得了自牛顿以来数学和逻辑在自然科学中所取得的那种成就。由于历史学抵制任何将话语形式化的努力，在整个19世纪史学家也就致力于解释策略的多元化，而这些策略都包含日常语言的使用之中。

我不知道自己确定的四种解释策略是否详尽阐述了为了表现历史现象而包含在语言中的一切可能。但我敢说，这种解释策略的类型学允许我说明史学家和历史哲学家在19世纪思潮的不同时期，以及在该思潮的某一特定时期的不同人群中享有的声望。我认为，某一特定史学家和他潜在的读者之间的联系，在理论产生之前并且是特定语言学的意识层次上就形成了。这就暗示了，某一特定史学家或历史哲学家在一定的读者中享有的声望，其实与他用来预构历史领域的那种未经批判而准备的语言学基础有关。

在我看来，对于特定的读者来说，没有哪种历史学理论仅仅是因为它足以“说明”其叙述中包含的“材料”，而令他们信服或深为所动的。因为在历史学中,就如同在一般的社会科学中那样,不可能事先确定什么东西可算作"材料",什么可算作用来"说明"材料意味着什么的"理论"。反过来,至于什么可算作特别的"历史"材料,人们也没有一致的看法。要回答这个问题需要一种元理论,它将在元史学的基础之上确定纯粹的"自然"现象和特别的"历史"现象之间的区别。

当然,人们常说,历史材料是由所有人类创造的物品、纪念物、文献组成的,而历史思维的问题是通过辨别创造它们的背后的动机或意图,从而将这些现象的形式予以分类,并说明它们如何在历
430 史时间中出现。但是,人们不仅难以分辨某个重大场合中(例如,在战争中)的自然现象和历史现象,也很难在确定动机时,辨别某一特定历史行为主体的一般动物性冲动和这种冲动可能采取的确定的人类形式。以上这种情况,很大程度上又有赖于人们在探求动机和意向方面到底想走多远。人们能够设法深入意识内部,发现动机和意向在人类深处先是与心理学过程,再就是生理学过程,最后是物理化学过程混在一起。但是,这会将思想暴露在无限后退的威胁之下。传统史学家决定将历史行动者对其明确意图的陈述照单全收,这比起唯物主义的决定论者决定将自觉意图还原为一种更基本的心理—物理原因的结果,或者唯心论者决定将它解释为一种更一般的"时代精神"的作用而言,它们彼此的合理性都所差无几。这些决定都根源于人们关于历史学理论不得不采用的形式的更加基本的概念。因而,史学家不论在"什么是材料"的问题上,还是在理论形式上都必定难以达成一致,这种理论形式的用途是将那些材料组织成"问题",然后将材料融为一体构成"解释",以此来"解答"问题。

我指出过,在历史学中,人们在一种本质上是比喻性的语言行为中,将历史领域构成为一种可能的分析领域。令这种构成性行为得以在其中完成的主导性比喻,一方面将确定作为材料可能出现在该领域中的那种对象,另一方面将确定设想会在这些对象之间

获得的可能的关系。后来被人们精心描述为阐明了历史领域中发生的变化的诸种理论，只有在它们一定程度上与那种将历史领域预构为可能的精神感知对象的语言模式相协调时，才能够声称对于"所发生事物"的解释具有权威性。这样，被设计成一种特定模式的任何理论，在有着不同预构模式的读者前注定要失败。像马克思这样的史学家运用了一种机械论的解释模式，对于未加批判就致力于用反讽、提喻或隐喻模式构想历史领域的读者而言，这机械论模式没有丝毫的权威性。同样，像布克哈特这样的史学家不假思索便致力于以反讽模式来预构历史领域，他在那些以转喻模式预构历史领域的读者中也没有权威可言。这样对不同话语模式不加批判地接受以及用它们的构成性比喻策略阐明不同历史解释的生成，这一点我已经在这项关于19世纪历史意识的研究中验证了。

若试着把这四种基本的历史意识形式与相应的人格类型联系起来，这样做颇有些诱人，但我决定不这么做，理由有两点。其一是，目前的心理学像19世纪的历史学一样，处于一种概念上的混沌状态。我认为，或许对当代心理学思想的分析会揭示出同样一组我 431
在分析历史思想时发现的解释策略（每一种摆出的姿态，就好像是关于其主题的绝对的科学）。也就是说，既然心理学尚未达到作为自然科学特征的那种系统化，而是仍旧划分为彼此竞争的解释"流派"，我或许最后只会重复我在研究史学思想中获得的发现。

但更重要的是，我认为揭示作家的性格类型，设想这是他的作品的基础，并赋予其作品以形式，这样做对于理解某位作家的思想并没有多少助益。揭示出马克思的"革命理论"背后的"激进人格"，这在我看来并没有以任何有意义的方式，回答马克思写作时所采用的特定形式的问题，或者回答这些作品对于具有"革命"倾向以及一般"自由主义"的公众所产生的感染力的问题。至于思想史研究中的所谓精神传记方法，我注意到如下一些问题。当涉及到研究一位明显是天才的思想家或作家时，运用像精神分析这样的理论显然是个错误，这种理论是设计用来研究神经病患者和精神病患者的。毕竟，根据定义，神经病患者是不具备条件将构成其性格中情结的强迫性观念成功升华的人。然而，在类似于黑格尔、马克思、托克维尔、米什莱，甚或尼采这样的天才人物的情形中，其著作都证明了他们的升华能力。关于这些天才们的生平进行的研究可能指出他们对某些类型的问题感兴趣，但是，对于我们理解其著作的特定形式，理解其中存在的理论与材料之间的特定关系，以及理解这些著作对于那些心理倾向不同于作者的读者的感染力，那都没有多少帮助。

因此，我将目前的研究局限于分析历史叙述显性层次和隐性层次之间的关系。在显性层次中，用来解释材料的理论概念得以施展；而隐性层次则被视为语言基础，那些理论概念都是未加批判便在其上构成的。这足以使我能够用一种我认为是价值中立的和纯粹形式的方式，来描述19世纪史学家和历史哲学家精心提炼出来的不同解释策略。此外，它也使我能够说明，为什么19世纪史学思想家在其若干能力限定内，尽管细致、全面地研究了历史文献中的同一批“材料”，却在这些“材料”对于他们自己的时代具有的意义和价值方面，得出如此不同并且看上去相互排斥的结论。通过以不同的方式构成历史领域，他们暗中致力于不同的解释策略、情节化策略和意识形态蕴涵策略，以此辨明这些材料的真正“意义”。因
432 而，史学思想在19世纪最后数十年步入的“历史主义的危机”无异于在各种替代性的解释策略所认可的看待历史的不同方式之间，无法在充分的理论基础上作出选择。

若这样看的话，19世纪的史学思想史可以描述成一个完整的循环，即从反叛启蒙时代后期的反讽式历史图景到复归20世纪前夜一种明显相类似的反讽式图景。从黑格尔到克罗齐，欧洲史学思想的这一经典阶段表现出一种努力，它要把历史构成为关于人类、社会和文化的“实在性”科学的基础。这种实在论是基于这样一种意识，它一方面摆脱了启蒙时代晚期反讽中固有的怀疑论和悲观主义，另一方面摆脱了浪漫主义运动早期那种认知上不负责任的

信念。但是，在其最伟大的史学家和历史哲学家的著作中，19世纪的欧洲成功制造的只是许多相互冲突的“实在论”，其中每一种都被赋予某种理论工具，并且都有一种博学支持，这使得人们不可能拒绝至少是暂时接受它的要求。

我研究的各位思想家的声望随着其读者的情绪变化而此消彼长。而这些情绪认可了以不同的话语形态来预构历史领域。因此，不应该认为兰克那种更“科学的”或“经验性的”或“实在的”历史概念拒绝或推翻了米什莱的历史概念；或者，接下来托克维尔那种更“科学”或“实在的”历史概念又视兰克的著作为无效；或者上述三者都逊色于布克哈特固有的“实在论”。人们也不应该因为任何理论上的确信，就认为马克思在历史研究方面比黑格尔更“科学”，或者尼采在描述历史意识方面比黑格尔和马克思更“深刻”。纵览19世纪，在历史学中就如同在艺术和社会科学中那样，人们争论的是真正“对历史实在的实在性表现”应当采用什么形式。最后，人们也不能因在判断上具有的自信而认为，自黑格尔到克罗齐，史学理论的演化具有一种真正的进步。因为我研究的每一位史学或历史哲学大师都表现出一种历史叙事的才华，或者表现出一种想象的连续性，这使他的著作形成一个有效的思想闭合系统，因而也与所有看上去与之争辩的其他人的著作不具有可比性。

我可能因为认定一种特定的科学概念而认为托克维尔是一位比米什莱或兰克更“科学”的史学家，或者马克思是一位比黑格尔和克罗齐更“实在”的社会理论家。但是，为了提出这样的判断，我
将不得不忽视这样一个事实，即仅仅在历史学基础上，我并没有理 433
由更喜欢某种历史的“科学”概念而不喜欢另一种。这样的判断仅仅反映了一种逻辑上在先的偏向，它要么针对的是托克维尔和马克思预构历史领域的语言模式，要么针对的是他们构想历史过程的具体描绘所具有的意识形态蕴涵。在人文科学中，问题不仅涉及到表达对这样或那样去设想分析工作的偏好，还涉及到就一种恰当的人文科学可能如何而在相互竞争的概念中进行选择。

然而,反思19世纪历史感受能力的演替,使得我能够将目前的历史学置于历史意识发展一般过程的某个特定阶段。20世纪许多出色的历史反思就如那些在19世纪早期相应的反思一样，它们关注的是超越历史意识在19世纪末陷入的那种反讽情形。在我看来，这种关注说明了当前思辨历史哲学的盛行，以及对前反讽时代杰出历史理论家如黑格尔、马克思和尼采的著作的兴趣的复活。尽管当代学院历史学仍然局限于19世纪晚期造成历史主义危机的那种反讽式眼光，并且继续对部分职业的或非职业的史学家对思辨历史哲学怀有的兴趣感到悲哀，一般史学思想仍然产生出了种种挑战反讽观点的“历史学之学”(historiology)体系。

现代史学思想从两个方面反对这种反讽观点。它努力克服其内在的怀疑论和道德上的不可知论，前者被看成是学术上的谨慎和经验主义,后者则被看成客观性和超意识形态的中立。现代不同的作家和思想家,如马尔罗、叶芝、乔伊斯、斯宾格勒、汤因比、韦尔斯、雅斯贝尔斯、海德格尔、萨特、本雅明、福柯、卢卡奇,以及诸多其他人,在他们的著作中,当代史学思想在职业历史学的反讽态度旁确立了各种历史过程的概念,以作为这种态度的可能替代品。这些概念都以隐喻、转喻和提喻的模式构成,每一种都有自己的解释策略,以及独一无二的意识形态蕴涵。当在这些可替代的历史图景之间进行选择成其为问题时，人们更喜欢这种而不是那种的惟一的理由是道德或美学的理由。

已故的柯林武德生前喜欢说，人们以何种方式写作或者思考历史,最终取决于他是哪种人。然而,反之亦然。在历史解释者为我们思考历史提供的可选择的图景之前，并且由于不再有支持人们更偏向此种而非另一种历史图景的确定无疑的理论基础,于是,我们不得不退回来寻求道德和美学的理由，以选择一种较之另一种更“实在的”历史图景。简而言之,康德年老时说的是对的:我们可以根据自己的喜好自由地构想“历史”,正如我们可以凭自己的意愿来创造历史。并且,那种反讽性历史观通过被看作在历史研究中能够追求的惟一"实在性"和"客观性",而塞给我们一种不可知论,我们若是想超越这种不可知论,只需要拒绝这种反讽性观点,并愿 434
意以其他反对反讽的观点来看待历史就可以了。

我的这项研究声称在反思经典时期的史学思想时是价值中立的和纯粹形式主义的。在这项研究结束时提出前述建议,或许显得与它自身描述历史意识史时固有的反讽性质不协调。我并不否认,我研究史学思想史时的那种形式主义本身,反映了大多数现代学院历史学在其中得以生成的反讽情形,但我认为,承认这种反讽性观点恰恰为超越它提供了基础。如果我们能够表明,反讽性观点只是关于历史的诸多可能观点中的一种,其中每一种观点都在某种诗性的或道德的意识层次上有其自身存在的很好的理由,那么,这也就是在剥夺反讽性观点那种认为自身是看待历史过程的必然观点的地位。于是,史学家和历史哲学家将自由地对历史进行概念化、理解其内容,以及用和他们自己的道德和审美愿望最相符合的任何意识模式来构成阐述历史过程的叙事。并且,历史意识将敞开胸怀,重新建立它与诗学、科学和哲学的宏大关怀的联系,19世纪激励着历史学黄金时代中一流实践者和理论家的,正是这样一些关怀。

参考书目

文中分析的作品

Burckhardt, Jacob. (雅各布·布克哈特)

——. *The Age of Constantine the Great*（《君士坦丁大帝时代》）. Translated by Moses Hadas. Garden City, N.Y.: Doubleday Anchor Books, 1956.

——. *Briefe*（《书信集》）. Edited by Max Burckhardt. Bremen: Carl Schünemann Verlag, 1965.

——. *Der Cicerone: Eine Anleitung zum Genuss der Kunstwerke Italiens.* Basel: Schweighauser'sche Verlagsbuchhandlung, 1855. English version: *The Cicerone: An Art Guide to Painting in Italy for the Use of Travellers and Students*（《导游:意大利艺术作品欣赏指南》）, bk. Ⅲ. Translated by A.H. Clough. London: T. Werner Laurie, n.d.

——. *The Civilization of the Renaissance in Italy*（《意大利文艺复兴时期的文化》）. Translated by S. G. C. Middlemore. London: Phaidon Press, 1960.

——. *Force and Freedom: An Interpretation of History*（《暴力与自

由》). Edited by James Hastings Nichols. New York: Meridian Books, 1955. A translation of Weltgeschichtliche Betrachtungen.

——. *Judgements on History and Historians* (《论史学与史学家》[简称《论史学》]). Translated by Harry Zohn. Boston: Beaton Press, 1958.

Carlyle, Thomas. (托马斯·卡莱尔)

——."On Biography." In *Critical and Miscellaneous Essays: Collected and Republished*, vol. Ⅲ. Boston: Brown & Taggard, 1860.

——. "*Bowell's Life of Johnson.*" In ibid.

——. "On History (《论历史》)." In *A Carlyle Reader: Selections from the Writings of Thomas Carlyle*, edited by G. B. Tennyson. New York: Modern Library, 1969.

Croce, Benedetto. (贝奈戴托·克罗齐)

——. *Aesthetic as Science of Expression and General Linguistic* (《作为表现科学和一般语言学的美学》). Translated by Douglas Ainslee. London: Macmillan, 1909. Italian version: *Estetica come scienza dell' espressione e linguistica generale*. Palermo: Sandron, 1902; Bari: G. Laterza, 1908.

——. *Come nacque e come morì il marxismo teorico in Italia (1895—1900)*(《理论马克思主义在意大利如何诞生和死亡,1895—1900》). Bari: Laterza, 1938.

——. *Filosofia della pratica: Economia ed etica*(《实践的哲学:经济学和伦理学》). Bari: Laterza, 1957.

——. *History: Its Theory and Method*. Translated by Douglas Ainslee. New York: Harcourt and Brace, 1923. Italian version: *Teoria e storia della storiografia* (《历史学的理论与历史》). Bari: Laterza, 1917.

——. *History as the Story of Liberty* (《作为自由之故事的历史》). Translated by Sylvia Sprigge. New York: Meridian Books, 1955. Italian version: *La Storia come pensiero e come azione*. Bari: Laterza, 1954.

——. *History of Europe in the Nineteenth Century*.(《19世纪欧洲史》) Translated by Henry Furst. New York: Harbinger Books, 1963. Italian version: *Storia d'Europa nel secolo decimonono*. Bari: Laterza, 1943.

——. *Logica come scienza del concetto puro*(《作为一门纯粹概念科学的逻辑学》). 3rd ed., rev. Bari: Laterza, 1917.

——. *The Philosophy of Giambattista Vico* (《詹巴蒂斯塔·维柯的哲学》). Translated by R. G. Collingwood. New York: Russell & Russell, 1913. Italian version: *La Filosofia di Giambattista Vico*. Bari: Laterza, 1911.

——. *Saggio sullo Hegel, seguito da altri scritti*(《关于黑格尔的论文及其他文章》). 3rd ed., rev. Bari: Laterza, 1927.

——. "La Storia ridotta sotto il concetto generale dell' arte." In *Prime Saggi*. 3rd ed., rev. Bari: Laterza, 1951.

Droysen, Johann Gustav.(德罗伊森)

——*Grundriss der Historik*. In *Historik: Vorlesungen über Enzyklopädie und Methodologie der Geschichte*(《历史学:历史知识和方法演讲集》), edited by Rudolf Hübner. Munich: R. Oldenbourg, 1958. English version: *Outline of the Principles of History*. Translated by E. Benjamin Andrews. Boston: Ginn & Co., 1893.

Hegel, Georg Wilhelm Friedrich.(格奥尔格·威廉·弗雷德里·黑格尔)

——. *The Phenomenology of Mind*(《精神现象学》). Translated by J. B. Baillie. 2nd ed., rev. London: George Allen & Unwin, 1961.

——. *The Philosophy of Fine Art*. Translated by F. P. B. Omaston. 4 vols. London: G. Bell & Sons, 1920. German version: *Werke*, vols. VIII—XI: *Vorlesungen über die ästhetik*. Frankfurt am Main: Suhrkamp Verlag, 1970.

——. *The Philosophy of History* (《历史哲学》). Translated by J. Sibree. New York: Dover Publications, 1956. German version: *Werke*. Vol. XII: *Vorlesungen über die Philosophie der Geschichte*. Frankfurt am Main: Suhrkamp Verlag, 1970.

Heine, Heinrich. (亨利希·海涅)

——. *Mein wertvollstes Vermächtnis: Religion, Leben, Dichtung* (《我最有价值的遗产：宗教、生活与诗歌》). Edited by Felix Stässinger. Zurich: Manesse Verlag, 1950. English translations cited in the text are from *The Poetry and Prose of Heinrich Heine*, selected and edited by Frederick Ewen. New York: The Citadel Press, 1948.

Herder, Johann Gottfried. (约翰·戈特夫里·赫尔德)

——. *Ideen zur Philosophie der Geschichte der Menschheit* (《人类历史哲学观念》). Darmstadt: Melzer, 1966. English translations cited in the text are from *Herder on Social and Political Culture*, translated by F. Barnard. Cambridge, Cambridge University Press, 1969; *Reflections on the Philosophy of History of Mankind*. Translated by T. O. Churchill and edited by Frank E. Manuel. Chicago: University of Chicago Press, 1968.

Humboldt, Wilhelm von. (威廉·冯·洪堡)

——. "Über die Aufgabe des Geschichtsschreibers." In *Gesammelte Schriften*, vol. IV, edited by Albert Leitzmann. Berlin: B. Behr's Verlag, 1905. English version: "On the Historian's Task." *History and Theory*, 6(1967): 57—71.

Kant, Immanuel. (伊曼纽尔·康德)

——. *On History* (《论历史》). Edited with an introduction by Lewis White Beck. Indianapolis and New York: Library of Liberal Arts, Bobbs-Merrill Co., 1963.

Mably, Gabriel Bonnet de. (马布利)

——. *De la manière de l'écrire l'histoire*(《历史写作的方法》). Paris, 1789.

Marx, Karl.（卡尔·马克思）

——. *Capital* （《资本论》). Translated by Eden and Cedar Paul. London: Dent & Sons, 1962. German version: *Das Kapital: Kritik der politischen* Ökonomie. Vol. XXIII of Karl Marx and Friedrich Engels, *Werks*（Institut für Marxismus-Leninismus beim ZK der SED). Berlin: Dietz Verlag, 1962. English translations of fragments cited in the text are from *Karl Marx: Selected Writings in Sociology and Social Philosophy*, translated by T. B. Bottomore. New York: McGrawHill, 1956.

——. *The Civil War in France*（《法兰西内战》). In Karl Marx and Frederick Engels, *Selected Works*. New York: International Publishers, 1969.

——. *The Class Struggles in France, 1848 to 1850* （《1848—1850年的法兰西阶级斗争》). In Karl Marx and Friedrich Engels, *Basic Writings on Politics and Philosophy*, edited by Lewis S. Feuer. Garden City, N.Y.: Doubleday & Co., 1959.

——. *The Eighteenth Brumaire of Louis Bonaparte*（《路易·波拿巴的雾月十八日》). In Marx and Engels, Selected Works. Fragments cited in the text are from Feuer, ed., *Basic Writings*.

——. *The German Ideology*（《德意志意识形态》). English translations cited in the text are from Bottomore, ed., *Karl Marx; Selected Writings*, and Feuer, ed., *Basic Writings*.

——. *Preface to A Contribution to the Critique of Political Economy*（《〈政治经济学批判〉序言》). In Bottomore, ed., *Karl Marx: Selected Writings*.

——. "Theses on Feuerbach（《关于费尔巴哈的提纲》)." English translations cited in the text are from Bottomore, ed., *Karl Marx: Selected Writings*.

——(with Friedrich Engels). *Manifest der kommunistischen Partie* (《共产党宣言》). In vol. IV of Karl Marx and Friedrich Engels, *Werke* (Institut für Marxismus-Leninismus beim ZK der SED). Berlin: Dietz Verlag, 1959. English translations cited in the text are from Feuer, ed., *Basic Writings*.

Michelet, Jules.(朱尔·米什莱)

——. *Histoire de la révolution* (《法国大革命史》). Paris, 1888. English version: *History of the French Revolution*. Translated by Geoge Cocks and edited by Gordon Wright. Chicago and London: University of Chicago Press, 1967.

——. *Oeuvres complètes* (《全集》), vol. XXV: *Précis de l'histoire moderne*. Paris: Ernest Flammarion, n.d.

Nietzsche, Friedrich.(弗里德里希·尼采)

——. *The Birth of Tragedy out of the Spirit of Music*.(《悲剧的诞生》) Translated by Francis Golffing. New York: Doubleday & Co., 1956. German version: *Die Geburt der Trägodie aus dem Geist der Musik*. Stuttgart: Alfred Kröner Verlag, 1964.

——. *The Genealogy of Morals: An Attack*《道德的谱系》). Translated by Francis Golffing. New York: Doubleday & Co., 1956. German version: Werke, vol. VII: *Zur Genealogie der Moral*. Leipzig: Alfred Kröner Verlag, 1910.

——. *The Use and Abuse of History* (《历史对人生的利弊》). Translated by Adrian Collins. Indianapolis and New York: Library of Liberal Arts, Bobbs-Merrill Co., 1957. German version: *Vom Nutzen und Nachteil der Historie für das Leben*. Basel: Verlag Birkhäuser, n.d.

Novalis.(诺瓦利斯)

——. "Christendom or Europe (《基督教世界与欧洲》)." In *Hymns to the Night and Other Selected Writings*, translated by Charles E.

Passage. Indianapolis and New York: Library of Liberal Arts, Bobbs-Merrill Co., 1960.

Ranke, Leopold von.（利奥波德·冯·兰克）

——. "A Dialogue on Politics（《关于政治学的对话》）." In Theodore von Laue, *Leopold Ranke: The Formative Years*《利奥波德·冯·兰克：性格形成时期》. Princeton: Princeton University Press, 1950.

——. "The Great Powers（《论列强》）." In *ibid*.

——. *History of Civil Wars and Monarchy in France* （《内战史和法兰西君主统治》）. Translated by M. A. Garney. 2 vols. London, 1852.

——. *History of the Latin and Teutonic Nations, 1494—1514* （《1494—1514年拉丁和条顿民族史》）. Translated by P. A. Ashworth. London, 1887.

——. *History of the Ottoman and Spanish Empires* （《奥斯曼人和西班牙帝国史》）. Translated by Walter A. Kelly. London, 1843.

——. *History of the Popes, Their Church and State, and Especially of their Conflicts with Protestantism in the Sixteenth and Seventeenth Centuries* （《教皇史》）. Translated by E. Foster, 3 vols. London, 1853—1856.

——. *History of Reformation in Germany* （《宗教改革时期的德意志史》）. Translated by S. Austin. 3 vols. London, 1845—1847.

——. *The Theory and Practice of History* （《历史理论与实践》）. Edited by Georg G. Iggers and Konrad von Moltke, with new translations by Wilma A. Iggers and Konrad von Moltke. Indianapolis and New York: Bobbs-Merrill Co., 1973.

Schopenhauer, Arthur.（阿瑟·叔本华）

——. *The World as Will and Idea*（《作为意志和观念的世界》）. In *The Philosophy of Schopenhauer*（《叔本华哲学》）, edited by Irwin Edman. New York: Modern Library, 1928.

Tocqueville, Alexis de.（亚历克西斯·德·托克维尔）

——. *Democracy in America* （《美国的民主》）. Translated by Henry Reeve, revised by Francis Bowen, and now further corrected and edited, with a historical essay, editorial notes, and bibliographies, by Phillips Brandley. 2 vols. New York: Vintage Books, 1945.

——. *The European Revolution and Correspondence with Gobineau* （《欧洲革命和与戈比诺的通信》）. Edited and translated by John Lukács. New York: Doubleday & Co., 1959.

——. *Memoir, Letters, and Remains of Alexis de Tocqueville* （《托克维尔回忆、通信和遗稿》）. 2 vols. London: Macmillan & Co., 1861.

——. *Oeuvres completes*（《全集》）, vol. XII: *Sourvenirs*（《回忆录》）. Edited by J. P. Mayer. Paris: Gallimard, 1964.

——. *The Old Regime and the French Revolution* （《旧制度与大革命》）. New translation by Stuart Gilbert. New York: Doubleday & Co., 1955.

Vico, Giambattista.（詹巴蒂斯塔·维柯）

——. *The New Science* （《新科学》）. Translation of the third edition (1744) by Thomas Goddard Bergin and Max Harold Fisch. Ithaca, N.Y.: Cornell University Press, 1968.

Vico, Jean-Baptiste.（维柯，同詹巴蒂斯塔·维柯）

——. *Pincipes de la philosophie de l'histoire* （《历史哲学原理》）. Translated by Jules Michelet. Paris: Colin, 1963.

Voltaire.（伏尔泰）

——. *Discours sur l'histoire de Charles XII* （《查理十二史》）. Paris, 1831.

——. *Philosophical Dictionary*. In *Works: A Contemporary Version* （《哲学词典》，见于《作品集：当代版》）. Revised and Modernized new translation by W. F. Fleming. London: The St. Hubert's Guild. n.d.

文中提到的历史学、历史哲学和批评理论著作

Auerbach, Erich. Mimesis （埃里克·奥尔巴赫）: *Mimesis: The Representation of Reality in Western Literature* （《模拟：西方文学中的现实表现》）. Translated by Willard Trask. Princeton: Princeton University Press, 1968.

Barthes, Roland （罗兰·巴尔特）. *Michelet par lui-même*. Paris: Editions du Seuil, n.d.

Benveniste, Emile （埃米尔·本维尼斯特）. *Prolems of General Linguistics* （《一般语言学问题》）. Translated by Mary Elizabeth Meek. Coral Gables, Fla.: University of Miami Press, 1971.

Burke, Kenneth（肯尼斯·伯克）. *A Grammar of Motives* （《动机的语法》）. Berkeley and Los Angeles: University of California Press, 1969.

Cassirer, Ernst （恩斯特·卡西尔）. *The Philosophy of the Enlightenment* （《启蒙哲学》）. Translated by Fritz C. A. Koelln and James C. Pettegrove. Boston: Beacon Press, 1955.

Collingwood, R. G. （柯林武德）. *The Idea of History*. （《历史的观念》）New York: Oxford University Press, 1956.

Danto, Arthur C.（阿瑟·丹托）. *Analytical Philosophy of History*（《分析的历史哲学》）. Cambridge: Cambridge University Press, 1965.

Dilthey, Wilhelm（狄尔泰）. *Gesammelte Schriften*, vol. I: *Einleitung in die Geisteswissen-schaften* （《精神科学序言》）: *Versuch einer Grundlegung für das Studium der Gesellschaft*. Edited by Bernard Groethuysen. Stuttgart: R. G. Teubner, 1959.

——. *Gesammelte Schriften*, vol. VII: *Der Aufbau der geschlichtlichen Welt in den Geisteswissenschaften* （《在精神科学中建构历史世界》）. Edited by Bernard Groethuysen. Stuttgart: R.G. Teubner,

1958.

Dray, William H.（威廉·德雷）., ed. *Philosophical Analysis and History*（《哲学分析与历史》）. New York: Harper & Row, 1966.

Foucault, Michel（米歇尔·福柯）. *The Order of Things: An Archeology of the Human Sciences*（《事物的秩序：一种人文科学的考古学》）. New York: Pantheon Books, 1971.

Frye, Northrop（诺斯罗普·弗莱）. *The Anatomy of Criticism: Four Essays* （《批评的剖析》）. Princeton: Princeton University Press, 1957.

Fueter, Eduard（埃杜阿·费特）. *Geschichte der neueren Historiographie* （《新史学史》）. Munich: Oldenbourg, 1911. French version: *Histoire de l'historiographie moderne* （《近代史学史》）. Translated by Emile Jeanmaire. Paris: Alcan, 1914.

Gallie, W. B.（加利）. *Philosophy and the Historical Understanding* （《哲学 与历史理解》）. New York: Schocken Books, 1968.

Gombrich, E. H.（贡布里希）. *Art and Illusion: A Study in the Psychology of Pictorial Representation*（《艺术与幻觉：绘画表现心理研究》）. London and New York: Phardon Books, 1960.

Gooch, G. P.（古奇）. *History and Historians in the Nineteenth Century* （《十九世纪历史与历史学家》）. Boston: Beacon Press, 1959.

Gossmann, Lionel（莱昂内尔·戈斯曼）. *Medievalism and the Ideologies of the Enlightenment: The World and Work of La Curne de Sainte-Palaye*. Baltimorel: The Johns Hopkins Press, 1968.

——. "Voltaire's Charles XII: History into Art." *Studies on Voltaire and the Eighteenth Century*, 25(1963): 691—720.

Hartmanne, Geoffrey（杰弗里·哈特曼）. *Beyond Formalism: Literary Essays, 1958—1970*（《超越形式主义：文学短文(1958—1970)》）. New Haven and London: Yale University Press, 1971.

Henle, Paul（保罗·亨利）, ed. *Language, Thought, and Culture* （《语

言、思想和文化》). Ann Arbor: University of Michigan Press, 1966.

Herodotus (希罗多德). *The Histories* (《历史》). Translated by Aubrey De Délincourt. Hammondsworth, Middlesex, and Baltimore: Penguin Books, 1959.

Iggers, Georg G. (格奥尔格·伊格尔斯). *The German Conception of History* (《德国历史观念》). Middletown, Conn.: Wesleyan University Press, 1968.

Jakobson, Roman(R. 雅各布森). "Linguistics and Poetics(《语言学和诗学》)." In *Style in Language* (《语言风格》), edited by Thomas A. Sebeok. New York and London: Technology Press & John Wiley, 1960.

——with Morris Halle (莫里斯·哈利). *Fundamentals of Language* (《语言基本原理》). The Hague: Mouton, 1956.

Lacan, Jacques (雅克·拉康). "The Insistence of the Letter in the Unconscious(《无意识之中文字的韧性》)." In *Structuralism*(《结构主义》), edited by Jacques Ehrmann. New York: Doubleday & Co., 1970.

Laue, Theodore M. Von (冯·劳厄). *Leopold Ranke: The Formative Years* (《利奥波德·冯·兰克: 性格形成时期》). Princeton: Princeton University Press, 1950.

Lemon, Lee T.(李·莱蒙), and Reiss, Marion J.(马里恩·赖斯), eds. *Russian Formalist Criticism: Four Essays*(《俄罗斯形式主义评四论》. Lincoln: University of Nebraska Press, 1965.

Lévi-Strauss, Claude(克劳德·列维—斯特劳斯). "Overture to le Cru et le cuit."(《"生食与熟食"序》) In *Structuralism*(《结构主义》), edited by Jacques Ehrmann. New York: Doubleday & Co., 1970.

——. *The Savage Mind* (《野性的思维》). London: Weidenfeld & Nicholson, 1966.

Liard, Louis (路易·利亚尔). *Enseignement supérieur en France*,

1789—1893（《1789—1893年法国高等教育》）. 2 vols. Paris, 1894.

Lovejoy, Arthur O.（洛夫乔伊）. "Herder and the Enlightenment Philosophy of History（《赫尔德与启蒙时代历史哲学》）." In *Essays in the History of Ideas*（《观念史论文集》（简称《论文集》）. New York: G. P. Putnam's Sons, 1960.

Löwith, Karl（卡尔·洛维特）. *Meaning in History: The Theological Implications of the Philosophy of History*（《历史中的意义：历史哲学的神学意义》）. Chicago: University of Chicago Press, 1949.

Lukács, Georg（卢卡奇）. *The Historical Novel*（《历史小说》）. Translated by Hannah and Stanley Mitchell. London: Merlin Press, 1962.

Mannheim, Karl（卡尔·曼海姆）. "Connservative Thought（《保守思想》）." In *Essays in Sociology and Social Psychology*（《社会学与社会心理学论集》）, edited by Paul Kecskemeti. London: Routledge & Kegan Paul, 1953.

——. *Ideology and Utopia: An Introduction to the Sociology of Knowledge*（《意识形态与乌托邦：知识社会学引论》）. Translated by Louis Wirth and Edward Shils. New York: Harcourt, Brace & Co., 1946.

Mill, John Stuart（穆勒）. "Nature（《本质》）." In *Essential Works of John Stuart Mill*（《穆勒主要著作》）, edited by Max Lerner. New York: Bantam Books, 1961.

——. "Utility of Religion（《宗教的功用》）." In *ibid.*

Mink, Louis O.（路易斯·明克）. "The Autonomy of Historical Understanding（《历史理解剖析》）." In Dray（威廉·德雷）, ed., *Philosophical Analysis and History*（《哲学分析与历史》）.

——. "Philosophical Analysis and Historical Understanding（《哲学分析与历史理解》）." *Review of Metaphysics*, 21, no.4（1968）:

667—698.

Momigliano, Arnaldo（阿纳多·莫米戈里亚诺）. "A Hundred Years after Ranke（《兰克之后一百年》）." In *Studies in Historiography*（《历史编纂学研究》）. New York: Harper Torchbooks, 1966.

Neff, Emery（埃默里·内夫）. *The Poetry of History: The Contribution of Literature and Literary Scholarship to the Writing of History since Voltaire*（《历史的诗学：文学和文艺学对历史写作的贡献》）. New York: Columbia University Press, 1947.

Pepper, Stephen C.（斯蒂芬·佩珀）. *World Hypotheses: A Study in Evidence*（《世界的构想：证据中的分析》）. Berkley and Los Angles: University of California Press, 1966.

Popper, Karl R.（卡尔·波普尔）. *The Poverty of Historicism*（《历史主义的贫困》）. London: Routledge & Kegan Paul, 1961.

Poulet, Georges（乔治斯·波利特）. *Studies in Human Time*（《人类的时间研究》）. Translated by Elliot Coleman. Baltimore: The Johns Hopkins Press, 1956.

Sonnino, Lee A.（李·索尼诺）. *A Handbook to Sixteenth Century Rhetoric*（《16世纪修辞学便览》）. London: Routledge & Kegan Paul, 1968.

Stern, Fritz（弗里茨·斯特恩）, ed. *The Varieties of History: From Voltaire to the Present*（《历史的多样性：从伏尔泰至今》）. New York: Meridian Books, 1956.

Valéry, Paul（保罗·瓦莱里）. *The Outlook for Intelligence*（《智力展望》）. Translated by Dennis Folliot and Jackson Mathews and edited by Jackson Mathews. New York and Evanston: Harper Torchbooks, 1962.

Walsh, W. H.（沃尔什）. *Introduction to the Philosophy of History*（《历史哲学导论》）. New York: Harper Torchbooks, 1958.

Weintraub, Karl J. *Visions of Culture*（《文化的想象》）. Chicago and

London: University of Chicago Press, 1966.
Wellek, René. *Concepts of Criticism* (《批判的概念》). New Haven and London: Yale University Press, 1963.
White, Hayden V. (海登·怀特). "The Burden of History(《历史的重负》)". *History and Theory*, 5, no. 2(1966): 111—134.
——. "Foucault Decoded: Notes from Underground(《解码福柯:来自地下的笔记》)," *ibid*., 12, no. 1(1973): 23—54.

索　引

（条目后的数字为原书页码，见本书边码）

译后记

海登·怀特(Hayden White, 1928—)是当代西方著名的历史哲学家之一,本书便是他的成名作,也是他惟一的专著。本书于1973年出版,至今已逾30年。从20世纪下半叶至今西方历史哲学(或史学理论)的发展来看,本书可以算得上是一部划时代的著作,展示了一种理解史学思想、历史哲学,认识、阐述历史意识发展的新思路,尽管这一思路也是"组装"各学科成就的产物,但它确实为我们思考历史提供了另一种洞见。此外,本书在西方文学批评界也有较大影响。其导论曾有学者译出,收入《2001年度新译西方文论选》(王逢振主编,陈永国译)。

1997年,为了撰写博士论文的需要,我向怀特索取他的著作,怀特慷慨相助,吩咐出版社寄来此书与另外两本文集。在细读《元史学》之后,我致信怀特,承诺翻译此书,一方面对他的慷慨表示感谢,另一方面,更重要的是希望这本在我一岁时就出版的著作不再耽误而能尽快被国人阅读。为此,我于1998年联系了上海译文出版社,在赵月瑟老师的帮助下,选题顺利通过,但版权不知何故,迟迟未能解决。2000年,彭刚先生得知我的这一计划,请译林出版社迅速购得版权。从此,我便承担起这一项有些不自量力的任务。

为了实践这一承诺，翻译历时两年有余。虽尽我所能，但毕竟水平有限，译文不免会有错讹之处。此时，特别欣慰的是，有彭刚先生志同道合，他逐字逐句、花费数月校改拙译，做了大量商榷、订正、补漏的工作。另有一事值得一提，在翻译伊始，便有该书另一中文译者刘世安先生慷慨寄赠繁体字译本（译名《史元》，台湾麦田1999年版）。在翻译过程中，每遇疑难，我也参考刘先生的理解，获益匪浅。

译文中，有几个词需要特别说明。

1) realism一词我多数情况下译为“实在论”或“实在主义”，为的是统一译名，遵循历史哲学领域的译法，在本书涉及到文学方面的内容时，读者不妨将此词当作现实主义理解。相应的还有real，reality这类词，较之译“现实的”、“现实”而言，我更多地译为“实在的”、“实在”。此时也请读者不拘泥于我的译法。

2) representation一词我通常译为“表现”，比较另外两种译法“再现”、“重现”，我认为后两种译法易于让人感觉represention指的是“再一次”、“重新”一模一样的呈现，这有违许多当代历史哲学家使用该词的本义，故用“表现”一词，取义类同于艺术表现中的“表现”。

诸多朋友相助，才有今天这个译本，本书历经三校，但一定还有疏漏之处，如果因译文错误导致读者误解，译者自负文责，并敬请读者谅解，不吝赐教，以待来日修正。

近年来，国内对西方历史哲学的译介不多，出于研究的需要，我也忠心希望有更多的朋友译介这一领域的重要论文、著作，一同促进我们对西方史学思想的理解。

陈　新

2003年11月21日

人文与社会译丛

第一批书目

1.《政治自由主义》(增订版),[美]J. 罗尔斯著,万俊人译　118.00 元
2.《文化的解释》,[美]C. 格尔茨著,韩莉译　89.00 元
3.《技术与时间:1. 爱比米修斯的过失》,[法]B. 斯蒂格勒著,裴程译　62.00 元
4.《依附性积累与不发达》,[德]A. G. 弗兰克著,高铦等译　13.60 元
5.《身处欧美的波兰农民》,[美]F. 兹纳涅茨基、W. I. 托马斯著,张友云译　9.20 元
6.《现代性的后果》,[英]A. 吉登斯著,田禾译　45.00 元
7.《消费文化与后现代主义》,[英]M. 费瑟斯通著,刘精明译　14.20 元
8.《英国工人阶级的形成》(上、下册),[英]E. P. 汤普森著,钱乘旦等译　168.00 元
9.《知识人的社会角色》,[美]F. 兹纳涅茨基著,郏斌祥译　49.00 元

第二批书目

10.《文化生产:媒体与都市艺术》,[美]D. 克兰著,赵国新译　49.00 元
11.《现代社会中的法律》,[美]R. M. 昂格尔著,吴玉章等译　39.00 元
12.《后形而上学思想》,[德]J. 哈贝马斯著,曹卫东等译　58.00 元
13.《自由主义与正义的局限》,[美]M. 桑德尔著,万俊人等译　30.00 元

14.《临床医学的诞生》,[法]M. 福柯著,刘北成译 55.00元
15.《农民的道义经济学》,[美]J. C. 斯科特著,程立显等译 42.00元
16.《俄国思想家》,[英]I. 伯林著,彭淮栋译 35.00元
17.《自我的根源:现代认同的形成》,[加]C. 泰勒著,韩震等译 128.00元
18.《霍布斯的政治哲学》,[美]L. 施特劳斯著,申彤译 49.00元
19.《现代性与大屠杀》,[英]Z. 鲍曼著,杨渝东等译 59.00元

第三批书目

20.《新功能主义及其后》,[美]J. C. 亚历山大著,彭牧等译 15.80元
21.《自由史论》,[英]J. 阿克顿著,胡传胜等译 89.00元
22.《伯林谈话录》,[伊朗]R. 贾汉贝格鲁等著,杨祯钦译 48.00元
23.《阶级斗争》,[法]R. 阿隆著,周以光译 13.50元
24.《正义诸领域:为多元主义与平等一辩》,[美]M. 沃尔泽著,褚松燕等译 24.80元
25.《大萧条的孩子们》,[美]G. H. 埃尔德著,田禾等译 27.30元
26.《黑格尔》,[加]C. 泰勒著,张国清等译 135.00元
27.《反潮流》,[英]I. 伯林著,冯克利译 48.00元
28.《统治阶级》,[意]G. 莫斯卡著,贾鹤鹏译 98.00元
29.《现代性的哲学话语》,[德]J. 哈贝马斯著,曹卫东等译 78.00元

第四批书目

30.《自由论》(修订版),[英]I. 伯林著,胡传胜译 69.00元
31.《保守主义》,[德]K. 曼海姆著,李朝晖、牟建君译 58.00元
32.《科学的反革命》(修订版),[英]F. 哈耶克著,冯克利译 58.00元

33.《实践感》,[法]P. 布迪厄著,蒋梓骅译 75.00 元
34.《风险社会:新的现代性之路》,[德]U. 贝克著,张文杰等译 58.00 元
35.《社会行动的结构》,[美]T. 帕森斯著,彭刚等译 80.00 元
36.《个体的社会》,[德]N. 埃利亚斯著,翟三江、陆兴华译 15.30 元
37.《传统的发明》,[英]E. 霍布斯鲍姆等著,顾杭、庞冠群译 68.00 元
38.《关于马基雅维里的思考》,[美]L. 施特劳斯著,申彤译 78.00 元
39.《追寻美德》,[美]A. 麦金太尔著,宋继杰译 68.00 元

第五批书目

40.《现实感》,[英]I. 伯林著,潘荣荣、林茂译 30.00 元
41.《启蒙的时代》,[英]I. 伯林著,孙尚扬、杨深译 35.00 元
42.《元史学》,[美]H. 怀特著,陈新译 89.00 元
43.《意识形态与现代文化》,[英]J. B. 汤普森著,高铦等译 68.00 元
44.《美国大城市的死与生》,[加]J. 雅各布斯著,金衡山译 78.00 元
45.《社会理论和社会结构》,[美]R. K. 默顿著,唐少杰等译 128.00 元
46.《黑皮肤,白面具》,[法]F. 法农著,万冰译 58.00 元
47.《德国的历史观》,[美]G. 伊格尔斯著,彭刚、顾杭译 58.00 元
48.《全世界受苦的人》,[法]F. 法农著,万冰译 17.80 元
49.《知识分子的鸦片》,[法]R. 阿隆著,吕一民、顾杭译 59.00 元

第六批书目

50.《驯化君主》,[美]H. C. 曼斯菲尔德著,冯克利译 68.00 元
51.《黑格尔导读》,[法]A. 科耶夫著,姜志辉译 98.00 元
52.《象征交换与死亡》,[法]J. 波德里亚著,车槿山译 68.00 元
53.《自由及其背叛》,[英]I. 伯林著,赵国新译 48.00 元

54.《启蒙的三个批评者》,[英]I. 伯林著,马寅卯、郑想译 48.00 元
55.《运动中的力量》,[美]S. 塔罗著,吴庆宏译 23.50 元
56.《斗争的动力》,[美]D. 麦克亚当、S. 塔罗、C. 蒂利著,
李义中等译 31.50 元
57.《善的脆弱性》,[美]M. 纳斯鲍姆著,徐向东、陆萌译 55.00 元
58.《弱者的武器》,[美]J. C. 斯科特著,郑广怀等译 82.00 元
59.《图绘》,[美]S. 弗里德曼著,陈丽译 49.00 元

第七批书目

60.《现代悲剧》,[英]R. 威廉斯著,丁尔苏译 45.00 元
61.《论革命》,[美]H. 阿伦特著,陈周旺译 59.00 元
62.《美国精神的封闭》,[美]A. 布卢姆著,战旭英译,冯克利校 68.00 元
63.《浪漫主义的根源》,[英]I. 伯林著,吕梁等译 49.00 元
64.《扭曲的人性之材》,[英]I. 伯林著,岳秀坤译 22.00 元
65.《民族主义思想与殖民地世界》,[美]P. 查特吉著,
范慕尤、杨曦译 18.00 元
66.《现代性社会学》,[法]D. 马尔图切利著,姜志辉译 32.00 元
67.《社会政治理论的重构》,[美]R. J. 伯恩斯坦著,黄瑞祺译 72.00 元
68.《以色列与启示》,[美]E. 沃格林著,霍伟岸、叶颖译 128.00 元
69.《城邦的世界》,[美]E. 沃格林著,陈周旺译 85.00 元
70.《历史主义的兴起》,[德]F. 梅尼克著,陆月宏译 48.00 元

第八批书目

71.《环境与历史》,[英]W. 贝纳特、P. 科茨著,包茂红译 25.00 元
72.《人类与自然世界》,[英]K. 托马斯著,宋丽丽译 35.00 元

73.《卢梭问题》,[德]E. 卡西勒著,王春华译 39.00 元
74.《男性气概》,[美]H. C. 曼斯菲尔德著,刘玮译 28.00 元
75.《战争与和平的权利》,[美]R. 塔克著,罗炯等译 25.00 元
76.《谁统治美国》,[美]W. 多姆霍夫著,吕鹏、闻翔译 35.00 元
77.《健康与社会》,[法]M. 德吕勒著,王鲲译 35.00 元
78.《读柏拉图》,[德]T. A. 斯勒扎克著,程炜译 68.00 元
79.《苏联的心灵》,[英]I. 伯林著,潘永强、刘北成译 59.00 元
80.《个人印象》,[英]I. 伯林著,林振义、王洁译 35.00 元

第九批书目

81.《技术与时间:2. 迷失方向》,[法]B. 斯蒂格勒著,
赵和平、印螺译 59.00 元
82.《抗争政治》,[美]C. 蒂利、S. 塔罗著,李义中译 28.00 元
83.《亚当·斯密的政治学》,[英]D. 温奇著,褚平译 21.00 元
84.《怀旧的未来》,[美]S. 博伊姆著,杨德友译 85.00 元
85.《妇女在经济发展中的角色》,[丹]E. 博斯拉普著,陈慧平译 30.00 元
86.《风景与认同》,[美]W. J. 达比著,张箭飞、赵红英译 68.00 元
87.《过去与未来之间》,[美]H. 阿伦特著,王寅丽、张立立译 58.00 元
88.《大西洋的跨越》,[美]D. T. 罗杰斯著,吴万伟译 108.00 元
89.《资本主义的新精神》,[法]L. 博尔坦斯基、E. 希亚佩洛著,
高铦译 58.00 元
90.《比较的幽灵》,[美]B. 安德森著,甘会斌译 79.00 元

第十批书目

91.《灾异手记》,[美]E. 科尔伯特著,何恬译 25.00 元

92.《技术与时间:3. 电影的时间与存在之痛的问题》,
[法]B. 斯蒂格勒著,方尔平译 65.00 元
93.《马克思主义与历史学》,[英]S. H. 里格比著,吴英译 78.00 元
94.《学做工》,[英]P. 威利斯著,秘舒、凌旻华译 68.00 元
95.《哲学与治术:1572—1651》,[美]R. 塔克著,韩潮译 45.00 元
96.《认同伦理学》,[美]K. A. 阿皮亚著,张容南译 45.00 元
97.《风景与记忆》,[英]S. 沙玛著,胡淑陈、冯樨译 78.00 元
98.《马基雅维里时刻》,[英]J. G. A. 波考克著,冯克利、傅乾译 108.00 元
99.《未完的对话》,[英]I. 伯林、[波]B. P. -塞古尔斯卡著,
杨德友译 65.00 元
100.《后殖民理性批判》,[印]G. C. 斯皮瓦克著,严蓓雯译 79.00 元

第十一批书目

101.《现代社会想象》,[加]C. 泰勒著,林曼红译 45.00 元
102.《柏拉图与亚里士多德》,[美]E. 沃格林著,刘曙辉译 78.00 元
103.《论个体主义》,[法]L. 迪蒙著,桂裕芳译 30.00 元
104.《根本恶》,[美]R. J. 伯恩斯坦著,王钦、朱康译 78.00 元
105.《这受难的国度》,[美]D. G. 福斯特著,孙宏哲、张聚国译 39.00 元
106.《公民的激情》,[美]S. 克劳斯著,谭安奎译 49.00 元
107.《美国生活中的同化》,[美]M. M. 戈登著,马戎译 58.00 元
108.《风景与权力》,[美]W. J. T. 米切尔著,杨丽、万信琼译 78.00 元
109.《第二人称观点》,[美]S. 达沃尔著,章晟译 69.00 元
110.《性的起源》,[英] F. 达伯霍瓦拉著,杨朗译 85.00 元

第十二批书目

111.《希腊民主的问题》,[法]J. 罗米伊著,高煜译 48.00 元
112.《论人权》,[英]J. 格里芬著,徐向东、刘明译 75.00 元
113.《柏拉图的伦理学》,[英]T. 埃尔文著,陈玮、刘玮译 118.00 元
114.《自由主义与荣誉》,[美]S. 克劳斯著,林垚译 62.00 元
115.《法国大革命的文化起源》,[法]R. 夏蒂埃著,洪庆明译 38.00 元
116.《对知识的恐惧》,[美]P. 博格西昂著,刘鹏博译 38.00 元
117.《修辞术的诞生》,[英]R. 沃迪著,何博超译 48.00 元
118.《历史表现中的真理、意义和指称》,[荷]F. 安克斯密特著,周建漳译 58.00 元
119.《天下时代》,[美]E. 沃格林著,叶颖译 78.00 元
120.《求索秩序》,[美]E. 沃格林著,徐志跃译 48.00 元

第十三批书目

121.《美德伦理学》,[新西兰]R. 赫斯特豪斯著,李义天译 68.00 元
122.《同情的启蒙》,[美]M. 弗雷泽著,胡靖译 48.00 元
123.《图绘暹罗》,[美]T. 威尼差恭著,袁剑译 58.00 元
124.《道德的演化》,[新西兰]R. 乔伊斯著,刘鹏博、黄素珍译 65.00 元
125.《大屠杀与集体记忆》,[美]P. 诺维克著,王志华译 78.00 元
126.《帝国之眼》,[美]M. L. 普拉特著,方杰、方宸译 68.00 元
127.《帝国之河》,[美]D. 沃斯特著,侯深译 76.00 元
128.《从道德到美德》,[美]M. 斯洛特著,周亮译 58.00 元
129.《源自动机的道德》,[美]M. 斯洛特著,韩辰锴译 58.00 元
130.《理解海德格尔:范式的转变》,[美]T. 希恩著,邓定译 89.00 元

第十四批书目

131.《城邦与灵魂:费拉里〈理想国〉论集》,[美]G. R. F. 费拉里著,刘玮编译 58.00 元
132.《人民主权与德国宪法危机》,[美]P. C. 考威尔著,曹晗蓉、虞维华译 58.00 元
133.《16 和 17 世纪英格兰大众信仰研究》,[英]K. 托马斯著,芮传明、梅剑华译 168.00 元
134.《民族认同》,[英]A. D. 史密斯著,王娟译 55.00 元
135.《世俗主义之乐:我们当下如何生活》,[英]G. 莱文编,赵元译 58.00 元
136.《国王或人民》,[美]R. 本迪克斯著,褚平译(即出)
137.《自由意志、能动性与生命的意义》,[美] D. 佩里布姆著,张可译 68.00 元
138.《自由与多元论:以赛亚·伯林思想研究》,[英]G. 克劳德著,应奇等译 58.00 元
139.《暴力:思无所限》,[美]R. J. 伯恩斯坦著,李元来译 59.00 元
140.《中心与边缘:宏观社会学论集》,[美]E. 希尔斯著,甘会斌、余昕译 88.00 元

第十五批书目

141.《自足的世俗社会》,[美]P. 朱克曼著,杨靖译 58.00 元
142.《历史与记忆》,[英]G. 丘比特著,王晨凤译 59.00 元
143.《媒体、国家与民族》,[英]P. 施莱辛格著,林玮译 68.00 元
144.《道德错误论:历史、批判、辩护》,

[瑞典]J. 奥尔松著,周奕李译 58.00 元

145.《废墟上的未来:联合国教科文组织、世界遗产与和平之梦》,[澳]L. 梅斯克尔著,王丹阳、胡牧译 88.00 元

146.《为历史而战》,[法]L. 费弗尔著,高煜译 98.00 元

147.《语言动物:人类语言能力概览》,[加]C. 泰勒著,赵清丽译(即出)

148.《我们中的我:承认理论研究》,[德]A. 霍耐特著,张曦、孙逸凡译 62.00 元

149.《人文学科与公共生活》,[美]P. 布鲁克斯、H. 杰维特编,余婉卉译 52.00 元

150.《美国生活中的反智主义》,[美]R. 霍夫施塔特著,何博超译 68.00 元

第十六批书目

151.《关怀伦理与移情》,[美]M. 斯洛特著,韩玉胜译 48.00 元

152.《形象与象征》,[罗]M. 伊利亚德著,沈珂译 48.00 元

153.《艾希曼审判》,[美]D. 利普斯塔特著,刘颖洁译 49.00 元

154.《现代主义观念论:黑格尔式变奏》,[美]R. B. 皮平著,郭东辉译(即出)

155.《文化绝望的政治:日耳曼意识形态崛起研究》,[美]F. R. 斯特恩著,杨靖译 98.00 元

156.《作为文化现实的未来:全球现状论集》,[印]A. 阿帕杜拉伊著,周云水、马建福译(即出)

157.《一种思想及其时代:以赛亚·伯林政治思想的发展》,[美]J. L. 彻尼斯著,寿天艺、宋文佳译(即出)

158.《人类的领土性:理论与历史》,[美]R. B. 萨克著,袁剑译(即出)

159.《理想的暴政:多元社会中的正义》,[美]G. 高斯著,范震亚译(即出)

160.《荒原:一部历史》,[美]V. D. 帕尔马著,梅雪芹译(即出)

有关“人文与社会译丛”及本社其他资讯,欢迎点击 www. yilin. com 浏览,对本丛书的意见和建议请反馈至新浪微博@译林人文社科。